David Pharies, Erica Fischer-Dorantes
Diccionario etimológico e histórico de los prefijos de la lengua española

David Pharies, Erica Fischer-Dorantes
Diccionario etimológico e histórico de los prefijos de la lengua española

—

DE GRUYTER

ISBN 978-3-11-132929-1
e-ISBN (PDF) 978-3-11-132936-9
e-ISBN (EPUB) 978-3-11-132940-6

Library of Congress Control Number: 2024930091

Bibliographic information published by the Deutsche Nationalbibliothek
The Deutsche Nationalbibliothek lists this publication in the Deutsche Nationalbibliografie;
detailed bibliographic data are available on the internet at http://dnb.dnb.de.

© 2024 Walter de Gruyter GmbH, Berlin/Boston
Cover image: based on an original by Jorm Sangsorn/iStock/Getty Images Plus
Typesetting: Integra Software Services Pvt. Ltd.
Printing and binding: CPI books GmbH, Leck

www.degruyter.com

Agradecimientos

Deseamos expresar nuestro más profundo agradecimiento al Prof. Julián Víctor Méndez Dosuna por sus valiosos comentarios.

Índice

Agradecimientos —— V

Abreviaturas —— XIII

Símbolos —— XV

Introducción —— 1

A-₁ —— 21

A-₂ / an- —— 29

Ambi- —— 35

Ante- —— 37

Anti- —— 43

Archi- / arque- / arqui- / arce- / arci- / arz- —— 48

Auto- —— 53

Bi- / bis- / biz- —— 57

Circun- / circum- —— 62

Cis- —— 65

Co- —— 67

Con- —— 72

Contra- —— 76

Cuadri- / cuatri- —— 83

Cuasi- / quasi- / casi —— 88

VIII — Índice

De- —— 94

Deca- —— 98

Des- —— 100

Di- —— 110

Dia- —— 112

Dis-$_1$ —— 115

Dis-$_2$ —— 118

Ecto- —— 121

En- —— 124

Endo- —— 130

Entre- —— 132

Epi- —— 137

Equi- —— 139

Es- —— 141

Ex- —— 147

Exo- —— 151

Extra- —— 153

Hemi- —— 156

Hetero- —— 158

Hiper- —— 161

Hipo- —— 165

Homo- —— 169

In-₁ —— 172

In-₂ —— 177

Infra- —— 184

Inter- —— 188

Intra- —— 193

Iso- —— 195

Macro- —— 197

Maxi- —— 201

Medio —— 203

Mega- / megalo- —— 209

Meta- —— 214

Micro- —— 217

Mini- —— 221

Mono- —— 224

Multi- —— 227

Nano- —— 229

Neo- —— 231

Omni- —— 234

Paleo- —— 237

Pan- —— 239

Para- —— 242

Penta- —— 245

Peri- —— 247

Pluri- —— 250

Poli- —— 253

Pos(t)- —— 256

Pre- —— 260

Pro- —— 263

Proto- —— 268

Pseudo- / seudo- —— 273

Re- / recontra- / rete- / requete- / reteque- —— 277

Retro- —— 292

Semi- —— 295

So- / son- / sa- / za- / cha- —— 298

Sobre- —— 305

Sota- —— 310

Soto- —— 314

Sub- —— 316

Super- ─── 320

Supra- ─── 324

Tardo- ─── 327

Tetra- ─── 330

Tras- / trans- ─── 332

Tri- ─── 337

Turbo- ─── 340

Ultra- ─── 342

Uni- ─── 346

Vice- ─── 349

Obras citadas ─── 353

Palabras citadas ─── 363

Abreviaturas

adv	adverbio
alem.	alemán
anón.	anónimo
ant.	antiguo
aor.	aoristo
cast.	castellano
cat.	catalán
cf.	*confer* (consulte)
clás.	clásico
ed(s).	editor(es)
esp.	español
et al.	*et aliī* (y otros)
etc.	*et cetera* (etcétera)
fem.	femenino
fr.	francés
gr.	griego
ibid.	*ibidem* (en el mismo lugar)
inf.	infinitivo
ingl.	inglés
lat.	latín
lit.	literalmente
loc.	locución
med.	medieval
p. ej.	por ejemplo
pág.	página
part.	participio
pas.	pasivo
pl.	plural
port.	portugués
pres.	presente
q. v.	*quod vide* (véase)
s	sustantivo
s. f.	sin fecha
s. v.	*sub verbo* (bajo la entrada de)
sg.	singular
subj.	subjuntivo
tard.	tardío
v	verbo
var(s).	variante(s)
vg.	vulgar
vol(s).	volumen, volúmenes
vs.	*versus* (contra)

Símbolos

*	palabra o raíz reconstruida
**	palabra o frase incorrecta o no existente
<	tiene como étimo
>	es étimo de
→	tiene como derivado
←	se deriva de

Introducción

En la filología del español, el estudio de los orígenes de los prefijos y sufijos se ha relegado tradicionalmente a un espacio marginal de la etimología. Este enfoque queda reflejado en la manera en que la Real Academia Española define la etimología como "especialidad lingüística que estudia el origen de las palabras en cuanto a su significado y su forma". Esta definición identifica la palabra como objeto de estudio de esta disciplina, de la que quedan excluidos los afijos derivativos.

La misma actitud hacia los elementos infraléxicos se manifiesta en el único diccionario etimológico de rango científico de la lengua española, el de Corominas y Pascual (1980–91). Con la excepción casi anecdótica del prefijo *bi-* 'dos',[1] los afijos no merecen entradas propias en esta obra. Por tanto, los comentarios dedicados a los orígenes de este tipo de formantes hay que buscarlos esparcidos de forma más o menos aleatoria por distintas entradas de ese diccionario.

La primera obra de conjunto que se ocupa expresamente de la prefijación es el *Tratado de la formación de palabras en la lengua castellana* de José Alemany Bolufer (1920). El *Tratado* refleja el estado embrionario de la filología de la época, pero, dentro de sus limitaciones, resulta útil por abordar la cuestión desde un punto de vista tanto sincrónico (con un doble análisis formal y semántico) como diacrónico (con hipótesis y conjeturas etimológicas). Cien años más tarde, el estudio de la formación y, más en particular, de la derivación de palabras en castellano cuenta con una larga lista de obras de conjunto, tales como los seis manuales publicados en los años 90 (Lang 1990; Thiele 1992; Alvar Ezquerra 1993; Rainer 1993; Miranda 1994; Almela Pérez 1999), además de los extensos estudios de Martín García y Varela Ortega (1999), Varela Ortega (2005) y la RAE (2009). Sin embargo, todas estas obras adoptan un enfoque exclusivamente sincrónico, obligando a los que nos ocupamos del aspecto histórico de la prefijación a recurrir prioritariamente a estudios monográficos que se han ido publicando a lo largo de casi un siglo.

Estos dos factores, es decir, la exclusión de los elementos infraléxicos en la obra de Corominas y Pascual y la relativa escasez y dificultad de acceso a estudios de conjunto de índole diacrónica sobre los mismos, fueron decisivos para la publicación del *Diccionario etimológico de los sufijos españoles (y otros elementos finales)* (en adelante, *DESE* = Pharies 2002), trabajo que fue concebido para cubrir varios objetivos. En primer lugar, se proponía compilar todo lo que se sabía entonces sobre los orígenes de los sufijos. En segundo lugar, reivindicaba el estudio etimológico de los sufijos, que responde a las mismas metodologías e idénticos principios que la

---

[1] La entrada consta de 21 ejemplos y la oración siguiente: "BI-, prefijo culto tomado del latín, donde se aplica a cosas dobles."

etimología de las bases léxicas. Por último, la obra aspiraba a servir de fundamento y estímulo para futuros estudios en el campo de la etimología de los sufijos. Nos complace comprobar que, desde entonces, en consonancia con este último objetivo, han ido apareciendo numerosos estudios sobre la materia, que por su cantidad y calidad justificarían una segunda edición de dicho diccionario.

En Pharies (2006) figuraba el proyecto de complementar el *DESE* con una obra dedicada al estudio etimológico de los prefijos. El título de *Diccionario etimológico e histórico de los prefijos de la lengua española (DEPLE)* con que hemos bautizado esta nueva obra, pone de manifiesto que el paralelismo entre los dos diccionarios no es perfecto. Por una parte, se prescinde de la hipotética coletilla "y otros elementos iniciales", que se correspondería con la frase "y otros elementos finales", que en el caso del *DESE* se refería a elementos que suelen etiquetarse como "temas" o "sufoides" correspondientes a elementos de compuestos del latín y griego, tales como los latinos '*-pedo* 'pie', '*-sono* 'sonido' y los helénicos *-dermo* 'piel', '*-grafo* 'escritura'. Que este factor ya no nos parezca fundamental se debe al hecho de que la mayoría de los elementos de compuestos citados en el *DESE* pueden aparecer también en posición inicial. Así sucede con los formantes latinos (-)*ped-* (*pediluvio, cuadrúpedo*) y (-)*son-* (*sonómetro, unísono*) y con los helénicos (-)*derm-* (*dermopatía, paquidermo*) o (-)*graf-* (*grafología, caligrafía*). Por ello estamos convencidos de que los pocos elementos que aparecen exclusivamente en posición inicial (p. ej. *neuro-* 'nervio', *lipo-* 'grasa') no justifican una expansión de tal envergadura de la obra. La inclusión en el título del adjetivo *histórico* deja claro que se ha prestado máxima atención a la localización y datación de los testimonios más antiguos y representativos de cada prefijo. Este procedimiento no solo sirve para delinear la evolución gramatical, semántica y a veces ortográfica de cada prefijo, sino también para describir y caracterizar las interacciones entre prefijos a lo largo de su historia.

Como en el caso del *DESE*, la elaboración del *DEPLE* ha supuesto un largo período de preparación que se ha reflejado en una serie de estudios monográficos de uno de los autores sobre algunos prefijos de origen controvertido u obscuro, tales como *archi-* (Pharies 2007), *rete-* y *requete-* (Pharies 2009), *sub-* (Pharies 2011), *es-* (Pharies 2013) y *des-* (Pharies 2016). En 2018 se incorporó al proyecto la autora Erica Fischer-Dorantes, quien ha colaborado en la búsqueda de datos y ha redactado unas diez entradas, además de haberse ocupado de las tareas de corrección de la obra en su totalidad.

Concepto de prefijo

Evidentemente un diccionario etimológico de prefijos no es el lugar adecuado para discutir a profundidad todos los aspectos teóricos de la prefijación, tema controvertido y muy debatido en la bibliografía especializada. Basta saber que quienes participan en esta discusión teórica están muy lejos de mostrarse de acuerdo sobre qué elementos constituyen los auténticos prefijos de la lengua castellana, cuyo número oscila entre los 62 identificados por la *Nueva gramática* (RAE 2009), los 93 de la *Gramática descriptiva* de Bosque y Demonte (1999) y los 202 de la *Spanische Wortbildungslehre* de Rainer (1993). Sin embargo, a pesar de estas discrepancias, nos parece deseable incluir aquí una lista de los criterios compartidos y aplicados por una amplia mayoría de los estudiosos.[2]

1. Los prefijos y cadenas de prefijos se ubican exclusivamente en inicio de palabra (*in-diferente*, *des-gastar*). Es posible anteponer un prefijo a una palabra ya prefijada (*archi-super-conocido*).
2. Las palabras prefijadas son composicionales o analizables, es decir, combinan un prefijo de sentido claro y reconocible con una base que existe contemporáneamente como palabra independiente en la lengua, de manera que el significado del derivado se puede deducir de la combinación de sus partes.[3]
3. Los prefijos no pueden funcionar como palabras independientes en la lengua. Las aparentes excepciones son en realidad acortamientos de palabras prefijadas, cf. *lo has hecho súper* (acortamiento de *superbién*), *vamos al súper* (acortamiento de *supermercado*).
4. Los prefijos tampoco pueden servir de núcleo o base de un derivado y, por ello, no pueden combinarse con otros afijos para formar derivados (**des-ante, **re-azgo). Por esta misma razón no admiten una flexión morfológica. Los raros casos de aparente flexión como *pseudos filósofos* presuponen el acortamiento y subsiguiente conversión o recategorización del prefijo *pseudo-* en adjetivo.
5. Los prefijos son elementos átonos, desprovistos de acento prosódico.[4] Aparentes excepciones como *lo hice y luego lo **des**hice*, o *lo hizo **su**perbién*, son irrele-

---
2 De especial utilidad en la identificación de estos criterios es Iacobini (2004:99–113).
3 Este criterio se explica muy claramente en un estudio de Sala Caja (1995–96:100–103). En cambio, nos parece inaceptable la definición que utiliza Gibert-Sotelo en su estudio de 2021 (236) por incluir entre las bases admisibles raíces ligadas como *-currir*: "Prefixation can be defined as a morphological process by means of which a morpheme (the prefix) is attached to the left of a base, be that base an independent word (*des-leal* 'disloyal', *sobre-dosis* 'overdose', *re-admitir* 'readmit') or a bound root (*con-currir* 'get together', *dis-currir* 'pass by')."
4 Real Academia Española, *Diccionario panhispánico de dudas*: https://www.rae.es/dpd/prefijos

vantes porque en ellas se trata de una acentuación pragmática y no fonológica. Tampoco contradicen este principio palabras como el neocultismo híbrido *multímetro* y el préstamo helénico *homólogo* por no ser derivados castellanos, es decir, por no incorporar los prefijos castellanos *multi-* y *homo-*.
6. La contribución semántica de los prefijos es siempre de carácter funcional y subordinada, dado que sirven para modificar el contenido propiamente léxico de sus bases.[5] Según la RAE (2009:670), esta modificación puede tener carácter espacial (*sub-*), temporal (*ante-*), cuantificador (*multi-*), gradativo (*super-*), aspectual (*re-*), negativo (*in-*) o de orientación o disposición (*anti-*). Las categorías semánticas propuestas por la *Gramática descriptiva* (1999:5036–5038) son similares, pero incluyen en el grupo aspectual valores como la iteración (*re-*), la reversión (*des-*), la causatividad (*a-₁*) y la reflexividad (*auto-*).[6] Otro efecto semántico identificado por la *Gramática descriptiva*, denominado "modificador", abarca los prefijos cuantificadores (*mono-*) y calificativos (*pseudo-*). En el *DEPLE* utilizamos esta segunda clasificación, por parecernos más completa.
7. A los prefijos no les corresponde ninguna categoría gramatical determinada y por eso la categoría gramatical de sus derivados es siempre la de la base, cf. *diferente* → *indiferente*, ambos adjetivos; *gastar* → *desgastar*, ambos verbos.
8. Los prefijos no son re- o transcategorizadores, es decir, no tienen la capacidad de cambiar la categoría gramatical de sus bases. En este aspecto difieren de los sufijos, algunos de los cuales sí tienen esta capacidad; así, por ejemplo, *-miento* convierte verbos en sustantivos, cf. *atrever* → *atrevimiento*.
9. Muchos prefijos se prestan a la combinación con bases de diferentes clases de palabras: cf. *des-pegar* (base verbal), *des-ventura* (base sustantiva), *des-leal* (base adjetiva).
10. En español, el vínculo entre prefijo y base no puede ser interrumpido por ningún otro elemento: ***in-casi-diferente*, **des-muy-amor. Esta inseparabilidad es indicio de la estrecha afinidad morfológica y semántica que existe entre el prefijo y su base.

Tendremos la ocasión de citar alguno que otro de estos diez principios al tratar de distinguir en lo que sigue entre prefijos y los otros elementos lingüísticos que pueden aparecer al principio de una palabra.

---

[5] Como dicen González Ollé y Casado Velarde (1992:93), toda palabra derivada es expresión de una frase sintáctica: cf. *rehacer* 'hacer de nuevo', *infravalorar* 'valorar menos de lo debido', etc.
[6] Sobre los procesos que dan lugar a prefijos pueden consultarse los trabajos de García Sánchez (2017b:124), Gibert-Sotelo (2021), Iacobini (2023), Martín García y Varela Ortega (2012), Penas Ibáñez (2018), Stehlík (2001 y 2011a) y Pujol Payet (2012 y 2021).

Tipología de los elementos iniciales

Además de los prefijos propiamente dichos, hay una diversidad de elementos iniciales que difieren etimológica, morfológica y semánticamente de estos.

Derivados ya no transparentes. Si aplicamos el segundo criterio, según el cual los derivados prefijales españoles combinan dos elementos morfológica y semánticamente transparentes, quedan excluidos de la clase de los derivados españoles los cultismos en que se ha perdido la transparencia de uno o ambos componentes. Así, por ejemplo, el prefijo latino *ob-* 'hacia', ya no se reconoce como tal en *obtener*, pese a que su base *tener* sigue vigente, y menos aún en *objetar*, verbo en el que ni el prefijo ni la base son reconocibles. Otra posibilidad es que mantenga su vigencia el prefijo pero no la base, cf. *con-ducir* 'transportar', *de-ducir* 'sacar una conclusión' e *in-ducir* 'motivar', en los que los prefijos transparentes *con-*, *de-* e *in-* se combinan con una base opaca *-ducción* derivada del verbo latino *dūcō -ere* 'llevar hacia'. Es verdad que algunos derivados latinos conservan hasta cierto punto su transparencia al transmitirse al castellano (cf. *interponer* 'poner entre', *entremeter* 'meter entre'). Sin embargo, es más común que la transparencia sea parcial o aparente: cf. *interrogar* 'preguntar, inquirir' e *interdecir* 'vedar, prohibir' cuyas bases difícilmente se asocian con los verbos *rogar* y *decir*.

Elementos de compuestos. La composición española se complica por el hecho de que en ella conviven dos tipos muy diferentes: la composición propiamente española y la culta.

En la **composición propiamente española** se combinan dos palabras autónomas de sentido léxico para formar una nueva. Los compuestos pueden ser endocéntricos, en los que funciona como núcleo uno de los componentes (*niño prodigio*, con núcleo *niño*) o ambos componentes (*actor-director*), o exocéntricos, en los que ninguno de los dos componentes sirve de núcleo (*rompeolas*, que designa un tipo de dique en un puerto). De los 16 tipos de compuestos identificados por Moyna (2011), los más productivos son los seis siguientes:

$[V + N]_N$	*rompeolas*
$[N + N]_N$	*niño prodigio*
$[N + Adj]_N$	*pájaro carpintero*
$[N + Adj]_{Adj}$	*boquiabierto*
$[Adj + Adj]_{Adj}$	*socialcristiano*
$[Adv + V]_V$	*maltratar*

Representa una **subcategoría** de la composición propiamente española el procedimiento por el que se somete el primer elemento de un compuesto a un acortamiento, produciendo así componentes iniciales que fácilmente pueden confundirse con prefijos: cf. *euro-* en *eurodiputado*, *eco-* en *ecosistema*, *econo-* en *econométrico* y *narco-* en *narcotráfico*, elementos que resultan del acortamiento de *europeo, ecológico, economía* y *narcótico* respectivamente.

En la llamada **composición culta o clásica** se combinan elementos latinos y griegos de sentido léxico que muy a menudo no pueden funcionar como palabras independientes. No pocos de los compuestos cultos del español fueron acuñados en las lenguas de origen, tales como los latinismos *agrícola* 'concerniente a la agricultura' o *flamígero* 'que despide llamas' y los helenismos *astrólogo* 'especialista en astrología' o *zoofagia* 'costumbre de comer todo tipo de materias animales'. Se denomina **composición neoclásica** el procedimiento por el que en castellano se combinan elementos latinos y griegos para formar compuestos que nunca existieron como tales en las lenguas de origen: cf. los neolatinismos *olivícola* 'perteneciente a la cultura de los olivos' y *aurígero* 'que lleva o contiene oro' y los neohelenismos *cardiólogo* 'médico especialista de corazón' y *endodermo* 'capa más profunda de la corteza de los órganos vegetales'. Nótese que tanto en la composición clásica como en la neoclásica suelen figurar los interfijos conectores típicos de los compuestos de estas lenguas (las vocales *-i-* en latín y *-o-* en griego); además puede variar la posición del acento: *omnicolor* 'de todos los colores' vs. *omnímodo* 'que lo abarca todo'.

A diferencia de los vocablos prefijados, los compuestos suponen dos elementos formativos, ambos de sentido léxico y sin posición o función fija, cf. *hora punta/kilovatio hora*, en los que varía la posición de *hora*, y *caligrafía/grafología* en los que no solo varía la posición de *-graf-* sino también su función: sirve de núcleo en *caligrafía* 'escritura bella' pero no en *grafología* 'estudio de la escritura'.

Casos problemáticos

Los diferentes criterios que reconocemos para la prefijación no son siempre incontestables y decisivos. A continuación, comentaremos algunas de estas zonas de incertidumbre y aprovecharemos la discusión para justificar nuestra decisión de incluir o excluir ciertos formantes de la lista de los prefijos.

La *Nueva gramática* (RAE 2009:664) cuestiona la pertenencia a la clase de los prefijos de ciertos elementos cultos como *auto-, hiper-, macro-, micro-, mono-, multi-, poli-*, etc., comentando que "estas formas se consideran elementos compositivos en unos análisis y prefijos en otros". Para nosotros, la semántica claramente funcional de estos elementos junto con su adecuación a los demás criterios mencionados los coloca firmemente en la lista de los prefijos españoles.

A pesar de aparecer *sin-* en las listas de prefijos de Varela Ortega y Martín García (1999:5023n), Gibert-Sotelo (2021) y *Nueva gramática* (RAE 2009:724–725), para nosotros, Moyna (2011:18) y Carlos Piera y Varela Ortega (1999:4377) se trata de un elemento de compuestos, pues de otra manera el "prefijo" *sin-* sería transcategorizador, es decir, estaría en conflicto con el criterio ocho citado más arriba, cf. la serie de compuestos cuyos elementos "sin + sustantivo" que tienen función adjetiva, cf. *sinvergüenza* 'pícaro', *sinventura* 'desventurado', *sinsustancia* 'insustancial' y todos los ejemplos como *los sin techo* (también *los sin trabajo, sin hogar, sin casa, sin partido*) en que la secuencia "*sin* + sustantivo" funciona como adjetivo que luego se nominaliza a través del artículo definido.[7] La transcategorización es muy común en la composición española, cf. *callar* (v) + *cocer* (v) > *callacuece* 'persona que obra en secreto' (s).

Es particularmente controvertida la clasificación como prefijos de los adverbios *bien, mal, no* y *medio*. *Bien* y *mal*, por ejemplo, figuran en el inventario de prefijos de la *Gramática descriptiva* (1999:5036–5037) pero no en el de la RAE (2009:670), que los clasifica, igual que Moyna (2011:99–124), como elementos de compuestos (2009:780–781). Stehlík (2011b:151) opina que las funciones de *bien* y *mal* los pone en el límite entre la prefijación y la composición, de tal forma que su clasificación dependa de "la opinión subjetiva" de quien los clasifique. En nuestra opinión, es preferible clasificarlos como primeros elementos de compuestos, sobre todo porque, en su función adverbial, parecen conservar su acento tónico (quizá secundario) en ejemplos como *bienintencionado* y *malhumorado*, que los pone en conflicto con el criterio cinco expuesto más arriba.

Parece que es Seco (1961:233) quien primero califica el adverbio negativo *no* como prefijo ante sustantivo o adjetivo,[8] citando los ejemplos *practicó la no-violencia, participan propiamente del no-ser*, en los que señala la ausencia de algo. Hoy en día el supuesto prefijo *no* suele aparecer en casi todas las listas de prefijos (Lang 1990:170–181, Thiele 1992:90, Rainer 1993: 350–351, Martín García 1995: 472, y García Platero 1996:83, por citar solo algunos). Sin embargo, no faltan argumentos en contra de esta suposición, tal como se comenta a continuación.

Primero, la clasificación de *no* como prefijo contradice el criterio cinco citado más arriba, según el cual los prefijos son elementos esencialmente átonos. El hecho es que en su posición ante sustantivo, siempre se acentúa la palabra *no*, porque

---

[7] Hay otro elemento inicial *sin-* (< συν-) que con el sentido de 'unión' forma parte de compuestos de origen helénico, cf. *sinfonía* (συμφωνία 'unidad de sonido', 'armonía' < φωνή 'sonido'), *síntesis* (lat. *synthesis -is* < σύνθεσις 'acción de combinar'). También cabe aquí el neohelenismo *sinestesia* 'sensación asociada a un sentido diferente' (συν- + αἴσθησις 'sensación').

[8] Martín García (1995) considera que *no* es prefijal incluso ante adjetivos: cf. *no agradable*. Para nosotros, esto equivale prácticamente a negar la capacidad de los adverbios de modificar adjetivos. Además, la secuencia "*no* + adjetivo" siempre admite la presencia de un adverbio intercalado: cf. *no muy (tan, propiamente, exactamente, totalmente) agradable*. Quizá por esta razón, Esquivel (2022:103) cree que ante adjetivos "*no*" es un prefijo sólo cuando están sustantivados: cf. *un no católico* 'una persona no católica'.

solo así se entiende su semantismo oposicional: *la violéncia y la nó violéncia, el sér y el nó sér*. Esto indica que en tales construcciones mantiene su función adverbial. Otra indicación de esto es que, como subraya la RAE (2009:3642–3644), "desde el punto de vista sintáctico, las construcciones examinadas se diferencian de las que se crean con prefijos en que admiten términos de polaridad negativa", cf. *la no nominación a ningún cargo, la no asistencia de representantes ... ni de delegaciones.*

Segundo, también resulta ser problemático para la clasificación de *no* como prefijo el criterio diez citado más arriba, según el cual entre un prefijo y su base no puede insertarse ningún otro elemento, cf. los ejemplos siguientes, en las que una variedad de adverbios se inserta entre *no* y un sustantivo siguiente:

- hasta el **no muy atleta** César Vallejo ... toma parte en la pelea (2011, G. Peralta, *Antenor Orrego y la bohemia*, GB)
- y en un amor **no tan amor**, en una unión **no tan unión** (1988, anón., *Las mujeres y sus luchas*, GB)
- tu muerte **no tan muerte** aún vive mi vida agonizando, mi vida **no tan vida** lleva el nudo de tu adiós (1966, C. Velazco, *El trashumante*, GB)
- la mantención del estado de guerra —**no propiamente guerra**— se prolongó (1991, S. Bernabeu, *Estudios nuevos y viejos sobre la frontera*, GB)

Es útil contrastar la posibilidad de la inserción de adverbios como *tan* y *muy* entre *no* y un sustantivo con la imposibilidad de hacer esto con *des-*, elemento claramente prefijal que acepta bases sustantivas: **un amor des- muy amor*, **una mesura des- tan mesura*, **una avenencia des- propiamente avenencia*. Dado que tampoco resulta permisible interrumpir los elementos de un compuesto[9] – **espanta-algunos-pájaros* – parece evidente que las secuencias "*no* + sustantivo" tampoco son compuestos. En ellas el elemento *no* es sencillamente un adverbio negativo.

Quisiéramos enfatizar que el uso de *no* (o de su forma medieval *non*) ante sustantivo no es, como suponen algunos estudiosos, un fenómeno nuevo en la lengua. En realidad, hay testimonios desde los inicios de la lengua: cf. los ejemplos siguientes, una pequeña selección del centenar que se registra en el *CORDE* entre 1250 y la actualidad:[10]

- Tomando el título por **non título** en este caso (1250, anón., *Vidal Mayor*)
- Comen pan de **non piadat** e beven vino de maldat (1280, Alfonso X, *General Estoria*)

---

[9] Moyna (2011:31) se refiere con el término "atomicidad" (*atomicity*) a la inseparabilidad de los elementos de un compuesto.
[10] También son numerosísimos a partir del siglo XIII los ejemplos de *no* ante infinitivo en función sustantiva (cf. el ejemplo *no-ser* de Seco). Incluso puede ser que este uso haya servido de modelo para las construcciones con sustantivo.

- Tu faras mandamiento a los ricos ... que no hayan sperança en la **no certenidat** de las riquezas (1376–1396, Juan Fernández de Heredia, *Libro de actoridades*)
- Asi la **no justiçia** es cosa desigual e por esto el senyor de justicia se esfuerça (1400–1425, Anónimo, *Libro del Tesoro*)
- Esta es la conclusión dela tal en el **non consentimiento** de su muy alta e muy poderosa Altesa (1434, Lope de Estúñiga, *Respuesta de Lope de Estúñiga a los caballeros Fabra*)
- Aunque de la tal calydad sea, el **non uso** de gentileza non le ayuda (1438, Alfonso Martínez de Toledo, Arcipreste de Talavera)
- La qual aun que por la **non perfecçion** de sus meresçimientos & contradiçion de razon desto poder ser (1452, Alfonso Gómez de Zamora, *Morales de Ovidio*)
- el alinpiamiento de todo el onbre de la **no linpieza** de toda la culpa original (1474–1500, Antonio de Villalpando, *Razonamiento de las Reales Armas de los Católicos Reyes*)

Estos datos contradicen a los muchos estudiosos que sostienen que el uso de *no* ante sustantivo en castellano es reciente o incluso importado del inglés o del francés:
- Battaner Arias (1977:220): "Muy nuevo en la lengua se siente el adverbio *no* usado como prefijo ante sustantivos. Si su origen es anglosajón, seguramente a España entró después de sufrir la adaptación al francés."
- García Platero (1996:83): "[L]a influencia inglesa es innegable."
- Montero Curiel (1999:175): "[E]l prefijo *no*-, especialmente fructífero en los últimos años, ha llegado a esta lengua a través de galicismos que son, a su vez, calcos del inglés."
- Díaz (2000:961): "La utilización de *no*- como prefijo es reciente. Tenemos muy pocas palabras del patrimonio tradicional de la lengua formadas con *no*-."
- Capanaga (2008: 99–100): "[E]l adverbio de negación *no* con función prefijal" es "calco del inglés". Añade: "En cuanto tal, es elemento foráneo al español; procedente de textos de la cultura anglosajona, aparece cada vez con mayor difusión en periódicos y en mensajes políticos y publicitarios ... ."

En realidad, la contribución de otras lenguas es mínima en el contexto de la historia de la construcción. La influencia del inglés se reduciría a la introducción de alguno que otro calco como *el punto de no retorno* (ingl. *the point of no return*), mientras que son probables calcos del francés *no conformista, no intervención* y *no resistencia*.

Si bien negamos que los adverbios *no, bien* y *mal* satisfagan los criterios para clasificarse como prefijos, en particular por ser tónicos, en el caso de *medio* todos los estudiosos están de acuerdo sobre su atonicidad. De ahí que sea posible clasificarlo como prefijo gradativo escalar, aunque suele escribirse separado de sus bases (*medio muerto, medio amigo, se medio pudre*).

Los supuestos prefijos transcategorizadores

Algunos estudiosos sostienen que, en sintagmas como *ley anticorrupción, hombre multi-anfibio* y *avión trirreactor*, los prefijos *anti-*, *multi-* y *tri-* son responsables de la transcategorización de los sustantivos *corrupción, anfibio* y *reactor*.[11] En otras palabras, sostienen que, en *ley anticorrupción*, el segundo sustantivo se convierte en adjetivo y que el factor que motiva esta transcategorización es el prefijo que se le antepone. De ser cierto, este hecho contravendría el criterio ocho enunciado más arriba, que establece que los prefijos no tienen la capacidad de alterar la categoría morfológica de sus bases.

Una objeción muy importante a esta teoría es que el supuesto fenómeno de la transcategorización se da sin que intervenga ningún prefijo, tal como demuestran los siguientes ejemplos, localizados a través de Google Books.

- *factor anticorrupción* (1992, *Número*, vol. 13) / *factor corrupción* (2019, C. Brioschi, *Breve historia de la corrupción*)
- *acción antiguerrilla* (1999, V. Demonte, *Gramática descriptiva*) / *acción guerrilla* (1991, L. Serra, *Movimiento cooperativo campesino*)
- *avión trirreactor* (2003, J. García, *Terminología aeronáutica*) / *avión reactor* (1984, *XVI Congreso Panamericano de Ferrocarriles*)
- *ley antitrámites* (2006, E. Rincón, *Manual de derecho de comercio*) / *ley trámites* (1871, *México. Congreso. Diario de los debates*, vol. 1)
- *niño antiprodigio* (2007, J. Gracia, *El valor de la disidencia*) / *niño prodigio* (1911, *El Monitor de la Educación Común*, vol. 38)
- *hombre multi-anfibio* (2023, F. del Paso, *Palinuro de México*) / *hombre anfibio* (2010, C. Garcés, *El ser anfibio*)

En realidad, la cuestión de la supuesta capacidad transcategorizadora de los prefijos está mal planteada. El hecho relevante es que estos adjetivos o cuasi-adjetivos se encuadran –con y sin prefijo– en la clase de los compuestos (N + N)$_N$, categoría reconocida por todos los especialistas (cf. Rainer 1993, Val Álvaro 1999, RAE 2009, Moyna 2011). Moyna (2011:331–345), por ejemplo, presenta más de 400 testimonios de esta categoría, atestiguados de forma continuada desde los orígenes de la lengua hasta la actualidad. En muchos de estos casos existe la posibilidad de dotar el segundo sustantivo del compuesto de un prefijo: cf. *buque escuela / buque multiescuela, carro dormitorio / carro minidormitorio, noticia bomba / noticia mega-*

---

[11] Defienden la supuesta función transcategorizadora de los prefijos en García Platero (1994c), Bajo Pérez (1997), Martín García (2002), Montero Curiel (2002b), Serrano-Dolader (2003). En cambio, se oponen a la posibilidad de esta función Fábregas, Gil y Varela (2011) por las mismas razones que se aducen aquí.

bomba, canción protesta / canción antiprotesta. Val Álvaro (1999:4783), hablando de los compuestos de tipo (N + N)$_N$, afirma que "en todos los casos, el constituyente ligado a la referencia es el primero, de tal modo que el segundo lo modifica". Es evidente que los defensores de la interpretación transcategorizadora se equivocan al atribuir la cuasi-adjetivación de estos sustantivos a unos prefijos que no siempre están presentes. En vista de estas dos objeciones, identificamos como compuestos de la misma categoría tanto *factor corrupción* como *factor anticorrupción*, *hombre anfibio* como *hombre multi-anfibio* y *avión reactor* como *avión trirreactor*.

Criterios de clasificación de los prefijos del español

Son varios los criterios de clasificación que se pueden aplicar a los prefijos del español:
- En el aspecto ortográfico, contamos con diversas variantes diacrónicas (*ex-*, *es-*) y sincrónicas (*pseudo-*, *seudo-*), prefijos escritos juntos o separados por un espacio en blanco (*exprovincial*, *ex general*) o por un guion (*supermodelo*, *super-blanco*).
- En lo referente a la fonología, se puede señalar que hay prefijos monosilábicos o bisilábicos en el caso de los prefijos patrimoniales (*a-₁*, *sobre-*) y hasta trisilábicos en el de los cultos (*hetero-*). También varía el tratamiento de la asimilación a la consonante inicial de la base (*impúdico* vs. *inmaduro*, *in* + *reverente* = *irreverente*, *in-* + *lógico* = *ilógico*).
- Entre los rasgos morfológicos de interés destacan las variantes alomórficas (*aconfesional*, *aneléctrico*), las clases gramaticales a las que se aplican los prefijos (cf. *des-* con una base verbal en *despegar*, sustantiva en *desventura* y adjetiva en *desleal*) y los derivados parasintéticos como *aclarar* o *empeorar*.
- En el aspecto semántico distinguimos prefijos homófonos (*in-₁* de sentido espacial, *in-₂* 'negativo') y registramos los sentidos o funciones de los prefijos y, cuando es necesario, las áreas de conocimiento en que se utilizan (p. ej., científico, religioso, legal, médico).
- Finalmente, los factores diacrónicos incluyen la lengua de origen de los prefijos, los cultismos y neocultismos (incluyendo los híbridos como *multímetro*, con prefijo latino y base helénica), la cronología de la productividad de los prefijos, rivalidades e interacciones entre prefijos y la evolución de su ortografía, fonología, morfología y semántica.

Todos estos criterios se comentan en las entradas correspondientes a los prefijos individuales. Sin embargo, vale la pena comentar aquí algunas cuestiones de alcance general, sobre todo en lo que concierne a la diacronía.

- Solo diez de los prefijos castellanos se transmiten del latín al castellano por vía patrimonial: *a-₁, con-, des-, en-, entre-, es-, re-, so-, sobre-* y *tras-*. Corolario de esta afirmación es que la gran mayoría de los prefijos castellanos son préstamos de carácter culto, tomados casi siempre de las lenguas clásicas, latín y griego antiguo, directamente o a través de otras lenguas europeas.
- Hemos eliminado del catálogo de prefijos cultos de origen latino aquellos que no han mantenido su productividad dentro del español, tales como *ob-*, mencionado más arriba, *ad-* (*admirar*) y *ab-* (*abnegar*). *Intropunitivo* es de acuñación castellana, pero por ser el único ejemplo de *intro-* (al lado de los préstamos latinos *intromisión, introspección, introversión*, etc.) debe considerarse mera formación analógica. Lo mismo puede afirmarse de los elementos iniciales de *preter-natural* y *yuxta-lineal*. También descartamos algunos de los prefijos cuantificadores de origen latino que raramente producen derivados auténticamente castellanos, a saber, los que corresponden a los números del cinco al diez (cf. *quinque-* 'cinco', *sex-* 'seis', *sept-* 'siete', *oct-* 'ocho', *nove-* 'nueve' y *deci-* 'diez').[12] En cambio, sí son productivos en castellano los prefijos cuantificadores de los números más bajos *uni-celular* (también *bi-, tri-* y *cuadri-pétalo* y *cuatri-celular*), además de los prefijos que aparecen en *ambi-diestro, ante-ayer, circun-volar, cis-andino, co-acusado, contra-atacar, cuasi-pariente, de-nominal, dis-gustar, equi-distar, ex-carcelar, extra-municipal, en-claustrar, in-inteligible, infra-rrojo, inter-americano, intra-uterino, maxi-crisis, multi-cine, omni-lateral, pluri-partidista, pos-bélico, pre-canceroso, pro-amnistía, retro-acción, semi-árido, soto-bosque, sub-alimentación, super-conductor, supra-rrenal, ultra-derechista*, y *vice-rrector*.
- En cuanto a los prefijos de origen helénico, eliminamos por las razones expuestas más arriba elementos iniciales como los de *apo-calipsis, anfi-biología, eu-fonía, mis-ántropo* y *sin-artrosis*[13] y los cuantificadores correspondientes a los números del seis al nueve (*hexa-, hepta-, octa-* y *enea-*), pero no los del uno al cinco y el número diez (*mono-, di-, tri-, tetra-, penta-* y *deca-silábico*). También son productivos en castellano los prefijos helénicos ejemplificados en *a-confesional*,

---

12 Stehlík (2009:87) justifica la exclusión de la mayoría de los prefijos cuantificadores: "Debemos reconocer que la enumeración de todos estos elementos no sería de mucha utilidad; la mayoría de ellos resultan realmente poco productivos en el español moderno y su uso se limita a las terminologías especiales. Sin embargo, todo estudio científico sobre la formación de palabras debería dedicar por lo menos unas líneas al resto de los prefijos de cuantificación precisa para no simplificar demasiado las cosas." Por la misma razón, tampoco se incluyen en el *DEPLE* los numerosos prefijos cuantificadores, cualquiera que sea su origen, referidos a cifras altas: cf. *centi-* y *hecto-* 'cien', *kilo-* (*quilo-*) 'mil', *giga-* 'mil millones', *tera-* 'un billón', *peta-* 'mil billones' y tampoco se incluyen los que se refieren a cantidades muy pequeñas, tales como *mili-* 'una milésima', *pico-* 'una billonésima', *femto-* 'una milbillonésima', etc.

13 El prefijo helénico *sin-* (συν-) significa 'conjuntamente', a diferencia del cast. *sin-* < lat. *sine* 'sin'.

anti-americano, archi-conocido, auto-adhesivo, dia-sistema, dis-función, ecto-parásito, endo-cardio, epi-centro, exo-toxina, hemi-parásito, hetero-sexual, hiper-inflación, hipo-alérgico, homo-erótico, iso-inmunización, macro-biótico, mega-voltio, meta-lenguaje, micro-conector, nano-segundo, neo-barroco, paleo-magnético, pan-africano, para-militar, peri-bucal, poli-metálico, proto-elemento y *pseudo-científico*.

– Son préstamos del catalán y del italiano respectivamente los prefijos de *sota-coro* y *tardo-rrománico*. Como mencionamos más arriba, es préstamo del francés el elemento de compuestos de *turbomotor*, pero es castellana la evolución de este elemento en prefijo, ejemplificado por *turbomachismo* 'machismo desenfrenado'. Debe mencionarse además la posibilidad de que haya influido el inglés en la evolución de *mini-* y *pro-*.

– Es imprescindible insistir en el carácter internacional de los cultismos, tanto latinos como helénicos. En la gran mayoría de los casos, se puede dar por sentado que los cultismos (incluyendo los helenismos) que aparecen antes del siglo XVIII se adoptan del latín medieval o clásico, dado que esta lengua sirvió durante muchos siglos como lengua internacional de comunicación entre los estudiosos de toda Europa. La cadencia y la cantidad de estos préstamos varía entre los diferentes países dependiendo de su participación en la cultura paneuropea. En la temprana Edad Media la Península Ibérica actúa como difusor al resto de Europa de la ciencia y conocimiento de la civilización islámica, pero más tarde, a causa de su posición geográfica periférica y de la inmensa inversión de tiempo y recursos humanos y materiales que supone la Reconquista, tarda en incorporarse a la eclosión de neologismos cultos que se irradian con el Renacimiento a partir del siglo XIV desde Italia. Este retraso se repite en el siglo XVIII con el auge de la ciencia en los países europeos que contribuyen de forma más intensa a la Ilustración, sobre todo Francia, pero también Inglaterra y, en menor medida, Alemania. Como España no ocupa la primera línea en el desarrollo de la ciencia durante este período, no tiene más remedio que adoptar la terminología técnica y científica que se va acuñando en países extranjeros.[14] Según Garriga Escribano (1996–97:60), "esto se produce fundamentalmente a través de las traducciones de los más importantes tratados científicos de la época".

Para dar una idea de la importancia de las traducciones científicas del siglo XIX en la transmisión de cultismos al castellano, hemos compilado una lista de traducciones

---

14 Comenta Rodríguez Ponce (1999:364) que "Este influjo del lenguaje científico-técnico internacional, impulsado principalmente por las sociedades más avanzadas en estos campos, no es ajeno a ninguna lengua en la actualidad".

publicadas en España entre 1840 y 1869 que han contribuido palabras a las entradas del *DEPLE*. Es significativo que, con la excepción de la obra de Wurtz, traducida del inglés, todas las demás son traducciones del francés, incluyendo la de Virchow, que se basa en una traducción francesa de una obra originalmente alemana.

- M. Salacroux, *Nuevos elementos de historia natural*, traducido del francés al castellano por J. Rodrigo, Madrid, 1840 (*di-*)
- Chomel, *Lecciones clínicas acerca del reumatismo y de la gota*, traducido del francés al castellano por D. Escolar y Morales, Madrid, 1841 (*endo-*)
- E. Soubeiran, *Nuevo tratado de farmacia*, traducido del francés al castellano por J. Oriol Ronquillo, Barcelona, 1845 (*hipo-*)
- J. P. Frank, *Tratado de medicina práctica*, traducido del latín al francés por J. Goudareau y de ahí al castellano por José Velasco, Madrid, 1851 (*a-₂/an-*)
- P. Sappey, *Tratado de anatomía descriptiva*, traducido del francés al castellano por Francisco Santana y Villanueva, Madrid, 1854 (*circun-*)
- E. Gintrac, *Tratado teórico y clínico de patología interna*, traducido del francés al castellano por D. Félix Guerro Vidal, Madrid, 1855 (*a-₂/an-*)
- A. Wurtz, *Lecciones de filosofía química*, traducido del inglés al castellano por D. José de Pontes y Rosales, Madrid, 1867 (*di-*, *tri-*, *penta-*)
- E. M. van Kempen, *Manual de anatomía general*, traducido del francés al castellano por Rafael Martínez y Molina, Madrid, 1863 (*ecto-*)
- F. Rilliet y E. Barthez, *Tratado clínico y práctico de las enfermedades de los niños*, traducido al castellano a partir de la última edición francesa por Joaquín González Hidalgo, Madrid, 1866 (*infra-*)
- R. Virchow, *La patología celular*, traducido del alemán al francés por Pablo Picard, vertido al español y anotado por J. Giné y B. Robert, Madrid, 1868 (*macro-*, *multi-*)

En muchos casos hemos considerado conveniente comentar con cierto detalle el papel que ha desempeñado una lengua determinada, generalmente el francés, en la transmisión de cultismos; cf. p. ej., las entradas *archi-*, *auto-*, *cis-*, *contra-*, *de-*, *dia-*, *hipo-*, *iso-*, *mini-*, *nano-*, *tardo-* y *turbo-*. En otros, sin embargo, no nos ha parecido necesario ir comparando fechas del primer testimonio de los préstamos cultos en las distintas lenguas implicadas, sobre todo teniendo en cuenta que en la gran mayoría de los casos ni la pronunciación ni la grafía de los préstamos cultos deja entrever el influjo de la lengua transmisora. Es decir, aunque algunos cultismos castellanos puedan haberse acuñado según el modelo de otras lenguas,[15] esta circuns-

---

15 Por ejemplo, *pediatra* en lugar del esperable **pedíatro (παιδ- 'niño' y -ιατρός 'médico') parece una adaptación deficiente del fr. *pédiatre*; del mismo modo, *autodidacta* y *políglota* remiten a fr. *autodidacte*, *polyglotte* frente a las variantes normativas de uso infrecuente *autodidacto* (gr. αὐτοδίδακτος) y *polígloto* (gr. ático πολύγλωττος).

tancia normalmente no se manifiesta ni en su forma ni en su sentido, pues los cultismos en cuestión constan de morfemas latinos y griegos debidamente adaptados a las pautas del castellano. Así, por ejemplo, el helenismo *hipótesis* (ὑπόθεσις) habría sido **hipotés o **hipotese si hubiera sido un préstamo del fr. *hypothèse*; *isósceles* (ἰσοσκελής), por su parte, habría sido **isocel o **isocele (fr. *isocèle*). En definitiva, Casi todos los cultismos castellanos deberían clasificarse como calcos de términos franceses o ingleses, más que préstamos en sentido estricto. Consecuentemente, no identificamos las palabras de esta categoría como "derivados españoles", sino como vocablos cuyas bases son palabras independientes del español.

Nuestro concepto de la investigación filológica parte de la premisa de que toda explicación, generalización o conclusión tiene que fundamentarse en los datos. Esto explica que hayamos invertido la mayor parte del tiempo y del esfuerzo que hemos dedicado a la elaboración del *DEPLE* en el despojo, la recopilación y el análisis de los datos relevantes.

Por regla general, en la investigación etimológica, cuanto más antiguos son los datos, más valiosos son para la correcta identificación del étimo y su incorporación al castellano. Por eso concedemos una importancia primordial a la datación de los testimonios más antiguos de cada prefijo. Por otra parte, nos parece contraproducente abrumar al lector con una sobreabundancia de ejemplos para ilustrar un aspecto determinado de la evolución de un prefijo.

Recursos electrónicos

En la búsqueda, identificación y datación de los datos, han sido fundamentales los recursos electrónicos de los que por suerte disponemos hoy en día,[16] pues, aunque no resulta difícil encontrar ejemplos de palabras con prefijos en los diccionarios, solo las bases de datos electrónicas permiten identificar con facilidad y con un margen de error menor los testimonios más antiguos. Para llevar a cabo este aspecto del trabajo nos hemos servido principalmente de dos fuentes, que aparecen aquí con sus siglas y abreviaturas:

– Las bases de datos que ofrece la Real Academia Española:
    – Corpus diacrónico del español (*CORDE* = CO)
    – Corpus de referencia del español actual (*CREA* = CR)
    – Corpus del *Diccionario histórico de la lengua española* (= CDH)
    – Corpus del Español del Siglo XXI (*CORPES* XXI)
– Google Books (= GB)

---

[16] Estos recursos no estaban disponibles en los años 1999–2000, período en el que Pharies redactó el *DESE* en su mayor parte.

El *CORDE* incluye textos castellanos desde los inicios del idioma hasta 1974, mientras que el *CREA* y el *CORPUS XXI* recogen palabras del registro escrito (y a veces, también oral) entre 1974-2004 (*CREA*) y 2001-2020 (*CORPUS XXI*). Juntos conforman un corpus de casi 400 millones de palabras. En cuanto al *CDH* (*Diccionario histórico*), su motor de búsqueda ofrece varias ventajas, entre las cuales figuran, en primer lugar, su capacidad de presentar los datos en orden cronológico y, en segundo lugar, su lematización, cualidad que ofrece la posibilidad de acceder a las variantes ortográficas y flexivas de un lexema (cf. *coñose, conosce, connocer, connociesse, connoçio*, s.v. conocer).[17] El *CORDE*, por el contrario, no permite localizar una forma como *connocer* a menos que se haga una búsqueda de esta forma en concreto. Sin embargo, la posibilidad que ofrece de limitar las búsquedas a unas fechas determinadas es muy útil. Por ejemplo, la búsqueda de la secuencia *recono** (en la que el asterisco sirve de comodín para un número indeterminado de caracteres que formen el final de una palabra), limitado al período entre los años 1100 y 1250, devuelve doce ejemplos de *reconocer* y sus diversas variantes ortográficas, flexivas y derivativas como *reconosció* y *reconoscimjento*. En fin, nuestra experiencia es que el *CORDE* registra varias formas que no se encuentran con el motor de búsqueda del *CDH*, sobre todo aquellas que son anteriores al siglo XIII.

Google Books es un recurso mucho más amplio, basado en 40 millones de libros escaneados de los que un porcentaje indeterminado y, por lo que hemos podido averiguar, indeterminable, están escritos en castellano.

El *CORDE* y el *CDH* son absolutamente indispensables para la identificación de ejemplos anteriores a 1650 aproximadamente, porque con frecuencia Google Books interpreta erróneamente la letra de los textos impresos de esta época. Este problema se reduce mucho a lo largo del siglo XVII con la progresiva modernización de los caracteres de imprenta utilizados, con la consecuencia de que Google Books suele descubrir primeros testimonios con un siglo o más de antelación en comparación con las herramientas electrónicas de la Real Academia Española.

Sin embargo, el uso de Google Books requiere una vigilancia constante, por cuanto que cada palabra y cada fecha tienen que ser verificadas. No es raro, por ejemplo, que un supuesto testimonio se componga de un prefijo que se encuentra al final de la segunda columna de una página y una falsa base localizada al principio de la primera columna de la misma página. Para verificar la fecha de un primer testimonio, es imprescindible recurrir a la portada del libro en cuestión, donde no es raro que Google interprete como fecha de publicación cualquier dato numérico, incluso la dirección postal de la editorial en cuestión. La frecuencia de errores es

---

17 Nuestra experiencia es que el proceso de lematización del *CDH* se encuentra todavía lejos de su culminación.

tan grande que, en casos donde Google Books no permite el acceso a la portada, evitamos usar esos ejemplos o marcamos los resultados con la etiqueta de *snippet*, término con que Google indica que no tiene los derechos necesarios para mostrar el texto íntegro.

Categorías de datos
Los datos se presentan siempre en orden cronológico bajo cada categoría etimológica: p. ej., palabras latinas de transmisión patrimonial, cultismos (el conjunto de los latinismos y helenismos, definidos como préstamos cultos del latín o del griego antiguo respectivamente), neocultismos (neolatinismos y neohelenismos), derivados castellanos. A veces se divide la presentación de una o más de estas categorías, sobre todo cuando hay un lapso importante de tiempo entre un período de productividad elevada y otro, fenómeno bastante común entre los prefijos que hoy se concentran en la terminología científica. El prefijo *proto-*, por ejemplo, manifiesta en castellano tres fases de productividad con fechas de inicio muy diferentes y un perfil semántico radicalmente distinto. Los primeros derivados se concentran en los campos religioso y legal: cf. *protonotario* (1259), *protomédico* (1491–1516). A partir del siglo XVI se crean derivados de sentido marcadamente satírico: cf. *protonecio* 'el más necio de todos los necios' (1580–1627), *protocornudo* 'el rey de los cornudos' (1599–1622). Finalmente, a principios del siglo XIX se inicia un período de intensa productividad con *proto-* empleado preferentemente en el campo científico: cf. *protosulfuro* (1809), *protovértebra* (1870–1901). Obviamente, una presentación meramente alfabética de los datos enmascararía estas fases tan diferentes en la evolución de *proto-*.

Estructura de las entradas del DEPLE

Las entradas comparten un esquema básico, que, sin embargo, es flexible y varía cuando la historia de un prefijo en particular lo requiere. Los componentes básicos son los siguientes:

Introducción
– En el primer párrafo se identifica el prefijo castellano con sus alomorfos, las clases gramaticales de las bases con las que se combina, los sentidos que añade a esas bases y el étimo con su lengua de origen. Esta presentación difiere en dos aspectos de la que se adopta en las numerosas obras que se ocupan de los prefijos desde un punto de vista sincrónico. Por una parte, esas obras no suelen prestar atención a las diferencias entre cultismos y derivados castellanos: en la RAE (2009:686), por ejemplo, se cita el latinismo *retrógrado* (retrō-

gradus) al lado del derivado castellano *retrocarga*; en el *DEPLE* se insiste en un análisis independiente de las dos fases históricas, con el énfasis puesto en la fase castellana. Por otra parte, las obras de enfoque sincrónico suelen emparejar como meras variantes alomórficas prefijos como *con-/co-*, *dis-/des-*, *in-/en-*, *inter-/entre-*, *sub-/so-* y *super-/sobre-*, que, aunque compartan una etimología común y se presten a interferencias ocasionales, deben considerarse independientes tanto por su evolución como por su distinto comportamiento en el plano diacrónico.

Presentación de datos
- En cada ejemplo se especifica su significado, la forma precisa del primer testimonio, el título, autor y fecha de la obra en que aparece, el recurso con que se ha localizado, y su étimo o base. El caso concreto de *sopozar* puede servir de ilustración:
  - *sopozar* 'hundir en un pozo o poza' (*-oze*, 1240–72, Hermán el Alemán, *Traslación del Psalterio*, CO) (*pozo*)

  Aquí se cita *sopozar* en su forma habitual, la del infinitivo, seguida de una glosa. Con *-oze* se indica que la forma concreta de la palabra en el documento en cuestión, tal como se registra en el *CORDE*, es *sopoze* (3ª sg. pres. subj.). La obra en que se encuentra esta forma fue escrita entre 1240 y 1272 por Hermán el Alemán, con el título de *Traslación de Psalterio*.[18] Finalmente indicamos que la base del derivado es *pozo*. También es frecuente que las citas se suplementen con información de varios tipos. Aquí también puede servir como ilustración la entrada de *sopozar*, en la que aparece la información siguiente:
  - vars. cast. med. *sapozaronse*, 1250, anón., *Bocados de Oro*, CO; *zapuzar*, 1553–56, C. de Villalón, *El Crótalon*, CO; *sompozo*, 1254–60, anón., *Judizios de las estrellas*, CO; *chapuzó*, 1589, J. de Pineda, *Diálogos familiares*, CO.
- Se distingue entre prefijos homónimos, como *dis*-₁, prefijo opositivo de origen latino que expresa separación o negación (cf. *disconforme* 'no conforme') frente a *dis*-₂, prefijo de origen griego que denota anomalías patológicas (cf. *dislalia* 'trastorno de la pronunciación').
- Hay una explicación de la variación ortográfica y alomórfica, como la que caracteriza el prefijo helénico *a*-₂/*an*- (*a-confesional*, con *a-* ante consonante, frente a *an-eléctrico*, con *an-* ante vocal).

---

[18] A veces los títulos se abrevian si son demasiado largos: así, por ejemplo, la fuente de *sopeña* ha quedado reducida a las siete primeras palabras de *Instruccion que dio Hernan Cortés a Alvaro de Saavedra Ceron para el viage que habia de hacer con el.*

- Se incluye una descripción morfológica y semántica del étimo en la lengua de origen, basada, en el caso de los prefijos cultos, en un análisis de los préstamos correspondientes. Excepcionalmente se citan palabras latinas o griegas no representadas por los cultismos, por ejemplo, para abordar sentidos no transmitidos al castellano: p. ej., *macro-*, cuyo sentido propio en griego es 'largo' más que 'grande'. En este apartado se usan los términos "latinismo", "helenismo" y "cultismo" para denotar respectivamente los préstamos cultos del latín, del griego antiguo o de cualquiera de estas dos lenguas.
- El siguiente grupo de ejemplos se dedica a los neolatinismos o neohelenismos que incorporan el prefijo en cuestión. Un "neohelenismo" es un vocablo cuyos componentes son de origen griego, debidamente combinados según las pautas del griego antiguo, pero que nunca existió como tal en el griego antiguo. En griego antiguo existe un antecesor claro del adjetivo *microcéfalo* 'de cabeza pequeña', pero no, en cambio, de *microscopio*, sustantivo que denomina un instrumento científico inventado en 1590. Lo mismo vale, *mutatis mutandis*, para los neolatinismos.
- Presentación de los auténticos derivados castellanos, es decir, de las palabras castellanas prefijadas cuyo sentido se deduce de forma transparente a partir del significado de sus componentes en la época en que fue acuñada. Esta última aclaración es necesaria, por ejemplo, en el caso del verbo parasintético *sopozar* 'hundir en un pozo', cuyo prefijo *so-* (< *sub*), hoy desusado, era perfectamente transparente en el siglo XIII cuando se acuñó la palabra. Otro caso es *escoger*, palabra en que los hablantes ya no son conscientes de la presencia del prefijo anticuado *es-* (< *ex-*). En el caso de los prefijos cultos, no nos referimos a los "derivados" castellanos sino a las palabras cuya base es una palabra independiente de la lengua. De esta forma reconocemos el ámbito esencialmente internacional del vocabulario científico a que aludimos más arriba.

Apartados finales
- Se ejemplifican y analizan casos en los que el prefijo en cuestión aparece como palabra independiente de sus bases. Así, *súper* mantiene como acortamiento la categoría gramatical de su forma completa: *un bolígrafo súper* (acortamiento del adjetivo *superbueno*), *lo has hecho súper* (acortamiento del adverbio *superbién*) y *lo compré en el súper* (acortamiento del sustantivo *supermercado*).
- Contextualización del prefijo, comparando la evolución gramatical y semántica y las épocas de productividad ascendente y declinante en competencia con otros prefijos parcialmente sinónimos (p. ej. *super-* frente a los prefijos también intensivos *hiper-* y *archi-*) o antónimos (*macro-* frente a su contrario *micro-*). Aspiramos a que estas contextualizaciones contribuyan a perfilar la

historia de la prefijación castellana en todas las épocas desde el medioevo hasta la actualidad.
- Las mayoría de las entradas se cierran con una nota bibliográfica en la que se citan los estudios monográficos fundamentales para el prefijo en cuestión, excluyendo las obras de alcance general (como RAE 2009) mencionadas al principio de esta Introducción.

A-₁

Prefijo que se usa exclusivamente en la derivación de verbos, muchos de los cuales son parasintéticos con bases sustantivas (*afondar* ← *fondo*) y adjetivas (*aclarar* ← *claro*). La derivación verbal no parasintética (*acatar* ← *catar*), típica del castellano medieval, ya no es productiva. En la formación parasintética, el sentido espacial original tiende a transformarse para denotar una acción que modifica el estado de un objeto: así, *aclarar* es 'hacer que algo resulte más claro', en el que *claro* identifica el nuevo estado. Son anómalos los adverbios con *a-* que resultan de la aglutinación de sintagmas preposicionales (*a delante > adelante*, *a penas > apenas*). A-₁ se remonta al prefijo verbal latino *ad-* que en la mayoría de los casos forma verbos no parasintéticos:[19] *edō -ere* 'comer' → *adedō -ere* 'roer', *mīror -ārī* 'sorprender' → *admīror -ārī* 'maravillarse'. También hay derivados latinos parasintéticos, tales como los siguientes, con base sustantiva:[20]

- *admoeniō -āre* 'sitiar una ciudad' (*moenia -ium* 'murallas')
- *adaerō -āre* 'evaluar', 'valorar' (*aes, aeris* 'moneda de cobre')
- lat. tard. *accorporō -āre* 'incorporar' (*corpus -oris* 'cuerpo')
- lat. tard. *adaquō -āre* 'dar agua, dar de comer' (*aqua -ae* 'agua')
- lat. tard. *adhamō -āre* 'atrapar' (*hāmus -ī* 'gancho')

Son raros los ejemplos parasintéticos con base adjetiva:
- *apprōnō -āre* 'inclinarse hacia adelante' (*prōnus* 'inclinado hacia adelante')
- *asseuērō -āre* 'aseverar, afirmar' (*seuērus* 'severo, grave')

El caso de *a-₁* presenta dos particularidades importantes. Primero, se designa a este prefijo como *a-*₁ para distinguirlo del prefijo de origen helénico *a-*₂ (con su alomorfo

---

19 Nótese que, como es costumbre en la fonología latina, la /d/ final de *ad-* se asimila en muchos casos: cf. *crescō -ere* 'crecer' → *accrescō -ere* 'aumentar', *firmō -āre* 'dar firmeza' → *affirmō -āre* 'afirmar'. Algunos de los resultados de estas asimilaciones se reflejan en los préstamos castellanos correspondientes: cf. *aportar, afirmar*. También es notable que, en muy contados casos, la *a-* inicial de palabras castellanas se remonte al prefijo *ab-*, que en latín denotaba separación, posterioridad y origen,: cf. cast. med. *avieso* 'torcido', 'mal inclinado' (*aviessas*, 1236, G. de Berceo, *Vida de Santo Domingo*, CO) (lat. *āversus* 'desviado, torcido', part. pas. de *āvertō -ere* 'desviar' < *ab-* + *vertō*). Hay varios cultismos castellanos con *ab-*: cf. *absolver* (1237, *absoluemos*), *aborrecer* (1259, *abhorreceran*), *abdicar* (1414, *abdicamos*), *abjurar* (1427–28) y *abnegar* (1455).
20 También ejemplifican la formación parasintética en latín los verbos siguientes: *dēcollō -āre* 'degollar' (*collum -ī* 'cuello'), *inamārescō -ere* 'volverse amargo' (*amārus* 'amargo'), *praegradō -āre* 'encabezar, ir al frente de' (*gradus -ūs* 'paso'), *sublābrō -āre* 'meter por la fuerza en la boca' (*labrum -ī* 'labio'), *remorbescō -ere* 'volver a enfermarse' (*morbus* 'enfermo').

an-), que se combina con sustantivos y adjetivos para denotar privación o ausencia. Dadas las diferencias gramaticales y semánticas entre los dos prefijos es poco probable que se confundan. Segundo, como mencionamos más arriba, clasificamos los adverbios como *adelante, apenas* como aglutinaciones de sintagmas preposicionales *a delante > adelante, a penas > apenas*), no como derivados. Esta interpretación se explica en detalle más abajo.

Normalmente se dedica este primer apartado a los latinismos con el prefijo en cuestión, pero como *a-₁* pertenece al reducido grupo de prefijos que se transmiten al castellano por vía patrimonial,[21] es de esperar que también sean patrimoniales algunos de los vocablos latinos con *a-₁* que se propagan al castellano. Esto explica la forma del prefijo, que en todos los casos es *a* y no *ad*, pues ya antes de la aparición de los primeros textos el fonema /d/ se pierde en posición final de sílaba y palabra. Curiosamente este desarrollo afecta también a la gran mayoría de los préstamos cultos, donde se hubiera podido esperar la presencia de *ad-*.[22] Por esta razón, para distinguir los vocablos patrimoniales de los cultos, tenemos que examinar los rasgos fonológicos de las bases.

Aplicando este método a nuestra lista de ejemplos, comprobamos la transmisión culta de los vocablos siguientes, que, en caso contrario, habrían evolucionado a **ahermar, **allamar, **aseñar y **acondar, o tendrían las formas diptongadas **apriende y **apuerta:[23]

- *afirmar* 'asegurar' (*-are*, 1129, anón., *Fueros de Medinaceli*, CO) (*affirmō -āre* ← *firmō -āre* 'fortalecer')
- *aclamar* 'saludar' (1155, anón., *Fuero de Avilés*, CO) (*acclāmō -āre* 'exclamar, gritar' ← *clāmō -āre* 'gritar')
- *aprender* 'adquirir conocimiento de algo' (1205–1250, anón., *Razón de amor*, CDH) (*apprehendō -ere* 'agarrar' ← *prehendō -ere*)
- *asignar* 'señalar lo que corresponde a algo' (*-amos*, 1218–50, anón., *Fuero de Zorita*, CO) (lat. *assignō -āre* ← *signō -āre* 'marcar')
- *aportar* 'llegar, ir a parar a alguna parte' (*-aren*, 1234–1275, anón., *Fuero de Cáceres*, CDH) (*apportō -āre* 'traer' ← *portō -āre* 'traer')

---

21 Los otros son *con-, des-, en-, entre-, es-, re-, so-, sobre-* y *tras-*.
22 *Ad-* aparece en los cultismos *administrar* (1236, *administradores*), *admirar* (1300–05, *admiración*), *adjudicar* (1393, *adjudicando*), *adjurar* (1450, *adjuração*), *adjuntar* (1494, *adjuntados*), *adherir* (1648, *adhiere*) y *adsorber* (1882, *adsorbida*). Con dos excepciones, estos ejemplos no son semánticamente analizables, es decir, están lexicalizados. Sólo *adjuntar* 'poner algo junto a otra cosa' y el término científico *adsorber* 'atraer un cuerpo moléculas de otro cuerpo' parecen conservar el sentido original de *ad-*.
23 En el caso de *aparar* 'acudir con las manos a tomar algo' (*-ado*, 1196, anón., *Fuero de Soria*, CO) (*apparō -āre* 'preparar' ← *parō -āre*) resulta imposible determinar el modo de transmisión por el simple hecho de que son idénticos el resultado culto y el patrimonial.

- *acomodar* 'conformarse a una norma' (*-adas*, 1284–95, anón., *Fuero de Cuenca*, CO) (*accommodō -āre* ← *commodō -āre* 'ser acomodadizo')

Por el contrario, la diptongación de ciertas formas flexivas revela el carácter patrimonial de la transmisión de otros vocablos: cf. *atiende, aviene, atiene, aduerme, aprueba*. En el caso de *adormecer* es decisivo el hecho de que este verbo no era incoativo en latín:
- *atender* 'esperar' (*-ieron*, 1140, anón., *Poema de Mio Cid*, CO) (*attendō -ere* 'tender hacia', 'considerar', 'tratar de conseguir' ← *tendō -ere* 'tenderse')
- *avenir* 'concordar' (*avendremos*, 1140, anón., *Poema de Mio Cid*, CO) (*adveniō -īre* 'llegar, presentarse' ← *veniō -īre* 'venir')
- *adormir* 'adormecer', 'dormirse' (*adurmió*, 1140, anón., *Poema de Mio Cid*, CDH) (lat. tard. *addormiō -īre* ← *dormiō -īre* 'dormir')
- *atener* 'mantener, guardar' (*-jentes*, 1196, anón., *Fuero de Soria*, CO) (*attineō -ēre* ← *teneō -ēre* 'agarrar')
- *aprobar* 'dar por bueno' (*-o*, 1225, anón., *Fernando III confirma al monasterio de Oña*, CDH) (*approbō -āre* ← *probō -āre*)
- *adormecer* 'dar o causar sueño' (*-cimiento*, 1250, A. de Toledo, *Moamín*, CO) (*addormiscō -ere* 'empezar a dormirse' ← *dormiō -īre*)

Tienen un claro origen patrimonial *aparecer, apreciar* y *acrecer*, que exhiben el cambio /tj/ y /sk/ > /ts/ (> /θ/), y *acorrer*, cuya /u/ breve evoluciona regularmente a /o/:
- *apreciar* 'poner precio' (*-ado*, 1129, anón., *Fueros de Medinaceli*, CO) (lat. tard. *appretiō -āre* 'evaluar' ← lat. tard. *pretiō -āre* 'estimar')
- *aparecer* 'manifestarse, dejarse ver' (*-ist*, 1140, anón., *Poema de Mio Cid*, CO) (lat. tard. *appāresco -ere* 'comenzar a aparecer' ← *pāreō -ēre* 'aparecer')
- *acorrer* 'atender a una necesidad' (*-en*, 1140, anón., *Poema de Mio Cid*, CO) (*accurrō -ere* 'apresurarse hacia' ← *currō -ere*)
- *acrecer* 'hacer mayor, aumentar' (*-e*, 1140, anón., *Poema de Mio Cid*, CO) (*accrescō -ere* ← *crescō -ere*)

El castellano mantiene la tendencia latina a aplicar el prefijo *a-₁* a bases verbales, procedimiento que puede denominarse "derivación no parasintética". Nótese, sin embargo, que algunas de las bases verbales son formas verbalizadas de sustantivos (*rastrar* < *rastro*), adjetivos (*segurar* < *seguro*) y adverbios (*adelantar* < *adelante*). Más abajo aparece una selección de los muchos ejemplos que aparecen ya en los textos castellanos de los siglos XII y XIII. En estos casos se suele afirmar que el prefijo es de significado neutro, es decir, que "no tiene contenido y debe entenderse como indicador adicional de la categoría verbal" (Gauger 1971:83).[24] Está de acuerdo Gibert Sotelo (2017:260), quien comenta que en casos como *acomendar*, que es prácticamente sinónimo con la forma medieval no prefijada *comendar*, la función de *a-₁* es "meramente intensificadora". Otros estudios sobre este aspecto semántico de la derivación no parasintética con *a-₁* son los de Sánchez-Prieto Borja (1992), Carrera de la Red (2002), estudio enfocado al español americano y Barrio de la Rosa (2021), enfocado al español rural.

Gibert Sotelo (2017:241) subraya el hecho de que este tipo de derivación ya no es productivo en castellano estándar. Nótese que en este grupo se facilita la fecha del primer testimonio de los étimos verbales correspondientes como prueba de su existencia en la misma época en que se atestigua el derivado:

- *acomendar* 'encomendar' (*-ador*, 1129, anón., *Documentos*, CO) (*comendar*, 1155, anón., *Fuero de Avilés*, CO)
- *acometer* 'proponer' (1140, anón., *Poema de Mio Cid*, CO) (*cometer*, ibid.)
- *aguardar* 'esperar' (1140, anón., *Poema de Mio Cid*, CO) (*guardaban*, 1102, anón., *Pedro I concede*, CO)
- *aguisar* 'preparar, disponer' (*-ado*, 1140, anón., *Poema de Mio Cid*, CO) (*guisar*, ibid.)
- *afincar* 'ahincar, apremiar' (*-a*, 1140, anón., *Poema de Mio Cid*, CO) (*fincar* ibid.)
- *abajar* 'bajar' (*abaxan*, 1140, anón., *Poema de Mio Cid*, CDH) (*baxándosse*, 1221, anón., *Fueros que el abad de Sahagún*, CDH)
- *abatir* 'derribar algo' (*-ió*, 1140, anón., *Poema de Mio Cid*, CDH) (*batién*, ibid.)
- *aferir* 'dar golpes, herir' (1196, anón., *Fuero de Soria*, CO) (*feriere*, 1129, anón., *Fueros de Medinaceli*, CO)
- *amostrar* 'manifestar' (1200, Almerich, *La fazienda de Ultra Mar*, CO) (*mostrado*, 1130, anón., *Fuero de Viguera*, CO)
- *asegurar* 'hacer que alguien quede seguro' (*asseguranos*, 1200, Almerich, *La fazienda de Ultra Mar*, CDH) (*segurado*, 1141–1235, anón., *Fuero de Madrid*, CDH)
- *agradecer* 'mostrar gratitud' (*agradesçió*, 1215, anón., *Vida de Santa María Egipcíaca*, CO) (*gradesco*, 1140, anón., *Poema de Mio Cid*, CO)
- *acortar* 'disminuir la longitud de algo' (1230, G. de Berceo, *Vida de San Millán*, CO) (*cortava*, 1140, *Poema de Mio Cid*, CDH)
- *acatar* 'ver, observar' (*-amiento*, 1237, anón., *Libro de los doce sabios*, CO) (*catando*, 1140, anón., *Poema de Mio Cid*, CO)

---

24 "Das Präfix [ist] inhaltslos und … im Sinne des zusätzlichen Verbalindikators zu verstehen."

Puesto que este prefijo es uno de los que más comúnmente participa de la derivación llamada parasintética,[25] presentamos aquí nuestro concepto del fenómeno. Se suele decir que en las formaciones parasintéticas opera simultáneamente la prefijación y la sufijación, pero esta formulación oculta el hecho de que la sufijación en este caso no es derivativa sino solo flexiva. En otras palabras, en la parasíntesis operan simultáneamente la prefijación y la verbalización de una base, donde la segunda operación no supone la derivación sino la "conversión", procedimiento de formación de palabras por el que se cambia la clase gramatical de una palabra sin la actuación de la derivación o la composición. Tanto en latín como en español se marca la verbalización de este tipo añadiendo una desinencia flexiva verbal a una base no verbal: cf. lat. *cuspis -idis* 'punta' > *cuspidō -āre* 'dar punta', *albus* 'blanco' > *albeō -ēre* 'blanquear'; cast. *cepillo* > *cepillar* y *estrecho* > *estrechar*. A partir de este fenómeno se desarrolla la parasíntesis, que solo supone la adición de un prefijo derivativo al mismo tiempo que se verbaliza la base.[26]

El fenómeno de la parasíntesis en castellano puede conceptualizarse como vestigio del mismo fenómeno en latín, donde surge naturalmente como resultado de ser el latín una lengua de enmarcamiento en el satélite, según la clasificación de Talmy.[27] Con la evolución del castellano y las demás lenguas románicas hacia una estructura de enmarcamiento en el verbo, la parasíntesis se convierte en anomalía, pero no desaparece, como se hubiera podido esperar, sino que continúa siendo productiva. Esto se deberá a la capacidad de los prefijos a aportar ciertos sentidos (descritos más abajo) que difícilmente se podrían comunicar con un verbo solo.

Es muy productiva desde los principios de la lengua la derivación parasintética con el prefijo *a-₁* y una base sustantiva: cf. la lista de derivados registrados en los siglos XII y XIII que aparece más abajo. Gauger (1971:81) subraya el hecho de que, en su semántica, los ejemplos de esta categoría son poco homogéneos en comparación con los derivados adjetivos. En algunos verbos el prefijo tiene un valor espacial más o menos claro: cf. *afondar* 'irse al fondo', *acuchillar* 'dar cuchilladas (a alguien o algo)', *acocear* 'dar coces (a alguien o algo)'. El sentido secundario de 'acción que produce un nuevo estado en una persona u objeto' se percibe en otros ejemplos: cf. *acostumbrar* 'hacer que alguien adquiera costumbre de algo', *acuitar* 'poner a

---

25 También es común la derivación parasintética en los casos de *en-* y *des-*; excepcionalmente figura entre los derivados con *de-* (*deletrear*), *con-* (*congraciarse*), *dis-* (*disfrutar*), *sobre-* (*sobrecabar*) y *so-* (*sopozar*).
26 Esta conceptualización de la parasíntesis se retrata claramente en Serrano-Dolader (2017:60) y está inherente en las explicaciones de Allen (1981:79) y Haspelmath (1996).
27 Para una explicación de la distinción entre enmarcamiento en el satélite y en el verbo ver Talmy (1985, 2000). Gibert-Sotelo (2015:211–213) aplica esta distinción en su estudio de la parasíntesis en castellano.

alguien en cuita o apuro', *acompañar* 'hacer que alguien esté acompañado', *acarrear* '(poner en un carro para) transportar'.[28] Esta formación ha conservado su productividad a lo largo de la historia de la lengua, como demuestra la existencia de los siguientes neologismos citados por Rainer (1993:301): *palabras abibliadas, aporcelanadas caritas, calzoncillos apantalonados*.

- *acostumbrar* 'hacer que alguien adquiera costumbre de algo' (-*ado*, 1102, anón., *Fueros de Caparroso*, CO) (*costumbre*)
- *acabar* 'poner o dar fin' (-*a*, 1140, anón., *Poema de Mio Cid*, CO) (*cabo*)
- *acompañar* 'estar o ir en compañía de otra persona' (-*en*, 1140, anón., *Poema de Mio Cid*, CO) (*compaña*)
- *acuitar* 'poner a alguien en cuita o apuro' (*acuytaron*, 1200, Almerich, *La fazienda de Ultra Mar*, CO) (*cuita*)
- *acarrear* 'transportar' (1208, anón., *Cortes de León*, CO) (*carro*)
- *afondar* 'irse a fondo, hundirse' (-*ado*, 1236–46, G. de Berceo, *Los signos*, CO; var. *ahondada*, 1284–1295, anón., *Fuero de Cuenca*, CDH) (*fondo, hondo*)
- *ahijar* 'apadrinar' (*afijada*,[29] 1246–52, G. de Berceo, *Los Milagros de Nuestra Señora*, CO; vars. *afiyado*, 1218–1300, anón., *Testamento*, CO; var. *ahijado*, 1255, anón., *Crónica de Sahagún*, CO) (*fijo* 'hijo')
- *acuchillar* 'dar cuchilladas' (-*ado*, 1275, Alfonso X, *General Estoria*, CO) (*cuchillo*)
- *amontonar* 'hacer un montón de cosas desordenadas' (-*ados*, 1275, Alfonso X, *General Estoria*, CO) (*montón*)
- *acocear* 'dar coces a' (-*assen*, 1280, Alfonso X, *General Estoria*, CO) (*coz*)

Son igualmente comunes en los siglos XII y XIII los derivados verbales parasintéticos con base adjetiva. Gauger (1971:73) describe la semántica de este grupo de la forma siguiente: "Estas construcciones denotan colectivamente procesos o acciones por las que la cualidad denominada por el adjetivo se realiza en una cosa o persona";[30] cf. *adulzar* 'hacer dulce (un metal, un alimento)', *amansar* 'hacer manso (un animal)', *adiestrar* 'hacer diestro (a un ser humano o animal)'. Según Rainer (1993:302), este tipo derivacional también sigue siendo productivo en la actualidad: cf. la existencia de neologismos como *agringarse, avulgarar*.

---

28 Ver Pujol Payet (2014) para un análisis semántico mucho más detallado de los derivados parasintéticos con *a*-.
29 El hecho de que no se atestigüen algunos derivados parasintéticos en forma de infinitivo es irrelevante, pues la verbalización se consigue con la adición de cualquier desinencia verbal.
30 "Diese Bildungen bezeichnen insgesamt Vorgänge oder Handlungen, die darin bestehen, dass die durch das Adjektiv gemeinte Eigenschaft an einem Ding oder einer Person als Substanz jener Eigenschaft herbeigeführt wird." (Traducción al castellano de Pharies)

- *arreciar* 'dar fuerza y vigor' (*arreziado*, 1140, anón., *Poema de Mio Cid*, CDH) (*rezio* 'recio, fuerte')
- *afinar* 'perfeccionar' (*-ado*, 1196, anón., *Fuero de Soria*, CO) (*fino*)
- *alongar* 'extender en el tiempo' (1196, anón., *Fuero de Soria*, CO) (*longo* 'largo')
- *adulzar* 'endulzar' (*-çaronse*, 1200, Almerich, *La fazienda de Ultra Mar*, CO) (*dulce*)
- *amansar* 'domesticar, hacer manso a un animal' (*-adas*, 1200, Almerich, *La fazienda de Ultra Mar*, CO) (*manso*)
- *apurar* 'purificar' (*-ase*, 1223, anón., *Semejanza del mundo*, CDH) (*puro*)
- *aflojar* 'disminuir la tirantez o presión' (*afloxando*, 1236, G. de Berceo, *Loores de Nuestra Señora*, CDH) (*floxo* 'flojo')
- *alargar* 'hacer más extenso' (*-a*, 1236–46, G. de Berceo, *Loores de Nuestra Señora*, CO) (*largo*)
- *ablandar* 'poner blando' (*-a*, 1251, anón., *Calila e Dimna*, CO) (*blando*)

Como mencionamos más arriba, el hecho de que *a-₁* sea un prefijo exclusivamente verbalizador despierta sospechas sobre aparentes derivados adverbiales como *adelante* y *además*. No se trata en realidad de una derivación sino de sendos casos de aglutinación de sintagmas preposicionales. En el *CORDE* y *CDH* encontramos variantes tempranas en las que queda patente este origen por escribirse por separado en ellas la preposición *a* y su complemento, que puede ser un adverbio (*fuera*), un adjetivo (*farto*) o un sustantivo (*noche*)":[31]
- *además* 'adicionalmente' (*ademas*, 1120, anón., *Carta de donación*, CO) / *a demas* (1252, anón., *Actas de las cortes de Alcalá de Henares*, CO) / *demás* (1140, anón., *Poema de Mio Cid*, CDH)
- *arriba* 'en un lugar más alto' (1129, anón., *Fueros de Medinaceli*, CO) / *a riba* (1215, anón., *Vida de Santa María Egipcíaca*, CO) / *riba* (1154, anón., *Donación del Rey Ramiro II*, CO)
- *adelante* 'en frente' (*adelant*, 1130, anón., *Fuero de Viguera*, CO) / *a delante* (1223, anón., *Semejanza del mundo*, CO) / *delante* (1140, anón., *Poema de Mio Cid*, CDH)
- *adentro* 'a o en lo interior' (1130, anón., *Fuero de Viguera*, CO) / *a dentro* (1179–84, anón., *Fuero de Uclés*, CO) / *dentro* (1140, anón., *Poema de Mio Cid*, CDH)
- *afarto* 'bastante, sobradamente' (1140, anón., *Poema de Mio Cid*, CO) / *a farto* (1234–75, anón., *Fuero de Cáceres*, CO) / *farto* (1140, anón., *Poema de Mio Cid*, CDH)

---

[31] Responden a la misma evolución *atrás* y *aderredor* (1140), *adonde* (1236–46), *açerca* y *alexos* (1237), *adesuso* (1250) y *atamaño* (1280).

- *afuera* 'fuera del sitio en que se está' (1140, anón., *Poema de Mio Cid*, CO) / *a fuera* (1226, anón., *Fueros de Escalona*, CO) / *fuera* (1140, anón., *Poema de Mio Cid*, CDH)
- *apenas* (1236, G. de Berceo, *Vida de Santo Domingo*, CDH) / *a penas* (1250, anón., *Vidal Mayor*, CO) / *pena* (1188, anón., *Ordenamiento de una corte de León*, CO)
- *anoche* 'en la noche entre ayer y hoy' (1240–50, anón., *Libro de Alexandre*, CO) / *a noche* (1313–1410, anón., *Cuento de don Tristán*, CO) / *noche* (1129, anón., *Fueros de Medinaceli*, CO)

Son muchos los estudios dedicados al prefijo *a-₁*, sobre todo por su presencia en los derivados parasintéticos. Para nuestro estudio hemos consultado los estudios de Gauger (1971), Corbin (1980), Allen (1981), Alcoba (1987), García-Medall (1988b), González Ollé y Casado Velarde (1992), Sánchez-Prieto Borja (1992), Carrera de la Red (2002), Varela Ortega (2005), Batllori y Pujol Payet (2010 y 2012), Díaz Hormigo (2010), Iacobini (2010), Lüdtke (2011), Pujol Payet (2012, 2014 y 2021), Gibert Sotelo y Pujol Payet (2015), Serrano-Dolader (2017), Pujol Payet y Rost (2017), Gibert Sotelo (2017 y 2021) y Barrio de la Rosa (2019 y 2021). Salomonsky (1944) se centra específicamente en el funcionamiento de *a-₁* en castellano medieval.

A-₂ / an-

Prefijo de adjetivos y, raramente, sustantivos, que denota generalmente privación, falta o ausencia (*asexual* 'sin sexo') pero también, raramente, oposición (*agramatical* 'no gramatical'). Se remonta al prefijo helénico ἀ-, ἀν-, del mismo sentido. Aparece *a-₂ /an-* en castellano en forma de helenismos directos, cultismos latinos de origen helénico, neohelenismos y derivados castellanos. En todos estos grupos se mantiene la práctica helénica de anteponer el alomorfo *a-* a las bases que comienzan por consonante (*a-* + *séptico*) y *an-* a las que comienzan por vocal (*an-* + *alérgico*): cf. ἄθεος 'ateo' ← ἀ- + θεός 'dios'; ἀνώμαλος 'irregular' ← ἀν- + ὁμαλός 'regular'.[32]

Montero Curiel (1999:113–114) subraya el contraste entre *a-₂ /an-* y dos prefijos castellanos parecidos. Por una parte, tenemos el prefijo castellano *a-₁* procedente del lat. *ad-* que aparece en verbos y participios generalmente parasintéticos derivados de adjetivos (*aclarar* ← *claro*) y sustantivos (*afondar* ←*fondo*), además de los no parasintéticos derivados de verbos (*acortar* ← *cortar*). Puesto que *a-₂* se combina casi exclusivamente con sustantivos y adjetivos,[33] es improbable que se confundan los dos prefijos. Véase el artículo correspondiente a *a-₁* en este diccionario para más información. Por otra parte, el otro prefijo parecido, *ana-*, de origen helénico, sí podría confundirse con *a-₂/an-*. *Ana-* significa 'hacia atrás (en el tiempo)' en *anacrónico* 'que no es propio de la época de la que se trata' y 'conforme' en *analogía* 'conforme la proporción'. Puesto que la presencia del prefijo *ana-* en castellano se limita a préstamos helénicos, no se incluye en la lista de prefijos de esta obra. Finalmente, puede haber cierto grado de confusión con *a-* < *ab-*, prefijo latino que figura en la formación de *anormal* 'no normal' (-*a*, 1250, anón., *Vidal Mayor*, CO), cf. lat. *abnormis* 'que no pertenece a ninguna escuela de filosofía' (*norma -ae* 'norma').

Los helenismos castellanos más antiguos con prefijo *a-₂/an-*, se introducen a través del latín, incluyendo varios que aparecen en el siglo XV. En la mayoría de los casos el significado de 'privación' o 'ausencia' es evidente, en unos pocos quizá menos: lo que está ausente en *ateo* es la creencia en Dios; en *analfabeto* la capacidad de leer y escribir, de manejar el alfabeto; en *anómalo*, la norma y en *apatía*, la emoción:

---

[32] El prefijo griego gr. ἀν- procede del mismo étimo indoeuropeo *ṇ- (variante reducida de la negación *ne*) que el prefijo *in-* negativo del latín.
[33] Montero Curiel (1999:111) señala que los pocos verbos con *a-₂/an-* proceden de adjetivos o sustantivos ya prefijados: cf. *acromatizar*, derivado de *acromático* por sufijación, y *atrofiar*, formado sobre *atrofia* por verbalización.

- *atrofia* 'disminución del volumen o vitalidad de un órgano o ser por defecto de nutrición' (1450, anón., *Las etimologías romanceadas de San Isidoro*, CO) (lat. tard. *atrophia -ae* < ἀτροφία 'desnutrición'; cf. τροφή 'alimentación')
- *anodino* '(medicamento) que mitiga o calma el dolor' (1451–1475, anón., *Traducción de la Cirugía Mayor de Lanfranco*, CO) (lat. tard. *anodynus* < ἀνώδυνος; cf. ὀδύνη 'dolor').
- *anómalo* 'que se aparta de la norma, de lo normal o habitual' (-s, 1550, J. de Arce, *Coloquios*, CO) (lat. tard. *anomalus* < ἀνώμαλος; cf. ὁμαλός 'regular')
- *ateo* 'que no cree en la existencia de dios' (-s, 1589, J. de Pineda, *Diálogos familiares*, CO) (*atheus* < ἄθεος; cf. θεός 'dios')
- *analfabeto* 'que no sabe leer y/o escribir' (1609, A. de Yepes, *Corónica general*, GB) (lat. tard. *analphabētus* < ἀναλφάβητος; cf. ἀλφάβητος 'alfabeto')
- *acéfalo* 'carente de cabeza' (1657, B. de Torres, *Crónica Agustina*, CDH) (lat. *acephalus* < ἀκέφαλος; cf. κεφαλή 'cabeza')
- *apatía* 'impasibilidad del ánimo' (1667, G. Pérez, *Secretario y consejero*, GB) (lat. *apathīa -ae* < ἀπάθεια; cf. πάθος 'emoción')
- *arritmia* 'falta de ritmo regular' (1874, E. García, *Tratado de patología*, GB) (lat. tard. *arrythmia -ae* < ἀρρυθμία; cf. ῥυθμός 'movimiento repetido')

Los helenismos directos que entran al vocabulario del castellano sin la mediación del latín, comienzan a aparecer a finales del siglo XIV:
- *anarquía* 'ausencia de poder político público' (*anarquia*, 1384–96, J. Fernández de Heredia, *Traducción de Tucídides*, CDH) (ἀναρχία; cf. ἄρχω 'mandar, gobernar')
- *afonía* 'falta de voz' (1583, L. de León, *De los nombres*, CO) (ἀφωνία; cf. φωνή 'voz')
- *astomo* 'sin boca' (-os, 1589, J. de Pineda, *Diálogos familiares*, CO; var. *astomios*, 1535–52, G. de Fernández de Oviedo, *Batallas y quinquagenas*, CDH) (ἄστομος 'sin boca'; cf. στόμα 'boca')
- *amnesia* 'pérdida de la memoria' (1671, *Bibliotheca de don Joseph Pellicer*, GB) (ἀμνησία 'olvido'; cf. μνήμη 'memoria')
- *asimetría* 'falta de simetría' (*assimetría*, 1617, F. Cascales, *Tablas poéticas*, CDH) (ἀσυμμετρία; cf. συμ- 'con' + μέτρον 'medida')[34]
- *adinamia* 'debilidad o prostración física, debida a la enfermedad' (1798, J. Serrano, *Traducción de las Obras del célebre Guillelmo Rowley*, GB) (ἀδυναμία 'impotencia', 'debilidad física'; cf. δύναμαι 'poder')

---

34 El hecho de que *simetría* sea palabra independiente en castellano es etimológicamente secundario, dada la existencia de ἀσυμμετρία.

- *acinesia* 'privación de movimiento' (1821, varios autores, *Diccionario de ciencias médicas*, vol. 1, GB) (ἀκινησία 'inmovilidad'; cf. κῑνέω 'mover')
- *abulia* 'pasividad, desinterés, falta de voluntad' (1827, A. Andrade, *Motivos nacionales*, GB) (ἀβουλία; cf. βούλομαι 'querer')
- *afasia* 'pérdida del habla a consecuencia de un desorden cerebral' (1845, R. Domínguez, *Diccionario universal francés-español*, GB) (ἀφασία 'imposibilidad de hablar'; cf. φάναι 'decir')

A partir del siglo XIX comienzan a aparecer neohelenismos en castellano, todos perfectamente afines a la morfología y semántica de los helenismos auténticos:
- *acleido* '(animal mamífero) que no tiene clavículas' (1845, R. Domínguez, *Diccionario universal francés-español*, GB) (κλείς, κλειδός 'clavícula')
- *anisodonte* 'de dientes desiguales' (1848, R. Domínguez, *Diccionario nacional*, GB) (ισο- + ὀδούς 'diente', según el modelo de *mastodonte*)
- *alalia* 'pérdida del lenguaje producida por una afección local de los órganos vocales y por lesiones nerviosas' (1851, J. Frank, *Tratado de medicina práctica*, GB) (ἄλαλος 'mudo')
- *aclamídeo* '(flor) que carece de cáliz y corola' (1854, M. Colmeiro, *Curso de botánica*, GB) (χλαμύς, -ύδος 'manto, capa')
- *anuria* 'supresión de la secreción urinaria' (1855, E. Gintrac, *Tratado teórico y clínico de patología*, GB) (οὖρον 'orina')

Pasando a la treintena de palabras cuyas bases son palabras independientes en castellano, que comienzan a aparecer a finales del siglo XVIII, constatamos primero que tienden a concentrarse en los campos de la religión, la filosofía, el derecho y varias ciencias como la óptica, la biología, la física y la química. Además, como en la casi totalidad de los casos se trata palabras cultas, no sorprende que se prefiera combinar el prefijo *a-₂/an-* helénico con bases de este mismo origen:
- *acromático* '(cristal o lente) que puede transmitir la luz blanca sin descomponerla en sus colores constituyentes' (1766, *Gazeta de Madrid*, vol. 8.26., GB) (*cromático* 'relativo a los colores' < lat. *chromaticus* < χρωματικός; cf. χρῶμα 'color')
- *apolítico* 'ajeno a la política o que se desentiende de ella' (1788–96, J. Forner, *Exequias de la Lengua Castellana*, CDH) (*político*; cf. πόλις 'ciudad')
- *acatólico* 'que no pertenece a la Iglesia Católica' (1789, M. Truxillo, *Exhortación pastoral*, GB) (*católico*; cf. καθολικός 'universal, omnicomprensivo'; cf. καθόλου 'en general, en absoluto')
- *aneléctrico* 'no susceptible de electrificarse por fricción' (1804, J. de San Christobal, *Curso de química general*, GB) (*eléctrico*; cf. ἤλεκτρον 'ámbar')

- *atóxico* 'que no es tóxico' (*-a*, 1826, *Diccionario de ciencias médicas*, vol. 33, GB) (*tóxico*; cf. τόξον 'arco y flecha [envenenada]')
- *atípico* 'no típico' (1841, J. Ribot, *Compendio de las lecciones de patología general*, GB) (*típico* < τυπικός; cf. τύπος 'forma, modelo')
- *alitúrgico* 'relativo al día en que no se celebra la misa' (*-os*, 1842, P. de Rieger, *Instituciones de jurisprudencia*, GB) (*litúrgico* < λειτουργικός; cf. λειτουργός 'funcionario')
- *anisopétalo* 'de pétalos desiguales' (1848, R. Domínguez, *Diccionario nacional*, GB) (*iso-* 'igual' + *pétalo*; cf. πέταλον 'hoja', 'pétalo')
- *adiaforesis* 'ausencia o disminución de la transpiración cutánea' (1849, R. Domínguez, *Diccionario nacional*, GB) (*diaforesis* 'sudor' < lat. tard. *diaphorēsis* < διαφόρησις; cf. φορέω 'trasladar')
- *acrítico* 'que prescinde de la crítica' (1855, E. Gintrac, *Tratado teórico y clínico*, GB) (*crítico* < κριτικός; cf. κριτής 'juez')
- *atérmico* 'que no deja pasar el calor' (*-os*, 1864, A. Canudas, *Tratado elemental de física*, GB) (*térmico* < θέρμη 'calor')
- *aséptico* 'perteneciente o relativo a la asepsia, estado libre de infección' (1876, *Anales de ciencias médicas*, II, GB) (*séptico*; cf. σῆψις 'putrefacción')
- *anepigráfico* 'que carece de inscripción' (1887, T. Llorente, *España: sus monumentos*, GB) (*epigráfico* < ἐπιγραφή 'inscripción'; cf. γράφω 'escribir')

El vocablo *amoral* constituye una excepción bastante espectacular a esta tendencia. No sólo se basa en una palabra de origen latino sino que también es muy antiguo, anterior incluso a los primeros helenismos con *a-₂/an-*:[35]
- *amoral* 'desprovisto de sentido moral' (*-ment*, 1250–1300, anón., *Fuero General de Navarra*, CO) (*moral* < lat. *mōrālis* 'perteneciente a la moral')

En fechas mucho más recientes se atestiguan otros cuatro ejemplos de esta anomalía etimológica, es decir, la combinación de *a-₂/an-* con bases de origen latino:
- *asexual* '(reproducción) sin intervención de gametos' (1849, *Diario de las sesiones de las juntas generales de agricultura*, I, GB) (*sexual* < lat. *sexuālis*)
- *aconfesional* 'que no pertenece ni está adscrito a ninguna confesión religiosa' (1914, J. Aicardo, *El poder de Dios*, GB) (*confesional* < lat. *confessiō -ōnis* 'confesión')

---

[35] Incluso se puede sospechar que *amoral* pueda ser forma analógica formada sobre el modelo de *anormal* (*abnormis*), que aparece en el mismo siglo.

- *acultural* 'ajeno a la cultura o privado de ella' (1976, E. Rolla, *Familia y personalidad*, CDH) (*cultural* < lat. *cultura -ae*)
- *alegal* 'no regulado ni prohibido', 'ajeno a la ley' (1980, M. Camacho, *La clase obrera: el futuro inmediato*, GB) (*legal* < lat. *lēgālis*)

Se han publicado varios estudios sobre a_{-2}/*an-* además de los de los manuales: cf. Bajo Pérez (1997), Montero Curiel (1999) y Díaz Hormigo (2010). En ellos cobra especial interés el análisis semántico del prefijo. Más arriba hemos llamado la atención a la unanimidad con que los helenismos y neohelenismos con a_{-2}/*an-* comunican un significado privativo, hecho que se manifiesta en traducciones como *sin*, *carente de*, *que no tiene*, etc. para los adjetivos y *supresión*, *falta*, *pérdida*, *ausencia* para los sustantivos. Entre los derivados adjetivos castellanos, en cambio, se presenta con alguna frecuencia otro significado, que la RAE (2009:719) y Martín García y Varela Ortega (1999:5021) califican de "contrariedad" y Montero Curiel (1999:107) de "negación [...] de aquello que expresa la palabra a la cual se une".[36] La cualidad opositiva o la negación se ven bastante claramente en adjetivos como *atípico* 'no típico', *atóxico* 'no tóxico' y *agramatical* 'no gramatical'. Sin embargo, en los demás adjetivos, el sentido no es propiamente 'contrario' sino 'ajeno a', lo cual es perfectamente afín al sentido privativo fundamental: a fin de cuentas, una persona apolítica es alguien ajeno a la política, es decir, es una persona *que no tiene* afiliaciones políticas. Asimismo, un asunto apolítico es un asunto que *carece de* implicaciones políticas. Esto se ve aún más claro en el contraste entre verdaderos contrarios como *inmoral* 'no moral' e *ilegal* 'no legal' y sus homólogos privativos *amoral* 'desprovisto de sentido moral', *alegal* 'ajeno a la ley'.

La RAE (2009:720) afirma que "[e]n general, la estructura morfológica de muchos derivados de origen griego que muestran este prefijo es opaca a la conciencia lingüística de los hispanohablantes [...]" Sin embargo, reconoce que "son más transparentes *asimetría* y *aconfesional* ('que carece de confesión religiosa') [...]" Efectivamente la opacidad de los préstamos sustantivos (con la excepción de *asimetría*) contrasta con la relativa transparencia de los ejemplos con bases castellanas, si bien incluso algunos de éstos requieren una formación científica para su interpretación; cf. *anisopétalo* ← *isopétalo* 'de flores iguales', *adiaforesis* ← *diaforesis* 'excesiva transpiración cutánea', *amitosis* ← *mitosis* 'división del núcleo de una célula con sus cromosomas', etc. En general son más transparentes los ejemplos adjetivos: cf. *atípico*, *asexual*, *asistemático*, etc.

---

[36] Los escasos derivados sustantivos en nuestra lista (cf. *adiaforesis*, *asincronía* y *avitaminosis*) son netamente privativos en sus significados, igual que los sustantivos de origen helénico.

A-₂/an- comparte los sentidos de privación y falta sobre todo con *des-* (*descortezar* 'quitar la corteza', *desamor* 'falta de amor'), también con *dis-* (*disfavor* 'falta de favor'), *in-* (*inadvertencia* 'falta de advertencia') y el prefijo no productivo *es-* (*escornar* 'quitar un cuerno'). Expresan antítesis también *anti-* (*antiliberal* 'contrario a las ideas del liberalismo') e *in-₂* (*infundado* 'no fundado').

No conocemos ningún estudio monográfico dedicado a *a-₂/an-*.

Ambi-

Prefijo cuantificador muy infrecuente que forma adjetivos con el sentido de 'ambos' 'que afecta a dos elementos' (*ambisexual* 'destinado a los dos sexos'). Se remonta a la forma combinatoria latina *ambi-* 'a ambos lados' correspondiente al cuantificador dual *ambō* 'ambos'.[37]

No se transmiten al castellano los pocos derivados con *ambi-* del latín clásico, cf. *ambidens* 'oveja con dientes superiores e inferiores', *ambiformiter* 'de dos formas, ambiguamente', pero se registra en el latín medieval (du Cange) el adjetivo *ambidextrus* '(persona) que utiliza las dos manos con igual habilidad'.[38] En cambio, son neolatinismos los dos vocablos siguientes:

– *ambivalente* 'que tiene dos sentidos o valores' (1939–41, G. Marañón, *Manual de diagnóstico*, CO) (*valens -ntis* 'que vale')
– *ambisenso* 'en ambos sentidos' (1991, J. Resina, *Los usos del clásico*, GB) (*sensus -ūs* 'sentido')

En castellano, aparte de la forma actualizada *ambidiestro* (1538–89, L. de Granada, *Epistolario*, CDH; var. *ambidextro*, 1611, S. de Covarrubias, *Tesoro de la lengua castellana*, GB), pueden considerarse como derivados los ejemplos siguientes:

– *ambisexual* 'destinado a los dos sexos' (1914, M. Tato, *Sol y Ortega y la política contemporánea*, GB), 'que tiene una sexualidad no todavía diferenciada' (1959, J. Aguilera, *Cinco ensayos sobre la vida sexual*, GB, snippet), 'que participa de los dos sexos' (1965, G. Picon, *Panorama de las ideas contemporáneas*, GB, snippet) (*sexual*)[39]
– *ambisiniestro* '(persona) zurda que utiliza las dos manos con igual destreza (-*s*, 1923–74, J. Bermamín, *Artículos*, CDH), 'torpe en el uso de ambas manos' (1999, *Diccionario de ciencias médicas*, GB) (*siniestro*)
– *ambilateral* 'relativo a ambos lados' (1945, *Boletín del Museo de Historia Natural*, vol. 9, GB, snippet) (*lateral*)
– *ambisentido* 'en ambos sentidos' (1999, L. Carrasco, *El virus del SIDA*, CDH) (*sentido*)

---

37 Como apunta Rodríguez Ponce (2002:132), *ambi-* se corresponde con el elemento inicial de origen helénico *anfi-* (ἀμφι-). Como no ha llegado a ser productivo en castellano, *anfi-* no se incluye en el *DEPLE*.
38 Es completamente opaco el cultismo latino *ambiguo* 'que admite distintas interpretaciones' (lat. *ambiguus* < *ambigō -ere* 'disputar' < *ambi-* + *agō -ere* 'hacer').
39 Existen también *ambisex* y *ambisexo* 'adecuado tanto para hombres como para mujeres' (*DEA*).

Son comparables los prefijos *bi-* (latino) y *di-* (helénico) por referirse a dos cosas. Sin embargo, mientras que estos prefijos se refieren a dos entidades individuales, *ambi-* las presenta como una pareja inseparable.

Sobre los prefijos cuantificadores ver Bajo Pérez (1997), Rodríguez Ponce (2002a), Stehlík (2009) y Felíu Arquiola (2015).

Ante-

Prefijo que en su función espacial se combina con sustantivos para indicar lugares o cosas que se sitúan delante de algo (*antepieza* 'pieza menor que viene antes de otra principal', *anteportal* 'lugar ante el portal') o la parte delantera de cosas (*antebrazo* 'parte anterior del brazo comprendida entre el codo y la mano'). También tiene carácter espacial la función verbal que denota la acción de llevar una cosa por delante de sí (*antecoger* 'coger algo, llevándolo por delante'). En sentido temporal se combina con adjetivos (*anteúltimo* 'penúltimo'), adverbios (*anteayer*), sustantivos (*antecanto* 'versos repetidos al principio de la misa') y verbos (*anteprender* 'prender antes'). En algunos casos las dos categorías semánticas son difíciles de distinguir. Se remonta a la forma combinatoria latina *ante-* correspondiente a la preposición y adverbio *ante*, que tienen los mismos sentidos.

Los siguientes préstamos latinos con *ante-* demuestran el uso espacial ('delante') y temporal ('antes'), aunque predomina claramente el segundo:

Espacial
- *anteferir* 'preferir, anteponer' (*-ido*, 1459, A. de Palencia, *Traducción de La perfeçión del triunfo*, CO) (*anteferō -rre*)
- *antemural* 'fortaleza, roca o montaña que sirve de protección o defensa' (1490, A. de Palencia, *Universal vocabulario*, CO) (lat. tard. *antemūrāle -is*)
- *anteocupar* 'figura retórica por la que se antepone lo que debe seguir' (*-occupar*, 1490, A. de Palencia, *Universal vocabulario*, CO) (lat. tard. *anteoccupō -āre*)
- *anteambular* 'andar delante de otro' (1495, A. de Nebrija, *Vocabulario español-latino*, CO) (lat. tard. *anteambulō -āre*)

Temporal
- *antecesor* 'el que va antes' (*-es*, 1202, anón., *Cortes de Benavente*, CO) (*antecessor -ōris*)
- *antedicho* 'dicho con anterioridad' (1218–50, anón., *Fuero de Zorita*, CO) (lat. tard. *antedictus*)
- *anteponer* 'poner antes' (*-puestos*, 1250–60, anón., *Fuero Juzgo*, CO) (*antepōnō -ere -positum*)
- *antaño* 'en el año precedente', 'en el pasado' (1275, Alfonso X, *General Estoria*, CO) (*ante annum*)
- *anteceder* 'preceder' (*-e*, 1407–63, F. de la Torre, *Cancionero de Estúñiga*, CO) (*antecēdō -ere*)
- *antevenir* 'venir antes o preceder' (*-vyno*, 1424–1520, anón., *Cancionero de Juan Fernández*, CO) (*anteveniō -īre*)

- *antelucano* '(período) que precede al amanecer' (1435, L. del Monte, *Cancionero de Baena*, CO) (*antelucānus*)
- *antepenúltimo* 'inmediatamente anterior al penúltimo' (*-as*, 1437, M. de Santillana, *Proverbios o Centiloquio*, CO) (lat. tard. *antepaenultimus*)
- *antelación* 'anticipación con que, en orden al tiempo, sucede algo respecto a otra cosa' (*antelaçion* 1477, anón., *Carta de receptoria sobre los maravedíes*, CO) (lat. med. *antelatiō -ōnis* 'preeminencia', Du Cange)
- *antever* 'ver con anticipación una cosa' (1511, anón., *Traducción de Tirante el Blanco*, CO) (*antevideō, -vidēre*)
    - *anviso* (1230, G. de Berceo, *Vida de San Millán*, CDH; var. *anteviso* 'advertido y avisado', 1721, F. de Berganza, *Antigüedades de España*, vol. 2, CDH) (*antevīsum*, participio pasivo de *antevideō, -vidēre*)
- *antemeridiano* '(hora) comprendida entre medianoche y mediodía' (*-as*, 1551, M. Cortés, *Breve compendio de la esfera*, CO) (*antemerīdiānus* 'antes del mediodía')

La producción de derivados en castellano comienza en fecha muy temprana, lo que hace sospechar incluso que *ante-* podría clasificarse como prefijo patrimonial, al lado de *a-, con-, des-, en-, entre-, es-, re-, so-, sobre-* y *tras-*. *Ante-* comparte con *re-* el hecho de ser idénticas sus formas patrimonial y culta, tanto fonética como semánticamente.

Tienen sentido exclusivamente temporal los derivados acuñados en el siglo XIII:
- *anteayer* 'en el día anterior al de ayer' (*anteyer*, 1275, Alfonso X, *General Estoria*, CO; vars. *antier*, 1400, anón., *Biblia Escorial*, CO; *anteayer*, 1490, A. de Palencia, *Universal vocabulario*, CO) (*ayer*)
- *anteprender* 'prender antes' (*-e*, 1280, Alfonso X, *General Estoria*, CO; part. pas. *antepreso*, 1280, ibid.) (*prender*)
- *antepasado* 'anterior o que precede en el tiempo' (*-passado*, 1295, anón., *Fuero de Sepúlveda*, CO) (*passado* 'pasado')

En cambio, predominan los derivados de sentido espacial en el siglo XIV (excepción: *antedezir*, con sentido temporal):
- *antepecho* 'pretil de ladrillo, piedra o madera' (1303, anón., *Becerro de visitaciones de casas*, CO) (*pecho*)
- *anteportal* 'lugar ante el portal' (1303, anón., *Becerro de visitaciones de casas*, CO) (*portal*)
- *anteumbral* 'lugar enfrente del umbral' (*-unbral*, 1303, anón., *Becerro de visitaciones de casas*, CO) (*umbral*)
- *antedezir* 'predecir' (1379–84, J. Fernandez, *Traducción de Vidas paralelas de Plutarco*, CO) (*dezir* 'decir')

El siglo XV resulta ser una época de intensa productividad de *ante-* con los dos sentidos:

Temporal
- *antesaber* 'saber con anterioridad' (-*supo*, 1400, anón., *Traducción del Soberano bien de San Isidoro*, CO) (*saber*)
- *antepasar* 'anteceder, suceder antes' (-*a*, 1400, anón., *Traducción del Soberano bien de San Isidoro*, CDH) (*pasar*)
- *antenoche* 'anteanoche' (1402, P. López de Ayala, *Caída de príncipes*, CO) (*noche*)
- *antidata* 'antedata'[40] (1429–1458, anón., *Modificaciones y corroboraciones*, CO; var. *antedata* 'fecha falsa de un documento, anterior a la verdadera', 1497, anón., *Don Fernando a Garcilaso de la Vega*, CO) (*data*)
- *antellevar* 'anteponer' (-*ando*, 1442, J. de Mena, *Homero romanzado*, CO) (*llevar*)
- *anteconocer* 'conocer las cosas que han de venir' (-*conosçer*, 1450, anón., *Las etimologías romanceadas de San Isidoro*, CO) (*conosçer* 'conocer')
- *antejugar* 'comenzar una pelea a manera de juego' (1490, A. de Palencia, *Universal vocabulario*, CO) (*jugar*)
- *anteluciente* 'perspicaz' (-*luziente*, 1490, A. de Palencia, *Universal vocabulario*, CO) (*luzir* 'lucir')
- *antemaduro* 'tempranamente maduro' (-*as*, 1490, A. de Palencia, *Universal vocabulario*, CO) (*maduro*)

Espacial
- *antipara* 'cancel o biombo que se pone ante algo para defenderlo u ocultarlo', 'polaina o prenda de vestir que cubre la pierna solo por delante', 'reparo, cautela' (1240, anón., *Libro de Alexandre*, CDH; *cf. antepara*[41] (-*s*, 1461, anón., *Carta de tregua y perdón*, CO; var. *anteparo* "fueron al campo sin más anteparo", 1504, G. Rodríguez, *Las sergas del virtuoso caballero Esplandián*, CO) (*parar*)
- *anteforo* 'pieza que da ingreso al foro', *por anteforo* 'por una decisión hecha antes de una audiencia ante el tribunal' (1402, P. López, *Caída de príncipes*, CO) (*foro*)

---

[40] Como mencionamos en la entrada correspondiente a *anti-* (s.v.), se registran variantes en las que se sustituye *ante-* por *anti-*, tales como *antidata* (*antedata*), *antipara* (*antepara*), *antifaz* (*antefaz*) y *antidiluviano* (*antediluviano*) El único ejemplo que conocemos donde *anti-* se sustituye por *ante-* es *antecristo* 'anticristo, el opuesto de Cristo' (*antechristo*, 1376–96, J. Fernández, *Traducción de la Historia contra paganos*, CO).

[41] En el *CDH* (anón., *Libro de los doce sabios*), *antepara* se registra en 1237 con una función aparentemente verbal: "Quel temor nin la osadía non antepara la tu fyn." No encontramos otros testimonios de un verbo **anteparar.

- *antemano* 'regalo que se da para ganar la voluntad de alguno' (*-s*, 1419–26, anón., *Documentación medieval de la iglesia catedral de León*', CO; loc. *de antemano* 'con anticipación', 1512, J. de Ortega, *Composición del arte de la aritmética*, CO) (*mano*)
- *antetornar* 'regresar' (1446, Á. de Luna, *Libro de las claras e virtuosas mujeres*, CO) (*tornar*)
- *anteseguir* "& determjnen a qujen deuemos antesegujr" (1454, A. Chirino, *Espejo de medicina*, CO) (*seguir*)
- *antepuerta* 'repostero o cortina que se pone delante de una puerta' (1477, anón., *Cuentas de Gonzalo de Baeza*, CO) (*puerta*)
- *anteiglesia* 'iglesia parroquial' (1480, anón., *Ordenamiento de las Cortes de Toledo*, CO) (*iglesia*)
- *anteapareiar* 'estar ante otros' (1490, A. de Palencia, *Universal vocabulario*, CO) (*apareiar* 'aparejar')
- *antecama* 'especie de tapete para ponerlo delante de la cama' (1490, A. de Palencia, *Universal vocabulario*, CO) (*cama*)
- *antenombre* 'nombre o calificativo que se pone antes del nombre propio, p. ej. *don, san*, etc.' (1490, A. de Palencia, *Universal vocabulario*, CO) (*nombre*)
- *anteseña* 'divisa, señal para distinguir algo' (1490, A. de Palencia, *Universal vocabulario*, CO) (*seña*)

En el siglo XV esta productividad se mantiene firme, pero se detecta un incipiente predominio del sentido espacial:

Temporal
- *antepensado* 'pensado anteriormente' (*-as*, 1528, F. Delicado, *La lozana andaluza*, CO) (*pensado*)
- *antepagar* 'pagar con anticipación' (*-pagues*, 1554, J. Rodríguez, *Comedia llamada Florinea*, CO) (*pagar*)
- *antesucesor* 'el que viene antes del sucesor' (*-es*, 1572, P. Sarmiento, *Historia de los Incas*, CO) (*sucesor*)
- *antecanto* 'invitatorio, versos repetidos al principio' (1580, F. de Herrera, *Comentarios a Garcilaso*, CO) (*canto*)
- *anteanoche* 'en la noche de anteayer' (1582, anón., *Andrés de Morales*, CO) (*anoche*)

Espacial
- *antefaz* 'máscara con que se cubre la cara' (1512, anón., *Primaleón*, CO; var. *antifaz*, 1481–96, J. del Encina, *Cancionero*, CO) (*faz* 'cara')

- *antecolumna* 'columna puesta ante las portadas y arcos' (*-colunas*, 1526, D. de Sagredo, *Medidas del romano*, CO) (*coluna* 'columna')
- *anteguardia* 'parte del ejército más cerca del enemigo' (1527, A. de Chaves, *Quatri partitu en cosmografía práctica*, CO) (*guardia*)
- *antecámara* 'pieza inmediatamente anterior a una sala principal' (1528, F. Delicado, *La lozana andaluza*, CO) (*cámara*)
- *antecoger* 'coger algo, llevándolo por delante' (*-idos*, 1530, F. de Osuna, *Segunda parte del Abecedario espiritual*, CO) (*cogido*)
- *antemuro* 'falsabraga, muro bajo para mayor defensa delante del muro principal' (1554, L. de Granada, *Libro de la oración*, CO) (*muro*)
- *anteojos* 'binocular', 'gafas' (1563, M. Denis, *Traducción de De la pintura antigua*, CO) (*ojo*)
- *antebrazo* 'parte del brazo comprendida entre el codo y la mano' (1578–84, San Juan de la Cruz, *Fragmento*, CO) (*brazo*)
- *antedespacho* 'pieza que da acceso a un despacho' (1578–84, San Juan de la Cruz, *Fragmento*, CO) (*despacho*)
- *antedormitorio* 'pieza anterior al dormitorio' (1578–84, San Juan de la Cruz, *Fragmento*, CO) (*dormitorio*)

También predomina el sentido espacial en los siglos XVII y XVIII (excepciones: *anteúltimo, antedía, antenupcial, antediluviano, antevíspera, antejudicial*):

- *antepieza* 'pieza menor que viene antes de otra principal' (*-s*, 1600, anón., *Inventarios reales*, CO) (*pieza*)
- *antesala* 'pieza delante de la sala' (1604, J. de Persia, *Relaciones*, CO) (*sala*)
- *antecoro* 'sala que precede el coro' (*antechoro*, 1605, J. Sigüenza, *Tercera parte de la Historia de la orden*, CO) (*choro* 'coro')
- *anteúltimo* 'penúltimo' (*-ultima*, 1625, G. Correas, *Arte de la lengua española*, CO) (*último*)
- *antedía* 'ayer' (1627, G. Correas, *Vocabulario de refranes*, CO) (*día*)
- *antecabildo* 'lugar ante el cabildo de una iglesia' (1631, J. de Robles, *El culto sevillano*, CO) (*cabildo*)
- *antemuralla* 'antemural' (1642, J. Pellicer, *Avisos de 1642*, CO) (*muralla*)
- *antenupcial* 'que precede a la boda o se hace antes de ella' (*-es*, 1648, J. de Solórzano, *Política indiana*, CO) (*nupcial*)
- *antesacristía* 'espacio o pieza que da entrada a la sacristía' (1657–98, F. de Santos, *Descripción de San Lorenzo del Escorial*, CO) (*sacristía*)
- *antecapilla* 'pieza contigua a una capilla y por donde esta tiene la entrada' (1683, C. de Sigüenza, *Triunfo parténico*, CO) (*capilla*)
- *antemulas* 'el mozo de mulas' (1726, *Autoridades*) (*mula*)

- *antediluviano* 'anterior al diluvio universal', 'antiquísimo' (1726, B. Feijoo, *Teatro crítico universal*, CO) (*diluviano*)
- *anteposición* 'acción de anteponer' (1747, G. Mayans y Siscar, *Examen del concordato*, CO) (*posición*)
- *antevíspera* 'día anterior al de la víspera' (1754, J. Delgado, *Historia general sacro-profana*, CO) (*víspera*)
- *ante-propósito* 'relación de memoriales presentados al gobierno' (1762, S. de Cárdenas, *Nuevo sistema de navegar por los aires*, CO) (*propósito*)
- *antejudicial* 'acción que precede a los juicios' (*-es*, 1768, G. Mayans y Siscar, *Idea de un diccionario universal*, CO) (*judicial*)
- *anterrectoral* 'lugar ante del rectoral' (1791, G. Jovellanos, *Diario de 1791*, CO) (*rectoral*)

La productividad de *ante-* se ha mantenido estable hasta la actualidad, con una creciente preferencia por el valor espacial. En el siglo XIX, por ejemplo, se registran 15 derivados espaciales con las bases *atrio, casa, altar, cocina, foso, almacén, cuña, celda, palco, pierna, portada, puerto, capítulo, crisol* y *gabinete*. Por el contrario, solo cuatro derivados tienen sentido temporal, con las bases *latino, histórico, juicio* y *proyecto*.

La disminución de la productividad de *ante-* con valor temporal se explica por el auge de su principal rival *pre-* (q.v.), que en el siglo XVII comienza a ser común: cf. *prepassado, preanunciar, precautelar, preconcebido, preestablecer, preconcepción*. Aunque *pre-* también puede tener valor espacial (*premolar* '[diente] que se ubica antes de las muelas'), los ejemplos registrados en el *CREA* (1975–2004) muestran que en la actualidad *pre-* ha cedido este sentido a *ante-* para especializarse casi exclusivamente en el sentido temporal. Así, *pre-* y *ante-* resuelven su bifuncionalidad compartida, repartiéndose el espacio semántico: *ante-* se prefiere para el valor espacial y *pre-* para el temporal.

García Sánchez (2017a) menciona *ante-* en su estudio de cuatro prefijos verbales.

Anti-

Prefijo muy productivo en castellano actual que denota 'oposición' en derivados sustantivos y adjetivos con una variedad de matices tales como neutralización o anulación (*antiveneno* 'sustancia que neutraliza o anula el veneno', *anti-balas* 'que protege contra las balas'), enfrentamiento o rechazo (*antiliberal* 'contrario u opuesto a las ideas del liberalismo') o posesión de rasgos opuestos a los de la base (*antihéroe* 'persona que presenta cualidades opuestas a las típicas del héroe'). *Anti-* se remonta al prefijo helénico ἀντι-, que también expresaba 'oposición'.[42]

Entre 1270 y 1726 se registran unos quince helenismos con *anti-* en castellano, casi todos transmitidos a través del latín. Representan las mismas categorías semánticas mencionadas más arriba, tales como anulación (*antídoto*), rechazo (*antipatía*), oposición (*antífrasis*) y posesión de rasgos opuestos (*anticristo*):[43]

- *antípodes* '(lugar del globo terrestre) diametralmente opuesto al punto que se toma como referencia' (*antipodes*, 1270, anón., *Historia troyana*, CO; var. *antípoda*, 1535, F. Falero, *Tratado del esfera*, CO) (*antipodes -um* < ἀντίποδα (sg.), ἀντίποδες (pl.) 'antípodas')
- *antífrasis* 'designación de personas o cosas con una palabra o expresión que significa lo contrario' (*antifrasis*, 1450, anón., *Las etimologías romanceadas de San Isidoro*, CO) (lat. tard. *antiphrasis -is* < ἀντίφρασις; cf. φράσις 'habla', 'modo de hablar')
- *antídoto* 'medicamento contra un veneno' (1450, anón., *Las etimologías romanceadas de San Isidoro*, CO) (*antidotum -ī* < ἀντίδοτος; cf. διδόναι 'dar')
- *anticristo* 'ser maligno que aparecerá antes de la segunda venida de Cristo' (1486–87, D. de Valencia, *Sobre la predestinación*, CO; var. *antichristo*, 1490, A. de Palencia, *Universal vocabulario*, CO) (lat. tard. *Antichristus -ī* < ’Ἀντίχριστος 'contrario a Cristo'; cf. χριστός 'ungido')
- *antítesis* 'cosa enteramente opuesta en sus condiciones a otra' (*antithesis*, 1492, A. de Nebrija, *Gramática castellana*, CO; var. *antíteto* 1589, J. de Pineda, *Diálogos familiares*, CO) (lat. tard. *antithesis -is* < ἀντίθεσις; cf. θέσις 'colocación')
- *antífona* 'breve pasaje que se canta o reza alternadamente antes y después de los salmos' (*antíphona*, 1498, D. Durán, *Glosa sobre Lux bella*, CO) (lat. tard. *antiphōna -ae* < ἀντιφώνη 'canto alternado'; cf. φωνή 'sonido')

---

[42] En griego antiguo ἀντι- tiene un sentido adicional, el de 'en lugar de', que no está representado entre los helenismos castellanos.
[43] *Autoridades* (1726) ofrece unos cuantos más, en general menos conocidos: *antimetábole* y *antimetáthesis* 'retruécano', *antícresis* 'tipo de contrato', *antilogía* 'contradicción' y *antiperístasis* 'interacción entre opuestos'.

- *antifármaco* 'antídoto' (*antifarmaco*, 1507, L. Fores, *Tratado útil contra toda pestilencia*, CO) (ἀντιφάρμακον; cf. φάρμακον 'fármaco')
- *antipatía* 'sentimiento de aversión o rechazo hacia alguna persona o cosa' (1589, Juan de Pineda, *Diálogos familiares*, CO) (*antipathīa -ae* < ἀντιπάθεια; cf. πάθος 'emoción')
- *antinomia* 'oposición o contradicción' (1631, J. de Robles, *El culto sevillano*, CO) (*antinomia -ae* 'contradicción entre leyes' < ἀντινομία; cf. νόμος 'ley')

Sigue el modelo de *antídoto* el neohelenismo *antihelmíntico*:
- *antihelmíntico* 'medicamento contra las lombrices' (1896, B. Lázaro e Ibiza, *Compendio de la flora española*, CO) (ἕλμινς, ἕλμινθος 'lombriz, tenia')

Pasando a la derivación propiamente castellana, es notable la aparición en 1284 de *antipapa* en la segunda parte de la *Estoria de España*, tres siglos antes del próximo derivado castellano (*antiafrodisíaco*, 1589) e incluso dos siglos antes del helenismo *anticristo* (1486–87) de semántica similar. En este caso la palabra se refiere a la instalación de Alberto de Morra (llamado Burdino en la *Estoria de España*) como Papa Gregorio VIII en 1187. Según el texto: "et la clerizia fizo lo. Et burdino fecho papa. & mas uerdadera mientre anti papa. Que quiere dezir tanto como contrallo de papa":
- *antipapa* 'el que no está canónicamente elegido Papa y pretende ser reconocido como tal' (1284, *Estoria de España*, Kasten/Nitti) (*papa*)[44]

Aparte de *antipapa* y *antiafrodisíaco*, la producción castellana no arranca antes de mediados del siglo XVIII. Limitando nuestro análisis a los primeros veinte derivados, con lo que llegamos a los comienzos del siglo XIX, comprobamos que las nuevas formaciones se concentran en los campos de la medicina (*antiséptico*), religión (*anticatólico*) y política (*anticonstitucional*). Todos estos ejemplos son fundamentalmente adjetivos que con frecuencia se sustantivan:
- *antiafrodisíaco* '(medicamento) que modera o anula el impulso sexual' (*-a*, 1589, J. de Pineda, *Diálogos familiares*, CO) (*afrodisíaco*)
- *antiveneno* 'que anula el veneno' (1747, J. Juan, *Noticias secretas*, CO) (*veneno*)
- *antiséptico* 'antipútrido' (1782, Janin, *El antimefítico o licor antipútrido*, GB) (*séptico*)
- *antipútrido* 'antiséptico' (1782, Janin, *El antimefítico o licor antipútrido*, GB) (*pútrido* 'podrido')

---

44 Stotz (2000:260) afirma que en el latín medieval *antipapa* forma parte de una serie de términos eclesiásticos referentes a pseudo-oficiales, tales como *antiepiscopus* 'falso obispo', *antiabbas* 'falso abad' y *antimonachus* 'falso monje'. Curiosamente, *antipapa* no figura en du Cange, pero sí en el *DMLBS* con el sentido de 'rival del papa'.

- *antimefítico* 'antipútrido' (1782, Janin, *El antimefítico o licor antipútrido*, GB) (*mefítico* 'fétido')
- *antimonárquico* 'contrario al régimen monárquico' (1785, A. Genovesi, *Lecciones de comercio*, GB) (*monárquico*)
- *antipontificio* 'contrario al pontificio' (1785, A. Genovesi, *Lecciones de comercio*, GB) (*pontificio*)
- *antisocial* 'contrario al orden social' (1786, F. Cabarrus, *Elogio del excellentísimo señor Conde de Gausa*, GB) (*social*)
- *antiespasmódico* 'que cura o calma los espasmos' (*-a*, 1792, L. Fernández, *La comedia nueva*, CO) (*espasmódico*)
- *antipolítico* 'contrario a la política' (1794, G. de Jovellanos, *Informe de la Sociedad Económica*, CO) (*político*)
- *anticatólico* 'contrario al catolicismo' (1797, J. Llorente, *Discursos sobre el orden*, CO) (*católico*)
- *antinatural* 'contrario al orden de la naturaleza' (1798, J. Mor, *El cariño perfecto*, GB) (*natural*)
- *antinacional* 'que se opone a la nación' (1805, A. de Capmany, *Nuevo diccionario francés-español*, GB) (*nacional*)
- *antimetódico* 'contrario al procedimiento metódico' (1807, J. Febrero, *Librería de escribanos*, GB) (*metódico*)
- *antiliberal* 'contrario a las ideas del liberalismo' (1811–13, F. Alvarado, *Cartas críticas*, CO) (*liberal*)
- *antimoral* 'contrario a la moral' (*-es*, 1818, J. Fernández, *La Quijotita y su prima*, CO) (*moral*)
- *anticonstitucional* 'que va contra la Constitución' (1818, M. Quintana, *Memoria sobre el proceso*, CO) (*constitucional*)
- *antipestilencial* 'que obra contra la pestilencia' (1822, anón., *Apéndice a la madre de las obras*, CO) (*pestilencial*)
- *antidiarista* 'que se opone al diarismo o periodismo' (1828, M. de Larra, *El café*, CO) (*diarista*)

En los casos siguientes, el segmento *anti-* representa una variante de *ante-*, prefijo de origen latino cuya función es de denotar anterioridad en el tiempo (*anteanoche*) o en el espacio (*antecámara*):
- *antifaz* 'velo o máscara' (1540, S. de Horozco, *Cancionero*, CO) (*ante-* + *faz* 'cara')
- *antiparado* 'ocultado por delante' (1540, anón., *Coplas de unos compañeros*, CO) (*ante-* + *parado*)

El caso de *antipasto* 'plato de fiambres que se sirve antes del plato principal' (-s, 1607–45, D. Duque, *Comentarios del desengañado*, CO) difiere de los anteriormente citados, por ser préstamo del italiano *antipasto*).

En cuanto a la productividad actual de *anti-*, afirma García Platero (1994:103) que "se trata, en definitiva, del formante lexicogenésico negativo de mayor productividad del léxico del periodismo." *Anti-* ha sido fuente de innumerables neologismos –casi todos adjetivos– como los mencionados por Alvar Ezquerra (2007:14) y Rainer (1993: 306–308). Es notable el predominio del sentido anulativo en muchos campos semánticos, tales como la medicina (*antiacné, antianemia, antianorexia, anticancerígeno, anticaries, antiansiedad, antibacterias*), la estética (*antiarrugas, anticalvicie, anticaspa, antideshidratante*) y el ejército (*antibuque, anticohete, antiguerrilla*). En cambio, encontramos el sentido de rechazo y oposición en el campo de las ideologías (*antiatlantista, antiamericanismo, antiutopía, antiaborto*).

En la Introducción a esta obra nos ocupamos de la supuesta función transcategorizadora de *anti-*, demostrando que en realidad es un mero suplemento en compuestos como *chaleco antibalas, sistemas antirrobo* y *crema antiarrugas*.

En cuanto a la diferencia entre *anti-* y su rival *contra-*, destaca en primer lugar el hecho de que sólo *contra-* se combina con verbos (*contraindicar*), mientras que los dos se combinan con sustantivos y adjetivos. También son notables las diferencias semánticas: aunque los dos indican oposición (*antinatural, contranatural*) y anulación (*contraveneno, antiveneno*), sólo *contra-* manifiesta sentidos de carácter espacial: cf. *contrapelo* 'contra la inclinación o dirección natural del pelo', en el cual indica 'dirección opuesta' y *contramuro* 'muro bajo que para mayor defensa se levanta delante del muro principal', en el que denota una entidad secundaria a otra parecida. De ahí se desarrolla otro sentido secundario también ausente en el caso de *anti-*, el de 'grado inferior: cf. *contraalmirante* 'oficial general de la Armada inmediatamente inferior al vicealmirante'. El hecho de que los neologismos con *contra-* sean todos opositivos (*contramoralismo, contrarrumores*), terreno en el que la productividad de *anti-* es mucho más vigorosa, explica la baja productividad de *contra-* en la actualidad. También habría que mencionar que *anti-* es comparable a *pseudo-* en la denominación de personajes de la religión católica, designando *anti-* a los enemigos de la religión y *pseudo-* a los impostores: *pseudo-mesías, pseudo-obispo, pseudo-Cristo*.

Igual que otros prefijos, *anti-* aparece de vez en cuando como palabra independiente, pero en muchos casos se trata meramente de un acortamiento: cf. *anti* en el sentido de *antibiótico, antiséptico* y *antiinflamatorio*, en los que adopta la categoría gramatical del original, generalmente un sustantivo ("una receta para anti[biótico]s"), pero también adjetivo ("una sustancia anti[biótica]"), etc. En cambio, en "no somos anti" y "de lo pro y de lo anti" parece tratarse de una adjetivación del prefijo (sustantivado sintácticamente en el segundo caso por el artículo neutro *lo*).

Entre los muchos estudios valiosos sobre *anti-* destacan García Platero (1994a), Martín García (1996b y 2001), Montero Curiel (1998a), Caramés Díaz (2000), Serrano-Dolader (2003), Stehlík (2012) y Conner (2016).

Archi- / arque- / arqui- / arce- / arci- / arz-

Prefijo de sentido elativo (de grado superlativo) que en sus testimonios más antiguos se combina con sustantivos para designar a personas que ocupan el grado superior de una jerarquía (*archiduque* 'duque revestido de autoridad superior a los otros duques'). De ahí el prefijo pasa a designar a personas que destacan en un grupo (*archienemigo* 'enemigo principal de una persona') y objetos de gran tamaño (*archilaúd* 'laúd grande'). En combinación con bases adjetivas *archi-* denota la intensificación de una cualidad: cf. *archiconocido* 'muy conocido' (*conocido*). *Archi-*, que tiene varios alomorfos históricos (*arque-, arqui-, arce-, arci-* y *arz-*), se remonta al gr. ἀρχι-, primer elemento de compuestos que expresa 'primero en una jerarquía, jefe de un cuerpo de magistrados o trabajadores', correspondiente al verbo ἄρχω 'ser el primero, mandar, gobernar'.

Ejemplifican este elemento en griego ἀρχιτέκτων 'arquitecto, maestro de obra, jefe de carpinteros, de obreros' (τέκτων 'carpintero de obra, obrero') y ἀρχίμιμος 'jefe de un grupo de mimos' (μῖμος 'mimo'). Este segundo ejemplo tiende a sugerir que ya en el latín del período clásico el elemento *archi-* puede haber sido semitransparente, dado que en muchos casos las bases de los préstamos griegos existían en latín como palabras independientes:

– *archimīmus -ī* 'jefe de un grupo de mimos' (ἀρχίμιμος ← μῖμος, cf. lat. *mīmus -ī* 'mimo')
– *archipīrāta -ae* 'jefe de piratas' (ἀρχιπειράτης ← πειρατής 'bandido, atracador'; cf. lat. *pīrāta -ae* 'pirata')
– *archisynagōgus -ī* 'jefe de una sinagoga' (ἀρχισυνάγωγος ← συναγωγή 'asamblea', cf. συνάγω 'reunir'; cf. lat. *synagōga -ae* 'sinagoga')

El uso de *archi-* se difunde en el latín tardío sobre todo en la terminología de la iglesia de occidente. Entre los ejemplos siguientes destaca el último por ser híbrido, es decir, por combinar *archi-* con una base de origen latino, indicando una incipiente productividad propia en latín:[45]

---

[45] Stotz (2000:257) documenta la gran productividad de *archi-* en latín medieval, pero sin fechas de primera documentación. Entre sus ejemplos figuran algunos que aparecen también en castellano (cf. *archidux* 'archiduque' y *archicapellanus* 'archicapellán'), pero la gran mayoría de sus ejemplos no tienen homólogo en castellano: cf. *archiadvocatus* 'corregidor episcopal' (*advocatus* 'abogado', 'protector'), *archimagister* 'rector de una escuela episcopal' (*magister* 'maestro'), *archidoctor* 'jefe de profesores' (*doctor* 'profesor'), *archimolinarius* 'molinero principal' (*molinarius* 'molinero'), *archiporcarius* 'porquero principal' (*porcarius* 'porquero').

https://doi.org/10.1515/9783111329369-007

- *archidiāconus -ī* 'archidiácono, arcediano' (ἀρχιδιάκονος ← διάκονος 'sirviente, ayudante'; cf. lat. *diāconus -ī*)
- *archiepiscopus -ī* 'arzobispo' (ἀρχιεπίσκοπος ← ἐπίσκοπος 'supervisor'; cf. lat. *episcopus -ī* 'obispo')
- *archipresbyter -eri* 'arcipreste' (ἀρχιπρεσβύτερος ← πρεσβύτερος 'mayor, anciano'; cf. lat. *presbyter -eri* 'cura')
- *archisacerdōs -ōtis* 'jefe de los sacerdotes' (*archi-* + lat. *sacerdōs -ōtis* 'sacerdote')

Muchos de los múltiples alomorfos de *archi-* surgen a través de la transmisión patrimonial de palabras latinas con este prefijo. Por evolución fonética normal el lat. *archi-* /ˈaɾ ki/ produce el castellano medieval *arce-* /ˈaɾ tse/, ahora /ˈaɾ θe, ˈaɾ se/, en los dos helenismos siguientes:
- *arcediano* 'principal de los diáconos' (*arçidiano*, 1200, Almerich, *La fazienda de Ultra Mar*, CDH; vars. *arcediano*, 1249, anón., *Carta de donación*, CO; *arcediagno*, 1276, anón., *Confirmación de posesión*, CO) (*archidiaconus*)
- *arzobispo* 'primero de los obispos' (*arçobispo*, 1200, Almerich, *La fazienda de Ultra Mar*, CDH; vars. *arcebispo* 1208, anón., *Cortes de León*, CO; *arzobispo*, 1221, anón., *Carta de donación*, CO) (*archiepiscopus*)
  - *arzobispal* 'relativo al arzobispo' (*archiepiscopal*, 1490, anón., *Fernando a los obispos de Badajoz y Astorga*, CDH; var. *arquiepiscopal*, 1609, A. de Yepes, *Chronica de la Orden de S. Benito*, GB; var.) (*archiepiscopus -ī*)

Es probable que *arcipreste* (1210, *arciprest*, anón., *Carta de venta*, CO) sea préstamo del francés medieval *arciprestre* (XII) (ahora *archiprêtre* /aʁ ʃi pʁɛtʁ (ə)/), pues el cast. med. *prest, preste* y *prestre* — todos atestiguados en el siglo XIII — son préstamos evidentes de fr. med. *prestre* 'cura'.

Volvamos ahora a la evolución de *archi-* grecolatino en castellano. Primero, hay una serie de palabras cultas en las que se conserva la pronunciación culta /ˈark/, escritas *arc-*, *arqui-* y, en algunos casos, con la grafía tradicional *ch*. Nótese que *Autoridades* emplea la grafía *ch* tanto para *archiduque* y *archipoeta* (pronunciados /ˈaɾ tʃi-/) como para *archetipo*, *architecto* y *archisynagogo*, en cuyas entradas se añade la nota "pronúnciase la *ch* como *k*":
- *archidiácono* 'primero entre los diáconos' (*archidiagno*, 1207, anón., *Testimonio sobre propiedades*, CO) (*archidiāconus -ī*)
- *archipresbítero* 'primero entre los presbíteros' (*archipresbitero*, 1213, anón., *Carta de venta*, CO) (*presbyter -eri*)
- *arcángel* 'ángel de la tercera jerarquía' (*-es*, 1223, anón., *Semejanza del mundo*, CDH; var. *archángel*, 1236. G. de Berceo, *Vida de Santo Domingo de Silos*, CDH) (*archangelus -ī* < gr. ἀρχάγγελος; cf. ἄγγελος 'mensajero')

- *arquetipo* 'modelo original y primario' (*architipo*, 1423, E. de Villena, *Arte cisoria*, CO; var. *arquetipo*, 1560–78, F. de Aldana, *Poesías*, CO) (*archetypum -ī* < ἀρχέτυπον; cf. τύπος 'forma, modelo')
- *arquitecto* 'maestro de obra, jefe de carpinteros, de obreros' (*architecto*, 1508, F. de Ávila, *La vida y la muerte*, CDH; var. *arquitecto*, 1535–57, G. Fernández, *Historia general y natural*, CO) (*architectus -ī* < ἀρχιτέκτων; cf. τέκτων 'carpintero de obra')
- *arquisinagogo* 'cura principal de una sinagoga' (*archisinagogus*, 1499, R. Fernández de Santaella, *Vocabulario eclesiástico*, CDH; var. *archisinagogo*, 1594, A. de Villegas, *Fructus sanctorum*, CDH; var. *arquisinagogo*, 1612, L. de la Puente, *De la perfeccion del christiano*, GB) (*archisynagōgus -ī* < ἀρχισυνάγωγος)
- *archiatro* 'médico en jefe' (1683, C. de Sigüenza, *Triunfo parténico*, CDH; var. *arquiatra*, 1842, *Diccionario de medicina*, GB) (*archīāter -trī* 'médico oficial')

En cambio, no corresponden a étimos latinos los vocablos siguientes con *arqui-*:
- *arquidiócesis* 'provincia eclesiástica integrada por varias diócesis' (1884, D. Barros, *Historia general de Chile*, CO; var. *archidiócesis*, 1880–1881, M. Menéndez Pelayo, *Historia de los heterodoxos españoles*, CDH) (*diócesis*)
- *arquigénesis* 'génesis espontánea' (1916, L. Cardenal, *Diccionario terminológico de ciencias médicas*, GB) (*génesis*)
- *archifonema* 'conjunto de rasgos pertinentes comunes a los dos miembros de una oposición fonológica neutralizada' (1917, *Revista de la Universidad de la República*, vols. 7–10, GB, snippet; var. *arquifonema*, 1936, *Emerita: revista de lingüística*, GB, snippet) (*fonema*)
- *arquicórtex* 'nombre de una parte del cerebro' (1969, J. Pinillos, *La mente humana*, CDH; var. *archicórtex*, 1953, *Revista clínica española*, GB, snippet) (*córtex*)

En algún momento que resulta ser difícil de identificar en este grupo de palabras, el dígrafo *ch* comienza a representar el sonido /ʧ/ en castellano por influencia de la *ch* de palabras no cultas como *ocho* y *chivo*. Por eso, consideramos que es probable que se haya pronunciado así la secuencia *archi-* en las palabras siguientes, que representan el comienzo de la productividad castellana con esta variante del prefijo:
- *archiconde* 'primero entre los condes' (1424, anón., *Cancionero de Juan Fernández*, CO) (*conde*)
- *archiduque* 'duque de rango superior' (-*sa*, 1481–1496, J. del Encina, *Cancionero*, CDH) (*duque*)[46]

---

[46] Puede ser que *archiduque* sea cultismo latino: cf. lat. med. *archidux -ucis*, citado por du Cange (1883–1887) en un documento del año 959 y por Stotz (2000:257). Lo más probable es que la pronunciación latinizada /aɾki/ de este vocablo haya sido sustituido por /aɾʧi/ en cierto momento.

- *archigato* 'gato dominante' (1597–1645, F. de Quevedo, *Poesías*, CO) (*gato*)
- *archicelestina* 'primera entre las celestinas' (1609, F. de Quevedo, *Pregmática contra las cotorreras*, CO) (*celestina* 'alcahueta')

Muy emparentado con el sentido jerárquico es el de arquetipo de una categoría. Con algunas excepciones (*archipoeta, archienemigo, archimillonario*), muchos de estos vocablos admiten variantes con el prefijo *proto-* que tiene un matiz paródico o burlesco muy similar: cf. *protonecio* 'el primero de los necios', *protocornudo* 'el primero de los cornudos' y sobre todo *protoladrón*, sinónimo de *archiladrón*:
- *archipoeta* 'poeta importante' (1580–1627, L. de Góngora, *Romances*, CDH) (*poeta*)
- *archilocura* 'locura total' (1602, D. Velásquez, *El celoso*, CO) (*locura*)
- *archiembelecador* 'embustero notorio' (1615, T. de Molina, *Quarta parte de las Comedias*, GB) (*embelecador*)
- *archiladrón* 'ladrón notorio' (1624, M. de los Reyes, *El curial del Parnaso*, CO) (*ladrón*)
- *archinariz* 'nariz muy grande' (1630–55, S. Polo de Medina, *Poesía*, CO) (*nariz*)
- *archicorazón* 'corazón muy grande' (1637–1639, B. Gracián, *El héroe*, CDH) (*corazón*)
- *archienemigo* 'enemigo principal' (1696, C. Roncaglia, *Admirables efectos de la providencia*, GB) (*enemigo*)
- *archimillonario* 'multimillonario' (1816, *Caras y caretas*, vol. 3, GB) (*millón*)

Finalmente, *archi-* parece ser mero aumentativo de sustantivos en los casos siguientes:
- *archihospital* 'hospital grande' (1528, F. Delicado, *La Lozana Andaluza*, CO) (*hospital*)
- *archimesa* 'mesa grande' (1612, anón., *Bienes inventariados*, CO) (*mesa*)
- *archilaúd* 'laúd grande' (1672, D. Lozano, *Gloriosos triunfos*, GB) (*laúd*)

Hasta aquí la derivación se hace siempre sobre una base sustantiva. En el siglo XVI *archi-* se combina por primera vez con un adjetivo calificativo (es decir, con un adjetivo que designa una de las cualidades de una entidad) para referirse al grado máximo de esa cualidad:
- *archifalso* 'muy falso' (1598, J. de Molina, *Descubrimientos geométricos*, CO) (*falso*)
- *archiculto* 'muy culto' (1630–55, S. Polo de Medina, *Poesía*, CO) (*culto*)
- *archiridículo* 'archirridículo, totalmente ridículo' (1768, J. de Azara, *Cartas de Azara al Ministro Roda*, CO) (*ridículo*)

- *archinecesario* 'muy necesario' (1831, *Novísima recopilación de las leyes de España*, GB) (*necesario*)
- *archilegítimo* 'extremadamente legítimo' (1870, L. Gaston, *La gran cuestión*, GB) (*legítimo*)
- *archimicroscópico* 'extremadamente pequeño' (1870–1905, J. Echegaray, *Ciencia popular*, CDH) (*microscópico*)
- *archifamoso* 'muy famoso' (1878, J. Pereda, *Más reminiscencias*, CO) (*famoso*)
- *archiconocido* 'muy conocido' (1882, P. de Novo, *Autores dramáticos*, GB) (*conocido*)
- *archidemostrado* 'repetidamente demostrado' (1989, BOBNEO) *(demostrado)*
- *archianunciado* 'repetidamente anunciado' (2007, BOBNEO) *(anunciado)*

El prefijo sigue siendo muy productivo en esta función; cf. los numerosos ejemplos tanto sustantivos como adjetivos registrados por Rodríguez Ponce (2002:57–59) en su muy detallado estudio de este prefijo. Asimismo es muy útil el estudio de Martín García (1998). Véase también Pharies (2007) para un análisis de la presencia de *archi-* en las otras lenguas románicas.

Archi- comparte el espacio semántico del 'primero en una jerarquía' con *mega-* (*megaduque*) y con *proto-* (*protonotario*), aunque este último ya no es productivo con este sentido. Son muchos los prefijos, además de *archi-*, que señalan la intensificación de una cualidad:[47] cf. *hiper-* (*hiperromántico* 'muy romántico'), *super-* (*superfino* 'muy fino'), *ultra-* (*ultracivilizado* 'muy civilizado'), *re(quete)-* (*rebueno* 'muy bueno'), *extra-* (*extrafino* 'muy fino') y *mega-* (*megacorrupto* 'muy corrupto'). Incluso admite combinarse con algunos de estos en palabras como *archi-superconocido* (Varela Ortega 2005:62).

---

47 *Sobre-* (*sobrebendito* 'muy bendito') ya no es productivo en este sentido.

Auto-

Prefijo de valor reflexivo que, combinado con bases sustantivas y verbales significa 'a/por sí mismo': *autoagresión* 'acción de dañarse a sí mismo' y *autodefinirse* 'definirse a sí mismo'. En combinación con verbos reflexivos puede añadir una connotación de voluntariedad: *autoconvencerse* 'convencerse a sí mismo', 'imponerse un convencimiento'. *Auto-* se remonta a la forma combinatoria helénica αὐτό- correspondiente al pronombre de identidad o de ipseidad αὐτός 'el mismo', 'por sí mismo, en persona'.

El prefijo *auto-* se ha de distinguir de otros dos elementos con los que comparte origen. Primero, del adjetivo *automóvil* 'que se mueve por sí mismo' se deriva el sustantivo *automóvil* 'coche' y su acortamiento *auto*. Éste, a su vez, sirve de primer elemento de innumerables compuestos: cf. *autobomba* 'camión equipado con una bomba contra incendios', *autobús* 'vehículo de gran capacidad para transportar viajeros' y *autocine* 'cine al aire libre en que la película se ve desde el interior de los automóviles'. Segundo, en algunas palabras *auto-* es acortamiento de la palabra *automático* '(mecanismo) que funciona por sí solo': cf. *autopiloto* 'piloto automático', *autoalarma* 'alarma automática', *autopiano* 'piano automático, pianola'.

En castellano son comunes los siguientes helenismos con *auto-*, sustantivos y adjetivos, de los que algunos se transmitieron a través del latín.[48] Por cierto, García González (2006:732–733) comenta que muchos de los vocablos castellanos con *auto-* pertenecen a un vocabulario que surge más o menos al mismo tiempo en todas las lenguas europeas, lo cual puede aseverarse de la totalidad de los prefijos científicos procedentes del latín y del griego, tales como *infra-*, *inter-*, *homo-* y *hetero-*:

– *autógrafo* 'escrito por mano propia' (*-a*, 1515, G. Fernández, *Documentos relativos al Gran Capitán*, CDH) (lat. *autographus* < αὐτόγραφος; cf. γράφω 'escribir')
– *autómato* 'que actúa por sí mismo' (*-s*, 1582, M. de Urreal, *Traducción de la Arquitectura*, CO) (lat. *automatus* < αὐτόματος 'semoviente, espontáneo'; -ματος seguramente está relacionado con la raíz **men-* de μέμονα 'estar deseoso', μένος 'ímpetu')
  – *automatismo* 'ejecución inconsciente de actos' (1578–84, San Juan de la Cruz, [fragmento], CDH) (αὐτοματισμός)
  – *autómata* 'aparato que encierra dentro se sí el mecanismo que le imprime determinados movimientos' (1730, B. Feijoo, *Theatro crítico universal*, CO) (αὐτόματα 'ingenios mecánicos')

---

48 Aparecen en latín, pero no en castellano *autocratus* '(vino) bien mezclado' (αὐτόκρατος) y *autopȳrus -ī* 'pan hecho de harina de trigo integral' (αὐτόπυρος 'de harina pura de trigo' < πυρός 'trigo').

- *automático* 'que funciona por sí solo' (1775, M. Barnades, *Instrucción sobre lo arriesgado que es[...] enterrar a las personas*, GB) (*autómat-* + *-ico*)
- *autonomía* 'capacidad de un estado de gobernarse por sus propias leyes' (1601, *Sermones funerales*, GB) (αὐτονομία; cf. νόμος 'ley')
    - *autónomo* 'que tiene autonomía' (1752, L. J. Velázquez, *Ensayo sobre los antiguos alphabetos*, GB) (αὐτόνομος)
    - *autonómico* 'que se gobierna por sus propias leyes' (*-a*, 1863, P. Monlau, *Del arcaísmo y el neologismo*, CO) (*autonom-* + *-ico*)
- *autóctono* 'originario del propio país en el que vive', 'natural del país, indígena' (*-a*, 1603, anón., *Que ningún religoso sea admitido como doctrinero*, CDH) (lat. *autochthōn -ōnis* 'aborigen' < αὐτόχθων, -θονος; cf. χθών 'suelo, territorio')
- *autocracia* 'forma de gobierno en la cual la voluntad de un solo individuo es la suprema ley' (1652, I. Márquez, *El governador christiano*, GB) (αὐτοκράτεια; cf. κράτος 'fuerza', 'poder')
    - *autócrata* 'persona que ejerce autoridad ilimitada' (1833, M. Larra, *Varios caracteres*, CO) (αὐτοκρατής 'que se gobierna por sí mismo')
- *autopsia* 'disección de un cadáver para descubrir las causas de la muerte' (1713, A. Alvarez del Corral, *Hippocrates vindicado*, GB) (αὐτοψία 'examen visual realizado en persona'; cf. ὄψις 'vista')
- *autodidacta* 'que se ha instruido a sí mismo' (1788, *Correo de Madrid*, vol. 2, GB) (αὐτοδίδακτος; cf. διδάσκω 'enseñar', de forma quizá influida por el fr. *autodidacte*)
- *autógeno* 'que se genera a sí mismo' (1855, *Diccionario general de la lengua castellana*, GB) (αὐτογενής 'existente por sí mismo'; cf. γίγνομαι 'producirse, surgir, nacer, hacerse')

Tanto el *DRAE* como Corominas y García González (2006:732) atribuyen algunos de estos vocablos a una mediación francesa. Efectivamente en casi todos los casos aparecen los helenismos con *auto-* primero en francés (excepción: fr. *autocratie* [1705, Maximilian Emanuel II, Manifeste, GB] vs. cast. *autocracia* [1652]).

En el vocabulario científico surgen unos cuantos neohelenismos con *auto-* en el siglo XIX, seguidos de muchos más en el siglo XX:[49]

---

[49] Entre los neohelenismos científicos recientes cuentan *autogamia* 'fecundación de una flor por su propio polen', *autognosis* 'conocimiento de sí mismo', *autosoma* 'cromosoma no sexual' y *autótrofo* '(organismo) que se nutre por sí mismo'. En el campo de la religión destaca el neohelenismo *autocéfalo* '(iglesia) independiente de la autoridad de los patriarcas de la Iglesia Griega' (κεφαλή 'cabeza').

- *autoplastia* 'restauración quirúrgica mediante la que se sustituye una parte destruida con otra análoga del mismo individuo' (1844, M. Jiménez, *Diccionario de los diccionarios de medicina*, GB) (πλαστός 'formado, moldeado')
- *autolatría* 'egolatría' (1847, J. Roca y Cornet, *Ensayo crítico*, GB) (λατρεία 'veneración')
- *autópsido* '(mineral) que tiene aspecto metálico' (1852, R. Domínguez, *Compendio del diccionario nacional*, GB) (ὄψις 'vista')
- *autofagia* 'nutrición de un organismo a expensas de su propia substancia' (1855, *El Plata científico y literario*, vol. 6, GB) (inf. aor. φαγεῖν 'comer, devorar')

Con pocas excepciones, la mayor productividad con *auto-* en castellano se fecha en el siglo XX. En esta fase de la historia del prefijo surgen por primera vez derivados verbales (siempre transitivos), en muchos de los cuales (p. ej., *autonombrarse*, *autodefinirse*) el prefijo subraya de forma redundante la reflexividad ya presente en el pronombre reflexivo *se*.[50] La presencia de un verbo también se hace sentir en algunos derivados sustantivos y adjetivos verbales: *autointoxicación* ← *autointoxicar* ← *intoxicar*; *autodestruido* ← *autodestruir* ← *destruir*.

Como era de esperar, en un prefijo que se refiere a uno mismo, la mayoría de los ejemplos remite a la vida interior de las personas, es decir, a la psicología, la religión, la educación y la filosofía:
- *autobiografía* 'vida de una persona escrita por ella misma' (1823–38, J. Heredia, *Revisión de obras X*, CO; cf. *autobiográfico* 'perteneciente a la autobiografía' (1589[51], J. de Pineda, *Diálogos familiares*, CO) (βιογραφία < βίος 'vida' + γράφω 'escribir')
- *automóvil* 'que se mueve por sí mismo' (1870–1905, J. Echegaray, *Ciencia popular*, CDH) (*móvil*)
- *autogobierno* 'acción de autogobernarse' (1875, *Revista de España*, vol. 44, GB) (*gobierno*)
- *autosugestión* 'sugestión producida por estímulos procedentes del propio sujeto' (1885–86, *La escuela de medicina*, vol. 7, GB) (*sugestión*)
- *autocrítica* 'crítica de sí mismo' (1891, *Revista de España*, vol. 133, GB) (*crítica*)
- *autoconfesión* 'confesión hecha a sí mismo' (1894, P. Gener, *Literaturas malsanas*, GB) (*confesión*)

---

50 Ver Felíu Arquiola (2003a:54–57) y Orqueda y Squadrito (2017) para análisis sintácticos de este tipo de verbo. Por cierto, no es redundante el prefijo de *autocompadecerse* 'sentir compasión de sí mismo', ya que *compadecerse* 'sentir lástima de alguien' no se dirige a uno mismo.
51 Sorprende la fecha temprana del cast. *autobiográfico* frente a ingl. *autobiographical* (1831) y fr. *autobiographique* (1838).

- *autorredención* 'redención de una persona por ella misma' (1895–1902, Unamuno, *En torno al casticismo*, CO) (*redención*)
- *autodisciplina* 'disciplina que se ejerce sobre uno mismo' (1901, F. Vergara, *Nueva geografía de Colombia*, GB) (*disciplina*)
- *autoanálisis* 'análisis de una persona hecho por ella misma' (1903, Azorín, *Antonio Azorín*, CO) (*análisis*)
- *autorretrato* 'retrato de una persona hecho por ella misma' (1904–16, Ortega y Gasset, *Personas, obras, cosas*, CO) (*retrato*)
- *autointoxicación* 'intoxicación de un organismo por sustancias dañinas producidas por él mismo' (1906, J. Rodrígues, *Discurso de recepción*, CO) (*intoxicación*)
- *autodestruido* 'destruido por sí mismo' (-*a*, 1909, B. Pérez Galdós, *El caballero encantado*, CO) (*destruido*)
- *autoerotismo* 'erotismo que tiene por objeto el propio cuerpo' (1923, *Archivos de medicina*, vol. 10, GB) (*erotismo*)
- *autoeducarse* 'educarse a sí mismo' (-*ará*, 1926, M. Asturias, *Subrayando un tema*, CO) (*educarse*)
- *autodenominarse* 'denominarse a sí mismo' (-*ó*, 1947, D. Valcárcel, *La rebelión de Túpac Amaru*, CO) (*denominarse*)
- *autodefinirse* 'definirse a sí mismo' (-*ine*, 1950–68, J. Fueyo, *Estudios de teoría política*, CO) (*definirse*)
- *autoimponerse* 'imponerse a sí mismo' (-*en*, 1969, J. Mascaró, *El médico aconseja*, CO) (*imponerse*)
- *autoconvencerse* 'convencerse a sí mismo' (1970, M. Aguinis, *La cruz invertida*, CO) (*convencerse*)
- *autonombrarse* 'nombrarse a sí mismo' (-*ó*, 1972, J. García, *El gran momento*, CO) (*nombrarse*)

García González (2006:734) apunta oportunamente que *auto-* se emplea a partir de mediados del siglo XX en muchos calcos del inglés para traducir el elemento inicial inglés *self-* 'auto-', tales como *autoconocimiento* (ingl. *self-knowledge*), *autocontrol* (*self-control*), *autoconcepto* (*self-concept*) y *autoayuda* (*self-help*).

Para el estudio de *auto-* son fundamentales los trabajos de García-Medall y Morant Marco (1988), Felíu Arquiola (2003a, 2003b y 2005), García González (2006) y Orqueda y Squadrito (2017).

Bi- / bis- / biz-

Prefijo cuantificador muy productivo que con el sentido de 'dos' y 'dos veces' procede de *bi-*, prefijo latino que se usa como primer término en palabras compuestas para expresar que 'consiste en o tiene dos de las cosas nombradas'. Figura sobre todo en derivados adjetivos (*bicorpóreo* 'que tiene dos cuerpos'), aunque hay también algunos sustantivos (*bipartición* 'división de algo en dos partes'). Tienen la misma función *bis-* y su alomorfo *biz-*, tomados del adverbio latino *bis* 'dos veces'.[52]

Los compuestos con *bi-* en latín son muy numerosos. De especial interés son aquellos que pueden ser calcos de compuestos griegos con la partícula δι-, cognado de *bi-*:
- *bigener* 'de dos razas diferentes' (διγενής 'de dos razas'; cf. γένος 'nacimiento, linaje')
- *bimaris* 'entre dos mares' (διθάλασσος 'que está entre dos mares'
- *bibrevis* 'de dos sílabas breves' (δίβραχυς 'de dos sílabas breves')

En algunos casos, *bi-* se combina con una raíz helénica:
- *biclīnium* 'lecho para dos personas' (κλίνη 'lecho, cama')
- *bigamus* 'casado dos veces' (δίγαμος ← γάμος 'matrimonio, boda')

La mayoría de las palabras con *bi-* que se incorporan a la lengua castellana entre los siglos XIII y XVIII son latinismos que aparecen en textos referidos a los campos de la historia, religión, mitología, música, lengua y literatura. Destaca entre estos por haberse transmitido por vía patrimonial la palabra *bisiesto* '[año] que tiene un día más' (*bissiesto*, 1240–50, anón., *Libro de Alexandre*, CO) (*bisextus*). Son de transmisión culta las siguientes:
- *bicorne* 'de dos cuernos o puntas' (-*s*, 1427–1428, E. de Villena, *Traducción y glosas de la Eneida*, CDH) (*bicornis*)
- *bifurcado* 'dividido en dos brazos o puntas' (-*a*, 1427–1428, E. de Villena, *Traducción y glosas de la Eneida*, CDH) (**bifurcātus*; cf. *bifurcus* 'de dos puntas')
- *bidente* 'de dos dientes' (1490, A. de Palencia, *Universal vocabulario*, CDH) (*bidens -entis*)
- *bimembre* 'de dos miembros o partes' (-*s*, 1490, A. de Palencia, *Universal vocabulario*, CDH) (*bimembris*)

---

52 Cabe señalar que Lewis y Short (1879) presentan todas las palabras con *bi-* como compuestos cuyo elemento inicial es el adverbio *bis*, que luego perdería su /s/ final en composición. En cambio, tanto el *OLD* como Ernout/Meillet (1951) y de Vaan (2011) clasifican *bi-* como prefijo sin desinencia independiente del adverbio *bis* (< i.-e. **dwi-s*)

- *bimestre* 'periodo de dos meses' (1495, A. de Nebrija, *Vocabulario Español-Latino,* CDH) (*bimestris*)
- *bicolor* 'de dos colores' (1495, A. de Nebrija, *Vocabulario Español-Latino,* CDH) (*bicolor -ōris*)
- *bipartido* 'partido en dos' (*-as,* 1498, D. M. Durán, *Glosa sobre Lux Bella,* CDH; var. *bipartito* 'que consta de dos partes', 1617, F. Cascales, *Tablas poéticas,* CDH) (*bipartĭtus*)
- *bilingüe* 'que habla dos lenguas' (*1499, R. Fernández de Santaella, Vocabulario eclesiástico,* CDH) (*bilinguis*)
- *bienio* 'periodo de dos años' (1562, J. Zurita, *Anales de la corona de Aragón,* CDH) (*biennium -iī*)
- *biforme* 'de dos formas' (1578, A. de Ercilla, *La araucana,* CDH) (*biformis*)
- *bisílabo* 'de dos sílabas' (1580, F. de Herrera, *Comentarios a Garcilaso,* CDH) (*bisyllabus*)
- *bípide* 'bípedo, de dos pies' (*-s,* 1585, J. Pérez de Moya, *Philosofía secreta de la gentilidad,* CDH) (*bipes -edis*)
- *bienal* 'que se repite cada bienio' (1605, Fray R. Lizárraga, *Descripción breve de toda la tierra del Perú,* CDH) (lat. tard. *biennālis*)
- *bipalmar* 'de la anchura de dos palmos' (*-es,* 1760, B. J. Feijoo, *Cartas eruditas y curiosas,* CDH) (*bipalmis* + *-ar*)
- *bisulco* 'de pezuñas partidas' (1787, J. de Isla, *Descripción de la máscara o mojiganga,* CDH) (*bisulcus*)

En la parte final de esta época registramos además cuatro neocultismos, creados a partir de raíces latinas sin *bi-*. Son híbridos *bicéfalo* y *bicromo* por tener raíces helénicas:
- *bilocado* 'hallarse en dos lugares distintos a la vez' (*bilocata,* 1666–95, Sor Juana Inés de la Cruz, *Poesía,* CDH) (*locō -āre* 'colocar')
- *biflora* 'que tiene dos flores' (1793–1801, H. Ruiz, *Relación histórica del viaje a los reinos del Perú y Chile,* CDH) (*flos, floris*)
- *bicéfalo* 'de dos cabezas' (*-a,* 1853–1929, anón., *Tratado de heráldica y blasón de José Asensio y Torres,* CDH) (adaptación de *tricéfalo* 'de tres cabezas' < τρικέφαλος; cf. κεφαλή 'cabeza')
- *bivalente* 'que tiene dos valencias' (1868, R. Saez y Palacios, *Tratado de química inorgánica,* vol. 1, CDH) (*valens -ntis* 'fuerte')
- *bicromo* 'de dos colores de sales minerales' (*-a,* 1880–81, M. Menéndez Pelayo, *Historia de los heterodoxos españoles,* CDH) (χρῶμα 'color')

Los primeros vocablos cuyas bases son palabras independientes en castellano aparecen a partir del siglo XVI:

- *bifrente* 'de dos frentes' (1537, L. Escrivá, *Veneris tribunal*, CDH)[53] (*frente*)
- *bicorpóreo* 'de dos cuerpos' (*bicorporeos,* 1632, A. de Nájera, *Suma astrológica,* CDH) (*corpóreo*)

Sin embargo, es a finales del siglo XVIII cuando realmente arranca la productividad de *bi-*, prefijo culto de palabras eruditas y científicas. De estos pueden ser préstamos del inglés *bisexual* y *bipolar*, que se atestiguan en esa lengua en 1804 y 1807 respectivamente, medio siglo antes que en castellano:
- *bisector* 'que divide en dos partes iguales' (1773, anón., *Real cédula de Carlos III*, CDH) (*sector*)
- *bimano* 'de dos manos' (1780, F. Clavijero, *Historia Antigua de México*, CO; var. *bímano*, 1954–67, A. Herrero, *Diálogo argentino*, CO) (*mano*)[54]
- *bipiramidal* 'que consta de dos pirámides' (1819, J. M. Vallejo, *Compendio de matemáticas puras y mistas*, GB) (*piramidal*)
- *bisulfato* 'cada una de las sales ácidas del ácido sulfuroso' (1826, *Diario de ciencias médicas*, GB) (*sulfato*)
- *bicameralidad* 'hecho de tener dos cámaras' (1834, anón., *Estatuto Real promulgado en Aranjuez el 10 de abril de 1834*, CDH) (*cameral* + *-idad*)
- *bimensual* 'que ocurre dos veces al mes' (1845, L. de Pombo, J. de Plaza, *Recopilación de leyes de la Nueva Granada*, GB) (*mensual*)
- *bisemanal* 'que ocurre cada dos semanas o dos veces cada semana' (1854, A. Henestrosa, *Los Mexicanos pintados por ellos mismos*, GB) (*semanal*)
- *bipar* 'divisible por cuatro' (1861–65, J. Rey y Heredia, *Teoría transcendental de las cantidades imaginarias*, CDH) (*par*)
- *bilobado* 'que tiene dos lóbulos' (*-a*, 1870–1901, J. Calleja y Sánchez, *Compendio de anatomía descriptiva y de embriología humanas*, CDH) (*lóbulo*)
- *bipolar* 'que tiene dos polos' (1870–1901, J. Calleja y Sánchez, *Compendio de anatomía descriptiva y de embriología humanas*, CDH) (*polar*)
- *biángulo* 'que tiene dos ángulos' (1881, S. de la Villa y Martín, *Exterior de los principales animales domésticos*, CDH) (*ángulo*)
- *bimetalista* 'que admite dos metales' (1882, Argentina, Congreso de la Nación, *Diario de sesiones*, GB) (*metalista*)
- *bisexual* 'que posee ambos sexos' (1890, A. González Fernández, *Memorándum elemental de zoología*, CDH) (*sexual*)

---

53 *Bifrente* es hápax, pronto sustituido por el cultismo latino *bifronte* (1579, J. de la Cueva, *Tragedia de la muerte de Virginia y Appio Claudio*, CO) (*bifrons, -ontis*).
54 Corominas, s.v. *bímano*, cita el fr. *bimane* como étimo de esta palabra. Por su forma solo podría ser calco.

- *bigeminado* '(hoja) que tiene un peciolo común dividido en otros dos secundarios' (-*s*, 1896, B. Lázaro e Ibiza, *Compendio de la flora española*, CDH) (*geminado*)
- *biaquillado* 'con dos quillas o aristas' (1896, B. Lázaro e Ibiza, *Compendio de la flora española*, CDH) (*aquillado*)

Son calcos del francés las dos voces siguientes:
- *bicicleta* 'vehículo de dos ruedas con pedales' (1873, E. Navarro Gonzalvo, *¡Bromas del tío!*, GB) (fr. *bicyclette*; gr. κύκλος rueda')
- *bicornio* 'sombrero de dos picos' (1886, E. Acevedo Díaz, *Brenda*, GB) (fr. *bicorne*)

Finalmente, debemos dos ejemplos con *bi-* a la sustitución de prefijos:
- *biyección* 'aplicación biyectiva' (1956, *Revista de la Universidad de Costa Rica*, GB) (de *inyección* por sustitución de prefijo)
- *biatlón* 'deporte olímpico consistiendo en una carrera de esquí y pruebas de tiro al blanco' (1976, *Compendio deportivo mundial EASA*, GB) (de *pentatlón* por sustitución de prefijo)

Bis-, biz-
El prefijo castellano *bis-*, con su alomorfo *biz-*, tiene su origen en el adverbio numeral *bis* del latín. Este adverbio latino significa 'dos veces' o 'en dos ocasiones'; en combinación con numerales tiene el significado de 'dos veces en número o cantidad': cf. el poético *bis quīnī* o *bisquīnī* 'dos veces en grupos de cinco', es decir, 'diez'.

Muchos de los primeros vocablos con *bis-* son probablemente acuñaciones del latín medieval:
- *bisnieto* 'hijo del nieto' (*uisnietos*, 1242, anón., *Fuero de Brihuega*, CDH) (lat. med. *bisneptis* 'biznieta', DMLBS)
- *bistinto* 'que se tiñe dos veces' o 'teñido de dos colores' (1275, Alfonso X, *General Estoria*, CDH) (lat. med. *bistinctus*, DMLBS)
- *bizcocho* 'pan que se cocía dos veces' (*biscocho*, 1293, anón., *Gran Conquista de Ultramar*, CDH) (lat. med. *biscoctus* 'cocido dos veces', DMLBS)

En cambio, parecen auténticos derivados castellanos los siguientes:[55]
- *bisabuelo* 'dos veces abuelo' (*bisavuelos*, 1240–50, anón., *Libro de Alexandre*, CDH)[56] (*abuelo*; cf. lat. *auus* 'abuelo')

---

[55] Combina *bis-* con una forma medio latinizada (no diptongada) de *tuerto* el fitónimo *bistorta* 'planta de raíz retorcida' (1494, anón., *Traducción del Compendio de la humana salud de Johannes de Ketham*, CDH) (*torto* 'torcido' < *tortum*, part. pas. de *torqueō -ēre*)
[56] Según Corominas, s.v., *abuelo*, el derivado *bisabuelo* se documenta en el *Fuero de Avilés* en el año 1155.

- *bistecho* 'doble techo' (1252, anón., *Fuero de Ledesma*, CDH) (*techo*)
- *bisunto* 'sucio y grasiento' (1613, Cervantes, *«El coloquio de los perros»*, CDH) (*unto*)
- *bisanual* 'que ocurre dos veces al año' (1896, B. Lázaro e Ibiza, *Compendio de la flora española,* CDH) (*anual*)
- *bisfosfato* 'sustancia química' (1985, J. Cárdenas, *«Historia de la Bioenergética»*, CORPES XXI) (*fosfato*)

Sobre los prefijos cuantificadores ver Bajo Pérez (1987), Rodríguez Ponce (2002[a]), Stehlík (2009) y Felíu Arquiola (2015).

Circun- / circum-

Prefijo de sentido espacial que se combina principalmente con bases adjetivas con el sentido de 'alrededor', cf. *circunsolar* 'que orbita alrededor del sol'. Su variante etimológica *circum*-[57] se usa por lo general ante vocales (*circumalpino* 'que pertenece a la región que rodea los Alpes') y, trivialmente, ante *b, p* (*circumpolar* 'que está alrededor del polo'). *Circun*- procede del prefijo latino *circum*- correspondiente a *circum* adverbio y preposición de idéntico significado.[58]

Alrededor de una treintena de palabras latinas con este prefijo —verbos, sustantivos y adjetivos— se incorporan a la lengua castellana en forma de latinismos entre el siglo XIII y el XVII, sobre todo en documentos referidos a la religión, la astronomía, la geometría, la historia y la gramática. Son formaciones verbales las siguientes:
- *circuncidar* 'cortar alrededor' (*circuncido*, 1200, Almerich, *La fazienda de Ultra Mar*, CDH) (*circumcidō -ere*)
- *circunvenir* 'estrechar u oprimir con artificio engañoso' (*circumuenidos*, 1385, J. Fernández de Heredia, *Gran crónica de España*, CDH) (*circumveniō -īre*)
- *circunvolar* 'volar alrededor de algo' (*circunuolo*, 1495, Nebrija, *Vocabulario español-latino*, CDH) (*circumvolō -āre*)

Son comunes también los sustantivos derivados de verbos:
- *circunferencia* 'curva plana y cerrada' (*circumferencia*, 1254–60, anón, *Judizios de las estrellas*, CDH) (*circumferentia -ae* ← *circumferō -rre*)
- *circunvalación* 'línea o cerco de atrincheramientos que sirve de defensa a una plaza o una posición' (*çircunualaçiones*, 1400, anón., *Biblia Escorial I-j-4: Pentateuco*, CDH) (*circumuallō -āre*)
- *circunlocución* 'rodeo verbal' (*çircunlocuçiones*, 1427–28, E. de Villena, *Traducción y glosas de la Eneida*, CDH) (*circumlocutiō -ōnis* ← *loquor -ī*)

También son numerosos los adjetivos deverbales con *circun*-:
- *circunflejo* 'curvado' (*circunflexo*, 1490, A. de Palencia, *Universal vocabulario*, CDH) (*circumflexus* ← *circumflectō -ere*)

---

[57] Es tradicional (cf. *DRAE*, *DEA*) citar este prefijo con la variante *circun*-, aunque fácilmente se podría argumentar que *circum*-, por usarse ante vocales (*circumalpino*), es la forma básica.

[58] El preverbio *circum*- es muy productivo en latín, con más de doscientos derivados sustantivos, adjetivos, verbales y adverbiales. Generalmente expresa un movimiento o una acción 'alrededor' de un espacio, como en *circumequitō -āre* 'cabalgar alrededor', *circumlūceō -ēre* 'iluminar alrededor'. En otros casos, su significado es 'por todas partes' como en *circumdoleō -ēre* 'sentir dolor por todas partes', *circumplumbō -āre* 'cubrir con plomo', *circumvestiō -īre* 'envolver con tela' o en sentido figurado 'encubrir'.

- *circunscripto* 'reducido a ciertos límites' (*-a*, 1535–57, G. Fernández de Oviedo, *Historia general y natural de las Indias,* CDH; cf. *circunscribe,* 1585, J. de Arfe y Villafañe, *Varia conmensuración,* CDH) (*circumscriptus* ← *circumscrībō -ere*)
- *circunsonante* 'que hace eco por todas partes' (*-s*, 1582, M. de Urrea, *Traducción de la Arquitectura,* CDH) (*circumsonantis* ← *sonō -āre*)
- *circunyacente* 'que está alrededor' (*circunjacente,* 1600, M. de Escobar, *Tratado de la esencia, causa y curación de los bubones y carbuncos pestilentes,* CDH) (*circumiacens -ntis*)

El único adverbio latino con *circum-* que se incorpora a la lengua como latinismo crudo ha caído en desuso:
- *circumcirca* 'aproximadamente' (1607–1634, D. Duque de Estrada, *Comentarios del desengañado de sí mismo,* CDH) (*circumcircā* 'todo alrededor')[59]

Es también durante estos siglos cuando se atestiguan los primeros dos derivados propiamente castellanos:
- *circunrodear* 'circundar, cercar o rodear a alguien' (*circunrrodean,* 1350, anón., *Libro del conocimiento de todos los reinos,* CDH) (*rodear*)
- *circunvecino* '(lugar) que se halla próximo y alrededor de otro' (*çircunvezinas,* 1427–28, E. de Villena, *Traducción y glosas de la Eneida. Libros I-III,* CDH) (*vecino*)

Después de la aparición de estos dos derivados, hay un intervalo de casi 300 años antes de que se reanude la productividad del prefijo en los siglos XVIII y XIX, ahora en palabras casi exclusivamente pertenecientes al vocabulario técnico-científico. La mayoría de estos derivados son adjetivos:
- *circumpolar* 'que está alrededor del polo' (*-es*, 1728, B. Feijoo, *Theatro crítico universal,* CDH) (*polar*)
- *circumescolar* 'perteneciente al ámbito escolar' (*-es*, 1835, *Revista de Ciencias Económicas,* GB) (*escolar*)
- *circumpeduncular* 'que rodea la prolongación de alguna parte del cuerpo' (1854, Philibert-Constant Sappey, *Tratado de anatomía descriptiva,* GB) (*peduncular*)
- *circumpupilar* 'que rodea la pupila' (1855, Philibert-Constant Sappey, *Tratado de anatomía descriptiva,* GB) (*pupilar*)

---

59 Es de notar que durante estos siglos, especialmente antes del siglo XVI, es común mantener la *m* ortográfica ante vocales y consonantes. Por ejemplo, escribe Juan de Valdés en su *Diálogo de la lengua* lo siguiente: "Bien sé que el latín quiere la *m,* y que a la verdad parece que stá bien, pero, como no pronuncio sino *n,* huelgo ser descuidado en esto, y assí, por cumplir con la una parte y con la otra, unas vezes escrivo *m,* y otras *n*."

- *circunmeridiano* 'cerca o alrededor del meridiano' (1880, D. Roque Barcia, *Primer Diccionario Etimológico de la Lengua Española*, GB) (*meridiano*)
- *circunsolar* 'que orbita alrededor del sol' (1880, D. Roque Barcia, *Primer Diccionario Etimológico de la Lengua Española*, GB) (*solar*)
- *circunzenital* 'que rodea al cenit' (1880, D. Roque Barcia, *Primer Diccionario Etimológico de la Lengua Española*, GB) (*cenital*)
- *circumbucal* 'que rodea la boca' (1890, A. González Fernández, *Memorándum elemental de zoología,* CDH) (*bucal*)

Son pocos los derivados sustantivos:
- *circumobsesión* 'acción de dos cualidades contrarias, una de las cuales excita por su oposición el vigor de la otra' (*circunobsesión*, 1733, B. Feijoo, *Theatro crítico universal*, GB) (*obsesión*)
- *circunvisión* 'acción de abarcar con una mirada todo lo que esté alrededor' (1858, F. Booch-Árkossy, *Nuevo diccionario de las lenguas castellana y alemana,* vol. 1, GB) (*visión*)
- *circuncentro* 'centro del círculo' (1898, *Diccionario enciclopédico hispano-americano,* vol. 24, GB) (*centro*)

La productividad de *circun-* continúa en la actualidad en la terminología científico-técnica de ámbito internacional. Por ejemplo, el cast. *circumestelar* 'alrededor de una estrella' (1942, *Revista Astronómica,* vol. *14,* GB) puede considerarse ser adaptación del ingl. *circumstellar*, que aparece ya en 1823.

Circun- comparte el sentido de 'alrededor de' con el helenismo *peri-*, que, sin embargo, se usa exclusivamente para formar sustantivos (*periartritis* 'inflamación de los tejidos que rodean una articulación') y adjetivos (*peribranquial* '[tejido] alrededor de las branquias') propios del vocabulario científico.

No conocemos ningún estudio monográfico dedicado al prefijo *circun-*.

Cis-

Prefijo de sentido espacial de escasa productividad en español que significa 'de la parte o del lado de acá' y se combina primordialmente con adjetivos (*cispirenaico* 'a este lado de los Pirineos') y, secundariamente, con sustantivos (*Cisjordania* 'la región de este lado del [río] Jordán'). Proviene del prefijo latino *cis-* correspondiente a la preposición *cis* que se combina con acusativo. Ambos elementos tienen el mismo significado que su cognado castellano. Es virtualmente antónimo del prefijo *ultra-* (*ultrapirenaico* 'del otro lado de los Pirineos') y comparable a *trans-*, que subraya el trayecto al otro lado (*transpirenaico* 'más allá de los Pirineos').

En latín *cis* como preposición es mucho menos frecuente que su sinónimo *citra*, ambas con un significado local 'del lado de acá' y temporal 'dentro de' (*cis dies paucos* 'dentro de pocos días'), este último significado atestiguado al parecer solo en autores postclásicos.[60] *Cis* forma pocos derivados, todos ellos con significado espacial como *cisrhēnānus* ('de este lado del Rin') y *cistiberis* ('de este lado del Tíber').

Algunas palabras latinas con *cis-* se han incorporado al castellano:
– *cisalpino* 'del lado de acá de los Alpes (desde la perspectiva de Roma)' (*çisalpina*, 1270–84, Alfonso X, *Estoria de España*, CDH) (*cisalpīnus*)
– *cismontano* 'de la zona situada en la parte de acá de los montes respecto al punto o lugar desde donde se considera' (*-a*, 1594, E. de Garibay, *Memorias de Garibay*, CDH) (*cismontānus*)

Más tarde, a principios del siglo XVII, se atestigua el neolatinismo *cispadano* 'del lado de acá del río Po desde la perspectiva de Roma' (*-a*, 1611, S. de Covarrubias, *Suplemento al Tesoro de la lengua española castellana*, CDH) compuesto por *cis-* y *Padus*, nombre latino del río Po.

Entre finales del siglo XVIII y la primera mitad del siglo XX, *cis-* comienza a ser productivo en castellano para derivar topónimos y adjetivos geográficos:
– *cispirenaico* 'de la parte de acá de los Pirineos' (*-s*, 1786, J. Forner, *Oración apologética por la España y su mérito literario*, GB) (*pirenaico*)
– *cisplatino* 'de este lado del Río de la Plata desde la perspectiva de Brasil' (1821, *El Argos de Buenos Aires*, GB) (*plata* + *-ino*)
– *cisgangética* 'de este lado del Ganges' (1842, D. de Aristizábal, *Geografía política actual, según los datos más modernos*, GB) (*gangético*)
– *cisandino* 'de la zona de acá de los Andes, desde el punto o lugar desde donde se considera' (1847, A. Bello, *Gramática de la lengua castellana*, GB) (*andino*)

---

60 Ver Lewis y Short (1879).

- *Ciscaucasia* 'zona norte de la región del Cáucaso desde la perspectiva rusa, entre Europa y Asia' (1853, C. Malte-Brun, *La Geografía universal*, vol. 2, GB) (*Caucasia*)
- *cisatlántico* 'de este lado del Atlántico' (1863, J. Cooper, *Los dos almirantes*, GB) (*Atlántico*)
- *Cisjordania* 'la región de este lado del río Jordán en referencia a la región occidental de este río' (1948, UNESCO, *Estudios en el Extranjero*, GB) (*Jordania*)

A partir de la segunda mitad del siglo XX, *cis-* comienza a utilizarse para derivar palabras en un ámbito completamente distinto y con una ligera variación semántica. Este nuevo ámbito es la química, disciplina en la que *cis-* se utiliza para formar nombres de los *isómeros cis-/trans-* (1942), es decir, compuestos en los que dos átomos están situados 'del mismo lado' del doble enlace (*cis-bixina, cis-ocimeno, cis-diazeno*), en oposición a aquellos compuestos *trans-* en los que los átomos ocupan lados opuestos (*trans-bixina, trans-ocimeno, trans-diazeno*). Es en este ámbito en el que *cis-* y *trans-* comienzan a usarse como palabras independientes con un uso adjetival: "se asignan a los protones en los dobles enlaces *cis* y *trans* respectivamente" (1974), "de la forma *cis* habitual en los alimentos grasos a una forma *trans*" (1988), "pasa de una posición *cis* a una posición *trans*" (1991). Cabe notar que este uso de *cis-* también pasa al español a través del inglés, lengua en la que estos derivados se utilizan en la química desde finales del siglo XIX: cf. ingl. *cistrans*[61] (1894)].

Otro campo en el que han tenido éxito los derivados con *cis-* es en los estudios de género, donde se utiliza para derivar sustantivos castellanos que hacen referencia a aquellos individuos cuya identidad de género coincide con su sexo biológico en oposición a individuos para quienes esto no es el caso. Todo indica que estas palabras son calcos del inglés u otras lenguas:

- *cisgénero* '(persona) que se siente identificada con su sexo anatómico' (2013, Instituto de Historia de Nicaragua, *Revista de historia*, GB) (*género*; cf. ingl. *cisgender* [1991])
- *cisexualidad* 'estado de ser cisgénero' (2017, R. Huerta y A. Alonso-Sanz, *Entornos informales para educar en artes*, GB) (*sexualidad*; cf. al. *Cissexualität* [2005])
- *cismujer* 'mujer heterosexual' (2015, BOBNEO) (*mujer*)

No conocemos ningún estudio monográfico dedicado al prefijo *cis-*.

---

[61] También escrito como *cis-trans* o *cis/trans*.

Co-

Prefijo castellano que denota acciones y resultados de acciones realizadas conjuntamente entre dos o más personas o entidades (*coproducir, coproducción*), personas o entidades que realizan acciones conjuntamente (*copiloto, copresidente*) y cualidades compartidas por dos personas o entidades relacionadas (*corresponsable, cointeresado*). Se remonta al lat. *co-*, uno de los alomorfos del prefijo *com-* correspondiente a la preposición *cum* 'con'. En latín, el alomorfo *co-* aparece ante vocales (*coactio, cooptō*), *h-* (*cohaerens*) y *gn-* (*cognātus*).

Coincidimos con Rainer (1993:317) y Felíu Arquiola (2003a:115) en considerar que *co-* se ha independizado de *con-* y sus alomorfos latinos (*com-, col-, cor-*) y castellanos (*com-*) para constituir un prefijo aparte cuya productividad actual supera en mucho a la de las otras variantes. Dice Rainer:

> Frente al punto de vista tradicional, quisiera defender aquí la opinión de que *co-* y *con-*, considerados sincrónicamente, constituyen dos prefijos independientes. Mientras que *con-* es semánticamente irregular y sincrónicamente improductivo, *co-* es productivo y semánticamente regular. Asimismo, *co-* no está sujeto a restricciones en cuanto al sonido inicial de la base.[62]

Efectivamente el prefijo *co-* se combina con cualquier sonido inicial: cf. *cofrade, coterráneo*, incluso con las consonantes bilabiales *p* (*copartícipe*) y *m* (*comiembro*) y con vocales (*coacción, coedición, cooficial*). Esta flexibilidad y su independencia de *con-* le dan la posibilidad de combinarse con algunas de las mismas bases con las que se combina *con-*, formando dobletes:
- *coterráneo* 'conterráneo' (1594, A. de Villegas, *Fructus sanctorum*, CO)
- *copoblano* 'compoblano' (1797, *Revista de la Asociación Geológica Argentina*, vol. 34, GB)
- *correinar* 'conreinar' (1830, G. Pujades, *Crónica universal*, CO)
- *covecino* 'convecino' (1869, B. Vicuña, *Historia de Valparaíso*, GB)
- *copatrono* 'compatrono' (1912, *Arte español: Revista de la Sociedad de Amigos del Arte* vol. 1, GB)
- *cociudadano* 'conciudadano' (2017, N. Shoshan, *El manejo del odio*, GB)

También clasificamos como derivados de *co-* palabras como *colineal* (*lineal*) y *correligionario* (*religionario*) en vista del hecho de que en castellano ya no son procesos

---

[62] "Im Gegensatz zur Tradition möchte ich hier den Standpunkt vertreten, dass *co-* und *con-* synchron zwei unabhängige Präfixe darstellen. Während *con-* semantisch ziemlich unregelmäßig und synchron unproduktiv ist, ist *co-* produktiv und semantisch regelmäßig. Auch ist *co-* hinsichtlich des Anlauts der Basis in keiner Weise eingeschränkt." (Traducción al castellano por Pharies)

https://doi.org/10.1515/9783111329369-012

fonéticos vivos las asimilaciones latinas -nl- > -ll- (con- + lacrimō -āre 'llorar' > collacrimō -āre 'llorar juntos') y -nr- > -rr- (con- + rumpō -ere 'reventar' > corrumpō -ere 'arruinar').

Existe una treintena de latinismos con co- en el vocabulario del castellano, muchos de los cuales aparecen en el medievo. Aquí citamos los que han preservado una cierta transparencia etimológica:
- coegual 'igual a otro' (1277, Maestro Bernaldo, Libro de la açafeha, CO; var. coigual, 1659–64, anón., Noticias de la corte, CO) (coaequālis)
- coacción 'acción de forzar a alguien a actuar o hablar de determinada manera' (1356, anón., Fuero viejo de Castilla, CO; var. coaçion, 1528, anón., Carta de renunciación, CO) (coactio -ōnis)
- cohabitar 'habitar juntamente con otra u otras personas' (-asse, 1400, anón., Viaje de Juan de Mandevilla, CO; var. coabitar, 1379–84, J. Fernández, Traducción de Vidas paralelas, CO) (cohabitō -āre)
- cooperar 'obrar juntamente con otro u otros para la consecución de un fin común' (-ante, 1428–45, Marqués de Santillana, Lamentaçion de Spaña, CO) (lat. tard. cooperor -ārī)
- coeterno '(ser divino) que es igualmente eterno que otros' (1453–67, A. de Toledo, Invencionario, CO) (coaeternus)
- colateral 'que está al lado de otra cosa principal' (-es, 1460, anón., Tratado de la música, CO) (collaterālis)
- coepíscopo 'obispo contemporáneo de otros en una misma provincia eclesiástica' (1746, G. Mayans y Siscar, Informe canónico-legal, CO) (lat. tard. coepiscopus -ī)

Son igualmente tempranos los neolatinismos que se van formando de co- más alguna palabra latina, algunos de los cuales se registran en el latín medieval:[63]
- coyuntura 'articulación de un hueso' (-s, 1250, A. de Toledo, Moamín, CO) (iunctūra -ae 'unión')
- corresponder 'tener relación con otra cosa emparentada' (1356, anón., Fuero viejo de Castilla, CDH) (lat. med. correspondō -ere)
- coadyuvar 'contribuir o ayudar a que algo se realice' (-ándose, 1439, J. de Mena, Comentario a la Coronación, CO) (adiuvō -āre 'ayudar')
- coincidir 'ocurrir algo al mismo tiempo que otro suceso' (-e, 1455, P. Marín, Sermones, CO) (lat. med. coincidere[64] ← incidō -ere 'caer en', 'acaecer')

---

[63] Väänänen (1979) afirma la autonomía de co- ya en el latín medieval (cf. cofrater, coparticeps, coburgensis), también en inglés a partir del siglo XV y en francés a partir del siglo XVI.
[64] Registrado por Stotz (2000:402)

- *correlación* 'correspondencia o relación recíproca entre dos o más cosas' (1455, P. Marín, *Sermones*, CO) (lat. med. *correlatio -onis* ← *relatio -onis*)
- *coordinar* 'unir dos o más cosas de manera que formen una unidad o un conjunto armonioso' (*-adas*, 1702–36, B. Arzans, *Historia de la villa*, CO) (lat. med. *coordinō -āre* ← *ordinō -āre* 'ordenar')

La derivación propiamente castellana con *co-* comienza en fecha temprana, sobre todo en sustantivos y verbos. Entre los derivados sustantivos más antiguos figuran los siguientes:
- *cofrade* 'miembro de una cofradía' (1240–50, anón., *Libro de Alexandre*, CO; cf. *cofradía* 'hermandad', 1180, anón., *Testamento de G. Valdefuentes*, CO) (*frade* 'monje'; cf. *frades*, 1222, anón., *Carta de venta*)
- *cohermano* 'primo hermano' (1270, Alfonso X, *Estoria de Espanna*, CO) (*hermano*)
- *coamante* 'amante junto con otros u otras' (1438, A. Martínez, *Arcipreste de Talavera*, CO) (*amante*)
- *coayudante* 'ayudante junto con otros u otras' (*-s*, 1493, anón., *Traducción del Tratado de cirugía*, CO) (*ayudante*)
- *coterráneo* 'conterráneo, natural de la misma tierra que otra persona' (1594, A. de Villegas, *Fructus sanctorum*, CO) (*terráneo*)
- *corredentor* 'redentor juntamente con otro u otros' (*-a*, 1683, C. de Sigüenza, *Triunfo parténico*, CO) (*redentor*)
- *coeficiente* 'expresión numérica de una propiedad' (1688, Í. de la Cruz, *Theses mathematicas*, GB) (*eficiente*)
- *coadministrador* 'clérigo que en vida de un obispo propietario ejerce ciertas funciones de este' (1750, *Establecimiento para el gobierno de la Capilla*, GB) (*administrador*)
- *coapóstol* 'apóstol juntamente con otro' (*-es*, 1792, L. de Granada, *Sermones de los santos*, GB) (*apóstol*)
- *copartícipe* 'persona que tiene participación con otra en algo' (1794, G. Jovellanos, *Informe de la Sociedad Económica*, CO) (*partícipe*)
- *copropietario* 'persona que tiene dominio en algo juntamente con otro u otros' (*-s*, 1794, G. Jovellanos, *Informe de la Sociedad Económica*, CO) (*propietario*)
- *coautor* 'autor con otro u otros' (1804, C. Pellicer, *Tratado histórico*, GB) (*autor*)
- *coelector* 'uno de dos o más electores' (1844, B. de Calzada, *Vida de Federico II, Rey de Prusia*, GB) (*elector*)
- *colineal* '(punto) que se encuentra en la misma recta que otros' (1845, *Memorias de la Real Academia de Ciencias Naturales y Artes de Barcelona*, vol. 2, GB) (*lineal*)
- *cofactor* 'factor que, en unión de otros, contribuye a producir algo' (1861–65, J. Rey, *Teoría trascendental*, CO) (*factor*)

Después de la aparición de *colindar* y *coheredar* en el siglo XIV, hay un intervalo de varios siglos hasta que se reanuda la derivación con *co-* en la categoría del verbo:[65]
- *colindar* 'lindar entre sí dos o más terrenos' (*-ante*, 1356, anón., *Fuero viejo de Castilla*, CO) (*lindar*)
- *coheredar* 'heredar juntamente con otra u otras personas' (*-eros*, 1376–96, J. Fernández, *Traducción de la Historia contra paganos*, CO) (*heredar*)
- *coexistir* 'existir a la vez que otra cosa o persona' (*-entes*, 1733, B. Feijoo, *Theatro Crítico*, CO) (*existir*)
- *coeditar* 'editar una obra en colaboración con otra persona o entidad' (*-tores*, 1818, M. Quintana, *Memoria sobre el proceso*, CO) (*editar*)
- *coproducir* 'producir en cine o televisión algo en común entre diversas empresas' (*-ctores*, 1886, D. Aller, *Las huelgas*, CO) (*producir*)
- *cogobernar* 'gobernar juntamente' (1892, A. Saldías, *Historia de la confederación argentina*, GB) (*gobernar*)
- *coaparecer* 'aparecer juntamente' (1899, *El Siglo Médico*, vol. 46, GB) (*aparecer*)
- *coeducar* 'enseñar en una misma aula a alumnos de uno y otro sexo' (*-ación*, 1913, F. González, *Traducción de Ideas modernas*, CO) (*educar*)
- *codirigir* 'dirigir algo junto con otra u otras personas' (1931, P. Salinas, *Carta de Salinas*, CO) (*dirigir*)
- *codescubrir* 'descubrir juntamente' (*-idor*, 1968, anón., *Una varita mágica*, CO) (*descubrir*)
- *coprotagonizar* 'protagonizar algo juntamente con otro u otros protagonistas' (*-gonista*, 1972, J. García, *El gran momento*, CO) (*protagonizar*)

Los derivados adjetivos con *co-* aparecen a partir del siglo XVII:
- *corresponsable* 'que comparte la responsabilidad con otro u otros' (*-s*, 1654–58, J. de Barrionuevo, *Avisos*, CO) (*responsable*)
- *cointeresado* 'interesado juntamente con otra u otras personas' (1783, F. Fernández, *Disertación físico-legal*, GB) (*interesado*)
- *correligionario* 'que profesa la misma religión u opinión política que otra persona' (1839, A. Dumas, *Gabriela de Belle-Isle*, GB) (*religionario*)
- *coacusado* '(persona) acusada con otra u otras' (1848, *Gaceta Judicial*, vol. 1, GB) (*acusado*)

---

65 Felíu Arquiola (2003b:501) observa que la productividad de *co-* con bases verbales depende de ciertos factores gramaticales y semánticos. Concretamente, afirma que *co-* es productivo donde la base verbal denota una acción cuyo objeto supone un proceso creativo: cf. *co-editar, dirigir, fundar*. No se combina, en cambio, con verbos transitivos como *observar, escuchar, leer* y *aprender*.

- *copartidario* 'que pertenece al mismo partido político que otro' (1855, J. Obando, *Causa de responsabilidad*, GB) (*partidario*)
- *cooficial* '(lengua) que es oficial junto con otra u otras lenguas' (*-idad*, 1930, anón., *Compromiso de Barrantes*, CO) (*oficial*)

Co- sigue siendo un prefijo muy productivo. El *DEA*, por ejemplo, cita los neologismos sustantivos *codemandado*, *coencausado* y *cosalvador*, a los que Rainer (1993:317) añade *codesarrollo*, *cofabricación*, *cogestión*, *coguionista* y *colíder*, junto con los verbos *coevolucionar*, *copresidir* y los adjetivos *coplanario*, *colineal*. *Comiembro* se atestigua en Rivera y López (*El cuerpo: Perspectivas filosóficas*, 2013, GB).

Para el estudio de *co-* son importantes Väänänen (1979), Rainer (1993) y, sobre todo, Felíu Arquiola (2003a y 2003b).

Con-

Prefijo actualmente improductivo que expresa 'colectividad' (RAE 2009:698), en el sentido de participación de dos o más personas o entidades. Figura en derivados verbales (*connombrar*), sustantivos (*conciudadano*) y adjetivos (*consabido*). Se remonta al prefijo latino *com-* correspondiente a la preposición *cum* 'con'. El lat. *com-* tiene las variantes ortográficas *com-* (ante *b, p* y *m*), *co-* (ante vocales, *h* y *gn*), *cor-* (ante *r*), *col-* (ante *l*) y *con-* (en los demás casos). La grafía *com-* todavía se usa en castellano ante *b* y *p* pero ya no ante *m*, mientras que *co-* se ha independizado de *con-*.[66] para formar un prefijo aparte (q.v.) de semántica bien definida y una productividad apreciable.[67]

La lista de palabras latinas con el prefijo *con-* es muy larga e incluye verbos, sustantivos y adjetivos, muchos de los cuales se transmitieron al castellano por vía patrimonial. En la siguiente selección de verbos de origen latino documentados en los siglos XII y XIII, solamente es culta la palabra *confirmar*:

– *conseguir* 'alcanzar, obtener' (-[g]uen, 1140, anón., *Poema del Cid*, CO) (*consequor -quī* 'seguir')
– *consentir* 'permitir algo' (-ieron, 1140, anón., *Poema del Cid*, CO) (*consentiō -īre* 'acordar')
– *componer* 'formar, constituir' (1196, anón., *Fuero de Soria*, CO) (*compōnō -ere* 'poner juntos')
– *conjurar* 'conspirar' (-o, 1200, Almerich, *La fazienda de Ultra Mar*, CO) (*coniūrō -āre*)
– *confirmar* 'corroborar la verdad de algo' (-ada, 1218–50, anón., *Fuero de Zorita*, CO) (*confirmō -āre*)
– *comprender* 'entender' (-a, 1228–46, G. de Berceo, *Del sacrificio de la misa*, CO) (*comprehendō -ere*)
– *compartir* 'repartir, dividir, distribuir' (-iessen, 1259, anón., *Carta Real*, CO) (*compartior -īrī*)
– *condoler* 'compadecerse' (-duelas, 1280, Alfonso X, *General Estoria*, CO) (lat. tard. *condoleō -ēre*)

---

66 *Con-* es uno de los diez prefijos que se transmiten por vía patrimonial del latín al castellano, siendo los demás *a-, des-, en-, entre-, es-, re-, so-, sobre-* y *tras-*.
67 Por esta razón ya no hay que suponer una asimilación de *con-* ante /r/ y /l/, dada la productividad de *co-* (*correligionario, colineal*).

https://doi.org/10.1515/9783111329369-013

Son igualmente tempranos los primeros sustantivos tomados del latín con este prefijo, pero predominan los cultismos como *conjunción, condiscípulo, conterráneo* y *consocio*:
- *compadre* 'padrino de bautismo o de otro sacramento del hijo de una persona', 'padre del ahijado' (-s, 1235, anón., *Fuero de Alcalá*, CDH) (lat. med. *compater -tris*)
- *conjunción* 'junta, unión' (*coniuncion*, 1250, Alfonso X, *Lapidario*, CO) (*coniunctiō -ōnis*)
- *consuegro* 'padre o madre de una de dos personas unidas en matrimonio, respecto del padre o madre de la otra' (1270–84, Alfonso X, *Estoria de Espanna*, CO) (lat. tard. *consocrus -ūs*, lat. clas. *consocer -erī*, alterado por infl. de *suegra*)
- *conjuez* 'juez juntamente con otro en un mismo negocio' (-es, 1419–26, anón., *Documentación medieval*, CO) (lat. med. *coniūdex, -icis*)
- *condiscípulo* 'discípulo del mismo maestro' (-s, 1494, anón., *De las mujeres ilustres*, CO) (*condiscipulus -ī*)
- *conterráneo* 'natural de la misma tierra que otra persona' (-s, 1499–1502, F. de Rojas, *La Celestina*, CO) (*conterrāneus -ī*)
- *consocio* 'socio con respecto de otro u otros' (1737, G. Mayans, *Respuesta al oficio del nuncio*, CO) (lat. tard. *consocius* 'unido', *consocius -iī* 'compañero')

Finalmente, todos los vocablos latinos adjetivos se transmitieron por vía culta:
- *consanguíneo* 'que tiene parentesco de consanguinidad con otra persona' (1356, anón., *Fuero viejo de Castilla*, CO) (*consanguineus*)
- *condigno* 'que corresponde a otra cosa o se sigue naturalmente de ella' (-a, 1414, anón., *Ordinación dada a la ciudad de Zaragoza*, CO) (*condignus* 'digno, apropiado')
- *contemporáneo* 'existente en el mismo tiempo' (-s, 1463–80, P. Guillén, *Obra compuesta y ordenada*, CO) (lat. tard. *contemporāneus*)

Pasando a los derivados creados en castellano, la idea de (co)participación es manifiesta en la mayoría de los ejemplos: cf. *connombrar*, orientado al objeto directo ('nombrar a varias personas') y *conreinar*, orientado al sujeto ('reinar con otra persona'). Sin embargo, este sentido prácticamente ha desaparecido en verbos como *contornar, compasar, concomer* y *conllevar*.[68]
- *connombrar* 'nombrar a varias personas al mismo tiempo' (-*elo*, 1129, anón., *Fueros de Medinaceli*, CO) (*nombrar*)

---

[68] Por esto afirma Rainer (1993:317) que la semántica de *con-* es "ziemlich unregelmäßig" ('bastante irregular').

- *compasar* 'acompasar, someter o someterse a un compás' (*-passo*, 1200, Almerich, *La fazienda de Ultra Mar*, CDH) (*pasar*)
- *contornar* 'dar vueltas en torno de un sitio' (*-ado*, 1247, anón., *Fueros de Aragón*, CO) (*tornar*)
- *concomer* 'desazonar, incomodar' (*-en*, 1330–43, J. Ruiz, *Libro de buen amor*, CO) (*comer*)
- *congraciarse* 'conseguir la benevolencia de alguien' (*congraçiar*, 1445–1480, G. Manrique, *Poesía con glosas*, CDH) (*gracia*)[69]
- *conllevar* 'acarrear' (1582, L. Gálvez, *El Pastor de Fílida*, CO) (*llevar*)
- *conreinar* 'reinar con otra persona en un mismo reino' (1637–39, B. Gracián, *El héroe Antonio Bernat*, CO) (*reinar*)

Algunos de los derivados sustantivos denotan personas o entidades que comparten el mismo cargo u oficio (*compatrono, concanónigo*), lugar y situación (*concolega, conciudadano*) o rango inferior (*concatedral*):
- *concambio* 'intercambio' (1235, anón., *Documentos del Monasterio de Santa María de Tria*, CO) (*cambio*)
- *compatrono* 'patrono juntamente con otro' (1263–64, anón., *Los burgueses de Baigorri*, CO) (*patrono*)
- *conciudadano* 'ciudadano de una misma ciudad o nación, respecto de los demás' (1376–96, J. Fernández, *Traducción de la Historia contra paganos*, CO) (*ciudadano*)
- *compuerta* 'media puerta asociada a otra principal' (*conpuerta*, 1406–1411, anón., *Crónica de Juan II de Castilla*, CDH) (*puerta*)
- *concanónigo* 'canónigo al mismo tiempo que otro en una misma iglesia' (*-s*, 1594, E. de Garibay, *Memorias*, CO) (*canónigo*)
- *concolega* 'persona que es del mismo colegio' (*-s*, 1652, H. Domínguez, *Lúcifer en romance*, CO) (*colega*)
- *concatedral* 'iglesia con dignidad de catedral' (1704, M. de Anguiano, *Compendio historial de la provincia de la Rioja*, GB) (*catedral*)
- *compinche* 'compañero, especialmente en actividades poco honradas' (*-s*, 1726, *Autoridades*, GB) (*pinche* 'persona que presta servicios auxiliares en la cocina')

---

[69] En vista de la falta de un verbo **graciarse, clasificamos *congraciarse* como parasintético. Los demás verbos supuestamente parasintéticos aportados por Martín García y Varela Ortega (1999:4724) lo son solo desde una perspectiva sincrónica, pues la mayoría de ellos son latinismos.

Se usan primordialmente como adjetivos *convecino* y *compoblano*. *Consabido* sugiere un conocimiento tenido en común entre muchas personas:
- *consabido* 'que es sabido por cuantos intervienen en una comunicación' (*-as*, 1502–15, anón., *Acuerdos del Concejo Madrileño*, CO) (*sabido*)
- *convecino* '(persona) que tiene vecindad con otra' (*-s*, 1527–61, B. de las Casas, *Historia de las Indias*, CO) (*vecino*)
- *compoblano* '(persona) nacida en el mismo pueblo' (1860, D. Bergaño, *Vocabulario de la lengua pampanga*, GB; var. *compueblano*, 1878, T. Minguella, *Ensayo de gramática hispano-tagala*, GB) (*poblano*)

Hoy en día *co-* se ha impuesto sobre *con-* sin restricciones. Esto explica la existencia de numerosos dobletes presentados en detalle en la entrada correspondiente a *co-* (q.v.).

Rainer (1993:318) apunta que el elemento *con-* es una preposición en *conmigo*, *contigo*, *consigo*, *connusco* y *convusco*: cf. los gramaticalmente equivalentes *con ellos*, *con nosotros*, *con Ud.*

Para la distinción entre *co-* y *con-* ver Rainer (1993) y Felíu Arquiola (2003a).

Contra-

Se trata de un prefijo de sentido primordialmente espacial con un significado secundario de oposición. Se remonta al prefijo latino *contrā-* que se corresponde con el adverbio y preposición *contrā*. A lo largo de su historia en castellano, *contra-* ha ido experimentando cambios en su perfil tanto gramatical como semántico. En lo gramatical, el cambio más importante ha sido la preferencia por bases sustantivas[70] en detrimento de las verbales, preferencia que caracteriza su comportamiento en castellano desde sus inicios. En lo semántico, vemos un predominio del sentido espacial,[71] que remite a objetos que ocupan una posición opuesta al punto de referencia que expresa la base nominal (*contramuelle* 'muelle opuesto a otro principal') o una posición contigua que sirve de refuerzo (*contramuro* 'muro bajo que para mayor defensa se levanta delante del muro principal'). De la idea de refuerzo físico deriva el sentido secundario de 'persona con un cargo inmediatamente inferior a otro' (*contraalmirante* 'oficial general de la Armada inmediatamente inferior al vicealmirante'). La otra acepción principal, la de 'oposición', se manifiesta con diferentes matices. El prefijo puede expresar 'acción contraria' (*contratreta* 'ardid que se usa para desbaratar e inutilizar una treta o engaño'), 'anulación de la entidad denotada por la base' (*contrahierba* 'contraveneno') y 'dirección opuesta' (*a contrapelo* 'contra la inclinación o dirección natural del pelo').

También en latín denotaba *contrā-* una relación espacial ('ante, cara a cara, en frente de') y, en sentido figurado, oposición ('refutación', 'objeción', 'contradicción'). Los dos sentidos están representados en los pocos derivados del latín clásico con este prefijo, casi todos verbos o derivados de verbos: cf. *contrāpōnō -ere* 'poner en un lugar opuesto', *contrādīcō -ere* 'hablar en contra de alguien', 'contradecir', *contrādictiō -ōnis* 'acto o argumento contrario'. El hecho de que *contrāpōnō* se refiera tanto a un lugar como a una oposición ('lugar opuesto') revela la amplia zona de solapamiento que existe entre los dos sentidos principales: cf. el cast. *contramuelle* 'muelle opuesto a otro principal'.

Afirmamos más arriba que *contra-* es un prefijo culto en español actual, lo cual se constata en la ausencia de diptongación de la -*o-* breve tónica del lat. *contrā*. Huelga decir, sin embargo, que en época medieval además de *contra*, se atestigua, una variante patrimonial *cuentra*, registrada más de 150 veces en el *CORDE* entre los años 1236 y 1550. En casi todos los casos, se trata de usos preposicionales, que

---

[70] Según Montero Curiel (2001a:357), el *DRAE* registra unas 250 voces con *contra-*, de las que un 70% son sustantivos, 16% adjetivos, 13% verbos y 1% adverbios.
[71] Según Caramés Díaz (2000:964), son "negativos" sólo un 31% de los ejemplos con *contra-* registrados por el *DRAE*.

https://doi.org/10.1515/9783111329369-014

generalmente se registran en documentos de origen aragonés, pero también a veces castellano, como en los casos siguientes:
- *E defendemos que ninguno non sea osado de venir cuentra lo que ellos fizieren sobre esto* (1267, Alfonso X, *Nombramiento de partidores*, CO)
- *Senyor el quiere seer cuentra uos et cuentra el Rey de Portugal* (1345, anón., *Documento secreto enviado por Don Juan Manuel a Pedro IV*, CO)
- *era çierto que venian cuentra el los rreyes de Castilla* (1348–79, anón, *Gran crónica del Alfonso XI*, CO)

También hay ejemplos de *cuentra-* como prefijo, si bien todos ellos se atestiguan en documentos aragoneses:
- *dita ordinacion e inposicion no era cuentra fuero* (1331, anón, *Documento de la Aljama de Zaragoza*, CO)
- *yella le dezia verdad sin cuentradezir* (1370, anón., *El Poema de José*, CO)
- *la verdat del feyto catada e los cuentrafazientes deuidament castigar* (1414, anón., *Ordinación dada a la ciudad de Zaragoza por el rey don Fernando I*, CO)
- *fueron produzidos dos testimonios, en los cuales se puso cuentradicción* (1472–1492, anón., *Documentación medieval de la Corte del Justicia de Ganaderos de Zaragoza*, CO)
- *ni procurará ni cuentravenrrá de los privilegios de la Conffraría* (1493–1511, anón., *Documentación medieval de la Corte del Justicia de Ganaderos de Zaragoza*, CO)

Pasando a la representación de *contra-* en castellano, registramos primero unos pocos latinismos, cuya rareza delata la escasa productividad del prefijo en latín:[72]
- *contradecir* 'decir lo contrario de lo que otro afirma' (*contradixiere*, 1196, *Fuero de Soria*, CO) (*contrādīcō -ere* ← *dīcō -ere* 'decir')
- *controversia* 'discusión de opiniones contrapuestas' (1230, G. de Berceo, *Vida de San Millán*, CDH), var. *contraversia*, 1400, P. López, *Traducción de las Décadas de Tito Livio*, CO) (*contrōversia -ae*, var. *contrāversia -ae* 'controversia, giro en contra' ← *versus* 'vuelto', p. p. del lat. *vertō -ere* 'verter, dar vuelta')
- *contraponer* 'cotejar algo con otra cosa contraria' (*-puesto*, 1250, anón., *Vidal Mayor*, CDH) (*contrāpōnō -ere* ← *pōnō -ere* 'poner')
- *contravenir* 'obrar en contra de lo que está mandado' (1295, anón., *Reconocimiento de un cambio*, CO) (lat. tard. *contrāveniō -īre* 'oponerse' ← *veniō -īre* 'venir')

---

[72] También *contrafazer* (1251, *contrafechas*, anón., *Calila e Dimna*, CO; var. *contrahacer*, 1430, *contrahechos*, *Cancionero castellano de París*, CO), cuyo étimo latino *contrăfaciō -ere* no está atestiguado, pero cf. lat. tard. *contrăfactiō -ōnis* 'acción de oponerse' (*faciō -ere* 'hacer').

- *contraescritura* 'documento que protesta o anula otro anterior' (1604, M. Alemán, *Segunda parte de la vida de Guzmán de Alfarache*, CO) (*contrascriptum*, p. p. del lat. tard. *contrascrībō -ere* 'refrendar' ← *scrībō -ere* 'escribir')

Pujol Payet (2018:62–65) hace hincapié en la marcada tendencia a emplear el prefijo *contra-* en la derivación nominal del castellano y, al mismo tiempo, opina que la evolución del prefijo castellano está condicionada en gran parte por el influjo de otras lenguas románicas cuyos vocablos correspondientes pasan al castellano como préstamos o calcos, y además proporcionan los modelos en que se basan las derivaciones castellanas.

Entre los calcos más tempranos, Pujol Payet identifica los siguientes en el siglo XV:
- *contrapeso* 'peso que se pone en la parte contraria de otro para que queden en equilibrio' (1386, P. López de Ayala, *Libro de la caça de las aves*, CDH) (cf. fr. *contrepoids*, 1180)
- *contramaestre* 'oficial marino' (1441 *-s*, D. de Valera, *Tratado de las epístolas*, CO) (cf. cat. *contramaestre*[73])
- *contrapunto* 'concordancia armoniosa de voces contrapuestas' (1414–1435, F. Manuel de Lando, *Poesías*, CO) (cf. fr. *contrepoint*, s. XIV)

La autora no menciona otro probable calco, *contramina* 'comunicación de dos o más minas por donde se logra limpiarlas' (1480–1484, H. del Pulgar, *Crónica de los Reyes Católicos*, CO), posterior al fr. *contre-mine* 'mina construida para refrescar el aire' (s. XIV).

Por otro lado, Pujol Payet (2018:67) admite que tanto *contratiempo* como *contratreta* son derivados autóctonos y que existen varios vocablos más en la historia temprana del prefijo, generalmente sustantivos y adjetivos, que parecen ser auténticamente castellanos, a juzgar por la ausencia o por la aparición en fecha posterior de sus equivalentes en otras lenguas románicas:
- *contraoyente* 'desobediente' (1275, Alfonso X, *General estoria*, CO) (*oyente*)
- *contracorriente* 'corriente que fluye en sentido contrario a otra' (*-s*, 1376–96, J. Fernández, *De secreto secretorum*, CO) (*corriente*; cf. fr. *contre-courant* [1789])
- *contratiempo* 'accidente' (1393, anón, *Acta de la villa de Laredo*, CO) (*tiempo*; cf. fr. *contretemps* [1559], ital. *contratempo* [1553], con sentido musical)[74]

---

73 Dice Corominas (s.v., *contra*) que el vocablo catalán es más antiguo; sin embargo, la fecha que da para el cat. *contramaestre* el *DECLC* es 1770.
74 Fechas italianas según T. de Mauro (2000).

- *contrafuero* 'infracción de fuero' (1414, anón., *Ordinación dada a la ciudad de Zaragoza*, CO) (*fuero*)
- *contraseguro* 'contrato en el que el asegurador se obliga a satisfacer ciertas condiciones' (1497–1512, G. Hernández, *Correspondencia del Gran Capitán*, CO) (*seguro*)
- *contranatural* 'contrario al orden de la naturaleza' (1534, F. de Silva, *Segunda Celestina*, CO; var. *contranatura*, 1379–96, J. Fernández de Heredia, *De secreto secretorum*, CDH) (*natural*)
- *contratreta* 'ardid que se usa para desbaratar e inutilizar una treta o engaño' (1615, J. de Villaviciosa, *La Mosquea*, CO) (*treta*)

A estos añadimos los pocos derivados verbales con *contra-* que aparecen durante esta época:
- *contrapasar* 'pasar más allá de otra cosa' (*-an*, 1422–1433, M. de Guadalfajara, *Traducción y glosas de la Biblia de Alba*, CDH) (*pasar*)
- *contrafallar* 'en los juegos de naipes, echar un triunfo superior' (*-a*, 1440, J. Rodríguez, *La cadira del honor*, CO) (*fallar*)
- *contraindicar* 'señalar como perjudicial un remedio, alimento o acción' (1640, A. de Burgos, *Methodo curativo*, GB) (*indicar*)

Pese a todo, la hipótesis básica de Pujol Payet de que en la historia de *contra-* ha habido un influjo transrománico muy potente es indudablemente acertada. Incluso no es raro que palabras que aparecen después del siglo XV, como se comprueba más abajo, tengan precursores en francés o en italiano.

Contra- sigue siendo un prefijo productivo en el castellano actual y la producción de los siglos XVI y XVII demuestra que ya a estas alturas se registran ejemplos de todas las principales categorías gramaticales y semánticas que caracterizan el prefijo en la actualidad.[75]

Pasando a la semántica, en los derivados sustantivos registramos palabras pertenecientes a distintos campos, entre los que destacan la defensa militar y naval. En cuanto al efecto semántico del prefijo, se sugieren las siguientes categorías semánticas:

---

[75] Entre las categorías secundarias no ilustradas aquí destacan los nombres de instrumentos y voces musicales de tono bajo, tales como *contrabajo* (1539, C. de Villalón, *El Scholástico*, CO), *contralto* (1535, J. de Huete, *Comedia Vidriana*, CO) y *contrafagote* (1901, F. Pedrell, *Organografía musical*, CO), función que Turón (2004:249) etiqueta de 'intensivo' y Pujol Payet (2018:71) de 'escalar'. Otros muchos son anómalos, en algunos casos por ser probables préstamos o calcos del italiano, en el caso de *contrabando* (Pujol Payet 2018:60), y del inglés en los casos de *contracepción* (del ingl. *contraception*, con haplología de **contraconception), *contracultura* (*counterculture*), *contraproducente* (*counterproductive*) y *contraintuitivo* (*counter-intuitive*) (Rainer 1993:319).

Objetos en posición opuesta a lo designado por la base
- *contrapuerta* 'puerta situada inmediatamente detrás de otra' (1535–57, G. Fernández, *Historia general y natural*, CO) (*puerta*)
- *contramuelle* 'muelle generalmente opuesto a otro principal' (1548, P. de Medina, *Libro de grandezas*, GB) (*muelle*)
- *contraescarpa* 'pared en talud del foso enfrente de la escarpa' (1574, J. Zanoguera, *Relación del suceso de la goleta*, CO) (*escarpa*; cf. fr. *contrescarpe* [1550])
- *contrabatería* 'batería que se pone en contra de otra del enemigo' (-s, 1595, B. de Mendoza, *Teórica y práctica de guerra*, CO) (*batería*; cf. fr. *contrebatterie* [1580])

Objetos en una posición de refuerzo de lo designado
- *contramuro* 'muro bajo que para mayor defensa se levanta delante del muro principal' (1537, D. Montes, *Instrucción y regimiento de guerra*, CO) (*muro*; cf. fr. *contremur*, 1371)
- *contrafuerte* 'refuerzo vertical de un muro en dirección contraria' (1582, M. de Urrea, *Traducción de la Arquitectura*, CO; var. *contra fuertes*, 1482–92, G. Rodríguez, *Amadís de Gaula*, CDH) (*fuerte*; cf. fr. *contrefort* [XIII], ital. *contraforte*,1465)
- *contradique* 'segundo dique, construido cerca del primero para detener las aguas' (-s, 1604, L. de Vega, *El peregrino en su patria*, CO) (*dique*)
- *contraarmadura* 'segunda vertiente que se da a un tejado cuando los pares están demasiado empinados' (-s, 1663, anón., *Visita, memoria y condiciones*, CO) (*armadura*)
- *contrabraza* 'en los barcos de vela, cabo que se emplea en ayuda de la braza' (-s, 1690, C. de Sigüenza, *Infortunios de Alonso Ramírez*, CO) (*braza*)

Entidades que sirven de complemento de otra entidad designada por la base
- *contraseña* 'palabra o signo que, junto con una seña, asegura el mutuo reconocimiento de personas' (-s, 1536, D. de Salazar, *Tratado de Re Militari*, CDH) (*seña*); cf. fr. *contreseing* (1355), ital. *contrasegno* (1348)
- *contracifra* 'clave a un código' (1609, L. de Vega, *Jerusalén conquistada*, CO) (*cifra*)
- *contrafirma* 'firma refrendante' (1649, P. Molinos, *Práctica iudiciaria del Reyno de Aragón*, GB) (*firmar*)
- *contrasalva* 'descarga de artillería en contestación al saludo hecho de igual modo' (1698, G. de San Agustín, *Conquistas de las Islas Filipinas*, CO) (*salva*)

Persona de cargo inferior
- *contraalmirante* 'oficial general de la Armada inmediatamente inferior al vicealmirante' (1688, anón., *Noticia, Circunstancias del Felicíssimo Alumbramiento de la Señora Reyna de la Gran Bretaña*, GB) (*almirante*)

Compiten con *contra-* en el sentido de 'persona de cargo inferior' varios prefijos más, como los de *sotacaballerizo* 'ayudante del caballerizo', *sochantre* 'director de coro inferior al chantre', *sotoministro* 'oficial inferior al ministro', *subdecano* 'oficial inferior al decano' y *vicealmirante* 'oficial inferior al almirante'. De todos estos solo los dos últimos siguen siendo productivos en la actualidad con este significado.

Acción contraria a otra designada por la base
- *contratreta* (ver más arriba)

Anulación o neutralización de la entidad denotada por la base
- *contra mandamiento*[76] 'mandamiento contrario a otro ya dado' (1218–50, anón., *Fuero de Zorita*, CDH; var. *contramandamiento*, 1522, anón., *Inventario de bienes*, CO) (*mandamiento*; cf. fr. *contremander* [1175])
- *contra orden* 'orden contraria a otra ya dada' (*contra ordenanças*, 1411, anón., *Provilegios de Juan II*, CDH; vars. *contra orden*, 1438, A. Martínez de Toledo, *Arcipreste de Talavera*, CDH; *contraorden*, 1680, E. Casellas, *Doze frutos*, GB) (*orden*)
- *contrahierba* 'contraveneno' (1499–1605, L. de Vega, *El halcón de Federico*, CO; var. *contrayerba*, 1527–50, B. de las Casas, *Apologética historia sumaria*, CDH) (*hierba*)

Obviamente *contra-* comparte este sentido con *anti-*: cf. *antiveneno* 'contraveneno'.

Dirección opuesta
- *contra marchas* 'evolución con que una tropa vuelve el frente a donde tenía la espalda' (1481, anón., *Fernando a la princesa de Viana*, CDH; var. *contramarcha*, 1687, F. Bances, *Por su rey y por su dama*, CO) (*marcha*; cf. fr. *contremarche*, 1626)
- *contra pelo* 'contra la inclinación o dirección natural del pelo' (1513, G. de Herrera, *Obra de agricultura*, CDH; var. *contrapelo*, 1550, J. de Arce, *Coloquios de Palatino*, CO) (*pelo*; cf. fr. *contrepoil*, s. XIII)
- *contra costa* 'costa de una isla o península opuesta a la que encuentran primero quienes navegan a ellas por los rumbos acostumbrados' (1528, H. de la Torre, *Derrotero del Viage*, CDH; var. *contracosta*, 1604, P. Chirino, *Relación de las Islas Filipinas*, CO) (*costa*)
- *contrafilo* 'filo que se saca por la parte opuesta de la punta de un arma blanca de un solo corte' (1572, P. de Aguilar, *Tratado de la caballería*, CO) (*filo*; cf. fr. *contrefil*, 1540)
- *contrarronda* 'ronda militar que se hacía normalmente en sentido inverso a la ordinaria' (1585–86, J. González, *Historia de las cosas más notables*, CO) (*ronda*)

---

[76] No nos parece significativo el que en algunos ejemplos *contra* se escriba por separado.

Sólo falta mencionar que obras como el *DEA* (1999) y Rainer (1993:318–319) registran numerosos neologismos (más de 30) con *contra-* (p. ej. *contraconfidente, contramito, contragalán, contramoralismo, contrarrumores*), con lo cual queda demostrada la continuidad de la productividad de este prefijo. Es significativo, sin embargo, que todos estos tengan el sentido de oposición y no espacial, lo que indica que *contra-* ya no es productivo en la acepción original. Aun así, el número de neologismos con *contra-* no admite comparación de las nuevas formaciones con *anti-*, que a partir del siglo XIX se convierte en el prefijo de sentido opositivo por excelencia en castellano.

Finalmente, es preciso citar la forma *recontra-* que aparece en castellano a principios del siglo XX. En la entrada correspondiente a *re-* (q.v.) se citan algunos ejemplos de este prefijo aparentemente compuesto (p. ej. *recontralógico* 'extremadamente lógico'). Ahí se señala que *recontra* surge a principios del siglo XVIII, probablemente como equivalente de *contraataque*. Un siglo más tarde aparece este vocablo de nuevo, ahora como interjección de sorpresa e irritación, quizás como forma eufemística de la exclamación ¡*caramba*!: cf. *¡Recontra! —gritó desde arriba Andrés—. ¿Por qué no se lo dijiste a él cuando estuvimos en su casa antes?* (María de Pereda, 1885, *Sotileza*, CDH).

Contra- destaca por los muchos estudios que se le han dedicado, entre los que son más importantes los de Montero Curiel (2001a) y Pujol Payet (2018), por ser diacrónicos. Entre estos, el de Pujol Payet es el más detallado y puede considerarse fundamental para la historia del prefijo. Los estudios de Caramés Díaz (2000), Martín García (1996b) y Turón (2004) son de enfoque sincrónico y semántico.

Cuadri- / cuatri-

Prefijo cuantificador con el sentido de 'cuatro' que presenta dos alomorfos que se combinan con bases sustantivas y adjetivas para para formar sustantivos (*cuadrinieto* 'hijo del tataranieto', *cuatrireactor* 'avión provisto de cuatro motores') y adjetivos (*cuadripétalo* 'con cuatro pétalos', *cuatricelular* 'que tiene cuatro células'). En última instancia, la base de los compuestos es siempre un sustantivo (cf. *celular* < *célula*). Los alomorfos del castellano se corresponden con las variantes combinatorias latinas *quadri-* y *quatri-* correspondientes al numeral *quattuor* 'cuatro',[77] de las que la segunda es rara y tardía en latín. Se trata de uno de los muchos prefijos cuantificadores de origen latino (*uni-*, *bi-*, *tri-*) y como tal comparte su función con su correlato helénico *tetra-* (q.v.), que tiene idéntico significado y aparece en adjetivos (*tetracilíndrico* 'de cuatro cilindros') y sustantivos (*tetracloruro* 'compuesto que contiene cuatro átomos de cloro'). Hay también un pequeño grupo de ejemplos híbridos en los que los dos prefijos helénico y latino alternan libremente, cf. *cuadri-/tetraplegia* (base helénica), *cuadri-/tetravalente* (base latina) y *cuadri-/cuatri-/tetramotor* (base castellana).

Los dos alomorfos *cuadri-* y *cuatri-* se analizan a continuación por separado.

Cuadri-
El alomorfo *quadr-* aparece en un buen número de palabras latinas con el sentido de 'cuatro': cf. *quadraginta* 'cuarenta', *quadringenti* 'cuatrocientos', *quadrans -antis* 'moneda que vale un cuarto de un as', *quadrātiō -ōnis* 'cuadrado', *quadrātus* 'dividido en cuatro partes' y *quadragiens* 'cuarenta veces'. Casi siempre combinada con el interfijo *-i-* típico de los compuestos latinos, el elemento *quadri-* forma una decena de derivados de los que se transmiten al castellano como latinismos los siguientes:[78]

– *cuadrángulo* 'cuadrangular, con cuatro esquinas' (*quadrángulo*, 1250, Alfonso X, *Lapidario*, CDH; var. *cuadrángulo*, 1527, A. de Chaves, *Quatri partitu en cosmografía práctica*, CDH; var. *quadriángulos*, 1572, J. de Arfe, *Quilatador de la plata*, CO) (*quadriangulus*)
– *cuadripartito* 'de cuatro partes' (quadripartito, 1254, anón., *Judizios de las estrellas*, CO; var. *cuadripartito*, 1424, E. de Villena, *Exposición del Salmo Quoniam videbo*, CDH) (*quadripartītō*)

---
[77] No tiene productividad en castellano una tercera variante latina, *quadru-*, cf. *quadruplicō -āre* 'cuadruplicar'.
[78] La grafía con *qua-* es común en el castellano medieval y clásico, pero no se usa en la actualidad.

- *cuadrilátero* 'que tiene cuatro lados' (*quadrilátero*, 1565, A. Rocha, *Arithmética*, GB; var. *cuadrilátero, -a*, 1634, L. de Vega, *La Gatomaquia*, CO) (*quadrilaterus*)
- *cuadriforme* 'que tiene cuatro formas o caras' (*quadriforme*, 1579, G. du Choul, *Los discursos de la religión*, GB; var. *cuadriforme*, 1588, C. de Virués, *Historia del Monserrate*, CO) (*quadriformis*)
- *cuadrimestre* 'de cuatro meses' (*quadrimestre*, 1648, J. de Solórzano, *Política indiana*, CO; var. *cuadrimestre*, 1786, E. Terreros, *Diccionario castellano*, GB) (*quadrime[n]stris*)
- *cuadrigémino* 'cuatro veces' (1870–1901, J. Calleja, *Compendio de anatomía*, CO) (*quadrigeminus*)

A estos compuestos se añaden los neolatinismos siguientes:
- *cuadrisílabo* 'de cuatro sílabas' (1580, F. de Herrera, *Comentarios a Garcilaso*, CO) (*syllaba -ae* 'sílaba'[79])
- *cuádriceps* 'músculo principal del muslo' (*cuadriceps*, 1837, M. Nieto, *Elementos del Arte de los Apósitos*, GB) (-*ceps*, forma combinatoria de *caput -itis* 'cabeza')
- *cuadrivalente* '(producto químico) con una valencia de 4' (1870, B. Velasco, *Oración inaugural*, GB) (*valens -ntis* 'fuerte')
- *cuadrivalvo* 'de cuatro válvulas' (1896, B. Lázaro, *Compendio de la flora española*, CO) (*valva -ae* 'puerta plegable')

También contamos con tres cultismos híbridos sobre bases de origen helénico:
- *cuadrinomio* 'polinomio de cuatro términos' (1567, P. Núñez, *Libro de Álgebra en Aritmética y Geometría*, CDH) (νόμος 'ley')
- *cuadriplejia* 'tetraplejia' (1907, M. Garnier, *Diccionario de los términos técnicos usados en medicina*, CDH; var. *cuadruplejia*, ibid.) (πληγή 'golpe', 'derrame cerebral')
- *cuadrifonía* 'sistema acústico con cuatro canales' (1989, O. Limann y O. Izard, *Fundamentos de radio*, GB) (φωνή 'voz')

Aparte de *cuadrinieto*, que se acuña ya a mediados del siglo XIII, la productividad con *cuadri-* se concentra exclusivamente en el léxico de la técnica y de la ciencia de los siglos XIX y XX.
- *cuadrinieto* 'hijo del tataranieto' (*quadrinieto*, 1250–60, anón., *Fuero Juzgo*, CO; var. *cuadrinieto*, 1786, E. de Terreros, *Diccionario castellano*, GB) (*nieto*)
- *cuadrihidratado* 'con cuatro moléculas de agua' (1842, N. Henry, *Farmacopea razonada*, GB) (*hidratado*)

---

79 *Syllaba -ae* es helenismo en latín, lengua de la que fue transmitido al castellano.

- *cuadripétalo* 'con cuatro pétalos' (1852, R. Domínguez, *Compendio del diccionario nacional*, GB) (*pétalo*)
- *cuadriovulado* 'con cuatro óvulos' (1857, M. Colmeiro, *Curso de botánica*, GB) (*ovulado*)
- *cuadriciclo* 'con cuatro ruedas' (1887, *El Comercio*, vols. 25–29, GB) (*ciclo*)
- *cuadrivértice* 'con cuatro vértices' (1899, E. Torroja, *Tratado de la geometría de la posición*, GB) (*vértice*)
- *cuadriarticulado* 'con cuatro articulaciones' (1893, C. Ascárate, *Insectos y criptógamas*, CO) (*articulado*)
- *cuadrilobulado* 'con cuatro lóbulos' (1896, B. Lázaro, *Compendio de la flora española*, CO) (*lóbulo*)
- *cuadridentado* 'con cuatro dientes' (1896, B. Lázaro, *Compendio de la flora española*, CO) (*dentado*)
- *cuadridimensional* 'con cuatro dimensiones' (1916, J. Rey, *Introducción a la matemática*, CO) (*dimensión*)
- *cuadrimotor* '(avión) con cuatro motores' (1922, *La Esfera*, vol. 9, GB) (*motor*)

Cuatri-
Al lado de *quad-* 'cuatro', también se emplea en latín un radical *quat-*: cf. *quater* 'cuatro veces', *quaternārius* 'que contiene o consiste en cuatro', *quaterni* 'cuatro para cada uno', 'cuatro a la vez', *quaterniō -ōnis* 'grupo de cuatro' y *quatriō -ōnis* 'el número cuatro en los dados'. La forma combinatoria *quatri-* es rara en latín: se atestigua en *quatrisextium* 'cuatro veces seis', *quatriduānus* 'por un período de cuatro días', *quatriēris -is* 'embarcación con cuatro filas de remos' y *quatringēnārius* 'cuatrocientos cada uno', pero en todos estos casos excepto el primero las formas con *quatri-* compiten con variantes con *quadri-* de uso más frecuente.

De todas las formas citadas en el párrafo anterior, sólo *quatriduānus* tiene equivalente en castellano: *cuatriduano* (*quatriduano*, 1583, P. de Ribadeneira, *Vida de San Ignacio de Loyola*, CO). En cambio, aparecen en español algunas variantes con *quatri-/cuatri-* que en latín sólo se atestiguan con *quadri-*:
- *cuatripartito* 'de cuatro partes' (*quatripartito*, 1551, M. Cortés, *Breve compendio de la esfera*, CO; var. *cuatripartito*, 1552, B. de las Casas, *Tratado comprobatorio del Imperio Soberano*, CDH) (lat. tard. *quadripartītus* 'de cuatro partes')
- *cuatriforme* 'que tiene cuatro formas o caras' (*quatriforme*, 1650, P. de Solís, *El desierto prodigioso*, CO; var. *cuatriforme*, R. Baltzer, *Elementos de matemáticas*, GB) (*quadriformis*)
- *cuatrimestre* 'período de cuatro meses' (1809, *Diccionario de la lengua castellana*, GB) (*quadrime[n]stris*)
- *cuatrimembre* 'que tiene cuatro miembros o patas' (1850, M. Milá y Fontanals, *Manual de retórica y poética*, GB) (lat. tard. *quadrimembris*)

A éstos se añade un número considerable de neolatinismos:
- *cuatrisílabo* 'de cuatro sílabas' (1809, *Diccionario de la lengua castellana*, GB) (*syllaba -ae* 'sílaba')
- *cuatrivalvo* 'de cuatro válvulas' (1872, L. Mathieu, *Catálogo del depósito de instrumentos*, GB) (*valva -ae* 'puerta plegable')
- *cuatrifolio* 'que tiene las hojas dispuestas en grupos de cuatro' (1888, M. Murguía, *Galicia*, GB) (*folium -iī* 'hoja')
- *cuatrilingüe* 'que habla o que está escrito en cuatro lenguas' (*quatrilingüe*, 1891, *Revista de España*, vol. 133, GB; var. *cuatrilingüe*, 1905, M. Menéndez Pelayo, Orígenes de la novela, CDH) (cf. lat. *bi-, tri-linguis* 'con dos/tres lenguas')
- *cuatricromía* 'combinación de cuatro colores en una escena visual' (1911, *Mercurio*, vol. 1, GB) (χρῶμα 'color')

También hay un número considerable de palabras cuyas bases son palabras independientes en español:
- *cuatricentésimo* 'aniversario de cuatrocientos años' (*quatricentésimo*, 1406, anón., *Traslado de una cláusula*, CO; var. *cuatricentésimo*, V. Pujals de la Bastida, *Numeración*, GB) (*centésimo*)[80]
- *cuatrisulfurado* 'producto químico con cuatro átomos de sulfuro' (1830, L. Thenard, *Tratado completo de química*, vol. 3, GB) (*sulfurado*)
- *cuatricarbonado* 'producto químico con cuatro átomos de carbono' (1830, L. Thenard, *Tratado completo de química*, vol. 3, GB) (*carbonado*)
- *cuatricolor* 'de cuatro colores' (1834, G. Leclerc, *Obras completas de Buffon*, GB) (*color*)
- *cuatrianual* 'que se repite cada cuatro años' (1879, M. Paz, *Biblioteca peruana*, GB) (*anual*)
- *cuatrisilicato* 'producto químico con cuatro átomos de silicio' (1843, A. de Cisneros, *Lecciones de mineralogía*, vol. 2, GB) (*silicato*)
- *cuatrilobulado* '(estructura arquitectónica) provista de una ornamentación de cuatro semicírculos dispuestos en forma de cruz' (1852, *Boletín de medicina*, vol. 2, GB (*lobulado*)
- *cuatrimotor* '(vehículo) provisto de cuatro motores' (1900, H. Robleto, *Ida y vuelta*, GB) (*motor*)
- *cuatritubercular* 'que tiene cuatro tubérculos' (1917, F. Ameghino, *Obras completas*, GB) (*tubercular*)

---

[80] También, con la misma raíz *cent-, quatricentenario, cuatricentenario* 'aniversario de cuatrocientos años'.

- *cuatricelular* 'que tiene cuatro células' (1948, *Boletín de la Real Sociedad Española de Historia Natural*, GB) (*celular*)
- *cuatrirreactor* 'avión provisto de cuatro motores' (1951, *Boletín del centro naval*, Argentina, GB) (*reactor*)
- *cuatricorchea* 'semifusa' (1953, J. Subira, *Historia de la música española*, GB) (*corchea*)

Es impresionante el número de dobletes con *cuadri-* y *cuatri-* en todas las categorías etimológicas y en casi todas las épocas. En vista de este hecho, se impone la conclusión de que, a pesar de la preponderancia de *quadri-* en latín y en castellano medieval, desde el siglo XVI prevalece una situación de distribución libre de las dos variantes en castellano. Parece evidente que el inesperado vigor de la productividad de *cuatri-* se deba a la mayor transparencia con que comunica el sentido de 'cuatro' en comparación con el más culto *cuadri-*.

De los prefijos cuantificadores se han ocupado Bajo Pérez (1987), Rodríguez Ponce (2002a), Stehlík (2009) y Felíu Arquiola (2015).

Cuasi- / quasi- / casi

En distintas épocas de la historia del castellano las tres variantes aquí citadas funcionan como prefijo con el sentido de 'análogo o semejante a', combinándose con sustantivos (*movimiento o quasi movimiento, cuasi corona imperial, casilocura*) y adjetivos (*quasi-parlamentario, cuasi-divino, casi Dios*). También en diferentes épocas, las tres funcionan como adverbio con el actual sentido de *casi*, es decir 'poco menos de, con corta diferencia'.[81] En esta función adverbial los tres alomorfos se anteponen a verbos (*casi equivalen, quasi queriéndolo castigar, cuasi deducido*), adjetivos (*casi/quasi/cuasi divino*), adverbios (*casi/quasi/cuasi siempre*), frases nominales (*cuasi un día entero*) y frases preposicionales (*quasi con cierta sperança*). El *DEA* añade que el adverbio *casi* también se usa "a veces" directamente ante sustantivos, citando el ejemplo *las piedras, las casi peñas, las fuimos llevando a vueltas*. Dada esta coincidencia de contextos, gran parte de nuestro análisis se dedica a la diferenciación entre el uso como prefijo y como adverbio.[82]

Las tres formas comparten el mismo étimo, a saber, lat. *quasi*, conjunción y adverbio formado mediante la combinación de *quam* y *sī*, que funciona primordialmente con el sentido de 'como si': cf. *quasi vērō nesciam* 'como si realmente no (lo) supiera'. Este uso no es ajeno al castellano medieval: cf. *e andan ayuntados quasi amandose los unos a los otros & en concordia* (1350, anón., *Traducción de la Historia de Jerusalem*, CO). El *quasi* latino también desempeña funciones adverbiales con tres acepciones, de las que la primera no tiene continuidad en castellano, la segunda se ha mantenido igual y la tercera se ha asociado a la función de prefijo:

- 'como': *illorum lingua resonat quasi tuba* 'su lengua resuena como un trompeta'
- 'casi, aproximadamente': *quasi quadraginta minas* 'casi cuarenta minas (moneda griega)'
- 'análogo': *cum de possessione aut quasi possessione contenditur* 'cuando se discute sobre la posesión o la cuasi-posesión'[83]

En la evolución fonética del castellano lo normal es que /kʷ/ ante /a/ tónica se conserve, tal como vemos en *quasi, cuasi* (también *cuando, cual, cuatro, cuarto*). En este

---

[81] La RAE (2009:40.9p-u) califica el sentido de *casi* de "aproximativo", pero, como se presta a confusión con el sentido de 'análogo a', evitamos este término.
[82] Dicho sea de paso, la diferencia entre los dos sentidos resulta clarísima en las traducciones al inglés, lengua en que el valor prefijal es siempre *quasi-* (*quasi-imperial, quasi-parlamentarian*) y el adverbial siempre *almost* (*almost equal, almost all, almost always*).
[83] Dos locuciones tomadas del lenguaje legal latino se transfieren como tales al castellano medieval, a saber, *quasi possessione* 'análogo a la posesión' y *quasi castrense* 'análogo a lo militar'.

https://doi.org/10.1515/9783111329369-016

contexto se ve que la forma patrimonial *casi* es anómala[84] además de ser de adopción tardía, como se verá más abajo. La variante culta *quasi* refleja la ortografía latina y es de uso general en el castellano medieval, al lado de *quando* y *qual*. *Cuasi*, también latinizante pero con ortografía modernizada, aparece por primera vez en el siglo XV, pero no es de uso corriente hasta el siglo XVI. Dicho sea de paso, sólo a partir de finales del siglo XIX se hace común la práctica de escribir prefijo y base juntos o con guion, señalando un reconocimiento del carácter prefijal de la unión entre los dos morfemas.

Aclarada la diferencia semántica entre las funciones de adverbio y prefijo, pasamos a la documentación histórica de las tres variantes. Investigamos primero la función prefijal de cada una de las variantes y después se documenta su uso como adverbios.

Quasi-
El uso latino de *quasi* para denotar conceptos y cualidades análogos se atestigua por primera vez en el castellano del siglo XV. El uso de esta variante es muy raro en el español actual. Hay pocos ejemplos en el *CREA* y tampoco está incluido en la versión en línea del *DRAE:*
– *alguno arguira como en generaçion sea movimiento o quasi movimiento et le corresponde otro movimiento* (1437, El Tostado, *Libro de las paradojas*, CO)
– *farsa o quasi comedia* (1514, L. Fernández, *Farsa o quasi comedia*, CO)
– *que se ha de tener por de bienes patrimoniales, ó quasi patrimoniales* (1648, J. de Solórzano, *Política indiana*, CO)
– *poner en egecución la adquisición de la possession, o quasi possession, declarada por el juez eclesiástico* (1753, G. Mayans y Siscar, *Observaciones al concordato*, CO)
– *por una orden legal y quasi natural, puesta la fe, succeden luego las otras virtudes* (1880–81, M. Menéndez Pelayo, *Historia de los heterodoxos españoles*, CO)
– *para un ciclo legendario y quasi-mitológico, superior á la Iliada y al Ramayana* (1898, J. Costa, *Colectivismo agrario*, CO)

---

84 Según Corominas (s.v. *casi*) el doblete /ˈkʷa si/ vs. /ˈka si/ se explica por "la doble pronunciación, átona y acentuada, según el énfasis del momento", ya que /kʷa/ evoluciona a /ka/ en contextos átonos (cf. *catorce* < *quattuordecim*). Esta explicación sería más convincente si no entrara en contradicción con testimonio del relativo *cual*, también átono, al que no le corresponde ninguna variante **cal. Siguiendo la hipótesis de Wright (2010), también es posible que a la ortografía *quasi* haya correspondido desde la edad media una pronunciación /ˈka si/. Finalmente, se podría pensar en un posible influjo gallego, lengua en que /ˈkʷa/ > /ˈka/ con regularidad: *case* 'casi', *cando* 'cuando', *cal* 'cual'.

- *se confirmaba y mejoraba el gobierno autonómico y quasi-parlamentario que la misma traía de atrás (*1898, J. Costa, *Colectivismo agrario*, CO*)*
- *también una ficción pura, una quasi-experiencia* (1941–70, J. Marías, *Historia de la filosofía*, CO)
- *que me asiste para calificar de quasi religioso al dogma* (1953, J. Roscio, *El triunfo de la libertad*, GB)
- *la señora parecía dejar en el aire, en espera de la quasifortuita consumación perpetrada por los distintos momentos* (1972, J. Benet, *Un viaje de invierno*, CO)
- *método de quasicondicionamiento con psicomotriz* (1991, *Ciencia y desarrollo*, vol. 17, GB)

Cuasi-
Ya en el siglo XVI aparecen los primeros testimonios de la función prefijal de la variante ortográfica *cuasi-*, que con el tiempo se hacen cada vez más numerosos:
- *tomaban y aprehendían la posesión o cuasi posesión y potestad del pontificado* (1527–50, B. de las Casas, *Apologética historia sumaria*, CO)
- *sublimallo con dalle y concedelle y envestille de una cuasi corona imperial* (1552, B. de las Casas, *Tratado comprobatorio*, CO)
- *fuerzas de su entendimiento, y ser inflamado con un cuasi divino espíritu* (1602, L. de Carvallo, *Cisne de Apolo*, CO)
- *pruébase del cuasi contrato que hay entre el cura y los feligreses* (1715, anón., *Pastoral de don Fray Juan*, CO)
- *los animales reptiles venenosos, y cuasi reptiles* (1769, M. Thellechea, *Valle de Aroa*, CO)

A juzgar por los datos del *CREA* (1975–2004), actualmente el uso de *cuasi-* se limita completamente a la función prefijal, sobrepasando con mucho el uso de *quasi-* y *casi-* en este sentido. Analizando los ejemplos tomados el *CREA*, vemos que en la ortografía sigue prevaleciendo la separación de los dos elementos; sin embargo, también se encuentran ejemplos con guion y, con menor frecuencia, escritos como prefijos en una sola palabra:
- *el cual quedó claramente golpeado por la cuasi hiperinflación de febrero*
- *al referirse a la "cuasi impunidad" de la policía*
- *ha creado una situación de cuasi guerra civil en el área*
- *una semana después se autoproclaman cuasi-presidentes de la República*
- *en un estado cuasi-trotskista de "revolución permanente"*
- *en el que habrá demostraciones de máquinas "cuasi-vivas"*
- *una manera de visualizar lo compleja y cuasicontradictoria que puede ser una doctrina*

- *antes me referí a esas formas de cuasiargumentación que muestran la complejidad*
- *un conocido grupo de 'geeks' madrileños celebraba una de esas sesiones cuasiespirituales*

Casi-

Los primeros testimonios de *casi-* con el sentido de 'análogo a' propio de la función de prefijo datan del siglo XVI y tienen continuidad hasta nuestros días. Es notable que solo *casicastrense* tiene base adjetiva, frente a los demás ejemplos con bases sustantivas. Resulta práctico juzgar la validez de cada ejemplo comprobando si se puede sustituir *casi* por *cuasi*, cuyo carácter prefijal está bien establecido. Otro factor, sugerido por Moliner (1983:547) y otras autoridades, es que *casi-* suele ser átono en algunos de sus usos, que seguramente incluirían el prefijal, tal como prescribe nuestro criterio cinco en la Introducción.

- *esta Lárez es muger casada con un casi judío llamado Francisco de Aranda* (1519, anón., *Carajicomedia*, CO)
- *a lo que afirma su mujer, mi madre, tiéneme un casi amor de hijo a padre* (1560–78, F. de Aldana, *Poesías*, CO)
- *tu hijo en conclusión ya un casi posesor es* (1599, A. Remón, *Auto de El hijo pródigo*, CO)
- *si el rey es un casi Dios, advertid que Él no deshizo al hombre* (1625, A. Mira, *El ejemplo mayor*, CO)
- *y también le llamará "el casidiablo"* (1629, F. de Quevedo, *La culta latiniparla*, CO)
- *porque nunca el alma estuvo en mí tan poco atenta que se incline a un casi cadáver, sin noticia de su calidad y estado* (1632, Tirso de Molina, *El bandolero*, CO)
- *el neografismo dice que es un casi sacrilegio* (1863, P. Monlau, *Del arcaísmo y el neologismo*, CO)
- *de los frutos y rentas de los bienes castrenses y casicastrenses* (1883–84, M. Colmeiro, *Introducción a las cortes*, CO)
- *por lo mismo que somos una casi isla, concentramos nuestro pensamiento en el punto por donde puede venir el ataque* (1897, Á. Ganivet, *Idearium español*, CO)
- *los exasperaba al tenderles la percha de una casi esperanza* (1963, J. Cortázar, *Rayuela*, CO)
- *he ido a la testera de tres coches con un conde, un marqués y un casi duque* (1965–71, E. Asensio, *Itinerario del entremés*, CO)
- *hechos con la pulpa de una casi legumbre que llamaban plátano* (1969, M. Asturias, *Malandrón*, CO)

- *no hay fórmula más segura para la libertad, que esta de que la promulgue un casi demócrata cristiano y la administre un casi fascista* (1970, J. Pemán, *Mis almuerzos con gente importante*, CO)
- *aquí están estos cuentos o relatos, semiensayos y casiartículos, "fabulaciones", como propone el escritor* (1996, *ABC Cultural*, 12.07, GB)
- *jugando a los números con una casilocura ma(temá-niá)tica* (2000, D. Leyva, *Una piñata llena de memoria*, GB)

Quasi- / cuasi- / casi- adverbiales

Como afirmamos más arriba, desde los principios de la lengua hasta el siglo XVI[85] fue *quasi* la forma adverbial por excelencia para expresar el sentido de 'poco menos de/que' que en la actualidad se asocia exclusivamente con la forma *casi*. Aquí unos cuantos ejemplos:[86]

- *este abbad estudo e moro en Roma quasi por çinco años* (1255, anón., *Crónica de Sahagún*, CO)
- *esta quasi quatro millas de la çibdat de Acon* (1350, anón., *Traducción de la Historia de Jerusalem*, CO)
- *cuando ya estan quasi del todo privados de sus fuerças* (1440–1455, El Tostado, *Libro de amor e amicicia*, CO)
- *dixo que era tan claro, que quasi no tenía ningún color, como el agua* (1570, E. de Salazar, *Cartas*, CO)

Los primeros testimonios de la variante ortográfica *cuasi* en la función adverbial datan del siglo XV, si bien no se hacen frecuentes hasta el siglo XVI. Sin embargo, ante el auge de *casi* con este sentido, *cuasi* adverbial experimenta un declive muy agudo a partir del siglo XVII:

- *son semejantes a aquella que cuasi cada día vemos y passamos* (1482–1492, G. Rodríguez, *Amadís de Gaula*, CO)
- *seyendo ya cuasi ora de dormir* (1482–1492, G. Rodríguez, *Amadís de Gaula*, CO)
- *y así cuasi muertos se les cortaron las cabezas* (1499–1502, F. de Rojas, *La Celestina*, CO)
- *debió ser por que llegó allí cuasi anochecido* (1599–1614, L. Cabrera, *Relación de las cosas sucedidas*, CO)

---

85 El *CREA* incluye unos pocos ejemplos en los que *quasi* parece representar un arcaísmo equivalente a *casi*: cf. *la desarticulación quasi total de la política educativa; llegué a respirar quasi las últimas agonías*.

86 *Domingo de quasimodo* (1275, Alfonso X, *General estoria*, CO) es un ejemplo falso, pues representa la combinación de las dos palabras con que empieza el introito de la misa de la octava de la Pascua de Resurrección.

– *pasan por junto al sitio donde está cuasi tocando con él* (1791–1809, J. Meléndez, *Discursos forenses*, CO)

Ya en el siglo XIV[87] encontramos ejemplos de *casi* que manifiestan claramente la función adverbial:
– *specialment en tiempo tan perigloso que era casi impossible que la fuerça* (1384–96, J. Fernández, *Traducción de Tucídides*, CO)
– *vino casi a la ora de la muerte* (1400–1421, C. Sánchez, *Libro de los exemplos*, CO)
– *casi todos los obispos de Italia eran arrianos* (1529–31, A. de Guevara, *Reloj de príncipes*, CO)
– *estaba casi encima dél* (1641, A. Sanz, *La mojiganga del gusto*, CO)

Para resumir la cronología de las variantes de este prefijo, comprobamos que, tras el dominio inicial de la variante latinizante *quasi-*, surge en el siglo XIV una grafía fonéticamente anómala *casi* que con el tiempo se apropia de la función adverbial 'poco menos de/que' (*casi imposible*). Paralelamente, en el siglo XVI surge una ortografía modernizada *cuasi-*, correspondiente a *quasi-*, que termina imponiéndose para la función prefijal 'análogo a' (*cuasi guerra civil*). Como era de esperar, la distribución de formas y funciones responde solo a una tendencia general: algunos autores siguen utilizando *casi-* como prefijo (*casiglobosos*), otros asignan la función adverbial a *cuasi-* (*cuasi tocando con él*), e incluso la forma arcaizante *quasi-* se encuentra en la actualidad en la función prefijal (*quasifortuito*).

El prefijo *c(u)asi-* se aproxima en su significado al de *medio* (*medio muerto* 'casi muerto'), *para-* (*paramilitar* '[organización civil] dotada de estructura o disciplina de tipo militar'), *pseudo-* (*pseudoerudito* 'falso erudito') y *semi-* (*semi-difunto* 'casi difunto').

Sobre *cuasi-* contamos con los estudios monográficos de García Medall (1993) y Rodríguez Ponce (2002).

---

[87] Los ejemplos de *casi* anteriores al siglo XIV son semánticamente anómalos, porque parecen significar 'en caso de que': (1284–1295) *su conprador reçiba por fiador el debdor, casi otro reçibiere, nol uala;* (1284–1295) *trayalo a la çibdad, como fuero es, casi non lo fiziere, cayga del pleito.*

De-

Prefijo originalmente verbal que en la actualidad también puede combinarse con adjetivos. En sus pocos derivados castellanos el prefijo manifiesta una variedad de sentidos, entre ellos el de privación (*derrabar* 'cortar el rabo a un animal'), reversión (*decodificar* 'aplicar inversamente las reglas de un código'), separación (*deletrear* 'decir el nombre de cada una de las letras que constituyen una palabra') y procedencia (*deverbal* 'derivado de una base verbal'). *De-* se remonta al prefijo latino *dē-*, que tiene los mismos sentidos.[88]

De- comparte todos sus sentidos con su rival *des-*, cf. privación (*descortezar* 'quitar la corteza'), reversión (*desatar* 'soltar lo que está atado') y separación (*desterrar* 'expulsar a alguien de un territorio'). El dominio de *des-* sobre *de-* se aprecia de forma muy clara en unos ejemplos con *des-* cuyos étimos reflejan el *dē-* latino:
- *desarmar* 'quitar las armas' (-*are*, 1234, anón., *Fuero de Cáceres*, CO) (cf. *dearmō -āre*)
- *deshonrar* 'quitar la honra' (*desondrar*, 1140, anón., *Poema de Mio Cid*, CO) (cf. *dēhonorō -āre*)
- *destorpar* 'afear' (-*are*, 1196, anón., *Fuero de Soria*, CO) (cf. *dēturpō -āre*)
- *desdeñar* (1230, G. de Berceo, *Vida de San Millán*, CO; der. *desdennosa*, 1218–50, anón., *Fuero de Zorita*, CO) (cf. *dedignor -ārī*)

También se documentan variantes con *des-* para muchos de los ejemplos citados más abajo, en todas las categorías etimológicas.

Llegan al castellano por vía patrimonial muchas palabras con *de-*, de las cuales las siguientes son cuasi-transparentes:[89]
- *demostrar* 'manifestar' (*demostren*, 1129, anón., *Fueros de Medinaceli*, CO; var. *demuestre*, 1196, anón., *Fuero de Soria*, CO) (*dēmonstrō -āre*)
- *denudar* 'desnudar' (*denudólos*, 1400, anón., *El baladro del sabio Merlín*, CO; var. *desnudas*, 1155, anón., *Fuero de Avilés*, CO; var. (*dēnūdō -āre*)
- *demandar* 'pedir' (-*a*, 1194, anón., *Sancho Rodríguez vende a Pedro*, CO) (*dēmandō -āre* 'encomendar')

---

[88] García Sánchez (2021:248) apunta que el sentido primordial de *dē-* latino es 'desde arriba', cf. *dēpendeō -ēre* 'estar colgado (desde arriba)', *dēscendō -ere* 'bajar'.
[89] Además de otros muchos que aparecen en los siglos XII, XIII y XIV: cf. *detener, depender, devolver, devenir, decaer* (< lat. vg. *decado -ere* por el clásico *dēcīdō -ere*), *deponer* y probablemente *describir* (*descrive*). La preposición *dē* contribuye a la formación de adverbios patrimoniales castellanos como *defuera, delante* (var. *denante* < *de-* + *in* + *ante*), *demás, detrás* y *derredor* (*de-* + *redor* 'alrededor' < *retro* 'atrás').

https://doi.org/10.1515/9783111329369-017

- *depoblar* 'despoblar' (*-ada*, 1270, Alfonso X, *Estoria de Espanna*, CO; var. *despoblados*, 1213, anón., *Carta de venta*, CO) (*dēpopulor -ārī* 'saquear')
- *denombrar* 'nombrar' (1255, anón., *Carta real*, CO) (*dēnominō -āre* 'dar un nombre')
- *delindar* 'deslindar' (1256, anón., *Orden de traducción*, CO; var. *deslindar*, 1250, anón., *Fuero de Viguera*, CO) (*dēlīmitō -āre*)
- *decrecer* 'menguar' (*-ieron*, 1275, Alfonso X, *General estoria*, CO; var. *descrecer*, 1519, M. Fernández, *Suma de geografía*, CO) (*dēcrescō -ere*)

También tempranamente comienzan a aparecer los primeros préstamos cultos latinos en el vocabulario castellano, de los que *deformar* y *delimitar* desarrollan variantes con *des-*:
- *denotar* 'indicar' (1293, anón., *Castigos*, CO) (*dēnotō -āre*)
- *deformar* 'hacer que algo pierda su forma regular' (*-ada*, 1376–96, J. Fernández, *Traducción de la Historia contra paganos*, CO; var. *desformada*, 1270, Alfonso X, *Estoria de Espanna*, CO) (*dēformō -āre*)
- *declamar* 'hablar en público' (1377–99, J. Fernández de Heredia, *Traducción de Breviarium ab urbe condita*, CDH) (*dēclamō -āre*)
- *delimitar* 'deslindar' (*-ación*, 1383, anón, *Sentencia para la delimitación*, CO; var. *deslimitado*, 1511, anón., *Traducción de Tirante el Blanco*, CO) (*dēlīmitō -āre*)
- *degustar* 'probar o catar' (1400–1425, anón., *Libro del tesoro*, CO) (*dēgustō -āre*)
- *deambular* 'caminar sin dirección determinada' (1589, J. de Jarava, *Traducción del Libro de vidas y dichos graciosos de Erasmo*, CDH) (*dēambulō -āre*)

El primer momento de productividad castellana con *de-*, entre los siglos XIII y XV, es de carácter dudoso. En esta época los derivados son todos verbales, entre los que figuran muchos verbos parasintéticos con base sustantiva.[90] Sin embargo, el ejemplo *desangrar* es dudoso, dada la existencia del sinónimo *dessangrar* (1275, anón., *Libro de los caballos*, CO), que a su vez recuerda el lat. *exsanguis* 'sin sangre'. Lo mismo se puede decir de los seis ejemplos con *derr-*, que pueden representar ajustes fonéticos de *des-* ante /r/. De los demás, solo *deletrear* no tiene variante con *des-*:
- *derrocar* 'despeñar, precipitar desde un lugar alto' (*-ando*, 1140, anón., *Poema de Mio Cid*, CO) (*roca*)
- *derribar* 'demoler, echar a tierra' (*-are*, 1196, anón., *Fuero de Soria*, CO) (*riba* 'ribera')

---

[90] También en latín hay derivados parasintéticos con *dē-*: con base sustantiva, *decollō -āre* 'degollar' (*collum -ī* 'cuello') y *dēcorticō -āre* 'descortezar' (*cortex -icis* 'corteza'); con base adjetiva, *dēalbō -āre* 'blanquear' (*albus* 'blanco').

- *derrancar* 'acometer, pelear repentinamente con ímpetu y arranque' (*-aron*, 1218–1300, anón., *Carta de testimonio*, CO) (*rancar*[91] 'arrancar')
- *desangrar* 'sacar la sangre a una persona o a un animal en gran cantidad' (*-ado*, 1240, anón., *Libro de Alexandre*, CO) (*sangrar*)
- *depreciar* 'despreciar' (1250–60, anón., *Fuero Juzgo*, CO; var. *despreciar*, 1250, anón., *Bocados de oro*, CO) (*preciar*)
- *deletrear* 'decir el nombre de cada una de las letras de una palabra' (*-aron*, 1284, Alfonso X, *General historia*, CO) (*letra*)
- *demarcar* 'deslindar' (*-ación*, 1340, anón., *Demarcación de términos*, CO; var. *desmarcado*, 1454, P. Carrillo, *Crónica del halconero*, CO) (*marcar*)
- *derrenegar* 'aborrecer de alguien o de algo' (*-adores*, 1414, anón., *Proceso judicial*, CO; var. *derenegar*, 1300, anón., *Fuero de Aragón*, CDH) (*renegar*)
- *derrostrarse* 'deshacerse el rostro' (*-ados*, 1449, F. de la Torre, *Libro de las veynte cartas*, CO) (*rostro*)
- *derrabar* 'cortar, arrancar, o quitar el rabo a un animal' (*-ado*, 1482, anón., *Escopete ystoriado*, CO; var. *derabado*, 1424–1520, anón., *Cancionero de Juan Fernández de Íxar*, CDH) (*rabo*)

Es también cuestionable el otro momento de productividad, el siglo XX, cuando aparece *decodificar* (*-ador*, 1968, anón., *Nuevas oficinas de correos*, CO), cuya variante *descodificar* se atestigua en 1975 (J. Pinillos, *Principios de psicología*, CR). También es notable una serie de términos lingüísticos que denotan procedencia, pero estos pertenecen al vocabulario técnico de uso internacional, por lo cual resulta ser difícil identificar la lengua de origen en cada caso:[92]
- *denominal* 'que deriva de un elemento nominal' (*nominal*)
- *deverbal* 'que deriva de un verbo' (*verbal*; var. *deverbativo*)
- *deadjetival* 'que deriva de un adjetivo' (*adjetival*)
- *deadverbial* 'que deriva de un adverbio' (*adverbial*)
- *desustantival* 'que deriva de un sustantivo' (*sustantivo*)[93]

---

[91] Corominas (s.v. *arrancar*) no parece haber estado enterado de la existencia del verbo castellano *rancar*, que documenta 33 veces el *CORDE*; cf. "por enpeynar o por rancar arbol" (1250, anón., *Fuero general de Navarra*, CO). Sin embargo, sí menciona *rancar* 'desarraigar' en algunos dialectos septentrionales del italiano.

[92] En todo caso, no parecen ser préstamos del francés, que según el *Trésor de la language française* sólo tiene equivalente de *deverbal* (*déverbale*).

[93] *Deadverbial* y *desustantival* se documentan en Google Books, pero no en el *CORDE* o el *CREA*.

Finalmente, hay un grupo bastante numeroso de aparentes derivados que son probablemente calcos del francés o del inglés:
- *desulfurar* 'quitar el azufre de algo' (1856, C. Sáez, *Tratado teórico*, CO) (fr. *désulfurer*)
- *deforestar* 'despojar un terreno de plantas forestales' (*-ada*, 1927, F. Hernández, *Geología fisiográfica*, CO; deriv. *deforestación*, 1903, *Revista de Montes*, vol. 27, GB) (fr. *déforestation*)
- *devaluar* 'rebajar el valor de algo' (*-ación*, 1947–75, N. Almendros, *Cinemanía*, CO) (fr. *dévaluer* < ingl. *devalue*)
- *deflación* 'descenso general de precios' (1950–68, J. Fueyo, *Estudios de teoría política*, CO) (fr. *déflation* < ingl. *deflation*)
- *decelerar* 'desacelerar' (*-ación*, 1940–56, M. Arias, *Manual de automóviles*, CO) (fr. *décélérer* o ingl. *decelerate*)
- *deconstruir* 'deshacer analíticamente los elementos de una estructura conceptual' (*-structivo*, 1977, O. Steimberg, *Leyendo historietas*, CDH) (fr. *déconstruire*)

Aparte de la importante correspondencia con *des-*, *de-* compite con otros prefijos en algunas de sus funciones. El sentido de la privación también se expresa con los prefijos desusados *es-* (*escornar* 'quitar un cuerno') y *so-* (*sopuntar* 'señalar con un punto puesto debajo de una letra'), mientras que la reversión se expresa también con *dis-* (*disculpar* 'descargar de una culpa') y *retro-* (*retrodonar* 'devolver una donación al donante').

Son fundamentales para el estudio del prefijo *de-* Brea López (1976) y Gibert Sotelo (2017). Se dedican principalmente al análisis del prefijo *dē-* en la fase latina tanto García Hernández (2002) como García Sánchez (2021).

Deca-

Prefijo cuantificador de sustantivos que con el significado de 'diez' se aplica a sustantivos (*decalitro* 'unidad de capacidad equivalente a diez litros') y adjetivos (*decadactilar* 'relativo a los diez dedos'). Se remonta a la forma combinatoria helénica δεκα- correspondiente al numeral δέκα 'diez'. Se manifiesta en castellano en helenismos, neohelenismos y muy pocos derivados no cultos. *Deca-* corresponde al cultismo latino *deci-* 'diez', que no es productivo en castellano.

Los helenismos con *deca-*, que llegan al castellano a través del latín, se atestiguan por primera vez entre los siglos XIII y XVI:
- *decálogo* 'conjunto de los diez mandamientos de la ley de Dios' (1275, Alfonso X, *General Estoria*, CDH) (lat. tard. *decalogus* < δεκάλογος; cf. λόγος 'discurso')
- *decacordo* 'salterio de diez cuerdas' (1490, A. de Palencia, *Universal vocabulario*, CO; var. *decacordio*, 1552, anón., *Libro de las oracyones*, CO) (lat. tard. *decachordum -ī* < δεκάχορδον; cf. χορδή 'cuerda de tripa (de un instrumento musical)', 'nota musical')
- *decágono* '(polígono) de diez lados' (1567, P. Núñez, *Libro de Álgebra*, CO) (lat. tard. *decagōnus* < δεκάγωνος; cf. γωνία 'ángulo')
- *decasílabo* 'decasílabo, que tiene diez sílabas' (*decasylabo*, 1596, A. López, *Filosofía antigua poética*, CO) (lat. tard. *decasyllabus* < δεκασύλλαβος; cf. συλλαβή 'sílaba')

Los neohelenismos, que aparecen a partir del siglo XVIII, pertenecen al vocabulario científico internacional:
- *decámetro* 'unidad de longitud equivalente a 10 metros' (1775, M. Sarmiento, *Obras póstumas*, GB) (μέτρον 'medida')
- *decaedro* 'sólido de diez caras' (1807, A. Fourcroy, *Sistema de los conocimientos químicos*, GB; cf. *dodecaedro* 'sólido de doce caras', 1706, P. de Ulloa, *Elementos mathematicos*, GB) (ἕδρα 'asiento, base')
- *decápodo* '(crustáceo) que tiene diez patas' (1845, B. Domínguez, *Diccionario universal francés-español*, GB) (πούς, ποδός 'pie, pata')

Son muy pocos los vocablos cuyas bases son palabras independientes castellanas, pertenecientes todos al ámbito internacional:
- *decalitro* 'unidad de capacidad equivalente a 10 litros' (1792, *Almanak Mercantil*, GB) (*litro*)
- *decadracma* 'moneda griega equivalente a diez dracmas' (1857, C. Cantú, *Historia universal*, vol. 7, GB) (*dracma*)

– *decadactilar* 'relativo a los diez dedos' (1943, *República de Cuba, Censo*, GB) (*dactilar*)
 – *decatleta* 'deportista que participa en una prueba de decatlón' (1947, *Topaze*, vol. 16, GB) (*atleta*)
 – *decasilábico* 'de diez sílabas' (*-s*, 1983, *ABC*, 24.12, CDH) (*silábico*)

Sobre los prefijos cuantificadores pueden consultarse los trabajos de Bajo Pérez (1987), Rodríguez Ponce (2002a), Stehlík (2009) y Felíu Arquiola (2015).

Des-

Prefijo muy productivo que tanto gramatical como semánticamente representa una continuación de su étimo, el prefijo latino *dis-*. Igual que este, *des-* tiene como función principal la formación de verbos, en unos casos sobre bases verbales (*despegar*), en otros sobre bases sustantivas (*descabeçar*) y adjetivas (*desfear* 'desfigurar'), en cuyo caso son con frecuencia, pero no siempre, parasintéticas. Son menos numerosos los derivados no verbales (*desventura, desleal*). *Des-* castellano también comparte la gama de sentidos que caracterizan *dis-* latino, con el sentido principal de separación en el espacio (*desterrar* 'alejar a alguien de un territorio'). Entre los sentidos secundarios figuran privación (*descortezar* 'quitar la corteza'), falta (*desamor* 'falta de amor), negación (*desleal* 'no leal') y reversión (*desatar* 'soltar lo que está atado').[94]

Esta entrada se basa fundamentalmente en Pharies (2016), que se ocupa de los orígenes del prefijo a la luz de 114 derivados registrados por el *CORDE* antes de 1250.[95] El estudio de 2016 demuestra la continuidad histórica de *dis-* latino y *des-* castellano sobre la base de la presentación y análisis lingüístico de muchos ejemplos tomados de ambas lenguas. Por razones de brevedad, en lo que sigue, se resume este aspecto del estudio, limitando a un mínimo los ejemplos latinos y reduciendo también los castellanos. Se suprime asimismo la discusión de dos de las hipótesis etimológicas que se han propuesto para *des-*, por ser demostradamente infundadas. Finalmente, comprobamos que a pesar de ser de los siglos XII y XIII los datos que hemos utilizado para esta entrada, siguen siendo perfectamente válidos en la actualidad para la descripción del desarrollo morfológico y semántico del prefijo. Al final de la entrada se comenta la productividad actual del prefijo y se estudian las relaciones entre *des-* y otros prefijos que expresan separación y otros sentidos afines.

Numerosas palabras latinas con *dis-* pasan al castellano. La mayoría de éstas son latinismos, cuyo primer elemento es *dis-* o alguno de sus alomorfos como *dī-* y *dif-* (véase la entrada correspondiente al prefijo *dis-* para más información sobre estos vocablos). Al mismo tiempo, la fecha temprana de los testimonios demuestra que *des-* aparece en numerosos derivados latinos que se transmitieron por vía patrimonial al castellano.[96] Sorprende que casi todos ellos hayan mantenido un sentido

---

[94] *Des-* es uno de los diez prefijos que se transmiten por vía patrimonial del latín al castellano, siendo los demás *a-, con-, en-, entre-, es-, re-, so-, sobre-* y *tras-*.
[95] A efectos de cómputo, hemos considerado que pertenecen a una única base las diversas variantes flexivas (*desbuelve / desbolvio*), ortográficas (*desabentura / desaventura / desventura*), derivativas (*desaguisado / desguisado*) y cronológicas (*desfaga / desfaciant*).
[96] También pueden ser patrimoniales las siguientes palabras, pero resulta difícil identificar su vía de transmisión por ser idénticos —con la excepción de la forma del prefijo— sus resultados culto y

https://doi.org/10.1515/9783111329369-019

transparente (excepciones: *destorbar*, *descuñar*), pues como comenta Martín García (2007: 6) refiriéndose a los cultismos latinos en general, lo normal es que tengan sentidos "no composicionales", es decir, "no deducible[s] de las partes que componen la palabra compleja"; cf. a este respecto palabras como *disparar* y *distraer*, que semánticamente poco o nada tienen que ver con los verbos castellanos *parar* y *traer*:

- *descreer* 'no creer' (-*idas*, 1140, anón., *Poema de Mio Cid*, CDH) (lat. tard. *discrēdō -ere*)
- *descobrir* 'descubrir, causar a conocer' (1150, anón., *Fueros de la Novenera*, CO; vars. *descubrí, descubriestes, descubrades*, 1140, anón., *Poema de Mio Cid*, CO) (*discooperiō -ere*)
- *desechar* 'excluir', 'menospreciar' (1196, anón., *Fuero de Soria*, CO) (*disiectō -āre* 'dispersar')
- *descalzar* 'quitar los zapatos' (*descalça*, 1200, Almerich, *La fazienda de Ultra Mar*, CO; cf. *descalços*, ibid.) (cf. *discalceātus* 'descalzo')
- *destorbar* 'destruir' (1234–75, anón, *Fuero de Cáceres*, CO) (*disturbō -āre* 'demoler, destruir')
- *descuñar* 'separar con una cuña' (-*ó*, 1240–50, anón., *Libro de Alexandre*, CO) (*cuña*; cf. *discuneātus*)[97]

Como comentamos más arriba, el cast. med. *des-* mantiene, con leves diferencias, las características morfológicas y semánticas del lat. *dis-*. El latín utiliza *dis-* en la formación de verbos derivados de verbos (*differō -rre* 'esparcir' ← *ferō -rre* 'llevar', *discruciō* 'descuartizar sobre una cruz' ← *cruciō* 'atormentar', 'torturar').[98] También produce verbos parasintéticos, aunque menos numerosos, a veces con base sustantiva: *diffāmō -āre* 'divulgar', 'difamar' (*fāma -ae* 'noticia'), *dīgladior -ārī* 'combatir' (*gladius -ī* 'espada'), *dissigillō -āre* 'quitar un sello' (*sigillum -ī* 'sello'), otras con base adjetiva: *dīlātō -āre* 'dilatar', 'alargar' (*lātus* 'ancho'), *displānō -āre* 'aplanar' (*plānus* 'plano'), *di(s)rārō -āre* 'disiparse' (*rārus* 'raro'), *dīvārō -āre* 'estar abiertas las dos partes de algo' (*vārus* 'opuesto', 'patituerto').

---

patrimonial: *despender* (1140, lat. *dispendō -ere*), *desparare* (1196, lat. *disparō -āre*), *desperder* (1200, lat. *disperdō -ere*), *despartir* 'separar' (1242, lat. *dispartiō -īre*), *despongo* (1250, lat. *dispōnō -ere*) y *desconvenientes* (1252–47; cf. lat. *disconveniō -īre*). Por otra parte, son claramente cultos vocablos como *discreto* (1196) / *descreto* (1267), *discordia* (1196) / *descordia* (1294), *discípulo* (1200) / *descípulo* (1595), *discreción* (1237) / *descreción* (1378), *disputar* (1250) / *desputar* (1240).
97 Corominas y Pascual (1980–91, s.v. *cuño*) atribuyen la /u/ de esta palabra, donde se esperaría /o/, al influjo de la consonante nasal siguiente.
98 Es de formación castellana el verbo *descruzar* 'deshacer la forma de cruz que presentan algunas cosas' (1599, M. Alemán, *Primera parte de Guzmán de Alfarache*, COH) (*cruz*).

Para cuando emerge el prefijo *des-* en castellano medieval, los derivados sobre bases verbales no dominan ya tanto como en latín, pero siguen siendo numerosos y variados:
- *destajar* 'ajustar' (*destaia*, 1126, anón., *Donación de Alfonso VII*, CO) (*taiar* 'tajar')
- *desatar* 'soltar lo que está atado' (*-ó*, 1140, *Poema de Mio Cid*, CO) (*atar*)
- *descabalgar* 'desmontar de una caballería' (*descaualga*, 1140, *Poema de Mio Cid*, CO) (*caualgar* 'cabalgar')
- *desmentir* 'demostrar que lo dicho es falso' (*-iere*, 1141–1235, anón., *Fuero de Madrid*, CO) (*mentir*)
- *desamparar* 'abandonar, dejar sin amparo' (1194–1211, anón., *Liber Regum*, CDH) (*amparar*)
- *desacordar* 'olvidar' (*-ados*, 1196, anón., *Fuero de Soria*, CO) (*acordar* 'recordar')
- *desgastar* 'gastar, quitar con el uso' (*-ava*, 1200, Almerich, *La fazienda de Ultra Mar*, CO) (*gastar*)
- *deslavar* 'lavar por encima sin limpiarlo bien' (*-ada*, 1200, Almerich, *La fazienda de Ultra Mar*, CO) (*lavar*)
- *desfallecer* 'fallecer' (*-falleçieren*, 1218–50, anón., *Fuero de Zorita*, CO) (*falleçer*)
- *desvolver* 'desenvolver' (*desbuelve*, 1228–46, G. de Berceo, *Del sacrificio de la misa*, CO) (*bolver* 'volver')
- *descaminar* 'extraviarse moralmente' (*-a*, 1228–46, G. de Berceo, *Del sacrificio de la misa*, CDH; cf. *descaminado*, 1223, anón., *Mandamiento de Fernando III*, CO) (*caminar*)
- *desecar* 'hacer que algo pierda la humedad' (*dessecados*, 1236–46, G. de Berceo, *El duelo de la Virgen*, CO) (*secar*)
- *descuajar* 'licuar' (*-ado*, 1236, G. de Berceo, *Vida de Santo Domingo*, CO) (*cuajar*)
- *despegar* 'desprender algo de otra cosa a la que estaba pegado' (*-ando*, 1240–50, anón., *Libro de Alexandre* CO) (*pegar*)

También se producen derivados no parasintéticos con verbos denominales:
- *desmojonar* 'mojonar, deslindar' (*-moionar*, 1179–84, anón., *Fuero de Uclés*, CDH) (*moionar* 'mojonar')
- *descercar* 'quitar una cerca' (*-se*, 1194–1211, anón., *Liber Regum*, CO) (*cercar* < *cerca*)
- *desacordado* 'disconforme' (*-s*, 1196, anón., *Fuero de Soria*, CO) (*acordado* 'hecho con acuerdo' < *acuerdo*)
- *desamparado* 'sin amparo' (*desanparados*, 1223, anón., *Semejanza del mundo*, CO) (*anparar* 'amparar' < *amparo*)
- *desordenar$_2$* 'desarreglar' (*-ada*, 1228–46, G. de Berceo, *Del sacrificio de la misa*, CO) (*ordenar* < *orden*)

Pasando a la derivación llamada parasintética, muy vigorosa en el caso de *des-*, remitimos al lector a la explicación detallada del fenómeno de la parasíntesis verbal en el artículo dedicado al prefijo *a-*₁ en esta obra.

Ya en los albores de la lengua castellana, son bastante frecuentes los verbos parasintéticos con base sustantiva:[99]

- *desbrazar* 'extender mucho los brazos' (*-çado*, 1140, *Poema de Mio Cid*, CO) (*braço*)
- *descabezar* 'cortar la cabeza' (*-cemos*, 1140, *Poema de Mio Cid*, CO) (*cabeça*)
- *desordenar*₁ 'expulsar de una orden religiosa' (*-ado*, 1196, anón., *Fuero de Soria*, CO) (*orden*)
- *despeñar* 'arrojar a alguien o algo desde lo alto' (*despennar*, 1200, Almerich, *La fazienda de Ultra Mar*, CO) (*penna* 'peña')
- *desterrar* 'expulsar a alguien de un territorio' (*-ara*, 1200, Almerich, *La fazienda de Ultra Mar*, CDH) (*tierra*)
- *descarnar* 'quitar al hueso la carne' (*-ado*, 1236, G. de Berceo, *Vida de Santo Domingo de Silos*, CDH) (*carne*)
- *descorazonar* 'desanimar' (*descoraznado*, 1240, anón., *Libro de Apolonio*, CO) (*corazón*)
- *despedazar* 'hacer pedazos un cuerpo' (*-çada*, 1240–50, anón., *Libro de Alexandre*, CO) (*pedaço* 'pedazo')
- *deshambrido* 'famélico' (*desfanbrido*, 1240–50, anón., *Libro de Alexandre*, CO) (*fanbre* 'hambre')
- *desombrar* 'privar de sombra' (*-ado*, 1246–52, G. de Berceo, *Los Milagros de Nuestra Señora*, CO) (*sombra*)

Son mucho menos comunes los ejemplos de derivación parasintética con una base adjetiva:

- *desflaquido* 'descarnado' (*-a*, 1240, anón., *Libro de Apolonio*, CO) (*flaco*)
- *desfear* 'desfigurar' (*-adas*, 1240–50, anón., *Libro de Alexandre*, CO) (*feo*)

En latín llama la atención lo poco productiva que es la derivación con *dis-* sobre bases sustantivas. De hecho, solo conocemos *dīlūdium-iī* 'intermedio, descanso' (*lūdus -ī* 'juego'). Los demás ejemplos se forman sobre sustantivos deverbales: cf. *dispositiō -ōnis* 'disposición' y *dispositūra -ae* 'orden', ambos relacionados con *dispōnō -ere*. Más numerosos son los derivados adjetivos de índole varia. En los más sencillos la base es un adjetivo: cf. *dīmidius* 'medio' (*medius* 'medio'), *difficilis* 'difícil'

---

[99] El hecho de que muchos verbos parasintéticos aparezcan solamente en forma de participio es irrelevante, pues la verbalización se señala con la adición de cualquier flexión verbal.

(*facilis* 'fácil'), *dissimilis* 'diferente' (*similis* 'semejante') y *dispar* 'dispar' (*par* 'igual'). También hay adjetivos derivados de sustantivos, como *discors* 'discordante', 'en desacuerdo' (*cor, cordis* 'corazón'), *dissonus* 'disonante' (*sonus -ī* 'sonido'), *discolor* 'de otro color', 'abigarrado' (*color -ōris* 'color') y *dissors* 'con suerte distinta' (*sors, sortis* 'suerte').

En comparación con el latín, la derivación de sustantivos y adjetivos a partir de sustantivos es bastante común en castellano medieval:
- *desamor* 'falta de amor o amistad' (1196, anón., *Fuero de Soria*, CO) (*amor*)
- *desmesura* 'falta de mesura' (1228–46, G. de Berceo, *Del sacrificio de la misa*, CDH; -*ada*, 1200, Almerich, *La fazienda de Ultra Mar*, CDH) (*mesura* 'moderación')
- *desalado* 'con las alas extendidas' (-*ados*, 1228–46, G. de Berceo, *Del sacrificio de la misa*, CO) (*ala*)
- *deservicio* 'falta de servicio' (1236, G. de Berceo, *Vida de Santo Domingo de Silos*, CO) (*servicio*)

También hay derivados con base adjetiva según el modelo de lat. *dissimilis* ← *similis*:
- *desobediente* 'no obediente' (-*ent*, 1196, anón., *Fuero de Soria*, CO) (*obedient* 'obediente')
- *desleal* 'no leal' (1236, G. de Berceo, *Loores de Nuestra Señora*, CO) (*leal*)
- *desigual* 'que no es igual' (-*eguales*, 1250, A. de Toledo, *Moamín*, CDH) (*igual*)
- *deshonesto* 'falto de honestidad' (-*onestas*, 1256–63, Alfonso X, *Primera partida*, CDH) (*honesto*)

Una innovación morfológica en castellano medieval es la derivación sobre palabras ya prefijadas. Entre los derivados de este tipo, denominados "compuestos" por Alvar y Pottier (1983: 350–351) y estudiados por García Medall (1988: 380–383), figuran ejemplos en *des-a-*, *des-en-* y *des-so-*, cuyas características morfológicas y semánticas son perfectamente equiparables a las de los derivados no compuestos:
- *desaventura* 'desventura' (1129, anón., *Fueros de Medinaceli*, CO) (*aventura* 'suceso extraño')
- *desapoderar* 'desposeer' (-*amos*, 1194–98, anón., *Carta de cambio*, CO) (*apoderar* 'dar poder')
- *desenfrenado* 'que se comporta sin moderación' (1218–50, anón., *Fuero de Zorita*, CO) (*enfrenar* 'poner el freno al caballo)
- *dessoterrar* 'desenterrar' (-*are*, 1218–50, anón., *Fuero de Zorita*, CO) (*soterrar* 'enterrar')
- *desavenencia* 'discordia' (1230, G. de Berceo, *Vida de San Millán*, CO) (*avenencia* 'conformidad')
- *desencerrar* 'sacar del encierro' (1234–75, anón., *Fuero de Cáceres*, CO) (*encerrar*)

- *desaforar* 'privar de fuero, de derechos' (*-é*, 1240–50, anón., *Libro de Alexandre*, CO) (*aforar* 'dar fuero')

Pasando al análisis semántico, comprobamos que el sentido fundamental del prefijo tanto en latín como en castellano medieval es "separación en el espacio". De ahí se derivan varias acepciones secundarias, citadas más abajo. Como es de esperar, los límites entre estas categorías son a menudo borrosos y, por tanto, algunos derivados oscilan entre dos o más categorías. Por ejemplo, la privación puede implicar reversión, como cuando se quita un sello a un documento (privación), deshaciendo al mismo tiempo el acto de pegar el sello (reversión), cf. lat. *dissigillō*. Las categorías de ausencia y negación también están estrechamente relacionadas, pues una ausencia de lealtad (*desleal*) viene a ser lo mismo que la negación de la lealtad. Las siguientes son las principales acepciones secundarias de *des-*:[100]

- Privación o acto de quitar a alguien (o algo) algo que poseía o le era propio
- Falta o ausencia de algo deseable[101]
- Negación o antítesis de una cualidad o acción
- Reversión o acto de deshacer una acción anterior
- Intensificación, concepto que incluye acciones intensivas, continuas, cuidadosas o exageradas
- Efecto nulo o redundante, en casos en que la base y el derivado son aparentemente sinónimos

Los vínculos semánticos entre el concepto de separación en el espacio y los sentidos secundarios resultan ser particularmente claros en los casos de privación (separación de un posesor de lo poseído), falta o ausencia (separación entre el que desea algo y lo deseado), negación o antítesis (separación conceptual entre positivo y negativo) y reversión (separación al descubrir algo cubierto, es decir, destapar algo tapado). La intensificación, por su parte, puede representar una separación en cuanto a *grado* o *nivel* de acción, entre una acción normal (*cupiō* 'desear') y la misma acción llevada al extremo (*discupiō* 'desear apasionadamente'). Los casos

---

[100] En el muy detallado estudio de Martín García (2007), se clasifica *despedazar* como ejemplo "resultativo" y *despinzar* como "instrumental". La RAE (2009:721) añade los supuestos sentidos 'ausencia' (*desagradar*), 'cese' (*deshabitar*) y 'acción inadecuada' (*desinformar*). Sin embargo, todos estos sentidos caben dentro de las seis categorías propuestas aquí: tanto *despedazar* como *deshabitar* y *despinzar* denotan separación; *desagradar* es negativo y *desinformar* denota la carencia de algo deseable.
[101] Sentido que Brea López (1995: 112) formula como "carencia de algo que se esperaba que existiera".

en los que el prefijo tiene un efecto nulo se explican por la erosión semántica del prefijo, es decir, un vaciamiento semántico.

A continuación, se ejemplifican estas categorías semánticas, suprimiendo los ejemplos latinos y reduciendo drásticamente las listas castellanas. Según Martín García (1995:474), *des-* es más productivo en sus acepciones de reversión (*deshacer*) y negación (*desatender*) y menos productivo en la acepción de privación con sustantivos (*desconsuelo*) y adjetivos (*descortés*).

Separación en el espacio
- *desordenar*₁ 'expulsar de una orden religiosa'
- *desterrar* 'expulsar a alguien de un territorio'
- *desalado* 'con las alas extendidas'
- *desbrazado* 'con los brazos extendidos'
- *descuñar* 'hender'

Privación
- *descabezar* 'cortar la cabeza'
- *descortezar* 'quitar la corteza'
- *desaforar* 'privar de fuero, de derechos'
- *descarnar* 'quitar del hueso la carne'

Falta
- *desamor* 'falta de amor'
- *desmesurado* 'sin mesura o moderación
- *desamparado* 'sin amparo'
- *deshonesto* 'falto de honestidad'

Negación o antítesis
- *desacordado* 'disconforme'
- *desobediente* 'que no obedece'
- *desordenar*₂ 'desarreglar', 'alterar el orden'
- *desleal* 'no leal'

Reversión
- *desatar* 'soltar lo que está atado'
- *desapoderar* 'desposeer'
- *descercar* 'quitar una cerca'
- *desvolver* 'desenvolver'

Intensificación
- *descaminar* 'extraviar moralmente' [102]
- *desflaquido* 'enflaquecido'
- *desfanbrido* 'hambriento'

Efecto nulo o redundante
- *desmojonar* 'mojonar, poner mojones, deslindar'
- *deslavar* 'lavar por encima sin limpiarlo bien'
- *desgastar* 'gastar, quitar con el uso'
- *desecado* 'secado'

Sobre la productividad de *des-* en el castellano actual dice Martín García (2007:5) lo siguiente: "En español, la formación de palabras mediante el prefijo *des-* es un proceso altamente productivo, hasta el punto de que algunos autores lo consideran como el más productivo del español en el ámbito de la prefijación." De hecho, este prefijo ha sido tan rentable que ha terminado invadiendo el terreno de otros prefijos que expresan separación. Continúa Martín García (2007:7): "Dada su gran aceptación en castellano y la alta productividad en la creación de formas romances, desplazó a los prefijos *de-*, *ex-* y *ab-*, con contenido próximo a *des-* y con una vitalidad ya reducida en latín."

En la entrada correspondiente al prefijo a_1- se menciona la exigua representación de *ab-* en castellano, que esencialmente se reduce a la presencia de un grupo de latinismos en los que el sentido del prefijo resulta borroso en castellano: cf. *abdicar* 'ceder la soberanía de un reino' (*ab-* 'separación' + *dicō -ere* 'decir'). El prefijo latino *dē-* también denota separación en algunos casos (*dearmō -āre* 'desarmar' < *armō -āre* 'armar') y hasta cierto punto sigue manifestando este sentido en castellano: cf. *derrabar* 'cortar, arrancar, o quitar el rabo a un animal' (*rabo*). En la actualidad, sin embargo, *de-* tiene poca vitalidad en la lengua y es perfectamente razonable atribuir su declive, al menos en parte, a la competencia con *des-*. Apoya esta hipótesis el testimonio de una serie de palabras latinas con *dē-* que, para cuando aparecen en castellano, manifiestan el prefijo *des-*:
- *deslindar* 'señalar los límites de un terreno' (1130, anón., *Fuero de Viguera*, CO) (cf. *dēlīmitō -āre*)
- *desarmar* 'quitar las armas' (*-ado*, 1140, anón., *Poema de Mio Cid*, CO) (cf. *dearmō -āre*)
- *deshonrar* 'quitar el honor' (*desondrar*, 1140, anón., *Poema de Mio Cid*, CO) (cf. *dēhonorō -āre*)

---

[102] Este ejemplo, hoy en día más comúnmente *desencaminar*, también puede interpretarse como separación metafórica del camino moral.

- *desnudo* 'desprovisto de ropa' (-*a*, 1140, anón., *Poema de Mio Cid*, CO) (cf. *dēnūdō -āre*)
- *destorpar* 'afear' (-*are*, 1196, anón., *Fuero de Soria*, CO) (cf. *dēturpō -āre*)
- *desdeñar* (1230, G. de Berceo, *Vida de San Millán*, CO; der. *desdennosa*, 1218–50, anón., *Fuero de Zorita*, CO) (cf. *dedignor -ārī*)

En cuanto a otro prefijo castellano que denota separación, *es-* (< *ex-*), remitimos a esa entrada, donde se describe detalladamente la competencia entre los dos. Conviene repetir aquí, sin embargo, que la "competencia" ha sido en realidad una derrota aplastante y continuada de *es-* ante *des-*. Como en el caso de *dē-*, son numerosos los casos en los que una palabra que originalmente tenía *es-*, cede ante un rival con *des-*:
- *escomulgar* (-*o*, 1208, anón., *Cortes de León*, CO) / *descomulgar* (1188 -*ado*, anón., *Ordenamiento de unas cortes*, CO) (lat. tard. *excommūnicō -āre* ← *commūnicō -āre* 'compartir', 'comunicar')
- *espertar* (-*a*, 1228–46, G. de Berceo, *Del sacrificio de la misa*, CDH) / *despertar* (-*ó*, 1140, anón., *Poema de Mio Cid*, CO) (*expertare* < *expertus*; var. participial de *expergiscor -ī* 'despertarse')
- *espedirse* (1140, anón., *Poema de Mio Cid*, CO) / *despedirse* (1196, anón., *Fuero de Soria*, CO) (*expetō -ere* 'desear vehementemente' ← *petō -ere* 'pedir')
- *estripar* (1528, J. de Huete, *Comedia Tesorina*, CO) / *destripar* (1380, Ferrer Sayol, *Libro de Palladio*, CO) (*exstirpō -āre* 'arrancar por la raíz' < *stirps -is* 'tronco, raíz')

La tabla siguiente muestra cómo *des-* compite con otros prefijos que expresan los mismos significados:

	Separación	Privación	Falta	Negación	Reversión
des-	desterrar	descortezar	desamor	desleal	desatar
a-₂/an-		amoral	afonía	atípico	
de-	deletrear	derrabar			decodificar
dis-	dismembrar		disfavor	disparejo	disculpar
es-	espulgar	escabezar			
in-		incomunicar	inacción	inmortal	

Claramente, no representan rivales los prefijos cultos importantes como *dis-*, forma culta correspondiente a *des-*, tampoco *a-₂/an-*, ni *de-* (nótese en este último caso los cambios de prefijo como *dearmō -āre* > *desarmar*). La competencia con *des-* ha supuesto la práctica extinción del prefijo patrimonial *es-*. Solo el prefijo culto *in-₂*, que compite vigorosamente en los campos de la negación y la privación, sigue resistiendo con éxito el empuje de *des-*. A este respecto es interesante el estudio de Gyurko (1971:227–231), quien presenta una comparación de 33 pares de derivados con *des-* e *in-*$_2$ (p. ej. *desobediente* / *inobediente*) y llega a la sorprendente conclusión de que, también en este caso, "a fin de cuentas, *des-* parece ser el prefijo más fuerte, paulatinamente desplazando a *in-*",[103] incluso para negar bases adjetivas. Esta conclusión es difícil de admitir, habida cuenta de la productividad casi universal de *in-*$_2$ en esta función.

Es portentosa la vitalidad de los estudios dedicados al prefijo *des-*, entre los que destacan Neira Martínez (1968, 1969), Gyurko (1971), Brea López (1976, 1995), García-Medall (1988), Montes Giraldo (1989), García Platero (1994b), Martín García (1995, 2007), Serrano-Dolader (2006), Buchi (2010), Rodríguez Rosique (2011, 2012), Gibert Sotelo (2015, 2017), Pharies (2016) y Morera Pérez (2019).

---

[103] "On balance, *des-* seems to be the stronger prefix, gradually dislodging *in-*."

Di-

Prefijo cuantificador que con el sentido de 'dos' sirve en el vocabulario científico para formar sustantivos (*disulfuro* 'cualquier compuesto con dos átomos de sulfuro') y adjetivos (*dipétalo* '(flor) cuya corola tiene dos pétalos'). Se remonta a al elemento combinatorio helénico δι- que se corresponde con el adverbio δίς 'dos veces', a su vez relacionado con el numeral δύο 'dos': cf. δίγαμος 'casado dos veces' (γάμος 'matrimonio, boda').

No es raro en el vocabulario castellano que *di-* se vea sustituido por su equivalente y cognado latino *bi-* (< *dwi-), como en el caso de *bígamo*, homólogo híbrido de δίγαμος.

Son de uso común cuatro helenismos con *di-*, de los que dos pasan al castellano a través del latín:
- *diedro* '(ángulo) formado por dos planos que parten de la misma recta' (-*s*, 1284, Alfonso X, *General estoria*, CO) (δίεδρο, cf. ἕδρα 'asiento, base')
- *díptero* 'que tiene dos alas' (1582, M. de Urrea, *Traducción de la Arquitectura*, CO) (lat. *dipteros* < δίπτερος; cf. πτερόν 'pluma', 'ala')
- *disílabo* 'que tiene dos sílabas' (*disilabo*, 1625, G. Correas, *Arte de la lengua española castellana*, CDH) (lat. *disyllabus* < δισύλλαβος; cf. συλλαβή 'sílaba')
- *dimorfo* '(mineral) que puede cristalizar en dos sistemas distintos' (1840, M. Salacroux, *Nuevos elementos de historia natural*, vol. 5, GB) (δίμορφος 'que tiene dos formas'; cf. μορφή 'forma')

En el siglo XIX aparecen dos neohelenismos y un neocultismo híbrido con *di-*:
- *difilo* 'que tiene dos hojas' (1839, M. Salacroux, *Nuevos elementos de historia natural*, vol. 4, GB) (φύλλον 'hoja')
- *dímero* '(polímero) cuyo peso molecular es el doble de otro', '(insecto) que tiene dos artejos en todos los tarsos' (1852, R. Domínguez, *Compendio del diccionario nacional*, GB) (μέρος 'parte')
- *divalente* (1873) '(producto químico) bivalente, de valencia 2' (1873, B. Velasco, *Tratado de química orgánica*, GB) (*valens -ntis*)

Entre los derivados con una base que existe como palabra independiente en castellano, todos pertenecientes al vocabulario científico internacional, citamos los siguientes:
- *dicotiledón* '(vegetal) que tiene un embrión con dos cotiledones' (1762, J. Quer, *Flora española*, GB) (*cotiledón*)
- *dipétalo* '(flor) cuya corola tiene dos pétalos' (1797, T. Conelly, *Diccionario nuevo y completo*, GB) (*pétalo*)

- *ditroqueo* 'pie de la poesía clásica compuesto de dos troqueos' (1817, M. de Valbuena, *Diccionario universal latino-español*, GB) (*troqueo*)
- *disépalo* '(flor) que tiene dos sépalos' (1831, B. Aquiles Richard, *Elementos de botánica*, GB) (*sépalo*)
- *disulfuro* 'cualquier compuesto con dos átomos de sulfuro' (1860, M. Blanc, *Nouveau dictionnaire espagnol-français*, GB) (*sulfuro*)
- *disilicato* 'cualquier compuesto con dos aniones de silicato' (1867, A. Wurtz, *Lecciones de filosofía química*, GB) (*silicato*)
- *diclorado* '(cuerpo) en que se han reemplazado dos átomos de hidrógeno por dos de cloro' (1869, G. de la Puerta, *Química orgánica general*, GB) (*clorado*)
- *dihíbrido* '(individuo) que desciende de padres que difieren en dos rasgos constitucionales' (1957–74, S. Alvarado, *Ciencias naturales*, CO) (*híbrido*)

En la gran mayoría de los derivados, *di-* se combina debidamente con una base de origen helénico. Son excepcionales a este respecto *disépalo*, por ser su base *sépalo* una palabra inventada (por N. J. Necker en 1790) y *disilicato*, por tener su base de origen latino: *silicato* se formó sobre el lat. *silex -icis* 'sílex, pedernal'.

Sobre los prefijos cuantificadores pueden consultarse los estudios de Bajo Pérez (1987), Rodríguez Ponce (2002), Stehlík (2009) y Felíu Arquiola (2015).

Dia-

Prefijo de origen helénico de valor espacial ('por, a través de'). Sirve para formar sustantivos (*diapositiva*) y adjetivos (*diamagnético*) pertenecientes al vocabulario científico internacional. Se remonta a δια-, prefijo que forma pareja con la preposición griega διά, del mismo sentido. Etimológicamente el gr. δια- está relacionado con el lat. *dis-* y, a su vez ambos tienen que ver con el numeral **duo* (cuyo sentido original era 'partiendo en dos').

El prefijo era muy productivo en griego, por lo cual no sorprende que el latín absorbiera muchos helenismos con *dia-*. A partir del siglo XIII aparecen en castellano algunos de estos vocablos, como cultismos latinos de origen helénico. A ellos se suman unos cuantos helenismos directos sin intervención del latín. Como sucedía en latín, la abundancia de cultismos con *dia-* contrasta con la escasez de neohelenismos y palabras propias castellanas con este prefijo.

En cuanto a la presencia de *dia-* en el vocabulario del castellano, como se ha dicho, la mayoría de los helenismos de uso frecuente han llegado al romance a través del latín, desde la época clásica hasta las distintas fases del latín tardío. Comenzamos con ejemplos de los vocablos, que en número relativamente escaso, se atestiguan hasta la época clásica:

- *dialéctica* 'arte de dialogar' (1250, anón., *Libro de los buenos proverbios*, CO) (lat. *dialectica -ae* < διαλεκτικός; cf. λέγω 'decir, hablar')
- *diadema* 'adorno femenino de cabeza' (1251, anón., *Calila e Dimna*, CO) (lat. *diadēma -atis* < διάδημα; cf. διαδέω 'ceñir')
- *diálogo* 'plática entre dos o más personas' (1300–05, anón., *Libro del cavallero Cifar*, CO) (lat. *dialogus -ī* < διάλογος; cf. λόγος 'palabra', 'discurso')
- *diagonal* 'recta que une dos vértices no contiguos de un polígono' (1495, anón., *Gordonio*, CO) (lat. *diagōnālis* < διαγώνιος; cf. γωνία 'ángulo')
- *dialecto* 'variedad de una lengua' (1550, anón., *Capítulo de carta del rey al virrey de Nueva España*, CDH) (lat. *dialectos -ī* < διάλεκτος; cf. λέγω 'decir, hablar')

En cambio, son numerosos los cultismos con *dia-* atestiguados en el latín tardío y medieval:

- *diácono* 'persona que ha recibido la segunda de las órdenes mayores, inmediatamente inferior al sacerdocio' (1223, anón., *Carta de venta*, CO) (lat. tard. *diāconus -ī* < διάκονος 'servidor, sirviente')
- *diáfano* '(cuerpo) que deja pasar a su través la luz casi en su totalidad' (-*s*, 1250, anón., *Vidal Mayor*, CO) (lat. med. *diaphanus* < διαφανής 'transparente'; cf. φαίνομαι 'mostrarse, aparecer')

- *diámetro* 'recta que une dos puntos de una circunferencia' (1254–60, anón., *Judizios de las estrellas*, CDH) (lat. tard. *diametrum -ī* < διάμετρος; cf. μέτρον 'medida')
- *diarrea* 'síntoma morboso que consiste en evacuaciones de vientre líquidas y frecuentes' (*diarria*, 1325, anón., *Crónica de veinte reyes*, CDH; var. *diarrea*, 1606, J. Alonso, *Diez privilegios*, CO) (lat. tard. *diarrhoea -ae* < διάρροια; cf. ῥέω 'fluir')
- *diabólico* 'perteneciente o relativo al diablo' (1344, anón., *Crónica de 1344*, CDH) (lat. tard. *diabolicus* < διαβολικός 'difamatorio', [en época bizantina] 'diabólico'; cf. βάλλω 'tirar, lanzar')
- *diafragma* 'membrana muscular que separa la cavidad torácica de la abdominal' (1493, anón., *Traducción del Tratado de cirugía*, CO) (lat. tard. *diaphragma -atis* < διάφραγμα; cf. φράσσω 'cercar, vallar')
- *diatónico* '(género del sistema musical) que procede por dos tonos y un semitono' (1498, D. Durán, *Glosa sobre Lux bella*, CO) (lat. tard. *diatonicus* < διατονικός; cf. τόνος 'tensión (de la cuerda de un instrumento musical', 'tono'; τείνω 'estirar')
- *diabetes* 'enfermedad metabólica' (1498, F. López de Villalobos, *Sumario de la medicina*, CDH) (lat. med. *diabētēs -ae* < διαβήτης 'compás', 'sifón'; cf. διαβαίνω 'atravesar')
- *diagrama* 'representación gráfica de una función o del desarrollo de un fenómeno' (1756, *Cartas morales, militares, civiles e literarias*, GB) (lat. tard. *diagramma -atis* 'diseño, trazado' < διάγραμμα; cf. γράμμα 'letra')

Estos son los helenismos castellanos con *dia-* que no tienen equivalentes en latín:
- *diafonía* 'forma polifónica' (*diafonia*, 1450, anón., *Las etimologías romanceadas de San Isidoro*, CO) (διαφωνία 'disonancia'; cf. φωνή 'voz')
- *diatriba* 'discurso o escrito acre y violento contra alguien o algo' (1570–79, S. de Horozco, *Libro de los proverbios*, CO) (διατριβή 'pasatiempo', 'ocupación'; cf. τρίβω 'frotar, desgastar', 'pasar tiempo').
- *diálisis* 'proceso de difusión selectiva a través de una membrana, que se utiliza para la separación de moléculas de diferente tamaño' (1823, *Diccionario de ciencias médicas*, GB) (διάλυσις 'disolución'; cf. λύω 'desatar, soltar').
- *diacrítico* 'signo para distinguir' (1851, F. de Paula, *Enciclopedia moderna*, GB) (διακριτικός 'que distingue'; cf. κρίνω 'separar, distinguir, juzgar')

Entre los neohelenismos formados en otras lenguas a partir de elementos helénicos y adaptados al castellano, figuran los siguientes:
- *diatérmano* '(cuerpo) que da paso con facilidad al calor' (1845, *Curso elemental de física*, vol. 2, GB) (διαθερμαίνω 'calentar').
    - *diatermia* 'empleo de corrientes eléctricas especiales para elevar la temperatura en partes profundas del cuerpo humano' (1911, *La semana médica*, vol. 18, GB) (θερμός 'caliente')

- *diacrónico* 'que sucede a lo largo del tiempo' (1938, J. Robertson, *The Hispanic American Historical Review*, vol. 18, GB) (χρονικός 'temporal'; cf. χρόνος 'tiempo')
- *diatópico* '(diferencia lingüística) que se debe a la distribución geográfica de los hablantes' (1977, *Estudios ofrecidos a Emilio Alarcos Llorach*, vol. 4, GB) (τόπος 'lugar').
- *diafásico* '(diferencia lingüística) determinada por la diversidad de registros o estilos en un idiolecto' (1990, M. Raders, *II Encuentros Complutenses*, GB) (φάσις 'expresión')

Es híbrido el adjetivo *diastrático* '(diferencia lingüística) que se debe a los diferentes niveles socioculturales de los hablantes' (1977, *Estudios ofrecidos a Emilio Alarcos Llorach*, vol. 4, GB), por combinar un prefijo helénico con una base latina (δια- + lat. *strātum* 'lecho').

Por último, podemos citar los escasos vocablos con base castellana:
- *diapalma* 'emplasto desecativo compuesto de litargirio, aceite de palma y otros ingredientes' (1505, A. Chirino, *Menor daño de medicina*, GB) (*palma*).
- *diamagnético* '(material) que tiene menor permeabilidad magnética que el contrario vacío, y es repelido por la acción de un fuerte imán' (1850, *Revista de los progresos de las ciencias exactas*, vol. 1, GB) (*magnēticus* < μαγνητικός; μαγνήτης '(piedra) de magnesia, imán')

No deben confundirse los compuestos con *dia-* con otros derivados griegos que combinan el prefijo δι- 'dos' más una base que comienza por *a-*:
- *diadelfo* '(estambre) que está soldado a otros por el filamento formando dos haces' (1887, E. de Echegaray, *Diccionario general etimológico*, vol. 2, GB) (δι- 'dos' + ἀδελφός 'hermano')
- *diamida* 'compuesto químico cuya molécula contiene dos grupos amida' (1887, *Diccionario enciclopédico hispano-americano*, vol. 2, GB) (δι- 'dos' + *amida* 'compuesto que resulta de sustituir un átomo de hidrógeno del amoniaco o de las aminas por un acilo' < fr. *amide*).

Dia- comparte el sentido 'a través de' con el prefijo latino *tras-/trans-*, cf. *trasnochar* 'pasar la noche sin dormir', *trasmundo* 'ultratumba', *trasabuelo* 'padre del bisabuelo'.

No conocemos ningún estudio monográfico dedicado al prefijo *dia-*.

Dis-₁

Prefijo de sentido negativo de escasa productividad que se remonta al prefijo latino *dis-*, también negativo. Se denomina aquí *dis-₁* porque hay dos prefijos cultos homófonos. *Dis-₁* refleja tanto la forma como el contenido de su étimo latino, denotando con sus bases sustantivas, adjetivas y verbales sobre todo falta (*disfavor* 'enemistad o falta de favor de un poderoso'), negación (*disparejo* 'no parejo'), separación (*dismembrar* 'dividir y apartar los miembros del cuerpo') y reversión (*disculpar* 'descargar de una culpa'). *Dis-₂*, de origen helénico (q.v.), se combina normalmente con morfemas combinatorios sustantivos para indicar anomalías patológicas orgánicas: cf. *disfagia* 'dificultad para tragar' (inf. aor. φαγεῖν 'comer').

El hecho de que el lat. *dis-* sea el étimo tanto del prefijo culto *dis-* como del patrimonial *des-* implica que comparten los mismos sentidos, aunque *des-* es incomparablemente más productivo.

Hay una treintena de latinismos con *dis-*,[104] casi todos atestiguados antes del siglo XVIII y en su mayoría verbos, con algún que otro sustantivo o adjetivo. En general son morfológicamente opacos desde la perspectiva del castellano y aun en los casos que parecen transparentes, la contribución semántica del prefijo resulta imprecisa:

– *disimular* 'fingir para ocultar' (*-avan*, 1350, anón., *Traducción de la Historia de Jerusalem*, CO) (*dissimulō -āre* ← *simulō -āre* 'fingir')
– *disolver* 'separar las partículas de un sólido en un líquido' (*disuelve*, 1350, anón., *Traducción de la Historia de Jerusalem*, CO) (*dissolvō -ere* 'desmantelar, reducir a componentes menores' ← *solvō -ere* 'desatar', 'aflojar')
– *disturbar* 'perturbar' (1580, F. de Herrera, *Comentarios a Garcilaso*, CO) (*disturbō -āre* 'desarreglar, perturbar' ← *turbō -āre* 'agitar', 'turbar')

Hay un solo neolatinismo con *dis-₁*, a saber, *dislocar* 'sacar un hueso de su lugar' (*-ada*, 1400, anón., *Biblia Escorial*, CO) (*dis-₁* + *locō -āre* 'colocar'). En otros casos parecidos parece tratarse más bien de una confusión de prefijos:

– *disminuir* 'reducir' (*-yo*, 1376–96, J. Fernández de Heredia, *Traducción de la Historia contra paganos*, CDH) (cf. *dīminuō -ere*).

---

[104] Los ejemplos de *dis-* latino se multiplican si tomamos en cuenta sus alomorfos. Según el *OLD*, *dis-* > *dī-* ante /b/, /d/, /g/, /l/, /m/, /n/ (p. ej. *dīdūcō -ere* 'partir' ← *dūcō -ere* 'llevar hacia') y *dif-* ante /f/ (p. ej. *differō -ere* 'llevar en varias direcciones' ← *ferrō -ere* 'llevar'). Ante /r/ hay tres posibilidades: cf. *disrumpō, dirrumpō* y *dīrumpō -ere* 'reventar' (*rumpō -ere* 'romper'). En otras palabras, *dis-* solo aparece ante /j/ (*disjungō* 'desuncir'), ante /s/ (*dissolvō* 'disolver') y ante oclusiva sorda (*discernō* 'discernir').

- *disforme* 'deforme' (1400–1500, anón., *Traducción del Compendio de la humana salud*, CO) (cf. *deformis*)[105]
- *dislacerar* 'dilacerar, desgarrar' (*-adas*, 1710, P. Montenegro, *Materia médica*, CO) (cf. *dilacerō -āre*)

Siguen siendo dominantes las formaciones verbales entre los derivados castellanos con *dis-₁*,[106] que surgen en la misma época que los latinismos, es decir, entre los siglos XIII y XVIII. También es notable que en todos los casos la variante con *dis-₁* conviva aproximadamente en las mismas fechas con la variante correspondiente con *des-*, prefijo patrimonial del mismo origen, pero de mayor productividad:[107]

- *disculpar* 'dar razones o pruebas que descarguen de una culpa o delito' (*-andose*, 1250, anón., *Bocados de oro*, CO; var. *desculpar*, 1250, ibid.) (*culpar*)
- *displacer* 'desplacer, disgustar' (1255, *displugo*, anón., *Crónica de Sahagún*, CDH; var. *desplaze*, 1250, anón., *Vidal Mayor*, CO) (*placer* 'agradar o dar gusto')
- *disconforme* 'que no está conforme' (*-s*, 1300, anón., *Carta de población*, CO; var. *desconforme*, 1400–98, anón., *El baladro del sabio Merlín*, CO) (*conforme*)
- *disfavor* 'enemistad o falta de favor de un poderoso' (1400–1440, M. Chamiso, *Poesías*, CO; var. *desfauores*, 1407–1463, J. de Tapia, *Cancionero de Estúñiga*, CDH) (*favor*)
- *discontinuar* 'romper o interrumpir la continuación de algo' (*-uan*, 1437, El Tostado, *Libro de las paradojas*, CO; var. *descontinua*, 1417, E. de Villena, *Tratado de la lepra*, CO) (*continuar*)
- *disconfortar* 'desconhortar, desanimar' (*-ados*, 1489, anón., *Historia de la linda Melosina*, CO; vars. *desconhortado*, 1205–55, anón., *Razón de amor*, CDH; *desconfortada*, 1300, anón., *Cuento muy fermoso de Otas*, CO) (*confortar*)
- *disgustar* 'causar enfado, pesadumbre o desazón' (*-ó*, 1511, anón., *Traducción de Tirante el Blanco*, CO; var. *desgustarse*, 1514–42, J. Boscán, *Poesías*, CDH) (*gustar*)
- *dismembrar* 'dividir y apartar los miembros del cuerpo' (*-é*, 1545, P. de Valdivia, *Al Emperador Carlos V*, CO; var. *desmembrado*, 1200, *La fazienda de Ultra Mar*, CO) (*miembro* 'parte del cuerpo')
- *disparejo* 'desigual, dispar' (*-as*, 1603, F. de Luque, *Fiel desengaño contra la ociosidad*, CDH; var. *desparejo*, 1450, anón., *Las etimologías romanceadas de San Isidoro*, CO; deriv. *despareiarse*, 1270, Alfonso X, *Estoria de Espanna*, CDH) (*parejo*)

---

[105] A no ser que la confusión sea con *dis-2* en este caso.
[106] *Disfrutar* 'experimentar gozo o placer a causa de algo' (1356, anón., *Fuero viejo de Castilla*, CO) es semánticamente anómalo por no ser negativo. Este derivado y su variante *desfrutar* (*-ase*, 1253, anón., *Sendebar*, CO) son parasintéticos, pues el cast. *frutar* 'dar fruto' no se documenta hasta 1528.
[107] Según el Google Books Ngram Viewer, sólo en el caso de *dis/desmembrar* es más común en la actualidad la variante con *des-*.

- *disimétrico* 'no simétrico' (*-as*, 1841, M. Pouillet, *Elementos de física esperimental*, vol. 2, CDH; var. *desimétricas*, 1851, *Revista de los progresos de las ciencias*, vol. 2, GB) (*simétrico*)
- *discapacitado* 'incapacitado (por un accidente o enfermedad)' (1879, *Anales de la Real Academia Nacional de Medicina*, GB; var. *descapacitado*, 1893, *El derecho*, GB) (*capacitar*)

No conocemos ningún estudio monográfico dedicado al prefijo *dis-*₁.

Dis-₂

Prefijo de sustantivos que denota anomalías patológicas orgánicas (*disfunción* 'alteración de una función orgánica'). Se remonta al prefijo helénico δυσ-, que añade a sus derivados la idea de 'difícil', 'malo', 'defectuoso'.

Existen dos prefijos cultos con la forma *dis-*. En ambos casos el sentido es negativo: *dis-*₁, (q.v.) de origen latino, es la forma culta correspondiente al prefijo castellano *des-* y como tal denota, combinado con bases adjetivas, lo opuesto (*disparejo* 'no parejo') y con bases sustantivas, la falta de algo (*disfavor* 'falta de favor'). Por su parte, *dis-*₂, de origen helénico, se combina normalmente con sustantivos o morfemas combinatorios sustantivos para expresar anomalías patológicas: cf. *disfagia* 'dificultad para tragar' (inf. aor. φαγεῖν 'comer')

Las palabras castellanas con *dis-*₂ comprenden cuatro tipos etimológicos: helenismos (*dispepsia*), neohelenismos (*disfagia*), derivados secundarios hechos a base de palabras con otro morfema inicial (*disfemismo*, creado sobre *eufemismo*) y derivados castellanos (*disbalance*).

Entre los helenismos con *dis-*₂ se cuentan los siguientes, muchos de los cuales se incorporaron a través del latín:
- *disentería* 'enfermedad infecciosa con diarrea' (*dissentería*, 1260, anón., *El Nuevo Testamento según el manuscrito escorialense*, CDH) (lat. *dysenteria -ae* < δυσεντερία; cf. ἔντερα 'entrañas')
- *discrasia* 'alternación profunda de la nutrición' (1450, anón., *Arte complida de cirugía*, CO) (lat. med. *dyscrasia -ae* < δυσκρασία 'desequilibrio de los humores'; cf. κρᾶσις 'mezcla')
- *disuria* 'evacuación difícil y penosa de la orina' (1495, anón., *Gordonio*, CO) (lat. *dysūria -ae* < δυσουρία; cf. οὖρον 'orina')
- *dispnea* 'dificultad de respirar' (1600, J. Soriano, *Methodo y orden de curar*, GB; var. *disnea*, 1777, J. Amar, *Instrucción curativa y preservativa*, GB) (lat. *dyspnoea -ae* < δύσπνοια; cf. πνοή 'respiración')
- *disfonía* 'trastorno de la fonación, ronquera' (1797, T. Conelly, *Diccionario nuevo y completo*, GB) (δυσφωνία; cf. φωνή 'voz')
- *dispepsia* 'enfermedad caracterizada por la digestión laboriosa' (1807, J. Rodríguez, *Explicación de la farmacopea*, CO) (lat. *dyspepsia -ae* < δυσπεψία; cf. πεπτός 'cocido')
- *disosmia* 'disminución del olfato' (1822, *Diccionario de ciencias médicas*, vol. 11, CDH) (δυσοσμία 'hedor'; cf. ὀσμή 'olor')
- *disforia* 'estado de ansiedad o agitación' (1845, *Diccionario universal francés-español*, GB) (δυσφορία; cf. φέρω 'traer, llevar')

La necesidad de crear términos para describir los múltiples trastornos del organismo se tradujo en la acuñación de abundantes neohelenismos con *dis-*₂ a partir del siglo XVIII:
- *disfagia* 'dificultad para tragar' (1784, G. Andrés, *Origen, progresos y estado actual*, GB) (inf. aor. φαγεῖν 'comer')
- *dislalia* 'trastorno de la pronunciación por afección de los órganos vocales' (1844, J. Frank, *Patología interna*, vol. 10, GB) (λαλιά 'habla')
- *dislexia* 'trastorno de la capacidad de leer y comprender un texto' (1844, P. Mata, *Vade mecum de medicina*, GB) (λέξις 'habla', 'dicción')
- *disgenesia* 'alteración del movimiento de los músculos voluntarios' (1854, J. Castells, *Diccionario de medicina*, vol. 1, GB) (γένεσις 'origen, nacimiento')
- *discromatopsia* 'incapacidad para distinguir los colores' (1863, *Pabellón médico: revista científica*, vol. 3, GB) (χρῶμα -ατος 'color' + ὄψις 'vista')
- *distopia*₁ 'dislocación de un órgano' (1863, A. García, *Memoria sobre las aguas medicinales*, GB) (τόπος 'lugar')
- *distonía* 'tono anormal de un tejido' (1866, P. Labernia, *Novísimo diccionario de la lengua castellana*, GB) (τόνος 'tensión')
- *discromia* 'alteración del color normal de la piel' (1875, *El estudio: publicación mensual*, vol. 1, GB) (χρῶμα 'color')

En otros casos la acuñación del neohelenismo no se debe a la combinación de *dis-*₂ con una forma combinatoria, sino a una derivación secundaria a base de una palabra particular, sustituyendo otro prefijo por *dis-*₂. Nótese que *disfemismo* y *distopía* son peculiares porque no se refieren a trastornos físicos:
- *dismnesia* 'debilidad de la memoria' (1823, *Suplemento al diccionario de medicina*, GB) (sobre *amnesia* 'pérdida de la memoria' < ἀμνησία< cf. μνήμη 'memoria')
- *distrofia* 'estado patológico debido a una alteración de la glándula pituitaria' (1843, *Anales históricos de la medicina*, vol. 2, GB) (sobre *eutrofia* 'buena nutrición' < εὐτροφία< cf. τροφή 'alimentación')
- *disfasia* 'trastorno del lenguaje causado por una lesión celebral' (1871, *El siglo médico*, vol. 18, GB) (sobre *afasia* 'trastorno o pérdida de la capacidad del habla' < ἀφασία 'mudez'; cf. φημί 'decir')
- *disfemismo* 'expresión peyorativa' (1993, *III Encuentros Complutenses en torno a la traducción*, GB) (sobre *eufemismo* 'expresión suave de una idea cuya franca expresión es malsonante' < εὐφημισμός; cf. φημί 'decir')
- *distopía* 'representación ficticia de una sociedad futura de características negativas' (1995, J. Gutiérrez, *La educación ambiental*, GB) (sobre *utopía* 'representación ficticia de una sociedad futura de características favorecedoras del bien humano' < οὐ 'no' + τόπος 'lugar')

Es probable que dos palabras más se hayan modelado sobre *dislexia*, pero sustituyendo la base y no el prefijo como en los casos citados más arriba. De ellas destaca *discalculia* por tener una base verbal que es además de origen latino:
- *disgrafía* 'incapacidad de escribir' (1867–88, *Boletín del Instituto Médico-Valenciano*, vol. 10, GB) (γράφω 'escribir')
- *discalculia* 'dificultades en el aprendizaje de las matemáticas' (1980, S. Farnham-Diggory, *Dificultades de aprendizaje*, GB) (*calcular*)

Son escasos los ejemplos con base castellana con *dis-*₂. No hemos podido encontrar más que los cuatro siguientes, que con la excepción de *desclímax* sobresalen por tener bases de origen latino:
- *disfunción* 'alteración de una función orgánica' (1913, *Los progresos de la clínica*, vol. 1, GB) (*función*)
- *disregulación* 'trastorno en la regulación de un órgano' (1950, A. Lagoma, *Localización y reparación*, CO) (*regulación*)
- *disbalance* 'alteración del metabolismo' (1966, J. López, *Las neurosis*, CO) (*balance*)
- *disclímax* 'clímax alterada por el hombre o los animales domésticos' (1991, *Diálogo XXXII, Glosario estructurado de términos sobre pasturas*, GB) (*clímax* 'situación de estabilidad que alcanza un vegetal en su evolución')

*Dis-*₂ es el prefijo por excelencia para designar trastornos físicos y mentales en castellano, pero en dos casos tienen este sentido los prefijos *mega-* y *megalo-*, expresando el tamaño anormal de algún órgano: cf. *megacolon* 'dilatación anormal del colon', *megalocórnea* 'trastorno que se caracteriza por una cámara anterior del ojo más profunda de lo normal'.

Martínez Hernández (1992) y Santana Henríquez (1993, 1994) ofrecen descripciones detalladas sobre el uso de δυσ- en griego antiguo.

Ecto-

Prefijo de sentido espacial ('por fuera, externo'), que se antepone a sustantivos (*ectoparásito*) y adjetivos derivados de estos (*ectoparasítico*) en el vocabulario científico internacional. Se remonta al elemento combinatorio helénico ἐκτο-, que se corresponde al adverbio y preposición ἐκτός 'fuera, afuera', que a su vez se relaciona con la preposición ἐξ 'desde (dentro hacia afuera de)'.

El caso de *ecto-* es insólito en la serie de prefijos helénicos de uso científico por no existir helenismos con este prefijo ni en latín ni en castellano. Es decir, su presencia en el vocabulario del español actual se debe exclusivamente a las exigencias de la terminología científica, que utiliza *ecto-* para expresar el valor espacial opuesto al de *endo-* 'por dentro, interno' (ἔνδο -) (q. v.). Efectivamente. Los dos prefijos se combinan a menudo con la misma base: cf. *ecto/endogénesis, ecto/endomorfo*.

Ya a finales del siglo XIX y a principios del XX aparecen cuatro neohelenismos con *ecto-*:[108]

- *ectoblasto* 'capa externa de un blastodermo' (1863, E. Van Kempen, *Manual de anatomía general*, GB) (βλαστός 'brote')
- *ectodermo* 'capa externa de las tres que componen el blastodermo' (1870, *Anales de la Real Academia de Medicina*, vol. 1, GB) (δέρμα 'piel')
- *ectocardia* 'condición congénita de un individuo que consiste en la ubicación del corazón en una posición que no es la normal' (1881, *Anales de la Real Academia de Medicina*, vol. 3, GB) (καρδία 'corazón')
- *ectoplasto* 'ectoblasto' (1888, *Diccionario enciclopédico hispano-americano*, GB) (πλαστός 'formado, moldeado')

Unos cuantos neohelenismos más se atestiguan a partir de mediados del siglo XX:

- *ectomorfo* '(persona o tipo de constitución) que se caracteriza por la delgadez del cuerpo' (1941, *Studium: revista mensual*, GB, snippet) (μορφή 'forma')
- *ectotermia* 'condición de los organismos que no pueden generar calor y usan el calor externo para regular su temperatura corporal' (1942, *Archivos uruguayos de medicina*, GB, snippet) (θερμός 'caliente')
- *ectosfera* 'zona externa del centrosoma' (1982, J. García, *Gramática parda*, CR) (σφαίρα 'esfera')

---

108 *Ectognato* 'clase de artrópodo que junto con los insectos constituyen los hexápodos' (1926, C. Bolívar, *Insectos apterigogeneos*, CO) parece ser neocultismo híbrido, si –tal como parece– el étimo de su base es el lat. *gnātus* 'nacido, procedente de'.

https://doi.org/10.1515/9783111329369-024

- *ectogénico* 'que nace y vive fuera del huésped' (1989, oral, *La luna* 05.09, TVE 1) (γένος 'nacimiento, linaje')
- *ectotrófico* '(hongo o micorriza) que se alimenta fuera de las células de la raíz del huésped' (1993, G. Vásquez, *Ecología y formación*, CR) (τροφή 'alimentación')

En los ejemplos siguientes *ecto-* se combina con bases que son palabras independientes en castellano. Todos se integran en el vocabulario científico internacional y con la excepción de *ectoparásito* y *ectoplasma* aparecen por primera vez en el siglo XX:[109]

- *ectoparásito* '(parásito) que vive en la superficie del huésped' (1870, *Naturaleza, periódico científico*, vol. 1, GB) (*parásito*)
- *ectoplasma* 'región exterior del citoplasma de algunas células, como en el caso de los protozoos' (1885, A. de San Juan, *Tratado elemental de histología*, GB), 'en la parapsicología, emanación visible del cuerpo del médium' (1927, E. Noel, *Las siete cucas*, CO) (*plasma*)
- *ectopapiro* 'parte externa del papiro' (1902, M. de Unamuno, *Amor y pedagogía*, CO) (*papiro*)
- *ectoquiste* 'quiste externo' (1923, *Actas y trabajos, Segundo congreso nacional de medicina*, GB) (*quiste*)
- *ectogénesis* 'desarrollo de un organismo en un ambiente artificial externo al normal' (1936, *Hoy*, vol. 5, GB) (*génesis*)
- *ectocraneal* 'relativo al externo del cráneo' (1950, *Boletín de la Real Sociedad Española de Historia Natural*, GB, snippet) (*craneal*)
- *ectocelular* 'externo a una célula o fuera de la membrana celular' (1956, A. Pi, *Fisiología general*, CR) (*celular*)
- *ectocórnea* 'capa externa de la córnea' (1979, *Diccionario médico ilustrado de Melloni*, GB) (*córnea*)
- *ectoproteína* 'proteína extracelular' (1985, *Revista de la Universidad de La Salle*, vols. 11–15, GB) (*proteína*)
- *ectoenzima* 'enzima que es secretada por una célula pero que actúa fuera de ella' (1989, *Resúmenes de proyectos de investigación*, GB, snippet) (*enzima*)
- *ectoturbinado* 'lámina ósea de la cavidad nasal' (-s, 1989, S. Climent, *Cuadernos de anatomía*, vol. 2, CR) (*turbinado*)

---

[109] Ver más derivados en el sitio web https://www.yubrain.com/ciencia/biologia/el-prefijo-ecto-en-biologia/ (consultado 02/11/2023)

Ecto- comparte el sentido de 'por fuera, externo' con el prefijo helénico *exo-* (*exoplaneta*) y el prefijo de origen latino *extra-* (*extraterrestre*). También tiene este sentido el elemento *fuera-* (*fueraborda* 'motor que se coloca en la popa de una embarcación'), que no llega a ser productivo en castellano.

No conocemos ningún estudio monográfico dedicado al prefijo *ecto-*.

En-

Prefijo patrimonial castellano muy productivo en la formación de verbos parasintéticos con bases sustantivas y adjetivas. En cambio, ya no es productivo en la categoría de los verbos no parasintéticos, es decir, con bases verbales. Ante bases verbales y sustantivas puede tener un sentido espacial de desplazamiento al interior de un lugar (*encerrar* < *cerrar*, *encarcelar* < *cárcel*), pero ante bases adjetivas suele denotar una acción que modifica el estado de un objeto (*ensuciar* 'poner sucio'; *ennegrecer* 'poner(se) negro [un objeto]'). Se remonta al lat. *in-*, que igual que la preposición equivalente desempeña esas mismas funciones.[110]

En el caso de *en-* conviene hacer unas precisiones previas. Primero, *en-* tiene una variante ortográfica *em-*, que aparece ante *b* (*embeber* 'empapar') y *p* (*empodrecer* 'pudrir'), pero no ante *m* (*enmascarar*) frente a lo que es usual en latín (*immigrō -āre* 'inmigrar'). Segundo, *en-* se corresponde con el prefijo culto *in-*₁, que desempeña funciones muy similares y que contrasta con otro prefijo latino *in-* (denominado *in-*₂ en esta obra), que denota negación.

La lista de latinismos y resultados patrimoniales de palabras latinas con *en-* es muy larga, por lo que presentamos aquí solamente una selección de los más antiguos, todos atestiguados en los siglos XII y XIII.[111] Nótese que en muchos casos palabras con *en-* patrimonial tienen dobletes con el prefijo culto *in-*₁; cf. *en-/incorporar*, *en-/informar*, *en-/imponer*, *en-/inflamar*, *en-/investir*:

- *encarnar* 'incorporar en' (-*ación*, 1140, anón., *Poema de Mio Cid*, CO; cf. *encarnado*, 1230, G. de Berceo, *Vida de San Millán*, CDH) (lat. tard. *incarnō -āre*)
- *enfrenar* 'sujetar un animal al freno' (-*ado*, 1140, anón., *Poema de Mio Cid*, CDH) (*infrēnō -āre*)
- *envolver* 'envolver' (*enbueltas*, 1140, anón., *Poema de Mio Cid*, CDH) (*involvō -ere*)
- *entender* 'comprender' (-*iere*, 1196, anón., *Fuero de Soria*, CO) (*intendō -ere*)
- *encorvarse* 'inclinarse', 'doblarse' (-*ense*, 1200, Almerich, *La fazienda de Ultra Mar*, CDH) (*incurvō -āre*)
- *embeber* 'empapar' 'sumergir' (*embevido*, 1230, G. de Berceo, *Vida de San Millán*, CDH) (*imbibō -ere*)

---

110 *En-* es uno de los diez prefijos que se transmiten por vía patrimonial del latín al castellano, siendo los demás *a-*, *con-*, *des-*, *entre-*, *es-*, *re-*, *so-*, *sobre-* y *tras-*.
111 Es netamente patrimonial *empodrescer*, mientras que conservan su forma latina las bases cultas de *enformar* (que con forma patrimonial sería **enhormar*), *enflamar* (**enllamar*), *encorporar* (**encorprar*) y *enfeminar* (**enhembrar*). En otros casos (cf. *enponer*), resulta difícil determinar el modo de transmisión por el simple hecho de coincidir los resultados culto y patrimonial.

https://doi.org/10.1515/9783111329369-025

- *emponer* 'imponer, poner obligación' (*empuso*, 1236, G. de Berceo, *Loores de Nuestra Señora*, CDH) (*impōnō -ere*)
- *enformar* 'avisar' (*-astes*, 1240, anón., *Libro de Apolonio*, CO) (*informō -āre*)
- *empodrecer* 'pudrir' (*-scían*, 1250, anón., *Vidal Mayor*, CO) (*imputrescō -ere*)
- *encorporar* 'mezclar', 'unirse una cosa con otra' (*-an*, 1250, Alfonso X, *Lapidario*, CO) (lat. tard. *incorporō -āre*)
- *enflamar* 'encender' (*-ado*, 1250, Alfonso X, *Lapidario*, CO) (*inflammō -āre*)
- *envestir* 'investir, conferir una dignidad importante' (*enuestido*, 1250, anón., *Vidal Mayor*, CO; cf. *envestido*, 1275, Alfonso X, *General Estoria*, CO) (*investiō -īre*)
- *engrandecer* 'hacerse más grande' (*-esçe*, 1251, anón., *Calila e Dimna*, CO) (*ingrandescō -ere*)
- *enfeminar* 'asumir características femininas' (*-ado*, 1254–60, anón., *Judizios de las estrellas*, CO) (*fēmina -ae* 'mujer' o lat. tard. *fēminō -āre* 'contaminarse')

Entre estos ejemplos destaca *encarnar* por corresponder a un verbo parasintético en latín, donde no existía **carnō -āre.[112] Nótese también la presencia del sufijo incoativo *-ec-* (var. *-esc-*) en los étimos de los no parasintéticos *empodrecer, encarecer* y *engrandecer*. Son cultismos o semicultismos (por incorporar *en-* y no *in-*) *enformar, encorporar, enflamar* y *enfeminar*.

Pasando a la prefijación propiamente castellana, comenzamos con los verbos no parasintéticos, es decir, los que se basan en un verbo. Entre los derivados de los siglos XII y XIII, sólo *encerrar* y *encabalgar* tienen un sentido claramente espacial. Muy a menudo el prefijo es un mero recurso morfológico que no tiene efecto alguno sobre la semántica del compuesto: cf. *empresentar* 'presentar', *enfingir* 'fingir', *enllenar* 'llenar', etc. Giberto Sotelo (2017:241) afirma que *en-* ya no es productivo en esta categoría:

- *encerrar* 'encarcelar, meter dentro de un lugar y cerrarlo' (*-ó*, 1140, anón., *Poema de Mio Cid*, CO) (*cerrar*)
- *empresentar* 'presentar, regalar' (*-ava*, 1140, *El Poema de Mio Cid*, CO) (*presentar*)
- *encabalgar* 'montar o poner una cosa sobre otra' (*encavalgados*, 1140, anón., *Poema de Mio Cid*, CDH) (*cabalgar* 'montar a caballo')
- *emprestar* 'prestar' (*-ado*, 1196, anón., *Fuero de Soria*, CO) (*prestar*)
- *encubrir* 'ocultar' (*encobridor*, 1196, anón., *Fuero de Soria*, CO) (*cobrir* 'cubrir')

---

[112] Entre otros muchos verbos latinos parasintéticos con *in-* figuran, con base sustantiva, *inaurō -āre* 'dorar' (*aurum -ī* 'oro'), *inasserō -āre* 'cubrir con vigas' (*asser -is* 'viga') y con base adjetiva, *inalbō -āre* 'blanquear' (*albus* 'blanco') e *inamārescō -ere* 'volverse amargo' (*amarus*).

- *enforçar* 'violar', 'conseguir por la fuerza' (-*la*, 1196, anón., *Fuero de Soria*) (*forçar*)
- *encomendar* 'encargar' (-*é*, 1200, Almerich, *La fazienda de Ultra Mar*, CO) (*comendar*)
- *emprender* 'acometer' (*enprenderse*, 1200, Almerich, *La fazienda de Ultra Mar*, CO) (*prender*)
- *enlevar* 'levantar' (*enleuadas*, 1250, Alfonso X, *Lapidario*) (*leuar* 'llevar')
- *enfingir* 'fingir' (-*ió*, -*e*, 1251, anón., *Calila e Dimna*, CO) (*fingir*)
- *enfenesçer* 'acabar' (-*ido*, 1258–95, *Castigos y documentos para bien vivir*, Kasten y Cody 2001:281) (*fenesçer* 'morir', 'terminar')
- *enllenar* 'llenar' (-*amiento*, 1260, anón., *El Nuevo Testamento*, CO) (*llenar*)
- *encomenzar* 'comenzar' (-*çava*, 1275, Alfonso X, *General Estoria*, CO; cf. *encomenzamiento*, 1250, A. de Toledo, *Moamín*, CO) (*començar* 'comenzar')

Pasando a la derivación llamada parasintética, muy vigorosa en el caso de *en*-, remitimos a la discusión de la parasíntesis verbal en el artículo dedicado al prefijo *a*-$_1$ en esta obra.

Son muy numerosos en los siglos XII y XIII los verbos parasintéticos con prefijo *en*- y base sustantiva. En la mayoría de estos ejemplos se percibe uno de los sentidos fundamentales de *en*-, a saber, el espacial (*encamar* 'acostar', lit. 'meterse en la cama', *encarcelar* 'encerrar en la cárcel'), concepto que incluye la introducción de algo en un lugar (*enclavar* 'meter un clavo en', *encenizar* 'cubrir con cenizas'), también, metafóricamente, la introducción en un estado nuevo (*endemoniado* 'poseído de demonios', *enamorar* 'inspirar el amor en'):[113]

- *encortinar* 'adornar con cortinas' (-*ado*, 1140, *Poema de Mio Cid*, CO) (*cortina*)
- *encamar* 'acostar', 'ladear' (-*ó*, 1140, *Poema de Mio Cid*, CO) (*cama*)
- *enclavar* 'meter un clavo en' (-*eadas*, 1140, anón., *Poema de Mio Cid*, CDH; var. *enclauare*, 1218–50, anón., *Fuero de Zorita*, CO) (*clavo* 'clavo')
- *enamorar* 'despertar amor' (-*ada*, 1236, G. de Berceo, *Vida de Santo Domingo*, CDH) (*amor*)
- *endiablar* 'introducir al diablo en el cuerpo de alguien' (-*ados*, 1236–46, G. de Berceo, *El duelo de la virgen*, CDH) (*diablo*)
- *encarcelar* 'encerrar en la cárcel' (-*ada*, 1243, G. de Berceo, *Vida de San Millán*, CDH) (*cárcel*)
- *endemoniado* 'poseído de demonios' (1250, Alfonso X, *Lapidario*, CO) (*demonio*)

---

[113] Rainer (1993:329–330) establece una subclasificación dentro del concepto de 'cambio de estado', distinguiendo entre 'añadir algo' (*embridar*), 'poner en algo' (*encarcelar*), 'convertirse en algo' (*endiosar*) y 'provocar algo, especialmente un estado mental' (*enfervorizar*).

- *encimar* 'culminar' 'poner en alto' 'poner sobre alguien o algo' (1250, anón., *Bocados de oro*, CDH) (*cima*)
- *encenizar* 'cubrir con cenizas' (*-ada*, 1250, A. de Toledo, *Moamín*, CO) (*ceniza*)
- *encerar* 'pulir con cera' (*-ada*, 1250, anón., *Vidal Mayor*, CO) (*cera*)
- *encuerar* 'cubrir con cuero' 'dejar en cueros' (*-an*, 1250, anón. *Libro de los buenos proverbios*, CO) (*cuero*)
- *empozoñar* 'envenenar' (*empoçonadas*, 1250, Alfonso X, *Lapidario*, CDH) (*poçonna* 'ponzoña', 'veneno')
- *empolvorar* 'cubrir de polvo' (*enpoluorauan*, 1255, anón., *Crónica de Sahagún*, CDH) (*polvo*)
- *encostar* 'acercarse un buque a la costa' (*-ada, -asse*, 1275, Alfonso X, *General Estoria*, CO) (*costa*)

En el grupo de base sustantiva llaman la atención los derivados con *-ec-* (var. *-esc-*), muchos de los cuales expresan el sentido incoativo sin la necesidad de pronominalizarse (Dolader 1999:4706):
- *ensarnecer* 'llenarse de sarna' (1250, A. de Toledo, *Moamín*, CO) (*sarna*)
- *entenebrecer* 'oscurecer, anochecer' (*-se*, 1250, anón., *Libro de los buenos proverbios*, CO) (*tiniebra* 'tiniebla')
- *engusanescer* 'engusanarse, infestarse de gusanos' (*-esc[e]rié*, 1275, Alfonso X, *General Estoria*, CO) (*gusano*)

La parasíntesis con base adjetiva sirve siempre para denotar la introducción de una cualidad ('poner torpe, triste, sucio'), efecto que en muchos casos puede denominarse 'causativo'. También hay derivados (*empeorar* y *enruinar*) que tienen sentido intransitivo sin pronominalizarse:
- *empeorar* 'ponerse peor' (*-ado*, 1196, anón., *Fuero de Soria*, CO) (*peor*)
- *ensuciar* 'poner sucio, manchar' (*ensuziolo*, 1200, Almerich, *La fazienda de Ultra Mar*, CO) (*sucio*)
- *entorpar* 'poner torpe' (*-aron*, 1206, anón., *Carta de compra*, CO) (*torpe*)
- *enflacar* 'poner flaco' 'debilitar' (*enflaquido*, 1230, G. de Berceo, *Vida de San Millán*, CO) (*flaco*)
- *enloçanecer* 'enlozanarse, 'enorgullecerse' (*-ciesse*, 1270, Alfonso X, *Estoria de Espanna*, CO) (*loçano* 'lozano')
- *enlocar* 'volver loco' (*enloquido*, 1236, G. de Berceo, *Vida de Santo Domingo*; var. *-ados*, 1379–1425, A. de Villasandino, *Poesías*, CDH) (*loco*)
- *embeodar* 'embriagar' (*enbebdar*, 1240–50, anón., *El libro de Alexandre*, CDH) (*bebdo* 'beodo')
- *enfriar* 'poner más frío' (*-ío*, 1240–50, *Libro de Alexandre*, CDH) (*frío*)
- *entristar* 'poner triste' (1260, anón., *El Nuevo Testamento*, CO) (*triste*)

- *encobardar* 'acobardar, intimidar' (*-a*, 1251, anón., *Calila e Dimna*, CO) (*cobarde*)
- *enlargar* 'alargar' (1256–63, Alfonso X, *Primera Partida*, CO) (*largo*)

En este grupo es mucho más frecuente el sufijo incoativo que entre los denominales. La mayoría de los ejemplos de este grupo puede ser transitivo e intransitivo, cf. *ennegrecer* 'poner negro [algo]', 'ponerse negro':
- *enbermejecer* 'ponerse colorado' (*embermeieçer*, 1240, anón., *Libro de Apolonio*, CO) (*bermejo*)
- *enflaquecer* 'debilitar' (1240–50, anón., *Libro de Alexandre*, CO) (*flaco*)
- *enloquecer* 'volverse loco' (*-çió*, 1240–50, *Libro de Alexandre*, CO) (*loco*)
- *emblanquecer* 'poner blanco' (*enblanquecida*, 1240–72, Hermán el Alemán, *Traslación del Psalterio*, CO) (*blanco*)
- *enmudecer* 'ponerse mudo' (*-escan*, 1240–72, Hermán el Alemán, *Traslación del Psalterio*, CO) (*mudo*)
- *enmagrecer* 'adelgazar' (1250, A. de Toledo, *Moamín*, CO) (*magro*)
- *entristecer* 'poner triste' (*entristeçen*, 1250, A. de Toledo, *Moamín*, CDH) (*triste*)
- *ennegrecer* 'poner negro' (*ennegresce*, 1250, Alfonso X, *Lapidario*, CO) (*negro*)
- *engordecer* 'engordar' (*-ieren*, 1250, A. de Toledo, *Moamín*, CO) (*gordo*)
- *enclarecer* 'clarificar' (*-ezqua*, 1250, anón., *Vidal Mayor*, CO) (*claro*)
- *emblandecer* 'poner blando' (*enblandeçe*, 1250, A. de Toledo, *Moamín*, CO; var. *emblandece*, 1250, Alfonso X, *Lapidario*, CO) (*blando*)
- *embravecer* 'enfurecerse' (*enbrauescieren*, 1250, A. de Toledo, *Moamín*, CDH) (*bravo*)
- *encruelecer* 'hacerse cruel' (*encruelesce*, 1280, Alfonso X, *General Estoria*, CO) (*cruel*)
- *entorpecer* 'poner torpe' (*entorpeçidos*, 1350, anón., *Traducción de la Historia de Jerusalem*, CDH) (*torpe*)

En cuanto a la productividad actual de la derivación parasintética con *en-*, tenemos el estudio de Pujol Payet y Rost (2017), que identifica unos 36 derivados de este tipo que se atestiguan por primera vez en el siglo XIX, tales como *embermellonar*, *enflechar* y *enfrentar*. Por otra parte, Serrano-Dolader (1999:4704) cree que la productividad del esquema "*en-* + adjetivo + *-ar*" está en decadencia ante el auge del esquema "*en-* + adjetivo + *-ec-* + *-er*", testimoniada por la sustitución en el castellano actual (4706) de *embravar*, *entristar* y *enviejar* por *embravecer*, *entristecer* y *envejecer*, que más claramente denotan los sentidos incoativo y causativo típicos de los verbos con esta desinencia. Rainer (1993:329) encuentra testimonios actuales de la productividad de *en-* con base sustantiva: cf. los neologismos *enchalecado* 'con chaleco', *encorbatado* 'con corbata', *entelar* 'cubrir con tela'.

Son muchos los estudios dedicados al prefijo *en-*, sobre todo por su papel en la derivación parasintética. Para nuestro estudio hemos consultado Gauger (1971), Corbin (1980), Allen (1981), Alcoba (1987), García-Medall (1988), González Ollé y Casado Velarde (1992), Sala Caja (1995–1996), Batllori y Pujol Payet (2010 y 2012), Iacobini (2010), Lüdtke (2011), Gibert Sotelo y Pujol Payet (2015), Pujol Payet y Rost (2017), Gibert Sotelo (2017 y 2021) y Barrio de la Rosa (2019 y 2021).

Endo-

Prefijo de sentido espacial ('por dentro, interno') que se antepone a sustantivos (*endocráneo*) y adjetivos (*endovascular*) en el vocabulario científico internacional. Se remonta al elemento combinatorio griego ἐνδο-, que se corresponde con el adverbio ἔνδον 'dentro', a su vez relacionado con la preposición ἐν 'dentro de'.

El caso de *endo-* es insólito en la serie de prefijos helénicos de la terminología científica por no existir helenismos con este prefijo ni en latín[114] ni en castellano. Su presencia en el vocabulario castellano actual se debe exclusivamente a las exigencias de la terminología científica internacional, que utiliza *endo-* para expresar el valor espacial opuesto al de *ecto-* 'por fuera, externo' (q. v.) en una serie de neohelenismos. Efectivamente, los dos prefijos se combinan muy a menudo con la misma base: cf. *endo/ectogénesis, endo/ectomorfo*.

Un grupo considerable de neohelenismos con *endo-* surge en el siglo XIX, entre los que destacan:
– *endocarpio* 'capa interna de las tres que forman el pericarpio de los frutos' (1831, A. Richard, *Elementos de biología*, GB; var. *endocarpo*, 1832, *Diccionario de veterinaria*, GB) (καρπός 'fruto')
– *endocardio* 'membrana serosa que tapiza las cavidades del corazón' (1841, A. Chomel, *Lecciones clínicas acerca del reumatismo*, GB) (καρδία 'corazón')
– *endoscopio* 'instrumento para la exploración visual de cavidades internas del organismo' (1864, *La España médica*, vol. 8, GB) (σκοπέω 'escrutar')
– *endospora* 'estructura inactiva y altamente resistente para preservar el material genético de un microorganismo en tiempos de estrés extremo' (1878, *El campesino*, vol. 10, GB) (σπορά 'siembra', 'semilla')
– *endogamia* 'práctica de contraer matrimonio entre sí personas de ascendencia común' (1878, *Revista europea*, vol. 11, GB) (γάμος 'matrimonio, boda')
– *endomorfo* 'término aplicado a los minerales encerrados dentro de cristales' (1888, *De Madrid a Amsterdam*, GB) (μορφή 'forma')

Las bases de los ejemplos siguientes son palabras independientes en castellano, pero por ser todas ellas de origen helénico también podrían clasificarse como neohelenismos:
– *endopleura* 'película interior del grano o semilla' (1830, L. Thenard, *Tratado completo de química*, vol. 6, GB) (*pleura*)

---

114 El latín tiene otro prefijo *endo-*, variante antigua de *in-* 'en': cf. *endoplōrō -āre*, equivalente de *implōrō -āre* 'implorar'.

- *endósmosis* 'introducción de un líquido en los poros de un cuerpo sólido por absorción' (1836, M. de Galdo, *Manual de historia natural*, GB) (*ósmosis*)
- *endolinfa* 'líquido albuminoso claro contenido en el laberinto membranoso del oído interno' (1848, P. Nysten, *Diccionario de medicina*, GB) (*linfa*)
- *endogénesis* 'nacimiento o producción de células en el interior de otras células' (1870, L. de Wecker, *Tratado teórico y práctico de las enfermedades*, GB) (*génesis*)
- *endoplasma* 'parte interna del citoplasma' (1883, *Anales de la Real Academia de Medicina*, vol. 5, GB) (*plasma*)
- *endoesqueleto* 'esqueleto interno' (1884, *La exposición nacional de Venezuela*, GB) (*esqueleto*)

A finales del siglo XIX aparecen los primeros derivados híbridos, en los que *endo-* se combina con una base de origen latino. Estos son los seis más antiguos:
- *endovascular* 'que se sitúa u ocurre dentro de los vasos orgánicos' (1875, *La gaceta de sanidad militar*, vol. 1, GB) (*vascular*)
- *endonasal* 'que se sitúa u ocurre dentro de la nariz' (1892, *El siglo médico*, vol. 39, GB) (*nasal*)
- *endovesical* 'que se sitúa u ocurre dentro de la vejiga' (1901, *Revista de medicina y cirugía prácticas*, vols. 50–51, GB) (*vesical*)
- *endotraqueal* 'que se sitúa u ocurre dentro de la tráquea' (1902, *Boletín de la Revista general de legislación*, vol. 116, GB) (*traqueal*)
- *endotoxina* 'toxina que permanece en el interior de la bacteria' (1906, *Revista de medicina y cirugía prácticas*, vol. 72, GB) (*toxina*)
- *endocapilar* 'que se sitúa u ocurre dentro de los vasos orgánicos' (1908, *La semana médica*, vol. 15, GB) (*capilar*)

El prefijo griego *endo-* compite con el latino *intra-*, que también se usa en el vocabulario científico para designar un espacio interior: cf. *intrauterino* 'que está situado u ocurre dentro del útero'.

No conocemos ningún estudio monográfico dedicado al prefijo *endo-*.

Entre-

Prefijo castellano de valor espacial que se combina primordialmente con verbos, sustantivos y adjetivos, con sentido espacial (*entreplantar* 'plantar entre', *entresuelo* 'piso situado entre el bajo y el principal de una casa'), temporal (*entretiempo* 'tiempo de primavera o de otoño próximo al verano y de temperatura suave'), recíproco (*entremirarse*) y atenuativo (*entreabierto* 'un poco abierto'). Igual que su homólogo culto *inter-*, *entre-* se remonta al prefijo latino *inter-*, que tiene las mismas funciones.[115]

El prefijo *entre-* figura en numerosas palabras transmitidas por vía patrimonial del latín al castellano, cuya semántica en la mayoría de los casos sigue siendo transparente. Los verbos y sustantivos de este grupo ilustran casi todas las categorías semánticas hoy vigentes para *entre-*: 'ubicación entre dos o más entidades' (*entreponer*), 'tiempo entre dos momentos' (*entremedio*) y 'acción atenuada' (*entrelucir*):

- *entredicho* 'prohibición' (1200, anón., *Documentos del Reino de Castilla*, CO) (*interdictum -ī*)
- *entremeter* 'meter algo entre otras cosas' (1237, anón, *Libro de los doce sabios*, CDH) (*intermittō -ere*)[116]
- *entrevenir* 'intervenir' (*-ueniendo*, 1250, anón., *Vidal Mayor*, CO) (*interveniō -īre*)
- *entreponer* 'poner entre dos cosas' (*-puesto*, 1250, anón., *Vidal Mayor*, CO) (*interpōnō -ere*)
- *entremedio* 'que está entre dos extremos' (1250, anón., *Vidal Mayor*, CDH), vars. *entremedias* 'entre uno y otro tiempo o espacio', 1260, anón., *Espéculo de Alfonso X*, CO; *entremediano*, 1240–50, anón., *Libro de Alexandre*, CO) (*intermedius*)
- *entremisso* 'manjar entre dos platos principales' (1271, anón., *Documentos de la catedral de León*, CO) (*intermissus*)[117]
- *entretejer* 'meter en la tela que se teje hilos diferentes' (*-xudo*, 1280, Alfonso X, *General estoria*, CO) (*intertexō -ere*)
- *entretajar* 'tajar entre dos lugares' (1424–1520, anón., *Canciero de Juan Fernández*, CO) (lat. tard. *intertāleō -āre* 'cortar entre los dos cabos' < *tālea -ae* 'esqueje')

---

[115] *Entre-* es uno de los diez prefijos que se transmiten por vía patrimonial del latín al castellano junto con *a-, con-, des-, en-, es-, re-, so-, sobre-* y *tras-*.

[116] Ver Pharies (2007) para un análisis etimológico de *entremeter* (que por su forma puede ser palabra latina de transmisión patrimonial o derivado castellano) y su sinónimo inequívocamente culto *entrometer* (*intrōmittō -ere*).

[117] *Entremisso* fue sustituida tempranamente por el catalanismo *entremés*, que aparece por primera vez en 1400 (anón., *Viaje de Juan de Mandevilla*, CDH). En el *CORDE* no hay testimonios de *entremisso* posteriores al siglo XIV.

- *entrecejo* 'espacio que hay entre una y otra ceja' (*entreçeio*, 1490, A. de Palencia, *Universal vocabulario*, CDH) (lat. tard. *intercilium -iī*)
- *entrelucir* 'dejarse divisar' (1616, A. Nebrija, *Institutio grammatica*, GB) (*interlūceō -ēre*)

En cambio, *entrepetar* por su /t/ intervocálica y *entrevalo* por su /l/ no palatalizada, se clasifican como semicultismos latinos:
- *entrepetar* 'interpretar' (1348, anón., *Ordenamiento de las cortes*, CO; cf. *entrepetraçion*, 1400, P. López, *Traducción de las Décadas*, CO) (*interpretor -ārī*)
- *entrevalo* 'intervalo' (1435, P. Gómez, *Poesías*, CO; cf. *entrevallo*, 1450, anón., *Traducción de la Regla de San Benito*, CO) (*intervallum -ī*)

La derivación dentro del castellano es tan temprana y vigorosa que debe verse como continuación de la productividad latina y neolatina. Entre los siglos XIII y XV aparecen 23 derivados, de los que presentamos una selección. Son de particular interés *entretiempo* y *entretanto* por su sentido temporal, *entreabierto* 'parcialmente abierto' que ejemplifica por primera vez el sentido de 'cualidad atenuada', acepción que también encontramos en *entrecavar* y *entreoír*.[118] Los demás tienen sentido espacial, designando a veces lugares (*entreplantar*), pero, con mucha más frecuencia, relaciones entre dos entidades o acciones (*entremezclar*, *entreelegir*). *Entresuelo* y *entreviña*, de sentido claramente espacial, destacan por ser los primeros derivados sustantivos atestiguados. Por su parte, *entretanto* destaca por ser adverbio:
- *entretallar* 'sacar y cortar varios pedazos de una tela o de cuero' (*-adas*, 1215, anón., *Vida de Santa María Egipcíaca*, CO) (*tallar*)
- *entretanto* 'durante un tiempo que transcurre' (1218–50, anón., *Fuero de Zorita*, CDH) (*tanto*)
- *entremezclar* 'mezclar una cosa con otra' (*entremescladas*, 1240–50, anón., *Libro de Alexandre*, CDH) (*mezclar*; cf. *intermisceō -ere*)
- *entrecavar* 'cavar ligeramente, sin ahondar' (*entrecauar*, 1250, anón., *La historia de la doncella Teodor*, CDH) (*cavar*)
- *entretener* 'distraer a alguien' (*-tuvo*, 1251, anón., *Calila e Dimna*, CDH) (*tener*)[119]
- *entreabrir* 'abrir un poco o a medias' (*-abierta*, 1284, anón., *Libro de los fueros de Castiella*, CDH) (*abrir*)

---

118 El sentido atenuativo, ya presente en el lat. *interlūceō -ēre*, se desarrolla a partir del sentido espacial, pues se refiere a los espacios entre una cosa y otra (*entreabierto*) o el intervalo entre dos acciones (*entredormir*).

119 No existe el lat. **intertineō -ere* correspondiente a *entretener*. Sin embargo, la existencia del fr., cat. *entretenir* y el port. *entreter* hace suponer que esta raíz reconstruida pudo formar parte del proto-romance occidental.

- *entreelegir* 'elegir entre una selección de cosas' (1300–85, Ferrer Sayol, *Libro de Palladio*, CO) (*elegir*)
- *entretiempo* 'tiempo de primavera o de otoño próximo al verano y de temperatura suave' (*-s*, 1385–96, anón., *Obra sacada de las crónicas*, CO) (*tiempo*)
- *entreoír* 'oír algo sin percibirlo bien o entenderlo del todo' (*-oyó*, 1440, J. Rodríguez, *Siervo libre de amor*, CO) (*oír*)
- *entresuelo* 'piso situado entre el bajo y el principal de una casa' (1445–1519, anón., *Cancionero de obras de burlas*, CO) (*suelo*)
- *entreplantar* 'plantar en todos los lugares disponibles (en una viña)' (*-edes*, 1463, anón., *Carta de censo*, CO) (*plantar*)
- *entreviña* 'viña menor entre otras más grandes' (*-s*, 1486–92, anón., *Libro de Acuerdos del Concejo Madrileño*, CO) (*viña*)

La productividad de *entre-* se mantiene del siglo XVI al XIX. Registramos más de 80 derivados durante esta época, de los que presentamos aquí una selección equilibrada en cuanto a fechas de primera documentación y categorías gramaticales y semánticas. Tienen sentido temporal *entresemana* y *entreaño*, atenuativo tanto los verbos *entredormir*, *entredorar*, *entrederramar* y *entrecavar* como los adjetivos *entrecano*, *entreclaro* y *entrerrubio* y los sustantivos *entrellano*, *entrerrisitas* y *entreluz*. Son derivados parasintéticos los verbos *entrecomar* y *entrecomillar*:
- *entrerrenglón* 'espacio que media entre dos renglones' (*-ones*, 1502–15, anón., *Acuerdos del Concejo Madrileño*, CO) (*renglón*)
- *entresemana* 'cualquier día menos el sábado y el domingo' (1529–31, A. de Guevara, *Reloj de príncipes*, CDH) (*semana*)
- *entretela* 'lienzo o algodón que se pone entre la tela y el forro de una prenda de vestir' (1538, anón., *Escritura de inventario*, CO) (*tela*)
- *entrecoger* 'entrelazar' (*-idos*, 1552, P. Hernández, *Peregrinación de la vida*, CO) (*coger*)
- *entredormirse* 'dormirse a medias' (*-ido*, 1552, P. Hernández, *Peregrinación de la vida del hombre*, CO) (*dormir*)
- *entrecano* 'parcialmente canoso' (1575, anón., *Alarde de la gente que salió de España*, CO) (*cano*)
- *entreacto* 'intermedio de una representación dramática' (1588, anón., *Testamento de Jerónimo Cosida*, CO) (*acto*)
- *entreclaro* 'medianamente claro' (*-os*, 1598, A. de Cabrera, *De las consideraciones*, CO) (*claro*)
- *entrecanal* 'espacio que hay entre las estrías o canales de una columna' (*-es*, 1600, anón., *Inventarios reales*, CO) (*canal*)
- *entrellano* 'terreno medianamente llano' (1601–21, J. Jerez, *Razón de corte*, CO) (*llano*)

- *entrerrisitas* 'risas contenidas' (1604, M. Alemán, *Segunda parte de la Vida de Guzmán*, CO) (*risitas*)
- *entreaño* 'en diferentes tiempos y ocasiones de un año' (1604, P. Chirino, *Relación de las Islas*, CO) (*año*)
- *entrefino* 'de una calidad media entre lo fino y lo basto' (*-s*, 1622, anón., *Inventario de los bienes*, CO) (*fino*)
- *entresurco* 'espacio que queda entre surco y surco' (1777, A. de Herrera, *Agricultura general*, GB) (*surco*)
- *entrehuesos* 'huesos entre los huecos de la palma' (1788, M. Martínez, *Examen nuevo de cirugía moderna*, GB) (*hueso*)
- *entremirarse* 'mirarse recíprocamente' (1803, J. Esteve, *Diccionario catalán-castellano-latino*, GB) (*mirarse*)
- *entrecruzar* 'cruzar cosas entre sí' (1806, J. Herbart, *Pedagogía general*, GB) (*cruzar*)
- *entrebarrera* 'en una plaza de toros, espacio que media entre la barrera y la contrabarrera' (*-s*, 1815, *Gaceta del Gobierno de México*, vol. 6, GB) (*barrera*)
- *entrecomillar* 'poner entre comillas' (*-ados*, 1816–27, J. J. Fernández, *El Periquillo Sarniento*, CDH) (*comilla* + *-ar*)
- *entredorar* 'dorar un poco' (*-ado*, 1838, *Revista de Madrid*, vol. 2, GB) (*dorar*)
- *entrerrubio* 'algo rubio' (1895, J. de Pereda, *Peñas arriba*, CO) (*rubio*)

Registramos sólo 20 derivados con *entre-* en los siglos XX y XXI, entre los que figuran los siguientes:
- *entrefrotarse* 'frotarse entre sí' (*-aban*, 1965, F. García, *Los liberales*, CO) (*frotar*)
- *entrerrevolución* 'tiempo entre revoluciones' (*-ones*, 1975, C. Vitier, *Ese sol del mundo moral*, CR) (*revolución*)
- *entremorder* 'morder entre sí (los labios)' (*-idas*, 1990, A. Uslar, *La visita en el tiempo*, CR) (*morder*)

Como mencionamos más arriba, *entre-* es el componente patrimonial de un doblete prefijal cuya variante culta es *inter-*. Resulta interesante una comparación de los dos prefijos en lo referido a la productividad y categorías gramaticales y semánticas.

Primero, es probable que la eclosión de *inter-* en el siglo XX sea la causa de la correspondiente disminución de la productividad de *entre-*. En cuanto a la semántica, ambas partículas designan un lugar entre otros (*interdental*, *entremuslo*) y, en sentido figurado, acciones o relaciones recíprocas (*intercultural*, *entremirarse*). Por otra parte, el sentido temporal es muy raro en el caso de *inter-* (sólo *intermedio*, *interglacial* e *intercadencia* 'inconstancia'), pero está bastante bien representado entre los derivados con *entre-* (*entretanto*, *entretiempo*, *entresemana*, *entreaño*, etc.). Aún más significativa es la total ausencia del sentido atenuativo en *inter-* frente a su vitalidad en el caso de *entre-*, como se constata más arriba. Con el sentido atenuativo *entre-* compite con *cuasi-* (*máquinas cuasivivas*), *medio* (*medio vivo*) y *semi-* (*semidifunto* 'casi difunto').

En lo gramatical, notamos que los dos prefijos pueden combinarse indistintamente con verbos y adjetivos, si bien predominan los verbos en el caso de *entre-* y los adjetivos en el caso de *inter-*. Según Felíu Arquiola (2003a: 194), *entre-* se combina preferentemente con adjetivos calificativos, designando propiedades de entidades (*entrefino*), mientras que *inter-* se combina con adjetivos relacionales, indicando relaciones entre entidades (*interbancario*). En cambio, sólo *entre-* forma sustantivos (*entrecostilla, entrehierro, entremuslo, entrepiso*) y adverbios (*entretanto*), pues *inter-* se limita a la derivación de adjetivos (*intercostal*) y verbos (*intercomunicar*). Finalmente, mientras que algunos de los derivados verbales con *entre-* son parasintéticos (cf. *entrecomillar, entrecomar*), este fenómeno es ajeno a la variante *inter-*.

Nótese también que en los pocos casos en que los dos prefijos se combinan con la misma base, la forma con *entre-* suele ser un sinónimo obsoleto del derivado con *inter-*, cf. *interdecir/entredecir* 'vedar, prohibir', *intermedio/entremedio* 'que está entre dos extremos', *intervenir/entrevenir* 'interceder o mediar'.

Son importantes para el estudio de *entre-* los trabajos de Rodríguez Ponce (2002), Turón (2004), Torres (2009), Felíu Arquiola (2003a) y Montero Curiel (2001b).

Epi-

Prefijo de sentido espacial ('encima de') que sirve en el vocabulario científico para derivar adjetivos (*epicráneo* 'segmento que está situado en la parte superior del cráneo') y sustantivos (*epicentro* 'centro superficial del área de perturbación de un fenómeno sísmico'). Se remonta a la forma combinatoria helénica ἐπι- correspondiente a la preposición ἐπί 'encima de'.

Ἐπι- era enormemente productivo en griego antiguo, así que no sorprende que el latín haya absorbido hasta un centenar de préstamos provistos de esta formante y que muchos de los préstamos helénicos con *epi-* hayan pasado al castellano a través del latín. Los de más temprana adopción son los siguientes:
- *Epifanía* 'festividad católica que se celebra el 6 de enero' (*Epiphanía*, 1250, anón., *Vidal mayor*, CDH; var. *Epifanía*, 1550, A. de Santa Cruz, *Crónica del Emperador*, CO) (*Epiphania -ōrum* < Ἐπιφάνια; cf. φαίνω 'hacer visible, dar a conocer')
- *epiciclo* 'círculo con el centro fijo en la circunferencia de otro círculo' (*-s*, 1254–60, anón., *Judizios de las estrellas*, CDH) (lat. tard. *epicyclus -ī* < ἐπίκυκλος; cf. κύκλος 'círculo')
- *epidemia* 'enfermedad que en una región sufren muchas personas' (*epidimias*, 1254–60, anón., *Judizios de las estrellas*, CDH) (lat. tard. *epidēmia -ae* < ἐπιδημία; cf. δῆμος 'gente, pueblo')
- *epílogo* 'recapitulación de un discurso u obra literaria' (1498, anón., *Relación del Tercer Viaje de Colón*, CDH) (lat. *epilogus -ī* < ἐπίλογος, cf. λόγος 'palabra', 'discurso')
- *epilepsia* 'enfermedad crónica con convulsiones' (1541, D. Carbón, *Libro del arte de las comadres*, CO; var. *epilençia*, 1379–1384, H. Fernández de Heredia, *Traducción de Vidas paralelas de Plutarco*, CDH; var. *epilensia*, 1467–75, P. de Escavias, *Repertorio de príncipes de España*, CDH) (lat. *epilēpsia -ae* < ἐπιληψία; cf. λῆψις 'captura, toma')
- *epifonema* 'exclamación referida a lo que anteriormente se ha dicho' (1561, L. de León, *Exposición del Cantar de los Cantares*, CDH) (lat. *epiphōnēma -atis* < ἐπιφώνημα; cf. φωνή 'voz')
- *epígrafe* 'inscripción' (*-s*, 1598, L. de Vega, *La Arcadia*, CO) (ἐπιγραφή; cf. γράφω 'escribir')

Son neohelenismos los siguientes ejemplos:
- *epidermis* 'capa superior de la piel' (1578, C. Acosta, *Tratado de las drogas y medicinas*, CDH) (δέρμα 'piel')
- *epicarpio* 'capa externa de las tres que forman el pericarpio' (1745, C. Carrió, *Bibliotheca manual médico-práctica*, GB) (καρπός 'fruto')

https://doi.org/10.1515/9783111329369-028

- *epifito* '(vegetal) que vive sobre otra planta, sin alimentarse a expensas de esta' (1852, R. Domínguez, *Compendio del diccionario nacional*, GB) (φυτόν 'planta')

Pasando al castellano, observamos que *epi-* cobra productividad en el siglo XVIII como elemento de adjetivos y sustantivos pertenecientes al vocabulario técnico. Los primeros derivados tienden a combinar el prefijo con bases de origen griego:
- *epigénesis* 'doctrina según la cual los rasgos que caracterizan a un ser vivo se configuran en el curso del desarrollo' (1762, G. Casal, *Historia natural y médica*, GB) (*génesis*)
- *epicráneo* 'segmento que está situado en la parte superior del cráneo' (1780, J. de Gorter, *Cirugía expurgada*, GB) (*cráneo*)
- *epipétalo* 'desarrollado sobre los pétalos' (1854, M. Colmeiro, *Curso de botánica*, GB) (*pétalo*)
- *epicentro* 'centro superficial del área de perturbación de un fenómeno sísmico' (1885, *Boletín del Instituto Geológico de España*, vol. 12, GB) (*centro*)
- *epiparásito* '(parásito) que vive en la superficie de otro organismo' (1913, *Registro oficial de la provincia de Buenos Aires*, GB) (*parásito*)

Sin embargo, a finales del siglo XX comienzan a aparecer ejemplos con bases de origen latino:
- *epipubis* 'hueso que está en frente de o sobre el pubis' (1987, B. Meléndez, *La paleontología*, CR) (*pubis*)
- *epicutícula* 'capa externa de la cutícula de un insecto' (1988, X. Bellés, *Insecticidas biorracionales*, GB) (*cutícula*)
- *epiespinoso* 'que está sobre la espina' (1989, R. Hernández, *Morfología funcional*, CR) (*espinoso*)
- *epipapilar* 'que está sobre las papilas' (*-es*, 1991, *Fundamentos de oftalmología*, CR) (*papilar*)

Comparten el sentido de 'encima de' pero no están restringidos al vocabulario científico los prefijos *sobre-* (*sobrelevar* 'sobrellevar, llevar encima o a cuestas') y *super-* (*superpuesto* 'puesto encima de', *superauricular* 'que se ubica por arriba de la oreja').

No conocemos ningún estudio monográfico dedicado al prefijo *epi-*.

Equi-

El prefijo calificativo *equi-*, que expresa la idea de 'igualdad, paridad', aparece en una treintena de palabras del castellano en su mayoría sustantivos (*equidistribución* 'distribución equitativa') y adjetivos (*equipotente* 'equivalente en poder o efecto'), pero también en algunos verbos (*equidistar* 'estar a la misma distancia una cosa de otra'). Proviene del elemento combinatorio latino *aequi-* homólogo del adjetivo *aequus* 'igual'.

Entre los siglos XIII y XVI se fueron incorporando al castellano como latinismos varias de las palabras derivadas o compuestas por *aequi-* con toda su gama de significados, tales como 'igual en cantidad' (*equinoccio*), 'paridad, equilibrado' (*equilibrio*) e 'igual en cualidad' (*equivalente*):

- *equinoccio* 'tiempo en que la duración del día y de la noche es la misma en toda la Tierra' (1254–60, anón., *Judizios de las estrellas,* CDH) (*aequinoctium -ī*)
- *equidistante* 'que se encuentra a la misma distancia' (-*s,* 1276–77, Alfonso X, *Cánones de Albateni,* CDH) (*aequidistans, -antis*)
- *equipolente* 'de igual valor y significado' (-*s,* 1325, P. de Cuéllar, *Catecismo,* CDH) (*aequipollens, -entis*)
- *equilibrio* 'peso que es igual a otro y lo contrarresta' (1356, Anón, *Fuero viejo de Castilla,* CDH) (*aequilībrium -ī*)
- *equívoco* 'de significados similares' (-*s,* 1419–32, P. de Toledo, *Guia de los Perplejos de Maimónides*, CDH) (*aequivocus*)
- *equiparante* 'que se considera igual' (1427–28, E. de Villena, *Traducción y glosas de la Eneida. Libros I-III,* CDH) (*aequipar, -aris*)
- *equivalencia* 'igualdad en valor' (1437, El Tostado (A. F. de Madrigal), *Libro de las paradojas,* CDH) (*aequivalens, -entis*)
- *equidad* 'igualdad de ánimo' (1454–57, R. Sánchez de Arévalo, *Suma de la política,* CDH) (*aequitas, -ātis*)
- *equilátero* 'que tiene todos sus lados iguales' (1548–75, anón., *Traducción de la Cosmografía de Pedro Apiano,* CDH) (*aequilaterus*)

La mayoría de estas palabras se atestiguan en escritos científicos, especialmente sobre matemáticas y astronomía, y en textos relacionados con la religión, filosofía, derecho e historia.

A mediados del siglo XVI, cuando todavía se están incorporando latinismos con *equi-* a la lengua, aparecen los primeros ejemplos con bases castellanas:
- *equidistancia* 'igualdad de distancia entre varios puntos u objetos' (1527, A. de Chaves, *Quatri partitu en cosmografía práctica,* CDH) (*distancia*)

- *equiángulo* 'figura que tiene todos sus ángulos iguales' (1567, P. Núñez, *Libro de Álgebra en Aritmética y Geometría*, CDH) (*ángulo*)
- *equiponderante* 'que tiene el mismo peso' (1584, J. Herrera, *Institución de la Academia Real Matemática*, CDH) (*ponderante*)

Sin embargo, esta producción incipiente no tiene continuidad, pues no se atestiguan nuevos ejemplos con *equi-* sino hasta mediados del siglo XIX, después de un intervalo de casi tres siglos:
- *equidistar* 'estar a la misma distancia una cosa de otra' (*-an*, 1844, A. Milá y Fontanals, *Compendio de arte poética*, CDH) (derivación regresiva a partir de *equidistante*)
- *equimolecular* 'que tiene el mismo número de moléculas' (1873, B. Velasco y Pano, *Tratado de química orgánica*, vol. 2, GB) (*molecular*)
- *equipotencial* 'que tiene el mismo potencial' (1892, M. Paz y Sabugo, *Definiciones, principios y leyes de la física*, GB) (*potencial*)
- *equidiferencia* 'igualdad de dos razones por diferencia' (1896, R. Blanco Sánchez, *Arte de la escritura y de la caligrafía*, CDH) (*diferencia*)
- *equifinalidad* 'la capacidad de un sistema abierto de arribar a un mismo estado final por distintas vías' (1975, J. L. Pinillos, *Principios de psicología*, CDH) (*finalidad*)
- *equidistribución* 'distribución equitativa' (1992, R. Tamames, *Curso de Economía*, CR) (*distribución*)

No conocemos ningún estudio monográfico dedicado al prefijo *equi-*.

No contienen el prefijo *equi-* sino el elemento compositivo *equi-* (del lat. *equus* 'caballo') el vocablo *equiseto* (del lat. *equisētum* 'planta a manera de cola de caballo') y los pintorescos neolatinismos *equifluvial* 'hipopótamo' y *equicervo* 'alce, mamífero rumiante parecido al ciervo y tan corpulento como el caballo'.

Es-

Prefijo verbal casi completamente lexicalizado en castellano contemporáneo que añade a sus bases los sentidos de 'privación' e 'intensidad'. Las bases pueden ser verbales (*escalentar* 'calentar con exceso' ← *calentar*) o, en derivados parasintéticos, sustantivas (*escornar* 'quitar un cuerno' ← *cuerno*) y adjetivas (*espaladinar* 'explicar con claridad' ← *paladino* 'claro'). La idea de la privación es un desarrollo secundario metonímico a partir del sentido principal del étimo latino *ex-* (y su alomorfo *ē-*), a saber 'afuera' (*exportō -āre* 'sacar fuera', *ēiciō -ere* 'echar fuera'). Al sacar o echar algo fuera de su ubicación, se crea una separación (*exsecō -āre* 'separar cortando', *ēnucleō -āre* 'quitar el hueso [de una fruta]'), acción de la que a su vez resulta una privación, ya que separando se priva (*exarmō -āre* 'desarmar, privar de armas', *excalceō -āre* 'descalzar, privar de calzado'). El otro sentido, el de la intensidad, que representa la salida de la normalidad, está presente en varios derivados latinos como *excoquō -ere* 'hervir hasta evaporar', *exaedificō -āre* 'edificar por completo', *ēdiscō -ere* 'aprender a fondo', *ēdormiō -īre* 'dormir hasta la saciedad'.[120]

Esta entrada resume en gran parte del análisis mucho más detenido de *es-* publicado por Pharies en 2013.[121]

Pocos hablantes del castellano actual reconocen el prefijo *es-* como tal, incluso en sus derivados verbales más transparentes, tales como *esforzarse*, *escalentar*, *escoger* y *estirar*. Tal es el desinterés en que ha caído este prefijo que ni siquiera figura en el completísimo estudio sincrónico de la prefijación castellana que se integra en la *Nueva Gramática* (RAE 2009).[122] Además, el estudio de *es-* se complica mucho por la existencia de centenares de palabras castellanas en las que *es-* inicial tiene otro origen. Entre estas, el grupo más numeroso es el de las palabras cuya evolución fonética incluye la incorporación de una /e/ protética ante /s/ + consonante: cf. *escama* (*squama -ae*), *escoba* (*scōpa -ae*), *espejo* (*speculum -ī*), *espeso* (*spissus*), *estaño* (*stagnum -ī*), *estar* (*stō*, *stare*).

Algunos derivados latinos con *ex-* fueron transmitidos al castellano por vía patrimonial, donde manifiestan el mismo perfil gramatical y semántico que en los

---

[120] *Es-* es uno de los diez prefijos que se transmiten por vía patrimonial del latín al castellano, siendo los demás *a-*, *con-*, *des-*, *entre-*, *en-*, *re-*, *so-*, *sobre-* y *tras-*.
[121] Fuera de pequeños ajustes, la principal diferencia entre Pharies (2012) y esta entrada afecta a la datación de las palabras citadas. Gracias a la continua evolución de los recursos electrónicos lingüísticos, hemos podido adelantar la fecha de primera documentación de aproximadamente un tercio de las palabras citadas.
[122] Montero Curiel (1998b:244) afirma que los usuarios del español han perdido "conciencia" de la presencia de un prefijo en estas y otras palabras con *es-*. Tampoco aparece *es-* en la completísima lista de prefijos estudiados por Canto Gómez y Almela Pérez (2009).

https://doi.org/10.1515/9783111329369-030

ejemplos latinos citados más arriba, pero no su perfil fonológico, evidente sobre todo en el cambio inicial /eks/ > /es/ ante consonantes. *Escaldar* y *escorchar* ejemplifican la derivación parasintética en latín tardío:
- *escurrir* 'apurar los restos o últimas gotas de un líquido en un recipiente' (-*iolos*, 1140, anón., *Poema de Mio Cid*, CDH) (*excurrō -ere* ← *currō -ere* 'correr')
- *espender* 'expender, gastar' (-*iésteslo*, 1140, anón., *Poema de Mio Cid*, CDH) (*expendō -ere* ← *pendō -ere* 'pesar')
- *esleír* 'elegir' (*eslieron*, 1194–1211, anón., *Liber regum*, CDH) (*exligō -ere; var. *ēligō -ere* ← *legō -ere* 'recoger')
- *escaldar* 'quemar con un líquido hirviendo' (-*ado*, 1230, G. de Berceo, *Vida de San Millán*, CO) (lat. tard. *excaldō -āre* 'lavar con agua caliente' ← *calidus* 'caliente')
- *escavar* 'cavar ligeramente la tierra para ahuecarla y quitar la maleza' (-*adas*, 1235, anón., *Fuero de Alcalá*, CDH) (*excavō -āre* ← *cavō -āre* 'cavar')
- *escolar* 'pasar por un sitio estrecho' (-*ando*, 1240–50, anón., *Libro de Alexandre*, CDH) (*excolō -āre* ← *colō -āre* 'colar, filtrar')
- *escorchar* 'quitar la piel o la corteza' (1250, anón., *Vidal Mayor*, CO) (lat. vg. *excorticare* < *cortex -icis* 'corteza')
- *escocer* 'producirse una sensación parecida a la causada por quemadura' (*escuece*, 1381, anón., *Sevillana medicina*, CO) (*excoquō -ere* 'hervir hasta evaporar' ← *coquō -ere* 'cocer')
- *escandecer* 'irritar, encolerizar' (-*e*, 1611, D. de Hojeda, *La Cristiada*, CO) (*excandescō -ere* ← *candeō -ēre* 'brillar', 'calentarse')

Los derivados auténticamente castellanos con *es-* son tempranos y relativamente numerosos. Aparte de la preposición *escontra* (XIII-XV) 'hacia', 'junto a' (*contra*), que debe analizarse como aglutinación, los ejemplos son todos verbos cuyas bases pueden ser sustantivos, adjetivos o verbos. Entre estos, son más numerosos los ejemplos parasintéticos, con bases sustantivas (*escornar*) o adjetivas (*espaladinar*):
- *escornar* 'atacar con cuernos' (-*ava*, 1200, anón., *La fazienda de Ultra Mar*, CO), 'quitar un cuerno' (-*ósele*, 1928, H. Alcalde, *Escenas cántabras*, CO) (*cuerno*)
- *espaladinar* 'explicar con claridad' (1247, anón., *Fueros de Aragón*, CO) (*paladino* 'claro o patente')
- *espulgar* 'limpiar de pulgas o piojos' (-*guen*, 1250, A. de Toledo, *Moamín*, CO) (*pulga*)
- *escabeçar* 'descabezar' (1376, J. Fernández, *Gran crónica de España*, CO) (*cabeza*)
- *escarnar* 'quitar al hueso la carne' (-*an*, 1422–49, anón., *Libro de la consolación*, CO) (*carne*)
- *espabilar* 'sacudirse el sueño o la pereza' (1514, L. Fernández, *Auto o farsa del Nascimiento*, CO) (*pabilo*)

- *esperezar* 'sacudirse la pereza' (1542, R. Díaz, *Tratado llamado Fruto de todos los autos*, CO) (*pereza*)
- *espolvorear* 'quitar el polvo' (1560-78, F. de Aldana, *Poesías*, CO) (*polvo*)
- *espanzurrar* 'romper a alguien la panza' (*-ado*, 1893, B. Pérez Galdós, *Torquemada en la Cruz*, CO) (*panza*)

Los verbos siguientes no son parasintéticos, pero sus bases son sustantivos y adjetivos verbalizados:
- *escalentar* 'calentar con exceso' (1140, anón., *Poema de Mio Cid*, CO), 'enardecer las pasiones' (*-ado*, 1246-52, Berceo, *Los Milagros de Nuestra Señora*, CO) (*calentar* ← *caliente*)
- *esclarecer* 'iluminar, poner claro y luciente algo' (*-cio*, 1200, anón., *La fazienda de Ultra Mar*, CO) (*clarecer* 'poner claro', 1250, A. de Toledo, *Moamín*, CO ← *claro*)
- *escardar* 'arrancar y sacar los cardos de los sembrados' (*-an*, 1285, anón., *Libro de los cien capítulos*, CO) (*cardar* ← *cardo*)
- *espinzar* 'quitar con pinzas los pelos a los paños' (*-ado*, 1580, F. Núñez, *Libro intitulado del parto humano*, CO) (*pinzar* ← *pinza*)

Finalmente, se derivan de bases originariamente verbales los siguientes:
- *escoger* 'tomar o elegir una cosa entre otras' (*-encia*, 1129, anón., *Fueros de Medinaceli*, CO) (*coger*)
- *estropezar* 'tropezar' (*-ieça*, 1140, anón., *Poema de Mio Cid*, CO) (*tropezar*)
- *escomer* 'irse gastando y comiendo una cosa sólida' (1250, anón., *Vidal Mayor*, CO) (*comer*)
- *esblandir* 'blandir' (1275, Alfonso X, *General estoria*, CO) (*blandir*)
- *esquitar* 'descontar o compensar' (1357-75, anón., *Cuaderno*, CO) (*quitar*)
- *estirar* 'extender algo con fuerza' (*estíranse*, 1370, anón., *Tratado de la comunidad*, CDH) (*tirar*)
- *espartir* 'separar' (1376-91, J. Fernández, *Gran crónica de España*, CO) (*partir*)
- *esquebrajar* 'romper un cuerpo duro' (*-adura*, 1471, anón., *Traducción del Libro de recetas*, CO) (*quebrajar*)

Como se ha señalado más arriba, *es-* hereda los sentidos de 'privación, separación' e 'intensidad' de su étimo *ex-*. Estos significados se reparten entre los derivados de todas las categorías gramaticales:

Privación, separación
- *escabeçar* 'descabezar'
- *escornar* 'quitar un cuerno'
- *espulgar* 'limpiar de pulgas o piojos'

- *escarnar* 'quitar la carne al hueso'
- *escardar* 'sacar los cardos'
- *espabilar* 'quitar la parte ya quemada del pabilo', 'sacudirse el sueño o la pereza'
- *espartir* 'separar'
- *esquitar* 'descontar'
- *espolvorar* 'quitar el polvo'
- *escardar* 'arrancar y sacar los cardos'
- *espinzar* 'quitar con pinzas los pelos a los paños'
- *escomer* 'irse gastando y comiendo una cosa sólida'

Intensidad[123]
- *escalentar* 'calentar con exceso'
- *esclarecer* 'iluminar'
- *esquitar* 'descontar o compensar'
- *estirar* 'extender algo con fuerza'
- *espanzurrar* 'romper a alguien la panza'
- *esquebrajar* 'resquebrajar, romper superficialmente un cuerpo duro'

Un factor crucial en la historia del prefijo *es-* es su rivalidad con *des-*, prefijo más o menos sinónimo que se remonta al lat. *dis-*. En realidad, esta "rivalidad" se ha traducido en una derrota aplastante y continuada de *es-* ante el auge de *des-*, que ha sido y sigue siendo uno de los prefijos más productivos de la lengua.

La hegemonía de *des-* sobre *es-* se manifiesta no sólo en el número de derivados generados con ambos prefijos, sino también a través de la derivación de equivalentes con *des-* paralelos a derivados con *es-*. Surgen variantes incluso entre las palabras patrimoniales y en algunos casos terminan triunfando las variantes no etimológicas: cf. *despertar*, *despedirse* y *destripar*:
- *escoger* 'elegir' (*-encia*, 1129, anón., *Fueros de Medinaceli*, CO) / *descoger* (1250, anón., *Poridat de poridades*, CO) (lat. vg. *excolligo -ere* ← *colligō -ere* 'recoger')
- *espedirse* 'despedirse' (1140, anón., *Poema de Mio Cid*, CO) / *despedirse* (1196, anón., *Fuero de Soria*, CO) (*expetō -ere* 'desear vehementemente' ← *petō -ere* 'pedir')

---

123 En algunos derivados el prefijo *es-* no parece aportar ningún significado: cf. *esblandir* 'blandir', *escomenzar* 'comenzar', *esperecerse* 'perecer', *estropezar* 'tropezar'. Alemany Boluferir (1920:192) caracteriza al prefijo en estos casos como "expletivo", que según el *DRAE* significa "que no aporta significado, tan solo cierto valor expresivo."

- *escombrar* 'desembarazar de escombros un lugar' (*-ara*, 1200, anón., *La fazienda de Ultra Mar*, CO) / *descombrar* (1550, P. de Luján, *Coloquios matrimoniales*, CO) (lat. vg. *excomborare)
- *escomulgar* 'excomulgar' (*-o*, 1208, anón., *Cortes de León*, CO) / *descomulgar* (*-ado*, 1188, anón., *Ordenamiento de unas cortes*, CO) (lat. tard. *excommūnicō -āre* ← *commūnicō -āre* 'compartir', 'comunicar')
- *escabullir* 'escaparse de entre las manos' (1250, A. de Toledo, *Moamín*, CO) / *descabullir* (1443, A. Martínez, *Atalaya corónicas*, CO) (lat. vg. *excapulare ← *capulō -āre* 'enlazar animales < *capō -ere* 'coger')
- *espertar* 'despertar' (*-ares*, 1256, Alfonso X, *Picatrix*, CO) / *despertar* (*-ó*, 1140, anón., *Poema de Mio Cid*, CO) (*expertare < *expertus*, var. basada en el participio de *expergiscor -ī* 'despertarse')
- *estripar* 'destripar' (1528, J. de Huete, *Comedia Tesorina*, CO) / *destripar* (1380, Ferrer Sayol, *Libro de Palladio*, CO) (*exstirpō -āre* 'arrancar por la raíz' ← *stirps -is* 'tronco, raíz')

La derivación paralela con *des-* es aún más fuerte entre los derivados castellanos con *es-*, sobre todo los nominales. Entre los 20 derivados con *es-* mencionados más arriba, faltan equivalentes con *des-* en sólo cuatro casos, todos verbales: *estropezar, esblandir, escomer* y *estirar*.[124]

La preferencia de *des-* sobre *es-* es el resultado de la rivalidad entre dos prefijos parcialmente sinónimos y cuasihomófonos. De hecho, el solapamiento de sentidos es completo desde la perspectiva de *es-*, como ilustran los ejemplos siguientes:

	Separación	Privación	Falta	Negación	Reversión
des-	desterrar	descortezar	desamor	desleal	desatar
es-	espulgar	escabeçar			

Por esta razón, rechazamos otras interpretaciones que se han propuesto para caracterizar la relación entre los dos prefijos. Lapesa (1983:467–468) sugiere que podría tratarse de una relajación consonántica por la cual [des] se reduciría a [es], cambio que en posición inicial de palabra sería insólito en la historia de la lengua. Montero Curiel (1998:244) habla de un "cruce (de *es-*) con el prefijo *des-*", concepto innecesario dado el solapamiento de sentidos.

---

[124] Cuando los derivados con *es-* y *des* no son sinónimos o cuasi sinónimos, se trata de una derivación independiente con cada uno de los prefijos, con sentidos muy distintos: cf. *desforzarse* 'vengarse' / *esforzar* 'dar fuerza', *despelotarse* 'desnudarse' / *espelotarse* 'ponerse rollizo', *descocer* 'digerir la comida' / *escocer* 'producirse una sensación de quemadura', *desponer* 'deponer' / *esponer* 'exponer' y *descorchar* 'sacar el corcho' / *escorchar* 'quitar la piel o la corteza'.

La relativa debilidad de *es-* en español estándar contrasta marcadamente con su resistencia en otras hablas hispano- e iberorrománicas. Neira Martinez (1968, 1969), Zamora Vicente (1970:162, 278) y Casanova (2010) comentan la convivencia de *es-* y *des-*, citando el vigor del primero en catalán, aragonés, leonés e incluso en castellano vulgar. Pujol Payet y Pharies (2012) trazan un análisis panorámico de este aspecto de la historia.[125]

Aparte del estudio pormenorizado de Pharies (2012), también se ocupan del prefijo *es-* los de Neira Martinez (1968, 1969), Montero Curiel (1998), Casanova (2010) y Pharies y Pujol Payet (2012).

---

125 Neira Martínez propone en los citados estudios que en el leonés y el aragonés el prefijo *es-* se especializa en la derivación parasintética y *des-* en la no parasintética. En Pharies y Pujol Payet (2012) se demuestra que este no es el caso, por el mero hecho de que en esos dialectos existen parejas con *des-/es-* para la gran mayoría de los derivados de ambos tipos.

Ex-

Prefijo cuyo sentido original es espacial, específicamente desplazamiento desde el interior de un lugar hacia fuera, aplicado a verbos (*excarcelar* 'sacar de la cárcel a una persona'). Actualmente se usa casi exclusivamente en una acepción temporal en combinación con sustantivos (*exjesuita* 'persona que fue jesuita pero ha dejado de serlo'). Se remonta al prefijo latino *ex-*,[126] que también es étimo del prefijo patrimonial *es-* (q. v.).

El sentido espacial está implícito en muchos cultismos latinos verbales cuasi-transparentes que comunican la idea de 'sacar, poner fuera' o de 'apartar':
– *exponer* 'poner una cosa de manera que sea vista' (*esponer*, 1240, *Libro de Alexandre*, CDH; var. *expuso*, 1350, anón., *Sumas de la historia troyana*, CDH) (*expōnō -ere*)
– *expurgar* 'purgar, quitar de una cosa lo malo que hay en ella' (*-garas*, 1380, F. Sayol, *Libro del Palladio*, CDH) (*expurgō -āre*)
– *extraer* 'sacar algo que está incrustado en un sitio' (*estraer*, 1400, E. de Sevilla, *Visita y consejo de médicos*, CDH) (*extrahō -ere*)
– *exportar* 'llevar o portar géneros a otro país' (*-are*, 1422–33, M. Guadalfajara, *Traducción y Glosas de la Biblia*, CDH) (*exportō -āre*)
– *excavar* 'cavar, sacando tierra del hoyo' (*-ado*, 1535–57, G. Fernández, *Historia general*, CO) (*excavō -āre*)

Este mismo sentido se encuentra también en algunas frases hechas latinas corrientes en castellano:
– *ex libris* 'de entre los libros' (1741, F. de Cubillas, *Cartas espirituales*, GB) (*ex librīs*; cf. *liber*, *librī* 'libro')
– *ex cátedra* 'del Papa mismo', 'en tono magistral', 'desde la silla de magistrado' (*ex cathedra*, 1745, B. Feijoo, *Cartas eruditas*, CDH) (*ex cathedrā*, lit. 'de la silla episcopal'; cf. *cathedra -ae* 'silla de brazos')
– *ex novo* 'de nueva planta', 'de nuevo diseño' (1895, P. Dorado, *Problemas de derecho penal*, vol. 1, GB) (*ex novō*; cf. *novus* 'nuevo')

---

[126] Según el *OLD*, en su papel como prefijo, *ex-* y su alomorfo *ē-* añaden a sus bases una variedad de acepciones tales como '(movimiento) de dentro a fuera' (*īre* 'ir' → *exīre* 'salir'), 'continuación hasta el final' (*dormīre* 'dormir → *ēdormīre* 'dormir hasta el fin'), '(cualidad) exagerada' (*dūrus* 'duro' → *ēdūrus* 'muy duro') y 'realización de un fin' (*pugnāre* 'luchar' → *expugnāre* 'conquistar, vencer').

En cambio, son muy raros los derivados castellanos con sentido local. Aquí destacan cuatro verbos parasintéticos, es decir, ejemplos en que se convierte en verbo una base sustantiva o adjetiva, añadiendo al mismo tiempo un prefijo:
- *expatriar* 'hacer salir de la patria' (*-ación*, 1745, J. Gumilla, *El Orinoco Ilustrado*, GB) (*patria*)
- *excarcelar* 'sacar de la cárcel a una persona' (*-ación*, 1807, S. Vilanova y Mañes, *Materia criminal forense*, GB) (*cárcel*)
- *exclaustrar* 'permitir u ordenar a un religioso que abandone el claustro' (*-ada*, 1816, *Caras y caretas*, vol. 10, GB) (*claustro*)
- *expropiar* 'quitarle a alguien legalmente una cosa a cambio de una indemnización' (1816, *Caras y caretas*, vol. 10, GB) (*propio*)

Pasando al sentido temporal, mucho más común en el español moderno, constatamos que la acepción de '[persona] que fue algo y ha dejado de serlo' ("cesación" en la terminología de Montero Curiel 1998:245), no forma parte de la semántica de este prefijo en el latín clásico. Este nuevo sentido surge de la idea espacial de un movimiento hacia fuera aplicada metafóricamente a una persona que sale del lugar donde ha ejercido el cargo o del periodo durante el que lo ha ejercido. Según Lewis y Short (1879:669), este sentido es muy común ya en el latín postclásico:[127] cf. *Pupienus et Balbinus, ambo ex consulibus* 'Pupieno y Balbino, ambos salidos del cargo de cónsul' (320), *vir excelsus ex quaestore et ex consule Tribonianus* 'Triboniano, hombre eminente y salido del cargo de cuestor y cónsul' (530). La evolución semántica aludida se explica en un comentario que figura en las anónimas *Etimologías romanceadas de San Isidoro* (1450), donde leemos: "Exconsules eran dichos porque ya salieran del consulado, conplido el año de su vez. E quiere dezir exconsules tanto como extra consulatum, esto es, fuera del consulado". Aquí *consulado* puede interpretarse como el consulado mismo o el tiempo que dura la dignidad de cónsul.

El uso de *ex-* con este sentido se detecta en la formación de palabras del castellano a partir de finales del siglo XVII, cuando aparecen los primeros derivados:[128]
- *ex-definidor general de todo el orden, ex provincial de Andalucia* (1685, D. Sánchez, *Manual de oración y concierto de vida*, GB)

---

[127] Stotz (2000:419) comenta que el uso de *ex* para designar al antiguo funcionario se establece durante el período imperial romano (hasta 286 d.C).
[128] El ejemplo *exheredado* 'desheredado' (1606, J. Palet, *Diccionario muy copioso de la lengua española y francesa*, GB) es extraordinario por combinar el sentido espacial ('quitar de la lista de los herederos') con el del abandono de un cargo ('persona que fue heredero, pero ya no lo es'). También puede interpretarse *ex-* en este ejemplo como reversivo, sentido normalmente expresado por *des-*.

- *exgeneral de la congregación benedictina de España* (1686, D. Cornejo, *Chronica Seraphica*, GB)
- *ex-cathedrático de la Universidad de Huesca* (1698, *Oración fúnebre que en las exequias celebradas*, GB)
- *ex-rector del insigne Colegio del Angel de la Ciudad de Sevilla* (1711, J. del Espíritu Santo, *Oración fúnebre en las honras*, GB)
- *esforzó con energía nuestro eruditísimo socio, y ex-presidente el Doctor Martínez* (1733, J. Ortiz-Barroso, *Uso y abuso de el agua dulce potable*, GB)
- *monaguillo, monje, ex-monje, clérigo secular, rector, consejero* (1758, J. de Isla, *Historia del famoso predicador*, CO)
- *no digo solo un Jesuita; pero ni un Ex-Jesuita, ni un Christiano* (1763, A. Croce, *Por la religión ultrajada*, GB)

Una breve consulta de Google Books para el francés e italiano, y del *OED* para el inglés, pone de manifiesto que todas estas lenguas incorporan el prefijo *ex-* en este nuevo sentido en fechas más o menos contemporáneas.[129] En francés, *ex-laquais* 'ex-lacayo' aparece en 1716 (A. de la Houssaie, *Tacite avec des notes politiques et historiques*, GB), en italiano *ex-gesuita* 'ex-jesuita' en 1756 (*Lettere al rev. Padre P. Gesuita*, GB) y en inglés *ex-bishop* 'ex-obispo' en 1793 (OED).

A partir del comienzo del siglo XIX hay una eclosión en el uso de *ex-* con este valor en castellano, con bases como *monarca, fraile, obispo, ministro, diputado, prior, prelado, autor, vecino, consejero, cuadrillero* y *verdugo*. Los derivados se escriben generalmente con guion, pero también con espacio (*ex general*, 1729, B. Feijoo, *Teatro crítico*, CO) o sin espacio (*exprovincial*, 1758, J. de Isla, *Historia del famoso predicador*, CO). La RAE (2009:679) apunta que en algún momento el prefijo se independiza de las designaciones de cargos y oficios para aplicarse también a estados alterables de parentesco (*suegro, yerno, marido*) y diversos papeles sociales y políticos (*novia, candidato, prisionero, vecino*). Es excepcional el caso de *la ropa ex-blanca* (1843, M. Bretón, *Opúsculos en prosa*, CO) porque combina *ex-* con un adjetivo: 'ropa que ha dejado de ser blanca'.

Ya en fecha bastante temprana el prefijo cobra autonomía por elipsis y se convierte en palabra independiente: cf. *ahora vayan ustedes a no saludar a un ministro, o a un ex por lo menos* (1845, R. de Mesonero, *Escenas matritenses*, GB). Según el *DEA*, hoy en día *ex* como palabra independiente se ha especializado en el sentido de 'persona que ha dejado de ser cónyuge o pareja sentimental de otra'.

---

[129] Para el portugués, Houaiss y Villar (2013:1752) comentan que "desde os começos do sXIX, este pref. tem sido empregado, sempre com hífen, para indicar que uma pessoa deixou de ser algo (função, cargo etc.) – *ex-amigo, ex-presidente, ex-deputado, ex-noiva, ex-marido*." No encontramos información correspondiente para el catalán.

En el sentido de 'antiguo' no rivaliza *ex-* con ningún otro prefijo castellano.

Para el prefijo *ex-* contamos con el estudio fundamental de Montero Curiel (1998) y también con los estudios de Brea López (1976), Allen (1981), Menaker (2010) Gibert-Sotelo (2017) y Morera Pérez (2019).

Exo-

Prefijo espacial que en palabras pertenecientes al vocabulario científico expresa el sentido de 'por fuera, externo' (*exoesqueleto* 'esqueleto externo'). Se remonta al elemento combinatorio helénico ἐξω- correspondiente al adverbio ἔξω 'fuera', 'en el exterior (de)', que, a su vez, está relacionado con la preposición y preverbio ἐξ. *Exo-*, igual que *ecto-*, es antónimo del prefijo *endo-* (q.v.), también de origen helénico: cf. *endoesqueleto* 'esqueleto interno'.

Por mediación del latín llega al castellano un solo helenismo con ἐξω-, si bien este resulta etimológicamente opaco: *exótico* 'extranjero', 'extraño' (1490) (lat. *exōticus* < ἐξωτικός < ἐξω- + -(τ)ικός, sufijo adjetivo). Son bastante numerosos, en cambio, los neohelenismos, todos ellos acuñados para el léxico científico a partir de mediados del siglo XIX:
- *exófago* 'parte exterior de la faringe' (1844, *Tratado completo de patología*, GB) (inf. aor. φαγεῖν 'comer')
- *exógeno* 'que se origina en el exterior' (-*s*, 1845, J. Avendaño, *Manual completo de instrucción primaria*, GB) (γένος 'nacimiento, linaje")
- *exogamia* 'matrimonio entre individuos de un grupo y otro exterior' (1892, *Revista de España*, vol. 139, GB) (γάμος 'matrimonio, boda')
- *exospora* 'capa exterior de la pared de una espora' (1892, E. de Vera, *Las enfermedades de la vid*, GB) (σπορά 'siembra', 'semilla')
- *exoderma* 'hoja externa del embrión' (1893, J. Egozcue, *Discurso leído ante la Real Academia*, CO) (δέρμα 'piel')

Pasando al escasísimo grupo de ejemplos cuyas bases son palabras independientes en castellano, se distinguen dos grupos por el origen de sus bases. Son de origen helénico las bases de los ejemplos siguientes:
- *exotérmico* '(proceso) que va acompañado de desprendimiento de calor' (1870–1905, J. Echegaray, *Ciencia popular*, CO) (*térmico*)
- *exoesqueleto* 'esqueleto externo' (1908, P. Lacavera, *Artrópodos parásitos*, GB) (*esqueleto*)
- *exotoxina* 'toxina producida por bacteria' (1919, L. del Portillo, *Tratado práctico de venereología*, GB) (*toxina*)
- *exobiología* 'estudio de la posible presencia de vida en otros planetas' (1962, *Aster: Boletín de la Agrupación Astronómica*, vols. 14–18, GB) (*biología*)
- *exoprótesis* 'prótesis externa' (1994, *III Jornadas Internacionales de Economía*, GB) (*prótesis*)
- *exoplaneta* 'planeta que está fuera de nuestro sistema solar' (-*s*, 2001, S. Odelwald, *El café de la astronomía*, GB) (*planeta*)

En cambio, son de origen latino las bases de las tres palabras siguientes:
- *exocutícula* 'lámina exterior del cuerpo de los insectos' (1936, *Memoria de la Comisión central de investigaciones*, GB) (*cutícula*)
- *exocéntrico* 'sin núcleo' (1977, G. Vázquez-Ayora, *Introducción a la Traductología*, GB) (*céntrico*)
- *exo-luna* 'luna de un exoplaneta' (-*s*, 2008, D. González, *Kuxan Suum*, GB) (*luna*)

También tienen el sentido de 'externo' el helenismo *ecto-* (*ectoparásito* 'parásito que vive en la superficie del huésped') y el cultismo latino *extra-* (*extraterrestre* 'que pertenece al espacio exterior'). No son intercambiables, sin embargo, porque *extra-* suele denotar un lugar que está más allá de otro (*extralunar* 'que se encuentra más allá de la luna') y además tiene una función intensiva con bases adjetivas (*extrafino* 'muy fino') que no comparten *exo-* y *ecto-*.

No conocemos ningún estudio monográfico dedicado al prefijo *exo-*.

Extra-

Prefijo de adjetivos que transmite primordialmente el sentido espacial de 'fuera, en el exterior (de)' (*extraterrestre* 'que pertenece al espacio exterior'). De ahí se desarrolla un sentido figurado (*extralegal* 'que está fuera de la ley') y, finalmente, un sentido intensivo (*extrafino* 'muy fino'). Se remonta al lat. *extrā*, adverbio, preposición y prefijo que expresa los mismos sentidos menos el último: cf. *extrāmūrānus* 'al exterior de los muros', *extrānātūrālis* 'fuera de la naturaleza, ajeno a lo natural'.

Los derivados latinos que pasan al castellano en forma de cultismos aparecen en fechas muy distintas:
– *extraordinario* 'fuera del orden común' (1280, Alfonso X, *General estoria*, CO) (*extrāordinārius*)
– *extranatural* 'que se considera fuera de la naturaleza' (1687, R. de Valdés, *Poema heroyco hispano-latino*, GB) (lat. tard. *extrānātūrālis*)
– *extramundano* 'que se ubica fuera del mundo' (1775, F. de Cevallos, *La falsa filosofía*, GB) (lat. tard. *extrāmundānus*)

A estos se añaden unos pocos latinismos (crudos en los primeros dos casos) formados en castellano a partir de sintagmas preposicionales latinos:
– *extramuros* 'fuera del recinto de una población' (1477–96, H. de Talavera, *De vestir y de calzar*, CO; var. *extra muros*, 1443–54, A. Martínez de Toledo, *Atalaya Crónicas*, CDH) (*extrā mūrōs* 'más allá de los muros')
– *extratémpora* 'dispensa que se daba para que un clérigo recibiera las órdenes mayores fuera de los tiempos señalados por la Iglesia' (1617, G. del Alfaro, *Vida de… Francisco de Reinoso*, CO; var. *extra tempora*, 1605, F. López, *La pícara Justina*, CDH) (*extrā tempora* 'fuera de tiempos')
– *extrahoras* 'fuera del horario normal' (1714–50, anón., *Documentos sobre música*, CO) (*extrā hōrās* 'fuera de horas')
– *extramontes* 'más allá de las montañas' (1763, *Nuevo estilo y formulario de escribir cartas*, GB) (*extrā montes*)

La producción de derivados propios castellanos comienza en el siglo XV con la acuñación de *extrajudicial*. Luego hay un intervalo de más de tres siglos hasta la aparición de nuevos derivados, entre los que destaca *extralimitarse* por ser el único derivado verbal:
– *extrajudicial* 'que se hace fuera de la vía judicial' (1414, anón., *Ordinación dada a la ciudad de Zaragoza*, CO) (*judicial*)
– *extrauniversitario* 'que se ubica o sucede fuera de la universidad' (-*as*, 1722, anón., *R.C. del mismo autorizando a la mexicana*, CO) (*universitario*)

https://doi.org/10.1515/9783111329369-033

- *extralimitarse* 'excederse en el uso de facultades o atribuciones' (*-ado*, 1730, F. Moya, *Máximo manifiesto universal*, CO) (*limitar*)
- *extraoficial* 'oficioso, no oficial' (*-es*, 1745–56, Conde de Superunda, *Relación* […] *de los principales sucesos*, CO) (*oficial*)

A partir del siglo XIX, se acelera la productividad de *extra-* con ejemplos de todas las categorías semánticas. Algunos tienen significado espacial:
- *extraterritorial* 'que está fuera de la propia jurisdicción' (1835, *Revista de ciencias económicas*, vols. 49–54, GB) (*territorial*)
- *extraabdominal* 'que se encuentra fuera del abdomen' (1877, L. Hidalgo y G. Ruiz, *Compendio de medicina legal*, GB) (*abdominal*)
- *extralunar* 'que se encuentra más allá de la luna desde el punto de vista de la Tierra' (*-es*, 1881, *La mujer: semanario de la Escuela de Artes*, GB) (*lunar*)
- *extraterrestre* 'que pertenece al espacio exterior' (1886, E. Acevedo, *Brenda*, CO) (*terrestre*)

En otros casos el sentido es figurado:
- *extrasocial* 'que está fuera del ambiente social' (1821, J. Bentham, *Principios de la ciencia social*, GB) (*social*)
- *extralegal* 'que está fuera del ámbito legal' (*-es*, 1829, M. de Norvins, *Historia de Napoleón*, GB) (*legal*)
- *extracientífico* 'concebido fuera del ambiente científico' (*-a*, 1864, *El siglo médico*, vol. 11, GB) (*científico*)

En el uso intensivo *extra-* se combina por primera vez con adjetivos calificativos susceptibles de gradación. Como en el caso de *ultra-*, que también denota un lugar fuera de o más allá de otro, el sentido intensivo surge por una comparación metafórica de la distancia espacial con la intensidad de una cualidad, cf. *ultrarromántico* 'muy romántico', 'más allá de lo romántico':
- *extrafino* 'muy fino' (1861, M. Carderera, *Nociones elementales de industria y comercio*, GB) (*fino*)
- *extra fuerte* 'muy fuerte' (1866, E. Maillefert, *Directorio del comercio*, vol. 1, GB) (*fuerte*)
- *extra-grande* 'muy grande' (1868, *Tarifa de Avalúos*, GB) (*grande*)
- *extra largo* 'muy largo' (1877, *El comercio*, vol. 25, GB) (*largo*)
- *extralúcido* 'extraordinariamente lúcido' (1882, L. García, *El magnetismo, sonambulismo y espiritismo*, GB) (*lúcido*)

En un momento dado, al parecer a mediados del siglo XVIII, *extra* se convierte otra vez en palabra independiente, primero en la preposición *extra de* 'aparte de', como puede verse en los siguientes casos:
- *Pero, aunque extra de estos gastos les sobre mucho y lo apliquen a haciendas* (1747, A. de Ulloa, *Noticias secretas de América*, CDH)
- *Se compone de 25 pueblos principales, parroquias ó curatos, extra de las que tiene la ciudad* (1748, A. de Ulloa, *Viaje al reino del Perú*, CDH)
- *Iba la Corona a hacer un ramo seguro y perpetuo extra de las grandes contribuciones* (1750, P. Rodríguez, *Bosquejo de política económica*, CDH)

En otros casos se convierte en adjetivo con el sentido 'adicional':
- *Y al fin me sirvieron helados, y café extra* (1785–86, F. de Miranda, *Diario de viajes*, CDH)

En esta función llega *extra* a concordar en número con sus antecedentes, lo que indica que ha sido adjetivado:
- *y las propinas extras* (1906, M. González, *Nuestros legisladores*, CDH)
- *miren los diagonales extras* (1924, J. Rivera, *La vorágina*, CO)
- *trabajaba horas extras en el taller* (1949, C. Gorostiza, *El puente*, CDH)

También se usa *extra* como sustantivo, función que resulta probablemente de la elisión de algún sustantivo, *actores* en el primer ejemplo y *objetos* en el segundo, y la consiguiente sustantivación sintáctica del adjetivo:
- *a veces buscan en la masa anónima de los extras la persona que reúna* (1933, A. Barragán, *La vida de Cinelandia*, CO)
- *propinas, recuerdos, regalitos y demás extras* (1962, A. Bioy, *El gran serafín*, CO)

Además de *extra-*, tienen el sentido de 'por fuera, externo' los prefijos de origen helénico *exo-* (*exoesqueleto* 'esqueleto externo') y *ecto-* (*ectoparásito* 'parásito que vive en el exterior del huésped'). Estos cuasisinónimos no comparten, sin embargo, el sentido intensificador de *extra-* (*extrafino* 'muy fino').

Son fundamentales para el estudio de *extra-* los análisis de Montero-Curiel (1998b), Rodríguez Ponce (2002a, 2002b), Stehlík (2009), Moralejo Álvarez (2013), Serrano-Dolader (2015a) y Rifón (2018).

Hemi-

Prefijo cuantificador que en el vocabulario científico se aplica mayoritariamente a bases sustantivas para formar sustantivos con el sentido de 'mitad de', 'un lado de (dos)' (*hemiabdomen* 'mitad del abdomen'). Se remonta al lat. *hēmi-*, que, a su vez, es adaptación del elemento combinatorio griego ἡμι- correspondiente a ἥμισυς 'mitad'. *Hemi-* es sinónimo y cognado del prefijo de origen latino *sēmi-*, que, sin embargo, raramente aparece en la terminología científica (la excepción es *semimetal* 'metaloide') y es, en cambio, más productivo en la derivación de adjetivos (*semidifunto* 'casi difunto', *semidormido* 'medio dormido').

Aunque los derivados griegos son casi todos adjetivos formados sobre bases adjetivas o sustantivas, los nueve helenismos con *hēmi-* registrados por el *Oxford Latin Dictionary* son todos sustantivos.[130] De estos, pasan al castellano los siguientes:
- *migraña*[131] 'jaqueca' (*emicranea*, 1254–60, anón., *Judizios de las estrellas*, CO; vars. *emigranea*, 1400–1500, anón., *Traducción del Compendio de la humana salud*, CO; *migraña*, 1494, V. de Burgos, *Traducción de El Libro de Propietatis*, CO;) (lat. tard. *hemicrania* < ἡμικρανία 'dolor en un lado de la cabeza'; cf. κρανίον 'craneo')
- *hemisferio* 'cada una de las dos mitades de una esfera' (*emisperio*, 1400, anón., *Un sermonario castellano*, CO; vars. *hemisferio*, 1487, H. de Talavera, *Católica impugnación*, CO; *emixperio*, 1498, M. Martínez, *Traducción del Tratado de Roma*, CO; *emisferio*, 1552, A. de Torquemada, *Manual de escribientes*, CO) (lat. *hemisphaerium* < ἡμισφαίριον; cf. σφαίρα 'esfera')
- *hemiciclo* 'mitad de un círculo' (*emiciclo*, 1490, A. de Palencia, *Universal vocabulario*, CO; var. *hemiciclo*, 1582, M. de Urrea, *Traducción de la Arquitectura*, CO) (lat. *hēmicyclus* 'semicírculo' < ἡμίκυκλος 'semicircular'; cf. κύκλος 'rueda', 'círculo')
- *emitriteo* 'fiebre semiterciana (que se repite cada 24 horas)' (*emitretreo*, 1494, V. de Burnos, *Traducción del Libro de Propietatis*, CO; vars. *emitriteo*, 1495, anón., *Gordonio*, CO; *hemitriteo*, 1607, J. de Sarrios, *Verdadera medicina*, GB) (lat. *hēmitritaeus* '(fiebre) terciana (que se repite al tercer día, sc. cada 48 horas)' < ἡμιτριταῖος 'de la mitad de tres (días)'; cf. τρίτος 'tercero')

---

130 *Hēmitriglyphus* 'la mitad de un triglifo' es aún más atípico, por ser no sólo sustantivo, sino también neohelenismo en latín (ἡμι- + τρίγλυφος).
131 Corominas supone que *migraña* procede del catalán, lengua de la que Covarrubias (1610) la adoptaría como palabra castellana. Esta hipótesis parece dudosa si se tiene en cuenta que la palabra se atestigua en 1494 en un libro traducido del latín por Fray Vicente de Burgos: *Traducción de El Libro de Propietatibus Rerum de Bartolomé Anglicus*.

https://doi.org/10.1515/9783111329369-034

- *hemitonio* 'semitono, intervalo musical' (1582, M. de Urrea, *Traducción de la Arquitectura*, CO) (lat. *hēmitonium* < ἡμιτόνιον; cf. τόνος 'tono')
- *hemistiquio* 'mitad de un verso' (*-s*, 1602, L. de Carvallo, *Cisne de Apolo*, CO; var. *emistiquio*, 1657 *-s*, B. de Torres, *Crónica Agustina*, CO) (lat. *hemistichium* < ἡμιστίχιον; cf. στίχος 'línea', 'verso')

Otro helenismo, *hemitórax* 'mitad del tórax' (1896, *Revista de medicina y cirugía*, vols. 38–29, GB) (ἡμιθωράκιον ← θώραξ 'coraza', 'tórax') aparece en castellano siglos después, sin la mediación del latín.

Son neohelenismos los siguientes vocablos:
- *hemiplexía* 'parálisis de todo un lado del cuerpo' (1776, *Nuevo método para curar flatos*, GB; var. *hemiplejía*, 1822, Richerand, *Nosografía y terapéutica*, vol. 2, GB) (cf. ἀποπληξία 'parálisis'; cf. πλήσσω 'golpear')
- *hemíptero* 'dicho de un grupo de insectos como la cigarra' (1820, A. Yáñez, *Lecciones de historia natural*, GB) (πτερόν 'ala')
- *hemitropía* 'proceso de cristalización que se produce por medio de un cristal hemítropo, es decir que se puede producir por dos mitades en cada compuesto mineral' (1902, L. Fernández, *Cristalografía*, CO) (τρόπος 'manera, modo')

Los recursos informáticos registran una decena de palabras con bases castellanas a partir de la segunda mitad del siglo XIX, tales como:
- *hemiparálisis* 'parálisis de un lado del cuerpo' (1867, *Novísimo diccionario de la lengua castellana*, GB) (*parálisis*)
- *hemipirámide* 'mitad de una pirámide' (1877, *Revista de la Sociedad de Profesores de Ciencias*, vol. 1, GB) (*pirámide*)
- *hemiparesia* 'disminución de la fuerza motora que afecta un brazo y una pierna del mismo lado del cuerpo' (1878, *Tratado clínico de las enfermedades*, GB) (*paresia* 'parálisis leve')
- *hemidiafragma* 'mitad del diafragma' (1879, *Anales de la Real Academia Nacional de Medicina*, GB) (*diafragma*)
- *hemicelulosa* 'hidrato de carbono' (1896, T. Moreno Toledo, *El alcoholismo a través de la herencia*, GB) (*celulosa*)
- *hemiparásito* '(planta) que realiza la fotosíntesis y además vive parasitariamente' (1907, *Enciclopedia universal ilustrada*, GB) (*parásito*)

Rodríguez Ponce incluye el prefijo *hemi-* en su estudio de 2002(a).

Hetero-

Prefijo que con los significados 'otro', 'distinto' se antepone en el vocabulario científico a sustantivos (*heteroinfección* 'enfermedad infecciosa debida a gérmenes procedentes del exterior') y adjetivos (*heteropolar* 'formado por iones de carga opuesta'). Se remonta al elemento combinatorio helénico ἕτερο- correspondiente al pronombre ἕτερος 'el otro (de dos)'. En el léxico científico del castellano, *hetero-* funciona como prefijo opuesto a *homo-* 'el mismo', 'cosa en común', también de origen helénico: cf. los antónimos *hetero-/homosexual, hetero-/homogéneo, hetero-/homocromático*.

Hetero- es componente de cuatro helenismos en castellano, de los que los dos primeros son antiguos y de uso común:[132]
- *heterogéneo* '(cosa) formada por elementos de distinta naturaleza', '(cosa) de distinta naturaleza que otra' (*eterogeneos*, 1445, L. de Barrientos, *Tratado del dormir*, CO) (ἑτερογενής; cf. γένος 'nacimiento' 'linaje')
- *heterodoxo* 'disconforme con la doctrina establecida como verdadera' (1665, G. de la Figuera, *El sol del oriente*, GB) (ἑτερόδοξος; cf. δόξα 'opinión')
- *heterónimo* '(vocablo) que se opone a otro de distinta raíz en algún rasgo morfológico, normalmente el género', 'identidad literaria ficticia, seudónimo' (1892, *Neues spanisch-deutsches und deutsch-spanisches Wörterbuch*, GB) (ἑτερώνυμος 'que tiene otro nombre'; ὄνομα [var. dial. ὄνυμα] 'nombre')
- *heteróclito* 'heterogéneo' (*-a*, 1881, E. Pardo Bazán, *Un viaje de novios*, CO) (ἑτερόκλιτος '[sustantivo] con flexión irregular')

Entre los siglos XVIII y XX aparece un número considerable de neohelenismos con *hetero-*:
- *heterofilia* 'el grado hasta el cual los componentes de una pareja son diferentes en ciertos atributos' (1852, R. Domínguez, *Compendio del diccionario nacional*, GB) (φίλος 'amigo')
- *heteroplastia* 'implantación de injertos orgánicos procedentes de un individuo de distinta especie' (1853, F. de Paula, *Enciclopedia moderna*, vol. 21, GB) (πλαστός 'formado, moldeado')
- *heterotopía* 'condición en la que tejido normal se ubica en un lugar anómalo, sobre todo en el cerebro' (1857, E. Gintrac, *Tratado teórico y clínico de patología*, GB) (τόπος 'lugar')
- *heterocerca* 'en los peces, aleta caudal formada por dos lóbulos desiguales' (1858, G. Lecleerc, *Los tres reinos de la naturaleza*, GB) (κέρκος 'cola')

---

[132] Uno de los helenismos con *hetero-* que se transmiten al latín no llega al castellano: *heterocrānea -ae* 'jaqueca de un lado de la cabeza, hemicrania'.

https://doi.org/10.1515/9783111329369-035

- *heterónomo* '(persona) que está sometida a un poder ajeno que le impide el libre desarrollo de su naturaleza' (1860, M. Blanc, *Nouveau dictionnaire espagnol-français*, GB) (νόμος 'ley, costumbre')
- *heterogamia* 'estado, condición, aspecto o naturaleza de una planta de que uno de los cálices encierra flores hermafroditas y el otro de los dos sexos por separado' (1860, J. Caballero, *Diccionario general de la lengua castellana*, GB) (γάμος 'matrimonio, boda')
- *heterocronía* 'en la biología del desarrollo, todos aquellos cambios en el ritmo de los procesos ontogenéticos que dan lugar a transformaciones de la forma y tamaño de los organismos' (1860, *El siglo médico*, vol. 7, GB) (χρόνος 'tiempo')
- *heteromorfismo* 'en la geología, propiedad por la que algunas sustancias con organización y estructura idénticas se presentan bajo forma distinta' (1866, *Revista de sanidad militar*, vol. 3, GB) (μορφή 'forma')
- *heterosporia* 'elaboración de esporas de dos tamaños y sexos diferentes' (1891, Anales de la Universidad Central del Ecuador, vol. 5, GB) (σπόρος 'semilla')
- *heterotrofia* 'incapacidad de un organismo de elaborar su propia materia orgánica a partir de sustancias inorgánicas, como los animales y los hongos' (1851, J. Drumen, *Tratado elemental de patología médica*, vol. 2, GB) (τροφή 'alimentación')
- *heteroglosia* 'la existencia, dentro de una sociedad, de muchas variedades de una sola lengua' (1964, *Estudios filológicos*, vol. 25, GB) (γλῶσσα 'lengua')

También en el siglo XIX surgen palabras científicas cuyas bases son palabras castellanas, seguidas de muchas más en el siglo XX. Casi todas son tecnicismos (con excepción de *heterosexual*) cuyo uso, igual que los neohelenismos, queda restringido por regla general a los especialistas de los diferentes campos científicos:
- *heterotípico* 'relativo a la heterotipia, la transformación de células maduras en un tejido en otra formación anómala para ese tejido' (1846, R. Domínguez, *Diccionario universal francés-español*, GB) (*típico*)
- *heteroinfección* 'enfermedad infecciosa debida a la introducción en el organismo de gérmenes procedentes del exterior' (1876, *Anales de la Academia de Ciencias Médicas*, vol. 13, GB) (*infección*)
- *heteropolar* 'formado por iones de carga opuesta' (1894, *Anales de la Sociedad Científica Argentina*, vols. 37–38, GB) (*polar*)
- *heterocromosoma* 'cromosoma del que depende la determinación del sexo' (1920, M. Bordás, *Trabajos del Museo Nacional de Estudios e Investigaciones Científicas*, serie zoológica, núm. 42, GB) (*cromosoma*)
- *heterosexual* '(persona o animal) que siente atracción sexual hacia los individuos del sexo contrario' (1924, *Archivos de medicina, cirugía y espec*ialidades, vol. 14, GB) (*sexual*)

– *heterolateral* 'perteneciente al lado opuesto' (1933, *Revista española de laringología*, GB) (*lateral*)
– *heterotrasplante* 'trasplante de células, tejidos u órganos de una especie a otra' (1936, *La medicina ibera*, vol. 30, GB) (*trasplante*)
– *heterosilábico* '(sonidos) que forman parte de sílabas distintas' (1951, S. Fernández, *Gramática española*, GB) (*silábico*)
– *heteroagresividad* 'todas aquellas conductas agresivas dirigidas hacia los demás' (1974, *Revista de psicología general y aplicada*, vols. 126–31, GB) (*agresividad*)
– *heterorrítmico* 'de diferentes ritmos' (1977, *Africa en America Latina*, GB) (*rítmico*)

Como en el caso de *homosexual*, *heterosexual* ha sufrido un acortamiento en la forma genéricamente invariable *hétero* (también *hetero*) '(persona) heterosexual': cf. *como todos los héteros cuando se disfrazan* (2005, G. Chérel, *Los padres de familia*, GB), *no soy ni lesbiana ni hétero* (2002, I. Nes, *Hijas de Adán*, GB), *alguna que otra pareja hétero* (2000, N. Mogrovejo, *Un amor que se atrevió*, GB). *Heteroerótico* 'relativo a la atracción sexual entre personas de diferentes sexos' (1922, *México moderno*, vol. 2, GB) es palabra compuesta con este sustantivo, pues si fuera palabra prefijada significaría 'erótico de distintas maneras'.

No conocemos ningún estudio monográfico dedicado al prefijo *hetero-*.

Hiper-

Prefijo culto que en el vocabulario científico internacional se utiliza con bases adjetivas y sustantivas para indicar cualidades que están en exceso o más allá de lo normal: cf. el adjetivo *hiperactivo* 'que presenta un exceso de actividad' y el sustantivo *hipermetamorfosis* 'metamorfosis que consta de mayor número de fases o mudanzas que la ordinaria'. En la actualidad, *hiper-* también puede funcionar como prefijo aumentativo o intensivo (*hiperempresa* 'empresa muy grande', *hiperromántico* 'excesivamente romántico'). Se remonta a la forma combinatoria helénica ὑπερ- que en griego figura mayoritariamente en compuestos verbales y adjetivos. A su vez ὑπερ- se corresponde con la preposición ὑπέρ, que significa 'por encima de (sin contacto)', 'más allá de', 'pasando por encima') y es cognado de lat. *super*, de significado similar.

Las primeras palabras con *hiper-* comienzan a aparecer en castellano a finales del siglo XV. La primera clase la forman los cultismos latinos de origen helénico,[133] que son generalmente sustantivos:
- *hipérbole* 'exageración' (*ipérbole*, 1427–28, E. de Villena, *Traducción y glosas de la Eneida*, CDH; vars. *hyperbole*, 1492, A. de Nebrija, *Gramática castellana*, CDH; *hipérbole*, 1580, F. de Herrera, *Comentarios a Garcilaso*; cf. *hiperbólico*, 1527–50, B. de las Casas, *Apologética*, CO) (*hyperbolē -ēs* < ὑπερβολή 'exceso'; cf. βάλλω 'tirar, lanzar')
- *hiperbóreo* 'perteneciente al extremo norte' (*-s*, 1434, E. de Villena, *Exposición del soneto de Petrarca*, CDH) (*hyperboreus* < ὑπερβόρειος; cf. βόρειος 'del norte')
- *hipérbaton* 'alteración del orden de palabras' (*hypérbaton*, 1554, F. López de Gómara, *La primera parte de la historia natural de las Indias*, CDH) (*hyperbaton -ī* < ὑπέρβατον ; cf. ὑπερβαίνω 'cruzar por encima, sobrepasar')
- *hipercrítico* 'exageradamente crítico' (1580, F. de Herrera, *Comentarios a Garcilaso*, CO) (lat. tard. *hypercriticus*;[134] cf. ὑπέρκρισις 'crisis adicional'; cf. κρίσις 'juicio')

---

[133] Conner (2015:92) menciona alguno que otro derivado tardío con ὑπερ-, pero afirma que en general *hyper-* no fue nunca muy importante en el léxico del latín clásico y tardío. A juzgar por Du Cange, el prefijo es igualmente raro en latín medieval.
[134] Forma citada por el *Oxford Dictionary of English Etymology* (Onions 1996); cf. fr. *hypercritique* (1638) e ingl. *hypercritical* (1595–1605).

https://doi.org/10.1515/9783111329369-036

En cambio, no interviene el latín en la transmisión del helenismo *hipermetría*:
- *hipermetría* 'figura poética que consiste en dividir una palabra para acabar con su primera parte un verso y empezar otro con la segunda' (1604–1621, B. Jiménez, *Elocuencia española*, CO) (ὑπερμετρία; cf. μέτρον 'medida').

Las primeras palabras no cultas, que aparecen a finales del siglo XIX y al principio del XX, se caracterizan por tener bases castellanas de origen helénico y pertenecer al vocabulario científico, tendencia que continúa hasta la actualidad. Es esta función *hiper-* contrasta con *hipo-*, que señala cantidades insuficientes o por debajo de lo normal. No es, por tanto, sorprendente que en el vocabulario médico los dos prefijos compartan algunas bases: *hiper-/hipocalcemia*, *hiper-/hipofunción*, *hiper-/hipoglucemia*, *hiper-/hipomenorrea* e *hiper-/hipotensión*:
- *hipergeométrico* 'que proporciona el desarrollo en serie de numerosas funciones matemáticas' (*-as*, 1832, C. Vaz, *Tratado elemental de matemáticas*, GB) (*geométrico*)
- *hipermetamorfosis* 'metamorfosis que consta de mayor número de fases o mudanzas que la ordinaria' (1858, *Revista de los progresos de las ciencias*, vol. 8, GB) (*metamorfosis*)
- *hiperelíptico* 'tipo de curva algebraica' (1870–1905, J. Echegaray, *Ciencia popular*, CO) (*elíptico*)
- *hiperfísico* 'que está más allá de lo físico' (1876, *Revista contemporánea*, vol. 5, GB) (*físico*)
- *hiperlógico* 'que está más allá de la lógica' (1910, C. Vaz, *Lógica viva*, CO) (*lógico*)

Entre los primeros derivados híbridos (*hiper-* con una base de origen latino) figuran los siguientes:
- *hipersecreción* 'secreción excesiva' (1848, *Boletín de medicina, cirujía y farmacia*, vol. 3, GB) (*secreción*)
- *hipersólido* 'sólido que ocupa más de tres dimensiones' (1861–65, J. Rey, *Teoría transcendental*, CO) (*sólido*)

El prefijo da muestras de independizarse de la terminología científica a mediados del siglo XIX, y desarrolla la acepción de 'exceso de una cosa o cualidad':
- *hiperromántico* 'excesivamente romántico' (1865, Bizantinus, *Antimenipeas*, GB) (*romántico*)
- *hiperactivo* 'que presenta un exceso de actividad' (1902, *Revista ibero-americana de ciencias médicas*, vol. 7, GB) (*activo*)
- *hiperfemenino* 'que tiene o muestra una femineidad exagerada' (*-a*, 1911, *Nosotros: Revista mensual de letras*, vol. 6, GB) (*femenino*)

- *hiperautocrítica* 'excesiva crítica de sí mismo' (1982, A. Nieto, *Apuntes para una política científica*, GB) (*autocrítica*)

Es notable la función lúdica e intensiva que le da al prefijo Miguel Asturias en 1933 (*El Señor Presidente*, CO) en los hápax *hipersuperhombre* y *super-hiper-ferro-casi-carri-lero*.

Lang (1992:235) y Rodríguez Ponce (2002a:72) llaman la atención sobre la aparición de un número muy limitado de verbos con *hiper-* en el siglo XX:
- *hipercivilizar* 'civilizar excesivamente' (*-adas*, 1917–33, J. Ortega y Gasset, *Artículos*, CO) (*civilizar*)
- *hiperextender* 'extender excesivamente' (1918, *Progresos de la clínica*, vol. 12, GB) (*extender*)
- *hipervalorar* 'valor en exceso del valor real' (*-ación*, 1919, G. Marañón, *Climaterio de la mujer y el hombre*, CO) (*valorar*)
- *hipersensibilizar* 'sensibilizar excesivamente' (*-ada*, 1919, G. Marañón, *Climaterio de la mujer y el hombre*, CO) (*sensibilizar*)

González Domínguez (2010:271–274) comenta dos innovaciones semánticas derivables del sentido de 'por encima de lo normal'. En primer lugar, los vocablos siguientes se refieren al tamaño físico:
- *hiperempresa* 'empresa muy grande' (1950, *Revista jurídica argentina*, vol. 59, GB) (*empresa*)
- *hipermercado* 'gran supermercado' (1976, *Revista de estudios agro-sociales*, vols. 25–26, GB, snippet) (*mercado*)
- *hipertienda* 'tienda extraordinariamente grande' (1996, *Exceso*, vols. 90–93, GB) (*tienda*)

En segundo lugar, *hiper-* se refiere a un nivel de abstracción superior en dos anglicismos referentes a la informática:
- *hipertexto* 'conjunto estructurado de textos y gráficos unidos entre sí por enlaces' (1979, *Revista comunicación*, vols. 1–5, GB) (préstamo del ingl. *hypertext*)
- *hiperenlace* 'enlace electrónico' (1998, G. Moreno, *La liberación del lector*, GB) (calco del ingl. *hyperlink*)

Finalmente, conviene mencionar que *híper* (1981, A. Bryce, *La vida exagerada de Martín Romaña*, CR) se independiza como acortamiento de *hipermercado*, con forma de plural *híper* o *híperes*.

Hiper- forma pareja con el prefijo también helénico *hipo-*, que denota sentidos opuestos a los de *hiper-*, aunque solo en el vocabulario médico: cf. las bases compartidas *calcemia, función, glucemia, menorrea* y *tensión*. *Hiper-* comparte la idea de 'exceso' con *super-* (*superproducción* 'producción excesiva') y *sobre-* (*sobrepoblación* 'población excesiva'). Finalmente, son muchos los prefijos que, como *hiper-*, expresan la intensificación de una cualidad: cf. *archi-* (*archiconocido* 'muy conocido'), *sobre-* (*sobrebendito* 'muy bendito'), *super-* (*superfino* 'muy fino'), *ultra-* (*ultracivilizado*), *re-* (*rebueno* 'muy bueno'), *extra-* (*extrafino* 'muy fino') y *mega-* (*megacorrupto* 'muy corrupto').

Además de los excelentes estudios diacrónicos de Rodríguez Ponce (2002a) y Conner (2016), se ocupan de *hiper-* los estudios sincrónicos de Martín García (1998), Pérez Lagos (1999), Rodríguez Ponce (2002a, 2002b), Stehlík (2009), González Domínguez (2010) y Serrano-Dolader (2015a).

Hipo-

Prefijo que en el vocabulario científico internacional se emplea para indicar una cantidad insuficiente o por debajo de lo normal, en combinación con bases adjetivas (*hipocalórico* 'que contiene o aporta pocas calorías') o sustantivas (*hipotensión* 'tensión excesivamente baja de la sangre'). Raramente tiene sentido espacial (*hipocentro* 'punto subterráneo en que se origina un movimiento sísmico'). En última instancia se remonta al prefijo griego ὑπο-, que denota posición inferior, inferioridad jerárquica y atenuación, en correspondencia con la preposición ὑπό 'debajo de, por debajo de'.[135]

En el vocabulario del latín clásico encuentran acomodo una cuarentena de compuestos helénicos con ὑπο-, escritos ahora *hypo-*. El hecho de que ninguna de estas palabras fuera morfológica o semánticamente transparente explica la falta de productividad propia en latín. Los más comunes de estos helenismos pasan más tarde del latín al castellano a partir del siglo XIV:

- *hipocresía* 'fingimiento de sentimientos contrarios a los verdaderos' (*ipocrisía*, 1230, G. de Berceo, *Vida de San Millán*, CDH; vars. *ypocrisia*, 1250, anón., *Libro de los buenos proverbios*, CDH; *ypocresia*, 1260, anón., *El nuevo Testamento*, CDH) (lat. tard. *hypocrisis -is* < ὑπόκρισις 'interpretación de un actor', 'fingimiento', 'hipocresía'; cf. κρίσις 'juicio')
- *hipoteca* 'derecho que grava bienes materiales' (1356, anón., *Fuero viejo de Castilla*, CO) (lat. *hypothēca* < ὑποθήκη 'fianza'; cf. θήκη 'depósito')
- *hipóstasis* 'consideración de lo abstracto o irreal como algo real' (*ipostasis*, 1437, A. Fernández, *Libro de las paradojas*, CDH) (lat. tard. *hypostasis -is* < ὑπόστασις 'fundamento, base'; cf. στάσις 'colocación')
- *hipótesis* 'suposición de algo posible para sacar una consecuencia' (1589, J. de Pineda, *Diálogos familiares*, CO) (lat. *hypothesis -is* < ὑπόθεσις 'fundamento, supuesto'; cf. θέσις 'colocación')
- *hipotenusa* 'lado opuesto al ángulo recto en un triángulo rectángulo' (1589, C. de Rojas, *Teórica y práctica de fortificación*, CO) (lat. *hypotēnūsa -ae* < ὑποτείνουσα 'hipotenusa, línea que se tiende por debajo [del ángulo recto]'; cf. τείνω 'estirar')

---

[135] En griego antiguo, la partícula ὑπο- se combina preferentemente con verbos y adjetivos y más raramente con sustantivos para indicar posición inferior, tanto espacial (ὑποδέω 'atar por abajo' ← δέω 'atar') como jerárquica (ὑποστράτηγος 'lugarteniente' ← στρατηγός 'general'). El prefijo sirve también para denotar acciones y cualidades atenuadas por debajo de lo que se considera normal (ὑποθερμαίνω 'calentar un poco' ← θερμαίνω 'calentar', ὑπόγλαυκος 'azulado grisáceo' ← γλαυκός 'azul grisáceo', ὑπόμωρος 'algo tonto' ← μωρός 'tonto, tardo').

- *hipocondría* 'afección caracterizada por una preocupación exagerada por la salud' (1615, Tirso de Molina, *Don Gil de las calzas verdes*, CO) (lat. *hypochondria -ōrum* < ὑποχόνδρια 'parte del cuerpo situada bajo el cartílago del esternón'; cf. χόνδρος 'cartílago del esternón')
- *hipocausto* 'sistema de calefacción mediante conductos situados por debajo del pavimento' (1626, R. Caro, *Días geniales o lúdricos*, CO) (lat. *hypocaustum-ī* < ὑπόκαυστον 'calentado con fuego por debajo'; cf. καίω 'encender, quemar')

Al castellano llegó aparentemente sin la mediación del latín la palabra *hipogastrio* 'parte inferior del vientre' (1717, M. Martínez, *Anatomia compendiosa*, GB) (ὑπογάστριον).

En el español actual, el prefijo *hipo-* aparece en vocablos pertenecientes de forma casi exclusiva al vocabulario científico internacional, sobre todo con bases de origen helénico, en las que predomina el sentido espacial original. Son neohelenismos palabras como las siguientes:
- *hipogloso* 'que está debajo de la lengua' (1612, G. Soriano, *Libro de experimentos médicos*, GB) (γλῶσσα 'lengua')
- *hipogénico* 'dicho de una roca, formada en el interior de la tierra' (1853, F. de Luján, *Memoria que comprende el resúmen de los trabajos verificados en el año de 1852*, GB) (γένος 'nacimiento', 'linaje')

Los siguientes son vocablos cuyas bases son palabras independientes en español, todas de origen helénico:
- *hipofaringe* 'parte inferior de la faringe' (1846, R. Domínguez, *Diccionario nacional*, GB) (*faringe*)
- *hipodermis* 'capa conjuntiva que forma parte de la piel' (1846, R. Domínguez, *Diccionario universal francés-español*, GB) (*dermis* 'piel').
- *hipomanía* 'grado leve de la psicosis maníaco-depresiva' (1849, R. Domínguez, *Diccionario nacional*, GB) (*manía*)
- *hipotiroidismo* 'condición patológica por la que el tiroides no produce una cantidad suficiente de las hormonas tiroideas' (1897, *Anales de Círculo Médico Argentino*, vols. 20–21, GB) (*tiroides*)
- *hipogonadismo* 'en los hombres, condición patológica por la que las gónadas no producen una cantidad suficiente de testosterona' (1879, *Anales de la Real Academia Nacional de Medicina*, GB) (*gónada*)
- *hipooxigenado* 'no suficientemente oxigenado' (-s, 1906, J. Rodríguez, *Discurso de recepción*, CO) (*oxigenado*)
- *hipocristalino* '(roca) que contiene cristales y vidrio' (1908, *Diccionario enciclopédico hispano-americano*, vol. 27, GB) (*cristalino*)

Al mismo tiempo que aparecen los primeros derivados del castellano con bases helénicas, se combina *hipo-* en esta lengua con bases de origen latino, siempre en el vocabulario científico:[136]

- *hiposulfito* 'sal derivada del ácido sulfúrico' (1816, *Caras y caretas*, vol. 3, GB) (*sulfito*)
- *hipotensión* 'tensión excesivamente baja de la sangre' (1879, *Anales de la Real Academia Nacional de Medicina*, vol. 87, GB) (*tensión*)
- *hipofunción* 'actividad de un órgano inferior a la normal' (1879, *Anales de la Real Academia Nacional de Medicina*, vol. 87, GB) (*función*)
- *hipoalimentación* 'cantidad de alimentación inferior a la normal o deseada' (1879, *Anales de la Real Academia Nacional de Medicina*, vol. 87, GB) (*alimentación*)
- *hiponutrición* 'cantidad de nutrición inferior a la normal o deseada' (1890, *Mémoires de la Société scientifique Antonio Alzate*, vol. X, GB) (*nutrición*)
- *hiposensible* 'menos sensible que lo esperado' (1916, *Revista veterinaria de España*, vol. 10, GB) (*sensible*)
- *hipocalórico* 'que contiene o aporta pocas calorías' (1931, *Revista de especialidades*, vol. 6, GB) (*calórico*)

Entre los escasos derivados de sentido espacial acuñados a finales del siglo XIX se cuentan:
- *hipotálamo* 'región del encéfalo' (1879, *Anales de la Real Academia Nacional de Medicina,* vol. 87, GB) (*tálamo*)
- *hipocentro* 'punto subterráneo en que se origina un movimiento sísmico' (1887, *Diccionario enciclopédico hispano-americano*, vol. 15, GB) (*centro*)

Dado que la mayoría de las palabras mencionadas se encuadra en el campo de la ciencia, no sorprende que muchas de ellas conozcan una difusión paneuropea, lo que a menudo hace difícil, cuando no imposible, identificar la lengua de origen. Esto sucede en casos como los siguientes:
- cast. *hipotensión* (1879) / fr. *hypotension* (1864) / ingl. *hypotension* (1872)
- cast. *hiposulfito* (1816) / fr. *hyposulfite* (1843) / ingl. *hyposulphite* (1819)
- cast. *hipotiroidismo* (1879) / fr. *hypothyroïdisme* (1896) / ingl. *hypothyroidism* (1873)

---

[136] Du Cange registra el hecho de que en el latín tardío se crean dos derivados con *hypo-* que se corresponden con las dos acepciones antes señaladas de 'posición inferior', tanto espacial como jerárquica: *hypocamisium* 'prenda que se lleva bajo la camisa' (*camisium*, más comúnmente *camisia* 'camisa'), *ypodecanus* (sic) 'subdecanus' (*decānus* 'decano'); cf. también *hypodiaconus* 'subdiácono' (ὑποδιάκονος 'subsirviente').

Es obvio que el inglés desempeña un papel importante en la productividad del prefijo, y es significativo a este respecto que dos vocablos con el prefijo *hipo-* se identifiquen en Corominas como anglicismos:
- *hipoclorito* 'sal de ácido hipocloroso con un metal' (1840, E. Soubeiran, *Tratado de farmacia*, GB) (ingl. *hypochlorite*, 1840–50 < ingl. *chlorite* 'clorita')
- *hipovolemia* 'disminución de la cantidad normal de sangre' (1934, *Actas y trabajos del Quinto Congreso Nacional de Medicina*, Argentina, vol. 3, GB) (ingl. *hypovolemia*, 1920, haplología de *volume* 'volumen' + *-emia* '-emia', pero cf. fr. *hypovolémie* [1893])

Etimológicamente *hipo-* se opone a *hiper-*, que tiene la función de denotar cantidades y cualidades superiores a lo normal, lo cual explica que en el vocabulario médico los dos prefijos se puedan combinar con una misma base, con sentidos antitéticos: cf. *hiper-/hipocalcemia*, *hiper-/hipofunción*, *hiper-/hipoglucemia*, *hiper-/hipomenorrea* e *hiper-/hipotensión*.

Del prefijo *hipo-* en castellano se han ocupado Pérez Lagos (1999), Montero Curiel (2001b), Rodríguez Ponce (2002), González Domínguez (2010) y Serrano-Dolader (2015a).

Conviene mencionar otro grupo de palabras con *hipo-*, que, aun siendo helenismos, obviamente no tienen nada que ver con nuestro prefijo, sino con el sustantivo ἵππος 'caballo': cf. *hipódromo* 'lugar destinado para carreras de caballos' (ἱππόδρομος 'pista para carreras de carros'), *hipopótamo* 'mamífero de los ríos de Africa' (ἱπποπόταμος lit., 'caballo de río'), *hipocentauro* 'centauro' (ἱπποκένταυρος), *hipocampo* 'caballito de mar' (ἱππόκαμπος 'monstruo de cuerpo de caballo y cola de pez'). Son neohelenismos referentes a caballos *hipofagia* 'costumbre de comer carne de caballo' (inf. aor. φαγεῖν 'comer'), *hipogrifo* 'animal fabuloso, mitad caballo y mitad grifo' (ital. *ippogrifo* [γρύψ 'grifo, animal fabuloso']), *hipología* 'estudio general del caballo' (λόγος 'palabra', 'discurso') e *hipotecnia* 'estudio de la cría, mejora y explotación del caballo' (τέχνη 'oficio, destreza').

Homo-

Prefijo calificativo que se utiliza casi exclusivamente en el léxico científico para indicar igualdad de cosas, condiciones o cualidades compartidas, siempre con bases sustantivas (*homoinjerto* 'injerto procedente de un individuo de la misma especie') o adjetivas (*homotípico* 'del mismo tipo botánico'). Se remonta al elemento combinatorio helénico ὁμο- correspondiente al sustantivo griego ὁμός (luego ὁμοῖος) 'igual'.[137]

Se transmite al castellano a través del latín del período clásico el vocablo siguiente:
- *homonimia* 'condición de homónimo' (1602, P. de Siria, *Arte de la verdadera navegación*, GB) (lat. *homonymia* < ὁμωνυμία; cf. ὄνομα, dial. ὄνυμα 'nombre')
  - *homónimo* 'palabra que se escribe igual, pero tiene otro significado' (1660, C. Oudin, *Tesoro de las dos lenguas española y francesa*, GB; var. *omónimos*, 1450, anón., *Las etimologías romanceadas de San Isidoro*, CO) (*homonymus* < ὁμώνυμος)

Dos palabras más tienen étimos atestiguados en latín medieval:
- *homólogo* 'correspondiente o equivalente' (*omogalado*, 1455, anón., *Demanda*, archivo municipal de Salvatierra, CO; var. *homólogo*, 1802–05, F. de Azara, *Apuntamientos para la historia*, CO; cf. *omogalado* 'equiparado', 1455, anón., *Demanda*, archivo municipal de Salvatierra, CO) (lat. med. *homologus* < ὁμόλογος 'acorde, correspondiente'; cf. λόγος 'palabra', 'discurso')
- *homogéneo* 'perteneciente a un mismo género' (*homogeneos*, 1445, L. de Barrientos, *Tratado del dormir*, CO) (lat. med. *homogeneus* < ὁμογενής; cf. γένος 'nacimiento, linaje').

Se suman a estos los helenismos que encuentran acomodo en castellano sin la mediación del latín:
- *omodoxia* 'unidad de creencia' (1444–55, El Tostado, *Libro de amor*, CO) (ὁμοδοξία 'unanimidad', 'de la misma escuela'; cf. δόξα 'opinión')
- *homofonía* 'cualidad de homófono' (1783, *Disertaciones de la Academia Real de las inscripciones*, GB) (ὁμοφωνία; cf. φωνή 'voz')

---

[137] Esta base se combina con sustantivos para formar primordialmente adjetivos: cf. ὁμόβιος 'de vida idéntica' (βίος 'vida humana'), ὁμόγραμμος 'de las mismas letras' (γράμμα 'letra'), ὁμώνυμος 'con el mismo nombre' (ὄνυμα 'nombre'). Figura también en sustantivos (cf. ὁμογάλακτες 'hermanastros, de la misma leche', cf. γάλα, γάλακτος 'leche').

https://doi.org/10.1515/9783111329369-038

- *homófono* 'palabra que se pronuncia igual pero tiene otro significado'(1856, V. Salvá, *Nuevo diccionario francés-español*, GB) (ὁμόφωνος)
- *homógamo* 'casado con la misma mujer' (1845, R. Domínguez, *Diccionario universal francés-español*, GB) (ὁμόγαμος; cf. γάμος 'matrimonio, boda')
- *homógrafo* 'escrito de la misma manera' (1860, J. Caballero, *Diccionario general de la lengua castellana*, GB) (ὁμόγραφος 'escrito de la misma manera'; cf. γράφω 'escribir')

Los neohelenismos son comunes y pertenecen igual que los derivados al campo de la terminología científica:
- *homostasis* 'conjunto de fenómenos de regulación en un organismo' (1968, J. Camprubi, *La cibernética*, CO) (στάσις 'posición, estabilidad')[138]
- *homotermia* 'capacidad de regulación metabólica para mantener la temperatura' (1908, *Diccionario enciclopédico hispano-americano*, GB) (θερμός 'caliente')
- *homosfera*; var. *homósfera* 'conjunto formado por las tres capas atmosféricas más cercanas a la superficie terrestre' (1946, *Publicaciones del Observatorio del Ebro*, GB) (σφαῖρα 'esfera').

En cambio, son relativamente escasos los vocablos no cultos con *homo-*. Registramos únicamente los siguientes:
- *homocéntrico* 'con el mismo centro'[139] (1660, J. de Figueroa, *Opúsculo de astronomía*, GB) (*céntrico*)
- *homotípico* 'del mismo tipo botánico' (1870–91, J. Calleja, *Compendio de anatomía*, CO) (*típico*)
- *homosexual* 'que siente atracción sexual hacia individuos de su mismo sexo' (1883, E. Rodríguez, *Apuntes diversos*, CO) (*sexual*)
- *homocromático* 'del mismo color' (1912, S. Ramón, *La fotografía*, CO) (*cromático*)
- *homoinjerto* 'injerto procedente de un individuo de la misma especie'[140] (1916, *Segundo Congreso Científico Panamericano*, *Acta final*, GB) (*injerto*)

---

138 Existen las variantes *homeostasis* (1879, *Anales de la Real Academia Nacional de Medicina*, GB) y *homeotermia* (1908, *Revista del centro estudiantes medicina*, vol. 8, GB), basadas en el adjetivo ὅμοιος 'igual'.
139 Rainer (2015:1588) cita un derivado híbrido *homocentricus* en el llamado neolatín, palabra que aparece en 1689 (P. Melanchthon, *Grammatica latina*, GB).
140 Obviamente la frontera entre neohelenismos y derivados es borrosa, dado que las bases *típico* y *cromático* son de origen griego.

La historia de *homo-* presenta dos peculiaridades. La primera es la homofonía con la palabra latina *homo* (gen. *hominis*) 'ser humano', 'hombre'. Esta palabra figura en expresiones latinas que siguen siendo corrientes en español:[141]
– *homo sapiens* 'hombre sabio, nombre científico del género humano'
– *homo erectus* 'hombre erguido, anterior al *homo sapiens*'
– *homo sacer* 'hombre maldito'
– *homo faber* 'hombre artesano'

La segunda peculiaridad surge del hecho de que en época reciente la palabra *homosexual* haya sufrido un acortamiento cuyo resultado, *homo*, se usa como elemento inicial de algunos compuestos:[142]
– *homoerótico* 'relativo a la atracción sexual entre personas del mismo sexo' (1989, *El País*, 02.10, CR)
– *homofobia* 'aversión hacia la homosexualidad o las personas homosexuales' (1996, J. Évora, *Tomás Gutiérrez Alea*, CR)
– *homoparental* '(familia) formada por dos personas del mismo sexo y los hijos' (2004, *Diario Málaga-Costa del Sol*, 22.01, GB)

En el léxico científico, *homo-* funciona como prefijo opuesto a *hetero-* 'otro', 'distinto', también de origen helénico: cf. los pares de antónimos *homo-/heterosexual*, *homo-/heterogéneo*, *homo-/heterocromático*.

No conocemos ningún estudio monográfico dedicado al prefijo *homo-*.

---

141 En BOBNEO se registran neologismos parecidos a estas palabras latinas, tales como *homo digitalis* 'el hombre en la edad digital', *homo economicus* 'el hombre como participante en la economía'.
142 Según el DEA, el acortamiento también funciona como adjetivo invariable con el sentido de 'homosexual': *tendencias homo*.

In-₁

Prefijo culto de sentido espacial que corresponde a la preposición y prefijo latino *in* 'dentro de, adentro de'. Como su homólogo patrimonial *en-* (q.v.), significa 'adentro de' (con desplazamiento real o figurado) en derivados con bases verbales (*incromado* 'cementación de los metales por medio del cromo' ← *cromar*) y en derivados parasintéticos con base adjetiva (*intoxicar* 'envenenar' ← *tóxico*) o sustantiva (*inclaustrar* 'enclaustrar, encerrar en un claustro' ← *claustro*). *In-*₁ figura como componente de un centenar de latinismos y una docena de derivados castellanos.

El prefijo *in-*₁ presenta tres particularidades importantes. Primero, en latín el prefijo tenía distintos alomorfos cuya distribución está determinada por las asimilaciones vigentes en aquella época, pero que se reflejan en la morfofonología del español.

La forma básica *in* se manifiesta ante vocal:
- *in-* + *eō, īre* 'ir' > *ineō -īre* 'entrar'

Hay asimilación total ante las líquidas /r/ y /l/:
- *in-* + *radiō -āre* 'despedir rayos' > *irradiō -āre* 'irradiar'[143]
- *in-* + *lūminō -āre* > *illūminō -āre* 'iluminar'

Ante las otras consonantes hay asimilación en el punto de articulación, que se refleja en la grafía en el caso de las labiales:
- *in-* + *bibō -ere* > *imbibō -ere* 'embeber', *in-* + *misceo -ere* > *immisceo -ere* 'entremezclar', *in -*+ *portō -āre* > *importō -āre* 'importar'

Se mantiene la grafía *in-* ante las otras letras: cf. *in-* + *nātus* 'nacido' > *innātus* 'innato, congénito'; *in-* + *ferō* > *inferō* 'llevar dentro' (probablemente [iɱf]); *in-* + *senescō* > *insenescō* 'entrar en la vejez'; *in-* + *tendō* > *intendō* 'tender en una dirección'; *in-* + *gradior* > *ingredior* 'ingresar' ([iŋg]).

No hay ejemplos de este prefijo ante *l* o *r* iniciales entre los derivados castellanos (*iluminar* e *irradiar* son latinismos). La asimilación ante *b* y *p* iniciales continúa reflejándose en la ortografía: *importar*, *imbuir*.[144] En cambio, se ha restaurado la grafía *in-* ante *m* pese a que la pronunciación [imm] es común salvo en el estilo cuidado: *inmigrar* (lat. *immigrō -āre* 'penetrar [en un territorio]').

---

[143] Hay ocasionales vulgarismos con reposición del prefijo in- ante r- como *inrumpir, inrupción* por los correctos *irrumpir, irrupción*

[144] Aunque no se refleja ante la letra *v*: cf. *invadir, invocar*, pronunciados [imb]).

La segunda peculiaridad que atañe a este prefijo es la existencia de un prefijo homónimo, designado en esta obra como *in-*₂. Este prefijo, también culto y de origen latino, pero de sentido negativo en vez de espacial, es más productivo que *in-*₁ en castellano. In-₂ sigue las mismas pautas fonéticas y ortográficas que *in-*₁.

Finalmente, constatamos como tercera particularidad la relación de doblete de *in-*₁ con el prefijo patrimonial *en-*, relación que se manifiesta en fluctuaciones como *infeudar/enfeudar*, *inclaustrar/enclaustrar*, *incorporar/encorporar*, *intubar/entubar* e *inflamar/enflamar*.

La siguiente selección de latinismos con *in-*₁ demuestra el amplísimo periodo temporal a lo largo del cual han ido incorporándose al léxico castellano. En latín forman varios grupos morfológicos:

Sustantivos con base nominal
- *insignia* 'distintivo que denota categoría' (1376–96, J. Fernández, *Traducción de la Historia contra paganos*, CO) (neutro plural de *insignis -e* 'que lleva un distintivo' < *signum -ī* 'marca, señal')

Sustantivos con base verbal
- *intento* 'propósito' (1251, anón., *Calila e Dimna*, CO) (*intentus* 'atento' < part. pas. de *intendō -ere* 'tender hacia' ← *tendō -ere* 'tender', 'extender')
- *impuesto* 'tributo' (-s, 1255, anón., *Exención de impuestos*, CO) (*impositus*, part. pas. de *impōnō -ere* ← *pōnō -ere* 'poner')
- *intumescencia* 'hinchazón' (1675, *Tesoro de las dos lenguas española y francesa*, GB) (*intumescō -ere* 'henchirse' ← *tumescō -ere* ← *tumeō -ere* 'hincharse')
- *impacto* 'choque' (1694, D. de Robledo, *Compendio cirúrgico*, GB) (*impactum*, part. pas. de *impingō -ere* 'chocar, arrojar contra' ← *pangō -ere* 'insertar')

Verbos derivados de verbos
- *importar* 'introducir en un país' (*-able*, 1377–99, J. Fernández, *Traducción de Breviarium ab urbe*, CO) (*importō -āre* ← *portō -āre* 'llevar')
- *inscribir* 'grabar letreros en metal' (*inscrito*, 1485–88, Anón., *Documentación medieval abulense en el Registro General del Sello*, CDH; var. *inscrir*, 1472–92, anón., *Documentación medieval*, CO) (*inscrībō -ere, -ptum* ← *scrībō -īre* 'escribir')
- *invertir* 'cambiar por sus contrarios' (*-ida*, 1542, R. Díaz, *Tratado llamado Fruto de todos*, CO) (*invertō -ere* ← *vertō -ere* 'verter, hacer girar')
- *incubar* 'empollar' (*-a*, 1738–52, D. de Torres, *Anatomía de todo lo visible*, CO) (*incubō -āre* 'sentarse, reclinarse sobre' ← *cubō -āre* 'tumbarse')

- *inmigrar* 'llegar a un país extranjero para radicarse en él' (*-ción*, 1830, J. Páez, *Decreto de reorganización*, CO) (*immigrō -āre* ← *migrō -āre* 'mudarse de casa')
- *inhalar* 'aspirar' (*-ación*, 1832, V. de Peña, *Tratado general de carnes*, CO) (*inhālō -āre* ← *hālō -āre* 'soplar', 'exhalar [un olor]')

Verbos derivados de verbos con base sustantiva
- *iluminar* 'alumbrar' (*illuminado*, 1250, anón., *Libro de los buenos proverbios que dijeron los filósofos y sabios antiguos*, CDH) (*illūminō -āre* ← *lūminō -āre* < *lūmen -inis* 'luz')
- *inflamar* 'acalorar' 'encender' (*-acion*, 1321, anón., *Documento*, CO; var. *enflamado*, 1250, Alfonso X, *Lapidario*, CDH) (*inflammō -āre* ← *flammō -āre* < *flamma -ae* 'llama')
- *inaugurar* 'dar principio' (*-é*, 1400, P. López, *Traducción de las Décadas de Tito Livio*, CO] (*inaugurō -āre* 'consultar los augurios', 'consagrar un lugar' ← lat. tard. *augurō -āre* < *augur -uris* 'augur')
- *incorporar* 'unir una cosa a otra' (*-a*, 1400–1500, anón., *Traducción del Compendio de la humana salud*, CO; var. *encorporase*, 1250, Alfonso X, *Lapidario*, CDH) (lat. tard. *incorporō -āre* ← *corporō -āre* 'dar un cuerpo' < *corpus -oris* 'cuerpo')
- *inculcar* 'repetir con empeño' (*-as*, 1500, anón., *Comedia Thebayda*, CDH) (*inculcō -āre* 'imprimir' ← *calcō -āre* 'pisotear', 'recorrer un camino' < *calx -cis* 'talón del pie')
- *irradiar* 'despedir rayos de energía' (*-iante*, 1550–1600, F. de Figueroa, *Poesía*, CO) (*irradiō -āre* 'iluminar' ← *radiō -āre* < *radius -ī* 'rayo')
- *inseminar* 'hacer llegar el sémen al óvulo' (1947, N. R. Santolalla, *Informaciones y Memorias*, CDH) (*insēminō -āre* ← *sēminō -āre* 'sembrar' < *sēmen -inis* 'semilla')

Igual que los latinismos, los derivados castellanos se reparten a lo largo de muchos siglos, desde el siglo XIII hasta el XX y muestran particularidades en todos los niveles de análisis. Desde la perspectiva fonética, destaca la ausencia de derivados castellanos con *in-₁* que comiencen por *im-*, *i(l)-* o *ir(r)-*, a pesar de ser muy comunes en el caso de *in-₂*: cf. *imbebible, ilegible, irrecuperable*. En cuanto a la semántica de los derivados castellanos con *in-₁*, son notables las concentraciones de palabras en el campo de la religión (*indoctrinar, inclaustrar, impanación*) y de la medicina (*implantar, intoxicar, insalivar, intubar*). Finalmente, en lo morfológico destaca el hecho de que todos los derivados sean verbos denominativos o derivados de los mismos, incluyendo dos de base adjetiva (*intoxicar, intimidar*). Entre éstos notamos además que son más comunes los derivados parasintéticos que los no parasintéticos, entre los que apenas se cuentan *intitular, implantar, indoctrinar, insalivar* e

incromar. Como el primer testimonio de *filtrar* es de 1587 (*filtrando*, F. de Mena, *Traducción de la Historia etiópica*, CO), siglo y medio después de la aparición de *infiltrar*, este verbo también debe clasificarse como parasintético:
- *intitular* 'poner título a un escrito' (1250, anón., *Vidal Mayor*, CO) (*titular*, 1256–63, Alfonso X, *Primera partida*, CO < *título*)
- *indoctrinar* 'inculcar a alguien determinadas ideas' (*-able*, 1494, anón., *Traducción del Tratado de la Phisonomía*, CO) (*doctrinar* < *doctrina*)
- *implantar* 'plantar, encajar, injertar' (*-an*, 1498, anón., *Traducción del Tratado de cirugía*, CO) (*plantar* < *planta*)
- *infiltrar* 'introducir suavemente un líquido entre los poros de un sólido' (*-ado*, 1498, anón., *Traducción del Tratado de cirugía*, CO) (*filtro*)
- *infeudar* 'enfeudar, dar en feudo un reino' (*-ó*, 1535, J. Zurita, *Anales de la corona de Aragón*, CO) (*feudo*)
- *inclaustrar* 'enclaustrar, encerrar en un claustro' (1725, Sor Juana Inés de la Cruz, *Obras*, vol. 2, GB) (*claustro*)
- *intoxicar* 'envenenar' (*-ada*, 1751, anón., *Traducción de la Imagen de la vida cristiana*, CO; var. *entoxicada*, 1528, A. de Guevara, *Libro áureo de Marco Aurelio*, CDH) (*tóxico*)
- *impanación* 'doctrina de los luteranos que sostienen que la substancia del pan no se halla destruida en el sacramento de la eucaristía' (1777, M. Bergier, *El deísmo refutado por sí mismo*, GB) (*pan*)
- *invaginar* 'doblar hacia dentro los bordes de una vaina, de un tubo' (*-a*, 1821, S. Authenac, *Manual médico-quirúrgico*, GB) (*vagina*)
- *insalivar* 'mezclar los alimentos con la saliva' (1836, F. Juanich, *Tratado elemental de materia médica*, GB) (*salivar* < *saliva*)
- *intubar* 'introducir un tubo en un conducto del organismo' (*-ación*, 1894, *El siglo médico*, vol. 41, GB) (*tubo*)
- *incromado* 'cementación de los metales por medio del cromo' (1997, *Diccionario politécnico de las lenguas española e inglesa*, GB) (*cromar* < *cromo*)

Es neolatinismo *insacular* 'poner en un saco, urna u otro recipiente para un sorteo o voto' (1429–58, anón., *Modificaciones y corroboraciones*, CO), pues combina *in-* con el lat. *sacculus -ī* 'saquito'. También hay un grupo de aparentes derivados que, en realidad, se han creado sobre otras formas prefijadas:
- *infijo* 'afijo que se intercala en el interior de la raíz de una palabra' (1877, J. Cortina, *Revista de Cuba*, vol. 1, GB) (*in-* + la base de *afijo, sufijo, prefijo* procedente del lat. *fixus* 'fijo')

- *implosivo* '(consonante) que se encuentra después de la vocal o núcleo silábico' (1894, F. Araujo, *Estudios de fonética kastełana*, GB) (*in-* + la base de *explosivo* < lat. *explōdō -ere -sum*).

A diferencia de su homónimo negativo *in-*$_2$, el prefijo *in-*$_1$ ha despertado poco interés entre los estudiosos. Fuera de los análisis breves en los estudios de conjunto, conocemos únicamente el estudio monográfico de Gibert Sotelo (2017).

In-₂

Prefijo castellano que en sus muy numerosos derivados adjetivos suele expresar negación (*inmortal* 'no mortal'). En esta función coincide con su étimo latino *in-*, que tiene el mismo valor (*incoctus* 'no cocido, crudo' ← *coctus* 'cocido'). Sin embargo, mientras que en latín este prefijo está restringido a la derivación adjetiva,[145] en castellano se combina con bases sustantivas y verbales desde el inicio de su período productivo en el siglo XV. Con bases sustantivas expresa carencia (*inadvertencia* 'falta de advertencia'), mientras que los derivados verbales expresan negación (*incumplir* 'no cumplir') o privación (*incapacitar* 'privar de una capacidad'). Etimológicamente está emparentado el lat. *in-* con su cognado y homónimo griego ἀ(ν)- > cast. *a(n)-*.

El prefijo *in-*₂ presenta tres particularidades importantes. En primer lugar, en latín el prefijo tiene distintos alomorfos cuya distribución estaba determinada por las asimilaciones vigentes en aquella época como tuvimos ocasión de señalar a propósito de *in-*₁.

La forma básica *in* se manifiesta ante vocal:
– *in* + *aptus* > *ineptus* 'inepto'

Hay asimilación total ante las líquidas /r/ y /l/:
– *in-* + *rāsus* > *irrāsus* 'no afeitado'
– *in-* + *licitus* > *illicitus* 'prohibido'

Ante las otras consonantes hay asimilación en el punto de articulación, que se refleja en la grafía en el caso de las labiales:
– *in-* + *barba* + *-is* > *imberbis* 'sin barba',
– *in-* + *modestus* > *immodestus* 'inmodesto'
– *in-* + *perfectus* > *imperfectus* 'imperfecto'

Se mantiene la grafía *in-* antre las otras letras:
– *in-* + *frequens -ntis* > *infrequens -ntis* 'infrecuente' (probablemente [iɱ-])
– *in-* + *hūmānus* > *inhūmānus* 'inhumano'
– *in-* + *narrābilis* > *innarrābilis* 'inenarrable'
– *in-* + *sānus* > *insānus* 'loco'
– *in-* + *doctus* > *indoctus* 'no instruido'
– *in-* + *cīvīlis* > *incīvīlis* 'brutal' ([iŋk])

---

[145] En latín la derivación de sustantivos y verbos con *in-* suele ser secundaria a partir de adjetivos: cf. *inscientia* 'ignorancia' (*insciens* 'ignorante'), *inquiētō -āre* 'inquietar' (*inquiētus*, no del lat. tard. *quiētō -āre* 'calmar').

Estos fenómenos tienen continuidad en la pronunciación y/o en la ortografía de *in-*₂ en el español actual, con dos diferencias: *ill-* se simplifica en *il-* (*in-* + *lógico* → *ilógico*)[146]; *in-* + *m-* no se asimila en la escritura, aunque sí en el habla común (*in-* + *modesto* > *inmodesto*).[147]

La segunda particularidad es la existencia de un prefijo homónimo, designado en esta obra como *in-*₁. Este prefijo, también de origen latino, pero de sentido espacial en vez de negativo/privativo, es mucho menos productivo que *in-*₂ en castellano.

La tercera particularidad que atañe a este prefijo es que, a diferencia de lo que sucede *in-*₁, apenas existen formas con la variante patrimonial *en-*. De hecho, conocemos únicamente los siguientes ejemplos opacos:

- *enemigo* 'persona que tiene mala voluntad a otra' (1129, anón., *Fueros de Medinaceli*, CO) (*inimīcus -ī* ← *in-* + *amicus -ī* 'amigo')
    - cast. med. *enamiztad* 'enemistad' (1179–84, anón., *Fuero de Uclés*, CO) (lat. vg. *inamicitas -atis*)
- *enfermo* 'que padece enfermedad' (1194, anón., *Liber Regum*, CDH) (*infirmus* 'débil') (*firmus* 'fuerte')

Es más transparente el caso del cast. med. *enfortunado* 'desafortunado, infeliz' (1254–60, anón., *Judizios de las estrellas*, CO) (*infortūnātus*).[148]

Ya en los más antiguos textos castellanos se registran numerosos latinismos con *in-* negativo. Nótese que la mayoría de éstos siguen siendo etimológicamente transparentes en la actualidad (con las excepciones *impertinente*, *indiferente*, *inefable*):

- *impío* 'no pío' (*impio*, 1200, Almerich, *La fazienda de Ultra Mar*, CO) (*impius*)
- *inmortal* 'no mortal' (1250, anón., *Bocados de Oro*, CO) (*immortālis*)
- *imposible* 'no posible' (*jnposyble*, 1293, anón., *Castigos*, CDH; var. *-s*, anón., *Primer intento de matrimonio de Alfonso XI*, CDH) (*impossibĭlis*)
- *inmoderado* 'no moderado' (*-s*, 1350, anón., *Fueros aragoneses*, CO) (*immoderātus*)

---

[146] Esto implica que, junto con *in-* e *im-*, *in-*₂ tiene un alomorfo *i-* que precede a *l* y *r* (esta última debidamente geminada para reflejar la cualidad de vibrante múltiple). Nótese, de todos modos, el vulgarismo *inrompible* por el correcto *irrompible*, con reposición analógica del prefijo *in-*.

[147] Nótese que el uso de *im-* ante *p* y *b* no pasa de ser una convención ortográfica puesto que la regla no se aplica a las palabras que comienzan con /b/ si se escribe con la letra *v*: cf. *invicto*, *invariable*.

[148] *Enfortunado* parece ser negativo en este pasaje: *o quemado o enfortunado de planeta que non lo recibe & la luna otro tal en alguno destos malos estados*. Sin embargo, en otro texto (1758, J. de Isla, *Historia del famoso predicador Fray Gerundio*, CO) parece ser derivado de *in-*₁ con el sentido 'afortunado': *más enfortunado había sido entoadía en dar un un maestro como el dómine con quien le dejaba, porque era un latino de todos los diantres y que todos los teatinos de Vallagarcía juntos no llegaban al zancajo de su sabiduría*.

- *inhumano* 'cruel' (*-s*, 1376–96, J. Fernández, *Traducción de la Historia contra paganos*, CO) (*inhūmānus*)
- *incierto* 'no cierto' 'dudoso' (1376–96, J Fernandez, *Libro de actoridades*, CO) (*incertus*)
- *impertinente* 'que no viene al caso o que molesta' (*-s*, 1407, D. de Valencia, *Fragmento*, CDH) (*impertinens -ntis* 'no pertinente')
- *insensible* 'incapaz de experimentar sensaciones' (*jnsensibles*, 1400, anón., *Traducción del Soberano*, CDH; var. *insensible*, 1423, E. Villena, *Arte Cisoria*, CO) (*insensibilis*)
- *indiferente* 'que no importa que sea de una u otra forma' 'que no despierta interés' (*-mente*, 1423, E. de Villena, *Arte Cisoria*, CO) (*indifferens -ntis* 'ni bueno y malo')
- *ilegítimo* 'no legítimo' (*inlegitimo*, 1425–50, J. Rodríguez, *Bursario*, CDH; var. *ilegítimo*, 1519, G. Fernández de Oviedo, *Libro de Don Claribalte*, CDH) (*illēgitimus*)
- *inefable* 'que no se puede explicar con palabras' (1430–60, *Cancionero castellano de París*, CO) (*ineffabilis*)
- *infeliz* 'no feliz' (*infelix*, 1422–1433, M. A. de Guadalfajara, *Traducción y glosas de la Biblia de Alba*, CDH; var. *infeliçe*, 1424–1520, anón., *Cancionero de Juan Fernández de Íxar*, CDH; var. *-ces*, 1490, A. de Palencia, *Universal vocabulario*, CO) (*infēlix -īcis*)
- *irracional* 'no racional' (1482, anón., *Esopete ystoriado*, CO) (*irratiōnālis*)
- *incómodo* 'no cómodo' (1492, anón., *Elogio a los Reyes Católicos*, CO) (*incommodus*)
- *indecente* 'no decente o modesto' (1499, R. Fernández, *Vocabulario eclesiástico*, CO) (*indecens -ntis*)
- *innarrable* 'que no se puede narrar' (*inenarrable*, 1508, F. de Ávila, *La vida y la muerte*, CDH; var. *innarrable*, 1535–57, G. Fernández, *Historia general y natural de las Indias*, CO) (*innarrābilis*)[149]

La productividad castellana con *in-₂* arranca en el siglo XIV con adjetivos que expresan negación.[150] En la segunda mitad de este siglo aparecen por primera vez un

---

[149] Ver Stotz (2000:409–411) para el desarrollo de este prefijo en latín medieval.
[150] Los primeros derivados con *ir(r)-* no aparecen hasta el siglo XVIII: *irreal* 'no real' (1647, Theresa de Jesus, *Avisos esprirtuales*, GB), *irrebatible* 'que no se puede rebatir o refutar' (1742, I. de Luzán, *Defensa de España*, CO), *irreflexivo* 'que no reflexiona' (*-a*, 1784, A. de Jáuregui, *Relación que hace el Excelentísimo señor*, CO), *irrealizable* 'que no se puede realizar' (1834, M. de Larra, *El doncel de don Enrique*, CO).

verbo (*inhabilitar*) y dos sustantivos[151] (*inadvertencia* e *invirtud*) que expresan privación:
- *inmovible* 'que no puede ser movido' (*jnmouible*, 1379–1384, J. Fernández de Heredia, *Traduccción de Vidas paralelas de Plutarco*, III, CDH) (*movible*)
- *incapaz* 'falto de talento' (*incapaçes*, 1449, anón., *Traslado de la sentencia*, CDH) (*capaz*)
- *invariable* 'no variable' (-s, 1423, E. de Villena, *Arte Cisoria*, CO) (*variable*)
- *inadvertencia* 'falta de advertencia' (-çia, 1427–28, E. de Villena, *Traducción y glosas de la Eneida*, CO) (*advertencia*)
- *incomportable* 'no tolerable' (1469–76, anón., *Crónica incompleta de los Reyes Católicos*, CO) (*comportable*)
- *ilegal* 'no legal' (1470, anón., *Provisión de Enrique IV*, CO) (*legal*)
- *invirtud* 'falta de virtud' (1474–1500, A. de Villalpando, *Razonamiento de las Reales Armas*, CO) (*virtud*)
- *inacabado* 'no acabado' (-a, 1474–1500, A. de Villalpando, *Razonamiento de las Reales Armas*, CO) (*acabado*)
- *incompartible* 'no compartible' (-s, 1483, anón., *Instrucciones a Gonzalo Beteta*, CO) (*compartible*)
- *inalterable* 'no alterable' (1494, V. de Burgos, *Traducción de El Libro de Propietatibus*, CO) (*alterable*)

Contamos 11 derivados más en el siglo XVI, que manifiestan las mismas tendencias gramaticales y semánticas. Nótese que ya es posible la derivación verbal sobre bases verbales (*ilegitimar* ← *legitimar*), pues la derivación sobre bases adjetivas ya provistas del prefijo (*inmortalizar* ← *inmortal*) es secundaria:[152]
- *incansable* 'que no se cansa' (-s, 1500, anón., *Strategematon de Sexto Julio*, CO) (*cansable*)
- *infundado* 'no fundado' (-as, 1509, anón., *Sucesos del año 1509*, CO) (*fundado*)
- *indecible* 'que no se puede decir o explicar' (-s, 1516, B. de las Casas, *Memorial sobre remedio de las Indias*, CO) (*decible*)

---

151 No se registran aquí los muy numerosos sustantivos derivados de forma secundaria de adjetivos con *in-₂*: cf. *imparcialidad* (*imparcial*), *incompetencia* (*incompetente*), *ineficacia* (*ineficaz*), *inmoralidad* (*inmoral*).

152 Otros ejemplos de derivación verbal secundaria: *inutilizar* 'hacer inútil' (-aron, 1619, L. Cabrera, *Historia de Felipe II*, CO) (*inútil*), *impacientar* 'hacer impaciente' (1754, J. Delgado, *Historia general sacro-profana*, CO) (*impaciente*), *inmovilizar* 'hacer que algo quede inmóvil' (-iza, 1845–74, D. Sarmiento, *Facundo*, CO) (*inmóvil*), *incapacitar* 'declarar a alguien incapaz legalmente' (1841–1843, N. Díaz, *Artículos*, CO) (*incapaz*).

- *insufrible* 'muy difícil de sufrir' (1521–43, A. de Guevara, *Epístolas familiares*, CO) (*sufrible*)
- *incertidumbre* 'falta de certidumbre' (1522, M. Transilvano, *Relación escrita por M. Transilvano*, CO) (*certidumbre*)
- *inexperiencia* 'falta de experiencia' (1527–50, B. de las Casas, *Apologética*, CO) (*experiencia*)
- *inconversable* 'intratable, de trato difícil' (1527–61, B. de las Casas, *Historia de las Indias*, CO) (*conversable*)
- *inagotable* 'que no se puede agotar' (-s, 1535–57, G. Fernández, *Historia general y natural*, CO) (*agotable*)
- *Iletrado* 'no letrado' (-s, 1552, A. de Torquemada, *Manual de escribientes*, CO) (*letrado*)
- *innecesidad* 'falta de necesidad' (1560–81, Santa Teresa de Jesús, *Relaciones espirituales*, CO) (*necesidad*)
- *ilegitimar* 'privar a alguien de legitimidad' (1588, P. de Ribadeneyra, *Historia ecclesiastica*, GB) (*legitimar*)[153]

En época moderna *in-₂* ha cobrado una productividad enorme en su función adjetiva, tan enorme que no es posible registrar los innumerables derivados aquí. Sin embargo, esta productividad no es absoluta: como señala la RAE (2009:717–718), *in-₂* no se combina con adjetivos que se relacionen con *estar* (estado transitorio) en vez de con *ser* (*borracho, absorto, contento, descalzo, estupefacto, seco*) y tampoco con adjetivos de tipo relacional, es decir, que indican relaciones entre entidades y no admiten una gradación (*atómico, paterno*).

La productividad sustantiva y verbal a partir del siglo XVII no es tan vigorosa como la adjetiva, por lo que es oportuno incluir una muestra de ejemplos:

Derivados sustantivos
- *inacción* 'falta de acción' (1619, L. Cabrera, *Historia de Felipe II*, CO) (*acción*)
- *inatención* 'falta de atención' (1729, B. Feijoo, *Teatro crítico universal*, CO) (*atención*)
- *inadmisión* 'acción de impedir el acceso a un lugar' (1760, anón., *Dedicatoria del doctor Andrés de Arce*, CO) (*admisión*)
- *irrespeto* 'falta de respeto' (1774–75, F. Requena, *Descripción de Guayaquil*, CO) (*respeto*)

---

[153] Sospechamos que la derivación de *ilegitimar* es primaria porque el verbo *legitimar* se registra ya en el siglo XIII (1251–55, Alfonso X, *Fuero Real*, CO), mientras que *ilegítimo* no aparece hasta 1519 (G. Fernández de Oviedo, *Libro de Don Claribalte*, CO).

- *irreflexión* 'falta de reflexión' (1781, J. Tupac-Amaru, *Otro oficio al mismo Cabildo*, CO) (*reflexión*)
- *inamistad* 'falta de amistad' (1793, J. Rigual, *Explicación de las principales partes*, GB) (*amistad*)
- *impudor* 'falta de pudor' (1836, M. de Larra, *Los barateros*, CO) (*pudor*)
- *indefinición* 'falta de definición o claridad' (1861–65, J. Rey y Heredia, *Teoría transcendental*, CO) (*definición*)
- *inarmonía* 'falta de armonía' (1873, B. Pérez Galdós, *La Corte de Carlos IV*, CO) (*armonía*)
- *impago* 'omisión del pago de una deuda vencida' (1885, A. Floro, *Ecos del partido colorado*, GB) (*pago*)
- *irresignación* 'falta de resignación' (1897, M. de Unamuno, *Paz en la guerra*, GB) (*resignación*)

Derivados verbales
- *incomunicar* 'privar de comunicación' (1834, M. de Larra, *Baile de Máscaras*, CO) (*comunicar*)
- *insubordinar* 'inducir a la insubordinación' (1855–75, V. de la Fuente, *Historia eclesiástica de España*, CO) (*subordinar*)
- *incumplir* 'no cumplir' (1909, *Jurisprudencia civil*, vol. 97, GB) (*cumplir*)

Solo el prefijo patrimonial *des-*, que compite vigorosamente para expresar negación y privación, es comparable en cuanto a productividad con *in-₂*. A este respecto es muy interesante el estudio de Gyurko (1971:227–231), que presenta una comparación semántica de 33 parejas de derivados con *des-* e *in-* (p. ej. *desobediente/inobediente*). Gyurko llega a la conclusión de que, también en este caso, "a fin de cuentas, *des-* parece ser el prefijo más fuerte, paulatinamente desplazando a *in-*",[154] incluso en la negación de bases adjetivas. Sin embargo, esta afirmación resulta difícil de creer si consideramos la productividad casi universal de *in-* en esa función.

Son menos productivos o incluso desusados los demás prefijos de negación y privación como *a-₂/an-* (*atípico* 'no típico'), *anti-* (*antihéroe* 'persona que presenta cualidades opuestas a las típicas del héroe'), *dis-* (*disparejo* 'no parejo'), *de-* (*derrabar* 'privar de rabo'), *so-* (*sopuntar* 'señalar con un punto puesto debajo una letra') y *es-* (*escornar* 'quitar un cuerno').

---

154 "On balance, *des-* seems to be the stronger prefix, gradually dislodging *in-*."

Hay varios estudios importantes sobre *in₂-* como Gyurko (1971), Brea López (1976 y 1980), Varela Ortega (1983), Martín García (1995), Berlanga de Jesús (2001), Díaz Hormigo (2010), Torres Martínez (2010) y Fábregas (2023). Las obras de Brea López son de especial interés por aportar un análisis diacrónico y comparativo de las relaciones entre los distintos prefijos de la lengua española que de un modo u otro expresan negación.

Infra-

Prefijo que con la acepción espacial básica de 'abajo', 'por debajo', en sentido propio o figurado, se combina con adjetivos (*infralunar* 'debajo de la luna'), sustantivos (*infrasonido* 'sonido de tan baja frecuencia que no es perceptible') y verbos (*infrautilizar* 'no aprovechar suficientemente las capacidades de alguien o algo'). Se remonta al elemento combinatorio latino *infrā-* correspondiente al adverbio y preposición *infrā*, que tienen sentidos análogos a los del prefijo castellano.[155]

Infra conserva en latinismos crudos las funciones adverbial y preposicional en diversos documentos castellanos de los períodos medieval y renacentista:
- *que en las coplas infra demostraré* (función adverbial: 'más abajo') (1439, J. de Mena, *Comentario a la Coronación*, CO)
- *porque aquí deve aver infra la tierra grandes poblaciones y gente innumerable* (función preposicional: 'bajo la tierra') ([1492–93], 1940–47, S. de Madariaga, *Viaje del muy magnífico señor don Cristóbal Colón*, CO)

Como demuestra el *CREA* (1975–2004), *infra* sigue siendo vigente en el uso adverbial, pero sólo en el registro escrito de carácter más formal: cf. *vide infra* y *ver infra*, también *establece el artículo 92 infra*.

En el período clásico latino, *infrā* se manifiesta como prefijo únicamente en el caso del adjetivo *infrāforānus* 'situado por debajo del foro', palabra que no se transmite al castellano. Sin embargo, sí se transmite *infrascriptus* 'infraescrito', vocablo que aparece frecuentemente en documentos legales escritos en latín medieval entre los siglos X y XV (ejemplo: *infrascriptorum* 971, anón., *El libro de la cadena del concejo de Jaca*, CO), y que, por tanto, representa el único cultismo latino con *infra-*. En castellano tiene las variantes:
- *infrascripto* (1391, anón., *Ordinación dada a la ciudad de Zaragoza*, CO)
- *infrascrito* (1402, anón., *Retablo para la iglesia*, CO)
- *infraescripto* (1457, anón., *Carta de aforamiento*, CO)
- *infraescrito* (1498, anón, *Don Fernando autoriza a Brahín*, CO)

---

[155] El lat. *infrā* nace del ablativo de singular femenino del adjetivo *inferus* 'de abajo'. Según el *OLD*, en su función adverbial, *infrā* significa tanto 'abajo' (*exemplum infra scriptum* 'ejemplo escrito abajo') como 'después' (*quid quod Ciceronis temporibus paulumque infra* 'lo que sucedió en la época de Cicerón y un poco más tarde'). Como preposición suele tener sentido espacial 'debajo de, por debajo de' (*infra eum locum* 'por debajo de ese lugar'), pero también se usa en contextos figurados para denotar una posición inferior en edad, valor, rango, estima, dignidad, medida, número o calidad: cf. *omnia infra se esse judicare* 'juzgar que todas las cosas están por debajo de uno'.

Es muy probable que, con su estructura "prefijo + participio", *infrascrito* haya servido de modelo para otros derivados castellanos tempranos:
- *infrasiguiente* 'abajo a continuación' (*-s*, 1370, anón., *Carta puebla otorgada por doña Buenaventura*, CO) (*siguiente*)
- *infrapuesto* 'puesto por debajo' (*-s*, 1528, J. de Huete, *Comedia Tesorina*, CO) (*puesto*)
- *infracalendado* 'con la fecha escrita al pie del documento' (1578, anón., *Capitulaciones matrimoniales*, CO) (*calendado*)
- *infrainserto* 'inserto por debajo' (*-a*, 1848, M. Salvá, *Documentos inéditos para la historia de España*, vol. 12, GB) (*inserto*)

Sin embargo, también tempranamente emergen derivados castellanos con bases sustantivas o propiamente adjetivas:
- *infraoctavo* 'en el antiguo calendario litúrgico católico, los seis días que se cuentan entre una festividad y su octava' (1601, D. de Ocaña, *Fiestas de Potosí*, CO) (*octavo*)
- *infrasecretario* 'secretario auxiliar' (1625, F. Fernández, *Historia y descripción de la antigüedad*, CDH) (*secretario*)
- *infraestructura* 'estructura que sirve de base de sustentación a otra' (1727–28, D. de Torres, *Visiones y visitas*, CO) (*estructura*)
- *infralunar* 'situado por debajo de la luna' (1763, A. Rodríguez, *Nuevo aspecto de theología*, GB) (*lunar*)

Nótese que *infra-* tiene valor propiamente espacial en casi todos estos derivados, con la excepción de *infrasecretario*, que implica una posición jerárquica inferior, e *infraoctavo*, que metafóricamente equipara el espacio con el tiempo.

En su detallado estudio sobre *supra-* e *infra-*, Rifón Sánchez (2014:97) atribuye el súbito incremento en la productividad de *infra-* en el siglo XIX a su utilización en el lenguaje científico, sobre todo en el campo de la anatomía:
- *infra-nasal* 'que está por debajo de la nariz' (1866, F. Rilliet, *Tratado clínico y práctico de las enfermedades de los niños*, vol. 1, GB) (*nasal*)
- *infra-maxilar* 'que se sitúa por debajo de la mandíbula' (*-es*, 1870–1901, J. Calleja, *Compendio de anatomía*, CO) (*maxilar*)
- *infra-clavicular* 'que se sitúa por debajo de la clavícula' (*-es*, 1870–1901, J. Calleja, *Compendio de anatomía*, CO) (*clavicular*)
- *infra-dérmico* 'que está debajo de la piel' (1878, N. de la Fuente, *Tratado de patología quirúrgica*, vol. 1, GB) (*dérmico*)
- *infrarrojo* '(radiación) de mayor longitud de onda que el rojo y, por tanto, por debajo del espectro visible para el ojo humano' (1896, B. Lázaro, *Compendio de la flora española*, CO) (*rojo*)

Sin embargo, fuera del lenguaje técnico se encuentra cada vez menos el sentido espacial propio y cada vez más los sentidos figurados, que suelen referirse a una posición inferior, llegando en algunos casos a connotar una deficiencia:
- *infraposición* 'posición inferior' (1860, J. Vilanova, *Manual de geología*, GB) (*posición*)
- *infrasonido* 'onda sonora de tan baja frecuencia que no puede ser percibida por el oído humano' (1929, Azorín, *Superrealismo*, CO) (*sonido*)
- *infradesarrollo* 'nivel de desarrollo por debajo de cierto nivel' (1962, L. García, *La guerra moderna*, CO) (*desarrollo*)

El abandono del sentido espacial, que coincide en el tiempo con el creciente vigor del prefijo rival *sub-* con este sentido, se agudiza en los derivados del siglo XX, época en que el número de derivados en *infra-* se cuadruplica, con unos 120 nuevos ejemplos con un sentido jerárquico. En esta época destaca el equilibrio entre derivados sustantivos, verbales y adjetivos:

Sustantivos
- *infrahombre* 'ser infrahumano' (1924, P. Landsberg, *La edad media y nosotros*, GB) (*hombre*)
- *infrarrealismo* 'movimiento poético mexicano de contracultura' (1925, J. Ortega, *La deshumanización del arte*, GB) (*realismo*)
- *infrahistoria* 'la realidad por debajo de la tradición' (1943, P. Salinas, *La literatura española*, CO) (*historia*)

Verbos
- *infravalorar* 'atribuir a alguien o algo valor inferior al que tiene' (1931, J. Chocano, *El libro de mi proceso*, GB) (*valorar*)
- *infrautilizar* 'no aprovechar suficientemente las capacidades de alguien o algo' (1971, B. Steel, *Glosario de ecología*, GB) (*utilizar*)
- *infradiagnosticar* 'identificar un trastorno menos de lo debido' (1995, S. Hernberg, *Introducción a la epidemiología ocupacional*, GB) (*diagnosticar*)
- *infraponderar* 'valorar un producto por debajo del valor que le da el mercado' (1998, E. Vidal-Ribas, *El impacto del euro en los mercados financieros*, GB) (*ponderar*)
- *infraexplotar* 'explotar menos de lo debido' (2017, L. Marinoff, *El ABC de la felicidad*, GB) (*explotar*)

Adjetivos
- *infrahumano* 'inferior a lo que se considera propio de humanos' (1892, E. Prack, *El delito ante la nueva ciencia penal*, GB) (*humano*)

- *infralógico* 'no propiamente lógico' (1910, C. Vaz, *Lógica viva*, CO) (*lógico*)
- *infrarracional* 'no propiamente racional' (1913, M. de Unamuno, *Del sentimiento trágico*, CO) (*racional*)
- *infraconsciente* 'subconsciente' (1915, J. A. García, *Anales de la facultad de derecho*, vol. 5, GB) (*consciente*)

Como se menciona más arriba, *infra-* compite con el prefijo de origen latino *sub-*, dominando *infra-* en el sentido de 'insuficiencia' (*infrautilizar*) y *sub-* en el de 'posición inferior' (*submarino* 'que está debajo de la superficie del mar'). *Infra-* contrasta con dos prefijos que remiten a una 'posición superior': el helenismo *epi-* (*epicentro* 'centro superficial del área de perturbación de un fenómeno sísmico') y el cultismo latino *supra-* (*suprarrenal* 'ubicado sobre los riñones').

Son fundamentales para el estudio de *infra-* los trabajos de Martín García (1998), Montero Curiel (2001b), Rodríguez Ponce (2002), Rifón Sánchez (2014) y Serrano-Dolader (2015a).

Inter-

Prefijo que, combinado con adjetivos y verbos, equivale a 'entre', expresando una localización espacial (*intercostal* 'que está entre las costillas'), temporal (*interglacial* 'período comprendido entre dos glaciaciones') o, figuradamente, una relación de reciprocidad (*intercomunicar* 'comunicar recíprocamente'). Se remonta al lat. *inter*, que como preposición y prefijo desempeñaba las mismas funciones. Es doblete del prefijo patrimonial *entre-*, con el que comparte étimo, pero difiere levemente en su perfil cronológico, gramatical y semántico.

El vocabulario del castellano incluye unos 15 latinismos con *inter-*, de los cuales diez[156] aparecen en castellano entre los siglos XIII y XVI. Sobre ellos podemos hacer las siguientes generalizaciones: (a) solo *interponer*, *intermedio* e *interrey* son etimológicamente transparentes en castellano; (b) el prefijo tiene sentido espacial en *interponer*, *intermedio* e *interserir* y temporal en *interrey* e *intermitir*; en los demás tiene mayoritariamente sentido recíproco: cf. *intervenir* 'interceder o mediar (entre otras personas)'; (c) las bases son verbales con las excepciones de las de *intermedio* (base adjetiva) e *interrey* (base sustantiva):

- *interdecir* 'vedar, prohibir' (*interdizir*, 1250, anón., *Vidal Mayor*, CO; cf. *interdicción*, 1346, anón., *Carta de renuncia*, CO) (*interdīcō -ere*)
- *interrogar* 'preguntar, inquirir' (1250, anón., *Vidal Mayor*, CO) (*interrogō -āre*)
- *interponer* 'poner algo entre cosas o entre personas' (*-en*, 1300–1305, anón., *Libro del cavallero Cifar*, CO) (*interpōnō -ere*)
- *intermedio* 'que está entre dos extremos' (1356, anón., *Fuero viejo de Castilla*, CO) (lat. tard. *intermedius*)
- *intervenir* 'interceder o mediar' (1391, anón., *Ordinación dada a la ciudad de Zaragoza*, CO) (*interveniō -īre*)
- *interrey* 'persona que reina en ausencia de un rey' (1400, P. López, *Traducción de las Décadas de Tito Livio*, CO) (*interrex, -rēgis* 'regente')
- *interpelar* 'preguntar a alguien para que dé explicaciones sobre algo' (1456, A. de Cartagena, *El Oracional*, CO) (*interpellō -āre*)
- *interserir* 'insertar algo entre otras cosas' (*-amos*, 1456, A. de Cartagena, *El Oracional*, CO) (*interserō -ere*)
- *interceder* 'hablar en favor de alguien' (1492, anón., *Fernando a Rodrigo de Borja*, CO) (*intercēdō -ere*)
- *intermitir* 'suspender por algún tiempo algo' (1499, R. Fernández, *Vocabulario eclesiástico*, CO) (*intermittō -ere*)

---

[156] Los derivados de fecha posterior, todos ellos opacos desde el punto de vista del castellano, son *intersecar* (*-an*, 1527), *intercalar* (1549), *interjección* (1583), *interpolar* (1600) e *intercurrente* (1889).

https://doi.org/10.1515/9783111329369-042

Es neolatinismo de sentido espacial el denominativo *interfluvio*:
- *interfluvio* 'extensión de terreno entre dos cauces fluviales' (1780, F. Méndez, *Noticias de la vida y escritos de Rmo. Henrique Flórez*, GB) (*fluvius -ī* 'río')

Los vocablos siguientes también son fuertemente latinizantes, pues reflejan ajustes morfológicos hechos sobre palabras netamente latinas. Aquí, *inter-* tiene valor temporal en *interlocutorio* e *interceptar*.
- *interlocutorio* 'juicio preliminar' (1250, *Vidal Mayor*, CO) (cf. *interlocūtiō -ōnis* 'interlocución, diálogo'; cf. lat. med. *interlocutoria*, 1209, Du Cange)
- *interlinio* 'mancha hecha en un documento para falsificarlo' (1250, anón., *Vidal Mayor*, CO) (cf. *interlinō -ere* 'manchar un documento para falsificarlo')[157]
- *interceptar* 'apoderarse de algo antes de que llegue a su destino' (1535–70, G. Fernández, *Historia general y natural*, CO) (cf. *interceptus*, part. pas. de *intercipō -ere* 'interceptar')

El término gramatical *interfijo* 'afijo que va intercalado entre una base y un sufijo' (1887, T. Pardo, *El sánscrito en la lengua tagalog*, GB) es un híbrido que combina *inter-* con el componente *-fijo* (*fixus*,forma de *figō -ere* 'clavar') que aparece en *prefijo* y *sufijo*, ambos documentados en 1856[158], P. Monlau, *Diccionario etimológico*, GB).

Entre los derivados castellanos, de los que el primero aparece ya en el siglo XIV, sigue siendo dominante el sentido espacial (*interposar, intercutáneo, intercostal*). Sin embargo, a partir de del siglo XVII se hacen muy frecuentes los ejemplos del sentido recíproco: cf. *intercambiar, interamericano, internacional*, etc. En esta época, solo *intercadencia* e *interglacial* tienen sentido temporal. Vimos más arriba que, con pocas excepciones, los latinismos con *inter-* se basan en verbos. Aunque sigue habiendo un número considerable de verbos entre los derivados castellanos (*interposar, intercambiar, intercomunicar, interconectar, interactuar*), dominan cuantitativamente las derivaciones basadas en adjetivos:
- *interposar* 'imponer', 'interponer' (*-ada*, 1385–96, anón., *Obra sacada de las crónicas de San Isidoro*, CO) (*posar*)
- *intercutáneo* 'que está entre las capas de la piel' (1427–28, E. de Villena, *Traducción de la Eneida*, CO) (*cutáneo*)

---

[157] Por tener un sentido distinto al de *interlinio* podrían considerarse como derivados castellanos *interlineado* 'puesto entre líneas' (1436, CDH; var., *interlinado*, 1356, CO); cf. *interlineal* 'situado entre líneas' (1527–50, CO), *interlinear* 'situado entre líneas' (1528, CO), lat. med. *interlineare* 'escrito entre líneas', 1278, Du Cange).

[158] Es más antiguo *prefijo* en el sentido temporal 'fijado anteriormente' (1528, J. Justiniano, *Instrucción de la mujer cristiana*, CO). *Afijo* se atestigua en 1904–05 (J. Benejam, *La escuela práctica*, CO).

- *intercadencia* 'desigualdad o inconstancia en la conducta y en los afectos' (-*s*, 1580–1627, L. de Góngora, *Romances*, CO) (*cadencia*)
- *intercostal* 'que está entre las costillas' (1599, L. Mercado, *Instituciones algebristas*, CO) (*costal* 'relativo a las costillas')
- *intercambiar* 'hacer un intercambio recíproco' (-*an*, 1690, C. de Sigüenza, *Libra astronómica*, CO) (*cambiar*)
- *interdigital* 'que se halla entre los dedos' (1818, F. González, *Memoria del ganado vacuno*, GB) (*digital*)
- *intertropical* 'relativo a los países situados entre los dos trópicos' (1821, *Periódico de la sociedad médico-quirúrgica de Cádiz* II, GB) (*tropical*)
- *intermolecular* 'que se produce entre dos o más moléculas' (1843, *Diccionario de los diccionarios de medicina*, GB) (*molecular*)
- *interanular* 'que se sitúa entre anillos' (1847, M. Orfila, *Tratado de medicina legal*, GB) (*anular*)
- *interamericano* 'relativo a las relaciones entre países americanos' (1850, D. Sarmiento, *Arjirópolis*, GB) (*americano*)
- *interoceánico* 'que pone en comunicación dos océanos' (1852, *Gaceta oficial de la República de la Nueva Granada* vol. 25, GB) (*oceánico*)
- *interdental* 'que se sitúa entre los dientes' (1857, N. Casos, *Exterior de los principales animales domésticos*, GB) (*dental*)
- *interauricular* 'situado entre las dos aurículas del corazón' (1870–1901, J. Calleja, *Compendio de anatomía*, CO) (*auricular*)
- *interventricular* 'situado entre los dos ventrículos del corazón' (1870–1901, J. Calleja, *Compendio de anatomía*, CO) (*ventricular*)
- *interglacial* 'interglaciar, (período) comprendido entre dos glaciaciones' (1878, J. Landerer, *Principios de geología*, GB) (*glacial*)
- *internacional* 'relativo a las relaciones entre países' (1890, P. Estasén, *Instituciones de derecho mercantil*, GB) (*nacional*)
- *intercultural* 'que concierne a la relación entre culturas' (1905, J. de Hertling, *Política Social*, GB) (*cultural*)
- *interandino* 'relativo a los países a lo largo de los Andes' (-*a*, 1910, G. Zaldumbide, *Égloga trágica*, CO) (*andino*)
- *intercomunicar* 'comunicar recíprocamente' (1911, *Diario de sesiones de la Cámara de Senadores*, Uruguay, vol. 94, GB) (*comunicar*)
- *interconectar* 'conectar entre sí' (1914–15, *Boletín de la asociación argentina de electro-técnicos*, vol. 1, GB) (*conectar*)

Además, cabe señalar que un número considerable de vocablos con *inter-* entra a la lengua como préstamos o calcos léxicos:
- *interviú* 'entrevista' (1904, S. Martín, *El sitio de Baler*, CO) (ingl. *interview*)

- *interferir* 'interponer algo en el camino de otra cosa o en una acción' (1912, S. Ramón y Cajal, *La fotografía de los colores*, CO) (ingl. *interfere*)
- *interfase* 'período entre dos divisiones sucesivas de una célula' (1951, *Revista de la Facultad de Humanidades y Ciencias*, vols. 7–10, GB) (alem. *Interphase*)
- *interfaz* 'conexión entre dos aparatos o sistemas independientes' (1958, *Boletín oficial de la propiedad industrial*, La Habana, vol. 48, GB) (ingl. *interface*)
- *interfono* 'aparato para comunicarse telefónicamente dentro de un edificio' (1966, J. Carrasco, *Manual de organización*, CO) (fr. *interphone*)
- *internet* 'red informática mundial' (1995, *La Vanguardia*, 16.09, CR) (ingl. *internet*)

Comparando *inter-* con su homólogo etimológico *entre-*, constatamos los hechos siguientes:
- La mayor productividad de *entre-* se registra en épocas tempranas en comparación con la de *inter-*. Hasta 1700 hay 61 derivados con *entre-* frente a 5 con *inter-*. Incluso en el siglo XIX *entre-* es más productivo, con 20 derivados frente a los 10 de *inter-*. A partir del siglo XX, sin embargo, disminuye la productividad de *entre-* mientras que la de *inter-* experimenta una eclosión que se mantiene en la actualidad.
- En cuanto a su semántica, ambos prefijos tienen un sentido básico espacial: literalmente designan un lugar situado entre otros dos o más puntos de referencia (*interdental*, *entremuslo*); figuradamente, denotan acciones o relaciones recíprocas (*intercultural*, *entremirarse*). El sentido temporal es infrecuente en el caso de *inter-* (*intermedio*, *interglacial* e *intercadencia* 'inconstancia'), mientras que está bastante bien representado entre los derivados con *entre-* (*entretanto*, *entretiempo*, *entresemana*, etc.). Lo más significativo es la total ausencia del sentido gradativo en el caso de *inter-* en contraste con a su presencia bien consolidada en el caso de *entre-*, tanto en verbos que denotan acciones atenuadas (*entrelucir*, *entrecavar*, *entreoír*, *entredormir*), adjetivos que denotan cualidades atenuadas (*entrecano*, *entreoscuro*, *entreclaro*, *entrefino*) y sustantivos que sugieren estados intermedios (*entrellano* 'terreno desigual', *entreluz* 'el amanecer').
- En lo gramatical, notamos que los dos prefijos se combinan con verbos y adjetivos, si bien predominan los verbos entre los derivados de *entre-* y los adjetivos entre los de *inter-*. Según Felíu Arquiola (2003a: 194), *entre-* se combina preferentemente con adjetivos calificativos, designando propiedades de entidades (*entrefino*), mientras que *inter-* se combina con adjetivos relacionales, indicando relaciones entre entidades (*interbancario*). En cambio, sólo *entre-* forma sustantivos (*entrecostilla*, *entrehierro*, *entremuslo*, *entrepiso*) y adverbios (*entretanto*). Finalmente, la RAE (2009:688) nota que algunos de los deri-

- vados verbales con *entre-* son parasintéticos: cf. *entrecomillar*, *entrecomar*. No registramos casos semejantes con *inter-*.
- En los pocos casos en que los dos prefijos admiten combinarse con una misma base, la forma con *entre-* suele ser un sinónimo desusado del derivado con *inter-*: cf. *interdecir/entredecir* 'vedar, prohibir', *intermedio/entremedio* 'que está entre dos extremos', *intervenir/entrevenir* 'interceder o mediar'.

Para *inter-* contamos con los estudios sincrónicos de Felíu Arquiola (2003a) y Torres Martínez (2009).

Intra-

Prefijo de sentido espacial que se combina con adjetivos para indicar un lugar dentro del espacio designado por su base sustantiva: p. ej. *intracelular* 'que está situado u ocurre dentro de la célula' (*célula*). Se remonta al prefijo latino *intrā-* correspondiente al adverbio y preposición latino *intrā* 'dentro de'.

Intrā- es muy poco productivo[159] en latín clásico, lo cual seguramente explica que no haya latinismos castellanos con este prefijo.

La introducción del prefijo *intra-* en castellano es tardía, pues el primer ejemplo, *intrauterino*, aparece a finales del siglo XVIII. Más tarde se añaden otros siete, siempre referidos al vocabulario científico, durante el siglo XIX:
– *intrauterino* 'que está situado u ocurre dentro del útero' (1779, M. Custodio, *Disertación físico-teológica*, GB) (*uterino* ← *útero*)
– *intraorbitario* 'dentro de la órbita' (1843, *Tratado de enfermedades esternas*, GB) (*orbitario* ← *órbita*)
– *intralobular* 'que está situado u ocurre dentro de un lóbula' (1844, *Tratado completo de patología interna*, vol. 8, GB) (*lobular* ← *lóbulo*)
– *intracelular* 'que está situado u ocurre dentro de la célula' (1847, M. Colmeiro, *Ampliación de la botánica*, GB) (*celular* ← *célula*)
– *intravenoso* 'que se produce o se coloca en el interior de una vena' (1854, L. Delwart, *Diccionario de medicina veterinaria*, GB) (*venoso* ← *vena*)
– *intraembrionario* 'que está situado u ocurre dentro del embrión' (1860, F. Cordero, *Tratado de la generación*, GB) (*embrionario* ← *embrión*)
– *intracervical* 'que está situado u ocurre dentro del cuello uterino' (1865, *Gaceta médica de México*, vols. 1–2, GB) (*cervical* ← *cérvix*)
– *intraorgánico* '(proceso) realizado en el interior de un organismo' (1870–1901, J. Calleja, *Compendio de anatomía*, CO) (*orgánico* ← *órgano*)

Hacia finales del siglo XIX se expande el área de uso de *intra-* más allá del vocabulario científico. En esta época se introducen además algunas anomalías, sobre todo la aparición de derivados con bases sustantivas: cf. *intrahistoria*, *intramundo*, *intraútero*, *intraborda*:

---

[159] En el *OLD* encontramos *intrāclūsus* 'encerrado' (lat. *clūsum -ī* 'lugar encerrado'), *intrāmeātus* 'acción de pasar entre (dos cosas)' (lat. *meātus -ūs* 'acción de pasar entre un lugar y otro') e *intrāmūrānus* 'que se sitúa dentro de las murallas' (lat. *mūrum* 'muralla' + *-ānus*). Du Cange (1883–1887) proporciona tres ejemplos más, de los que sólo *intracutaneus* 'tumor intracutáneo' parece válido, pues tanto en *intramissor* 'intercesor, intermediario' como en *intratenere* 'entretener', *intra-* parece ser errata por *inter-*.

- *intraútero* 'intrauterino' (1861, *La España Médica*, vol. 6, GB) (*útero*)
- *intraocular* 'que se sitúa u ocurre dentro del ojo' (1865, *El siglo médico*, vol. 12, GB) (*ocular*)
- *intramuscular* 'que se sitúa o se aplica dentro del músculo' (1876, E. Sánchez, *Anuario de medicina y cirugía*, vol. 8, GB) (*muscular* ← *músculo*)
- *intrahistoria* 'vida tradicional que sirve de fondo a la historia cambiante' (1883, G. Cortés, *Memoria del comisionado por la provincia de Córdoba*, GB) (*historia*)
- *intrafamiliar* 'que está situado u ocurre dentro de la familia' (1887, X. Ximénez, *Siluetas filipinas*, CO) (*familiar* ← *familia*)
- *intracardíaco* 'que se produce dentro del corazón' (*intra-cardiaco*, 1889, S. Sosa, *El estudio*, vol. 1, GB) (*cardíaco*)
- *intranacional* 'que ocurre o se produce dentro de una nación' (1893, *Congreso geográfico*, vol. 2, GB) (*nacional* ← *nación*)
- *intramundo* 'mundo material' (1917–33, J. Ortega, *Artículos*, CO) (*mundo*)
- *intraborda* '(motor) situado dentro del casco de una embarcación de recreo' (1981, E. Kates y W. Luck, *Motores diesel y de gas*, GB) (*borda* 'canto superior del costado de una embarcación')

El prefijo de origen helénico *endo-* también se usa en el vocabulario científico para denotar un espacio dentro de una cosa: cf. *endocráneo* 'superficie interna de la cavidad del cráneo'.

No conocemos ningún estudio monográfico dedicado al prefijo *intra-*.

Iso-

Prefijo calificativo de productividad muy limitada que tiene los equivalentes 'igual' (*isosilábico* 'de igual número de sílabas') y 'mismo' (*isoeléctrico* 'que tiene el mismo potencial eléctrico'). Se combina con bases adjetivas y sustantivas para formar palabras casi siempre pertenecientes a la tecnología y la ciencia. Se remonta a la forma combinatoria helénica ἰσο- correspondiente al adjetivo ἴσος 'igual'.

El latín tardío acoge muy pocos préstamos con ἰσο- y además apenas adaptados como los siguientes:
– *īsodomus* 'construido de manera uniforme' (ἰσόδομος 'de construcción igual'; cf. δόμος 'casa')
– *īsopleuros* 'equilateral' (ἰσόπλευρος; cf. πλευρόν 'costado')
– *īsosceles* 'isósceles' (ἰσοσκελής; cf. σκέλος 'pierna, pata')

De estos, sólo *isósceles* (1567, P. Núñez, *Libro de Álgebra*, CO; fr. *isocèle,* 1542, *Trésor*) arraiga también en castellano. Como forman parte del vocabulario científico internacional, es probable que en muchos casos se basen libremente en modelos franceses, razón por lo que se facilitan aquí las fechas de primera documentación de los equivalentes franceses:
– *isócrono* '(movimientos) que se hacen en tiempos de igual duración' (1758, N. Pluche, *Espectáculo de la naturaleza*, GB) (ἰσόχρονος; cf. χρόνος 'tiempo'; fr. *isochrone*, 1675)
– *isómero* '(cuerpos) que, con igual composición química, tienen distintas propiedades físicas' (1842, N. Henry, *Farmacopea razonada*, GB) (ἰσομερής 'de partes iguales'; cf. μέρος 'parte'; fr. *isomère*, 1834)
– *isobara* 'línea ideal que pasa por todos los puntos que tienen la misma altura barométrica' (1873, F. MacPherson, *Bosquejo geológico de la provincia de Cádiz*, GB) (ἰσοβαρής 'de igual peso'; cf. βάρος 'peso'; fr. *isobare*, 1875)

Son, en cambio, muy numerosos los neohelenismos con *iso-*. Nótese que los primeros cinco ejemplos se atestiguan en el siglo XIX y los demás en el XX:
– *isomorfo* 'de igual forma o estructura' (1828, L. Thenard, *Tratado de la análisis química*, GB) (μορφή 'forma'; fr. *isomorphe*, 1821)
– *isotermo* 'que mantiene una temperatura constante', 'dicho de la línea que en un mapa une todos los puntos de igual temperatura media' (1848, R. Domínguez, *Diccionario nacional*, vol. 1, GB) (θερμός 'caliente'; fr. *isotherme*, 1816)
– *isoquimena* 'curva para la representación cartográfica de los puntos de la Tierra de igual temperatura media invernal' (1852, J. Williams, *El istmo de Tehuantepec*, GB) (χειμών, χειμῶνος 'invierno'; fr. *isochimène*)

- *isométrico* 'que tiene o mantiene unas medidas iguales' (1857, C. Laboulaye, *Enciclopedia tecnológica*, GB) (μετρικός;cf. μέτρον 'medida'; fr. *isometrique*, 1832)
- *isótropo* '(sustancia) que posee las mismas propiedades en todas las direcciones' (1875, *Revista de la Universidad de Madrid*, vol. 2, GB) (τρόπος 'dirección'; fr. *isotrope*, 1840)
- *isogamia* 'reproducción sexual en que los dos gametos son iguales' (1888, *Anales de la Sociedad Española de Historia Natural*, vol. 17, GB (γάμος 'matrimonio, boda'; fr. *isogamie* [1900])
- *isocefalia* 'práctica artística de colocar todas las figuras de una obra al mismo nivel' (1920, *La semana médica*, vol. 27, GB) (κεφαλή 'cabeza')

Pasando a los vocablos cuyas bases son palabras independientes en castellano, notamos que con la excepción del primero son de acuñación relativamente reciente, tienen bases de origen helénico, incluyen tanto adjetivos como sustantivos y, como los helenismos y neohelenismos, pertenecen exclusivamente al vocabulario técnico y científico:
- *isoperímetro* '(figuras) que, siendo de distinta forma, tienen igual perímetro' (1567, P. Núñez, *Libro de Álgebra*, CO) (*perímetro*)
- *isorrítmico* '(motete medieval) con un componente repetido' (1850, A. Bello, *Principios de la Ortolojía*, GB) (*rítmico*)
- *isodinámico* 'de la misma fuerza, energía o intensidad' (1851, A. von Humboldt, *Cosmos*, vol. 1, GB) (*dinámico*)
- *isosilábico* '(verso) de igual número de sílabas' (*-as*, 1887, E. de la Barra, *Elementos de métrica castellana*, GB) (*silábico*)
- *isotónico* 'de igual presión osmótica' (1893, *Gaceta médica*, vol. 16, GB) (*tono*, fr. *isotonique*, 1897) (*tónico*)
- *isogameto* 'gameto destinado a unirse en el proceso de la fecundación con otro de idénticos caracteres' (1896, B. Lázaro, *Compendio de la flora española*, CO) (*gameto*)

Son híbridos los ejemplos siguientes por tener bases de origen latino:
- *isocalórico* 'proceso termodinámico sin transferencia de calor' (*-a*, 1915, *La semana médica*, vol. 22, GB) (*calórico*)
- *isoinmunización* 'inmunización con antígenos procedentes de organismos de la misma especie' (1946, *Revista de neuro-psiquiatría*, vol. 9, GB) (*inmunización*)
- *isoestructural* 'de estructura igual' (1969, *Revista de la Asociación Geológica Argentina*, vol. 24, GB) (*estructural*)

No conocemos ningún estudio monográfico dedicado al prefijo *iso-*.

Macro-

Prefijo calificativo de sentido aumentativo que precede primordialmente a sustantivos (*macromolécula* 'molécula de gran tamaño') y adjetivos derivados de sustantivos (*macroeconómico* 'relativo al estudio de los sistemas económicos de una nación como conjunto'). Se usa casi exclusivamente en el lenguaje científico. Se remonta al elemento combinatorio helénico μακρο- correspondiente al adjetivo μακρός 'largo', 'grande'.

El sentido de 'largo', aplicado tanto al espacio como al tiempo, resulta evidente en los pocos helenismos registrados en latín y castellano. Los tres primeros ponen énfasis en el tiempo ('discurso largo', 'persona verbosa', 'enfermedad larga'), mientras que *macrocéfalo*, que en griego denota una cabeza larga, se refiere más bien al tamaño grande en general en latín y castellano:[160]
- *macrología* 'discurso largo' (1481, A. de Nebrija, *Traducción de Introductiones latinae*, CO) (lat. *macrologia -ae* 'prolijidad' < μακρολογία; cf. λόγος 'palabra', 'discurso')
- *macronosia* 'enfermedad larga y grave' (1490, A. de Palencia, *Universal vocabulario*, CO) (μακρονοσία; cf. νόσος 'enfermedad')
- *macrobio* 'longevo' (1753, B. Feijoo, *Cartas eruditas*, CO) (μακρόβιος; cf. βίος 'vida')
- *macrocéfalo* 'que tiene la cabeza demasiado grande con relación al cuerpo' (1776, T. de Gússeme, *Diccionario numismático*, GB) (μακροκέφαλος 'de cabeza larga'; cf. κεφαλή 'cabeza', lat. tard. *macrocephalī -ōrum* 'pueblo de personas con la cabeza muy grande')

Los sentidos 'largo en el espacio' y 'de larga duración' no están representados en los neohelenismos y los vocablos cuyas bases son palabras independientes en castellano. Entre los neohelenismos aparece tempranamente *macrocosmo*, que tiene la particularidad de referirse a una totalidad más que a un tamaño:
- *macrocosmo* 'el universo, especialmente considerado como una totalidad organizada y armónica' (1455, P. Marín, *Sermones*, CO; var. *macrocosmos*, 1880–81, M. Menéndez Pelayo, *Historia de los heterodoxos españoles*, CO) (lat. med. *macrocosmus* ← *cosmos -ī* < κόσμος 'mundo', siguiendo el modelo de *microcosmos*)

---

[160] Conner (2016:96) cita otras dos palabras surgidas en latín tardío, pero no adoptadas por el castellano: el helenismo *macrochera -ae* 'de manos largas' (μακρόχειρα < χείρ 'mano') y, más interesante, el derivado híbrido *macropiper -ris* 'pimienta larga' (lat. *piper -ris* 'pimienta').

https://doi.org/10.1515/9783111329369-045

Cuatro siglos más tarde aparece *macroglosia*, el primero de una serie de términos científicos:
- *macroglosia* 'alteración por la que la lengua es más grande de lo normal' (1831, J. Aceñero, *Principios generales de patología*, GB) (γλῶσσα 'lengua')
- *macróptero* 'de alas grandes' (1848, R. Domínguez, *Diccionario nacional*, GB) (πτερόν 'ala')
- *macroscópico* 'que se ve a simple vista, sin auxilio del microscopio' (1868, R. Virchow, *La patología celular*, GB) (σκοπέω 'examinar')
- *macrospora* 'espora femenina de ciertos helechos' (1885, P. Gay, *Historia física y política de Chile*, vol. 7, GB) (σπορά 'semilla')
- *macrófago* 'de gran tamaño y fagocitaria' (1898, L. del Río, *Elementos de microbiología*, GB) (inf. aor. φαγεῖν 'comer')

A partir de finales del siglo XVIII aparecen los primeros vocablos cuyas bases son palabras independientes en castellano, generalmente de origen helénico pero en algunos casos latino (*estructura, núcleo, eje, molécula, nutriente*). Como los neohelenismos, todos estos vocablos pertenecen al vocabulario científico-técnico de la lengua.
- *macrocarpa* 'variedad muy alta del ciprés' (1793–1801, H. Ruiz, *Relación histórica del viaje a los reinos del Perú y Chile*, CO) (*carpa* 'ciprés americano, *Cupressus macrocarpa*')
- *macrobiótica* 'arte de prolongar la vida' (1848, J. de Hysern, *La filosofía médica reinante*, GB) (*biótico*)
- *macrocristalino* 'bien cristalizado y puro' (*-as*, 1879, T. Wolf, *Viajes científicos por la República del Ecuador*, Vols. 1–3, GB) (*cristalino*)
- *macroprisma* 'prisma de cristales ortorrómbicos' (1879, *Anales de la Sociedad Española de Historia Natural*, vol. 8, GB) (*prisma*)
- *macroestructura* 'gran estructura que engloba otras menores' (1880, *Anales de la Sociedad Española de Historia Natural*, vol. 9, GB) (*estructura*)
- *macrofotografía* 'técnica fotográfica que utiliza objetivos especiales de aumento para obtener imágenes detalladas de objetos pequeños' (1884, J. Towler, *El rayo solar*, GB) (*fotografía*)
- *macronúcleo* 'el mayor de dos núcleos en los protozoos ciliados' (1892, *Gaceta médica catalana*, vol. 15, GB) (*núcleo*)
- *macrogameto* 'gameto femenino' (1897, *Diccionario enciclopédico hispano-americano*, vol. 22, GB) (*gameto*)
- *macroeje* 'eje mediano' (1902, L. Fernández, *Cristalografía*, CO) (*eje*)
- *macrosismo* 'terremoto' (1907, *Revista de la Real Academia de Ciencias*, vol. 6, GB) (*sismo*)
- *macromolécula* 'molécula de gran tamaño' (1967, G. Brown, *Química cuantitativa*, GB) (*molécula*)

Es posible que los siguientes ejemplos sean calcos del inglés:[161]
- *macroeconómico* 'relativo al estudio de los sistemas económicos de una nación como conjunto' (*-a*, 1958, anón., *ABC*, 11.7., CDH) (ingl. *macroeconomic*)
- *macro-instrucción* 'secuencia de instrucciones que se realizan automáticamente con una sola orden' (1971, M. Esteban, *El simulador Med*, CO) (ingl. *macroinstruction*)
- *macronutriente* 'sustancia esencial para el desarrollo de un organismo, que se debe ingerir en cantidades elevadas' (*-s*, 1981, O. Carpena, *Contribución de la química al desarrollo*, CDH) (ingl. *macronutrient*)

Los neologismos con *macro-* registrados por BOBNEO son casi todos sustantivos (*macrocárcel* [1993)], *macrocorrupción* [1989], *macroescándalo* [1994]) con alguno que otro adjetivo (*macrocriminal* [2021], *macroprudencial* [2009]).

Conner (2016:179) cree ver testimonios de la desgramaticalización de *macro-*, o sea, de su evolución desde prefijo hacia palabra independiente. Sería posible entender *macro* como acortamiento de *macroinstrucción* y *macroeconómico*, pero parece más probable que se trate de un préstamo del inglés *macro*, lengua en que surge como acortamiento de *macroinstruction*, *macroeconomic*. Este acortamiento se comporta como un adjetivo en *índices macros, indicadores macros, parámetros macros*, todos ellos referentes al campo de la macroeconomía y atestiguados en el CREA. El proceso no atañe ya al prefijo y, por lo tanto, no puede hablarse de desgramaticalización.

En el plano semántico, Rodríguez Ponce (2002:147) sostiene que, en neologismos como *macroconcierto, macrojuguete* y *macrobaile*, el prefijo *macro-* ya no se refiere estrictamente al tamaño de las bases sino a sus cualidades, con lo cual se haría gradativo como sus rivales *super-* e *hiper-*. Por tanto, según Rodríguez Ponce, un *macroconcierto* no solamente tendría muchos participantes, sino que por sus características extraordinarias se clasificaría entre los mejores conciertos. Sin embargo, esta suposición choca con el *DEA*, que define *megaconcierto* como 'concierto para un público multitudinario', con referencia exclusivamente al tamaño.

Macro- comparte la función aumentativa con el prefijo de origen latino *maxi-* (*maxicatamarán* 'el catamarán más grande posible o permitido') y tres prefijos más que, igual que *macro-*, son de origen helénico, a saber: *mega-* (*megamáquina* 'máquina muy grande'), *archi-* (*archilaúd* 'laúd grande') e *hiper-* (*hiperempresa* 'empresa grande'), aunque la función aumentativa es secundaria en los dos últimos. En la actualidad *mega-* parece ser más productivo que *macro-*, primero,

---

161 Es posible que también sean calcos del inglés *macroencuesta* 'encuesta de gran envergadura' (ingl. *macrosurvey*) y *macrogranudo* 'formado por cristales grandes' (ingl. *macrogranular*).

por haber desarrollado en el lenguaje científico una acepción ajena a *macro-*, la de 'un millón de veces' (*megavoltio* 'unidad de potencia eléctrica equivalente a un millón de voltios') y, segundo, por mostrarse más vigoroso en la función intensificadora: cf. *megacorrupto* 'muy corrupto'. En este último sentido también difiere de *maxi-*, que no se combina con adjetivos y, por lo tanto, no puede ser intensificador. Semánticamente se opone *macro-* a *micro-*, prefijo mucho más productivo con el que comparte muchas bases generalmente helénicas (*-cosmo, -céfalo, -logía, -scopio y -económico*).[162] Martín García (1998:109) señala que, por referirse al tamaño, *macro-* es susceptible de combinarse con otros prefijos gradativos en palabras como *supermacrofiesta*. Finalmente, Rodríguez Ponce (1999:369, 2002:116) apunta que *macro-* y *micro-* se usan preferentemente en ámbitos técnicos mientras que sus equivalentes de origen latino *maxi-* y *mini-* se emplean en una esfera más coloquial.

Se han ocupado del estudio de *macro-* Martín García (1998), Rodríguez Ponce (1999, 2002a), Serrano-Dolader (2015a) y Conner (2016).

---

[162] Conner (2015:137) cree que la antonimia entre *micro-* y *macro-* ha contribuido a la productividad de ambos prefijos, sosteniendo con cierta exageración que "es difícil identificar un derivado con *macro-* para el que no exista un antónimo con *micro-*"("It is difficult to find a *macro-* term for which a *micro-* antonym does not exist.")

Maxi-

Prefijo calificativo aumentativo y gradativo que indica un grado muy alto del sentido de sus bases sustantivas, p. ej., el tamaño de objetos (*maxicatamarán* 'catamarán extragrande'), la gravedad de acontecimientos (*maxicrisis* 'la peor crisis posible') y la extensión en el tiempo (*maxihorario* 'horario extendido al máximo'). Aplicado a bases adjetivas denota el grado máximo de una cualidad (*maxifácil*). Se remonta al vocablo *máximo*, del que es un acortamiento.

Podría pensarse en un origen paralelo al del prefijo opuesto *mini-*, probable préstamo del inglés que llega al castellano a través del calco *minifalda* del ingl. *miniskirt* y fr. *minijupe*. Sin embargo, parece lógico que, una vez acuñada la palabra *minifalda*, la lengua española sería perfectamente capaz de generar *maxifalda* por su propia cuenta,[163] y, en efecto, los dos equivalentes —ingl. *maxiskirt* y cast. *maxifalda*— aparecen en el mismo año, 1970 (cast., en J. Pérez-Carmona, *Piedra libre*, CO).

Otra posible indicación de la independencia de *maxi-* es que la productividad en español es mayor que en inglés. Mientras que en inglés los escasísimos derivados con *maxi-* se aplican casi exclusivamente a artículos de uso personal como *maxicoat* 'maxiabrigo' (1969), *maxidress* 'maxivestido' (1970) y *Maxi-pad* 'marca de toallas sanitarias o compresas menstruales' (1971), en castellano la aparición de *maxifalda* marca el comienzo de una productividad importante que, aparte de *maxigabán* (1970), *maxiabrigo* (1970) y *maxivestido* (1972),[164] va mucho más allá del campo semántico de prendas de vestir para indicar un tamaño grande de muchos sustantivos.

Ilustramos las categorías semánticas con los derivados registrados por el *DEA* entre 1970 y 1990:

extensión máxima (dimensión, duración)
maxicatamarán
maxiciudad
maxiyate
maxipantalla
maxibotella
maxisupermercado
maxikiosko

---

[163] Siguiendo esta lógica, se podría argumentar que *maxi-* es un efecto secundario de la adopción del anglicismo *mini-*.
[164] Fechas tomadas del *DEA*.

https://doi.org/10.1515/9783111329369-046

maxipista
maxihorario

gravedad máxima
maxicrisis
maxidevaluación

alcance masivo
maxiproceso
maxienmienda
maxipublicidad

grado máximo de una cualidad[165]
maxideprimente
maxifácil
maxi-húmedo
maxi-inquietante

Según el *DEA*, prácticamente al mismo tiempo que emerge el prefijo *maxi-*, también surge un acortamiento *maxi* adjetivado (*prenda maxi*, *yates maxis*).

Maxi- comparte la función aumentativa con cuatro prefijos de origen helénico, a saber, *macro-* (*macromolécula* 'molécula de gran tamaño'), *mega-* (*megamáquina* 'máquina muy grande'), *archi-* (*archilaúd* 'laúd grande') e *hiper-* (*hipermercado* 'supermercado grande'), aunque la función aumentativa es secundaria en los últimos dos. *Maxi-*, *mega-* y *macro-* muestran más o menos el mismo vigor en la actualidad, aunque difieren sobre todo en el ámbito al que remiten: a diferencia de sus homólogos helénicos, *maxi-* pertenece básicamente al registro coloquial y no al lenguaje científico. Además, como raramente se aplica a bases adjetivas, tampoco desempeña *maxi-* la función intensificadora tan claramente desarrollada en *mega-* (*megacorrupto*). En el habla coloquial, *maxi-* contrasta más directamente con *mini-*, y de hecho los dos prefijos pueden combinarse con casi las mismas bases: cf. *maxi-/miniciudad*, *maxi-/minicrisis*, *maxi-/miniproceso*.

Incluyen *maxi-* en sus investigaciones Rodríguez Ponce (1999, 2002) y Serrano-Dolader (2015a).

---

[165] Ejemplos citados por Rodríguez Ponce (2002:120).

Medio

Prefijo gradativo escalar que se liga a adjetivos participiales (*medio muerto*) y no participiales (*medio vivo*), sustantivos (*medio mentira*), gerundios (*medio temblando*), infinitivos (*medio castigar*), verbos conjugados (*se medio levantaba*), adverbios (medio bien) sintagmas preposicionales (*medio en burlas*) e incluso cláusulas (*medio que la arrastran*) para aportar los sentidos de 'no completamente' 'no del todo' (*medio oscuro, se medio levantaba*) e 'inferior', 'no de verdad', 'más o menos' 'algo' (*medio poeta, medio aplaudía, medio elogio, medio aturdido*). Como indican los ejemplos citados, con pocas excepciones *medio* con función prefijal se escribe separado de sus bases.

Medio se remonta al adjetivo latino *medius* 'medio' correspondiente al sustantivo *medium -ī* 'medio'. En castellano, el adjetivo *medio* tiene, entre otros sentidos, los de 'que equivale a la mitad de algo' (*medio metro*), 'intermedio' (*vehículo de medio peso*) y 'que corresponde a los caracteres más generales de un grupo' (*la familia media del país*). En su función sustantiva *medio* denota 'parte que en una cosa equidista de sus extremos' (*sacar al medio de la ría*), 'ambiente' (*climas y medios variados*) y 'cosa que puede servir para un determinado fin' (*medio de transporte*).

Entre los estudios en los que se aboga por un análisis prefijal de *medio* en estos contextos destaca el de Buenafuentes de la Mata (2015) que, por su enfoque diacrónico, es idóneo como fundamento para esta entrada.

Tradicionalmente en los diccionarios y gramáticas de lengua española, las funciones de *medio* como palabra invariable se analizan como adverbiales, análisis que plantea una gramaticalización a partir de la función adjetiva hacia la de adverbio. Algunos estudiosos, sin embargo, consideran que el proceso de gramaticalización de *medio* en estos contextos llegó a su culminación como prefijo en, o antes del siglo XIII, cuando se atestigua por primera vez el uso de *medio* con adjetivos participiales (*medio muerto*) y no participiales (*medio vivo*).

La identificación de *medio* como prefijo se basa en tres factores: su atonicidad en todos los contextos relevantes, la diversidad de las bases a las que se liga sin cambiar su categoría gramatical y su tendencia a formar unidades no interrumpibles con sus bases. A continuación se examinará cada uno de estos factores.

En su síntesis de la historia del tratamiento de *medio* en obras gramaticales y lexicográficas, Buenafuentes (2015:138–144) subraya que ya en 1967 en la *Gramática castellana* de Pedro Henríquez Ureña se califica *medio* en sus usos adverbiales como esencialmente átono. Esta misma afirmación se hace también en el *Esbozo* y en la *Nueva Gramática* (RAE 2009), así como en el *DEA* (1999) y en el *Diccionario de uso del español* (1983). Además, es aceptada de manera unánime por los estudiosos que se han dedicado al análisis de *medio*. Por ello podemos afirmar que este factor

https://doi.org/10.1515/9783111329369-047

está en consonancia con nuestro criterio cinco (ver la Introducción), según el cual los prefijos están desprovistos de acento tónico.

En cuanto al segundo factor, Buenafuentes (págs. 153–155) proporciona una historia de la expansión de la diversidad de bases con que puede combinarse *medio*. Esta diversidad sería entonces una manifestación de nuestro criterio nueve, según el cual los prefijos se prestan a la combinación con bases de distintas categorías gramaticales como se verá en la siguiente selección de ejemplos que combina los citados por Buenafuentes y algunos más tomados de varios recursos.

Ya a partir del siglo XIII se atestigua el uso de *medio* con adjetivos participiales:
– *Dieronle fuego a grand priessa & tal medio quemado soterraronlo assaz pobre miente* (1270, Alfonso X, *Estoria de Espanna*, CDH)
– *& tales medio muertos mandolos echar todos en la cárcel* (1270, Alfonso X, *Estoria de Espanna*, CDH)
– *& tal medio desnuyo leuaronlo al mercado* (1270, Alfonso X, *Estoria de Espanna*; vars. *-os*, 1400, 1421, C. Sánchez de Vercial, *Libro de los exemplos por A. B. C.*, CDH; var. *mediodesnudo*, 1482, anón., *Esopete ystoriado*, CDH)

Y son igualmente tempranos los ejemplos con adjetivos no participiales:
– *E el uno, echado a otra parte medio vivo* (1280, Alfonso X, *General Estoria*, CDH; vars. *el campo todo yazie cubierto de muertos & de medio biuos*, ibid; var. *mediovivo*, 1976, B. Revilla, *Guatemala: El terremoto de los pobres*, CDH)
– *Synon que fuesen medio llenas de tierra* (1380–1385, Ferrer Sayol, *Libro de Palladio*, CDH; var. *mediollenos*, 1482, anón., *Esopete ystoriado*, CDH)

A partir del siglo XV, *medio* se atestigua con otros tipos de bases verbales, a saber, con gerundios e infinitivos:
– *medio rastrando la sacó del templo* (1427–1428, E. de Villena, *Traducción y glosas de la Eneida*, CDH; var. *medio arrastrando*, 1532, A. de Virués, «*Colloquio de Erasmo*», CDH)
– *deben los reyes lleneros medio castigar los viçios* (1445–1480, A. de Montoro, *Cancionero*, CO)
– *manso y ledo, le dixe medio temblando* (1481–1496, J. del Encina, *Cancionero*, CDH)

También tempranamente aparece *medio* con sustantivos con un sentido comparable a cuasi-:
– *mas ovo un destorvo, quiérovoslo contar; ca non quiero que digan que só medio juglar* (1240–1250, anón., *Libro de Alexandre*, CDH)
– *llamaron a sos cabdiellos semideos que quiere dezir medio dioses* (1270, Alfonso X, *Estoria de Espanna*, CDH)

- *semideos e eroycos, que quiere decir divinos, celestiales e medio ángeles* (1430–1440, A. de la Torre, *Visión deleitable*, CDH; var. *medioangel* (1961, L. Martín-Santos, *Tiempo de silencio*, CDH)

A finales del siglo XV, *medio* se combina por primera vez con verbos conjugados:[166]
- *que lo fagan visodios no le medio satisface* (1492, anón., *Cancionero de Pero Guillén*, CDH)
- *porque se resina, e algunas veces se medio pudre* (1500, anón., *Informe de Pedro de Buitrago*, CO)
- *Los soldados se medio amotinaron porque no les dexaua saquear* (1553, F. López, *Segunda parte de la Crónica general de las Indias*, CO)
- *es río de poca agua que se medio seca* (1575–1580 anón., *Relaciones histórico-geográficas*, CO)
- *e medio se obligó el dicho Diego de Medina de recibir en quenta del alquiler de dicha casa* (1593, anón., *Arrendamiento de unas casas*, CO)
- *el muchacho con todas sus heridas se medio levantaba e iba a salir* (1604, Fray J. Mendieta, *Historia eclesiástica indiana*, CDH)

En el mismo siglo se combina con frases prepositivas:
- *Dízese de la vallena que. […] queda encallada medio en seco* (1530, F. de Osuna, *Segunda parte del Abecedario espiritual*, CO)
- *Y aunque el concierto fue medio en burlas* (1550, J. de Arce, *Coloquios de Palatino*, CO)
- *Que medio sin juicio se dejó caer sobre su asnillo* (1589, J. de Pineda, *Diálogos familiares*, CO)
- *Las cruzes de los ladrones se diuisan medio dentro de las puertas* (1605, J. Sigüenza, *Tercera parte de la Historia de la orden de San Jerónimo*, CO)

En la actualidad se encuentran ejemplos en los que *medio* se combina con sintagmas complejos que recuerdan ejemplos parecidos con *re-* en la variedad argentina, tales como *re que lo hago para quedar bien, se re terminó y lo dijo re claramente*.
- *Se balancea sobre sí mismo y a veces medio que se para de puntitas para parecer más alto* (1980, G. María, *Fábrica de conciencias descompuestas*, CR)
- *Toman a Fidencia por los brazos y medio que la arrastran sin que haya resistencia* (1981, A. Paz, *Huelga*, CR)

---

166 Felíu Arquiola y Pato (2015:68) afirman que la vacilación entre *se medio* y *medio se* no refleja el fenómeno de la interpolación medieval, por la que diversos tipos de elementos – como el adverbio *no* – se intercalaban entre pronombres clíticos y verbos. Según ellos, este fenómeno no se extiende más allá del siglo XV.

- *Yo medio que me aburrí* (1999, E. González, *Quién como Dios*, CR)
- *Medio yo les iba captando* (s.f., entrevista oral, México, CR)

Es fundamental el tercer factor, la tendencia de *medio* a ligarse a sus elementos modificados de tal forma que las combinaciones puedan concebirse como unidades, principio enunciado por nuestro décimo criterio. Buenafuentes (158–159) ilustra este factor de varias maneras. Con bases adjetivas, por ejemplo, subraya la tendencia de colocarse *medio* ante el verbo en presencia de determinadores:
- *El fijo descubrió todo el fecho verdaderamente a aquel medio amigo de su padre* (1400, C. Sánchez, *Libro de los exemplos*, CO)
- *Dijo otro medio poeta* (1603, A. de Rojas, *El viaje entretenido*, CO)

También en presencia de adverbios:
- *Et dexo quasi medio muertos XXII* (1376–1396J. Fernández, *Traducción de la Historia contra paganos*, CO)
- *E fallolos apenas medio llenos* (1450, anón., *Ejemplos muy notables*, CO)
- *I casi medio predico* (1655, M. Fernández, *Olla podrida a la española*, CO)
- *Es lo único que se pone un poco medio bien* (1958, C. Martín, *Entre visillos*, CO)

Buenafuentes (2015:157) pone especial énfasis en el hecho de que *medio* es capaz de interrumpir la unidad de pronombre clítico y forma verbal, tal como se presenta en los ejemplos arriba citados: *se medio pudre, se medio amotinaron, se medio seca, se medio levantaba*. Sin embargo, declara que en los ejemplos donde *medio* se separa del verbo por un pronombre, *medio se obligó*, no sería prefijo sino, supuestamente, adverbio.

Aquí surge lo más controvertido de la clasificación de *medio*: ¿funciona siempre como prefijo o sigue siendo adverbio en algunos de sus usos? Nuestra lectura de los estudios dedicados a este formante es que no se ha resuelto esta cuestión.

Es de especial interés el tratamiento que le da a *medio* la *Nueva Gramática* (RAE 2009:681–683). En este apartado parece que se concede a *medio* el estatuto de prefijo en todos los contextos menos uno: cuando precede a un pronombre clítico y el verbo que lo rige: así, sería adverbio en *medio se enamora, medio se detiene* y *medio se enderezó*, pero prefijo en *se medio inundó, se medio aplicaba* y *se medio descompone*.

A este análisis ponemos dos objeciones. Primero, no obstante la posición de *medio* en estas oraciones, no se detecta ninguna diferencia semántica entre ellas. Por ello resulta extraño clasificarlos como representantes de diferentes categorías gramaticales. Segundo, si *medio* es capaz de tener como base cláusulas enteras en oraciones como *medio yo les iba captando* y *medio yo me aburrí*, ¿por qué no sería capaz de tener como base un verbo con su pronombre clítico?

Es verdad que en otras partes de la *Nueva Gramática* se asignan funciones adverbiales a *medio*, como señala Buenafuentes (2015:143). Lo que no menciona es que estos análisis se contradicen entre sí. En el capítulo de la *Nueva Gramática* sobre los cuantificadores (1383-1384), por ejemplo, se afirma el estatuto adverbial de *medio* en combinaciones con adjetivo como *medio ridículas* y este mismo análisis aparece en el ensayo sobre numerales, en el que se etiqueta de "adverbio de grado" la función de *medio* en *medio muerto, medio loco* y *a medio hacer*. Obviamente los autores de estos capítulos no coinciden con la clasificación hecha en el capítulo sobre prefijos.

Varela y Martín García, autoras del capítulo sobre prefijación en la *Gramática descriptiva* (1999:5027) tampoco clasifican *medio* como adverbio: "Además de formar nombres compuestos, con el sentido de 'mitad' (*mediodía, medialuna*), *medio*- funciona como prefijo." Su breve lista de ejemplos incluye *medio actriz, medio enamorarse* y *medio desnudo*.

García Medall (2004) califica *medio* como "prefijo imperfectivizador" en todas sus funciones (1221) y da un paso más al calificar de prefijo la secuencia *a medio* cuando se da ante infinitivo (*a medio cocer*) y de sufijo la secuencia *a medias* (*se comieron el pollo a medias*). Lexicográficamente estos "afijos" supondrían una representación como [a-$_{pref}$ [*mediococer*$_v$]]$_v$ y [*comer*$_v$ [*a-medias*$_{suf}$]]$_v$.

Otro estudio importante de *medio*, el de Felíu Arquiola/Pato (2015), resuelve la clasificación de *medio* al denominarlo "adverbio/prefijo", es decir, un elemento de "doble naturaleza", término que a nuestro parecer capta perfectamente el carácter de este formante, pues sugieren una clasificación de *medio* como un prefijo que ejerce funciones adverbiales. El enfoque principal del estudio referido es el de identificar los rasgos semánticos de las palabras con que *medio* se combina a lo largo de su historia, sobre todo distinguiendo entre los télicos y no télicos y entre los aspectuales y los evaluativos.

A pesar de que *medio* es considerado prefijo de función adverbial, existe la tendencia de recategorizarlo como adjetivo, transformación señalada por la concordancia entre *medio* y la palabra modificada, cf. los ejemplos siguientes tomados del *CORDE*, mencionados por Buenafuentes (pág. 145) y citados en su totalidad por nosotros:[167]

- *& llegue & falle la ya media muerta* (1275, Alfonso X, *General Estoria*, CO)
- *& dexa la vianda caer media mascada* (1275, anón., *Libro de los caballos*, CO)
- *E eso mesmo la Ruda Comer ajos medios asados* (1429, A. Chirino, *Menor daño de la medicina*, CO)

---

[167] Pato (2010) subraya el hecho de que, aunque este fenómeno se asocia principalmente con el español americano, es probable que tenga sus raíces en el gallego, el leonés y el andaluz.

– *Si le queréis hacer de muy mayor sustancia que resucite los cuerpos medios finados* (1529, anón., *Libro de guisados de Ruperto de Nola*, CO)
– *Tuvimos que comer carnes saladas, medias podridas* (1793–1801, H. Ruiz, *Relación histórica del viaje a los reinos del Perú y Chile*, CO)

En su sentido se aproxima *medio* a los prefijos *c(u)asi-* (*cuasi-divino* 'con una condición análoga al ser divino'), *para-* (*paramilitar* '(organización civil) dotada de estructura o disciplina de tipo militar'), *pseudo-* (*pseudoerudito* 'falso erudito') y *semi-* (*semi-difunto* 'casi difunto').

Los principales estudios de *medio* se citan más arriba en esta entrada. Para una lista exhaustiva, ver la bibliografía del estudio de Buenafuentes de la Mata (2015).

Mega- / megalo-

Prefijo de sentido aumentativo que con bases adjetivas y sustantivas es muy común en el vocabulario técnico-científico internacional: cf. *megamáquina* 'máquina gigantesca'. Tiene sentidos muy específicos en dos campos técnicos: 'trastorno' en el de la medicina (*megacolon* 'dilatación anormal del colon') y 'un millón de veces' en el de la física (*megavoltio* 'unidad de potencia eléctrica equivalente a un millón de voltios'). Actualmente se usa en el vocabulario general como prefijo intensificador (*megacorrupto* 'muy corrupto', *megacorrupción* 'corrupción generalizada'). Se remonta al elemento combinatorio helénico μεγα- correspondiente al adjetivo μέγας 'grande'. La mayoría de las formas del paradigma flexivo (cf. fem. μεγάλη) y muchos compuestos (cf. μεγάθυμος y μεγαλόθυμος 'magnánimo') presentan una variante ampliada μεγαλ- cuyo origen no está claro.

Puesto que los derivados con μεγα- en griego antiguo (μεγαδάκτυλος 'dedo grande del pie'), son mucho menos frecuentes que los que presentan μεγαλο- (cf. μεγαλόστερνος 'de pecho ancho' < στέρνον 'pecho'; μεγαλόφωνος 'de voz muy fuerte' < φωνή 'sonido'), no puede sorprender que los pocos helenismos atestiguados en latín y en castellano presenten el elemento *megalo-*:
- *megalópolis* 'ciudad gigantesca', 'ciudad de Arcadia' (1727, J. de Salas, *Reflexiones militares del Vizconde de Puerto*, GB) (lat. *Megalopolis -is* < μεγαλόπολις 'ciudad enorme'; cf. πόλις 'ciudad')
- *megalografía* 'pintura a gran escala' (1787, E. de Terreros, *Diccionario castellano*, GB) (lat. *megalographia -ae* < μεγαλογραφία; cf. γράφω 'escribir')
- *megalocéfalo* 'de cabeza muy grande' (1846, varios autores, *Tratado completo de patología*, GB) (μεγαλοκέφαλος; cf. κεφαλή 'cabeza')

Sin embargo, a partir del siglo XIX se introducen neohelenismos con ambas variantes *mega-* y *megalo-*, indistintamente, como elementos del vocabulario científico:
- *megalosauro* 'saurio enorme' (1837, M. Salacroux, *Nuevos elementos de historia natural*, GB) (σαῦρος, var. de σαύρα 'lagarto')
- *megalito* 'monumento prehistórico construido con grandes piedras sin labrar' (1880–81, M. Menéndez Pelayo, *Historia de los heterodoxos españoles*, CO) (λίθος 'piedra')
- *megascópico* 'visible a simple vista' (1884, J. Giráldez, *Tratado de la tipografía*, CO) (σκοπέω 'contemplar')
- *megalómano* 'que padece manía o delirio de grandezas' (1891, *Revista del museo de La Plata*, vol. 1, GB) (μεγαλομανής 'frenético'; cf. μανία 'locura')

- *megaloblasto* 'glóbulo rojo nucleado' (1899, H. Eichhorst, *Tratado de patología interna*, GB) (βλαστός 'germen, brote')
- *megalocito* 'glóbulo rojo, no nucleado, anormalmente grande' (1907, varios autores, *Diccionario de los términos técnicos*, GB) (κύτος 'cuenco')
- *megafonía* 'técnica que se ocupa de los aparatos para aumentar el volumen del sonido' (1982, *ABC,* 26.12, CR) (φωνή 'voz')

Son bastante numerosos en el vocabulario científico los vocablos con *mega-* cuyas bases son palabras independientes en castellano que participan del significado 'un millón de veces'. Aquí el carácter internacional del vocabulario científico se hace patente: *megatonelada* es calco del ingl. *megaton*; *megavoltio, megavatio, megahercio* y *megaohmio* se forman sobre los nombres de algunos científicos europeos (el italiano Alessandro Volta, el escocés James Watt y los alemanes Heinrich Hertz y Georg Ohm). En este grupo, sólo *megámetro* y *megaciclo* tienen bases de origen helénico:
- *megámetro* 'unidad de longitud equivalente a un millón de metros' (1832, J. Gefe de Villa, *Manual de curiosidades*, GB) (*metro*)
- *megavoltio* 'unidad de potencia eléctrica equivalente a un millón de voltios' (1908, varios autores, *Illustrated Technical Dictionary in Six Languages*, GB) (*voltio*)
- *megaciclo* 'unidad de frecuencia equivalente a un millón de ciclos' (1946, E. Terradas, *Neologismos*, CO) (*ciclo*)
- *megaohm* 'resistencia eléctrica equivalente a un millón de ohmios' (1924, J. Palacios, *Radiodifusión*, CO; var. *megohmio*, 1950, A. Lagoma, *Localización y reparación*, CO) (*ohm, ohmio* 'medida de resistencia eléctrica')
- *megatonelada* 'unidad de potencia equivalente a la energía desprendida por una carga de un millón de toneladas de trinitrotolueno' (1966, *Revista de política internacional*, vols. 135–36, GB, snippet) (*tonelada*)
- *megavatio* 'unidad de potencia eléctrica equivalente a un millón de vatios' (1968, anón., *Energía nuclear en alta mar*, CO) (*vatio*)
- *megahercio* 'unidad de frecuencia equivalente a un millón de hercios' (1975, J. McMillan, *Paramagnetismo electrónico*, GB, snippet) (*hercio*)

En el vocabulario médico, *mega-* y *megalo-* suelen formar nombres de anomalías patológicas caracterizadas por el tamaño anormal de algún órgano. Con la excepción de *megalocórnea* (lat. *cornū -ūs* 'cuerno'), estos compuestos tienen bases de origen helénico:
- *megalocórnea* 'trastorno que se caracteriza por una cámara anterior del ojo más profunda de lo normal' (1885, *El siglo médico*, vol. 32, GB) (*córnea*)

- *megacolon* 'dilatación anormal del colon' (1903, E. Guash, *Afecciones gastro-intestinales en los niños de pecho*, GB) (*colon*)
- *megaloesplénico* 'relativo a la dilatación anormal del bazo o esplenio' (1906, *Revista de medicina y cirugía prácticas*, vol. 72, GB) (*esplénico*)
- *megaesófago* 'dilatación anormal del esófago' (1936, *Boletín del Instituto de Clínica Quirúrgica*, vol. 100–102, GB) (*esófago*)

Obviamente el inglés ha sido fuente de muchos de los tecnicismos que constituyen el vocabulario científico internacional y *mega-* forma parte de este patrimonio. Los ejemplos más evidentes de esta contribución se encuentran en el vocabulario informático en la forma de préstamos sin adaptar: cf. *megabit* (ingl. 1957, cast. 1990), *megabyte* (1965, 1994) y *megapixel* (1983, 1998). Fuera de este campo especializado se encuentran anglicismos referentes a la cultura popular, tales como *megashow* (2000), *megastore* (2000) y *megahit* (2002) y los calcos españoles correspondientes *megaespectáculo* (1997), *megatienda* (1996) y *megaéxito* (1995, GB, snippet).

Destacan los derivados *megaduque* y *megaduquesa*, 'títulos muy altos en la jerarquía del Imperio Bizantino Tardío' (1562, J. Zurita, *Anales de la corona de Aragón*, CO). Son los únicos vocablos pertenecientes al discurso no técnico que se documentan en el *CORDE* y son de considerable antigüedad, separados por varios siglos de la aparición de los primeros tecnicismos. Lo más probable es que reflejen el lat. *dux, ducem* 'jefe, caudillo', pero cf. también los vocablos siguientes, del griego bizantino, cf. μέγας δούκας, μεγάλη δούκαινα.

Es imprescindible consultar el *CREA*, que incluye textos de los años 1975–2004, para encontrar testimonios de la acepción más reciente de *mega-*: el valor intensivo. El prefijo se muestra muy productivo con este sentido, sobre todo a partir de 1995. Rodríguez Ponce (1999:368–369) compara la evolución de *super-*, cuyo sentido intensivo radica en la idea de posición superior en el espacio, con la de *mega-*, cuyo sentido intensivo se desarrolla a partir de la idea de tamaño grande. En su opinión, *mega-* se ha hecho en la actualidad sinónimo intensivo de *super-*, ponderando propiedades no centradas en el tamaño, en sustantivos como *megarrevista, megasemana* y *megasocio* y en adjetivos como *megahorroroso, megagigante* y *megatorpe*. En otra obra (Rodríguez Ponce 2002:121), la misma autora identifica el influjo del inglés como factor crucial en este desarrollo: "El inglés ha adoptado *mega-* como estrategia ponderativa frente a la decadencia de *super-*, y este influjo se hace palpable en las lenguas románicas."

Cabe destacar que la variante *megalo-* apenas participa de esta transformación: se atestigua un único ejemplo en este período: el inusual *megaloespectáculo*.

Conner (2016:124–127) distingue diferentes matices en el efecto intensificador de *mega-*. Combinado con sustantivos, *mega-* denota el tamaño extremadamente grande de objetos inanimados:
- *megamáquina* 'máquina gigantesca' (1982, A. Ricard, *Diseño*, CR) (*máquina*)
- *mega-refinería* 'refinería de las más grandes' (1990, *Tiempo*, 03.12, CR) (*refinería*)
- *megaproyecto* 'proyecto de gran envergadura' (1994, *La Vanguardia*, 15.09, CR) (*proyecto*)

Este sentido es figurativo cuando se aplica *mega-* a sustantivos abstractos:
- *megaconcepto* 'concepto que sirve como principio básico' (-*s*, 1982, J. Estébanez, *Tendencias y problemática*, CR) (*concepto*)
- *megaestrella* 'estrella de cine de gran popularidad' (1994, *La Vanguardia*, 18.08, CR) (*estrella*)
- *megatendencia* 'tendencia que se observa en muchos aspectos de una entidad o fenómeno' (1996, *El Nacional*, 12.09, CR) (*tendencia*)

A veces es difícil saber si la intensificación se aplica al tamaño o a la importancia del referente del sustantivo:
- *megaelección* 'elección de muchos candidatos o de gran importancia' (1990, *El Mundo*, 03.10, CR) (*elección*)
- *megaconcierto* 'concierto de muchos músicos o de gran importancia' (1991, varios autores, *Corazones en llamas*, CR) (*concierto*)
- *megacomputadora* 'computadora grande y potente o de especial importancia' (2000, *Excélsior*, 25.07, CR) (*computadora*)

Combinado con una base adjetiva, *mega-* suele equivaler al adverbio 'muy':
- *megadeprimente* 'muy deprimente' (Rodríguez Ponce 1999:369) (*deprimente*)
- *megahorroroso* 'absolutamente horroroso' (Rodríguez Ponce 1999:369) (*horroroso*)
- *megacorrupto* 'muy corrupto' (-*s*, 2000, *El Universal*, 28.06, CR; der. *megacorrupción*, 2022, C. Parodi Trece, *Perú 2011–2022*, GB) (*corrupto*)

Conner (2016:182–184) documenta el uso de *mega* como palabra independiente, en cuyo caso puede interpretarse como acortamiento de varios derivados, tales como *megabyte*, *megaéxito*, *megabarco* y *megavatio*. De ahí se convierte en adjetivo en adaptaciones como *megas esculturas*, *megas derrotas* y *megas elecciones*.

Mega- comparte la función aumentativa con el prefijo de origen latino *maxi-* (*maxicatamarán* 'catamarán extragrande') y tres prefijos más que, como *mega-*, son de origen helénico, a saber, *macro-* (*macromolécula* 'molécula de gran tamaño'), *archi-* (*archilaúd* 'laúd grande') e *hiper-* (*hiperempresa* 'empresa grande'), aunque la función aumentativa es secundaria en los dos últimos. *Mega-* parece ser bastante más productivo que *macro-* en la actualidad, primero, por tener una acepción científica ajena a *macro-*, la de 'un millón de veces' (*megavoltio* 'unidad de potencia eléctrica equivalente a un millón de voltios') y segundo, por ser más vigoroso en la función intensificadora: cf. *megacorrupto* 'muy corrupto'. En este último sentido también difiere *mega-* de *maxi-*, que raramente se combina con adjetivos y, por lo tanto, no tiene un valor intensificador. *Mega-* se opone netamente al prefijo *nano-* 'muy pequeño', que como *mega-* pertenece primordialmente al ámbito científico y, también como *mega-*, tiene una acepción muy particular en este contexto: mientras que *mega-* denota 'un millón de veces', *nano-* designa 'una milmillonésima parte' de una medida.

Mega- ha merecido la atención no sólo de Conner (2016), sino también de Martín García (1998), Rodríguez Ponce (1999, 2002a, 2002b) y Serrano-Dolader (2015a).

Meta-

Prefijo de sustantivos y adjetivos que en términos científicos expresa un punto posterior en el espacio (*metatórax*) o en el tiempo (*metamorfosis)*, conceptos de los que, figuradamente, surge la acepción de 'grado superior de complejidad' (*metasulfito*), y, con bases que se refieren a materias o disciplinas, la noción de 'nivel superior de abstracción' (*metafísico, metalingüístico*). Se remonta a la forma combinatoria griega μετα- correspondiente a la preposición μετά 'entre, junto con', 'después'.

El latín absorbe una decena de helenismos con μετα-, todos sustantivos. Muchos de ellos figuran también en castellano:
- *metamorfosis* 'transformación de algo en otra cosa' (1274, Alfonso X, *General estoria*, CDH) (lat. *metamorphōsis -is* < μεταμόρφωσις; cf. μορφή 'forma')
- *metáfora* 'traslación del sentido recto de una voz a otro figurado' (1379–1425, A. de Villasandino, *Poesías*, CO) (lat. *metaphora -ae* < μεταφορά; cf. φέρω 'llevar')
- *metaplasmo* 'alteración de una palabra' (1430, A. de la Torre, *Visión deleitable*, CDH) (lat. *metaplasmus -ī* 'irregularidad gramatical' < μεταπλασμός 'remodelación'; cf. πλάσμα 'cosa formada', 'cosa falsificada' < πλάσσω 'modelar, formar')
- *metátesis* 'transposición de letras' (*metathesis*, 1492, A. de Nebrija, *Gramática castellana*, CDH; var. *metátesis*, 1580, F. de Herrera, *Comentarios a Garcilaso*, CDH) (lat. *metathesis -is* < μετάθεσις 'transposición'; cf. θέσις 'colocación')
- *metástasis* 'transición' (1604–1621, B. Jiménez, *Elocuencia española en arte*, CDH), 'propagación de un foco canceroso en un órgano distinto de aquel en que se inició' (1876, E. Martín, *Manual de patología*, CO) (lat. *metastasis -is* 'transición' < μετάστασις 'cambio de lugar'; cf. στάσις 'posición')

Entran al castellano sin la mediación del latín los vocablos *metagoge* 'personificación' (1580, F. de Herrera, *Comentarios a Garcilaso*, CO) (μεταγωγεύς 'transferencia') y *metabolismo* 'conjunto de reacciones químicas que efectúan las células de los seres vivos con el fin de sintetizar o degradar sustancias' (1888, A. Floro, *Nirvana*, GB), en el que se combina el sufijo helénico *-ismo* con gr. μεταβολή 'cambio'.

Resulta paradójico que el helenismo de fecha más temprana en castellano sea etimológicamente anómalo. *Metafísica* 'parte de la filosofía que trata del ser en cuanto tal' (1250, anón., *Bocados de oro*, CO) se remonta al lat. tard. *metaphysica -ae*, que a su vez refleja un término del griego bizantino, μετὰ (τὰ) φυσικά 'después de los físicos', haciendo referencia al hecho de que en las obras de Aristóteles estos tratados estaban ordenados después de los que se ocupaban de los fenómenos físicos.

Son neohelenismos los vocablos siguientes:
- *metazoo* '(animal) de cuerpo constituido por muchas células diferenciadas' (1877, *Revista contemporánea*, vol. 11, GB) (ζῷον 'animal')
- *metafonía* 'cambio de timbre de una vocal por influjo de otro sonido' (1918–32, T. Navarro, *Manual de pronunciación*, CO) (φωνή 'voz')

Pasando a los vocablos cuyas bases son palabras independientes en castellano, se aprecia una tendencia a combinar *meta-* con bases de origen helénico en los derivados más antiguos. De ellos, tres se refieren a la anatomía y otro a las matemáticas:[168]
- *metatacarpo* 'conjunto de huesos de los miembros anteriores' (1589, J. de Pineda, *Diálogos familiares*, CO) (*carpo* 'región del esqueleto de la mano' < καρπός 'muñeca')
- *metatarso* 'conjunto de huesos largos que forman parte de las extremidades posteriores' (1676, F. de Aqua Pendente, *Cirugía*, GB) (*tarso* 'parte inferior del pie' < ταρσός)
- *metacentro* 'punto en un cuerpo simétrico flotante' (1771, J. Juan, *Examen marítimo theórico práctico*, GB) (*centro* < lat. *centrum -ī* < κέντρον 'aguijón, punta del compás, centro de un círculo')
- *metatórax* 'parte del tórax de los insectos situada entre el mesotórax y el abdomen' (1849, C. Gay, *Historia física y política de Chile*, GB) (*tórax* 'parte del cuerpo del insecto comprendida entre la cabeza y el abdomen' < lat. *thōrax -ācis* < θώραξ 'coraza', 'pecho')

A partir de finales del siglo XIX se acelera la producción de derivados y proliferan las bases de origen latino al lado de las de origen helénico. A estas alturas predomina la acepción de 'nivel superior de abstracción', sobre todo en la terminología de las ciencias sociales y las humanidades. A casi todos los sustantivos corresponde un adjetivo: p. ej. *metagénesis* > *metagenético*, *metaciencia* > *metacientífico*, etc.:
- *metagénesis* 'proceso del ciclo reproductivo de algunos animales' (1866, I. Bolívar, *Zoología*, GB) (*génesis*)
- *metaciencia* 'campo que utiliza el método científico para estudiar la ciencia' (1879, *Anales de la Real Academia Nacional de Medicina*, GB, snippet) (*ciencia*)

---

[168] Todos estos términos anatómicos aparecen en francés antes que en castellano (fr. *métacarpe* [1546], *métatarse* [1586], *métathorax* [1844]). Sin embargo, no son necesariamente préstamos en castellano, pues ninguno de los equivalentes castellanos aparece por primera vez en una obra traducida del francés. La RAE (2009) identifica como préstamo del alemán el vocablo *metafase* 'segunda etapa de la mitosis'.

- *metalingüística* 'estudio de las relaciones entre la lengua y la cultura de una sociedad determinada' (1895–1902, M. de Unamuno, *En torno al casticismo*, CO) (*lingüística*)
- *metamatemática* 'campo de las matemáticas que investiga la validez de sus operaciones' (1905, *Revista de la Universidad de Buenos Aires*, vol. 3, GB) (*matemática*)
- *metalenguaje* 'lenguaje que se usa para hablar del lenguaje' (1950, Universidad Nacional de Cuyo, *Actas del primer congreso nacional de filosofía*, vol. 2, GB) (*lenguaje*)

Sobre el uso de *meta-* en las ciencias humanas, véase Montes Giraldo (2000–2001).

Micro-

Prefijo calificativo de sentido diminutivo que se adjunta a sustantivos pertenecientes casi exclusivamente al lenguaje científico. Su sentido básico es 'muy pequeño' (*microflora* 'flora microscópica') pero también puede denotar la 'parte pequeña de una totalidad' (*microestructura* 'estructura que forma parte de otra más amplia'). En el lenguaje científico más técnico surge el sentido de 'millonésima parte' (*microfaradio* 'unidad de la capacidad eléctrica de un condensador, equivalente a una millonésima de faradio'). *Micro-* se remonta al elemento combinatorio helénico μικρο- correspondiente al adjetivo μικρός 'pequeño'.

Se registran solamente dos helenismos con *micro-* en castellano, recibidos en épocas muy distintas:
– *microcosmo* 'mundo a escala reducida' (1455, P. Marín, *Sermones*, CO; var. *microcosmos* (1513, *La lengua de Erasmo nuevamente romançada*, GB) (lat. tard. *microcosmos -ī* < μικρόκοσμος ← κόσμος 'mundo')
– *microcéfalo* 'que tiene la cabeza de tamaño menor del normal' (-s, 1847, E. Esquirol, *Tratado completo de las enagenaciones mentales*, GB) (μικροκέφαλος 'de cabeza pequeña'; cf. κεφαλή 'cabeza')

Además de *microcosmo(s)*, sólo aparecen otros dos helenismos en latín, ninguno de los cuales pasa al castellano: el adjetivo *micropsychus* 'cruel, pedante' (μικρόψυχος; cf. ψυχή 'aliento vital, alma') y el sustantivo *microsphaerum -ī* 'tipo de nardo' (μικρόσφαιρον; cf. σφαῖρα 'esfera').

Ya en fecha bastante temprana se inicia la formación de neohelenismos:
– *micrología* 'estudio de las cosas muy pequeñas' (1428, E. de Villena, *Tratado de astrología*, CO) (λόγος 'discurso')
– *microscopio* 'instrumento que permite observar objetos demasiado pequeños para ser percibidos a simple vista' (-s, 1690, C. de Sigüenza, *Libra astronómica*, CO) (lat. cient. *microscopium* < σκοπέω 'examinar')
– *micrómetro* 'instrumento de gran precisión destinado a medir cantidades lineales o angulares muy pequeñas' (1739, B. Feijoo, *Theatro crítico*, CO) (μέτρον 'medida')
– *micrófono* 'aparato que transforma las ondas sonoras en corrientes eléctricas para su amplificación' (1793, E. de Terreros, *Los tres alfabetos*, GB) (φωνή 'voz, sonido')
– *micrografía* 'descripción de objetos vistos con el microscopio' (1801, M. Brisson, *Diccionario universal de física*, GB) (γράφω 'escribir')

- *micrófito* 'macrobio de naturaleza vegetal' (1868, *El monitor de la veterinaria*, vol. 24, GB; var. *microfito*, 1878, I. Valentí Vivó, *Tratado elemental de toxicología*, GB) (φυτόν 'planta')
- *microbio* 'organismo unicelular solo visible al microscopio' (1870-1905, J. Echegaray, *Ciencia popular*, CO) (βίος 'vida')

Con la excepción del concepto poético *microcielo* de 1629,[169] la producción de vocablos cuyas bases son palabras independientes en castellano se retrasa hasta finales del siglo XIX. Se trata prácticamente sin excepción de sustantivos y de los adjetivos derivados secundariamente de ellos (*microestructura* > *microestructural*). Es notable la proporción aproximadamente igual entre bases de origen helénico (*biología, coco, análisis, económico*) y latino (*estructura, granito, flora, onda*). Como en el caso de los neohelenismos, todos estos vocablos pertenecen al vocabulario científico-técnico de la lengua:

- *microestructura* 'estructura que forma parte de otra más amplia' (1876, *Anales de la Sociedad Española de Historia Natural*, vol. 5, GB) (*estructura*)
- *micrococo* 'bacteria de forma esférica' (*-s*, 1880, *Revista contemporánea*, vol. 29, GB) (*coco*)
- *microorganismo* 'microbio' (1881-82, *La escuela de medicina*, vol. 3, GB) (*organismo*)
- *microbiología* 'estudio de los microbios' (1883, *El siglo médico*, vol. 30, GB; der. *microbiológica*, 1886, E. Pardo Bazán, *Los pazos de Ulloa*, CO) (*biología*)
- *microgranito* 'piedra ígnea compuesta de pequeños cristales de cuarzo y feldespato' (1886, *Boletín de la comisión del mapa geológico de España*, vol. 13, GB) (*granito*)
- *microfaradio* 'unidad de la capacidad eléctrica de un condensador, equivalente a una millonésima de faradio' (1889, *Diccionario enciclopédico hispano-americano*, vol. 25, GB) (*faradio*)
- *microflora* 'flora microscópica' (1917, *Boletín de agricultura técnica y económica*, vol. 9, GB) (*flora*)
- *microamperio* 'unidad de intensidad de corriente eléctrica que equivale a la millonésima parte del amperio' (*-s*, 1923, A. Bolaños, *Sistema de comunicaciones en campaña*, GB) (*amperio*)

---

[169] *Miré Dios y norabuena a doña Ines de Toledo, Alua y Sol en nombre y ojos, Y en lo demas microcielo* (1629, G. del Corral, *La Cintia de Aranjuez*, CO). También parecen ser hápax *micromanía* (*al diablo quien me diagnostique el proceso larvado de una micromanía incipiente*, 1932, J. Domenchina, *Dédalo*, CO) y *microvida* (1958, *la vida propia privada y particular de estos individuos, 'microvida' pudiéramos decir*, 1958, anón., *ABC*, 11.7).

- *microanálisis* 'identificación química y en el análisis cuantitativo de cantidades muy pequeñas de sustancias químicas' (1924, *Revista española de medicina y cirugía*, vol. 7, GB) (*análisis*)
- *microbús* 'autobús de menor tamaño que el usual' (1938, *Revista de Marina*, vol. 23, GB) (*bus*)
- *microonda* 'onda electromagnética cuya longitud está comprendida en el intervalo del milímetro al metro' (*-s*, 1947, E. Terradas, *Neologismos*, CO) (*onda*)
- *microeconómico* 'relativo al estudio de la economía en relación con acciones individuales' (1958, anón., *ABC*, 11.7) (*económico*)

Como era de esperar en el vocabulario técnico contemporáneo, se registran una serie de anglicismos con *micro-*:
- *microfilm* 'filme en que se reproducen, con una gran reducción de tamaño, documentos gráficos' (1966, E. Brugalla, *Inquietudes de hoy*, CO; var. *microfilme*, 1982, *ABC*, 14.05, CREA); der. *microfilmar* 'reproducir en microfilme una imagen o figura', 1977, *El País*, 17.09, CREA) (ingl. *microfilm*)
- *microcomputadora* 'computadora pequeña con un microprocesador como su unidad central de procesamiento' (1978, *Proceso*, vols. 87–95, GB, snippet; var. *microcomputador*, 1981, J. Zaragoza, *Concerto Gross*, CREA) (ingl. *microcomputer*)
- *microchip* 'chip miniaturizado' (1987, C. Fuentes, *Crostóbal Nonato*, CREA) (ingl. *microchip*)

Además, puede ser préstamo semántico del inglés un nuevo sentido de *micro-* que surge en la actualidad, el de 'a pequeña escala'; cf. los calcos datados y citados por Conner (2015:133) con sus equivalentes en inglés: *microempresa* (ingl. *microbusiness*, 1985), *microcomercio* (*microcommerce*, 1997), *microcrédito* (*microcredit*, 1996), *micropréstamo* (*microloan*, 2000).

Micro- comparte la función diminutiva con el prefijo *nano-*, de aplicación también científica y con el sentido específico de 'una milmillonésima parte', y con *mini-* (*minifalda* 'falda muy corta'), que a diferencia de *micro-*, se emplea en el registro coloquial. *Micro-* se opone directamente a *macro-*, prefijo aumentativo también de origen helénico con el que comparte algunas bases generalmente, pero no siempre, helénicas (*-cosmo*, *-céfalo*, *-logía*, *-scopio* y *-económico*).[170] Con este sentido se opone a tres prefijos aumentativos más, a saber, *mega-* (*megamáquina* 'máquina

---

170 Conner (2015:137) cree que la antonimia entre *micro-* y *macro-* ha contribuido a la productividad de ambos prefijos, alegando un poco exageradamente que "es difícil identificar un derivado con *macro-* para el que no exista un antónimo con *micro-*" (It is difficult to find a *macro-* term for which a *micro-* antonym does not exist).

muy grande'), *archi-* (*archilaúd* 'laúd grande') e *hiper-* (*hiperempresa* 'empresa grande').

Conner (2015:184–186) señala que *micro* aparece como acortamiento de varias palabras prefijadas con *micro-*, como *microbús, micrófono, microondas* y *microprocesador*. Este acortamiento aparece adjetivado en *empresarios micro* y *lo micro*.

Además de Conner (2016) estudian *micro-* Martín García (1998), Montero Curiel (2001b), Rodríguez Ponce (2002b) y Serrano-Dolader (2015a).

Mini-

Prefijo calificativo diminutivo muy productivo que, según la naturaleza de las bases sustantivas con las que se combina, significa 'pequeño en tamaño' (*minipíldoras*) o 'de corta duración' (*minivacaciones*). Es posible que *mini-* sea acortamiento de *mínimo*. Sin embargo, la historia de su productividad, que en su fase inicial parece fundamentarse en la palabra *minifalda*, sugiere otra posibilidad, la de ser prefijo transmitido al castellano por este calco del ingl. *miniskirt* 'minifalda'.

Una búsqueda de Google Books revela que, en inglés, *mini-* comienza a formar parte de nombres de vehículos y aparatos notablemente pequeños introducidos durante la primera mitad del siglo XX. Entre los primeros testimonios se cuentan los siguientes:

- *minibus* 'autobús pequeño de aeropuerto' (1905)
- *minicam* 'cámara pequeña' (1937)
- *mini-miser* 'calentador de agua pequeño' (1939)
- *mini-max* 'batería pequeña' (1945)
- *mini-motor* 'motor pequeño' (1948)
- *mini-bike* 'moto pequeña' (1950)
- *mini-breaker* 'interruptor, cortacircuitos pequeño' (1953)
- *mini-cruiser* 'barco pequeño' (1953)
- *mini-pilot* 'calentador pequeño de gas' (1955)
- *Mini* 'marca de coches pequeños fabricados en Inglaterra' (primer modelo Morris Mini-Minor, 1959)
- *miniskirt* 'falda corta por encima de la rodilla' (1962, *The Billings Gazette*)[171]

Parece probable que el primer derivado aparentemente del español, *minibús* (1962, *Memoria del Ministerio de Fomento*, GB), sea préstamo de su equivalente en inglés (*minibus* < *mini-* + [*omni*]*bus*) que se atestigua en 1905.

Sin embargo, como mencionamos más arriba, la productividad con *mini-* parece arrancar en español con la introducción de *minifalda* 'falda muy corta' (1966, Chistera, *La Codorniz*, 24.07, CO), calco del inglés *miniskirt*, palabra que da lugar a calcos equivalentes en otras lenguas europeas: cf. alem. *Minirock*, hol. *minirok*, fr. *minijupe*, ital. *minigonna*, port. *minissaia*. Apoya la hipótesis de la primacía de *minifalda* en la historia del prefijo el hecho de que muchos de los derivados diminutivos que aparecen a finales de los años 60 y principios de los años 70 también se refieran a prendas de vestir:

---

[171] Ver https://stylecaster.com/history-of-the-miniskirt/#slide-1 (consultado 4/12/2023)

https://doi.org/10.1515/9783111329369-051

- *mini-pantalón* 'pantalón corto' (1967, anón., *El pito. Revista deportiva de humor para adultos*, CDH) (*pantalón*)
- *minibikini* 'bikini pequeño' (1971, A. Palomino, *Torremolinos*, CO) (*bikini*)
- *minicamisero* 'camisero corto' (1972, J. García, *El gran momento de Mary Tribune*, CO) (*camisero*)
- *minivestido* 'vestido corto' (1972, J. García, *El gran momento de Mary Tribune*, CO) (*vestido*)
- *minikimono* 'kimono corto' (1972, J. García, *El gran momento de Mary Tribune*, CO) (*kimono*)

Sin embargo, también aparecen derivados propios del español, algunos todavía en los años sesenta, en los que *mini-* resulta ser más bien abstracto, a menudo despectivo:
- *minimoral* 'moral cuestionable' (1966, Chistera, *La Codorniz*, 24.07, CO) (*moral*)
- *minirretiro* 'jubilación anticipada con una pensión más baja' (1968, J. Calvo Sotelo, *El inocente*, CO) (*retiro*)
- *minibarrio* 'barrio pequeño' (1971, A. Palomino, *Torremolinos*, CO) (*barrio*)
- *miniconsumo* 'escaso consumo' (1974, anón., *ABC*, 04.07, CO) (*consumo*)
- *minipensador* 'pensador de poca categoría' (-*es*, 1974, E. Sábato, *Abbadón el exterminador*, CO) (*pensadores*)

El prefijo sigue siendo productivo en el castellano actual. El *CREA* registra entre 1975 y 2004 unos 200 neologismos con *mini-*, muchos escritos con guion. Aquí presentamos ejemplos en las dos categorías semánticas:

De pequeño tamaño
- *minisubmarino* (1967, PEMEX, *Boletín bibliográfico*, GB) (*submarino*)
- *minipíldora* (1967, *LIFE en español*, GB) (*píldora*)
- *minidisco* (1969, *Blanco y Negro*, GB) (*disco*)
- *minimuseo* (1969, *Señoras y Señores*, GB) (*museo*)
- *miniciudad* (1971, A. Dorfman, *Para leer al Pato Donald*, GB) (*ciudad*)
- *miniclásico* (1972, *Cuadernos hispanoamericanos*, vols. 262–67, GB) (*clásico*)
- *minicomisión* (1974, R. A. Entraigas, *El mancebo de la tierra*, GB) (*comisión*)
- *minibar* (1975, *La economía española*, GB) (*bar*)
- *mini-miss* 'título del concurso de belleza para niñas' (1976, M. Colomina de Rivera, *La Celestina mecánica*, GB) (*miss* 'señorita')
- *mini-estado* (1989, A. Hart, *Arafat*, GB) (*estado*)
- *minimonumento* (-*s*, 1989, R. Gutiérrez Girardot, *Temas y problemas de una historia social de la literatura*, GB) (*monumento*)

- *mini-Gestapo* (2016, G. Arriaga, *El salvaje*, GB) (*Gestapo*)
- *mini-partido* (2020, A. Liz, *Trotski y su tiempo*, GB) (*partido*)

De corta duración
- *minidebate* (1952, *Revista de educación*, vols. 250–251, GB) (*debate*)
- *minivacaciones* (1967, *SP: revista de información mundial*, vols. 340–352, GB) (*vacaciones*)
- *minijornada* (1973, *Ercilla*, 1967–79, GB) (*jornada*)
- *minirreportaje* (1974, M. Criado de Val, *Así hablamos*, GB) (*reportaje*)
- *miniaventura* (1974, R. Ferrand, *La Forastera*, GB) (*aventura*)
- *miniserie* (1978, *La opinión*, vols. 90–98, GB) (*serie*)

Tanto en inglés como en español, *mini-* se establece como palabra independiente, al principio como acortamiento y equivalente de *miniskirt* y de *minifalda*: cf. *¿llevas mini?* (1972, J. García, *El gran momento*, CO). También era lógico que con el sentido de 'pequeño' este acortamiento se adjetivase en castellano: cf. los ejemplos siguientes, tomados del *DEA*: *vestido mini* (1970), *tarifa mini* (1991), *domésticos "minis"* (1992).

Mini- comparte la función diminutiva con *micro-* y *nano-*, prefijos de origen helénico que a diferencia de *mini-* se usan primordialmente en la terminología científica con los sentidos técnicos de 'millonésima' y 'milmillonésima parte' respectivamente. *Mini-* se opone a todos los prefijos aumentativos de origen helénico (*macro-*, *mega-*, *archi-*, *hiper-*), pero en el habla coloquial contrasta más directamente con *maxi-* (acortamiento del cultismo latino *máximo*), y de hecho los dos prefijos admiten combinarse con prácticamente las mismas bases: cf. *mini-/maxiciudad*, *mini-/maxicrisis*, *mini-/maxiproceso*, *mini-/maxifalda*.

Entre los pocos estudios que se ocupan detenidamente de este formante figuran Montero Curiel (2001b), Rifón Sánchez (2014) y Serrano-Dolader (2015a).

Mono-

Prefijo cuantificador que significa 'uno solo' combinado con bases adjetivas (*monofásico* 'que tiene una sola fase') y sustantivas (*monomanía* 'locura sobre una sola idea'). Se remonta al elemento combinatorio gr. μονο- correspondiente al adjetivo μόνος, que tiene los mismos sentidos.

Los derivados griegos son gramaticalmente diversos, pero muchos de ellos se basan en sustantivos convertidos en adjetivos: cf. μονοήμερος 'de un solo día' (ἡμέρα 'día'), μονόκοιτος 'que duerme solo' (κοίτος 'cama', 'sueño'). Esta estructura está ejemplificada en algunos de los cultismos con *mono-* transmitidos al castellano, generalmente pero no siempre a través del latín:

- *monosílabo* '(palabra) de una sola sílaba' (1611, S. de Covarrubias, *Suplemento al Tesoro de la lengua española*, CO) (lat. tard. *monosyllabus* < μονοσύλλαβος; cf. συλλαβή 'sílaba').
- *monofilo* '(parte de una planta) que consta de una sola hojuela' (1762, J. Quer, *Flora española*, CO) (μονόφυλλος; cf. φύλλον 'hoja')
- *monocromático* 'de un solo color' (1865, RAE, *Nuevo diccionario de la lengua castellana*, GB) (lat. *monochrōmatos* < μονοχρώματος; cf. χρῶμα 'color')

Sin embargo, la mayoría de los cultismos latinos helénicos con *mono-* que a partir del siglo XV aparecen en castellano son sustantivos:

- *monogamia* 'régimen familiar que prohíbe tener más de un cónyuge al mismo tiempo' (1490, A. de Palencia, *Universal vocabulario*, CO) (lat. tard. *monogamia -ae* < μονογαμία; cf. γάμος 'matrimonio, boda')
- *monarquía* 'forma de gobierno en que la soberanía es ejercida por una sola persona' (1491–1516, A. de Santa Cruz, *Crónica de los Reyes Católicos*, CO) (lat. tard. *monarchia -ae* < μοναρχία; cf. ἄρχω 'mandar, gobernar')
- *monopolio* 'ejercicio exclusivo de una actividad económica' (1527–61, B. de las Casas, *Historia de las Indias*, CO) (lat. *monopolium -ī* < μονοπώλιον; cf. πωλέω 'vender')
- *monólogo* 'parte de una obra dramática en que habla un solo personaje' (1610, D. Alvarez, *Exposición de los evangelios*, GB) (μονόλογος; cf. λόγος 'discurso', 'habla')
- *monotonía* 'falta de variedad' (1688, F. Manrique, *Escuela de príncipes*, GB) (μονοτονία; cf. τόνος 'tono')
- *monolito* 'monumento de piedra de una sola pieza' (1823, *Diccionario de ciencias médicas*, GB) (lat. *monolithus* 'de una sola piedra' < μονόλιθος; cf. λίθος 'piedra'

A estos se suman en el siglo XVIII los neohelenismos siguientes:
- *monograma* 'cifra empleada en sellos, marcas, etc.' (1706, anón., *Relación breve de las reliquias*, GB) (γράμμα 'letra', 'escrito')
- *monocracia* 'monarquía' (1723, J. de Torquemada, *Parte de los 21 libros*, GB) (κράτος 'fuerza')
- *monocéfalo* 'que tiene dos cuerpos y una sola cabeza' (1790, anón., *Memorial literario, instructivo y curioso*, GB) (κεφαλή 'cabeza')
- *monografía* 'tratado de determinada parte de una ciencia' (1792, anón., *Diario de los nuevos descubrimientos*, GB) (γράφω 'escribir')

En el siglo siguiente aparecen dos neocultismos híbridos:
- *monolingüe* '(persona) que habla una sola lengua' (1861, P. Mata, *Curso de lengua universal*, GB) (*bi-, tri-linguis* 'con dos/tres lenguas')
- *monovalente* '(elemento químico) que tiene una sola valencia' (1868, R. Saez, *Tratado de química inorgánica*, GB) (*valens -ntis* 'fuerte')

Los primeros vocablos con *mono-* cuyas bases son palabras independientes en español aparecen en la primera mitad del siglo XVII. Se nota en los primeros ejemplos una preponderancia de bases de origen helénico (excepciones: *monovocal, monocelular*):
- *monomanía* 'locura o delirio parcial sobre una sola idea' (1624, I. de Vera, *Epítome de la vida*, GB) (*manía*)
- *monovocal* 'vocal sencilla' (*-vokales*, 1625, G. Correas, *Arte de la lengua española*, CO) (*vocal*)
- *monopétalo* '(flor) que tiene un solo pétalo' (1764, J. Quer, *Flora española*, GB) (*pétalo*)
- *monocotiledón* 'de un solo cotiledón' (1767, M. Barnades, *Principios de botánica*, GB) (*cotiledón*)
- *monoteísmo* 'creencia en un solo dios' (1772, J. Cadalso, *Los eruditos a la violeta*, CO) (*teísmo*)
- *monocelular* '(organismo) de una sola célula' (1866, *La veterinaria española*, vol. 10, GB) (*celular*)

Un análisis de los ejemplos con *mono-* que se documentan en el *CREA* (1975–2004) revela que en el vocabulario técnico y científico las bases de origen helénico siguen siendo preponderantes:
- *monofítico* 'de una sola planta' (cf. φυτόν 'planta')
- (*gemelos*) *monocigóticos* 'gemelos que se desarrollan de un único óvulo' (*cigótico* ← *cigoto* 'célula resultante de la unión del gameto masculino con el femenino'; cf. ζυγωτός 'uncido, unido')

- *(anticuerpo) monoclonal* 'anticuerpo específico frente a un único antígeno' (*clonal* ← *clon*: cf. κλών 'retoño, rama')
- *monofosfato* 'sal o éster del ácido fosfórico' (*fosfato* 'sal del ácido fosfórico' ← *fósforo* < lat. *phosphorus* 'lucero del alba' < φωσφόρος)
- *monofásico* 'que tiene una sola fase' (*fase*; cf. φάσις 'aparición (de una estrella), fase de la luna')
- *monoesférico* 'de una sola esfera' (*esférico* ← *esfera*; cf. σφαῖρα)

Sin embargo, hay algunas excepciones. También son tecnicismos los siguientes vocablos, que tienen bases de origen latino:
- *mononuclear* 'de un solo núcleo' (*nuclear* ← *núcleo* < *nucleus -ī*)
- *mononucleosis* 'exceso de monocitos en la sangre' (*núcleo*)
- *monovular* 'de un solo óvulo' (*ovulum*, dim. de *ovum -ī* 'huevo')
- *monoforme* 'de una sola forma' (*forma -ae*)

Entre los muchos derivados no técnicos nos encontramos con una sorprendente dominancia de bases de origen latino. Aquí se trata probablemente de auténticos derivados castellanos:
- *monoplaza* '(vehículo) con una sola plaza' (*plaza* < *platea -ae*)
- *monomotor* '(vehículo) con un solo motor' (*motor* < *mōtor -ōris*)
- *monovolumen* '(vehículo) cuya carrocería aloja en un único espacio el motor, el habitáculo de los pasajeros y el maletero' (*volumen* < *volūmen -inis*)
- *monocapa* 'entidad de una sola capa' (*capa* < lat. tard. *cappa* 'capucha')
- *monobrazo* '(basculante) de un solo brazo para sostener la rueda trasera' (*brazo* < *brāccium -iī*)
- *monocultivo* 'cultivo único o predominante de una especie vegetal' (*cultivo* ← *culto* < *cultus -ūs*)

Mono- es sinónimo del prefijo de origen latino *uni-*, que a diferencia de *mono-* mantiene mucho más estrictamente el criterio etimológico en sus derivados, con bases exclusivamente de origen latino. Por esta razón, en los dobletes de tipo *uni-/mono-*, los ejemplos con *mono-* son siempre etimológicamente híbridos: *mono-/unilateral*, *mono-/unicelular*, *mono-/uninucleado*, *mono-/unipolar*.

Sobre los prefijos cuantificadores ver Bajo Pérez (1987), Rodríguez Ponce (2002a), Stehlík (2009) y Felíu Arquiola (2015).

Multi-

Prefijo cuantificador que con el sentido de 'multiplicidad' se utiliza para derivar adjetivos (*multipolar* 'de muchos polos'). Se remonta al elemento combinatorio latino *multi-* correspondiente al adjetivo *multus* 'mucho'.[172] Al convertirse el lat. *multus* en cast. *mucho*, se pierde la transparencia morfológica de *multi-*, con lo cual esta partícula se reanaliza –más precisamente, se gramaticaliza– como prefijo dentro del grupo de los cuantificadores (*pluri-*, *poli-*, *mono-*, *bi-*, etc.).

Las palabras más tempranas con *multi-* son los latinismos siguientes:
- *multiloquio* 'locuacidad' (1468, M. de Córdoba, *Jardín de nobles doncellas*, CO) (*multiloquium -iī*)
- *multicolor* 'de muchos colores' (1490, A. Palencia, *Universal vocabulario*, CO) (*multicolor -ōris*)
- *multiforme* 'de muchas formas' (1546, anón., *Reprobación de la astrología*, CO) (*multiformis*)

Son neocultismos los vocablos siguientes:
- *multilingüe* 'que habla múltiples lenguas' (1903, *Blanco y negro*, vol. 13, GB) (cf. *bi-*, *trilinguis* 'con dos/tres lenguas')
- *multísono* 'que emite varios sonidos o varias tonalidades' (*-as*, 1924, J. Rivera, *La vorágine*, CO) (*sonō -āre* 'sonar')
- *multívoco* 'que tiene varias significaciones' (1950–68, J. Fueryo Álvarez, *Estudio de teoría política*, CO) (*vocō -āre* 'llamar')

Los primeros vocablos cuyas bases son palabras independientes en castellano, todos adjetivos, aparecen hacia finales del siglo XVIII:[173]
- *multilateral* 'relativo a varios lados' (1797, T. Connelly, *Diccionario nuevo de las dos lenguas española e inglesa*, GB) (*lateral*)
- *multipersonal* 'para muchas personas' (1846, *Anales de la Universidad de Chile 1843–1844*, GB) (*personal*)
- *multiarticulado* 'con varias articulaciones' (1849, C. Gay, *Historia física y política de Chile*, GB) (*articulado*)

---

[172] Bajo Pérez (1997:13) y Fábregas, Gil y Varela (2011:360) comentan la supuesta capacidad transcategorizadora de *multi-* en frases como *banderas multicolores*, donde *colores* parece convertirse en adjetivo. En la Introducción de esta obra se explica que en realidad se trata de compuestos de tipo N + N_N en los que la presencia o ausencia del prefijo es irrelevante.

[173] Es anómalo el término algebraico *multinomio*, forma etimológicamente híbrida (cf. νόμος 'ley') que aparece en un manual matemático del año 1567 (P. Núñez, *Libro de Álgebra*, CO) junto con los también híbridos *bi-*, *tri-* y *quadrinomio*.

https://doi.org/10.1515/9783111329369-053

- *multipolar* 'de muchos polos' (1868, R. Virchow, *La patología celular*, GB) (*polar*)
- *multisecular* 'de varios siglos de duración' (1871, P. Monlau, *Elementos de higiene pública*, GB) (*secular*)
- *multiestratificado* 'con muchos estratos' (1892, S. Ramón y Cajal, *La retina de los teleósteos*, CO) (*estratificado*)

En las primeras décadas del siglo XX aparecen los ejemplos siguientes:
- *multiveloz* 'de varias velocidades' (-ces, 1916, J. Jiménez, *Diario de un poeta*, CO) (*veloz*)
- *multimillonario* 'que tiene varios millones de unidades monetarias' (1918, V. Blasco, *Mare nostrum*, CO) (*millonario*)

De aparición más reciente son los siguientes vocablos:
- *multidisciplinario* 'relativo a muchas disciplinas' (1966, J. López, *Las neurosis como enfermedades*, CO) (*disciplinario*)
- *multifamiliar* 'relativo a muchas familias' (1971, S. Reyes, *El desarrollo polarizado*, CO) (*familiar*)
- *multinacional* 'relativo a muchas naciones' (1971, M. Wionczek, *La inversión extranjera privada*, CO) (*nacional*)
- *multiconferencia* 'comunicación simultánea a través de la línea telefónica y otro medio entre más de dos personas' (1995, M. Cebrián, *Información radiofónica*, CR) (*conferencia*)

En su significado y uso *multi-* es casi idéntico a *pluri-*, prefijo también de origen latino, lo cual explica que puedan combinarse con bases idénticas: cf. *multi-/plurinacional*, *multi-/plurifuncional*, *multi-/plurisecular*, *multi-/pluriétnico*. Otro prefijo que expresa multiplicidad es *poli-* (*politécnico* 'que abarca muchas ciencias o artes'), que difiere de *multi-* y *pluri-* por ser de origen helénico y por aplicarse también a sustantivos (*politeísmo* 'creencia en varios dioses').

Sobre los prefijos cuantificadores en general pueden consultarse los trabajos de Bajo Pérez (1987), Rodríguez Ponce (2002a), Stehlík (2009) y Felíu Arquiola (2015).

Nano-

Prefijo cuantificador que indica un factor de 10^{-9}, es decir, una milmillonésima parte. Como tal se antepone a sustantivos (*nanosíntesis*) y adjetivos derivados de éstos (*nanosintético*) que se refieren a diferentes aspectos de la nanotecnología, es decir, al estudio, manipulación y aplicación de materiales y aparatos a escala de milmillonésimas de una unidad de medida. *Nano-* remonta, probablemente a través del inglés y/o francés, al griego νᾶνος 'enano'.

Nano- forma parte de una serie de prefijos utilizados en el vocabulario científico para expresar medidas pequeñas de cantidad, longitud, tamaño, tiempo, etc.:
– *deci-* (10^{-1}, décima)
– *centi-* (10^{-2}, centésima)
– *mil-* (10^{-3}, milésima)
– *micro-* (10^{-6}, millonésima)
– *pico-* (10^{-12} billonésima)
– *femto-* (10^{-15}, milbillonésima)
– *atto-* (10^{-18}, trillonésima)

A estos se yuxtaponen los prefijos de sentido multiplicativo:
– *deca-* (10^{1}, diez)
– *hecto-* (10^{2}, cien)
– *kilo-* (10^{3}, mil)
– *mega-* (un millón, 10^{6})
– *giga-* (mil millones, 10^{9})
– *tera-* (un billón, 10^{12})[174]

Algunas palabras con *nano-* aparecen en las principales lenguas científicas ya en el siglo XIX, tales como ingl. *nanometer, nanosecond*, fr. *nanomètre, nanoseconde*, alem. *Nanometer*. Sin embargo, no fue hasta 1974 cuando el científico japonés Norio Taniguchi acuñó la palabra inglesa *nanotechnology* y, con la invención del microscopio de efecto túnel en 1981 y el microscopio de fuerza atómica en 1986, esta tecnología experimentó una eclosión de aplicaciones que en la actualidad no dejan de multiplicarse. De ahí que no sea sorprendente que la lista de palabras inglesas con *nano-* se acerque a las 2000.

Es de suponer que la casi totalidad de los términos con *nano-* que aparecen en la lengua castellana sean calcos de equivalentes ingleses o franceses. El *CORDE*

---

[174] Para más prefijos y una explicación más detallada, ver https://es.wikipedia.org/wiki/Nano_(prefijo) (consultado 31/10/2023).

https://doi.org/10.1515/9783111329369-054

registra *nanómetro* en 1946 y el *CREA* capta un número considerable de términos a partir de 1974:
- *nanosegundo* (1974)
- *nanoplancton* (1987)
- *nanofaradio* (1988)
- *nanomol* (1994)
- *nanométrico* (1996)
- *nanosíntesis* (1996)
- *nanomaterial* (1996)
- *nanosatélite* (1996)
- *nanogramo* (1996)
- *nanomáquina* (1997)
- *nanorrobot* (1997)

Entretanto han aparecido unos cuantos términos que no atañen a la nanotecnología, tales como *nanoeconomía, nanosocialismo* y *nanovivienda*, en los que el prefijo pierde su significado matemático y se convierte en cuasi-sinónimo del prefijo diminutivo *mini-*. De estos, es probable que *nanovivienda* sea derivado propio del castellano o calco de ingl. *nanohouse* o fr. *nanomaison*. Otros neologismos parecidos, tomados de BOBNEO: *nanorrelato* 'relato breve' (2012), *nanoviolencia* 'actos menores de violencia'.

Constatamos además la existencia de *nano* como palabra independiente convertida en adjetivo invariable en *objetos en la escala nano* (2002, A. Piscitelli, *Ciberculturas 2.0.*, CORPES XXI) y en sustantivo en *el riesgo surge de la unión de nano y bio* (2003, *El País*, CORPES XXI).

Nano- comparte su función diminutiva y contexto científico con *micro-*, con la diferencia de que *micro-* significa 'millonésima parte' y *nano-* 'milmillonésima parte'. También es diminutivo *mini-*, pero este prefijo suele utilizarse más bien en el habla coloquial y por lo tanto coincide con *nano-* solamente en los términos no técnicos. Por otra parte, *nano-* se opone en el vocabulario científico a los prefijos aumentativos *macro-* y *mega-*.

Sobre los prefijos cuantificadores pueden consultarse los trabajos de Bajo Pérez (1987), Rodríguez Ponce (2002a), Stehlík (2009) y Felíu Arquiola (2015).

Neo-

Prefijo calificativo de sustantivos y adjetivos que tiene varios sentidos, sobre todo el de 'resurgimiento o reinterpretación de un movimiento religioso, político o social' (*neopaganismo* 'conjunto de movimientos espirituales modernos inspirados en diversas formas de religiosidad politeísta anteriores al cristianismo'). Son mucho menos comunes las acepciones siguientes: 'reciente' (*neo converso* 'recién converso'), 'novedoso' (*neoespañol* 'forma innovadora del español'), 'parte más reciente de una época' (cf. el neohelenismo *neozóico* 'relativo a un período más reciente que el paleozoico') y 'relativo a una entidad denominada "nueva"' (*neoleonés* 'de Nuevo León', *neotestamentario* 'del Nuevo Testamento'). Con pocas excepciones (quizá solo *neo converso* y *neoespañol* y algún que otro neologismo), las palabras con este prefijo son comunes al vocabulario humanístico internacional. *Neo-* se remonta el elemento de compuesto griego νεο- ligado al adjetivo νέος 'joven', 'nuevo'.[175]

Se registran unos cinco helenismos atestiguados a lo largo de la historia de la lengua, de los que sólo dos se transmiten por medio del latín:
- *neófito* 'persona recién convertida a una religión' (*neophito*, 1260, anón., *El Nuevo Testamento*, CO) (lat. tard. *neophytus* < νεόφυτος 'recién plantado'; cf. φυτόν 'planta')
- *neomenia* 'luna nueva' (1260, anón., *El Nuevo Testamento*, CO) (lat. *neomēnia -ae* < νεομηνία; cf. μήν μηνός 'mes (lunar)')
- *neopole* 'ciudad nueva' (1400, anón., *Viaje de Juan de Mandevilla*, CO) (νεόπολις; cf. πόλις 'ciudad')
- *neógrafo* 'que atañe a los cambios ortográficos' (1863, P. Monlau, *Del arcaísmo y el neologismo*, CO, der. *neografismo*, 1863, ibid.) (νεόγραφος 'nuevamente escrito'; cf. γράφω 'escribir')
- *neógeno* 'relativo al período que comprende las épocas del Mioceno y Plioceno' (1878, J. Landerer, *Principios de geología*, GB) (νεογενής 'recién nacido'; cf. γένος 'nacimiento, linaje')

Al mismo tiempo que comienza la producción castellana con *neo-* (ver más abajo), aparecen unos cuantos neohelenismos:
- *neofilia* 'entusiasmo por lo nuevo o innovador' (1862, M. Angelon, *Treinta años*, GB) (φίλος 'amado', 'bienvenido')

---

175 En su forma prefijada νεο- significa casi siempre 'recién' (νεόγαμος 'recién casado'), raramente 'novedoso' (νεομορφοτύπωτος 'que tiene una forma novedosa') o 'nuevo' (νεόπολις 'ciudad nueva')

https://doi.org/10.1515/9783111329369-055

- *neologismo* 'vocablo, acepción o giro nuevo en la lengua' (1825–28, L. Fernández, *Discurso preliminar a las comedias*, CO, der. *neólogo*, 1863, P. Monlau, *Del arcaísmo y el neologismo*, CO) (λόγος 'discurso', 'habla')
- *neolítico* 'perteneciente al último período de la Edad de Piedra' (1872, J. Vilanova, *Compendio de geología*, CO) (λίθος 'piedra')
- *neozóico* 'relativo a un período más reciente que el paleozoico' (*-a*, 1872, J. Vilanova, *Compendio de Geología*, CO) (ζῷον 'animal')
- *neómano* '(persona) que se obsesiona con lo novedoso' (1906, *Cultura española*, vol. 3, GB) (lat. *mania -ae* 'locura'; cf. μανία 'locura')

Con la sola excepción de *neo converso*,[176] los vocablos con *neo-* cuyas bases son palabras independientes en castellano comienzan a aparecer en el siglo XIX para denominar resurgimientos o reinterpretaciones de movimientos políticos y religiosos. Los ejemplos siguientes representan aproximadamente la mitad de la producción de esta época:
- *neo converso* 'recién converso' (*-s*, 1604, J. Mendieta, *Historia eclesiástica indiana*, CO) (*converso*)
- *neocristianismo* 'movimiento religioso del siglo XIX denunciado como anticatólico por la Iglesia Católica' (1835, R. de Lorgues, *Jesucristo en presencia del siglo*, GB) (*cristianismo*)
- *neoplatónico* 'relativo al neoplatonismo, cuyas doctrinas eran una renovación de la filosofía platónica bajo la influencia del pensamiento oriental' (1847–57, J. Valera, *Correspondencia*, CO) (*platónico*)
- *neocatólico* 'relativo al neocatolicismo, doctrina político-religioso que aspiraba a restablecer en España las tradiciones católicas' (1852–82, P. de Alarcón, *Relatos*, CO) (*católico*)
- *neolatino* 'que procede o se deriva de los antiguos latinos, o de su lengua' (*-s*, 1855–75, V. de la Fuente, *Historia eclesiástica de España*, CO) (*latino*)
- *neopaganismo* 'conjunto de movimientos espirituales modernos inspirados en diversas formas de religiosidad politeísta anteriores al cristianismo' (1861, P. de Alarcón, *De Madrid a Nápoles*, CO) (*paganismo*)
- *neoabsolutista* 'forma de gobierno absolutista practicada por el Emperador Franz Joseph de Austria, 1851–60' (*-s*, 1863, J. Valera, *Sobre los discursos leídos*, CO) (*absolutista*)

---

[176] El *CORDE* registra el título catalán de D*uque de Neopatria* varias veces en los siglos XV y XVI. Se trata de la forma latinizada (*Neopatria*) de un topónimo griego, Νέαι Πάτραι (actual Ipati) en la región de Tesalia.

- *neoclásico* 'relativo al estilo de arte que trata de imitar los de Grecia y Roma en la antigüedad' (1873, B. Pérez Galdós, *La Corte de Carlos IV*, CO) (*clásico*)
- *neoprotestante* 'relativo al movimiento religioso también denominado evangelismo o movimiento carismático' (-*s*, 1875, V. de la Fuente, *Historia eclesiástica de España*, CO) (*protestante*)
- *neokantismo* 'movimiento filosófico predominantemente alemán que preconiza un retorno a los principios filosóficos de Kant, contra el idealismo absoluto de Hegel' (1875, *Revista de España*, vol. 8, GB) (*kantismo*)
- *neo-epicúreo* 'relativo al neo-epicureísmo, que como el epicureísmo sostiene que el principio de la existencia humana es el bienestar del cuerpo y de la mente' (-*s*, 1877, anón., *Examen crítico de la historia*, CO) (*epicúreo*)
- *neoespañol* 'forma innovadora del español' (1888, E. Daireaux, *Vida y costumbres en el Plata*, GB) (*español*)

En la actualidad sigue siendo necesario acuñar denominaciones para los movimientos culturales resurgidos o reinterpretados; cf. las siguientes, tomadas de Rainer (1993:349-350): *neomudéjar, neoizquierdismo, neouniformismo, neonazi, neogongorino, neonietzscheano, neopanteísta, neopopularista, neofascismo*.

Rainer también registra unos cuantos neologismos con el sentido de 'reciente': *neocandidato, neovascófono, neodiputado, neopresbítero*.

La frase *los neos* se atestigua diez veces en el *CORDE* entre 1862 (Juan Valera, *Sobre el libro titulado El Papa y los gobiernos*) y 1912 (B. Pérez Galdós, *Cánovas*). Se trata de acortamientos referidos a nombres de distintas sectas.

En la medida en que significa 'nuevo', *neo-* se opone al prefijo también de origen helénico *paleo-* 'antiguo, primitivo': cf. los neohelenismos *neolítico* '(período) tardío de la Edad de Piedra' vs. *paleolítico* '(período) temprano de la Edad de Piedra'. Por otra parte, *paleo-* se aplica muchos menos que *neo-* a los movimientos culturales, siendo excepcional en este sentido *paleocristiano* 'correspondiente al cristianismo anterior al siglo VI'. *Neo-* es comparable en su sentido de 'resurgimiento de movimientos políticos o religiosos' a los prefijos *retro-* (*retrofranquista* 'caracterizado por un retorno al franquismo') y *pos(t)-* (*posfranquismo* 'período histórico posterior al gobierno del general Franco').[177]

Para el estudio de *neo-* es fundamental el trabajo de Conner (2016).

---

[177] Cf. *neofranquismo* (2004, I. Cuñado, *El espectro de la herencia*, GB).

Omni-

Prefijo cuantificador que se adjunta a bases primordialmente adjetivas con el significado de 'todo' (*omnicomprensivo* 'que lo comprende e incluye todo'). Raramente se combina con bases sustantivas (*omnicandidato* 'candidato para todos los cargos'). Se remonta al elemento combinatorio latino *omni-* correspondiente al cuantificador *omnis* 'todo, cada uno'.

Omni- está presente en una veintena de palabras latinas; cf. *omnigenus* 'de todos los tipos' (*genus -eris* 'clase, tipo'), *omniperītus* 'que tiene todas las destrezas' (*perītus* 'diestro'), *omnividens* 'que todo lo ve' (*videō -ēre* 'ver').

Entre los latinismos con *omni-* en español destacan los tres adjetivos siguientes (con sus respectivos *nomina qualitatis*), que representan cualidades atribuidas a Dios. Es notable que, de los tres, solo *omnipotente / omnipotencia* se registre en la época medieval:

– *omnipotente* 'que todo lo puede' (*omnipotent*, 1200, Almerich, *La fazienda de Ultra Mar*, CDH; var. *omnipotente*, 1215, anón., *Vida de Santa María Egipcíaca*, CO) (*omnipotens -entis*)
  – *omnipotencia* 'cualidad de omnipotente' (1376–96, J. Fernández de Heredia, *Traducción de la Historia contra paganos*, CO) (lat. tard. *omnipotentia -ae*)
– *omnisciente* 'que todo lo sabe' (1558, D. de Valtanas, *Paradoras y sentencias*, GB) (lat. med. *omnisciens -ntis*)[178]
  – *omnisciencia* 'cualidad de omnisciente' (1641, M. Ben Israel, *Segunda parte del Conciliador*, GB) (lat. med. *omniscientia -ae*)
– *omnipresente* 'que está presente a la vez en todas partes' (1637, I. de Acuña, *Discursos de las effigies*, GB) (lat. med. *omnipraesens -entis*)
  – *omnipresencia* 'cualidad de omnipresente' (1777, M. Blanco Valbuena, *Traducción de Los oficios de Cicerón*, GB) (lat. med. *omnipraesentia -ae*)

También figuran entre los latinismos con *omni-* los ejemplos siguientes, de los que sólo *omnicolor* es transparente en castellano:[179]

– *omnímodo* 'que lo abarca y comprende todo' (-*a*, 1604, J. Mendieta, *Historia eclesiástica*, CO) (*omnimodō* 'en todo caso')

---

178 Rainer (2015:1585) confirma la productividad de *omni-* en latín medieval citando los testimonios de *omnimāiestās -tātis* 'majestad integral', que destaca por ser sustantivo, y *omnidomus* 'que lo doma todo'.

179 Aunque podría ser derivado castellano con prefijo *omni-* y base *bus*, acortamiento de *autobús*, se suele atribuir el origen de *ómnibus* 'vehículo de transporte colectivo' (1870, G. Bécquer, *Artículos y escritos diversos*, CO) al lat. *omnibus* 'para todos', forma ablativa plural de *omnis*, con cambio de sentido.

- *omniscio* 'omnisciente' (1683, C. de Sigüenza, *Triunfo parténico*, CO) (lat. tard. *omniscius*)
- *omnicolor* 'de todos los colores' (1912, S. Ramón y Cajal, *La fotografía de los colores*, CO) (*omnicolor -ōris*)

Contamos tres neocultismos, de los que *omniscopio* es híbrido por tener una base de origen helénico:
- *omnívoro* '(animal) que se alimenta de toda clase de sustancias orgánicas' (1788, *Encyclopedia metodica*, vol. 1, GB) (*vorō -āre* 'devorar')
- *omniscopio* 'periscopio utilizable en todas las direcciones' (1904, *Caras y caretas*, vol. 7, GB) (σκοπέω 'examinar, contemplar')
- *omnivalente* 'omnipotente' (1918, *Los progresos de la clínica*, vol. 6, GB) (*valens, -ntis* 'que vale')

Aparecen por primera vez en el siglo XIX vocablos con *omni-* con bases castellanas. Es curioso, sin embargo, que la mayoría de los vocablos registrados aparezcan una sola vez en nuestros bancos de datos:
- *omnisapiente* 'omnisciente' (1629, P. Berenguer, *Universal explicación de los misterios*, GB) (*sapiente*)
- *omniasistente* 'omnipresente' (*-assistente*, 1637, I. de Acuña, *Discursos de las effigies*, GB) (*asistente* 'presente')
- *omnipersonal* 'relativo a todas las personas' (1852, P. Labernia, *Gramática latina*, GB) (*personal*)
- *omnilateral* 'a todos lados' (1853, G. Weber, *Compendio de la historia universal*, GB) (*lateral*)
- *omnicomprensivo* 'que lo comprende o incluye todo' (1863, J. Sanz del Río, *Doctrinal de psicología, lógica y ética*, GB) (*comprensivo*)
- *omnitonal* 'de todos los tonos' (1867, J. Parada, *Diccionario técnico, histórico y biográfico de la música*, GB) (*tono*)
- *omnisecular* 'cosmopolita' (1916, J. Jiménez, *Diario de un poeta*, CO) (*secular*)
- *omnigalante* 'muy galante' (*-s*, 1920, G. Martínez, *Granada*, CO) (*galante*)
- *omnisabio* 'omnisciente' (*-a*, 1941, D. Agustini, *Textos en prosa*, CO) (*sabio*)
- *omnicompetente* 'competente en todo' (*-s*, 1977, *Triunfo* 09.07, CR) (*competente*)
- *omnidireccional* 'de todas las direcciones' (1984, J. Benítez, *Caballo de Troya*, CO) (*direccional*)
- *omnipermisivo* 'que lo permite todo' (1995, *La Vanguardia* 16.06, CR) (*permisivo*)
- *omnisexual* 'abierto a todas las posibilidades sexuales' (1996, *ABC Cultural* 26.04, CR) (*sexual*)
- *omnihorror* 'horror completo' (1996, *El Mundo* 23.08, CR) (*horror*)

Omni- compite con el prefijo de origen helénico *pan-* (*paneuropeo* 'relativo al conjunto de los países europeos') que también admite casi exclusivamente bases adjetivas. Por otra parte, falta en los derivados con *omni-* la especialización en términos geográficos tan destacada en los derivados con *pan-*. Nótese que *omni-* y *pan-* también son comparables al elemento *todo-* en los compuestos *todopoderoso* 'omnipotente' y *todoterreno* '(vehículo) utilizable en todos los tipos de terreno'.

Rodríguez Ponce (2002) estudia este prefijo.

Paleo-

Prefijo calificativo del vocabulario científico que con el significado 'antiguo' o 'primitivo' se combina con adjetivos (*paleomagnético* 'relativo a la historia del campo magnético de la Tierra') y, raramente, con sustantivos (*paleo-periodismo* 'periodismo antiguo'). Se remonta al elemento combinatorio helénico παλαιο- correspondiente al adjetivo παλαιός 'viejo, antiguo'.

En griego antiguo son relativamente infrecuentes las combinaciones que comienzan por παλαιο- o su variante παλαι-: cf. παλαιότροπος 'pasado de moda, tradicional' (τροπός 'actitud, carácter', 'estilo'). No sorprende, por esta razón, que, aparte de algún que otro topónimo (cf. *Palaepharsālus -ī* 'antiguo Pharsalus, ciudad'), el elemento combinatorio correspondiente a παλαιός no se atestigüe en latín. Tampoco consiguen transmitirse directamente al castellano los escasos compuestos griegos con este elemento inicial. Por esta razón, los rastros de este elemento en el vocabulario castellano se limitan a unos cuantos neohelenismos y a un número apreciable de palabras con base castellana.

Son neohelenismos los siguientes vocablos:
- *paleografía* 'ciencia de la escritura y de los documentos antiguos' (1738, A. de León, *Epítome de la Bibliotheca oriental*, GB; cf. *paleográfico* 'relativo a la paleografía', 1798, T. de la Riva, *Arte de escribir*, GB) (cf. γράφω 'escribir')
- *paleozoico* '(era geológica) que abarca desde el fin del Precámbrico' (1845, R. de la Sagra, *Historia física política y natural*, 2ª parte, vol. 5, GB) (cf. ζῷον 'animal')
- *paleolítico* '(período) primitivo de la Edad de Piedra' (1859, M. Doyere, *Lecciones de historia natural*, GB) (cf. λίθος 'piedra')
- *paleogénico* 'relativo al Paleógeno, período de la Era Terciaria' (1872, J. Vilanova, *Compendio de geología*, CO) (cf. γένος 'nacimiento, linaje')

La aparición de vocablos con *paleo-* con bases castellanas independientes arranca a finales del siglo XIX, seguramente siguiendo el modelo de los neohelenismos. En este grupo solo *paleo-boreal* tiene una base no helénica:
- *paleogeografía* 'estudio de la geografía física de períodos antiguos en la historia de la Tierra' (1890, *Diccionario de la lengua castellana con la correspondencia catalana*, vol. 4, GB) (*geografía*)
- *paleo-boreal* 'relativo a las praderas árticas de Europa y Asia' (1896, B. Lázaro e Ibiza, *Compendio de la flora española, CO*) (*boreal*)
- *paleopatología* 'ciencia que estudia las huellas dejadas por la enfermedad de los seres vivos, conocidas mediante sus restos fósiles' (1901, *La medicina ibera*, vols. 6–9, GB) (*patología*)

- *paleocristiano* '(arte) correspondiente al cristianismo anterior al siglo VI' (1903, E. Tormo, *La escultura antigua*, GB) (*cristiano*)
- *paleofitografía* 'descripción de las plantas fósiles' (1904, R. Sánchez, *Discurso leído*, CO) (*fitografía*)
- *paleobiología* 'estudio de las especies exclusivamente conocidas a través de fósiles' (1920, *Enciclopedia universal ilustrada*, vol. 41, GB) (*biología*)
- *paleoasiático* 'paleosiberiano' (-*s*, 1946–52, M. Ballesteros, *Historia de América*, CO) (*asiático*)

Los demás ejemplos surgen a mediados del siglo XX, de los que son representativos los siguientes:
- *paleotécnico* 'relativo a la técnica o tecnología antiguas' (-*a*, 1950–68, J. Fueyo, *Estudios de teoría política*, CO) (*técnico*)
- *paleofutbolístico* 'relativo al fútbol en sus primeros tiempos' (-*s*, 1951, F. Chueca, *El semblante de Madrid*, CO) (*futbolístico*)
- *paleoencéfalo* 'parte más antigua del cerebro' (1957, P. Laín Entralgo, *La espera y la esperanza*, CO) (*encéfalo* 'cerebro')
- *paleosiberiano* 'relativo a la historia de Siberia antigua' (-*s*, 1962, P. Font Quer, *Plantas medicinales*, CO) (*Siberia*)
- *paleotestamentario* 'relativo al Antiguo Testamento' (-*a*, 1967, L. Maldonado, *La plegaria eucarística*, CDH) (*testamentario*)

Paleo- se opone al prefijo también de origen helénico *neo-* en su sentido de 'nuevo': cf. los neohelenismos *paleolítico* '(período) primitivo de la Edad de Piedra' vs. *neolítico* '(período) tardío de la Edad de Piedra'. Por otra parte, *paleo-* se aplica mucho menos que *neo-* a los movimientos culturales (p. ej., *neoprotestante* 'relativo al movimiento religioso también denominado evangelismo o movimiento carismático'). En palabras como *paleocristiano*, el prefijo parece designar un período cronológico más bien que una doctrina.

No conocemos ningún estudio monográfico dedicado al prefijo *paleo-*.

Pan-

Prefijo cuantificador de adjetivos (y sustantivos con base adjetiva) que indica la totalidad de algo, generalmente un área geográfica (*paneuropeo*) o pueblo (*panárabe*), también la totalidad de un movimiento político (*panafricanismo*) o religioso (*panislámico*). Pan- se remonta al elemento combinatorio helénico παν- (más raramente παντο-) que refleja el adjetivo πᾶς 'todo'.

El latín absorbe unos quince helenismos con *pan-*, entre los que figuran los siguientes:
- *Panteón* 'conjunto de las divinidades de una religión' (*Panteon*, 1270, Alfonso X, *Estoria de Espanna*, CDH) (*Pantheon -ī* < Πάνθειον; cf. θεός 'dios')
- *panegírico* 'discurso de alabanza' (1450, anón., *Las etimologías romanceadas de San Isidoro*, CDH) (*panēgyricus -ī* < πανηγυρικός 'festival, asamblea'; cf. ἀγορά 'asamblea')
- *panacea* 'medicamento con eficacia para curar cualquier mal' (1490, A. de Palencia, *Universal vocabulario*, CDH) (*panacēa -ae* < πανάκεια; cf. ἄκος 'remedio')

A éstos se añade un helenismo más que entra al castellano sin la mediación del latín:
- *panspermia* 'doctrina de los gérmenes omnipresentes' (1687, J. Delgado de Vera, *Defensa y respuesta iusta*, GB) (πανσπερμία 'mezcla de semillas de todas especies'; cf. σπέρμα 'semilla')

Son neohelenismos los siguientes vocablos, todos formados con el sufijo de origen helénico *-ismo*:
- *panteísmo* 'filosofía según la cual la totalidad del universo es Dios' (1775, F. de Zevallos, *La falsa filosofía*, vol. 2, GB) (θεός 'dios')
- *panenteísmo* 'filosofía según la cual el mundo forma sólo una parte de Dios' (1862, *El criterio médico*, vol. 3, GB) (ἐν 'en' + θεός 'dios')
- *panlogismo* 'teoría según la cual todo lo real es racional' (1876, *Revista europea*, vol. 7, GB) (λόγος 'palabra', 'razón')

Según la Academia, llegan dos neohelenismos más al castellano a través de otras lenguas europeas, a saber:
- *pandemonio* 'caos' (1763, F. Nipho, *Diario estrangero*, GB) (ingl. *pandemonium* < δαιμόνιον 'demonio')
- *pandemia* 'enfermedad epidémica muy generalizada' (1823, A. Ballano, *Suplemento al diccionario de medicina*, GB) (fr. *pandémie* < πάνδημος 'del pueblo entero'; cf. δῆμος 'pueblo' + *ía*, sobre el modelo del lat. med. *epidemia* 'epidemia')

A pesar del origen helénico de *pan-*, no muestran ninguna preferencia por bases de este origen los vocablos cuyas bases son palabras independientes en castellano, que emergen a partir de finales del siglo XIX. El núcleo de este grupo de palabras lo forman —siguiendo el patrón de los primeros derivados— vocablos relativos a la geografía y grupos políticos o religiosos:
- *pangermánico* 'que atañe al conjunto de los países germánicos' (1872, *Revista de España*, vol. 16, GB; cf. *pangermanismo*, 1886, *Revista agustiniana*, vol. 12, GB) (*germánico*)
- *panislámico* 'que atañe a todos los pueblos islámicos' (1882, *Revista contemporánea*, vol. 41, GB; cf. *panislamismo*, 1882, *Revista contemporánea*, vol. 40, GB) (*islámico*)
- *panamericano* 'relativo al conjunto de los países americanos' (1890, *La España moderna*, vol. 2, GB) (*americano*)
- *panhelénico* 'que atañe a todos los pueblos helénicos' (1899, R. Beltrán, *La geografía en 1898*, CO; cf. *panhelenismo*, 1878, *Revista contemporánea*, vol. 16, GB) (*helénico*)
- *paneslavo* 'que atañe al conjunto de los países eslavos' (1900, *Enciclopedia de la literatura*, vol. 2, GB; cf. *paneslavismo*, 1861–62, J. Valera, *España y Portugal*, CO) (*eslavo*)
- *paneuropeo* 'relativo al conjunto de los países europeos' (1908, *Revista general de legislación y jurisprudencia*, vol. 113, GB) (*Europa*)
- *panafricano* 'relativo al conjunto de los países africanos' (1908, *Revista general de legislación y jurisprudencia*, vol. 113, GB) (*africano*)
- *panárabe* 'relativo al conjunto de los países árabes' (1919, *Revista americana de derecho internacional*, vol. 13, GB) (*árabe*)

Caen fuera de este núcleo semántico los vocablos siguientes:
- *panléxico* 'que atañe a todo el léxico de una lengua' (1843, J. Peñalver, *Panléxico, diccionario universal*, GB) (*léxico*)
- *panpsiquismo* 'teoría de la mente omnipresente' (1876, *Revista europea*, vol. 7, GB) (*psiquismo*)
- *pancromático* '(película) que tiene una sensibilidad aproximadamente igual para los diversos colores' (1907, *El mundo ilustrado*, vol. 14:2, GB) (*cromático*)
- *panerótico* 'relativo al conjunto de los fenómenos eróticos' (1914, *Los progresos de la clínica*, vol. 2:13, GB) (*erótico*)
- *pansexualidad* 'el conjunto de las sexualidades y prácticas sexuales' (1914, *Archivos de pedagogía y ciencias afines*, vol. 2:1, GB) (*sexual*)

Pan- compite con el prefijo de origen latino *omni-* (*omnicomprensivo* 'que lo comprende e incluye todo'), que también admite casi exclusivamente bases adjetivas. Por otra parte, falta en los derivados con *omni-* la especialización en términos geográficos tan destacada en los derivados con *pan-*. Nótese que *pan-* también es comparable al elemento *todo-* en los compuestos *todopoderoso* 'omnipotente' y *todoterreno* '(vehículo) utilizable en todos los tipos de terreno'.

Rodríguez Ponce (2002) estudia este prefijo.

Para-

Prefijo de sentido originalmente espacial ('al lado de, al margen de') de adjetivos (*paranormal* '[fenómeno] que no puede ser explicado por la ciencia') y sustantivos (*parapsicología* 'estudio de fenómenos extracientíficos como telepatía y premoniciones') pertenecientes al vocabulario técnico internacional. Se remonta al elemento combinatorio helénico παρα- (var. παρ- ante raíces con vocal inicial) correspondiente a la preposición παρά, del mismo sentido espacial. En ambas lenguas el prefijo ofrece una polisemia compleja, con los sentidos aparentemente contradictorios de proximidad ('al lado de') y desviación ('al margen de'). La contradicción es, sin embargo, sólo aparente, pues lo que se deja a un lado —en sentido propiamente espacial o figurado— queda al margen. Así el derivado *paramilitar* remite a grupos armados cuyas funciones se aproximan a las de los auténticos militares, pero, por no ser autorizados, desarrollan sus actividades al margen de toda regulación.[180]

El prefijo παρα- figura en una veintena de helenismos latinos, de los que los siguientes pasaron al vocabulario culto del castellano:

- *parágrafo* 'párrafo' (1250, anón., *Vidal mayor*, CO) (lat. tard. *paragraphus -ī* < παράγραφος 'marca dibujada en el margen'; cf. γράφω 'escribir')
- *paralelo* '(líneas) equidistantes que no se cruzan nunca' (1250, anón., *Vidal Mayor*, CDH) (lat. *parallēlus* < παράλληλος 'paralelo', 'uno al lado del otro'; cf. ἀλλήλους 'unos a otros)
- *parálisis* 'privación o disminución del movimiento de una o varias partes del cuerpo' (*paralisi*, 1247, anón., *Fueros de Aragón*, CDH; var. *paralisis*, 1254, anón., *Judizios de las estrellas*, CDH) (lat. *paralysis -is* < παράλυσις; cf. λύω 'soltar, desatar')
- *parábola* 'narración con una lección moral' (1400, anón., *Barlaam e Josafat*, CDH), 'curva abierta' (1567, P. Núñez, *Libro de Álgebra*, CO) (lat. *parabola -ae* 'comparación' < παραβολή 'comparación, yuxtaposición'; cf. βάλλω 'tirar, lanzar)
- *paradoja* 'hecho o expresión aparentemente contrarios a la lógica' (*paradoxas*, 1427, E. de Villena, *Traducción y glosas de la Eneida*, CDH) (lat. *paradoxa -ōrum* < (τὰ) παράδοξα, cf. παράδοξος 'contrario a la expectativa'; cf. δόξα 'opinión, expectativa')
- *paradigma* 'ejemplo o ejemplar' (1450, anón., *Las etimologías romanceadas de San Isidoro*, CO) (lat. tard. *paradigma -ātis* 'comparación' < παράδειγμα 'modelo'; cf. δεῖγμα 'muestra')

---

[180] La RAE (2009:729) formula el sentido de la manera siguiente: "El prefijo *para-* expresa que la noción denotada por la base no ha de ser tomada en su sentido estricto, ya que sus propiedades no se cumplen o no se satisfacen por completo."

https://doi.org/10.1515/9783111329369-059

- *paragoge* 'adición de algún sonido al final de una palabra' (1490, A. de Palencia, *Universal vocabulario*, CO) (lat. tard. *paragōgē -ēs* 'prolongación de una palabra', 'adición de un sonido al final de una palabra' < παραγωγή; cf. ἀγωγή 'traslado').
- *paráfrasis* 'frase que expresa el contenido de otra, pero con diferentes palabras' (1585–1604, J. de Arguijo, *Poesías*, CO) (lat. *paraphrasis -is* < παράφρασις, cf. φράσις 'habla', 'modo de hablar')

Es reciente la combinación de *para-* con bases castellanas, pues no se encuentran ejemplos hasta la última década del siglo XIX:
- *paramagnético* 'que es ligeramente atraído por los imanes' (1890, *Anales de la Sociedad Científica Argentina*, vol. 29, GB) (*magnético*)
- *parasimpático* 'que tiene sus centros en los extremos del eje cerebroespinal' (1922, *Archivos de medicina, cirugía y especialidades*, vol. 6, GB) (*simpático*)
- *paramilitar* '(organización civil) dotada de estructura o disciplina de tipo militar' (*-es*, 1939, *Revista de marina*, vol. 24:1, GB) (*militar*)
- *paraestatal* '(organización) que coopera a los fines de un estado sin formar parte de la administración pública' (*para-estatales*, 1950–67, *Legislación del abogado*, CDH) (*estatal*)
- *parapsicología* 'estudio de fenómenos extracientíficos como telepatía y premoniciones' (1969, J. Pinillos, *La mente humana*, CO) (*psicología*)
- *paranormal* '(fenómeno) que no puede ser explicado por la ciencia' (*-es*, 1977, *El País*, 31.08, CDH) (*normal*)
- *parafascista* 'que tiene similitud con los fascistas' (1977, *De la crisis del antiguo régimen*, GB) (*fascista*)
- *paralenguaje* 'medio de comunicación natural que funciona al lado de lo lingüístico' (1980, *Homenaje a Ramón Pérez de Ayala*, GB) (*lenguaje*)
- *parapolicial* '(organización) que realiza funciones propias de la policía al margen de ésta' (1986, *Juventud: Situación y perspectivas*, GB) (*policial*)

A juzgar por los ejemplos aportados por Rainer (1993:352) y el *DEA*, *para-* es plenamente productivo en el español actual: *para-editorial, paracelta, paraetarra, parafeudal, parateatral, paraverbal, paraenfermera, paraestético, parahistoria*.

Nótese que muchos vocablos que comienzan por *para-* no tiene nada que ver con el prefijo helénico *para-*:
- *paraíso* 'cielo de los bienaventurados' (lat. tard. *paradīsus -ī* < παράδεισος; préstamo de avést. *pairi-daēza* 'coto' relacionado con gr. περι- 'alrededor' y τεῖχος 'muro')
- *parabién* 'felicitación' (*para + bien*)
- *parabrisas* 'cristal de automóvil' (*parar + brisa*)

- *paragranizo* 'cobertizo de tela basta que se coloca sobre sembrados para protegerlos del granizo' (*parar* + *granizo*)
- *parafina* 'sustancia derivada del petróleo con aplicaciones industriales' (alem. *Paraffin* < lat. *parum afinis* 'poco afín')
- *parapeto* 'baranda para evitar caídas' (ital. *parapetto* 'a la altura del pecho' < *parare* 'parar' + *petto* 'pecho')

Expresan sentidos parecidos a los de *para-* los prefijos *cuasi-* (*cuasiespiritual* 'en cierto sentido espiritual'), *medio* (*medio muerto* 'casi muerto'), *pseudo-* (*pseudoerudito* 'falso erudito') y *semi-* (*semidifunto* 'casi difunto').

No conocemos ningún estudio monográfico dedicado al prefijo *para-*.

Penta-

Prefijo cuantificador que con el sentido de 'cinco' se remonta al elemento combinatorio helénico πεντα- correspondiente al numeral πέντε 'cinco'. Tanto en griego antiguo como en castellano, el prefijo se combina preferentemente con adjetivos (*pentaesférico* 'que tiene cinco esferas') pero también con sustantivos (*pentacloruro* 'elemento químico que contiene cinco átomos de cloruro en cada molécula'). Se trata de uno de los muchos prefijos cuantificadores de origen griego (*mono-, di-, tri-*) y como tal comparte su función con el homólogo latino *quin-* (cf. lat. *quinque* 'cinco'). Esta raíz se encuentra en cultismos latinos castellanos como *quinquenal* 'que tiene lugar cada cinco años' (*quinquennālis*) y *quinquenio* 'período de cinco años' (*quinquennium -iī*), pero no llega a generar palabras propias en castellano.

Seis latinismos de origen griego se acogen en castellano:
- *pentateuco* 'parte de la Biblia que comprende los primeros cinco libros' (*pentatheuco*, 1275, Alfonso X, *General estoria*, CDH; cf. *pentateuco*, 1275, Alfonso X, *General estoria*, CDH) (*pentateucus* [-um] -ī < πεντάτευχος; cf. τεῦχος 'herramienta')
- *pentágono* 'polígono de cinco lados' (*-a*, 1430–40, A. de la Torre, *Visión deleytable*, CDH) (lat. *pentagōnos* 'de cinco lados' < πεντάγωνος; cf. γωνία 'ángulo')
- *pentámetro* '(verso) de cinco pies' (1450, anón., *Las etimologías romanceadas de San Isidoro*, CO) (lat. *pentametrus* < πεντάμετρος; cf. μέτρον 'medida')
- *pentatlón* 'conjunto de cinco pruebas atléticas' (1626, R. Caro, *Días geniales*, CO) (*pentathlum -ī* < πένταθλον; cf. ἆθλον 'galardón')
- *pentasílabo* 'de cinco sílabas' (*pentesylabo*, 1596, E. López, *Philosofía antigua poética*, CDH; var. *pentasílabo*, 1770, G. Mayans, *Terenciano, o arte métrica*, GB) (lat. *pentasyllabus* < πεντασυλλάβως; cf. συλλαβή 'sílaba')
- *pentacordio* 'lira antigua de cinco cuerdas' (1805, A. de Capmany, *Nuevo diccionario francés-español*, GB) (lat. tard. *pentachordus* 'de cinco cuerdas' < πεντάχορδος; cf. χορδή 'cuerda de tripa (de un instrumento musical)', 'nota musical')

Otros helenismos entran al castellano sin la mediación del latín:
- *pentagrama* 'pentáculo, estrella de cinco puntos' (1729, *Diccionario de la lengua castellana*, GB; cf. *pentagramo*, 1589, J. de Pineda, *Diálogos familiares de la agricultura*, CO) (πεντάγραμμον; cf. γράμμα 'letra')
- *pentarquía* 'gobierno formado por cinco personas' (1886, J. Valera, *Carta de 1 de julio*, CDH) (πενταρχία; cf. ἄρχω 'mandar, gobernar')

Es neohelenismo *pentaedro* 'poliedro de cinco caras' (1788, E. de Terreros, *Diccionario castellano*, GB) (*penta-* + *-edro* 'cara'; cf. ἕδρα 'asiento, base'), mientras que es neocultismo híbrido *pentavalente* 'que cumple cinco funciones', '(elemento químico) que tiene cinco valencias') (1868, R. Saez, *Tratado de química inorgánica*, GB), dado que combina el griego *penta-* con *-valente* de origen latino (*valens -ntis* 'fuerte').

Los vocablos con *penta-* cuyas bases son palabras independientes en castellano se integran mayoritariamente en los campos de la ciencia y la erudición de ámbito internacional:

- *pentacróstico* 'obra poética de cinco partes en las que el nombre de la clave aparece cinco veces' (1656, F. Modolell, *Justa poética*, GB) (*acróstico*)
- *pentadecágono* '(figura) que tiene quince ángulos y quince lados' (1688, Euclides, *Los seis primeros libros de los Elementos*, GB) (*decágono* '(figura) que tiene diez ángulos')
- *pentatómico* 'que consta de cinco átomos' (1867, A. Wurtz, *Lecciones de filosofía química*, GB) (*atómico*)
- *pentacloruro* 'elemento químico que contiene cinco átomos de cloruro en cada molécula' (1868, *Anales de la Universidad de Chile*, vol. 16, GB) (*cloruro*)
- *pentadecasílabo* 'verso de 15 sílabas' (1891, E. de la Barra, *Nuevos estudios sobre versificación*, GB) (*decasílabo* 'verso de 10 sílabas')
- *pentafolículo* 'que tiene cinco folículos' (1896, B. Lázaro, *Compendio de la flora española*, CO) (*folículo*)
- *pentaesférico* 'que tiene cinco esferas' (1916, J. Rey, *Introducción a la matemática*, CO) (*esférico*)
- *pentatónico* '(estructura musical) que tiene cinco notas' (1921, *Enciclopedia universal ilustrada*, vol. 43, GB) (*tónico* 'relativo a una escala musical')

Sobre los prefijos cuantificadores en general deben consultarse los trabajos de Bajo Pérez (1987), Rodríguez Ponce (2002a), Stehlík (2009) y Felíu Arquiola (2015).

Peri-

Prefijo que con el sentido espacial de 'alrededor' forma sustantivos (*periartritis* 'inflamación de los tejidos que rodean una articulación') y adjetivos (*peribranquial* '[tejido] alrededor de las branquias') en el vocabulario científico. Se remonta al elemento combinatorio helénico περι- correspondiente a la preposición περί 'alrededor de', 'acerca de'.

Se trata de uno de los prefijos más productivos del griego antiguo, aplicable sobre todo a verbos, pero también a sustantivos y adjetivos. La mayoría de los primeros helenismos con *peri-* que aparecen a partir del siglo XV entran al castellano por mediación del latín. Son sustantivos que se concentran en los campos de la biología y la retórica:

- *peripleumonía* 'inflamación de los pulmones' (*peripleumonia*, 1400–1500, anón., *Traducción del Compendio de la humana salud*, CO) (περιπλευμονία; cf. πλεύμων, var. de πνεύμων 'pulmón')
- *peripatético* 'que sigue la filosofía de Aristóteles (porque Aristóteles paseaba alrededor del jardín mientras reflexionaba o hablaba con sus discípulos)' (*peripathetico*, 1422, A. de Cartagena, *Traducción de De Officiis*, CO) (lat. *peripateticus* < περιπατητικός 'que pasea'; cf. πατέω 'andar')
- *periferia* 'circunferencia' (-s, 1424, E. de Villena, *Exposición del salmo*, CDH) (lat. tard. *peripherīa -ae* < περιφέρεια; cf. φέρω 'llevar')
- *período* 'estructura oracional de dos cláusulas' (1427, E. de Villena, *Traducción y glosas de la Eneida*, CDH) (lat. *peri(h)odos -ī* < περίοδος; cf. ὁδός 'camino')
- *perífrasis* 'circunloquio para expresar un contenido' (1490, A. de Palencia, *Universal vocabulario*, CDH) (lat. *periphrasis -is* < περίφρασις; cf. φράσις 'habla', 'modo de hablar')
- *pericráneo* 'membrana fibrosa que cubre exteriormente los huesos del cráneo' (*pericraneo*, 1493, anón, *Traducción del Tratado de cirujía*, CO) (περικράνιος; cf. κρανίον 'cráneo')
- *perímetro* 'contorno de una superficie' (1578, San Juan de la Cruz, *Fragmento*, CDH) (lat. *perimetros -ī* < περίμετρος; cf. μέτρον 'medida')
- *pericardio* 'envoltura del corazón' (1589, J. de Pineda, *Diálogos familiares de la agricultura*, CO) (περικάρδιον; cf. καρδία 'corazón')
- *pericarpio* 'parte exterior del fruto de las plantas' (1688, B. Ferrer, *Verdad defendida*, GB) (lat. *pericarpum -ī* < περικάρπιον; cf. καρπός 'fruto')

También se atestiguan algunos neohelenismos tempranos, dos de los cuales se aplican a la biología:

- *perisístole* 'intervalo entre la sístole y la diástole' (1737, *Diario de los literatos de España*, vol. 1, GB) (lat. tard. *systole* < συστολή; cf. συστέλλω 'contraer' < συν- 'con' + στέλλω 'colocar')
- *perihelio* 'punto de la órbita de un planeta más cercano a una estrella' (1744, G. Ricciolio, *Tablas philipicas*, GB) (ἥλιος 'el Sol')
- *perispermo* 'tejido de reserva de algunas semillas' (1800, *Anales de historia natural*, vol. 2, GB) (σπέρμα 'semilla')
- *periscopio* 'instrumento óptico que gira y permite ver objetos que no están en la línea directa de visión' (1870, *Revista de España*, vol. 16, GB) (σκοπέω 'examinar')

El primer ejemplo con *peri-* con base propiamente castellana aparece ya en el siglo XVIII. La productividad del prefijo desde esa época ha crecido de forma lenta, pero constante, acentuándose la tendencia a aplicarse al vocabulario de la biología:
- *periciclo* 'capa periférica del cilindro central del tallo o raíz' (1757, T. Tosca, *Compendio mathematico*, GB) (*ciclo*)
- *perilinfa* 'líquido contenido entre el laberinto membranoso y el óseo del oído interno' (1842, J. de Prada, *Novísimo manual de anatomía general*, GB) (*linfa*)
- *periespíritu* 'envoltura semimaterial del espíritu que une a este con el cuerpo' (1864, A. Flores, *Ayer, hoy y mañana*, GB) (*espíritu*)
- *periartritis* 'inflamación de los tejidos que rodean una articulación' (1865, *Anuario de medicina y cirugía prácticas*, vol. 1, GB) (*artritis*)
- *peribranquial* '(tejido) alrededor de las branquias' (1869, *Anuario de medicina y cirugía prácticas*, vol. 5, GB) (*branquial*)
- *peribucal* '(tejido) alrededor de la boca' (1875, *Anales de la Asociación Larrey*, vol. 1, GB) (*bucal*)
- *periganglionar* '(tejido) alrededor de los ganglios' (1876, G. Marañón, *Manual de diagnóstico*, CO) (*ganglionar*)

Esta tendencia se mantiene en el vocabulario actual a juzgar por los ejemplos siguientes registrados en el *CREA* (1975–2004):[181]
- *perianal* 'situado o que tiene lugar alrededor del ano' (1943, G. Marañón, *Manual de diagnóstico*, CDH) (*anal*)
- *perinatal* 'que procede o sigue inmediatamente al nacimiento' (1964, M. Díaz, *Lecciones de patología*, CO) (*natal*)

---

[181] Nótese que, en algunas palabras, la secuencia inicial *peri-* no es prefijal: *periforme* 'de forma de pera' (*pera* + -*i*- [vocal de unión] + -*forme*), *perilustre* 'muy ilustre' (lat. *perillustris*, en el que *per-* es intensivo), *peripuesto* (*per-* intensivo + -*i*- + *puesto*), *perifollo* 'planta herbácea' (ant. *cerifolio*, influido por *perejil*).

- *perineural* '(tejido) alrededor de las neuronas' (1964, M. Díaz, *Lecciones de patología*, CO) (*neural*)
- *perimundo* 'el contorno, el mundo alrededor' (1966, J. López, *Las neurosis*, CO) (*mundo*)

Peri- comparte el sentido de 'alrededor de' con el cultismo latino *circun-*, que también se emplea en el vocabulario médico: cf. *circuncorneal* 'alrededor de la córnea', *circumpupilar* 'alrededor de la pupila'. Sin embargo, *circun-* es de aplicación mucho más general que *peri-*, cf. *circunsolar* 'que orbita alrededor del sol', *circumalpino* 'alrededor de los Alpes', *circumpolar* 'que está alrededor del polo'.

No conocemos ningún estudio monográfico dedicado al prefijo *peri-*.

Pluri-

Prefijo cuantificador que con el sentido de 'multiplicidad' se emplea para producir casi exclusivamente adjetivos cuyas bases adjetivas están a su vez basadas en sustantivos (p. ej., *pluriserial* ← *serial* ← *serie*). Surge a mediados del siglo XIX en el vocabulario científico y técnico, pero a partir del siglo XX goza de una difusión más general. Se remonta al lat. *plūri-*, forma combinatoria correspondiente al adverbio *plūs, plūris* 'más', 'más que'.

Plūri- únicamente forma parte de tres vocablos latinos, todos adjetivos denominativos:[182]
- *plūriformis* 'de muchas formas' (*forma -ae* 'forma')
- *plūrilaterus* 'de muchos lados' (*lātus -eris* 'lado')
- *plūrivocus* 'polisémico' (*vox, vōcis* 'voz')

De estos tres derivados latinos sólo *pluriforme* (1755, J. Benigne Bossuet, *Historia de las variaciones de las yglesias protestantes*, GB) se adopta en castellano como cultismo latino, aunque también encontramos *plurilateral* (1889, F. Sánchez, *Estudios de derecho civil*, GB), forma resufijada de *plūrilaterus*.

También contamos con unos cuantos neolatinismos:[183]
- *plurivalente* 'polivalente' (-s, 1881, *Anales de la instrucción pública*, Colombia, vol. 3, GB) (cf. *valens -ntis* 'que vale')
- *plurilingüe* 'multilingüe' (1908, F. Fálquez, *Lujo de pobres*, GB) (cf. *bi-, tri-linguis* 'con dos/tres lenguas')
- *pluriversal* 'de muchos universos' (1912, P. Figari, *Arte, estética, ideal*, GB) (-*versal*, extraído de *universal*)
- *plurimembre* 'que consta de varios miembros' (-s, 1944, *Bibliografía hispánica*, vol. 4, GB) (cf. *bi-, trimembris* 'de dos/tres miembros')

A mediados del siglo XIX comienzan a aparecer vocablos con *pluri-* cuyas bases son palabras independientes en castellano, siempre adjetivos derivados de sustantivos, en obras dedicadas a las ciencias naturales. En esta época aparecen los derivados siguientes:[184]

---

[182] *Plūrifărius*, igual que su sinónimo *multifărius* 'extensivo', son formaciones regresivas creadas sobre el adverbio *bifăriam* 'en dos lugares', 'de dos maneras'.

[183] El influjo del francés sobre el lenguaje científico y técnico del castellano en el siglo XIX se delata en el hecho de que tres de estas palabras se atestiguan primero en francés: *plurimembres* (1815), *plurilatérale* (1867), *plurilingue* (1897).

[184] El hápax *(parto) plurillizo* 'parto múltiple', que el CORDE registra en 1589, es un ejemplo muy temprano de la formación de palabras por cruce (*pluri-* + *(me)llizo, (tri)llizo*).

- *pluriserial* 'de múltiples series o filas' (*-es*, 1845, C. Gay, *Historia física y política de Chile*, vol. 1, GB) (*serial*)
- *pluriovulado* '(ovarios) con múltiples óvulos' (1845, C. Gay, *Historia física y política de Chile*, vol. 2, GB) (*ovulado*)
- *pluriarticulado* 'de varias articulaciones' (1848, R. J. Domínguez, *Diccionario general o gran diccionario clásico de la lengua española*, GB) (*articulado*)
- *plurinerviado* '(planta) de múltiples nervios' (*-a*, 1849, C. Gay, *Historia física y política de Chile*, vol. 5, GB) (*nervado*)
- *pluricelular* 'multicelular' (*-es*, 1853, C. Gay, *Historia física y política de Chile*, vol. 6, GB) (*celular*)
- *pluriglandular* 'de varias glándulas' (1859, *El especialista: Revista quincenal*, vol. 1, GB) (*glandular*)
- *pluripolar* 'multipolar' (*-es*, 1891, *El siglo médico*, vol. 38, GB) (*polar*)

El flujo de palabras técnicas continúa en los siglos XX y XXI. Aunque en la actualidad ya no están tan restringidas al campo de la ciencia, se trata todavía de vocablos de un registro erudito:[185]

- *pluridimensional* 'de muchas dimensiones' (1879, *Anales de la Real Academia Nacional de Medicina*, vol. 90, GB) (*dimensional*)
- *pluriverbal* 'de muchas palabras' (*-es*, 1912, J. Juncal Verdulla, *Elementos de ciencia gramatical de la lengua hispanoamericana*, GB) (*verbal*)
- *plurisecular* 'multisecular' (1925, J. Subirá, *Músicos románticos*, GB) (*secular*)
- *plurinacional* 'multinacional' (1947, *Revista de América*, vols. 25–10, GB) (*nacional*)
- *plurifuncional* 'multifuncional' (1976, S. Mennell, *Política cultural en las ciudades*, GB) (*funcional*)
- *pluriétnico* 'multiétnico' (1986, INEGI, *Taller nacional de evaluación del Censo General de Población y Vivienda*, vol. 2, GB) (*étnico*)
- *plurideficiente* 'deficiente en muchos aspectos' (*-s*, 1986, Ministerio de Educación y Ciencia, *La educación y el proceso autonómico*, GB) (*deficiente*)
- *pluricultural* 'multicultural' (1993, L. Benítez, *Culturas ecuatorianas*, GB) (*cultural*)

Finalmente, notamos que *pluri-* se usa por primera vez en esta época para formar sustantivos:[186]

---

[185] También aquí tienen bases adjetivas todos los derivados, pero en dos casos (*plurisecular* y *plurideficiente*) estas bases no tienen bases sustantivas (por lo menos en español).

[186] Es decir, en estos casos no se atestiguan o no se atestiguan anteriormente adjetivos correspondientes, tal como se registran para *pluricarencia* (1943, G. Marañón, *Manual de diagnóstico*, CO), forma sustantivada de *pluricarente* (1941, *Actas y trabajos*, vol. 4, GB) y *plurivalor* (1965, J. García,

- *pluriaptitud* 'aptitud múltiple' (1952, *Estudios hispánicos: homenaje a Archer Huntington*, GB) (*aptitud*)
- *pluriempleo* 'situación donde una sola persona desempeña varios empleos' (1970, R. Lapesa, *Discurso de contestación*, CO) (*empleo*)

En su sentido y uso, *pluri-* es casi idéntico a *multi-*, prefijo también de origen latino, lo cual explica que compartan algunas bases: cf. *pluri-/multinacional, pluri-/multifuncional, pluri-/multisecular, pluri-/multiétnico*. Otro prefijo que expresa multiplicidad es *poli-* (*politécnico* 'que abarca muchas ciencias o artes'), pero *poli-* difiere de *pluri-* y *multi-* por ser de origen helénico y por aplicarse con frecuencia a sustantivos (*politeísmo* 'creencia en varios dioses').

De los prefijos cuantificadores se ocupan Bajo Pérez (1987), Rodríguez Ponce (2002), Stehlík (2009) y Felíu Arquiola (2015).

Teoría de los contenidos, CO), que corresponde al adjetivo *plurivalente* (1881, *Anales de la instrucción pública*, Colombia, vol. 3, GB).

Poli-

Prefijo cuantificador perteneciente al vocabulario científico internacional que indica la multiplicidad de alguna entidad o cualidad en derivados adjetivos (*politécnico* 'que abarca muchas ciencias o artes') y sustantivos (*politeísmo* 'creencia en varios dioses'). Se remonta a la forma combinatoria helénica πολυ- correspondiente al adjetivo πολύς 'mucho'.

Πολυ- se transfiere a la lengua latina como componente de préstamos helénicos, en los que tiene la forma *poly-*. Algunos de estos se trasladan al castellano entre los siglos XIII y XVIII; cf. la lista siguiente, en la que sólo *polisílabo* es transparente:
- *polímita* 'vestido tejido de muchos colores' (*polimita*, 1275, Alfonso X, *General estoria*, CO) (lat. *polymitus* 'tejido de hilos multicolores' < πολύμιτος; cf. μίτος 'urdimbre')
- *polipodio* 'especie de helecho' (1381–1418, anón., *Sevillana medicina*, GB) (lat. *polypodion -iī* < πολυπόδιον; cf. πούς, ποδός 'pie')
- *polígono* 'porción de plano limitada por líneas rectas' (1563, Dioscórides, *Pedacio Dioscorides Anazarbeo, acerca de la materia medicinal*, GB) (lat. *polygōnos -on* < πολύγωνος; cf. γωνία 'ángulo')
- *poligamia* 'régimen familiar que permite la pluralidad de cónyuges' (1636, C. Gómez, *León prodigioso*, CO) (lat. med. *polygamia -ae* < πολυγαμία; cf. γάμος 'matrimonio, boda')
- *polisílabo* 'que tiene más de dos sílabas' (1780, F. Cormon, *Sobrino aumentado o nuevo diccionario*, GB) (lat. med. *polysyllabus* < πολυσύλλαβος; cf. lat. *syllaba -ae* 'sílaba' < συλλαβή)

El helenismo castellano más antiguo para el que no hay equivalente latino es *poliarquía* 'gobierno de varias personas de idéntico rango' (1384–1396, J. Fernández de Heredia, *Traducción de Tucídides*, CO) (πολυαρχία; cf. ἄρχω 'mandar, gobernar'). A partir del siglo XVI se multiplican los ejemplos, que generalmente forman parte del vocabulario internacional de la ciencia y la erudición:
- *poligrafía* 'arte de escribir por modos secretos, con códigos' (1590, D. Álava, *El perfecto capitán*, CDH) (πολυγραφία 'acción de escribir mucho'; cf. γράφω 'escribir')
- *poliedro* 'sólido limitado por superficies planas' (1689, varios autores, *Elementos geométricos de Euclides*, GB) (πολύεδρος 'que tiene muchas bases'; cf. ἕδρα 'asiento, base')
- *polígloto* '(persona) versada en varias lenguas' (1737, *Diario de los literatos de España*, vol. 3, GB) (πολύγλωττος; cf. γλῶττα, variante ática de γλῶσσα 'lengua', 'idioma')

- *poliandria* 'estado de la mujer casada con dos o más hombres' (1806, J. Gutiérrez, *Práctica criminal de España*, vol. 3, GB) (πολυανδρία; cf. ἀνήρ, ἀνδρός 'varón')
- *policéfalo* 'que tiene varias cabezas' (1823, *Diccionario de ciencias médicas*, vol. 18, GB) (πολυκέφαλος; cf. κεφαλή 'cabeza')
- *poliadelfo* 'relativo al estambre que tiene soldado su filamento a otros' (1847, C. Gay, *Historia física y política de Chile*, vol. 3, GB) (πολυάδελφος 'que tiene muchos hermanos'; cf. ἀδελφός 'hermano')
- *polimorfo* 'que tiene distintas formas' (1847, C. Gay, *Historia física y política de Chile*, vol. 3, GB) (πολύμορφος; cf. μορφή 'forma')

Entre los neohelenismos con *poli-* figuran los siguientes:
- *polinomio* 'expresión compuesta de dos o más términos algebraicos' (1758, T. Cerda, *Liciones de mathematica*, GB) (νόμος 'ley, norma')
- *poligenista* 'que admite varios orígenes de la especie humana' (1863, *El pabellón médico*, vol. 3, GB) (γένος 'nacimiento, linaje')
- *polimetría* 'variedad de metros en una misma composición poética' (1890, D. Donadíu, *Diccionario de la lengua castellana*, GB) (μέτρον 'medida')
- *polisemia* 'pluralidad de significados' (1894, *Diccionario enciclopédico hispano-americano*, vol. 15, GB) (σῆμα 'marca, señal')

Comienzan a aparecer vocablos con *poli-* cuyas bases son palabras independientes en castellano a finales del siglo XVII. Destaca el primero de estos, *polifacético*, tanto por su fecha temprana como por su base de origen latino. Las demás bases se distribuyen equilibradamente entre latinos y helénicos:[187]
- *polifacético* 'que ofrece varias facetas, aspectos, o aptitudes' (1680, C. de Sigüenza, *Teatro de virtudes políticas*, CO) (*faceta*)
- *politeísmo* 'creencia en varios dioses' (1758, J. de Isla, *Historia del famoso predicador*, CO) (*teísmo*; cf. gr. πολυθεία 'politeísmo'; θεός 'dios')
- *politécnico* 'que abarca muchas ciencias o artes' (1817, A. de Capmany, *Nuevo diccionario francés-español*, GB) (*técnico*)
- *policlínico* 'dicho de un establecimiento sanitario' (1822, F. Broussais, *Principios fundamentales de la medicina fisiológica*, GB) (*clínico*)
- *policéntrico* 'que tiene varios centros' (1834, P. Morell, *Investigaciones filosófico-políticas*, GB) (*céntrico*)

---

[187] El elemento inicial de *polivinilo* 'sustancia que se obtiene mediante la polimerización del vinilo' (1935, *Enciclopedia universal ilustrada*, GB) no es propiamente el prefijo *poli-*, sino un acortamiento de *polímero*.

- *polisintético* '(lengua) que contiene palabras de muchas sílabas formadas por la unión de diversas partes de la frase' (1863, P. Monlau, *Del arcaísmo y el neologismo*, CO) (*sintético*)
- *policelular* 'que tiene más de una célula' (1872, J. Vilanova, *La creación: historia natural*, vol. 1, GB) (*celular*)
- *polineurálgico* 'relativo a la inflamación simultánea de varios nervios periféricos' (1876, E. Martín, *Manual de patología*, CO) (*neurálgico*)
- *polinuclear* 'que tiene varios núcleos' (1897, *Gaceta médica catalana*, vol. 20, GB) (*nuclear*)
- *polifuncional* 'que tiene varias funciones' (1912, J. Juncal Verdulla, *Elementos de ciencia gramatical*, GB) (*funcional*)
- *policopiado* 'multicopiado' (-*ada*, 1913, F. González, *Traducción de Ideas modernas acerca de los niños*, CO) (*copiado*)
- *policultivo* 'práctica de admitir múltiples cultivos en la misma superficie' (1927, *El sistema de escuela rurales en México*, GB) (*cultivo*)
- *polifocal* 'que tiene más de un foco' (1930, *Misión de Estudios de Patología Regional Argentina*, vol. 41–50, GB) (*focal*)

Hoy en día el prefijo *poli-* es especialmente productivo en el vocabulario de la química. Aun limitando nuestra búsqueda en el *CREA* (1975–2004) a los derivados con bases en *b-*, encontramos varios tecnicismos químicos: cf. *polibencénico*, *polibenzilmidazol*, *polibromado*, *polibutadieno* y *polibutileno*.

Poli- compite con los dos prefijos de origen latino *pluri-* y *multi-*, que también denotan multiplicidad y se utilizan en la terminología científica, pero *poli-* difiere de *pluri-* y *multi-* por ser de origen helénico y por aplicarse con frecuencia a sustantivos.

Sobre los prefijos cuantificadores pueden consultarse los trabajos de Bajo Pérez (1987), Rodríguez Ponce (2002), Stehlík (2009) y Felíu Arquiola (2015).

Pos(t)-

Prefijo culto de sentido primordialmente temporal que indica posterioridad en el tiempo (*posguerra* 'período inmediatamente después de una guerra', *postdiluviano* 'posterior al diluvio universal') pero que también puede tener valor espacial, indicando un lugar detrás de otro (*postdorso* 'parte posterior del dorso de la lengua'). Los dos alomorfos del prefijo, *pos-* y *post-*, se remontan al prefijo latino *post-* correspondiente al adverbio y preposición de idéntica forma y sentido.

La Academia Española recomienda el uso del alomorfo *pos-* en casi todos los casos, incluso ante bases que comienzan por vocal (*posoperatorio* 'período inmediatamente después de una intervención quirúrgica'), pero al mismo tiempo admite las grafías con *post-* en todos los casos.[188] Incluso recomienda la Academia que se use el alomorfo *post-* ante bases que comienzan por *s-* (*postsocialismo*). Lo cierto es que, como muestran nuestras consultas de los bancos de datos más habituales, no hay prácticamente ningún derivado con *pos-* al que no le corresponda un equivalente con *post-*; por otra parte, sí hay derivados con *post-* que carecen de variantes con *pos*.[189]

En latín se encuentran tanto *posmerīdiānus* como *postmerīdiānus* 'que tiene lugar después del mediodía' (*merīdiānus* 'del mediodía'), pero en todos los demás casos se admite sólo *post-*. *Post-* se combina con verbos (*postveniō -īre* 'venir después', 'quedarse atrás' ← *veniō -īre* 'venir'), participios (*postgenitus* 'nacido después' ← *genitus*, part. pas. de *gignō -ere* 'nacer'), sustantivos (*postprincipium -iī* 'secuela, continuación' ← *principium -iī* 'comienzo'), adjetivos (*postmerīdiānus*) y adverbios (*postmodo* 'después' ← *modo* 'en seguida').

De la veintena de palabras latinas con *post-* sólo tres pasan al castellano. En todas ellas el prefijo tiene sentido temporal:
- *posponer* 'poner después de' (*pospusieron*, 1236, G. de Berceo, *Vida de Santo Domingo*; var. *postpongamos*, 1236–46, G. de Berceo, *Loores de nuestra señora*, CO) (*postpōnō -ere*)

---

[188] https://www.rae.es/duda-linguistica/el-prefijo-se-escribe-pos-o-post (consultado 26/04/2023)
[189] En su estudio de 2021, Montero Curiel identifica correctamente, a nuestro parecer, el muy raro alomorfo diacrónico *pes(t)-* como reducción del diptongo *pues(t)-* resultante de la /o/ breve latina de *pos(t)-*. Este alomorfo se encuentra en solo cinco palabras hoy completamente opacas, a saber, *pestorejo* 'parte posterior del pescuezo', *pescuezo* 'parte del cuerpo del animal desde la nuca hasta el tronco', *pespunte* 'labor de costura que se hace volviendo la aguja hacia atrás', *pescuño* 'cuña gruesa y larga' y *pescola* 'punta de surco'. Montero Curiel consigue encontrar variantes con *pues-* para los tres primeros vocablos.

https://doi.org/10.1515/9783111329369-064

- *postmeridiano* 'relativo a la tarde' (*-as*, 1551, M. Cortés, *Breve compendio de la esfera*, CO; var. *posmeridiano*, 1614, G. Gallucci, *Theatro y descripción del mundo*, GB) (*postmerīdiānus*)
- *posliminio* 'reintegración de un ciudadano despúes de haber sido él prisionero de un enemigo' (1626, J. Barclay Argenis: *A don Antonio de Negro*, GB; var. *postliminio*, 1550, J. de Arce, *Coloquios de Palatino*, CDH) (*postliminium -iī*)

De los dos neolatinismos registrados, uno tiene sentido espacial y el otro temporal:
- *posdata* 'escrito añadido a una carta concluida' (1619, L. Cabrera, *Historia de Felipe II*, CO) (*data*, forma plural de *datum* 'lo dado')
- *postcomunio* 'oración dicha después de la comunión' (1886, E. Pardo Bazán, *Los pazos de Ulloa*, CO) (*communio -onis* 'comunión')

La productividad de *pos(t)-* en castellano arranca ya en época muy temprana. De estos derivados, sólo en *posmorir* y *posguerra* el prefijo tiene valor temporal; en los demás tiene valor espacial:
- *postpierna* 'muslo (trasero) de las caballerías' (1275, anón., *Libro de los caballos*, CO; var. *pospiernas*, 1386, P. López de Ayala, *Libro de la caça*, CDH) (*pierna*)
- *en pospunta* 'en posición diagonal' (1283, Alfonso X, *Libro de ajedrez*, CO; var. *en postpunta*, ibid.) (*punta*)
- *posmorir* 'morir después' (1508, F. de Ávila, *La vida y la muerte*, CO, der. *postmuerte* 'muerte posterior', 1635, F. de Quevedo, *La hora de todos*, CO) (*morir*)
- *posbraquial* 'relativo a la parte de la mano entre el brazo y los dedos' (*posbrachial*, 1551, B. de Montaña, *Anothomía*, CO) (*braquial* 'relativo al brazo')
- *posguerra* 'período inmediatamente después de una guerra' (1586, *Crónica llamada el triu[n]pho de los nueve p[re]ciados*, GB; var. *postguerra*, 1859, B. Camm, *El viaje del "Pax"*, GB) (*guerra*)

A partir de finales del siglo XVIII hasta la actualidad, la producción castellana con *pos(t)-* se limita a sustantivos y adjetivos en los que es preponderante el sentido temporal. Son excepciones por tener valor espacial *postcerebro* y *postvertebral*:
- *postdiluviano* 'posterior al diluvio universal' (1762, M. de la Giga, *Estafeta de Londres*, GB; var. *posdiluviano*, 1776, *El philotheo*, vol. 2, GB) (*diluviano*)
- *post-aloja* 'postre que se come con la aloja' (1775, Concolorcorvo, *El Lazarillo de ciegos*, CO) (*aloja* 'bebida compuesta de agua, miel y especias')
- *posfecha* 'fecha posterior a la verdadera' (1836, M. Ferrer, *Diccionario manual castellano-catalán*, GB) (*fecha*)
- *postpretérito* 'condicional simple' (1841, A.Bello, *Análisis ideolójica de los tiempos de la conjugación*, GB; var. *pospretérito*, 1870, *Compendio de gramática castellana*, GB) (*pretérito*)

– *post-latino* 'posterior al período latino' (-*a*, 1863, P. Monlau, *El arcaísmo y el neologismo*, CO) (*latino*)
– *postcerebro* 'parte posterior del cerebro' (1870–1901, J. Calleja, *Compendio de anatomía*, CO) (*cerebro*)
– *postvertebral* 'situado tras las vértebras' (1870–1901, J. Calleja, *Compendio de anatomía*, CO) (*vertebral*)
– *postoperatorio* 'período inmediatamente después de una intervención quirúrgica' (1898, *Revista de medicina y cirugía prácticas*, vols. 42–43, GB; var. *posoperatorio*, 1919–36, G. Marañón, *Climaterio de la mujer y el hombre*, GB) (*operatorio*)

En la actualidad los derivados suelen tener carácter temporal y designan períodos históricos, corrientes artísticas e incluso eventos comerciales y mecánicos:[190]
– *posimpresionismo* 'corriente artística surgida a finales del siglo XIX como reacción al impresionismo' (1943–74, Á. Augier, *Prosa varia*, CO) (*impresionismo*)
– *poscombustión* 'combustión suplementaria en los turborreactores' (1956, *Revista de aeronáutica*, vol. 16, GB, snippet) (*combustión*)
– *posconcilio* 'época posterior a un concilio' (1970, R. Lapesa, *Discurso de contestación*, CDH) (*concilio*)
– *pos(t)franquismo* 'período histórico inmediatamente posterior al gobierno del general Franco' (ambos, 1976, *El País*, 05.05, CDH) (*franquismo*)
– *postcomunismo* 'período histórico que comienza en la década de 1980 con la caída de la mayoría de los regímenes comunistas de Europa' (1994, *La Vanguardia* 30.09, CR) / *poscomunismo*, 1997, *El Salvador hoy*, 13.04) (*comunismo*)

El sentido espacial es característico de los términos científicos:[191]
– *postdorso* 'parte posterior del dorso de la lengua' (1918–32, T. Navarro, *Manual de pronunciación*, CO) (*dorso*)
– *postpaladar* 'parte posterior del paladar' (1918–32, T. Navarro, *Manual de pronunciación*, CO) (*paladar*)
– *postcorneal* 'parte del ojo por detrás de la córnea' (1921, S. Ramón y Cajal, *Las sensaciones de las hormigas*, CO) (*córnea*)

Pos(t)- es dominante sobre los otros prefijos castellanos que denotan posterioridad en el tiempo: cf. *trasnochar* 'pasar la noche sin dormir', *retropróximo* 'anterior en

---

[190] Palabras como *postverbal* 'derivado a partir de un verbo' (1959, J. Oliver, *Historia del nombre* Madrid, CDH) (*verbal*) combinan la idea de posterioridad con el de origen.
[191] *Pos(t)fijo* '(elemento lingüístico) colocado después del morfema con que se combina' es un derivado regresivo a partir de palabras como *sufijo*, *prefijo* y *afijo*.

el tiempo'. En el sentido de 'resurgimiento de movimientos políticos o religiosos', *pos(t)-* compite con los prefijos *retro-* (*retrofranquista* 'caracterizado por un retorno al franquismo') y *neo-* (*neofranquismo* 'resurgimiento del franquismo'). En un nivel más general, *pos(t)-* se opone a su antónimo *pre-* (*prehistoria* 'período de la humanidad anterior a todo documento escrito') y también *ante-* (*anteayer* 'el día antes de ayer'), aunque hoy en día *ante-* suele funcionar más bien como prefijo de valor espacial.

Martín García (2012) ofrece una caracterización sincrónica muy detallada de este prefijo.

Pre-

Prefijo muy productivo que señala sobre todo anterioridad temporal, en derivados verbales (*precautelar* 'prevenir para evitar un peligro o riesgo'), sustantivos (*prehistoria* 'período de la humanidad anterior a todo documento escrito') y adjetivos (*prefabricado* 'montado una construcción por partes fabricadas previamente'). También puede tener valor espacial (*predorso* 'parte anterior del dorso'). Se remonta al prefijo latino *prae-* (correspondiente a la preposición *prae*) que se combina preferentemente con bases verbales[192] y participiales para expresar anterioridad en el espacio y en el tiempo. Ante adjetivos *prae-* señala la intensificación de una cualidad: 'que está por delante de los otros individuos en esa cualidad'. Todos estos sentidos están representados en los latinismos con *pre-* que aparecen en castellano a partir del siglo XIV:[193]

Local
- *preeminente* 'que está más elevado' (1350, anón., *Traducción de la Historia de Jerusalem*, CDH) (lat. tard. *praeeminens -ntis*)

Temporal
- *predecir* 'anunciar algo que ha de suceder' (*prediga*, 1246, G. de Berceo, *Los milagros de Nuestra Señora*, CDH) (*praedīcō -ere* 'decir antes, profetizar')
- *precaver* 'prevenir un riesgo' (1549, J. de Urrea, *Traducción de Orlando furioso*, CO) (*praecaveō -ēre*)
- *precaución* 'cautela' (1509, anón, *Sucesos del año 1509*, CO) (lat. tard. *praecautiō -ōnis* < *praecautus*, part. pas. de *praecaveō*)
- *prefijo* 'fijado anticipadamente' (1528, J. Justiniano, *Instrucción de la mujer cristiana*, CDH) (*praefīxus*, part. pas. de *praefīgō -ere* 'fijar por delante')[194]
- *preconocer* 'conocer anticipadamente' (1620–1623, J. Ruiz Alarcón, *El dueño de las estrellas*, CO) (*praecognoscō -ere*)

---

[192] En latín, *prae-* participa de la derivación parasintética: cf. *praegradō -āre* 'encabezar, ir al frente de' (*gradus -ūs* 'paso'), *praelumbō -āre* 'golpear en el lomo, deslomar' (*lumbus -ī* 'lomo').
[193] Ver Stotz (2000) para la historia y productividad de *prae-* en el latín medieval. Divide su presentación entre derivados verbales (412–413) y nominales (424–425).
[194] Más tarde se sustantiviza este adjetivo con el sentido de 'morfema que se antepone a una base para derivar una nueva palabra' (1856, P. Monlau, *Diccionario etimológico*, GB).

https://doi.org/10.1515/9783111329369-065

Intensivo
- *preclaro* 'ilustre' (1385, J. Fernández de Heredia, *Gran crónica de España*, III, CO) *(praeclārus* 'muy claro, luminoso')
- *prepotente* 'más poderoso que otros' (1424–1520, anón., *Cancionero de Juan Fernández*, CO) *(praepotens -ntis)*
- *predominante* 'que prevalece, prepondera' (1427–28, E. de Villena, *Traducción y glosas de la Eneida*, CO) *(praedominans -ntis)*

En fecha muy temprana el castellano comienza a generar derivados propios con *pre-*. Aquí también dominan los derivados verbales o posverbales (excepciones: *predorso, prehistoria*) con una clara concentración en la acepción temporal (excepciones: *predorso, premolar*) y una falta completa de derivados con sentido intensivo:
- *preinserto* 'que se ha insertado antes' (1446, anón., *Concesiones de don Juan Mur Pedro Longás*, CO) *(inserto)*
- *prepasado* 'ya pasado' *(prepassado*, 1612, A. de Villadiego, *Instrucción política*, GB) *(passar* 'pasar')
- *preanunciar* 'anunciar previamente' (1639, anón., *Relación de la fiesta y octavario*, CO) *(anunciar)*
- *precautelar* 'prevenir para evitar un peligro o riesgo' (1682, I. Meléndez, *Tesoros verdaderos de las Yndias*, vol. 3, GB) *(cautelar* 'prevenir')
- *preconcebido* 'formado sin juicio crítico o experiencia' (*-as*, 1739, B. Feijoo, *Theatro crítico universal*, CDH) *(concebido)*
- *preestablecer* 'establecer con anterioridad' (1817, A. de Capmany, *Nuevo diccionario francés-español*, GB) *(establecer)*
- *predorso* 'parte anterior del dorso' (1823, M. Hurtado, *Suplemento al diccionario de medicina*, GB) *(dorso* 'parte superior y convexa de un órgano')
- *preconcepción* 'preconcepto' (1835, J. Virey, *Historia natural del jénero humano*, vol. 3, GB) *(concepción)*
- *prehistoria* 'período de la humanidad anterior a todo documento escrito' (1876, B. Pérez Galdós, *Doña Perfecta*, CO) *(historia)*
- *prefabricado* 'montado una construcción por partes fabricadas previamente' (1883–1954, E. Rodríguez, *Apuntes diversos*, CO) *(fabricar)*
- *premolar* 'muela cuya raíz es más sencilla que la de las otras muelas' (1890, *Boletín del Instituto Geográfico*, Argentina, vol. 11, GB) *(molar)*

En la actualidad, además de ser notablemente productivo, el prefijo *pre-* se concentra casi exclusivamente en la derivación de sustantivos y adjetivos con sentido temporal.

Son típicos de los derivados sustantivos los siguientes, entre los que probablemente figuran unos anglicismos (*precondición, preproducción*):

– *preguerra* 'período inmediatamente anterior a una guerra' (*pre-guerra*, 1958, C. Sentis, *ABC*, 09.07, CDH) (*guerra*)
– *precondición* 'condición previa' (*-diciones*, 1963–79, J. Maravall, *Las comunidades de Castilla*, CO) (*condición*)
– *precomunismo* 'período anterior al advenimiento del comunismo' (1995, *La Vanguardia*, 30.06, CR) (*comunismo*)

También son comunes los sustantivos con base verbal para denotar el nombre o resultado de una acción:
– *predescubrimiento* 'período antes de un descubrimiento' (1940, S. de Madariaga, *Vida del muy magnífico señor don Cristóbal Colón*, CDH) (*descubrimiento*)
– *preproducción* 'fijación de elementos de una presentación' (1989, *ABC*, 15.06, CDH) (*producción*)
– *presalida* 'período inmediatamente antes de la salida' (1994, *La Vanguardia*, 29.12, CR) (*salida*)

Los derivados adjetivos incluyen los siguientes:
– *prevertebral* 'situado ante las vértebras' (1870–1901, J. Calleja, *Compendio de anatomía*, CO) (*vertebral*)
– *prehispánico* 'dicho de América: anterior a la conquista y colonización españolas' (*-os*, 1892, J. Valera, *La Atlántida*, CDH) (*hispánico*)
– *preoperatorio* 'que se produce antes de una intervención quirúrgica' (1919–36, G. Marañón, *Climaterio de la mujer*, CO) (*operatorio*)

Los nuevos derivados suelen escribirse sin espacio o con guion; raramente se escriben por separado: *pre aventurera, pre electoral, pre colonial*.

La RAE (2009:692) subraya la rivalidad entre *ante-* y *pre-* en la función temporal (*antediluviano* 'antes del diluvio'), destacando la productividad muy superior de *pre-*. Efectivamente, en la actualidad *pre-* y *ante-* han resuelto su bifuncionalidad compartida, repartiéndose las funciones: *ante-* prevalece en el sentido espacial y *pre-* en el temporal. Evidentemente, *pre-* también se relaciona con *pos(t)-*, prefijo que también expresa los sentidos espacial y temporal, es decir, 'lugar detrás de otro' y 'después de'. Los dos prefijos comparten bases en ambas acepciones: valor espacial en *pre/posdorso, pre/posverbetral* y temporal en *pre/posguerra, pre/posoperatorio, pre/poscomunismo*.

García Sanchez (2017) es un estudio diacrónico de *pre-*, concentrado en la fase latina, mientras que Martín García (2012) es un análisis sincrónico muy detallado.

Pro-

Prefijo calificativo que en muchos latinismos y en la mayoría de los ejemplos castellanos más antiguos designa al suplente de algún funcionario: cf. *provicario* 'en la administración eclesiástica, persona que ayuda a un vicario y lo suple en caso de necesidad'. En esta función se remonta al prefijo latino *prō-*, que como su homólogo prepositivo *prō* expresa los significados de 'movimiento hacia adelante', 'prominencia' y 'suplente o sustituto'. A mediados del siglo XX emerge en español otro sentido, el de 'partidario de' (*pro-democracia*), para el que se ofrecen dos hipótesis etimológicas, una interna y otra externa.

Los vocablos latinos con *pro-* que se adoptan en castellano en fecha temprana atestiguan las tres acepciones latinas:[195]

(ir o extender) hacia adelante
- *proseguir* 'llevar adelante' (1236, G. de Berceo, *Vida de Santo Domingo*, CO) (*prōsequor, quī*)
- *provenir* 'proceder de' (*prouiene*, 1256–63, Alfonso X, *Primera partida*, CDH; var. *pro viene*, 1252–70) (*prōveniō -īre*)
- *procrear* 'engendrar' (*procrea*, 1400–1500, anón., *Traducción del Compendio de la humana salud*, CO) (*prōcreō -āre*)

(dar) prominencia (literal o figurada)
- *proponer* 'manifestar con razones para inducir la adopción de algo' (1218–50, anón., *Fuero de Zorita*, CO) (*prōpōnō -ere*)
- *promover* 'impulsar el desarrollo de algo' (1350, anón., *Traducción de la Historia de Jerusalem*, CO) (*prōmoveō -ēre*)
- *proclamar* 'declarar en alta voz' (1424, E. de Villena, *Tratado de consolación*, CO) (*prōclāmō -āre*)

suplente o sustituto
- *procónsul* 'entre los antiguos romanos, gobernador que sustituye a un cónsul' (1260, anón., *El Nuevo Testamento según el manuscrito escurialense*, CDH; var. *pro consul*, 1270, Alfonso X, *Estoria de España*, CO) (*prōconsul -ulis*)
- *pronombre* 'palabra que hace las veces de un sustantivo' (*pronombres*, 1430–40, A. de la Torre, *Visión deleitable*, CDH) (*prōnōmen -inis*)

---

[195] La categoría no representada en castellano es la de 'antecedente o anterioridad': *prōnepōs -ōtis* 'bisnieto' (*nepōs -ōtis* 'nieto').

Algunos de los poquísimos derivados castellanos anteriores al siglo XX pertenecen a estas mismas categorías. Ejemplifica la primera categoría *propasarse* 'pasar más delante de lo debido' (1391, anón., *Ordinación dada a la ciudad de Zaragoza*, CI) (*pasarse*), mientras que pertenecen a la tercera, la de los suplentes, los vocablos siguientes:[196]
- *provicario* 'en la administración eclesiástica, persona que ayuda a un vicario y lo suple en caso de necesidad' (1658, G. de la Figuera, *Cuberto de Monforte*, GB) (*vicario*)
- *proministro* 'viceministro' (1667, J. de San Bernardo, *Chronica de la vida admirable*, GB) (*ministro*)
- *prosecretario* 'vicesecretario' (1697, A. de Vetancurt, *Chronica de la provincia del Santo Evangelio de México*, GB; var. *pro secretario*, 1492, anón., *Fernando a Pedro García*, CO) (*secretario*)

Hay unos cuantos préstamos concretos cuya secuencia inicial no refleja el lat. *prō-*. Aquí brillan sobre todo los helenismos, pues el griego heredó del indoeuropeo la misma preposición (πρό) y prefijo (προ-) que el latín, con los mismos sentidos. Entre los helenismos más conocidos figuran los siguientes:
- *profecía* 'don sobrenatural de conocer las cosas futuras' (-*s*, 1180, anón., *Auto de los Reyes Magos*, CO) (lat. *prophetia* < προφητεία; cf. προφήτης 'portavoz, profeta'; cf. φημί 'decir')
- *prólogo* 'texto preliminar de un libro' (1240–50, anón., *Libro de Alexandre*, CO) (lat. *prologus -ī* < πρόλογος; cf. λόγος 'discurso')
- *problema* 'dificultad' (-*s*, 1400, *Cancionero castellano del siglo XV*, CDH) (πρόβλημα 'cosa lanzada por delante', 'obstáculo', 'problema' < προβάλλω 'poner por delante'; cf. βάλλω 'tirar, lanzar)
- *programa* 'edicto' (1578, San Juan de la Cruz, *Fragmento*, CDH) (πρόγραμμα 'edicto escrito', 'agenda'; cf. γράμμα 'letra').

---

[196] Son anómalos *pronotario* (1258, anón., *Concesión de franquicias*, CO, ← *notario*) y *procapellán* (1787, A. de Alcedo, *Diccionario geográfico*, GB ← *capellán*), pues parecen combinar la forma gramatical de los ejemplos de la tercera categoría con el sentido de *proto-* 'primero en dignidad en una jerarquía', a juzgar por lo eminentes que son los personajes mencionados en las citas correspondientes: cf. *Don Garci Martinez de Toledo pronotario del rey en Castiella confirma. Don Francisco Delgado, Arzobispo de Sevilla, ProCapellan y Limosnero mayor del Rey, Vicario General de sus Exércitos y Armada, Gran Canciller de la Real y Distinguida Orden de Carlos III, y Cardenal de la Santa Iglesia*. También es anómalo *prohijar* 'adoptar por hijo' (-*aron*, 1300–05, anón., *Libro del cavallero Cifar*, CDH; var. *profijar*, ibid.), que debe considerarse variante de *porhijar* (*porfijado*, 1270, Alfonso X, *Estoria de España*, CDH), pues está claro que el prohijado no sustituye a otro hijo, sino que se añade a los hijos.

En cambio, son calcos procedentes de otras lenguas europeas modernas los dos vocablos siguientes:
- *profase* 'primera etapa de la mitosis, en la que el ADN se condensa para formar los cromosomas' (1896, *Anales de la Sociedad Científica Argentina*, vols. 41–42, GB) (alem. *Prophase*)
- *proactivo* 'que toma activamente el control y decide qué hacer en cada momento, anticipándose a los acontecimientos' (1968, *Revista de psicología general y aplicada*, vol. 23, GB) (ingl. *proactive*)

Todos los estudiosos que se han ocupado de *pro-* señalan que hoy en día el único sentido productivo es el de 'partidario de, en favor de (movimientos o ideologías)': p. ej., *pro democracia* 'a favor de la democracia'. Si no mencionamos esta función más arriba es porque se manifiesta en un sólo derivado latino, a saber, *prōpugnō -āre* 'luchar a favor de, proteger'. Es decir, a pesar de ser una acepción importante de la preposición latina no tiene reflejo en el prefijo. He aquí unos cuantos ejemplos de este sentido de la preposición tomados del *OLD* (*prō*, sentido 5):
- *judicium etiam pro Cluentio est* 'el fallo judicial es a favor de Cluentio'
- *et loca sua et genus pugnae pro hoste fuere* 'tanto sus posiciones como el tipo de lucha fueron a favor del enemigo'
- *hic primo pro Pompei partibus sed animo pro Caesare stetit* 'al principio él era partidario de Pompeio, pero en la mente estuvo a favor de César'

El heredero patrimonial de la preposición *pro*, a saber, *por*, manifiesta el sentido de 'a favor de' con ciertos verbos como *propugnar por, abogar por, interceder por*. Sin embargo, la preposición castellana *por* no se gramaticaliza en prefijo y por lo tanto no surgen expresiones como **(*actitud*) *por-democracia*, **(*propaganda*) *por-justicia*, **(*liga*) *por-Asturias*.

Los primeros testimonios del uso de *pro-* en construcciones como estas surgen a principios del siglo XX, según los ejemplos del *CORDE* y Google Books:
- Comisión Permanente *pro Faro de Colón* (1925, F. Llaverías, *Bosquejo histórico*, GB)
- la Liga *pro Asturias* (1927, J. Somoza, *Registro asturiano*, GB)
- centros políticos *pro-botín* (1929, M. Asturias, *Ojo nuevo*, CO)
- propagandas *pro-justicia* (1932, R. Soriano, *Un ensayo revolucionario*, CO)
- suscripción ciudadana *pro embellecimiento y saneamiento* de Castrofelices (1933, A. Vivero, *Un enchufista*, CO)
- el comité *pro-presos* (1933, C. Falcón, *El agente confidencial*, CO)
- la carrera *pro armamentos* (1935, Meredith, *Los grandes premios*, CO)
- un mitin *pro democracia* (1940, J. Zunzunegui, *El chiplichandle*, CO)

Puede ser que este nuevo uso del prefijo haya surgido espontáneamente en español en esta fecha. Sin embargo, también existe la posibilidad de que se deba a una influencia externa. Dado el contexto histórico de la época, nuestras sospechas a este respecto recaerían sobre dos posibles lenguas contribuidoras, el francés y el inglés. El francés puede descartarse inmediatamente porque de las 37 formaciones de este tipo registradas por el *Trésor de la langue française* (stella.atilf.fr), sólo *prohébreu* (1928), *provatican* (1932) y *proclassique* (1936) aparecen en la primera mitad del siglo XX y ninguno se atestigua en el *CORDE* como calco castellano.

En inglés, igual que en castellano, hubo una sustantivación de la preposición latina *prō* ya en el medioevo, concretamente en la expresión *pro and contra* 'el pro y el contra', más comúnmente *pros and cons* 'argumentos a favor y en contra'. Este sustantivo *pro* 'argumentos a favor' se gramaticaliza en inglés en el primer tercio del siglo XIX, convirtiéndose en prefijo con el sentido metonímico 'partidario de', pues los partidarios abogan por su causa con los argumentos a favor de ella. Los ejemplos más antiguos de este prefijo, tomados del *OED*, anteceden a los del español en un siglo:
– *pro-popery* 'defensores del catolicismo' (1828)
– *pro-Catholics* 'partidarios de los católicos' (1831)
– *pro-educational parties* 'partidos a favor de la educación' (1839)
– *pro-papist viceroy* 'virrey partidario del papado' (1839)
– *pro-transubstantiation* 'defensor de la doctrina de la transubstanciación' (1839)
– *pro-slavery action* 'acción a favor de la esclavitud' (1843)
– *pro-slavers* 'defensores de los traficantes de esclavos' (1858)
– *proliquorites* 'partidarios de la venta pública de bebidas alcohólicas' (1895)
– *procapitalism* 'ideología a favor del capitalismo' (1901)

En vista de estos argumentos, parece razonable la atribución de *pro-* 'partidario de' en castellano al influjo del inglés. Este influjo lo podemos conceptualizar como préstamo semántico, por el que el prefijo castellano *pro-* absorbe un significado adicional por influjo del prefijo *pro-* del inglés, o como calco, donde la plantilla "*pro-* + nombre de ideología o movimiento" se traslada al castellano. En fin, parece probable que el lenguaje periodístico de la España del temprano siglo XX haya adoptado de la prensa inglesa esta estructura latinizante tan económica y expresiva para designar posturas políticas y culturales.

En su sentido de 'suplente' o 'persona con cargo inferior', *pro-* compite con muchos prefijos, la mayoría de ellos anticuados o improductivos: cf. *contra-* (*contraalmirante* 'oficial inferior al almirante'), *sota-* (*sotacaballerizo* 'ayudante del caballerizo'), *so-* (*sochantre* 'director de coro inferior al chantre'), *soto-* (*sotoministro* 'oficial inferior al ministro'). Mucho más relevantes para este sentido son *sub-* (*subdecano* 'vicedecano') y *vice-* (*vice-presidente* 'suplente al presidente'). Todos los prefijos que denotan suplentes se oponen a los que denotan al primero de un grupo: cf. *proto-* (*protonotario* 'jefe de los notarios'), *archi-* (*archiduque* 'duque de rango superior') y *mega-* (*megaduque* 'duque de rango superior'). En su sentido de 'partidario de', *pro-* se opone a *anti-*: cf. *antiliberal* 'contrario a las ideas del liberalismo'.

Entre los estudios sincrónicos sobre *pro-* destacan los de García Platero (1994c), Martín García (2001) y García Sánchez (2018a), este último dedicado sobre todo a la fase latina del prefijo.

Proto-

Prefijo calificativo cuyos primeros derivados aparecen ya en el medievo y que, en última instancia, se remonta al elemento combinatorio helénico πρωτο- correspondiente al ordinal πρῶτος 'primero', 'principal'. El prefijo se transmite al castellano por vía del latín. En castellano destaca *proto-* por lo variada que es su evolución semántica: ya a partir del medievo se utiliza para designar a personas de primer rango en la vida religiosa o profesional (*protomédico* 'cada uno de los médicos del rey que componían el tribunal del protomedicato'); en el siglo XVI comienzan a aparecer derivados que casi siempre se usan irónicamente para designar a personas cuyas cualidades arquetípicas son despreciables (*protonecio* 'el más necio de todos los necios'); finalmente, a partir del siglo XIX destaca la presencia del prefijo en derivados pertenecientes al vocabulario científico (*protosulfuro* 'primer grado de combinación de un radical con el azufre'). En todas las épocas dominan los derivados sustantivos, con un número apreciable de adjetivos en los que una cualidad se identifica como arquetípica.

Poquísimos préstamos helénicos con *prōto-* penetraron en el latín de la época clásica (p. ej., *prōtopraxia -ae* 'primer derecho sobre los recursos de un deudor' > πρωτοπραξία; cf. πρᾶξις 'práctica'). En cambio, el prefijo está plenamente representado en latín tardío y medieval:
- *protoplasto* 'formado primero' (1508, A. Montesino, *Cancionero*, CO) (lat. tard. *prōtoplastus -ī* 'primer hombre' < πρωτόπλαστος 'formado primero'; cf. πλαστός 'formado')
- *prototipo* 'modelo más representativo de algo' (1530, D. Vázquez, *Sermones*, CDH) (lat. med. *prōtotypus -ī* 'original, primitivo' < πρωτότυπος; cf. τύπος 'forma, modelo')

Contamos con un neohelenismo:
- *protomártir* 'primero de los mártires' (1236, G. de Berceo, *Vida de Santo Domingo*, CO) (lat. med. *prōtomartyr -iris* 'epíteto aplicado a San Esteban' < *martyr -iris* 'mártir' < μάρτυς, μάρτυρος 'testigo')

La tendencia a designar a personas que están en primer lugar en una jerarquía o cronología es evidente en muchos de los primeros derivados castellanos. *Protocanónico*, como único adjetivo, no denota una persona, sino una cualidad prototípica:
- *protonotario* 'primero y jefe de los notarios' (*prothonotario*, 1258, anón., *Concordia*, CDH) (*notario*)[197]

---

[197] *Protonotarius* es común en el latín medieval.

https://doi.org/10.1515/9783111329369-067

- *protomédico* 'cada uno de los médicos del rey que componían el tribunal del protomedicato' (*-s*, 1491–1516, A. Santa Cruz, *Crónica de los Reyes Católicos*, CO) (*médico*)
- *protoalbéitar* 'primero entre los veterinarios' (*protoalbeitares*, 1550, A. de Santa Cruz, *Crónica del Emperador Carlos V*, CO) (*albéitar* 'veterinario')
- *protococinero* 'jefe entre los cocineros' (1656, F. de Quirós, *Aventuras de don Fruela*, CO) (*cocinero*)
- *protocanónico* '(libros de la Sagrada Escritura) que fueron reconocidos en todos los tiempos como canónicos' (1749, F. de Soto y Marne, *Reflexiones crítico-apologéticas*, GB) (*canónico*)
- *protocirujano* 'primero entre los cirujanos' (1761, *Reglamento aprobado por su Magestad*, GB) (*cirujano*)
- *protoproyectista* 'primero entre los proyectistas' (1773–74, J. Cadalso, *Cartas marruecas*, CO) (*proyectista*)

En 1580 aparece el primero de un grupo de derivados en los que *proto-* se combina con bases que ya no designan a personajes respetables, sino a personas o cualidades despreciables o risibles. El efecto semántico es de sugerir irónicamente que la persona o cualidad está en primer lugar en la jerarquía de su categoría de lo despreciable, es decir, que es prototipo o arquetipo de esa clase de persona o cualidad, p. ej. *protonecio* 'el más necio de todos los necios', 'el parangón o arquetipo de los necios'. El hecho de que aparezcan los quince ejemplos siguientes en obras de catorce autores diferentes demuestra la amplia aceptación de este tipo de derivación:
- *protonecio* 'el más necio de todos los necios' (1580–1627, L. de Góngora, *Romances*, CO) (*necio*)
- *protovieja* 'arquetipo de las viejas' (1597–1645, F. de Quevedo, *Poesías*, CO) (*vieja*)
- *protopobre* 'arquetípicamente pobre' (1599, M. Alemán, *Guzmán de Alfarache*, primera parte, CO) (*pobre*)
- *protocornudo* 'arquetipo de los cornudos' (1599–1622, Conde de Villamediana, *Poesías*, CO; var. *protocuerno*, 1597–1645, F. de Quevedo, *Poesías*, CO) (*cornudo*)
- *protoladrón* 'ladrón prototípico' (1619, F. de Quevedo, *Entremés de la venta*, CO) (*ladrón*)
- *protomentecato* 'el más mentecato de los mentecatos' (1635, L. Pacheco, *Engaño y desengaño*, GB) (*mentecato*)
- *protodemonio* 'primero entre los demonios' (1641, L. Vélez, *El diablo cojuelo*, CO) (*demonio*)
- *protodiablo* 'jefe de los diablos' (1644, A. Enríquez, *El siglo pitagórico*, CO) (*diablo*)

- *protoidiota* 'el más idiota de todos los idiotas' (1692, A. de Castillo, *La niña de los embustes*, CO) (*idiota*)
- *protocrítico* 'pseudocrítico' (*protocritico*, 1720, L. de Salazar, *Anti-defensa de Luis de Salazar*, GB) (*crítico*)
- *proto-bribón* 'bribón arquetípico' (1768, J. de Azara, *Cartas de Azara al ministro Roda*, CDH) (*bribón*)
- *proto-perro* 'el perro más servil' (1824, F. Alvarado, *Cartas críticas*, CDH) (*perro*)
- *proto-cursi* 'arquetípicamente cursi' (1897, B. Pérez Galdós, *Misericordia*, CDH) (*cursi*)
- *protomacho* 'prototípicamente macho' (1950, *Biblioteca románica hispánica, Estudios y ensayos*, vol. 2, GB) (*macho*)
- *protoesperpento* 'persona prototípicamente grotesca' (1983, Á. Fernández, *El pesimismo español*, CDH) (*esperpento*)

Para otros derivados de esta época es más difícil determinar con certeza si se les asigna connotaciones humorísticas, si bien en muchos de ellos esto parece ser el caso:
- Merlín, *protoencantador de los encantadores* (1615, M. de Cervantes, *El ingenioso caballero don Quixote*, CO)
- *protomuger de mugeres que hazes los hombres enanos* (1618–1622, L. Vélez, *Virtudes vencen señales*, CO)
- yo le miro a vuestra merced con ojos de verdadero *protopaciente* (1620, A. de Salas, *El sagaz Estacio*, CO)
- Al fin, él era archipobre y *protomiseria* (1626, F. de Quevedo, *La vida del Buscón*, CO)
- Alquimistas mentecatos...enseña el doctor Garay en el orbe *protoquímico* (1642, A. de Castillo, *La garduña de Sevilla*, CO)

Identificamos como tercer grupo semántico de los derivados con *proto-* los que a partir de comienzos del siglo XIX aparecen en el vocabulario científico internacional para designar materiales prototípicos. Como era de esperar en este campo semántico, las bases de estos derivados son cultismos, de origen latino (p. ej. *proto-sulfuro, -sulfato, -vértebra, -elemento*) o helénico (p. ej. *proto-plasma, -histórico, -prisma, -pirámide*). Estas formaciones contrastan con las carácter netamente patrimonial y coloquial del primer y segundo grupo. Todos los términos químicos denotan el primer grado de combinación de un radical con el elemento denominado por la base:
- *protocloruro* (1817, M. Bonaventure, *Tratado de medicina legal*, GB) (*cloruro*)
- *protosulfuro* (1818, M. Orfila, *Elementos de química médica*, GB) (*sulfuro*)
- *protosulfato* (1818, J. Caventou, *Nueva nomenclatura química*, GB) (*sulfato*)

- *protocarburo* (1822, M. Orfila, *Elementos de química aplicada*, GB) (*carburo*)
- *protoplasma* 'sustancia celular' (1849, M. González, *Manual de botánica*, GB) (*plasma*)
- *protoforma* 'forma reconstruida' (1854, *Gaceta de los tribunales*, vols. 595–646, GB) (*forma*)
- *protovértebra* 'masa en el embrión de los vertebrados' (1870–1901, J. Calleja, *Compendio de anatomía*, CO) (*vértebra*)
- *protohistórico* 'relativo al período que sigue a la prehistoria' (1876, G. Chil y Naranjo, *Estudios históricos*, GB) (*histórico*)
- *protopirámide* 'pirámide prototípica' (1879, *Anales de la Sociedad Científica Argentina*, vol. 8, GB) (*pirámide*)
- *protoprisma* "sobre [...] el protoprisma [...] no tiene lugar la hemiedria esfenoédrica" (1896, J. Muñoz de Madariaga, *Lecciones de mineralogía*, GB) (*prisma*)
- *protofenómeno* 'fenómeno fundamental' (1924, *Variedades*, vol. 20, GB) (*fenómeno*)
- *protoente* "disfrazarse de ente a lo protoente X es monería" (1942, J. Jiménez, *Españoles de tres mundos*, CO) (*ente*)
- *protoactinio* (1945, I. Puig, *La bomba atómica*, CO) (*actinio* 'elemento químico metálico') (*actinio*)
- *protomónada* 'organismo del orden de los kinetoplástidas' (1971, L. Legaz, *Socialización*, CO) (*mónada* 'unidad indivisible')

Añádanse a esta categoría unos cuantos neohelenismos:
- *protozoo* '(animal) constituido por una sola célula' (1890, A. González, *Memorándum elemental de zoología*, CO) (ζῷον 'animal')
- *protospora* 'célula de la que se desarrolla una semilla' (1893, M. Gómez, *Nociones de botánica*, GB) (σπορά 'semilla')

Mencionamos más arriba que *proto-* ejerce a lo largo de su historia la función de designar a los primeros de una jerarquía, pero en realidad hay un lapso de siglo y medio entre el último ejemplo de la primera fase (*protoproyectista*, 1773) y el primero del grupo que surge en el siglo XX (*protoobispo*, 1929). Las listas cronológicas del *Diccionario Histórico* revelan que durante el siglo XIX y la primera mitad del siglo XX la abrumadora mayoría de los nuevos derivados con *proto-* son términos científicos. El impulso para la nueva oleada de derivados de sentido jerárquico se basa seguramente en un proceso de analogía a partir de palabras creadas en la primera fase que en ningún momento se dejan de utilizar en el ínterin: cf. *protomártir, protonotario* y *protomédico*. Dependiendo del contexto, algún que otro de estos ejemplos admite interpretarse como satírico:

- *protoobispo* (*protobispo*, 1914, *Estudios franciscanos*, vol. 12, GB) (*obispo*)
- *protoboticario* (1974, J. Avendaño, *Perfiles de la medicina peruana*, CDH) (*boticario*)
- *protobarbero* (1974, J. Avendaño, *Perfiles de la medicina peruana*, CDH) (*barbero*)
- *protocarnicero* (1974, E. Sábato, *Abaddón el exterminador*, CDH) (*carnicero*)
- *protoángel* (1978, A. Cousté, *Biografía del Diablo*, CDH) (*ángel*)
- *protoasesino* (1978, A. Cousté, *Biografía del Diablo*, CDH) (*asesino*)
- *protoenemigo* (1978, A. Cousté, *Biografía del Diablo*, CDH) (*enemigo*)
- *protofascista* (1985, M. Cabrera, *La seguridad en el Mediterráneo*, CR) (*fascista*)
- *protocatálogo* (1991, A. Cerezales, *Escaleras en el limbo*, CDH) (*catálogo*)
- *protodescubridor* (1992, A. Roa Bastos, *Vigilia del Almirante*, CDH) (*descubridor*)
- *protodiputado* (1994, *La Vanguardia*, 10.03, CDH) (*diputado*)
- *protofarmacéutico* (1994, S. Muñoz, *Historia de la farmacia en la España moderna y contemporánea*, CDH) (*farmacéutico*)
- *protoguerrillero* (1994, P. Ortiz-Armengol, *Aviraneta o la intriga*, CDH) (*guerrillero*)
- *protoastronauta* (1995, *El Mundo,* 30.09, CDH) (*astronauta*)
- *protoevangelio* (1996, *Diario de Yucatán*, 08.09, CDH) (*evangelio*)
- *protoburgués* (1998, J. Adell, *La música en la era digital*, CDH) (*burgués*)

Proto- comparte el espacio semántico de 'primero en una jerarquía' con varios prefijos, tales como *pro-* (*proministro* 'viceministro'), *archi-* (*archiduque* 'duque de rango superior') y *mega-* (*megaduque* 'duque de rango superior'). La connotación de burla que caracteriza la segunda fase de la historia de *proto-* tiene un paralelo en derivados con *archi-*: cf. *archiladrón* 'protoladrón' y *archinariz* 'nariz muy grande', también acuñados en el siglo XVII.

No conocemos ningún estudio monográfico dedicado al prefijo *proto-*.

Pseudo- / seudo-

Prefijo calificativo que con el sentido 'falso' se combina con bases sustantivas (*pseudoprincipio* 'falso principio') y con el significado 'falsamente' con bases adjetivas (*pseudodemocrático* 'falsamente democrático', 'no realmente democrático'). En última instancia refleja el elemento combinatorio helénico ψευδο- correspondiente al adjetivo ψευδής 'falso'.

El latín acoge una decena de helenismos con este prefijo (p. ej., *pseudothyrum -ī* 'puerta falsa, puerta de atrás' < ψευδόθυρον; cf. θύρα 'puerta') e incluso manifiesta una incipiente productividad propia en forma de derivados híbridos tanto sustantivos como adjetivos. Dos se atestiguan en época clásica:
- *Pseudocatō -ōnis* 'falso Catón' (*Catō -ōnis*)
- *pseudourbānus* 'que imita el estilo de vida de la ciudad' (*urbānus*)

Otros cinco aparecen en época tardía:
- *pseudo-Antōnīnus -ī* 'falso Antonino' (*Antōnīnus -ī*)
- *pseudoliquidus* 'líquido sólo en apariencia' (*liquidus*)
- *pseudo-flāvus* 'amarillento' (*flāvus* 'amarillo rojizo)
- *pseudocalidus* 'que aparenta ser caliente' (*calidus*)
- *pseudocastus* 'casto en apariencia' (*castus*)

Entre los pocos helenismos atestiguados en castellano figuran los siguientes, de los que dos también se atestiguan en latín:
- *pseudopropheta* 'falso profeta' (1499, R. Fernandez, *Vocabulario eclesiástico*, CDH) (*pseudophēta -ae* < ψευδοπροφήτης; cf. προφήτης 'portavoz, profeta')[198]
    - *pseudoprofecía* 'profecía falsa' (1605, P. de Valencia, *Discurso sobre el precio del pan*, CO) (*pseudoprophētīa -ae* < ψευδοπροφητεία)
- *pseudodíptero* 'que parece que tiene dos filas de columnas, aunque hay una sola' (1582, M. de Urrea, *Traducción de la Arquitectura*, CO) (lat. *pseudodipteros -on* < ψευδοδίπτερος; cf. δι- + πτερόν 'ala')
- *pseudónimo* 'nombre falso que oculta el nombre verdadero' (1611, S. de Covarrubias, *Suplemento al Tesoro de la lengua española*, CDH) (ψευδώνυμος; cf. dial. ὄνομα 'nombre')

---

[198] La forma escrita *seudo* (pero pronunciado /se 'u do/) también se usa en castellano medieval como participio pasivo de *seer* (*eill auia seudo seynnor* (1286, anón., *Pleito con Sancho Miguel*, CDH), *despues de [aver] seudo profeta* (1350, anón., *Traducción de la Historia de Jerusalem*, CDH).

https://doi.org/10.1515/9783111329369-068

- *pseudografía* 'error o errata' (1690, C. de Sigüenza, *Libra astronómica*, CO) (ψευδογραφία 'idea o explicación falsa'; cf. γράφω 'escribir'; lat. tard. *pseudographus* 'con un falso título')

La productividad castellana de *pseudo-* arranca en el siglo XVII, con el dominio casi absoluto de los derivados de base sustantiva (excepción: *seudoelegante*). La inmensa mayoría de los derivados de esta época pertenecen a un uso ya representado en latín medieval,[199] la referencia a entidades y cargos que se consideran ilegítimos, con predominio de los de carácter eclesiástico:
- *seudomédico* 'falso médico' (1606–1611, J. Méndez, *Discursos medicinales*, CO) (*médico*)
- *seudonoble* 'falso noble' (-s, 1621, F. Navarrete, *Discursos políticos*, GB) (*noble*)
- *pseudoautor* 'falso autor' (1714, *Jornada de los coches de Madrid a Alcalá*, GB; var. *seudoautores*, 1828, M. J. de Larra, *El café*, CO) (*autor*)
- *seudoiglesia* 'falsa iglesia' (1758, J. de Isla, *Historia del famoso predicador*, CO) (*iglesia*)
- *seudocapuchino* 'falso capuchino' (1758, J. de Isla, *Historia del famoso predicador*, CO) (*capuchino*)
- *seudopredicador* 'falso predicador' (-es, 1758, J. de Isla, *Historia del famoso predicador*, CDH) (*predicador*)
- *pseudo exjesuitado* 'falso exjesuitado' (-s, 1768, J. N. de Azara, *Cartas de Azar al ministro Roda*, CO) (*exjesuitado*)
- *pseudoerudito* 'falso erudito' (-s, 1772, J. Cadalso, *Suplementos a Los eruditos a la violeta*, CO) (*erudito*)
- *pseudofilósofo* 'falso filósofo' (1775, F. de Zevallos, *La falsa filosofía*, GB) (*filósofo*)
- *pseudo-messías* 'falso mesías' (1795, *Memorial literario, instructivo y curioso*, tomo 10, GB) (*messías* 'mesías')
- *pseudo-arquitecto* 'falso arquitecto' (1829, anón., *Discurso preliminar a Noticias de los arquitectos*, CO) (*arquitecto*)

---

[199] En el latín tardío y medieval *pseudo-* brilla por su función de derivar nombres de funcionarios eclesiásticos que se juzgan ser falsos. Muchos de estos tienen bases originariamente helénicas, cf. *pseudoapostolus* 'falso apóstol' (*apostolus -ī* < ἀπόστολος), *pseudoepiscopus* 'falso obispo' (*epīscopus -ī* < ἐπίσκοπος) y *pseudochristianus* 'falso cristiano' (*christiānus -ī* < χριστιανός). Son incluso más frecuentes los derivados híbridos, con bases latinas, cf. *pseudofrater* 'falso fraile' (*frāter -tris* 'hermano', 'fraile'), *pseudocardinalis* 'falso cardinal' (*cardinālis -e*), *pseudopraedicator* 'falso predicador' (*praedicātor -ōris*), *pseudoconversus* 'falso converso' (*conversus -ūs*), *pseudovicarius* 'falso vicario' (*vicārius -iī*). Ver Stotz (2000:259) para más información sobre la productividad de *pseudo-* en esta época.

- *seudoelegante* 'elegante sólo en apariencia' (*-s*, 1834, M. J. de Larra, *Modas*, CO) (*elegante*)
- *seudocalavera* 'juerguista sin ingenio ni gracia' (1834, M. J. de Larra, *Los calaveras*, CO) (*calavera* 'juerguista')
- *pseudo-obispo* 'falso obispo' (1880–81, M. Menéndez Pelayo, *Historia de los heterodoxos españoles*, CO) (*obispo*)
- *pseudo-Cristo* 'falso Cristo' (1880–81, M. Menéndez Pelayo, *Historia de los heterodoxos españoles*, CO) (*Cristo*)[200]

Para finales del siglo XIX el prefijo amplía su radio de acción y se combina con todo tipo de adjetivos o sustantivos.[201] En cuanto a la ortografía durante esta época, parece que los derivados se escriben indistintamente con guion, con espacio o sin espacio. Por otra parte, la supresión del elemento oclusivo (p) del ψ griego es común entre los primeros derivados y ambas grafías siguen siendo vigentes en la actualidad, quizá con una leve preferencia por *seudo-*, variante que refleja la pronunciación vigente del prefijo. El *CORDE* registra entre 1800 y 1950 dos casos de *pseudorreligioso* contra dos de *seudorreligioso* y siete de *pseudocientífico* contra 17 de *seudocientífico*; en cambio, registra tres casos de *pseudointelectual* contra sólo uno de *seudointelectual*.

De las docenas de ejemplos registrados durante este período citamos los siguientes sustantivos y adjetivos:

Sustantivos
- *pseudoprincipio* 'falso principio' (1865, *Revista hispano-americana*, vol. 3, GB)
- *pseudo fundador* 'falso fundador' (1887, F. Calcagno, *Los crímenes de concha*, GB)
- *seudo capitán* 'falso capitán' (1906, *Caras y Caretas*, vol. 9, GB)
- *seudo-emigrante* 'falso emigrante' (1908, anón., *Reglamento*, CO)
- *pseudo-pasión* 'falsa pasión' (1918, *La nota*, vol. 3, GB)

---

[200] La aparición tardía de *pseudo-obispo* y *pseudo-Cristo* hace suponer que se trata de derivaciones recientes y no de préstamos de los cultismos del lat. tard. *pseudoepiscopus* / gr. ψευδοεπίσκοπος y lat. tard. *Pseudochristus* 'cristo falso' (ψευδόχριστος 'falso ungido').

[201] Conner (2015:143–144) afirma que en la actualidad *pseudo-* ha incrementado su ámbito gramatical para incluir la derivación verbal, citando *pseudoinstalarse* y *pseudorresolverse*. Martín García (2023:248) añade *seudorrealizar*, *seudofundar* y *seudosolucionar*. Ninguna de estas palabras se encuentra en nuestros bancos de datos.

Adjetivos
– *pseudodemocrático* 'fingidamente democrático' (1875, J. Spagnoletto, *Carta política*, GB)
– *pseudo-científico* 'falsamente científico' (1892, L. Marco, *Vida de Benvenuto Cellini*, GB)
– *seudobotánico* 'no realmente botánico' (1904, Real Academia Español, *Discursos leídos*, GB)
– *pseudometafísico* 'falsamente metafísico' (1919, A. Espina, *Divagaciones desdén*, GB)
– *pseudo histórico* 'falsamente histórico' (-a, 1939, anón., *El 20 de mayo murió Colón*, CO)

Pseudo- termina emancipándose de la categoría de prefijo para convertirse en adjetivo o sustantivo. Ya en 1775 (A. Carrió, *El Lazarillo de ciegos caminantes*, CO) se encuentra la conversión de *pseudo* en adjetivo que concuerda debidamente con su antecedente en cuanto a número: "Tendrán sumo celo...de limpiar sus provincias de ciertos seudos religiosos..." Más tarde aparecen formaciones semejantes, a saber *pseudos-filósofos* (1852, J. Diáz, *Ética elemental*, GB), *seudos toros* (1873, M. Caro, *Traducción de Eneida*, CO), *pseudos-eruditos* (1885, J. Quadrado, *Valladolid, Palencia y Zamora*, GB) y *pseudos-coleccionistas* (1890, R. Nogués, *Ropavejeros, anticuarios y coleccionistas*, GB). En 1907 (*Revista jurídica y de ciencias sociales*, vol. 1, GB) encontramos ejemplos de concordancia de género: "la pseuda sentencia del interventor y la pseuda aprobación de ella y desde antes se podía asegurar lo que el pseudo fallo sería..." Finalmente, *pseudo* desempeña la función de sustantivo en la cita siguiente (1874, *Revista de España*, vol. 39, GB): "Siempre y en todas partes han aparecido neos o pseudos por las iniquidades de abuso que ciertos hombres hacen de sus facultades libres o por ignorancia..." Nuestro análisis de este fenómeno —que no parece persistir en la actualidad— es de suponer que la palabra independiente *pseudo* sea un acortamiento (p. ej., de *pseudorreligioso*) que una vez instaurado cambia de categoría gramatical por conversión. No es necesario por lo tanto creer que se trate de una desgramaticalización del prefijo *pseudo-* como supone Conner (2015:188).

Expresan sentidos asimilables al de *pseudo-* los prefijos *medio* (*medio muerto* 'casi muerto'), *para-* (*paramilitar* '[organización civil] dotada de estructura o disciplina de tipo militar'), *cuasi-* (*cuasiespiritual* 'en cierto sentido espiritual') y *semi-* (*semidifunto* 'casi difunto'). Además, *pseudo-* comparte con *anti-* la función de designar a los falsos personajes de la religión católica: cf. *anti-papa*, *anti-Cristo*.

Conner (2016) presenta un estudio detallado de este prefijo desde un punto de vista diacrónico, mientras que el estudio de Martín García (2023) brilla por su análisis de la semántica del prefijo en la actualidad. Véase también Rodríguez Ponce (2002).

Re- / recontra- / rete- / requete- / reteque-

Prefijo muy productivo que sirve para derivar primordialmente verbos a partir de bases verbales (*reimplantar* ← *implantar*), aunque también participa de la derivación parasintética, con bases sustantivas (*rehoyar* ← *hoyo*) y adjetivas (*refrescar* ← *fresco*). También hay derivados sustantivos, adjetivos y adverbios (*resobrino* ← *sobrino*, *reviejo* ← *viejo*, *rebién* ← *bien*). Los derivados verbales suelen ser repetitivos (*reactivar* 'volver a activar') o intensivos (*reamar* 'amar mucho'); en los derivados adjetivos la única función de *re-* es la intensificación (*rebueno* 'muy bueno'). En esta función, *re-* presenta cuatro variantes ampliadas o alomórficas: *recontra-*, *rete-*, *reteque-* y *requete-*. Se remonta al prefijo latino *re-*,[202] que se transmite al castellano por vía tanto patrimonial como culta.[203]

En latín, *re-* tiene una diversidad de acepciones, de las que es básica la espacial de 'movimiento en sentido contrario o hacia atrás'. De esta acepción se derivan otras figuradas:
- Reversión: *recuperō -āre* 'recobrar algo que antes se había tenido' (cast. *recobrar*)
- Retirada: *removeō -ēre* 'alejar, retirar' (cast. *remover*)
- Oposición: *reprobō -āre* 'rechazar' (cast. *reprobar*)
- Repetición: intr. *recaleō -ēre* 'recalentarse' (cast. *recalentar*)
- Intensidad: *recrūdescō -ere* 'agravarse (un mal)' (cast. *recrudecer*)

La idea de una vuelta atrás conduce naturalmente al concepto de la repetición, pues al volver a un lugar se recorre el mismo trayecto por segunda vez. Igual de natural es el paso a partir de la repetición a la intensificación, pues la repetición recalca.

Entre los derivados verbales latinos, no son pocos los de tipo parasintético, hecho significativo porque marca un precedente para el fenómeno en castellano:
- *recrastinō -āre* 'posponer' (*cras* 'mañana')
- *recūsō -āre* 'objetar' (*causa -ae* 'causa')

También constituye un precedente el que en latín hubiera derivados adjetivos:
- *recaluus* 'calvo en la región frontal' (*calvus* 'calvo')
- *recutītus* 'circuncidado' (*cutis -is* 'piel')

---

[202] *Re-* es uno de los diez prefijos que se transmiten por vía patrimonial del latín al castellano, siendo los demás *a-*, *con-*, *des-*, *en-*, *entre-*, *es-*, *so-*, *sobre-* y *tras-*.
[203] Véase Pharies (2009) para una descripción de los usos de *re-* en las demás lenguas románicas.

https://doi.org/10.1515/9783111329369-069

- *reduncus* 'encorvado hacia atrás' (*uncus -ī* 'gancho')[204]
- *resīmus* 'vuelto hacia arriba', 'arremangado' (*sīmus* 'chato')

Como *re-* es uno de los pocos prefijos latinos que se transmiten al castellano por vía patrimonial, no sorprende que las primeras palabras patrimoniales con *re-* se atestigüen ya en documentos de los siglos XII y XIII, en los que se distinguen de los préstamos cultos con *re-* por la evolución fonética de sus bases, que, por ejemplo, presentan sonorización consonántica antes de síncopa (cf. *recobrar* < *recuperō -āre*) y/o diptongación (cf. *recuerda*). Nótese que esta lista de ejemplos, como todas las de esta entrada, ofrece únicamente una pequeña selección del total de testimonios:
- *recobrar* 'recuperar(se)' (*reconbrar*, 1140, anón., *Poema de Mio Cid*; var. *recobre*, 1218–50, *Fuero de Zorita*, CDH) (*recuperō -āre*)
- *remanir* 'permanecer' (*-ida*, 1140, anón., *Poema de Mio Cid*, CDH) (*remaneō -ēre*)
- *retraer* 'reprochar' (*retrayan*, 1140, anón., *Poema de Mio Cid*, CDH) (*retrahō -ere*)
- *recordar* 'tener en la mente algo del pasado' (*-ando*, 1140, anón., *Poema de Mio Cid*, CDH) (*recordō -āre*)
- *relumbrar* 'emitir repetidamente una viva luz' (*relumbra*, 1140, anón., *Poema de Mio Cid*, CDH) (*relūminō -are* 'volver a iluminar')
- *renovar* 'dejar algo como de nuevo, volverlo a su primitivo estado' (*renouo*, 1141, anón., *Fuero de Madrid*, CDH) (*renovō -āre*)
- *remembrar* 'rememorar, recordar' (*-ado*, 1200, Almerich, *La fazienda de Ultra Mar*, CDH) (lat. tard. *rememoror, -āri*)
- *remover* 'quitar' (*remouiere*, 1218–50, *Fuero de Zorita*, CDH) (*removeō -ēre*)
- *revolver* 'volver' (*rebuelto*, 1218–50, *Fuero de Zorita*, CDH) (*revolvō -ere*)
- *relucir* 'brillar, emitir repetidos destellos' (*rreluze*, 1223, anón., *Semejanza del mundo*, CDH) (*relūceō -ēre*)
- *revestir* 'vestir el sacerdote las vestiduras litúrgicas (sobre la ropa normal)' (*-ido*, 1228, G. de Berceo, *Del sacrificio de la misa*, CDH) (*revestiō -īre*)
- *refrenar* 'frenar' (*-emos*, 1236, G. de Berceo, *Loores de nuestra señora*, CDH) (*refrēnō -āre*)
- *rehuir* 'procurar evitar' (*refuir*, 1240, anón., *Libro de Alexandre*, CDH) (*refugiō -ere*)
- *relamer* 'volver a lamer' (*-iendo*, 1240, *Libro de Alexandre*, CDH) (lat. tard. *relambō -ere*)

Son igualmente tempranos los préstamos cultos con *re-*. Como en el caso de los ejemplos patrimoniales, estos manifiestan muchos de los sentidos originales latinos, tales

---

[204] En latín interviene una *-d-* antihiática secundaria (probablemente analógica de *prō*[*d*]- entre *re-* y las bases que comienzan con vocal: cf. *reduncus* y *redeō -īre* 'regresar' (*ēō, -īre* 'ir').

como reversión (*restaurar*), oposición (*refusar*), repetición (*recursar*) e intensidad (*reclamar*):
- *resucitar* 'devolver la vida a un muerto' (*resucitest*, 1140, anón., *Poema de Mio Cid*, CDH) (*resuscitō -āre*)
- *recibir* 'tomar una persona lo que le dan' (*-ió*, 1140, anón., *Poema de Mio Cid*, CDH) (*recipiō -ere*)
- *revelar* 'proporcionar indicios de algo' (*-are*, 1141, anón., *Fuero de Madrid*, CDH) (*revēlō -āre*)
- *reclamar* 'pedir con instancia' (1215, anón., *Vida de Santa María Egipcíaca*, CDH) (*reclāmō -āre*)
- *restaurar* 'recuperar' (*-ada*, 1215, anón., *Vida de Santa María Egipcíaca*, CDH) (*restaurō -āre*)
- *refusar* 'rehusar' (*-are*, 1218–50, *Fuero de Zorita*, DH) (**refusar < refundō -ere -ūsum*)
- *redimir* 'rescatar' (*-ido*, 1218–50, *Fuero de Zorita*, CDH) (*redimō -ere*)
- *reprimir* 'refrenar' (*-an*, 1218–50, *Fuero de Zorita*, CDH) (*reprimō -ere*)
- *restituir* 'devolver' (*-idas*, 1218–50, *Fuero de Zorita*, CDH) (*restituō -ere*)
- *representar* 'ser símbolo de' (*-a*, 1228–46, G. de Berceo, *Del sacrificio de la misa*, CDH) (*repraesentō -āre*)
- *reformar* 'mejorar' (1230, G. de Berceo, *Vida de San Millán*, CDH) (*reformō -āre*)
- *remitir* 'enviar' (*remetieron*, 1260, anón., *El Nuevo Testamento*, CDH) (*remittō -ere*)
- *recursar* 'recurrir' (*rrecusar*, 1457, anón., *Juramento de los representantes*, CDH) (*recursō -āre*)

Evidentemente, los prefijos transmitidos por vía patrimonial al castellano conservan la capacidad de producir nuevos derivados, que también aparecen en los documentos más antiguos. Ya en los siglos XII y XIII, por ejemplo, registramos los derivados citados más abajo, de los que destacan por ser parasintéticos los verbos *remangar*, *refrescar*, *relampaguear*, *relentesçer*, *regraciar* y *reverdecer*. En cuanto a la semántica de los ejemplos verbales, es probable que todos los que no sean claramente iterativos sean intensivos (cf. *reguardar*, *rematar*, etc.) o vacíos de significado (*refrescar*).[205] También son notables *reazar* y *recámara*, por dos razones: primero, por ser sustantivos; segundo, por ser semánticamente conservadores, pues *recámara* tiene sentido espacial y *reazar* temporal. Lo mismo puede decirse

---

[205] Para Martín García (1998:113), la evolución semántica a partir de la iteración hacia la intensidad se debe al hecho de que, en verbos como *reguardar* y *rematar*, la acción no llega a un punto final, por lo cual no puede repetirse.

de derivados sustantivos como *rebotica* y *rebisnieto* que se acuñan en los siglos posteriores:
- *rehacer* 'hacer de nuevo' (*refechos*, 1140, anón., *Poema de Mio Cid*, CDH) (*fazer* 'hacer')
- *recontar* 'volver a contar' (*recont*, 1200, Almerich, *La fazienda de Ultra Mar*, CDH) (*contar*)
- *reguardar* 'mirar con cuidado' (*-aron*, 1200, Almerich, *La fazienda de Ultra Mar*, CDH) (*guardar*)
- *recaer* 'volver a caer' (*-ido*, 1218, anón., *Fuero de Zorita*, CDH) (*caer*)
- *retornar* 'volver' (*-ados*, 1228, G. de Berceo, *Del sacrificio de la misa*, CDH) (*tornar*)
- *remangar* 'coger hacia arriba la ropa' (*-ado*, 1228, G. de Berceo, *Del sacrificio de la misa*, CDH) (*manga*)
- *refrescar* 'renovar' (*-an*, 1228–46, G. de Berceo, *Del sacrificio de la misa*, CDH) (*fresco*)
- *renegar* 'apartarse de una religión' (*-ados*, 1236, G. de Berceo, *Vida de Santo Domingo*, CDH) (*negar*)
- *relampaguear* 'dar repetidamente relámpagos' (*-an*, 1240, anón., *Libro de Alexandre*, CDH) (*relámpago*)
- *relentecer* 'ablandarse por el rocío' (*-esçió*, 1251, anón., *Calila e Dimna*, CDH) (*lento*)
- *recatar* 'mirar muchas veces' (*-aua*, 1275, Alfonso X, *General Estoria*, CDH) (*catar*)
- *reazar* 'reaparición de un número antes lanzado en los dados' (1283, Alfonso X, *Libro de Ajedrez*, CDH) (*azar*)
- *recámara* 'cuarto detrás de la cámara' (*rrecamaras*, 1350, anón., *Sumas de la historia troyana*, CDH) (*cámara*)
- *regraciar* 'dar las gracias' (*regraçiando*, 1377, J. Fernández de Heredia, *Crónica de Morea*, CDH) (*gracia*)
- *reverdecer* 'cobrar nuevo verdor (un campo)' (*rreuerdeçe*, 1378, P. López, *Rimado de Palacio*, CDH) (*verde*)

Es notable la producción castellana de los siglos XV y XVI por el número de derivados no verbales, tales como los sustantivos *resabio*, *rebisabuelo*, *rebisnieto*, *recodo*, *regusto*, los adjetivos *rebueno*, *reviejo* y *recontento* y los adverbios *rebién* y *repeor*. Nótese que, como explica Martín García (1998:105), todos los derivados con *re-* de adjetivos calificativos son de la categoría cualitativa porque solo esta categoría permite la gradación (*bueno / muy bueno / rebueno*). El otro tipo, los adjetivos relaciones (p. ej. *policial, militar, paterno*), no son gradativos (**muy policial, **repolicial). En cuanto a los verbos acuñados durante este período, notamos que *rebalsar* parece parasintético:

- *rebendicho* 'bendecido de nuevo' (1400, anón., *Viaje de Juan de Mandevilla*, CDH; var. *rebenditos*, 1602, D. Velásquez, *El Celoso*, CDH) (*bendicho* 'bendito')
- *rebuscar* 'recoger la fruta perdida en la cosecha' (*rrebuscaras*, 1400, anón., *Biblia Escorial*, CDH), 'buscar con cuidado' (-*ados*, 1422, M. Guadalfajara, *Traducción y glosas de la Biblia de Alba*, CDH) (*buscar*)
- *recomprar* 'volver a comprar algo que se ha vendido antes' (1414, anón., *Ordinación dada a la ciudad de Zaragoza*, CO) (*comprar*)
- *rebisabuelo* 'el padre del bisabuelo' (1424, anón., *Cancionero de Juan Fernández*, CDH) (*abuelo*)
- *rebisnieto* 'el hijo del bisnieto' (*revisnieto*, 1444, J. de Mena, *Laberinto de Fortuna*, CDH) (*nieto*)
- *recodo* 'ángulo que forman las calles' (1493–97, anón., *Libro de Acuerdos*, CO) (*codo*; cf. *recodar* 'formar recodo')
- *rebajar* 'volver a bajar', 'disminuir' (*rebajo*, 1498–1501, anón., *Libro de acuerdos*, CDH) (*bajar*)
- *rebueno* 'muy bueno' (-*a*, 1512, J. de Ortega, *Composición del arte*, CDH) (*bueno*)
- *reviejo* 'muy viejo' (*reuiejo*, 1513, G. Herrera, *Obra de agricultura*, CDH) (*viejo*)
- *recontento* 'muy contento' (-*a*, 1520, B. Torres, *Comedia Calamita*, CDH) (*contento*)
- *rebalsar* 'recoger el agua en balsa' (-*a*, 1521, anón., *La comedia Ypólita*, CDH) (*balsa* o *rebalsa*)
- *rebién* 'muy bien' (1521, A. de Guevar, *Epístolas familiares*, CDH) (*bien*)
- *regusto* 'sabor que queda en la boca' (1578, San Juan de la Cruz, *Fragmento*, CDH) (*gusto*)
- *repeor* 'peor aún' (1589, J. de Pineda, *Diálogos familiares*, CO) (*peor*)

Por razones que no sabríamos explicar, la producción con *re-* disminuye en los siglos XVII y XVIII; no obstante, esta reducida producción incluye ejemplos interesantes como el derivado adjetivo *regordete*, el sustantivo *rebotica*, el adverbio *remal* y los verbos parasintéticos *reblandecer* y *rehoyar*:
- *regordete* '(persona) pequeña y gorda' (1603, A. de Rojas, *El viaje entretenido*, CDH) (*gordo*)
- *rehender* 'hender de nuevo' (1604, F. de Ariño, *Sucesos de Sevilla*, CDH) (*hender*)
- *readmitir* 'volver a admitir' (-*ido*, 1607, San Juan Bautista, *Memoria de los orígenes*, CO) (*admitir*)
- *rebotica* 'trastienda' (1619, C. García, *La desordenada codicia*, CO) (*botica*)
- *remal* 'muy mal' (1620, F. de Quevedo, *Entremés de Diego Moreno*, CO) (*mal*)
- *reblandecer* 'ablandar algo' (1644, A. Martínez, *Arte de Ballestería*, CDH) (*blando*)
- *rehoyar* 'renovar un hoyo hecho antes para plantar árboles' (1726, *Autoridades*) (*hoyo*)

El prefijo recobra su acostumbrado vigor en el siglo XIX y sigue manteniéndolo en la actualidad. La innovación más notable en esta época es la derivación de interjecciones irreverentes (*rediós, recristo, rehostia*), groseras (*remierda, recoño*) y a veces eufemísticas (*recórcholis*). Son derivados nominales *resobrino, reinfección* y *redolor*:

- *reingresar* 'ingresar de nuevo' (*-ado*, 1842, M. Lafuente, *Viajes de fray Gerundio*, CO) (*ingresar*)
- *reabsorber* 'volver a absorber' (1876, E. Martín, *Manual de Patología*, CO) (*absorber*)
- *recórcholis* 'interjección eufemística de enfado' (1878, B. Pérez Galdós, *Marianela*, CO) (*córcholis* 'eufemismo por *cojones*')
- *reabrir* 'volver a abrir lo que estaba cerrado' (1883, R. Palma, *Tradiciones peruanas*, CO) (*abrir*)
- *rediós* 'interjección irreverente' (1884, Clarín, *La regenta*, CDH; var. *rediez*, 1897, J. López, *La revoltosa*, CDH) (*dios* y el eufemismo *diez*)
- *resobrino* 'hijo del sobrino' (1908, B. Pérez Galdós, *España sin rey*, CDH) (*sobrino*)
- *redescubrir* 'volver a sentir interés por algo' (1910, C. Vaz, *Lógica viva*, CDH) (*descubrir*)
- *recristo* 'interjección irreverente' (1911, B. Pérez Galdós, *La primera república*, CDH) (*cristo*)
- *resoñar* 'soñar de nuevo' (*re-soñar*, 1928, M. Fernández, *Museo de la novela de la Eterna*, CDH) (*soñar*)
- *reinfección* 'nueva infección con el mismo germen' (1935, anón., *El carbarsone y el tratamiento*, CO) (*infección*)
- *reagrupar* 'agrupar de nuevo' (1947, V. Rojo, *Elementos del arte de la guerra*, CO) (*agrupar*)
- *rehostia* (la) 'el colmo' (1961, J. Gironella, *Un millón de muertos*, CO) (*hostia*)
- *remierda* 'interjección grosera' (1963, J. Cortázar, *Rayuela*, CO) (*mierda*)
- *reimplantar* 'volver a colocar en su lugar (un órgano)' (*-ación*, 1964, M. Díaz, *Lecciones de patología*, CO) (*implantar*)
- *redolor* 'dolorcillo tenue y sordo que queda después de un padecimiento' (1966, J. Goytisolo, *Señas de identidad*, CDH) (*dolor*)
- *regasificar* 'devolver al estado gaseoso' (*-ación*, 1977, *El País*, 18.09, CR) (*gasificar*)
- *recoño* 'interjección de enfado' (1977, J. Lezama, *Oppiano licario*, CDH) (*coño*)

Cuatro estudios (Vidal de Battini 1949, Álvarez Catalá 2009, de Bin 2012, Kornfeld et al. 2013), subrayan la extraordinaria productividad e innovación del prefijo *re-* en el español rioplatense. Álvarez Catalá (2009), por ejemplo, afirma la potencia neologística de *re-*, citando ejemplos como los derivados nominales *re-lindo, refácil, repersona, redifícil, re-re-difícil, re-tarado* y los verbales *revisitar, recircular, redina-*

mizar y *re-reelección* (3), de los que destacan *re-re-difícil* y *re-reelección* por mostrar que en esta variedad el prefijo *re-* es recursivo.[206] Afirma además que *re-* satisface el deseo de economía de expresión a que supuestamente aspiran los jóvenes, por lo cual su uso marcaría una diferencia sociolingüística entre el discurso de ellos y el del resto de la sociedad (7–8). Para Kornfeld (2013:13), en cambio, "se trata, más bien, de una de las 'anomalías' que pueden encontrarse en aquellas zonas de la gramática que se ligan con la expresión de la subjetividad…"

De Bin (2012), por su parte, observa que en el habla del Río de la Plata la aplicación gramatical de *re-* prescinde prácticamente "de cualquier requisito de selección categorial", aplicándose incluso a bases sintagmáticas. Entre las innovaciones que ejemplifica (959–965) figuran derivados sustantivos (*re casa* 'casa muy buena', *re gente* 'gente muy prestigiosa'), adverbios (*re-lentamente* 'muy lentamente') y sintagmas adverbiales (*¿re que te ibas?* '¿de veras te ibas?'; *re que son las doce de la noche* 'de veras son las doce de la noche'), sintagmas proposicionales (*re a desgano* 'completamente sin ganas') y sintagmas verbales (*yo sé que esta foto te re va a gustar* 'yo sé que esta foto te va a gustar mucho'). Estos últimos ejemplos recuerdan otros citados por Vidal de Battini (1949:215–217): cf. *llegamos re de noche* 'llegamos muy de noche', *re te quema el sol* 'el sol te quema mucho'. De Bin (966) afirma que el prefijo puede usarse como elemento cuasi-independiente como equivalente de *muy*: *¿te parece lindo? Sí, re* 'sí, muy'. El estudio de Kornfeld et al. (2013–14) añade otros ejemplos semejantes, con adverbios (*lo dijo re claramente* 'lo dijo muy claramente'), verbos (*re llueve* 'llueve mucho', *se re terminó* 'terminó definitivamente') y oraciones dependientes (*re que lo hago para quedar bien* 'seguro/de veras que lo hago para quedar bien').

Además de *re-*, no hay prefijos castellanos que denoten la repetición de una acción. En cuanto a la intensificación verbal, *re-* comparte esta función solamente con el prefijo *sobre-*, cuyos derivados, sin embargo, suelen ir más allá de la intensificación para sugerir exceso: cf. *sobreactuar* 'realizar una interpretación exagerada', *sobrealimentar* 'dar a alguien más alimento del que necesita', *sobrebeber* 'beber con exceso'. Esta falta de prefijos alternativos subraya la indispensabilidad de *re-* para la derivación verbal iterativa e intensiva en español. En cambio, en su función de intensificador de adjetivos y adverbios gradativos, *re-* tiene muchos rivales prefijales en castellano, sobre todo *super-*, pero también *hiper-*, *extra-*, *ultra-*, *mega-*, *macro-*, *archi-*, *supra-* y *sobre-*.

Re- destaca entre los prefijos intensivos por sus alomorfos, que tienen la función de intensificar aún más lo designado por la base.

---

[206] Entre los ejemplos facilitados por Vidal de Battini (1949:218) para el rioplatense figuran *rerremalo, rerrecierto, rerrenunca*.

Recontra-
La primera variante, *recontra-*, se entiende hoy en día como la combinación de dos prefijos, *re-* y *contra-*, pero históricamente, a juzgar por los datos provistos por el *Diccionario histórico*, es probable que *recontra* tenga un origen más complejo. *Recontra* resulta interpretable por primera vez el siglo XVIII en un manual para jugar a las damas, donde significa 'contrajuego' o 'contraataque' (Pablo Cecina Rica y Fergel, 1718–59, *Médulo eutropélica calculatoria que enseña a jugar a las damas*, CDH),[207] palabra que interpretaríamos como una combinación de *re-* más *contra* como metónimo de *contraataque*. Un siglo más tarde encontramos *recontra* reacuñado como interjección de admiración o sorpresa, evidente eufemismo por *coño*: *¡Recontra, qué barco más hermoso!* (María de Pereda, 1885, *Sotileza*, CDH). Apoya esta interpretación el que en la misma obra *recontra* también sirva para expresar irritación o enfado: cf. *¡Recontra! —gritó desde arriba Andrés—. ¿Por qué no se lo dijiste a él cuando estuvimos en su casa antes?* Otros ejemplos parecidos: *¡Recontra! ¡Ya verás!* (1875, E. Ceballos Quintana, *Los niños de ayer*, CDH) y *¡Recontra con la mocita!* (1897 J. López Silva y C. Fernández Shaw, *La Revoltosa*, CDH).

El empleo de *recontra* como expresión de admiración explica perfectamente el que se haya gramaticalizado en prefijo intensivo:
- *recontramentira* (1898, V. Blasco Ibáñez, *La barraca*, CDH) (*mentira*)
- *recontraréplica* 'repetición de la contraréplica' (1908–30, J. Corrales, *Crónicas político-doméstico-taurinas*, CDH) (*réplica*)
- *recontralógico* (1933, M. Asturias, *El señor presidente*, CDH) (*lógico*)
- *recontralindo* (1942, *Antología de César Vallejo*, GB) (*lindo*)
- *recontra bien* (1968, F. Gutiérrez, *La copa de Salomón*, CDH) (*bien*)
- *recontra macanudo* (1987, J. Edwards, *El anfitrión*, CDH) (*macanudo*)
- *recontra difícil* (1987, J. Edwards, *El anfitrión*, CDH) (*difícil*)
- *recontrazape* (1990, D. Medina, *Cosas de cualquier familia*, CDH) (*zape*)

Recontra se combina también tanto con verbos finitos como no finitos:
- *recontratachar* 'atribuirle faltas a alguien repetidamente'(-*ado*, 1908–30, J. Corrales, *Crónicas político-doméstico-taurinas*, CDH) (*tachar*)
- *recontracagarse* (*se recontracagaban*, 1948, L. Marechal, *Adán Buenosayres*, CDH) (*cagarse*)
- *recontrasustar* (-*ado*, 1961, M. Asturias, *El alhajadito*, CDH) (*asustar*)
- *recontrajurar* (-*a*, 1974, G. Saiz, *La princesa del Palacio de Hierro*, CDH) (*jurar*)

---

[207] Actualmente *recontra* se emplea con el significado 'contra, miembro de un movimiento de oposición: cf. *el acuerdo se tomó tras seis horas de negociación entre los recontras y una comisión* (1993, *Espreso* 23/08).

- *recontranegar* (*-niego*, 1979, R. Prada, *Larga hora: la vigilia*, CDH) (*negar*)
- *recontracomprobar* 'comprobar sin lugar a dudas'(*-ándome*, 1980, G. María, *Fábrica de conciencias descompuestas*, CDH) (*probar*)
- *recontraatacar* 'volver a atacar' (*-ó*, 1997, *El observador*, 05/04, CDH) (*atacar*)
- *recontrapasar* 'pasar varias veces' (2004, M. Pérez Cuadra, *Sin luz artificial*, CORPES XXI) (*pasar*)
- *recontramorirse* 'morirse sin lugar a dudas' (*-muere*, 2012, M. Montañés, *¡Válgame Dios!*, CORPES XXI) (*morirse*)

La base de datos del *Diccionario histórico* registra por lo menos unos cincuenta ejemplos de *recontra-*.

Rete-
La segunda variante, *rete-*, es de origen incierto. Surge a mediados del siglo XIX entre escritores españoles, mexicanos y filipinos, en cuyos escritos aparece no pocas veces con la base *bien*:[208]
- *Retebien! Magnífico!* (1857, R. de Navarrete, *Caprichos de la Fortuna*, GB)
- *Muy bien. muy bien... muy retebien!* (1857, L. de Olona, *Los Magyares*, GB)
- *Bien, Carlillos, retebien* (1858, F. Camprodon, *Un Pleito*, GB)
- *Muy retebien pagado* (1859, G. Tejado, *Los Novios*, GB)
- *Seño Lapa, retebien* (1859, J. de la Puerta y Vizcaíno, *En Ceuta y en Marruecos*, GB)
- *me pagaron retebien* (1860, F. Caballero, *Revista de Ciencias, Literatura y Artes*, vol. 6, GB)
- *lo podía muy retebien ganar* (1862, F. Caballero, *Cuadros de costumbres*, GB)
- *estoy muy bien, muy bien, retebien* (1865, Fernández y González, *Los hijos perdidos*, GB)
- *Muy bien! [...] retebien!* (1867, E. Blasco, *El vecino de enfrente*, GB)
- *muy retebien guisadas* (1868, F. Caballero, *La Corruptora y la buena maestra*, GB)
- *muy bien. Retebien* (1870, M. Pina, *La gata de Mari-Ramos*, GB)
- *bien, retebién* (1871, J. de Pereda, *Tipos y paisajes*, CO)
- *que está muy retebién hecho* (1876, B. Pérez Galdós, *Doña Perfecta*, CO)
- *bien, y retebién* (1876–80, J. Zugasti y Sáenz, *El bandolerismo*, CO)
- *Álvaro le parecía retebién* (1884–85, Clarín, *La regenta*, CO)

---

[208] Los datos presentados son los del banco de datos de la Real Academia (*CORDE*, *CDH*) y Google Books. García Jiménez (2010) incluye más datos tomados de otras fuentes. Hoy en día se escribe *retebién* siempre con tilde.

No obstante, cabe destacar que *retebién* no es el ejemplo más temprano. En uno de estos escritos del siglo XIX, se menciona una carta no fechada de Lope de Vega en la que aparece la frase: *"El confesor bueno y retebueno"* (1872, F. M. Tubino, *Cervantes y el Quijote*, GB), lo que supone que *retebueno* es ejemplo más antiguo de *rete-* con una datación del siglo XVII. Además de este ejemplo aislado, los ejemplos más tempranos de *rete-* son todos, como se ha mencionado anteriormente, del siglo XIX. De estos, *retepeor, retemucho, retefino* y *retefeliz* aparecen en obras publicadas fuera de España. Nótese que el ejemplo de verbo finito *retejuro* recuerda a los verbos con *recontra-* citados más arriba:

– *retepeor* (1850, T. de la Vega, *Los jesuitas y la Constitución*, GB) (*peor*)
– *retemejor* (1856, J. Belza, *El ángel de la casa*, GB) (*mejor*)
– *rete muchísimo* (1860, M. del Palacio, *El Nene*, vol. 1, GB) (*muchísimo*)
– *rete-mucho* (1864, N. de Zamacois, *El Capitán Rossi*, GB) (*mucho*)
– *retemal* (1867, J. Navarrete, *Cuantas veo, tantas quiero*, GB) (*mal*)
– *retebuena* (1871, J. Catalina, *Un manojo de espárragos*, GB) (*bueno*)
– *retenó* (1872–78, C. Coello, *Cuentos inverosímiles*, CO) (*no*)
– *retequerido* (1872–78, C. Coello, *Cuentos inverosímiles*, CO) (*querido*)
– *retemalo* (1875, F. Caballero, *Vulgaridad y Nobleza*, CDH) (*malo*)
– *retevieja* (1878, J. de Pereda, *El buey suelto*, CDH) (*viejo*)
– *retefino* (1883, G. Prieto, *Musa Callejera*, GB) (*fino*)
– *retecorrientes* (1884, J. Ortega Munilla, *Revista de España*, vols. 100–101, GB) (*corriente*)
– *retebonita* (1887, X. Ximénez, *Siluetas Filipinas*, CDH) (*bonito*)
– *retefeliz* (1889, *El hijo del Ahuizote*, vol. 4, GB) (*feliz*)
– *retejurar* (*te retejuro,* 1891, Clarín, *Su único hijo*, CDH) (*jurar*)
– *y dime, retepreciosa* (1893, R. Chapí, *Los Mostenses*, GB) (*precioso*)
– *tan retesalada, tan retepreciosa* (1897, varios autores, *La revoltosa*, CDH) (*salado*)

Se han propuesto varias hipótesis etimológicas para *rete-*, de las cuales ninguna se impone claramente:
– Martín García (1998:143) propone que la inadmisibilidad de la reduplicación de *re-* como ***re-re-* obliga a los hablantes a buscar otra solución, la de *rete-*. Pharies (2009:226) añade que, de ser esta hipótesis acertada, la selección de *-t-* como consonante sustituta se debería a su servicio como consonante "por defecto" en español: cf. *café-t-era, te-t-era* y *títiri-t-ero*, en los que sirve de consonántica epentética.[209] El problema con esta hipótesis es que despierta

---
[209] A no ser que la *-t-* refleje analógicamente la de *chocolatera*.

dudas la presunta inadmisibilidad de *re-re-*. El *Diccionario Histórico* proporciona unos 19 ejemplos de la grafía *re-re-*. Además de ejemplos provenientes de España como *re-reclamar*, *re-reformadas* y *re-regulación*, encontramos en documentos argentinos diez ejemplos de *re-reelección*. De los cinco ejemplos contemporáneos con la grafía *rerre-* (*rerrellanadas*) o *rere-* (*rerefinamiento*) en el *Diccionario histórico*, uno proviene de España y cuatro de México.
- Vidal de Battini (1949:216), basándose en el uso de *re-* en la variedad argentina de San Luis, piensa que *rete-* pudo surgir de expresiones como *re que te corre* 'te corre mucho' y *re te mira* 'te mira mucho'. Esta hipótesis tropieza con la ausencia de expresiones de este tipo en España, donde aparece por primera vez *rete-*.
- Corominas, s.v. *requeté*, piensa que *rete-* puede resultar de *tarre-* (*tarre-grande* < *tan regrande*), hipótesis a la que falta cualquier fundamento empírico.
- García Jiménez (2010:248) cree que el origen de *rete-* hay que buscarlo en la secuencia rítmica *teque* que se repite en estribillos musicales de origen africano del período clásico. Ya en el siglo XVII esta secuencia combina con *re-* para producir *reteque-*, cuyas primeras dos sílabas se reinterpretarían como el prefijo intensivo *rete-* cuando en los estratos más bajos de la sociedad se habría perdido la sílaba *que* por desgaste fonético. Esta hipótesis sería concebible si no fuera por su explicación poco creíble para la pérdida de *-que* final.

Requete-
La secuencia *requete-* como intensificación de *re-* aparece por primera vez, al igual que *rete-*, en la segunda mitad del siglo XIX. Es importante notar que los primeros dos derivados de esta época están documentados en una publicación francesa de un escritor peruano, quien menciona en la introducción de la obra que esos textos se publicaron en Perú diez años antes (entre 1855 y 1856). El ejemplo *requetecontra-* destaca por combinar dos alomorfos, *recontra-* y *requete-*:
- *requetemejor* (1866, M. A. Fuentes, *Aletazos del [muriciélago]*, GB) (*mejor*)
- *requetebueno* (1866, M. A. Fuentes, *Aletazos del [muriciélago]*, GB) (*bueno*)
- *requete probada* (1868, M. Madiedo, *Nuestro siglo XIX: cuadros nacionales,* GB) (*probar*)
- *requetebien* (1871, E. Navarro Gonzalvo, *Buscando una suripanta*, GB) (*bien*)
- *requete-usía* (1873, B. Pérez Galdós, *El 19 de marzo y el 2 de mayo*, CDH) (*usía*, reducción de *usiría* 'vuestra señoría')
- *requetebuena* (1873, E. Navarro Gonzalvo, *¡Bromas del tío!*, GB) (*bueno*)
- *requeteguapa* (1877, E. Jackson Cortés, *Por sacar la cara*, GB) (*guapo*)
- *requetegoda* (1877, R. Palma, *Tradiciones peruanas,* CDH) (*godo*)
- *requetecontra* (1905, R. de Santa Ana, *La lista de autores*, GB) (*contra*)

De las primeras 20 apariciones de *requete-* en el *Diccionario histórico,* 12 se registran en textos escritos por Pérez Galdós, quien combina *requete-* con pronombres (*requeteusía*), adjetivos (*requetefino, requetemerecido*), sustantivos (*requetedamas*) y adverbios (*requetebien, requetecivilmente*). La secuencia también se encuentra en otras obras españolas del siglo XIX: cf. *requetefina* (1891, E. Pardo Bazán, *La piedra angular*, CDH), *requeteolé* (1897, J. López, *La revoltosa*, CDH).

En el primer tercio del siglo XX se acelera el uso de *requete-*, casi siempre con bases adjetivas (*requetebueno, requetebuenísimo, requetegracioso, requeteguapo, requeteviejo, requetetonto, requetelindo, requetevehementísima, requeteelegantísimo, requeterrico, requetesimpático, requetesencillo*), pero también con adverbios (*requetemuchísimo, requetetambién*), la interjección ¡*requeteay*! y el sustantivo *requeterréplica* en la forma superintensificada *requetecontrarréplica*. En general, sin embargo, son raras las bases sustantivas: *requetetarabuelo* (1975), *requeteángel* (1988), *requetecambio* (1996). Son bastante comunes los adjetivos participiales: *requetedicho* (1941), *requeteconocida* (1948), *requeteolvidado* (1949), *requetemuerto* (1950) y *requetedesgraciada* (1950). Aparece el primer ejemplo con infinitivo en 1960 (*requetever*) y los pocos verbos finitos vienen después: *requetejuro* (1963), *requetejuraba* (1966), *requetemiraba* (1972), *requeterreconozco* (1984) y *requetecorresponde* (2002). Dominan en todos los casos los autores españoles, si bien a partir de 1970 aproximadamente se hacen más frecuentes los ejemplos hispanoamericanos.

Como en el caso de *rete-*, disponemos de varias hipótesis etimológicas más o menos insatisfactorias:

– Vidal de Battini (1949:216) aplica la misma hipótesis para *rete-* a *requete-*: "Nuestro *réquete* que se pronuncia con énfasis acentual sobre el prefijo *re-*, debe de provenir de una amalgama de *re, que, te*, operada en expresiones como las que acabamos de citar (*corre que te corre, re que te corre*)..." Como comentamos más arriba, no hay indicios de la existencia de tales expresiones fuera de Argentina.

– Corominas, s.v., *requeté*,[210] dice lo siguiente: "Mi sospecha acerca de la formación del prefijo afectivo e intensivo *requete-* parece confirmada por la forma más antigua del mismo, tal como la vemos en un pasaje de Lope, donde se lee: '¡*reviejo y catarreviejo!*', que según mi hipótesis pudo salir de *qué ta(n) reviejo*". Evidentemente, ninguna de las palabras citadas por Corominas contiene la secuencia *requete-*.

---

[210] *Requeté* 'cuerpo de milicianos carlistas', 'miliciano carlista', atestiguado en 1876 (B. Pérez Galdós, *De Oñate a la granja*, CDH) proviene seguramente del fr. *requeté* 'llamada de jauría, 'toque de caja'. Dado su significado y su acentuación, es sumamente inverosímil que *requeté* sea el étimo de *requete-* usado como prefijo.

– Pharies (2009) toma como punto de partida dos supuestos: primero, que *reteque-* es una elaboración de *rete-* y, segundo, que la elaboración se basa en la conocida preferencia en palabras lúdicas castellanas por la acentuación dactílica (´˘˘) que caracteriza las plantillas lúdicas descritas en Pharies (1986) e identificadas con los ejemplos *trápala, quiquiriquí* y *chiquirritico*. El problema de esta hipótesis es que *requete-* no cuadra exactamente con las pautas consonánticas de estas plantillas, que exigen siempre una secuencia -V$_j$LV$_j$-, en la que las vocales son idénticas y la consonante líquida.
– García Jiménez (2010:250–255), como en el caso de *rete-*, basa su hipótesis en la idea de que *requete-* no es exactamente un alomorfo de *re-* sino un elemento independiente que tiene sus orígenes en los estribillos musicales de origen africano asociados con una danza del siglo XVII, el zarambeque, en cuya lírica se encuentra la onomatopeya *teque* que representa el temblor, el movimiento continuado o el ruido acompasado. De ahí se combina con *re-* para producir *reteque*. García Jiménez cita muchos ejemplos de *reteque-* intensivo encontrados en Google sobre todo en las hablas mexicana y colombiana. En su opinión, *requete-* representa una metátesis de *reteque-*. Aun aceptando esta teoría, se tendría que admitir que *reteque-* y *requete-* se reinterpretaron como alomorfos de *re-*, pues de otra manera no hay manera de explicar la semántica intensiva de estos prefijos.

Reteque-
La variante *reteque-* al igual que sus alomorfos *rete-* y *requete-* aparece por primera vez en el siglo XIX en combinación con adverbios:
– *rete que no* (1864, J. M. de Pereda, *Escenas montañesas*, GB; var. *retequenó,* 1885–88, J. M. de Pereda, *Sotileza,* CDH)
– *rete que sí* (1864, J. M. de Pereda, *Escenas montañesas,* GB)
– *retequebien* (1901, *El hijo del Ahuizote,* vol. 16, GB)

A partir del siglo XX, se combina sobre todo con adjetivos:
– *retequesabroso* (-*s,* 1910, *Variedades,* vol. 5, GB)
– *retequelimpio* (-*s,* 1913, *El libro popular,* GB)
– *rete-que feliz* (1914, E. de la Mora, *Tierra de hombres,* GB)
– *retequeperdido* (1955, J. C. da Rosa, *De sol a sol,* GB)
– *retequefino* (1963, W. J. Jackson, *Los tatas y otros cuentos,* CDH)
– *retequepeligroso* (1974, G. Saiz, *La princesa del Palacio de Hierro,* CDH)
– *rete-que-bueno* (-*a,* 1975, R. Castellanos, *El eterno femenino,* CDH)

A partir de finales del siglo XX, es común encontrar ejemplos de *reteque* como adverbio, sobre todo en textos mexicanos:
- *¡Cómo no, ujjj, reteque lo vi! Reteque lo vimos esa cosa* (1994, J. Alejos García, *Mosojäntel: etnografía del discurso agrarista entre los ch'oles de Chiapas*, GB)
- *Hace frío y está rete que muy tenebroso* (2002, J. R. Enríquez, *Epifanio «el Pasadazo»*, CORPES XXI)
- *No se hagan tontos, Lenchito... Reteque lo saben...* (2011, A. Estrada, *Rescoldo*, GB)

Nuestra hipótesis alternativa sobre el origen de los alomorfos *rete-, reteque-* y *requete-* combina los tres elementos mencionados más arriba: primero, la conocida preferencia en palabras lúdicas castellanas por la acentuación dáctilica (͂ ͂) que caracteriza las plantillas lúdicas descritas en Pharies (1986), tal como la acentuación de *requete-* y *reteque-*; segundo, la amalgama de *re, que, te* como sugiere el estudio de Vidal de Battini (1949); y tercero, el estribillo musical del zarambeque, en cuya lírica se encuentra la onomatopeya *teque* combinado con *re-* para producir *reteque*, secuencia rítmica que se popularizó en España a través de entremeses y otras obras teatrales en las que se le mencionaba con este baile, como apunta García Jiménez (2010:249–255).

Las onomatopeyas son invariablemente lúdicas y más susceptibles a cambios de forma y significados por yuxtaposición, concatenación, y ampliación fónica de sílabas sin sentido, entre otras (Pharies, 2015). Por esto, no es raro que *teque* presente la variedad de combinaciones mencionadas por García Jiménez (2010:252–), sobre todo su tipo 5: *teque, reteque, retequeteque.*

Otro hecho que apoya esta hipótesis es que la mayoría de los primeros testimonios de estas variantes, sobre todo con *rete-*, aparecen en zarzuelas, comedias, juguetes cómicos, cuadros de buenas costumbres o novelas donde se retrata el habla popular:
- *¡Qué no y rete que no! Qué sí y rete que sí* (1864, J. M. de Pereda, *Escenas montañesas*, GB)
- *y qué retebuena moza estás!* (1871, J. Catalina, *Un manojo de espárragos*, GB)
- *Qué sí y rete que sí, que no, que no y que retenó* (1872–78, C. Coello, *Cuentos inverosímiles*, CDH)
- *¡Qué malo, qué retemalo es!* (1896, J. Echegaray, *Traducción de Tierra baja de Ángel Guimerá*, CDH)
- *¡Ay, qué retegüena y qué retehermosa!* (1906, varios autores, *El genio alegre*, CDH)

Es precisamente en una zarzuela de finales del siglo XIX donde encontramos un ejemplo de esta adaptación del estribillo musical como prefijo:[211]
- *¡Ay qué reque-queteque, qué reque-queteque... / ¡qué requetebien!* (1888, A. Rubio, *Lo pasado, pasado*, GB)

Considerando que la mayoría de los ejemplos más tempranos con estos prefijos lúdicos adoptan la variante *rete-*, es probable que se pensara que esta partícula *reteque* del estribillo musical era el adverbio o prefijo, y que *que* era la conjunción o exclamativo, por lo que podría separarse o eliminarse junto con el resto de las sílabas extras a gusto del hablante.

Aquí se presentan otros ejemplos que demuestran el conocimiento de los hablantes de la naturaleza lúdica de estas variantes y la permisibilidad de reorganizar, añadir o eliminar las partículas que las componen:
- *me recontra viene* (1960, O. Soto-Fernández, *Por la senda del sexo*, GB)
- *requetecontra mío* (1960, O. Soto-Fernández, *Por la senda del sexo*, GB)
- *reque borracho* (1974, N. Rodríguez Ruíz, *Jaraguá: novela de las costas del Salvador*, GB)
- *requeteque chula* (1987, C. Fuentes, *Cristóbal Nonato*, CDH)
- *reteque se contraencabronó* (2001, J.R. Enríquez, *Nueve reflejos en los siglos de oro*, GB)
- *rete quete bien* (2002, J. R. Enríquez, *Epifanio el Pasadazo*, CORPES XXI)
- *requetequebien* (2014, Gina Peña, *Agua que no quita la sed*, GB)
- *requebien* (2015, J. E. Palmis, *Licor de Mora*, GB)
- *requetecontra leído* (2017, G. Salazar, *Los caminos del pueblo*, GB)

Contribuyen al estudio de *re-* y sus variantes ampliadas los siguientes estudios: Gauger (1971), Pharies (1986), García-Medall (1988), Alvarez Catalá (2009), Pharies (2009), García Jiménez (2010), de Bin (2012), Kornfeld (2013), Serrano-Dolader (2015a) y Varela Ortega (2005).

---

211 Otra posibilidad: que sea ejemplo de la adaptación del prefijo como estribillo musical.

Retro-

Prefijo de origen latino que se antepone a verbos, sustantivos y adjetivos para denotar primordialmente 'movimiento (o movimiento implícito) hacia atrás', tanto en el espacio (*retrocorvo* '[caballo] cuyas rodillas están torcidas hacia atrás') como en el tiempo (*retrotraer* 'retroceder a un tiempo pasado para tomarlo como referencia'). De ahí se derivan otros sentidos como 'posición posterior' (*retroguardia* 'unidad militar más alejada del enemigo'), 'devolución' (*retrodonar* 'devolver una donación al donante') y 'nostalgia de una situación o una ideología del pasado' (*retrofranquista* 'caracterizado por un deseo de retorno al franquismo'). *Retro-* se remonta al elemento combinatorio latino *retrō-*, correspondiente al adverbio y preposición *retrō*, que tiene los mismos usos.

En castellano, *retro-* aparece en una serie de latinismos de los que solo dos fueron introducidos antes del siglo XIX:
- *retrogradar* 'ir hacia atrás' (1254–60, anón., *Judizios de las estrellas*, CO) (*retrōgradō -āre*)
    - *retrógrado* 'que retrograda' (1254–60, anón., *Judizios de las estrellas*, CO) (*retrōgradus*)
- *retroceder* 'volver hacia atrás' (-*cede*, 1407, Marqués de Santillana, *Cancionero de Estúñiga*, CDH) (*retrōcēdō -ere*)
- *retroventa* 'acción de deshacer una venta' (1827, J. Morelló, *Colección de contratos*, GB) (*retroventa -ae*)
- *retroacción* 'acción en sentido inverso' (1833, *Decretos del rey*, GB) (*retrōactiō -ōnis*; cf. *retroagō -ere* 'echar atrás')
- *retroversión* 'desviación hacia atrás de algún órgano del cuerpo' (1836, J. López, *Curso de parto*, GB) (cf. *retrōversus*)
- *retrospección* 'mirada o examen orientada al pasado' (1890, J. Sardá, *Artículos escogidos*, GB) (cf. lat. tard. *retrōspiciō -ere*)

Los primeros derivados españoles aparecen en el siglo XVI. A estas alturas predomina el sentido espacial (excepciones: *retrotraer*, *retropróximo*):
- *retroescrito* 'que aparece escrito más arriba' (-*a*, 1516, Gutiérrez Quixada, *Apéndices a las constituciones*, CO) (*escrito*)
- *retroguardia* 'unidad militar más alejada del enemigo' (1519–26, H. Cortés, *Cartas de relación*, CO; cf. *retaguardia*, 1491–1516, A. Santa Cruz, *Crónica de los Reyes Católicos*, CO) (*guardia*)
- *retrodonar* 'devolver una donación al donante' (1648, J. de Solórzano, *Política indiana*, CO) (*donar*)

- *retrotraer* 'retroceder a un tiempo pasado para tomarlo como referencia' (1648, J. de Solórzano, *Política indiana*, CO) (*traer*)
- *retropilastra* 'pilastra que se pone detrás de una columna' (1727, T. Vicente Tosca, *Compendio mathematico*, GB) (*pilastra*)
- *retrocorvo* '(caballo) cuyas rodillas están torcidas hacia atrás' (1830, D. Risueño, *Diccionario de veterinaria*, GB) (*corvo*)
- *retroperitoneal* 'relativo al espacio detrás del peritoneo' (1842, M. Andral, *Curso completo de patología interna*, GB) (*peritoneal*)
- *(de) retrocarga* '(arma de fuego) que se carga por la parte inferior de su mecanismo, y no por la boca del cañón' (1869, J. Almirante, *Diccionario militar*, GB) (*carga*)
- *retropróximo* 'anterior en el tiempo' (1887, Ministerio de Relaciones Interiores, Venezuela, *Memoria y cuenta*, GB) (*próximo*)
- *retroesternal* 'relativo al espacio detrás del esternón' (1891, *El siglo médico*, vol. 38, GB) (*esternal*)
- *retromamario* '(espacio de tejido graso) que separa la mama de la fascia pectoral' (1896, *Revista médica de Chile*, vol. 24, GB) (*mamario*)

En el siglo XX, *retro-* se caracteriza por el abandono de los derivados verbales y la preferencia por los derivados nominales, sobre todo sustantivos. Los derivados tienden a aparecer asociados a determinados campos semánticos. En este caso, tienen sentido temporal el adjetivo *retroglaciar* y todos los ejemplos clasificados dentro de la categoría de los movimientos políticos.

industria y tecnología
- *retropropulsión* 'sistema de propulsión que se basa en una expulsión hacia atrás' (1905, G. Leube, *Diagnóstico especial de las enfermedades internas*, vol. 2, GB) (*propulsión*)
- *retrotrén* 'dispositivo para municiones' (1910, anón., *Nuevo material de puentes*, CO) (*tren*)
- *retrodisparo* 'disparo hacia atrás' (1963, anón., *Traducción de 22 vueltas en torno a la tierra*, CO) (*disparo*)
- *retrocohete* 'cohete que usa retropropulsión' (1963, anón., *Traducción de 22 vueltas en torno a la tierra*, CO) (*cohete*)
- *(período) retroglaciar* 'período geológico que coincide con una vuelta a la glaciación' (1965, F. Chueca, *Historia de la arquitectura española*, CO) (*glaciar*)
- *retroproyector* 'proyector con espejo para dirigir una imagen a una pantalla' (*-es*, 1980, M. Cayetano, *Autonomías*, CDH) (*proyector*)

ciencia y medicina
– *retrodifusión* 'difusión hacia atrás' (1965, varios autores, *Química inorgánica experimental*, GB) (*difusión*)
– *retrovirus* 'virus con ácido ribonucleico' (1987, *El País*, 02.06, CR) (*virus*)

movimientos políticos y artísticos
– *retrofranquista* 'caracterizado por una nostalgia del franquismo' (1977, *El País*, 27.09, CR)
– *retroestaliniano* 'caracterizado por una nostalgia del estalinismo' (1977, *El País*, 11.09, CR)
– *retronostalgia* 'nostalgia por todo lo retro' (1980, *El País*, 05.06, CR)
– *retromodernismo* 'caracterizado por un retorno al modernismo' (1986, *ABC*, 28.04, CR)
– *retroestética* 'estética que recuerda la de épocas anteriores' (1999, A. Miranda, *Ni robot ni bufón*, GB)

Retro- se independiza de su función prefijal en el siglo XIX, formando locuciones usadas en términos comerciales como *pacto de retro* (1881, anón., *Ley de enjuiciamiento civil*, CO) y (*vender*) *a retro* (1889, anón., *Código civil*, CO). En la actualidad funciona casi exclusivamente como adjetivo: Entre los antecedentes con los que se emplea en el *CREA* figuran entre otros muchos: *moda, aire, modelo, tendencia, divertimento, estética, música* y *reunión*, p. ej., *modelo llamativamente retro* (1994, *La Vanguardia*, 14.04, CR). La cita siguiente, en la que *retro* como adjetivo recibe la marca de plural, constituye un caso extraordinario: *No cabe duda que los fascistas, retros o neos, siempre tiran al monte* (1995, *La Vanguardia*, 28.04, CR). *(P)seudo-* (q.v.) manifiesta una evolución morfológica similar.

Retro- comparte con *pos(t)-* la función de denotar una posición posterior (cf. *posdorso*). En su acepción temporal, *retro-* también compite con *pos(t)-* (*posfranquismo* 'período histórico inmediatamente posterior al gobierno del general Franco'), prefijo que domina en este campo semántico, en el que *tras-* (*trasnochar* 'pasar la noche sin dormir') es de menor importancia.

No conocemos ningún estudio monográfico dedicado al prefijo *retro-*.

Semi-

Prefijo adjetivo de origen latino que con el sentido de 'mitad de un todo' o 'medio' se combina con bases sustantivas (*semidiámetro* 'mitad de un diámetro'). En combinación con bases sustantivas y adjetivas puede denotar parcialidad (*semihuelga* 'huelga parcial', *semioscuro* 'parcialmente oscuro'). En otros casos, los derivados con bases adjetivas sugieren una gradación inferior (*semisabio* 'no muy sabio') o una propiedad atenuada (*semidifunto* 'casi difunto'). Se remonta al prefijo latino *sēmi-*, que figura con los mismos sentidos en más de 150 derivados latinos nominales, a los que se añaden unos cuantos más a través de los alomorfos *sēm-* ante vocal (*sēmuncia* 'media onza' ← *uncia -ae* 'onza') y *sē-* ante *m-* (*sēme(n)stris* 'medio mes' ← *mensis -is* 'mes').[212] *Semi-* está emparentado etimológicamente con el prefijo griego ἡμι- > cast. *hemi-* (q.v.).

Los primeros latinismos, sustantivos y adjetivos, aparecen en castellano a partir del siglo XV:[213]
- *semivocal* 'media vocal' (*-es*, 1423, E. de Villena, *Arte de trovar*, CO) (*sēmivocālis*)
- *semicircular* 'de forma de semicírculo' (*-çircular*, 1427, E. de Villena, *Traducción y glosas de la Eneida*, CDH) (*sēmicirculāris*)
    - *semicírculo* 'mitad de un círculo' (1519–47, anón., *Capitulación hecha en Zaragonza*, CO) (*sēmicirculus -ī*)
- *semipedal* 'de medio pie de largo' (1490, A. de Palencia, *Universal vocabulario*, CO) (*sēmipedālis*)
- *semivivo* 'medio vivo' (*-s*, 1588, M. de Cervantes, *Nuevas de la católica armada*, CDH) (*sēmivīvus*)
- *semipleno* 'medio lleno' (1589, J. de Pineda, *Diálogos familiares*, CO) (*sēmiplēnus*)
- *semimuerto* 'medio muerto' (1656, J. de la Serna, *Tratado de las supersticiones*, CO) (*sēmimortuus*)
- *semicapro* 'monstruo fabuloso, medio macho cabrío y medio hombre' (1560–78, F. de Aldana, *Poesías*, CO) (*sēmicaper -prī*).

Los primeros derivados castellanos con *semi-* son contemporáneos de los primeros cultismos latinos. En general, destaca su gran diversidad semántica tanto en fecha temprana como en la actualidad, a juzgar por los 30 derivados nuevos que registra

---

212 *Sēme(n)stris* es ambiguo en latín; también significa 'de seis meses', donde *sē-* < *sex* 'seis'.
213 Ya en 1270–84 (*Estoria de Espanna*) aparece citada la palabra latina *semideos*, con la siguiente explicación: "llamaron a sos cabdiellos semideos que quiere dezir medio dioses".

https://doi.org/10.1515/9783111329369-071

el *CORDE* para el siglo XIX y los casi 100 para el siglo XX. Notamos concentraciones de derivados en los campos semánticos siguientes:

Música
- *semibreve* 'mitad de una breve, hoy llamada *redonda*' (1428, E. de Villena, *Tratado de astrología*, CO) (*breve*)
- *semitono* 'cada una de las dos partes de un tono' (1460, anón., *Tratado de la música*, CO) (*tono*)
- *semicorchea* 'mitad de una corchea' (1589, J. de Pineda, *Agricultura christiana*, GB) (*corchea*)

Matemáticas
- *semidiámetro* 'mitad de un diámetro' (1537–56, anón., *Tratado anónimo de arquitectura*, CO) (*diámetro*)
- *semigola* 'línea recta que pasa del ángulo de un flanco del baluarte a la capital' (1675, J. Zaragoza, *Fábrica y uso de varios instrumentos*, CDH) (*gola*)
- *semisuma* 'resultado de dividir por dos una suma' (1690, C. de Sigüenza, *Libra astronómica*, CO) (*suma*)
- *semidiferencia* 'la mitad de la diferencia entre dos números' (1690, C. de Sigüenza, *Libra astronómica*, CO) (*diferencia*)
- *semiángulo* 'mitad de ángulo' (1733, M. Calabro, *Tratado de fortificación*, CO) (*ángulo*)
- *semiarqueado* 'medio arqueado' (-*a*, 1787, J. de Isla, *Descripción de la máscara*, CO) (*arqueado*)
- *semiglobo* 'mitad de un globo' (-*a*, 1787, J. de Isla, *Descripción de la máscara*, CO) (*globo*)

Seres mitológicos
- *semidragón* 'monstruo que tenía de hombre la mitad superior y de dragón la inferior' (1615, J. de Villaviciosa, *La mosquea*, CO) (*dragón*)
- *semihombre* 'pigmeo, nativo de un pueblo legendario' (1620, J. de Luna, *Lazarillo de Tormes*, CO) (*hombre*)
- *semiharpía* 'monstruo parecido a una harpía' (1784, L. de Arroyal, *Los epigramas*, CO) (*harpía*)

Cualidades atenuadas
- *semidoble* '(rito) menos solemne que el normal' (-*s*, 1498, D. Durán, *Glosa sobre Lux bella*, CDH) (*doble*)
- *semidocto* 'medio docto' (1580, L. de Góngora, *Romances*, CDH) (*docto*)
- *semidifunto* 'casi difunto' (1598, L. de Vega, *La dragontea*, CO) (*difunto*)

- *semidormido* 'casi dormido' (1629, G del Corral, *La Cintia de Aranjuez*, CO) (*dormido*)
- *semibruto* 'un poco necio, incapaz' (*-s*, 1733, B. Feijoo, *Theatro crítico*, CO) (*bruto*)
- *semibién* 'de calidad mediana' (*-bienes*, 1750, anón., *Tratado para determinar los límites de los estados*, CO) (*bien*)
- *semisabio* 'no muy sabio' (1758, J. de Isla, *Historia del famoso predicador*, CO) (*sabio*)

En la actualidad *semi-* sigue siendo productivo; cf. los derivados siguientes:
- *semioscuro* 'no totalmente oscuro' (1851, J. Mármol, *Amalia*, CDH) (*oscuro*)
- *semiabierto* 'no totalmente abierto' (1883, B. Pérez Galdós, *El doctor Centeno*, CDH) (*abierto*)
- *semicivilizado* 'parcialmente civilizado' (1888, E. Azevedo, *Ismael*, CDH) (*civilizado*)
- *semicongelado* 'parcialmente congelado' (1980, D. López-Acuña, *La salud desigual en México*, CDH) (*congelado*)
- *semihuelga* 'huelga parcial' (1995, C. Vidal, *Historias del ocultismo*, CDH) (*huelga*)

En su sentido de 'medio', *semi-* compite no solo con su homólogo helénico *hemi-*, sino también con el elemento adjetivo de compuestos *medio-* que se encuentra en palabras como *medialuna* 'pan o otra cosa en forma de media luna'. El sentido atenuativo de *semidifunto* lo comparte con *cuasi-* (*máquinas cuasivivas* 'máquinas con algo análogo a la vida'), *entre-* (*entreclaro* 'medianamente claro') y *medio* (*medio muerto*).

Son fundamentales para el estudio de *semi-* los estudios de Martín García (1998), Montero Curiel (2001b), Rodríguez Ponce (2002) y, sobre todo, Felíu Arquiola (1999).

So- / son- / sa- / za- / cha-

Prefijo patrimonial que se remonta al prefijo latino *sub-* de sentido espacial. Tanto en latín como en castellano se combina con bases verbales con el sentido original de 'posición inferior en el espacio' (lat. *subiaceō -ere* 'yacer por debajo', cast. *socavar* 'excavar por debajo'). De este concepto se derivan otros dos sentidos secundarios que se realizan con bases de diversa índole: cf. 'atenuación' (lat. *subdubitō -āre* 'dudar un poco', cast. *socochar* 'sancochar, cocer a medias') y 'cargo inmediatamente inferior' (lat. *succenturiō -ōnis* 'subcenturio', cast. *sochantre* 'director de coro inferior al chantre'). Como se deduce de los ejemplos castellanos citados, el prefijo se encuentra frecuentemente en palabras anticuadas o desusadas y es indudable que en la actualidad ha dejado de ser productivo frente al empuje de su homólogo culto *sub-*.[214] Otra peculiaridad de *so-* es el número y sorprendente variedad de alomorfos que manifiesta, ejemplificados en *son-reír, sa-bordar, san-cochar, za-hondar* y *cha-podar*.[215]

Esta entrada tiene su base en Pharies (2011), estudio global que no se limita a la productividad específicamente castellana de *so-* sino que abarca la zona hispanorromance en su totalidad. El estudio íntegro también se ocupa de cuestiones ajenas a esta entrada como la evolución semántica del prefijo en indoeuropeo, las preposiciones *sub* del latín y *so* del castellano y la suerte de *sub-* y sus herederos en otras lenguas románicas.

Los descendientes patrimoniales de *sub-* en castellano llaman la atención por la multiplicidad de formas que adoptan y la consiguiente pérdida de transparencia morfológica de muchos de sus derivados. Este polimorfismo se debe a dos factores principales: por un lado, las dos modalidades de transmisión —culta y patrimonial— que dan lugar a resultados muy diferentes, y por otro, los efectos producidos por distintos fenómenos fonológicos más o menos irregulares. Teniendo en cuenta estos factores, resulta posible establecer cinco categorías etimológicas de vocablos castellanos que incorporan *sub-* o alguno de sus resultados patrimoniales. De estas, son irrelevantes dos: la de los cultismos latinos con *sub-* (*sublime*) y sus alomorfos (*suceder*), y la de *sub-* como prefijo culto castellano (*subsuelo*). Limitamos el ámbito

---

[214] Neira Martínez (1972:243), quien se refiere a esta partícula como "el antiguo prefijo *so-*", piensa que a pesar de la aparente transparencia morfológica de palabras como *sofreír, soasar* y *soterrar*, "en la mayoría de ellas [...] no hay sentimiento de tal prefijo, o bien está latente en hablantes cultos cuando se da la posibilidad de oponerse a un primitivo [...]"

[215] *So-* es uno de los diez prefijos que se transmiten por vía patrimonial del latín al castellano, siendo los demás *a-, con-, des-, en-, entre-, es-, re-, sobre-* y *tras-*.

de nuestro análisis a las categorías etimológicas en que figura *so-* o alguno de sus alomorfos.

La primera categoría, que consta de palabras con *so-* transmitidas del latín, incluye palabras cuya transmisión al romance varía entre parcial y totalmente patrimonial:
- *sojuzgar* 'dominar con violencia' (*-ás*, 1237, anón., *Libro de los doce sabios*, CO) (*subjugō -āre* 'poner bajo el yugo', con la interferencia de *jūdicō -āre* 'juzgar')
- *someter* 'dominar, sojuzgar' (*-idos*, 1237, anón., *Libro de los doce sabios*, CO) (*submittō -ere*)
- *somover* 'conmover, mover desde abajo' (*-ido*, 1240–50, anón., *Libro de Alexandre*, CO) (*submoveo -ēre* 'quitar, sacar')
- *socavar* 'excavar, minar, cavar una cueva o galería subterránea' [*-aron*, 1240–50, anón., *Libro de Alexandre*, CO]) (*subcavō -āre*)
- *sofondar* 'hundirse' (1250, A. de Toledo, *Moamín*, CO; vars. *safondosse*, 1270, Alfonso X, *Estoria de Espanna,* CO; *zahonde*, 1275, anón., *Libro de los caballos*, CO) (*suffundō -āre* 'derramar bajo algo')
- *sohumar, sofumar* 'perfumar con humo aromático' (1250, ambos en A. de Toledo, *Moamín*, CO; vars. *sahumar, safumar*, 1256, ambos en Alfonso X, *Picatrix*) (*suffūmō -āre* 'echar un poco de humo')
- *soportar* 'sostener' (1292, anón., *Castigos del rey don Sancho*, CDH) (*supportō -āre* 'llevar')
- *sobornar* 'corromper, cohechar' (*-aron*, 1311, anón., *Documento*, CO) (*subornō -āre*)
- *solevar* 'levantar una cosa empujándola desde abajo' (1535, anón., *Diálogo de las transformaciones*, CO) (*sublevō -āre*)
- *soasar* 'asar una cosa sin tenerla demasiado tiempo en el fuego' (*soasarlas*, 1611–50, anón., *El libro de las medicinas caseras*, CO) (*subassō -āre* 'asar un poco')

Excepcionalmente en este grupo, el prefijo adopta la forma de alguno de los otros alomorfos patrimoniales (ver la segunda categoría, más abajo):
- *sacudir* 'mover violentamente una cosa' (*-ió*, 1200, Almerich, *La fazienda de Ultra Mar*, CO) (*succutiō -ere* 'lanzar desde abajo')
- *sonreír* 'hacer con los músculos de la cara un gesto como el que se hace para reír, pero sin emitir ningún sonido' (*sonriósele*, 1251, anón., *Calila e Dimna*, CO) (*subrīdō -ēre*)
- *sancochar* 'cocer o guisar una vianda mal o incompletamente' (*-ada*, 1400, anón., *Biblia Escorial*, CO; var. *soncochado*, 1589, J. de Pineda, *Diálogos familiares*, CO) (*subcoctus*, part. pas. de *subcoquō -ere* 'cocer un poco')
- *chapodar* 'podar' (1513, G. de Herrera, *Obra agricultura*, CO) (*supputō -āre* 'podar ligeramente')

- *sonruir* 'murmurar, rumorear, susurrar' (1554, F. López, *La primer parte de la Historia natural*, CO) (*subrūgō -īre* ← *rūgīre* 'rugir')
- *zabucar* 'agitar' (-*ó*, 1597–1645, F. de Quevedo, *Poesías*, CO) (lat. vg. **subbuccare* < *bucca* 'boca', García Hernández 2000:77)

La segunda categoría comprende los derivados castellanos que incorporan el prefijo patrimonial *so-*. Contamos 35 de los mismos, con la siguiente distribución diacrónica:

Siglo	XII	XIII	XIV	XV	XVI	XVII	XVIII	XIX	XX
	1	8	1	9	8	2	1	4	1

Estos datos muestran que la productividad de *so-* nunca fue muy importante y que, después de un pequeño y breve auge durante los siglos XV e XVI, experimenta un gradual declive que acaba en la práctica extinción. Nótese que aproximadamente la mitad de los verbos con *so-* son parasintéticos, derivados siempre de sustantivos (*sopozar* 'hundir en un pozo' < *pozo*, *sorrabar* 'como castigo, besar a un animal debajo del rabo' < *rabo*):[216]
- *soterrar* 'enterrar' (-*aron*, 1194–1211, anón., *Liber Regum*, CO) (*tierra*)
- *socorrer* 'ayudar o auxiliar a alguien' (1208, anón., *Cortes de León*, CO; var. *sacorrer*, 1613, L. Vélez, *La serrana de la Vera*, CO) (*correr*)
- *sorrendar* 'refrenar' (*sorrenda*, 1230, G. de Berceo, *Vida de San Millán*, CO) (*rienda*)
- *sorrostrar* 'echar en cara, zaherir' (-*ada*, 1230, G. de Berceo, *Vida de San Millán*, CO) (*rostro*)
- *sosacar* 'obtener de alguien cierta cosa con habilidad o insistencia' (-*ado*, 1230, G. de Berceo, *Vida de San Millán*, CO; var. *sossacar*, 1240–50, anón., *Libro de Alexandre*, CO) (*sacar*)
- *sopozar* 'hundir en un pozo o poza' (-*oze*, 1240–72, Herman del Alemán, *Traslación del Psalterio*, CO; vars. cast. med. *sapozaronse*, 1250, anón., *Bocados de Oro*, CO; *zapuzar*, 1553–56, C. de Villalón., *El Crótalon*, CO; *sompozo*, 1254–60, anón., *Judizios de las estrellas*, CO; *chapuzó*, 1589, J. de Pineda, *Diálogos familiares*, CO) (*pozo*)
- *sosquino* 'de través, de soslayo' (1253, anón., *Carta de donación*, CDH) (*esquina*)
- *sochantre* 'director del coro en los oficios divinos' (1279, anón., *Carta de testimonio, Catedral de León*, CO) (*chantre* 'dignidad de las iglesias')

---

[216] También en latín hay verbos parasintéticos con *sub-*, *subaurō -āre* 'dorar' (*aurum -ī* 'oro'), *sublābrō -āre* 'meter forzosamente en la boca' (*labrum -ī* 'labio').

- *sopuntar* 'señalar con un punto puesto debajo una letra, palabra, etc., sobre la que, por cualquier causa, hay que llamar la atención' (*-ado*, 1287, anón., *Orden de construcción*, CO) (*punto*)
- *solapar* 'poner solapas' (*-o*, 1379–1425, A. de Villasandino, *Poesías*, CO) (*solapa* 'cosa, pieza o parte de una cosa que queda montada sobre otra, cubriéndola en parte' (1445–80, A. de Montoro, *Cancionero*, CO) < *lapa* 'piedra')
- *sorrabar* 'como castigo, besar a un animal debajo del rabo' (1406–35, J.A. de Baena, *Poesías*, CO) (*rabo*)
- *solevantar* 'solevar' (*-ados*, 1415, anón., *Inventario de joyas*, CO) (*levantar*)
- *soportal* 'porche, espacio cubierto que precede a la entrada de algunas casas' (*-es*, 1427–28, E. de Villena, *Traducción y glosas de la Eneida*, CO) (*portal*)
- *sobarba* 'correa de la brida que rodea el hocico del caballo' (*-adas*, 1445–1519, anón., *Cancionero de obras de burlas*, CO), 'sotabarba, papada' (1615, O. Pou, *Thesaurus puerilis*, GB) (*barba*)
- *sobermejo* 'bermejo oscuro' (1450, anón., *Arte complida de cirugía*, CO) (*bermejo*)
- *sopié* 'somonte' (1453, anón., *Crónica de Don Álvaro de Luna*, CO) (*pie*)
- *socapa* 'pretexto que se toma para disfrazar la verdadera intención de una cosa' (1475, P. Guillén, *La gaya ciencia*, CO) (*capa*)
- *sopalancar* 'apalancar' (1495, A. de Nebrija, *Vocabulario español-latino*, CO] (*palanca*)
- *socaz* 'cauce que conduce el agua que acciona un molino después de haber pasado por él' (1498–1501, anón., *Libro de Acuerdos del Concejo Madrileño*, CO) (*caz*, variante de *cauce* 'concavidad por la que corre un curso de agua' < *calix -icis* 'vaso para beber')
- *sobajar* 'humillar, abatir, rebajar' (*souaiar*, 1490, A. de Palencia, *Universal vocabulario*, CDH) (*bajar*)
- *soviento* 'viento contrario' (1511, anón., *Traducción de Tirante el Blanco*, CO) (*viento*)
- *socolor* 'pretexto o apariencia falsa que se da a una cosa' (1514, anón., *Carta real patente*, CO) (*color*)
- *sopeña* 'hueco o cueva que queda debajo de una peña o roca' (1527, H. Cortés, *Instruccion que dio Hernan Cortés a Alvaro*, CO; cf. *Sopeña*, topónimo de Cantabria, Oviedo, Valladolid, Burgos [1352, CDH], Álava [1471, CDH], León, La Rioja) (*peña*)
- *sofaldar* 'alzar las faldas a una mujer', 'levantar cualquier cosa para descubrir lo que está tapado por ella' (*-ando*, 1550, S. de Horozco, *Entremés*, CO) (*falda*)
- *socapiscol* 'sochantre, director del coro en los oficios divinos' (*-es*, 1554, *Hystoria o descripción dela Imperial cibdad de Toledo*, GB) (*capiscol* 'chantre')
- *socollada* 'caída brusca de la proa de un buque' (1587, D. García, *Instrución náuthica*, CO) (*collada* 'cuello')

- *sopapo* 'golpe dado en la cara con los dedos o con el dorso de la mano, particularmente debajo de la barbilla' (1597–1645, F. de Quevedo, *Poesías*, CO) (*papo* 'abultamiento del cuello')
- *socalzar* 'reforzar por la parte inferior un edificio, muro, etc., que amenaza ruina' (1625, G. Correas, *Arte de la lengua española*, CO) (*calzar* 'afianzar los cimientos o el pie de una pared')
- *soalzar* 'alzar algo ligeramente' (1625, G. Correas, *Arte de la lengua española*, CDH) (*alzar*)
- *sobanda* 'remate de tonel, que está más distante respecto del que lo labra o lo mira' (1745, M. de Larramendi, *Diccionario trilingüe del castellano, bascuence y latín*, GB) (*banda* 'ceñidor')
- *soarrendar* 'subarrendar' (1828, T. von Seckendorff, *Wörterbuch der deutschen und spanischen Sprachen*, GB) (*arrendar*)
- *socoro* 'sitio que está debajo del coro' (1859, *Nuevo diccionario de la lengua castellana*, GB) (*coro*)
- *solengua* 'enfermedad del ganado vacuno que produce un tumor bajo la lengua' (1870, *Revista de España*, XII, GB) (*lengua*); deriv. *solenguar* leon. 'se dice del ganado que traga la lengua al desear comer lo que tiene otro animal' (Miguélez Rodríguez 1993)
- *sollanto* 'sollozo' (1889, B. de Villalba, *El pelegrino curioso*, GB) (*llanto*)
- *sovoz* 'en voz baja o suave' (1916, M. Román, *Diccionario de chilenismos*, GB) (*voz*)

Alomorfos castellanos de *so-*
Los siguientes derivados castellanos incorporan alguno de los alomorfos de *so-*, algunos de los que, como mencionamos arriba, se dan en palabras patrimoniales heredadas del latín:

Tipo *sonrojar*
Uno de los grupos más significativos lo forman los derivados que desde la antigüedad se caracterizan por la introducción de una consonante nasal entre *so-* y sus bases, cf. los ejemplos siguientes, todos verbales y todos parasintéticos:
- *sonrisar* 'sonreír' (1140, *Poema de Mio Cid*, CO) (*sonriso*, participio antiguo de sonreír)
- *sonrosado* '(color) que tira a rosa' (*-as*, 1549, J. de Urrea, *Traducción de Orlando furioso*, CO) (*rosa*)
- *sonlocado* 'medio loco' (*-os*, 1550, J. de Arce, *Coloquios de Palatino*, CO) (*loco*)
- *sonrojar* 'ruborizar', 'avergonzar' (*-a*, 1589, J. de Pineda, *Diálogos familiares*, CO) (*rojo*)

- *sonsacar* 'obtener de alguien cierta cosa con habilidad o insistencia' (*sonsaque*, 1254–1260, anón., *Judizios de las estrellas*, CDH) (*sacar*)

Este mismo fenómeno se observa en otras palabras patrimoniales ya mencionadas como *sonreír*, *sancochar* y *sonruir*. El fenómeno también se manifiesta en variantes de derivados castellanos con *so-*: cf. *sopozar/sompozar*, *sosacar/sonsacar*, *sopesar/sompesar*.

Tipo *sapozar*
Otro fenómeno muy común en los derivados con *so-* y algunas palabras patrimoniales es la sustitución de la vocal /o/ por /a/, fenómeno que afecta también a los ya mencionados derivados latinos *sahumar*, *sancochar*, *safondar*, *chapodar* y *sacudir*:
- *sapozar* 'zapuzar', 'sumergir' (*-aron*, 1250, anón., *Bocados de Oro*, CO); cf. *çapozar* (1427–28, E. de Villena, *Traducción y glosas de la Eneida*, CO) (vars. de *sopozar* < *pozo*)
- *sabordar* 'varar el barco en tierra' (1527–61, B. de las Casas, *Historia de las Indias*, CO; var. *zabordar*, 1519, H. Cortés, *Cartas de relación*, CDH) (*borde* 'orilla')
- *sacorrer* 'socorrer' (1613, L. Vélez, *La serrana de la Vera*, CO) (*socorrer* 'ayudar o auxiliar a alguien', 1208, anón., *Cortes de León*, CO) (*socorrer* < *correr*)

Según Pharies (2011), esta sustitución podría ser el resultado de la fusión por contracción de dos prefijos, *so-* y *a-*, de tal forma que *sahumar* sería producto de la fusión de *sohumar* y *ahumar*, igual que *sabordar* de *sobordar* más *abordar* y *sacorrer* de *socorrer* más *acorrer*.

Tipo *zabordar*
Pharies (2011) demuestra que la sustitución de la /s/ inicial de *sub-* por /ts/ (> /ş/ > /θ/) que se observa en *sabordar/zabordar*, *sofondar/zahondar*, etc. es común desde los orígenes de la lengua como en los ejemplos siguientes, tomados del *Poema de Mio Cid* (*çalvador* por *salvador* y *çerviçio* por *servicio*), *Calila e Dimna* (*çeçe* por *cesse* 'cesé'), Alfonso X (*çafir* 'zafiro'; vars. *safir*, *safiro* y *saphiro* < lat. *sapphīrus*; *çamponna* 'zampoña' < lat. *symphōnia -ae* 'sonido de instrumentos'), *Mingo Revulgo* (*cenzillo* por *senzillo*) y Nebrija (1492) (*çuzio* por *suzio* y *ceda* por *seda* < lat. *saeta*).

tipo *chapodar*
En su estudio de 1994 Pharies traza los diferentes procedimientos por los que las palabras con /s/ inicial pueden desarrollar una variante con /tʃ/, de los que los más importantes son la mediación de una variante con /ʃ/ (*seringa*, *jeringa*, *cheringa* 'jeringa') y la mediación de una variante /θ/ (*singar*, *cingar*, *chingar* 'navegar').

Como mencionamos más arriba, la caída en desuso de *so-* se debe al auge de su homólogo culto *sub-*, que lo sustituye no solamente en el sentido espacial (*sublunar* 'que está situado por debajo de la órbita de la luna'), sino también en el de inferioridad jerárquica (*subdecano* 'oficial de rango inferior al decano'), campo semántico este último en que también compite con el muy productivo prefijo *vice-* (*vicepresidente*).

Además de Pharies (1994, 2011), estudian el prefijo *so-* Neira Martínez (1972) y Rifón Sánchez (2018).

Sobre-

Prefijo que en combinación con bases sustantivas, verbales y adjetivas se usa primordialmente para designar una posición superior. A partir de este sentido espacial básico (*sobrellevar* 'llevar encima o a cuestas', *sobrepuerta* 'pieza de madera a modo de sobradillo sobre las puertas') se desarrollan otras acepciones figuradas, tales como 'exceso' (*sobrecargar* 'cargar con exceso', *sobrepeso* 'exceso de peso'), 'repetición' (*sobreasar* 'volver a poner a la lumbre lo que está cocido') e 'intensidad' (*sobrebendito* 'muy bendito').[217] Se remonta al elemento combinatorio latino *super-* correspondiente al adverbio y preposición de la misma forma y los mismos sentidos.[218]

En documentos castellanos de los siglos XII y XIII contamos ocho vocablos con *sobre-* que corresponden a sendos derivados latinos con *super-*.[219] Representan las acepciones de 'posición superior' (*sobrescripto*), 'repetición' (*sobresembrar*) e 'intensificación' (*sobreexaltar*). Los siete primeros (con la excepción de *sobreexaltar*) se transmiten al castellano por vía patrimonial:

– *sobrevienta* 'sorpresa' (1140, anón., *Poema de Mio Cid*, CO) (*superventus*, part. de *superveniō*)
  – *sobrevenir* 'acaecer' (-*uinieren*, 1234, anón., *Fuero de Cáceres*, CDH) (*superveniō -īre* 'coincidir con otro suceso')
– *sobrescrito* 'escrito por encima de (como glosa o corrección)' (*sobrescripto*, 1141–1235, anón., *Fuero de Madrid*, CO; var. *sobreescripto*, 1300–30, anón., *Fuero General de Navarra*, CO) (*superscrīpta*, part. pas. de *superscrībō -ere*)
  – *sobreescribir* (-*ivie*, 1235, anón., *Fray Íñigo Sánchez da a treudo*, CO) (*superscrībō -ere*)
– *sobredicho* 'escrito más arriba' (1208, anón., *Cortes de León*, CDH; vars. *sobredit*, *sobreditas* (1233, ambos en anón., *Aprobación de una donación*, CO) (*superdīctus*, part. pas. de *superdīcō -ere*)
– *sobreponer* 'poner encima' (-*pónesme*, 1236, G. de Berceo, *Vida de Santo Domingo*, CDH) (*superpōnō -ere*)

---

217 Son muy escasos los ejemplos de otros dos sentidos: 'superior jerárquico' (*sobreguarda* 'jefe de los guardas', *sobrejuez* 'juez superior o de apelación') y 'tiempo posterior' (*sobremesa* 'tiempo que se está a la mesa después de haber comido').
218 *Sobre-* es uno de los diez prefijos que se transmiten por vía patrimonial del latín al castellano, siendo los demás *a-*, *con-*, *des-*, *en-*, *entre-*, *es-*, *re-*, *so-* y *tras-*.
219 Según el *DRAE*, el cast. *sobrepelliz* 'vestidura que llevan sobre la sotana los eclesiásticos' (1256, anón., *Estatuto del cabildo de Ávila*, CO; var. *sobrepelliças*, 1140, *Poema de Mio Cid*, CO), refleja un bajo latín *superpelliceum -ī* (*pelliceum -ī* 'vestimenta de piel'), pero no encontramos testimonios de estas palabras latinas en las fuentes usuales.

- *sobreseer* 'no cumplir una obligación' (*-erian*, 1255, anón., *Crónica de Sahagún*, CO) (*supersedeō -ēre* 'estar encima de', 'desistir')
- *sobresembrar* 'sembrar sobre lo ya sembrado' (*-o*, 1260, anón., *El evangelio de San Mateo*, CO) (lat. tard. *supersēminō -āre*)
- *sobreabondar* 'abundar mucho' (*-asse*, 1260, anón., *El Nuevo Testamento*, CO; var. *sobreabundó*, 1417, Benedicto XIII, *Libro de las Consolaciones*, CO) (lat. tard. *superabundō -āre*)
- *sobreexaltar* 'exaltar mucho' (*-ado*, 1280, Alfonso X, *General Estoria*, CO) (lat. tard. *superexaltō -āre*)
- *sobrevivir* 'vivir una persona después de la muerte de otra' (*-uisquiere*, 1296, anon., *Fuero de Alcaraz*, CDH) (*supervīvō -ere*)

Otros tantos derivados también de transmisión patrimonial (solo *sobresustancial* es culto) se registran en los siglos siguientes. Aquí destacan *sobrecaer* y *sobrebeber* por ejemplificar la acepción de 'exceso':
- *sobrecorredor* '(caballo) adicional' (*-es*, 1406–11, anón., *Crónica de Juan II*, CO) (cf. *supercurrō -ere* 'correr más allá de', 'exceder')
- *sobrecaer* 'ser superfluo' (*-yo*, 1419–32, P. de Toledo, *Guia de los Perplejos*, CO) (lat. tard. *supercadō -ere* 'caer sobre')
- *sobrevolar* 'volar por encima de algo' (*-antes*, 1445–80, A. de Montoro, Cancionero, CO) (*supervolō -āre*)
- *sobreechar* 'echar por encima de algo' (*-a*, 1471, anón., *Traducción del Libro de recetas*, CO) (*superiactō -āre*)
- *sobrecincha* 'sobrecincha, faja o correa que pasa por debajo de la barriga' (1500, H. de Talavera, *Instrucción para el régimen*, CDH) (*supercinctus*, part. pas. del lat. tard. *supercingō -ere*)
- *sobresustancial* 'más allá de lo sustancial' (1570–78, anón., *Farsa del sacramento*, CO) (lat. tard. *supersubstantiālis*)
- *sobrebeber* 'beber con exceso' (*-e*, 1610–1645, F. de Quevedo, *Jácaras*, CO) (*superbibō -ere* 'beber poco después')

La productividad propiamente castellana con *sobre-* arranca ya en el siglo XII mostrando un equilibrio notable entre derivados verbales (*sobrecargar*) y sustantivos (*sobregonel*), también entre derivados de sentido espacial (*sobredorar*) o con valor intensivo (*sobrepasar*). La derivación a partir de bases adjetivas comienza en el siglo XV (*sobreagudo*) y continúa en los siglos XVI y XVII:[220]

---

[220] El adjetivo *sobrecrecido* (siglo XIII) es deverbal.

- *sobregonel* 'túnica que se lleva sobre otra prenda' (1140, anón., *Poema de Mio Cid*, CO) (*gonel* 'gonela, túnica sin mangas')
- *sobrecargar* 'cargar con exceso' (*-are*, 1196, anón., *Fuero de Soria*, CO) (*cargar*)
- *sobrellevar* 'llevar encima o a cuestas' (*sobreleuo*, 1196, anón., *Fuero de Soria*) (*levar* 'llevar')
- *sobrecabar* 'asegurar con cabo' (*-o*, 1210, anón., *Carta de avenencia*, CO) (*cabo* 'cuerda')[221]
- *sobrefaz* 'cara exterior de las cosas' (1250, anón., *Vidal Mayor*, CO) (*faz* 'cara')
- *sobrecrecido* 'que crece sobre otra cosa' (*-a*, 1250, Alfonso X, *Lapidario*, CO) (*crecer*)[222]
- *sobrepié* 'tumor óseo que en las caballerías se desarrolla sobre la corona de los cascos traseros' (*sobrepie*, 1275, anón., *Libro de los caballos*, CO) (*pié*)
- *sobredorar* 'dorar los metales' (*-adas*, 1275, Alfonso X, *General Estoria*, CO) (*dorar*)
- *sobreguarda* 'jefe de los guardas' (*-s*, 1281, anón., *Orden sobre el comercio*, CO) (*guarda*)
- *sobrepuerta* 'pieza de madera a modo de sobradillo sobre las puertas' (1303, anón., *Becerro de visitaciones*, CO) (*puerta*)
- *sobresolar* 'coser o pegar una suela nueva en un zapato' (*-ados*, 1330–43, J. Ruiz, *Libro de buen amor*, CO) (*solar* 'poner suelas al calzado')
- *sobrepasar* 'rebasar un límite' (*-ado*, 1356, anón., *Fuero viejo de Castilla*, CDH) (*pasar*)
- *sobrefortuna* 'gran fortuna' (1379–1425, A. de Villasandino, *Poesías, Cancionero de Baena*, CO) (*fortuna*)
- *sobreañadir* 'añadir a una cosa algo que suponga exceso o repetición' (*-añader*, 1424, E. de Villena, *Tratado de consolación*, CO) (*añadir*)
- *sobremesa* 'tiempo que se está a la mesa después de haber comido' (1445–80, A. de Montyoro, *Cancionero*, CO) (*mesa*)
- *sobrecopa* 'tapadera de la copa' (1453, anón., *Crónica de Don Álvaro de Luna*, CO) (*copa*)
- *sobreagudo* 'que es el sonido más agudo del sistema musical' (1498, D. Durán, *Glosa sobre lux bella*, CO) (*agudo*)
- *sobrecédula* 'segunda cédula real' (1523–51, anón., *Repertorio de todas las premáticas y capítulos de cortes*, CO) (*cédula*)

---

[221] Verbo parasintético puesto que no existe un verbo **cabar* 'atar con cabo'.
[222] Sabemos que *sobrecrecida* es de formación romance, pues supone un participio analógico *supercrescītum* en vez de *supercrētum*, part. pas. de *supercrescō -ere*.

- *sobreasar* 'volver a poner a la lumbre lo que está cocido' (*-adas*, 1528, F. Delicado, *La lozana andaluza*, CO) (*asar*)
- *sobrehumano* 'que excede a lo humano' (*-as*, 1528, J. Justiniano, *Instrucción de la mujer cristiana*, CO) (*humano*)
- *sobremundano* '(lugar) por arriba del mundo' (1530, F. de Osuna, *Segunda parte del Abecedario espiritual*, CO) (*mundano*)

Todo indica que la productividad con *sobre-* mantiene su vigor en la actualidad, sobre todo en los verbos y derivados deverbales, aunque no son pocos los derivados sustantivos. En la semántica se nota una marcada disminución de los derivados de valor propiamente espacial (aquí, *sobreimprimir* y *sobrebarrer*) en favor de los que denotan exceso:
- *sobrepoblación* 'superpoblación, población excesiva' (1917–33, J. Ortega y Gasset, *Artículos*, CO) (*población*)
- *sobreaceleración* 'tasa de cambio de la aceleración' (1918, S. Llona, *Teoría cosmológica cicloidal*, GB) (*aceleración*)
- *sobrevalorar* 'otorgar a algo mayor valor del que realmente tiene' (*-a*, 1933, E. Martínez, *Radiografía de la Pampa*, CDH) (*valorar*)
- *sobreutilización* 'utilización excesiva de algo' (1971, R. Carrillo-Arronte, *La estrategia del desarrollo regional*, CDH) (*utilización*)
- *sobreactuar* 'realizar un actor una interpretación exagerada' (*-actúa*, 1975, P. O'Donnell, *Escarabajos*, CDH) (*actuar*)
- *sobreimprimir* 'imprimir algo sobre un texto ya imprimido' (*-iendo*, 1979, S. Feldman, *La realización cinematográfica*, CDH) (*imprimir*)
- *sobrepesca* 'pesca excesiva' (1980, *El País*, 11.07, CDH) (*pesca*)
- *sobregiro* 'giro que excede de los fondos disponibles' (1982, E. Araya, *La luna era mi tierra*, CDH) (*giro*)
- *sobrebarrer* 'barrer ligeramente' (*-erán*, 1983, ABC, 24.12, CDH) (*barrer*)
- *sobreajuste* 'efecto de sobreentrenar un algoritmo de aprendizaje' (1983, *Revista hoy*, 28.12–03.01, CDH)

Por el contrario, apenas se crean adjetivos en la época moderna. Conocemos únicamente los antónimos intensivos *sobrecaro* 'muy caro' (*-s*, 1793–1801, H. Ruiz, *Relación histórica del viaje*, CO) y *sobrebarato* 'muy barato' (1876–80, J. Zugasti, *El Bandolerismo*, CO). La ausencia en la actualidad de adjetivos con *sobre-* intensificador se explica sin duda por el auge del rival culto *super-* con esta función. Como afirma Neira Martínez (1972:245), el prefijo *sobre-* ha sido desplazado del sentido superlativo en favor de *super-* para especializarse en el de 'traspasamiento de un límite', es decir, 'exceso': cf. *sobrealimentar* 'alimentar más de lo necesario' y *sobreprecio* 'recargo en el precio ordinario'.

El análisis semántico de un grupo de 54 compuestos verbales con *sobre-* en castellano moderno que realizaron Cifuentes Honrubia y Fresnillo Núñez (2011), presenta un panorama general de las acepciones que expresa en la actualidad el prefijo *sobre-*.[223] Básicamente, los autores llegan a la conclusión (no muy sorprendente) de que todos los sentidos secundarios de este prefijo son derivables (metonímicamente, dicho sea de paso) del sentido espacial original: cf. *sobrepasar* 'pasar por encima de' → 'superar' → 'superar un límite', *sobresalir* 'salir por encima de' → 'exceder' → 'distinguirse', *sobreedificar* 'construir sobre una edificación anterior' → 'edificar en exceso'. El mismo razonamiento es perfectamente aplicable a los derivados sustantivos (*sobremesa* 'lugar encima de una mesa' → 'tiempo que se está a la mesa después de haber comido') y adjetivos (*sobrecaro* 'por encima de lo que se considera un precio razonable' → 'excesivamente caro').

Como acabamos de decir, *sobre-* ha cedido el terreno de la intensificación de adjetivos en favor de su homólogo culto *super-*. El sentido espacial de 'lugar superior' (*sobrepuerta*) lo comparte también con *super-* (*superauricular* 'ubicado arriba de la oreja') y *epi-* (*epicráneo* 'segmento que está situado en la parte superior del cráneo'), mientras que la idea de 'exceso' también se puede expresar con *super-* (*superproducción* 'producción excesiva') e *hiper-* (*hipersecreción* 'secreción excesiva'). La idea de 'repetición' en *sobreasar* 'volver a poner a la lumbre lo que está cocido' se expresa mucho más frecuentemente con *re-*, prefijo verbal por excelencia para expresar la repetición.

Del prefijo *sobre-* se han ocupado Neira Martínez (1972), Martín García (1998), Rodríguez Ponce (1999, 2002a), Turón (2004), Cifuentes Honrubia y Fresnillo Núñez (2011) y Serrano-Dolader (2015a)

---

[223] Este estudio comienza con una descripción del étimo latino *super-*, pero el análisis es sincrónico en el sentido de que analiza juntos tanto derivados heredados del latín como auténticos derivados castellanos, lo cual a nuestro modo de ver complica el asunto innecesariamente.

Sota-

Prefijo de sentido primordialmente espacial para designar cosas que están por debajo de otras (*sotacoro* 'lugar bajo el coro'). De ahí, desarrolla los sentidos figurados 'componente inferior' (*sotapilar* 'parte inferior de un pilar') y 'rango inmediatamente inferior en una jerarquía' (*sotacaballerizo* 'jefe de la caballeriza inmediato al caballerizo mayor'). Aparece en derivados sustantivos que surgen principalmente entre los siglos XVI y XVII, de los que pocos siguen vivos en la actualidad. El prefijo es un indiscutible préstamo del catalán,[224] lengua en que *sota* es la preposición más usual para el concepto de 'bajo' en muchas regiones.[225]

Como explica Corominas (*DECH*, s.v. *so*), la preposición catalana *sota*, de uso general en todas las épocas para el concepto de 'bajo', se remonta a una variante *subta que en algunas regiones competía con el adverbio del latín clásico *subtus* 'debajo', 'abajo'.[226] Los rastros de *subta se detectan también en occitano antiguo (*sota*), en sardo (*su[t]ta*) y en varios dialectos italianos. Corominas supone que la variante habrá nacido siguiendo el modelo de su sinónimo *infra* y de otras parejas de adverbios y preposiciones como *super/supra, inter/intra, circum/circa, foris/foras*.

Basándonos en las fechas de primera documentación registradas en el *DCELC*, Alcover/Moll (1961–69) y Google Books, obtenemos la siguiente lista de derivados catalanes anteriores al siglo XVII,[227] junto con sus equivalentes castellanos:

– *sotacòmit* 'sotacómitre' (1354)
– *sotavent* 'sotavento, sotaviento' (XIV)
– *sotaescrit* 'suscrito' (XV)
– *sotaposar* 'someter', 'subordinar' (1546)

---

[224] Será también préstamo del catalán el sustantivo *sota* 'nombre de la carta con figura de paje' en la baraja española, así llamado quizá por ser de valor inferior al rey y al caballo. En catalán sería una sustantivación de la preposición *sota*.

[225] Es significativo que los dos ejemplos de la preposición *sota* preposicional en el *CORDE* aparezcan en textos aragoneses. El aragonés Juan Fernández de Heredia, político y diplomático al servicio de Pedro IV de Aragón en el siglo XIV, escribe en su *Libro de actoridades* (1376): *fizo vn buey de aram, vago de dentro, por esto que metiesse de dentro los hombres, et sota aquella metiesse fuego, y sota las manos del cual fue posada una piedra*. La variante preposicional y prefijal *sots*, mencionada más abajo, también aparece en documentos aragoneses y catalanes integrados en el *CORDE*.

[226] *Subtus* es étimo del fr. *sous* y del ital. *sotto*.

[227] También tenemos fechas para las siguientes palabras, ninguna de las cuales tiene equivalente castellano: *sotaalcayt* 'segundo alcalde' (1604), *sotabraga* 'pieza de hierro a manera de argolla que sujeta el husillo en el brazo del carro' (1640), *sotacopa* 'plato con pie, dentro del cual se llevan las copas o vasos con que se sirve la bebida' (1640), *sotamestre* 'sustituto del maestre' (1696) y *sotaportal* 'soportal' (1726).

https://doi.org/10.1515/9783111329369-074

- *sotascriure* 'suscribir' (1575)
- *sotacapità* 'subcapitán' (XVI-XVII)

A la vista de estos datos, resulta evidente que las cuatro palabras siguientes son préstamos del catalán, debidamente castellanizados:[228]
- *sotavento, sotaviento* 'la parte opuesta a aquella de donde viene el viento' (ambos 1492–93, anón., *Diario del primer viaje de Colón*, CO) (*viento*)
- *sotacómite* 'ministro subalterno que manda a los remeros' (-*s*, 1500, anón., *Don Fernando concede seguro a todos los barcos*, CO; var. *sotacómitre*, 1574, anón., *Declaración de Damián de Acevedo*, CO) (*cómit[r]e* 'ministro subalterno' < lat. *comes comitis*)
- *sotacapitán* 'suplente del capitán' (1517, B. de Torres, *Comedia soldadesca*, CO) (*capitán*)
- *sotascribir* 'escribir por abajo' (1540–53, H. de Celso, *Repertorio universal de todos las leyes*, CO) (*escribir*)

La primera fase de la historia del prefijo castellano *sota-*, pues, consiste en la absorción de estos préstamos, tres de los cuales pertenecen al ámbito de la navegación, que en castellano siempre estuvo muy influenciado por el catalán.

Hay otros posibles préstamos del catalán, pero falta una demostración documental por el hecho de que sus equivalentes castellanos se atestiguan en fechas muy anteriores a las de sus homólogos catalanes:
- cast. (*por*) *sotamano* 'por escondido' (1419–40, Santafé, *Poesías*, Cancionero de Palacio, CO) (*mano*) / cat. *sotamà* 'represión', 'soborno' (1805)
- cast. *sotacubierta* 'piso inferior de un navío' (1440, J. Rodríguez, *Siervo libre de amor*, CO) (*cubierta*) / cat. *sotacoberta* (1805)
- cast. *sotabanco* 'una de las partes en las que se distribuye el retablo en sentido vertical' (1489, anón., *Retablo del convento de San Agustín*, CO) (*banco*) / cat. *sotabanc* (1840)

En todo caso, ya en el siglo XVI *sota-* desarrolla cierta productividad en castellano. Los derivados que aparecen a lo largo de los siglos se reparten casi a partes iguales entre los de sentido espacial (*sotabasa, sotapilar*) y los que expresan un rango inferior en una jerarquía (*sotajurado, sotapatrón*):

---

228 Turón (2004:248) registra otros dos aparentes derivados de fecha más reciente junto con sus equivalentes catalanes. Se trata probablemente de dos préstamos más del catalán: *sotaexposición* 'exposición insuficiente de una superficie fotosensible' (cat. *sotaexposició*) y *sotaexcitación* 'excitación de una máquina eléctrica por debajo del valor normal' (cat. *sotaexcitació*).

- *sotapatrón* 'vice-patrón' (1407-63, J. de Dueñas, en el *Cancionero de Estúñiga*, CO) (*patrón* 'el que guía una embarcación')
- *sotajurado* 'persona que hace las veces del jurado' (1491-1516, A. de Santa Cruz, *Crónica de los Reyes Católicos*, CO) (*jurado* 'persona a cuyo cargo corría la provisión de víveres en los ayuntamientos')
- *sotabasa* 'parte inferior de un pedestal' (1526, D. de Sagredo, *Medidas del romano*, CO) (*basa* 'pedestal')
- *sotapilar* 'parte inferior de un pilar' (1565-66, anón., *El concejo de Perdiguera*, CO) (*pilar*)
- *sotacola* 'ataharre, cinta que se ata por los cabos bajo la cola del caballo' (1592, P. Liñán, *Confesión*, CO) (*cola*)
- *sotacoro* 'lugar bajo el coro' (1605, J. Sigüenza, *Historia de la orden de San Jerónimo*, CO) (*coro* 'recinto elevado a la entrada de una iglesia reservado para los cantores')
- *sotateólogo* 'teólogo insignificante' (1605, F. López, *La pícara Justina*, CO) (*teólogo*)
- *sotacaballerizo* 'jefe de la caballeriza inmediato al caballerizo mayor' (1612, M. de Castro, *Vida de Miguel de Castro*, CO) (*caballerizo* 'persona que tiene a su cargo una caballeriza')
- *sotataza* 'salvilla para tazas' (1612, M. de Castro, *Vida de Miguel de Castro*, CO) (*taza*)
- *sotaermitaño* 'encargado secundario de una ermita' (1615, M. de Cervantes, *El ingenioso caballero don Quijote*, CO) (*ermitaño* 'persona que vive en una ermita')
- *sotapié* 'tipo de danza' (-s, 1618, P. de Herrera, *Translación del Santíssimo Sacramento*, CO) (*pie*)
- *sota almirante* 'oficial inmediatamente inferior al almirante' (1626, J. de Valencia, *Compendio historial de la jornada del Brasil*, CO) (*almirante*)
- *sotaayuda* 'ayudante secundario' (-s, 1626, P. Fernández, *Conservación de monarquías*, CO) (*ayuda*)
- *sotamontero* 'persona que hace las veces del montero mayor' (1644, A. Martínez, *Arte de Ballestería*, CO) (*montero* 'cazador de montaña')
- *sotacomadre* 'ayudante de la comadre' (1644, A. Enríquez, *El siglo pitagórico*, CO) (*comadre* 'partera')
- *sotacochero* 'persona que reemplaza al cochero mayor' (1654-58, J. de Barrionuevo, *Avisos*, CO) (*cochero* 'persona que guía las caballerías que tiran un coche')
- *sotacura* 'eclesiástico que ayuda al cura párroco, coadjutor' (1688, anón., *Sínodo de Santiago*, Chile, CDH) (*cura*)

A partir del siglo XVIII disminuye el uso de *sota-*:
- *sotacónsul* 'oficial inmediatamente inferior al cónsul' (1705, R. de Lantery, *Memorias*, CO) (*cónsul*)
- *sotacocinero* 'ayudante del cocinero mayor' (1788, *Dios y la naturaleza*, GB) (*cocinero*)
- *sotaespabilador* 'ayudante insignificante de teatro' (1847–57, J. Valera, *Correspondencia*, CO) (*espabilador* 'despabilador')
- *sotabarba* 'barba que se deja crecer por debajo de la barbilla, usada especialmente por los marineros' (1876, B. Pérez Galdós, *De Oñate a la Granja*, CDH) (*barba*)

Esta reducción de la productividad de *sota-* marca el comienzo de su gradual obsolescencia. Muy pocas de las palabras arriba mencionadas se registran en los diccionarios, por lo cual resulta necesario deducir sus significados de los contextos en que aparecen en las citas primarias. *Autoridades* sólo registra nueve de los derivados, cifra que en el *Diccionario del español actual* se reduce a siete: *sotabanco, sotabarba, sotacola, sotacómitre, sotamano, sotapatrón, sotavento*. Martín García y Varela Ortega (1999:4998) incluso sostienen que *sotacoro* 'lugar bajo el coro' es morfológicamente opaco para los hablantes de hoy.

Sota- comparte el espacio semántico espacial de 'lugar inferior' con *soto-* (*sotopuesto*), *so-* (*socavar*) e *hipo-* (*hipofaringe*), pero todos los cuatro son de productividad insignificante en comparación con *sub-* (*sublunar*). En el sentido de 'suplente' o 'persona de cargo inferior a otro', *sota-* compite con muchos prefijos, la mayoría de ellos anticuados o improductivos: cf. *contra-* (*contraalmirante* 'oficial inferior al almirante'), *so-* (*sochantre* 'director de coro inferior al chantre'), *soto-* (*sotoministro* 'oficial inferior al ministro'), *pro-* (*proministro* 'viceministro'). Son mucho más importantes para esta función *sub-* (*subdecano* 'vicedecano') y *vice-* (*vice-presidente* 'suplente al presidente').

Turón (2004) es un estudio importante sobre este prefijo.

Soto-

Prefijo castellano desusado que igual que *sota-* indica posición inferior en derivados adjetivos (*sotopuesto* 'puesto por debajo'), sustantivos (*sotobanco* 'ático') y verbales (*sotoscrivir* 'firmar'). También denota figuradamente un rango inferior en una jerarquía (*sotoministro* 'vice-ministro'). Se remonta al lat. *subtus*, adverbio y preposición. La forma del prefijo catalán correspondiente *sots* subraya la irregularidad fonética del cast. *soto-*, pues se esperaría **sotos: cf. los aragonesismos *sotzcapellán, sotzleuar, sotzmeter* (Andolz 1984).

Los derivados más antiguos con *soto-* son los siguientes:[229]
- *sotopuesto* 'puesto por debajo' (*-a*, 1535–57, G. Fernández, *Historia general y natural de las Indias*, CO) (*puesto*)
- *sotoescrivir* 'firmar' (*-ió*, 1537, L. Escrivá, *Veneris tribunal*, CO) (*escribir*)
- *sotobanco* 'ático, parte inferior de la calle central de un retablo' (*-s*, 1557, anón., *La cofradía de San Pedro*, CO) (*banco*)
- *sotocopa* 'salvilla' (1599, J. Mocante, *Relación de la entrada de doña Margarita*, CO) (*copa*)
- *sotocómitre* 'oficial inferior al cómitre, segundo al almirante' (1606, I. Díaz, *Arte poética española*, GB) (*cómitre*)
- *sotoalférez* 'vice-alférez' (1646, anón., *La vida y hechos de Estebanillo González*, CO) (*alférez*)

Llama poderosamente la atención la correspondencia entre *soto-* y *sota-* en los derivados antiguos: cf. *soto-/sotascrivir; soto-/sotacómitre, soto-/sotabanco, soto-/sotavento*. Obviamente, las fronteras entre los dos prefijos no estaban claras.

La trayectoria del prefijo es anómala porque, después de esta eclosión de productividad en el siglo XVI, transcurre siglo y medio hasta la aparición de unos pocos derivados más:

---

[229] Muy notable es la presencia de las dos variantes *soto-* y *sota-* en portugués, lengua en que parecen ser intercambiables en la gran mayoría de los derivados: *soto-/sotacapitão* 'segundo en el comando del navío', *soto-/sotaministro* 'viceministro', *soto-/sotapiloto* 'segundo piloto del navío', *soto-/sotasoberania* 'soberanía parcial'. Son excepcionales por no ser dobletes *sotavento* 'costado de la nave opuesto al lado de donde sopla el viento' y *sotoposto/-positivo* 'colocado por debajo'. No disponemos de fechas de primera atestiguación para todas estas palabras, pero las que sí son disponibles en Houaiss y Villar (2013) y en Davies (www.corpusdoportugues.org) indican una distribución comparable a la del castellano, entre el siglo XVI (*sotocapitão* [1551]) y el XIX (*sotopositivo*). En fin, la historia del prefijo sigue la misma trayectoria en portugués que en castellano, lo cual indica un origen hispanorromance común.

https://doi.org/10.1515/9783111329369-075

- *sotovento* 'sotaviento' (1801, F. Pons, *Cultivo y comercio de las provincias de Caracas*, CO) (*viento*)
- *sotobosque* 'matas y arbustos que crecen bajo los árboles de un bosque' (1898, *Revista de montes*, vol. 22, GB) (*bosque*)
- *sotorreírse* 'reír levemente' (1905, M. de Unamuno, *Vida de don Quijote y Sancho*, GB[230]) (*reírse*)

Como señala la RAE (2009:10.5ñ), tanto *sota-* como *soto-* son improductivos en la actualidad.[231]

Soto- comparte el valor espacial de 'lugar inferior' con *sota-* (*sotocoro* 'lugar bajo el coro'), *so-* (*socavar* 'cavar por debajo') e *hipo-* (*hipofaringe* 'parte inferior de la faringe'), pero ninguno de los cuatro puede rivalizar con *sub-* (*sublunar* 'por debajo de la órbita de la luna'), que justamente a partir del siglo XVIII dispara su productividad. Con el sentido de 'suplente o 'persona de cargo inferior', *soto-* compite con muchos prefijos, de los que la mayoría son igualmente anticuados o improductivos: cf. *contra-* (*contralmirante* 'oficial de cargo inferior al almirante'), *so-* (*sochantre* 'director de coro inferior al chantre'), *sota-* (*sotacónsul* 'oficial inmediatamente inferior al cónsul') y *pro-* (*proministro* 'viceministro'). Para esta función son mucho más relevantes *sub-* (*subdecano* 'vicedecano') y *vice-* (*vice-presidente* 'suplente del presidente').

La palabra castellana *soto* 'arboleda a orilla de un río', 'sitio poblado de matas y árboles', elemento del topónimo gallego y correspondiente apellido *Sotomayor*,[232] no está emparentada con el prefijo *soto-* 'bajo', pues representa la forma castellana del lat. *saltus -ūs* 'bosque'.

No conocemos ningún estudio monográfico dedicado al prefijo *soto-*.

---

230 Al acuñar la palabra *sotorreírse*, Unamuno comenta (pág. 427): "Es voz que he formado yo para decir reírse so capa, reírse entre dientes."
231 A diferencia de sus homólogos castellanos, los prefijos catalanes *sots-* y *sota-* son productivos y participan de algunos dobletes: *sotaalcayt/sots-alcaid* 'vice-alcalde', *sotsbanc/sotabanc*, *sotsescriure/sotascriure*, *sotsposar/sotaposar*.
232 La denominación oficial del topónimo en gallego es *Soutomaior*. *Soto* 'arboleda' también es el primer componente del compuesto *sotorrey* 'ave americana', cuasi 'rey de la arboleda'.

Sub-

Prefijo culto que en combinación con bases sustantivas, adjetivas y verbales señala 'posición inferior' (*sublunar* 'que está situado por debajo de la órbita de la luna'), 'inferioridad jerárquica' (*subdecano* 'oficial de rango inferior al decano') y 'deficiencia' (*subcapitalizado* 'insuficientemente capitalizado'). Se remonta a lat. *sub*, que funciona como preposición y prefijo, con sentido primordialmente local ('por debajo de'): cf. *sub linguā* 'bajo la lengua', *subiacere* 'yacer debajo'. A partir de este valor nacen en latín otros sentidos secundarios como 'aproximación, atenuación' (*subniger* 'negruzco') y 'cargo inmediatamente inferior' (*succenturiō -ōnis* 'subcenturio').[233]

En su estudio integral de la evolución del prefijo latino *sub-* en castellano, Pharies (2011) manifiesta que la familia léxica generada a partir de este prefijo se caracteriza por una complejidad extraordinaria que se realiza en cinco categorías etimológicas, de las que sólo las dos siguientes atañen a esta entrada:[234]
- Cultismos latinos con *sub-* (*subrogar* < *subrogō -āre*) o un alomorfo de *sub-* (*suceder* < *succēdō -ere* < *subcēdō -ere*, *suficiente* < *sufficiens* < *subficiens*), etimológicamente opacos en castellano
- Derivados castellanos con el prefijo culto *sub-* antepuesto a una base castellana, culta o patrimonial (*director* → *subdirector*, *suelo* → *subsuelo*)

Son numerosos los ejemplos de la primera categoría, es decir, de préstamos cultos latinos con *sub-*:
- *subsolano* '(viento) del este, es decir, bajo el sol (naciente)' (1223, anón., *Semejanza del mundo*, CO) (*subsōlānus*)
- *subjuzgar* 'sojuzgar' (*subjudgaron*, 1230, G. de Berceo, *Vida de San Millán*, CO) (*subjugō -āre* 'poner bajo el yugo', con la interferencia de *jūdicō -āre* 'juzgar')
- *subalterno* 'inferior', 'empleado de categoría inferior' (1250, anón., *Vidal Mayor*, CO) (lat. tard. *subalternus*)
- *subdiácono* 'eclesiástico de rango inferior al diácono' (*subdiáchono*, 1250, anón., *Vidal Mayor*, CO) (lat. tard. *subdiaconus -ī*)
- *subprior* 'suprior, eclesiástico de rango inferior al prior' (1264, anón., *Carta de entrega de unas heredades*, CO) (lat. tard. *subprior -is*)
- *subdelegado* '(persona) que sustituye al delegado' (1334, anón., *Martín Garcez de Uncastillo*, CO) (lat. tard. *subdēlēgātus*)

---

233 La consonante final de *sub-* se asimila completamente a las bases que comienzan con /k f g m p r/.
234 Las otras tres categorías son derivados de origen latino en los que *sub-* > *so-*, derivados castellanos con *so-* y derivados castellanos con alomorfos de *so-* (q.v.).

Pasando a la otra categoría, ya en el siglo XIII aparecen los primeros derivados castellanos con *sub-*, dominando los sentidos 'de rango inmediatamente inferior' (*subcolector*),[235] 'espacio inferior' (*sublunar*) y 'deficiencia' (*subsanar*):
- *subcantor* 'persona que hace las veces del cantor' (1256, anón., *Donación de una heredad*, CO)
- *subcomendador* 'teniente comendador en las órdenes militares' (1337, anón, *Carta plomada de Alfonso XI*, CO) (*comendador*)
- *subcolector* 'hombre que hace las veces del colector' (*subcollector*, 1378, anón., *Declaración de Fernando Pérez*, CO; var. *subcolector*, 1579, J. Zurita, *Anales de la corona de Aragón*, CO) (*collector* 'colector')
- *subentendido* 'sobrentendido' (1427–28, E. de Villena, *Traducción y glosas de la Eneida*, CO) (*entendido*)
- *subcolegio* 'institución escolar de rango inferior al de un colegio' (*subcollegio*, 1494, anón., *Fernando al Cardenal de Cartagena*, CO) (*colegio*)
- *sublunar* 'que está situado por debajo de la órbita de la luna' (1500, anón., *Comedia Thebayda*, CO) (*lunar*)
- *subgerencia* 'cargo inferior de gerencia' (1524, anón., *Documentos de 1524*, Juan de Cerva, CO) (*gerencia*)
- *subteniente* 'segundo teniente' (1549, P. Gutiérrez, *Quinquenarios o historia de las guerras*, CDH) (*teniente*)
- *subsanar* 'reparar o remediar un defecto o herida' (*subsanan*, 1606, J. Alonso, *Diez privilegios*, CO) (*sanar*)

La productividad del prefijo se incrementa en los siglos XVIII y XIX. Notablemente, con el auge de la ciencia internacional durante estos siglos, el sentido espacial recobra su importancia, tal como reflejan ejemplos como *subcutáneo* y *sublaríngeo*:
- *subdecano* 'oficial de rango inferior al decano' (1712, anón, *El rey da comisión al oidor*, CO) (*decano*)
- *subarrendamiento* 'acción de subarrendar' (-*s*, 1730, F. Moya, *Manifiesto universal de los males*, CO) (*arrendamiento*)
- *submarino* 'que está debajo de la superficie del mar' (1738–52, D. de Torres, *Anatomía de todo lo visible*, CO) (*marino*)
- *subtratado* 'subsección de un tratado' (1772, J. de Ubago, *Carta a Rodríguez Campomanes*, CO) (*tratado*)
- *subcutáneo* 'que está inmediatamente debajo de la piel' (1774, S. Guerrero, *Medicina universal*, GB) (*cutáneo*)

---

[235] Stotz (2000:427) atribuye la concentración de derivados de sentido gradativo a la adaptación del vocabulario del latín tardío a la burocracia de la Iglesia Católica.

- *subsecretario* 'persona inmediatamente inferior en sus funciones al secretario' (1800, F. Martínez, *Plano de la villa y corte de Madrid*, GB) (*secretario*)
- *subprefecto* 'magistrado inferior al prefecto' (1811, *Diario de Madrid*, n° 1, GB) (*prefecto*)
- *subcomisario* 'oficial inferior al comisario' (1812, *Boletín de la Sociedad Geográfica de Lima*, vols. 17–18, GB) (*comisario*)
- *sublaríngeo* 'que está o se efectúa por debajo de la larínge' (1848, A. Vidal, *Tratado de patología externa*, GB) (*laríngeo*)
- *subsuelo* 'terreno que está debajo de la capa laborable' (*sub-suelo*, 1868, F. de Botella, *Descripción geológica*, CDH) (*suelo*)

Ya aludimos más arriba a la extraordinaria productividad del prefijo en el español actual. Sirva de ilustración la lista siguiente, que se basa en una consulta del *CREA* limitada a los derivados cuyas bases comienzan con *c-* y que se registran en el año 1990. Aquí dominan los derivados sustantivos (*subcampeonato*), pero también los hay adjetivos (*subcortical*) y verbales (*subcapitalizar*), ilustrando cada uno de los significados del prefijo mencionados más arriba:

Posición inferior en el espacio
- *subcortical* 'situado por debajo de la corteza cerebral' (*cortical*)

Nivel inferior en una jerarquía
- *subcampeón* 'segunda posición en una competición deportiva' (*campeonato*)
- *subcapítulo* 'apartado de un capítulo' (*capítulo*)
- *subconjunto* 'conjunto cuyos elementos pertenecen a otro conjunto determinado' (*conjunto*)
- *subcontinente* 'subdivisión de un continente' (*continente*)
- *subcontratista* 'que toma un trabajo en subcontrata, hecha por el titular de la contrata principal' (*contratista*)
- *subclase* 'en la biología, cada uno de los grupos taxonómicos en que se dividen las clases de plantas y animales' (*clase*)
- *subcultura$_1$* 'grupo en una sociedad diferenciada de los demás por factores étnicos o religiosos' (*cultura*)

Deficiencia
- *subconsumo* 'nivel de consumo inferior a las posibilidades económicas' (*consumo*)
- *subcapitalizado* 'insuficientemente capitalizado' (*capitalizado*)
- *subcultura$_2$* 'cultura inferior' (*cultura*)

Sub- domina completamente el valor espacial de 'lugar inferior', aunque otros prefijos también tienen este sentido: cf. *sota-* (*sotacoro* 'lugar bajo el coro'), *soto-* (*sotocoro* 'lugar bajo del coro'), *so-* (*socavar* 'cavar por debajo') e *hipo-* (*hipofaringe* 'parte inferior de la faringe'). Con el sentido de 'suplente' o 'persona de cargo inferior a otra', *sub-* compite sobre todo con *vice-* (*vicepresidente*) y hasta cierto punto con *pro-* (*proministro* 'viceministro'). Han caído en desuso o son improductivos los otros prefijos que tienen este sentido: cf. *contra-* (*contraalmirante* 'oficial inferior al almirante'), *so-* (*sochantre* 'director de coro inferior al chantre'), *sota-* (*sotacónsul* 'oficial inmediatamente inferior al cónsul'). La escasez de ejemplos con *sub-* que denotan 'insuficiencia' o 'deficiencia' se explica probablemente por el auge de los prefijos *infra-* (*infradesarrollo*) e *hipo-* (*hipocalórico*).

Son importantes para el estudio de *sub-* los estudios de Neira Martínez (1972), García Hernández (1978, 1991, 2000, 2003), Martín García (1998), Montero Curiel (2001b), Rodríguez Ponce (2002), Cifuentes Honrubia y Fresnillo Núñez (2011), Pharies (2011), Serrano-Dolader (2015a) y García Sánchez (2017a).

Super-

Prefijo que ante bases adjetivas expresa posición superior (*superauricular* 'sobre la oreja') o, figuradamente, el grado máximo de una cualidad (*superfino* 'muy fino'); ante bases verbales, una 'acción intensificada' (*supercivilizar* 'civilizar mucho'); y ante bases sustantivas 'exceso' (*superabundar* 'abundar en extremo') o 'superioridad' (*supermodelo* 'modelo muy cotizada'). Se remonta al elemento combinatorio latino *super-* que, igual que en sus funciones de adverbio y preposición, denota una 'posición superior' en el espacio. Evidentemente, las otras acepciones resultan de una evolución metafórica del sentido espacial, pues algo que supera lo esperado o normal puede concebirse como 'encima de' un punto de referencia neutro. *Super-* forma un doblete etimológico con su equivalente patrimonial *sobre-*, que coincide formalmente con la preposición *sobre*.

Los compuestos latinos con *super-* son en su gran mayoría verbales primarios o secundarios. Sin embargo, no faltan completamente en latín clásico derivados plenamente sustantivos : cf. los sustantivos *supercilium -iī* 'ceja' (*cilium -iī* 'párpado superior'), *superficiēs -iēī* 'superficie' (*faciēs -iēī* 'cara'), *superlīmen -inis* 'dintel' (*līmen -inis* 'umbral'), *superjūmentārius -iī* 'el que está a cargo de la caballería de carga' (*jūmentum -ī* 'caballería de carga'); en fecha tardía se atestiguan derivados adjetivos: *supermundiālis* 'por encima del mundo' (*mundiālis* 'mundial'), *superquintus* '(cantidad) de un quinto más' (*quintus* 'quinto'), *supercaelestis* 'más allá del cielo' (*caelestis* 'del cielo, celeste') y *superadultus* 'completamente adulto' (*adultus* 'adulto').

Igual que en el caso de *sub-*, existen latinismos en los que el prefijo culto *super-* se combina con bases de procedencia patrimonial, en cada caso con equivalentes con el prefijo patrimonial *sobre-*:
- *superpuesto* 'puesto encima' (*-s*, 1417, anón., *Cesión de una casa*, CO; *superponer*, 1490, anón., *Crónica troyana*, CDH) (*superpositus* < *superpōnō -ere*) / *sobreponer* (1236, G. de Berceo, *Vida de Santo Domingo*, CDH)
- *supervenir* 'sobrevenir' (*-viniere*, 1495, anón., *Traducción de Lilio de medicina*, CDH) (*superveniō -īre* 'montar desde arriba', 'exceder') / *sobrevenir* (1234, anón., *Fuero de Cáceres*, CDH)
- *superdiçion* 'comentario adicional' (1500, anón., *Poemas, Cancionero de Garci Sánchez*, CO) (*superdictiō -ōnis* < *superdīcō -ere*) / *sobredicho* (1208, anón., *Cortes de León*, CDH)
- *supervivir* 'sobrevivir' (1559–60, anón., *Cortes de Toledo de 1559*, CO) (*supervīvō -ere*) / *sobrevivir* (1296, anón., *Fuero de Alcaraz*, CDH)

Otros casos son propiamente cultos, aunque llama la atención la doble transmisión de *superabundar* / *sobreabondar* (1260, anón., *El Nuevo Testamento*, CO). Nótese que

todos los ejemplos de este grupo y el anterior se atestiguan entre los siglos XIV y XVI y, con la excepción de *supernumerario*, son deverbales en latín:[236]
- *superabundar* 'abundar en extremo' (*superhabundan*, 1376, J. Fernández de Heredia, *De secreto secretorum*, CDH) (*superabundans* < *superabundō -āre*)
- *supernumerario* 'que excede o está fuera del número establecido' (*-s*, 1550, A. de Santa Cruz, *Crónica del Emperador Carlos V*, CO) (*supernumerārius*)
- *supersustancial* 'necesario para la vida' (1604, Lope de Vega, *El peregrino en su patria*, CO) (lat. tard. *supersubstantiālis* < *superstō -āre* 'estar sobre')

En cambio, tardan en aparecer hasta el siglo XIX los primeros vocablos con *super-* cuyas bases son palabras independientes en castellano.[237] Aquí sorprende no sólo lo tardío de los ejemplos, sino también la frecuencia de bases no verbales, pues en el español actual dominan claramente las bases sustantivas (*superrealismo, superpatriotismo*) y adjetivas (*supersideral, superauricular*) sobre las verbales (*supervalorizar*) y deverbales (*super-producción* ← *producir*). Aunque mantiene su vigencia el sentido de posición superior heredado del latín (*superauricular*), tiende a imponerse el valor intensificador sea cual sea la categoría gramatical de la base:
- *supervigilar* 'supervisar' (1827, S. Bolívar, *Reorganización de la Universidad de Caracas*, CO) (*vigilar*)
- *supercivilizado* 'que se comporta de una manera muy educada' (1846, E. Souvestre, *El mundo tal cual será*, GB) (*civilizado*)
- *superfosfato* 'sustancia resultante de tratar el fosfato de calcio con ácido sulfúrico' (1850, J. T. Way, *Memoria sobre la composicion*, GB) (*fosfato*)
- *superproducción* 'producción en cantidad superior a la necesaria para el consumo' (1870, *La homeopatía: publicación mensual*, Colombia, vol. 5:1, GB) (*producción*)
- *superauricular* 'que se ubica por encima de la oreja' (1887, *Exposición de Filipinas*, *El Globo*, GB) (*auricular*)
- *supersideral* 'sobre las estrellas' (1893, M. Serrano, *Glorias sevillanas*, GB) (*sideral*)
- *superhumano* 'sobrehumano' (1905, P. Henríquez, *Ensayos críticos*, CDH) (*humano*)

---

236 Ver Stotz (2000:428–430) para una descripción detallada de la productividad de *super-* en el latín medieval.
237 El *CORDE* incluye para el año 1534 un aparente derivado castellano *superlatino*, pero por el contexto se reconoce fácilmente que en realidad se trata de una lectura falsa del cultismo latino *superlativo*: *fuestes segregado desde el vientre de la madre en superlatino grado para ser nos reuelado en uos el hijo del padre.*

- *superpatriótico* 'muy patriótico' (1913, S. Quevedo, *Campañas de prensa*, GB) (*patriótico*)
- *supervalorización* 'acción y efecto de valorar por encima de lo esperado' (1916, *Revista de ciencias económicas*, Núm. 37–38, GB) (*valorización*)
- *superrealismo* 'surrealismo' (1923, E. d'Ors, *Tres horas en el Museo del Prado*, CO) (*realismo*)
- *superrápido* 'muy rápido' (1923, *Boletín de la Sociedad de Fomento Fabril*, vol. 40, GB) (*rápido*)
- *superdespliegue* 'despliegue extraordinario' (1994, *El Mundo*, 06.10, CR) (*despliegue*)

En la actualidad, *super-* se considera el prefijo intensificador de tipo gradativo por excelencia en castellano. Se combina con bases sustantivas para significar 'excelencia' o 'superioridad' en calidad o importancia (*supermodelo, superdespliegue*), con bases adjetivas para expresar el grado muy alto de una cualidad (*superfino, superrápido*) y con ambos tipos de bases para expresar 'exceso' (*superproducción, superabundante*). Varela Ortega (2005:62) observa que *super-* también es capaz de combinarse con sus rivales para sugerir un grado máximo de intensificación (*archi-super-conocido*), efecto que también se logra mediante la mera repetición (*super-super-blanco*). Por su parte, Rodríguez Ponce (1999:370) ve amenazada esta hegemonía ante el acecho de numerosos competidores como *hiper-* (*hiperromántico* 'muy romántico'), *ultra-* (*ultracivilizado*), *re-* (*rebueno* 'muy bueno'), *extra-* (*extrafino* 'muy fino') y *mega-* (*megacorrupto* 'muy corrupto').[238]

En sus otras funciones, *super-* no siempre es el prefijo más productivo. En la expresión del exceso (cf. *superabundancia*), compite con *hiper-* (*hipersecreción* 'secreción excesiva') y en la función de localización en el espacio (*superauricular* 'ubicado por arriba de la oreja') es menos productivo que *sobre-* (*sobrelunar* 'bajo la órbita de la luna').

Rodríguez Ponce (1999: 364) sostiene que *super-* en su función intensificadora es un préstamo del inglés, en parte a través del francés: "El proceso de acuñación no se realiza de forma directa desde el latín o el griego, sino a través de otras lenguas, y por determinadas motivaciones socioculturales. Se trata de la diferencia entre *étimo inmediato* y *étimo último*." Esta "motivación sociocultural" tendría su explicación en "la superioridad científico-técnica de la cultura estadounidense de la época". Desde luego, no negamos la contribución del inglés en determinados campos semánticos. Por ejemplo, *superluna* (2015, varios autores, *Enseñanzas iniciales*, GB, snippet) es un calco evidente de ingl. *supermoon* 'luna llena en el momento de su

---

[238] *Sobre-* (*sobrebendito* 'muy bendito') ya no es productivo en este sentido.

perigeo', atestiguado desde 1913. Sin embargo, a nuestro parecer, el inglés no puede considerarse étimo inmediato del prefijo en su función intensificador. De hecho, de los vocablos intensificados más tempranos citados más arriba, solo *superhuman* y *superman* están registrados en el *OED* y este último aparece en inglés tres años después (1903) de su equivalente español (*superhombre*, 1900, *Revista contemporánea*, vol. 120, GB), en ambos casos como calco de la palabra alemana *Übermensch* introducida por Nietzsche. Evidentemente la revitalización de *super-* en el vocabulario del castellano tiene una multiplicidad de causas, de las que la más importante es su presencia en las múltiples manifestaciones históricas de palabras latinas y la conexión evidente entre 'lugar superior' e 'intensidad'.

Cabe mencionar que, en algunas acepciones, *super-* ha dejado de ser un prefijo para convertirse en palabra independiente. Según *DLE*, *súper* sirve como adjetivo con el sentido de 'superior, extraordinario' (*un bolígrafo súper*) y 'de elevado índice de octano' (*gasolina súper*), como adverbio con el sentido de 'superiormente' (*lo has hecho súper*) y como sustantivo con el sentido de 'supermercado'. Se trata en todos los casos de acortamientos (de *superbueno*, *superbién* y *supermercado*).

Se han ocupado de *super-* en diversos trabajos Neira Martínez (1972), Romero Gualda (1995), Martín García (1998), Rodríguez Ponce (1999, 2002a, 2002b), Stehlík (2009), Cifuentes Honrubia y Fresnillo Núñez (2011), Serrano-Dolader (2015a), Conner (2016) y Penas Ibáñez (2018).

Supra-

Prefijo espacial de origen latino que se usa primordialmente para derivar adjetivos con el sentido de 'situado en un lugar superior' (*suprarrenal* 'ubicado sobre los riñones'), también grado superior (*suprasensible* 'más sensible que lo normal'). Se remonta al lat. *suprā*, ablativo singular femenino del adjetivo *superus* 'de arriba, de encima' que en su función adverbial significa 'arriba' (*suprā sunt* 'están arriba', *ut suprā dictum est* 'como se ha dicho más arriba') y como preposición significa generalmente 'sobre, encima de' (*suprā terram stare* 'estar [de pie] sobre la tierra').[239]

Como ninguno de los vocablos latinos —tempranos o tardíos— se transmite al castellano, se impone la hipótesis de que el prefijo *supra-* fue importado por estudiosos con conocimientos de latín que lo consideraron indispensable para expresar en castellano posición superior, tanto física (*supraceleste, supralobulares*) como metafórica (*supranatural, suprasensible*).

Presentamos aquí contextualizados los primeros derivados atestiguados en castellano:
- *es el miraglo de la supranatural conçepçion* (1437, El Tostado, *Libro de las paradojas*, CO) (*natural*)
- *los cuerpos supracelestes obran en estos inferiores* (1553, C. Méndez, *Libro del ejercicio corporal*, CO) (*celeste*)
- *quiere dezir lo mismo que suprapróximo porque si llevan buen caudillo uno vale por mil* (1570–79, S. de Horozco, *Libro de los proverbios*, CO) (*próximo*)
- *doy fe y verdadero testimonio las cláusulas suprainsertas, con pie y cabeza, de sus bulas, estar bien y fielmente sacadas de sus originales* (1607, anón., *Constituciones del colegio de la Concepción*, CO) (*inserto*)
- *aunque en la narrativa del supracitado decreto se enuncia* (1717, anón., *R.c. del mismo con orden al intendente general de Cataluña*, CO) (*citado*)
- *los cometas son cuerpos supralunares o celestes* (1730, M. Martínez, *Philosophia sceptica*, GB) (*lunar*)
- *supraorbitario, lo que está situado en la parte superior de la órbita* (1826, *Diccionario de ciencias médicas*, GB) (*orbitario*)

---

[239] *Suprā-* figura como forma combinatoria en un número muy limitado de vocablos registrados por el *OLD*; cf. *suprālātus* 'exagerado', *suprānumerārius -ī* 'soldado supernumerario', *suprāscandere* 'pasar por encima, franquear', *suprāscriptus* 'escrito encima, como corrección', *suprāvīvere* 'sobrevivir'. En Du Cange se encuentran muchos más, algunos de los cuales se definen como sinónimos de sus equivalentes con *super-*: cf. *suprapositio, supratenere, suprasedere*. En otros dos casos, *supra-* designa a una persona de rango superior: cf. *supracapitaneus, supracomitus*.

- *de lo increado y suprasensible por lo sensible y creado* (1846, *Memorias de la Real Sociedad Económica de la Habana*, segunda serie, tomo 1, GB) (*sensible*)
- *terrenos estratificados del tercero grupo o supracretáceo* (1846, *Anales de minas*, vol. 4, GB) (*cretáceo*)

En el *CORDE* contamos un total de 18 ejemplos con bases castellanas en el siglo XIX y 70 en el XX. En ellos se observa una especialización evidente en el campo de la terminología anatómica, donde el prefijo tiene valor claramente espacial:
- *suprarrenal* 'situado encima del riñón' (1827, N. Molero, *Peligro y absurdo de la doctrina fisiológica*, GB) (*renal*)
- *suprahepático* 'situado encima del hígado' (1827, *Décadas médico-quirúrgicas*, vol. 15, GB) (*hepático*)
- *supraclavicular* 'situado encima de la clavícula' (1834, A. Velpeau, *Nuevos elementos de medicina operatoria*, vol. 1, GB) (*clavicular*)
- *suprabdominal* 'situado encima del abdomen' (1844, J. Avendaño, *Manual completo de instrucción primaria*, GB) (*abdominal*)
- *suprapúbico* 'situado encima del pubis' (1846, R. Domínguez, *Diccionario universal francés-español*, GB) (*púbico*)

Sin embargo, el prefijo *supra-* también se extiende a otros ámbitos. Como nota la RAE (2009:687), hoy en día es común que el prefijo exprese una extensión más allá de alguna frontera, límite o nivel en los campos semánticos de la política, la sociedad y el tiempo:
- *suprahistórico* 'que está en un nivel de abstracción por encima de lo histórico' (1851, F. Poey, *Memorial sobre la historia natural de la isla de Cuba*, GB) (*histórico*)
- *supranacional* 'que está por encima del ámbito de las instituciones nacionales' (1905, *Revista general de legislación y jurisprudencia*, vol. 107, GB) (*nacional*)
- *suprafamiliar* 'que está por encima del ámbito de la familia' (1910, *Enciclopedia jurídica española*, vol. 11, GB) (*familiar*)

En la función espacial el rival principal de *supra-* es *sobre-* (*sobrepuesto*). El primero domina en el registro formal culto y el segundo es más propio de la lengua coloquial. El prefijo *super-* es mucho menos frecuente en la acepción espacial (*superauricular* 'que se ubica por arriba de la oreja'). En la expresión de cualidades intensificadas *supra-* es uno de los menos productivos frente a una larga lista de prefijos con los que rivaliza, sobre todo *super-* (*superfino* 'muy fino'), pero también *hiper-* (*hiperromántico* 'muy romántico'), *ultra-* (*ultracivilizado*), *re-* (*rebueno* 'muy bueno'), *extra-* (*extrafino* 'muy fino') y *mega-* (*megacorrupto* 'muy corrupto'). Como señala Rifón Sánchez (2014:97), con su valor espacial *supra-* se opone a *infra-*, prefijo con que incluso comparte algunas bases: *infra-/supraestructura*, *infra-/supralunar*, *infra-/suprarrenal*, etc. Estos dos prefijos cobran productividad al mismo tiempo, en una etapa intermedia (1834–68) de la evolución de la terminología científica europea.

Estudian este prefijo Martín García (1998), Rodríguez Ponce (2002), Rifón Sánchez (2014) y Serrano-Dolader (2015a).

Tardo-

Prefijo temporal de creciente productividad que se utiliza en derivados adjetivos y sustantivos para señalar la fase tardía de períodos históricos, sistemas económicos y políticos, y movimientos artísticos. En la práctica un término como *tardorrománico* puede referirse tanto a la arquitectura como a la historia cultural o lingüística, *tardofranquismo* tanto a un sistema político como a una época histórica y *tardorrealismo* tanto a la pintura como a la literatura. A primera vista, *tardo-* parece ser una gramaticalización del adjetivo *tardo*, pero en castellano este adjetivo significa casi siempre 'lento, torpe' y muy raramente 'tardío'.[240] Esta discrepancia nos motiva a buscar otro origen para *tardo-*, y efectivamente se ofrece como étimo inmediato el prefijo ital. *tardo-*, cf. ital. *tardo autunno* 'otoño tardío', *tarda primavera* 'primavera tardía', *tardo medioevo* 'tardo medievo', *tardoromano* 'tardorromano', ejemplos que aparecen en italiano a principios del siglo XIX, aproximadamente un siglo antes que en castellano.

Tanto en castellano como en italiano el adjetivo *tardo* se remonta al lat. *tardus* 'lento' 'dilatado', 'tarde'.[241] En castellano encontramos ejemplos de *tardo* con el sentido 'lento' a partir del siglo XIII:
- *perezoso. medroso en sos fechos. & en sos mouimientos. de tardo entendimiento.* (1254–1260, anón., *Judizios de las estrellas*, CDH)
- *la luna seyendo en so tardo andamiento* (1254–1260, anón., *Judizios de las estrellas*, CDH)
- *con tardo paso y corazón medroso* (1526–1536, G. de la Vega, *Obra poética*, CDH)
- *que quanto más coja y de tardo pie* (1726, M. Martínez, *fragmento*, CDH)

El ital. *tardo* también significa 'lento' desde los inicios de la lengua. Compárense los ejemplos siguientes, tomados del siglo XVI:
- *Sia ogni huomo ueloce à udire, tardo à parlare, tardo à l'ira* 'que todo hombre sea rápido a oír, lento a hablar, lento a la ira' (1570, A. Bruccioli, *Epistole, lettioni et evangelii*, GB)
- *Ingegno mio è graue & tardo* 'el talento mío es grave y lento' (1584, Petrarca, *De' rimedi dell'vna et l'altra fortvna*, GB)

---

240 Es posible que *tardo* signifique 'tardío' en los ejemplos siguientes: *su propia evolución, tarda y desprovista de un ideal determinado* (DEA, s.v. tardo), *pero si al tardo ocaso de su vida* (1592–1631, B. L. de Argensola, *Rimas*, CDH), *tardo arrepentimiento* (1667, F. Combés, *Historia de Mindanao y Joló*, CDH).

241 Del lat. *tardus* se deriva el componente de compuestos *tardi-*, cf. los latinismos castellanos *tardígrado* 'que se mueve lentamente' (1744, J.A. Baguer y de Oliver, *Floresta de dissertaciones febriles historico-medicas*, GB) (lat. *tardigradus* ← *gradus -ūs* 'paso') y *tardipedo* 'tardo de pies', 'tardo al andar' (1835, M. Navarrete, *Entretenimientos poéticos*, GB) (lat. *tardipēs* ← *pēs, pedis* 'pie')

https://doi.org/10.1515/9783111329369-079

El ital. *tardo* difiere de su cognado castellano por ser, también desde los inicios, sinónimo frecuente de *tardivo*, equivalente italiano del cast. *tardío*:
- *nel tardo autunno uien maturo pome* 'en el otoño tardío viene la manzana madura' (1610, *Tesoro di concetti poetici scelti da' piv illvstri poeti toscani*, GB)
- *vegeta nella tarda primavera: fiorisce ai 10 de giugno* 'crece en la primavera tardía: floresce al 10 de junio' (1789, *Atti della Società Patriotica di Milano*, vol. 2, GB)
- *ispirata dal tardo crespuscolo, quando è ancora incerto l'impero della notte* 'inspirada por el crepúsculo tardío, cuando todavía es incierto el imperio de la noche' (1824, *Antologia*, vol. 15, GB)
- *nel tardo pomeriggio, quando la penombra invadeva i cameroni* 'en la parte final de la tarde, cuando la penumbra invadía las salas' (1892, *Gazzetta letteraria*, Vol. 16, GB)

En la misma época aproximadamente aparecen en italiano los primeros ejemplos prefijales y cuasi-prefijales de *tardo-* con referencia a la fase tardía de alguna época o movimiento artístico. La diferentes grafías —con y sin espacio, con y sin guion— pueden interpretarse como indicadores de las diferentes fases del proceso de gramaticalización:
- *tardo medioevo* 'medievo tardío' (1830, *Rivista storica italiana*, vol. 3, GB)
- *tardoromano* 'del período tardío del Imperio Romano' (1859, *Dizionario epigrafico di antichità romane*, GB; var., *tardo romano*, 1874, *La Scuola cattolica*, vol. 3, GB)
- *tardo-gotico* 'gótico tardío' (1879, R. Brayda, *Stili di architettura*, GB; var., *tardo gotico*, 1894, P. Rahn, *I Monumenti Artistici del Medio Evo*, GB)
- *tardo romanticismo* 'romanticismo tardío' (1906, *Miscellanea*, vol. 246, GB)
- *tardo barocco* 'barroco tardío' (1909, *Ausonia, rivista della Società italiana di archeologia*, vol. 3, GB)

El hecho de que algunos de los primeros ejemplos de *tardo-* prefijal en español tengan las mismas bases que los ejemplos italianos apoya nuestra hipótesis de que el prefijo castellano sea préstamo[242] del italiano:
- *tardo romanticismo* (1928, *Nosotros*, vol. 61, GB; var. *tardorromanticismo*, 1931, J. Pijoán, *Summa artis, historia general del arte*, Tomo 34, GB, snippet) (*romanticismo*)

---

242 Como ya existe *tardo* en castellano, se trata de un préstamo semántico más que léxico.

– *tardorrománico* (-as, 1931, J. Pijoán, *Summa artis, historia general del arte*, vol. 8, GB, snippet; var. *tardorromano*, 1935, R. Ménendez Pidal, *Historia de España*, vol. 11, GB, snippet) (*románico, romano*)
– *tardomedieval* (1935, R. Ménendez Pidal, *Historia de España*, vol. 11, GB, snippet; var. *tardo medievo*, 2004, R. Rodríguez, *De la aritmética al análisis*, GB) (*medieval*)
– *tardogótico* (1935, R. Ménendez Pidal, *Historia de España*, vol. 11, GB, snippet; var. *tardo-gótico*, 1969, G. Carlo Argan, *Proyecto y destino*, GB) (*gótico*)
– *tardobarroco* (1935, R. Ménendez Pidal, *Historia de España*, vol. 11, GB, snippet; var. *tardo barroco*, 1975, M. Mújica, *Crónicas reales*, GB) (*barroco*)

En el siglo XX, el prefijo *tardo-* expande, al mismo tiempo en las dos lenguas, su alcance semántico para incluir bases referentes a la política e historia. Para el italiano registra De Mauro (1999:2000) *tardocapitalista, tardorepubblicano, tardoimperiale, tardo-antico, tardoindustriale* y *tardonormanno*. En español se registran los siguientes:[243]
– *tardosocialista* 'de la fase tardía del socialismo' (1958, *Cuadernos hispanoamericanos*, vols. 679–681, GB, snippet) (*socialista*)
– *tardocapitalista* 'de la fase tardía del capitalismo' (1988, VVAA, *Teorías de la democracia*, GB) (*capitalista*)
– *tardoliberal* 'de la fase tardía del liberalismo' (1993, R. Jung, *Democracia y democratización*, GB) (*liberal*)
– *tardofranquista* 'de la fase tardía del franquismo' (1994, *El Mundo* 30/06, CR) (*franquista*)
– *tardocomunismo* 'fase tardía del comunismo' (2016, I. Ezkerra, *Los totalitarismos*, GB) (*comunismo*)

Tardo- comparte el campo semántico que atañe a períodos, sistemas y movimientos con otros prefijos, tales como *retro-* (*retrofranquista* 'caracterizado por un retorno al franquismo'), *pos(t)-* (*posfranquismo* 'período histórico inmediatamente posterior al gobierno del general Franco') y *neo-* (*neofranquismo* 'reinterpretación o resurgimiento del franquismo').

---

[243] Añade Rainer (1993:373–374) los ejemplos *tardomanierista, tardo-renacentistas* (*tardo renacentismo*) y *tardo guerra fría* y en BOBNEO se encuentran *tardoacademicista* (2016) y *tardoadolescente* (2009).

Tetra-

Prefijo cuantificador que con el significado 'cuatro' se combina con bases sustantivas (*tetracloruro* 'compuesto que contiene cuatro átomos de cloro') y adjetivas (*tetracilíndrico* 'de cuatro cilindros'). Se remonta al elemento combinatorio helénico τετρα- correspondiente al numeral τέσσαρες -α (ático τέτταρες -α) 'cuatro'. Se trata de uno de muchos prefijos cuantificadores de origen griego (*mono-, di-, tri-*) y como tal comparte su función con los homólogos latinos *cuatri-* y *cuadri-*, que se remontan a la misma raíz indoeuropea y que también con el sentido de 'cuatro' se emplean derivados adjetivos (*cuadriovulado* 'con cuatro óvulos') y sustantivos (*cuatrirreactor* 'avión provisto de cuatro motores'). Existe incluso un pequeño grupo de derivados híbridos en los que los dos prefijos helénico y latino alternan: cf. *tetra-/cuadriplegia* (base helénica), *tetra-/cuadrivalente* (base latina) y *tetra-/cuadri-/cuatrimotor* (base castellana).

En latín consiguieron arraigar una veintena de helenismos con *tetra-*, una buena parte de los cuales pasan a su vez al castellano:
- *tetrarca* 'señor de la cuarta parte de un reino o provincia' (*tetrarcha*, 1260, anón., *El evangelio de San Mateo*, CDH) (*tetrarcha, tetrarchēs* < τετράρχης; cf. ἄρχω 'mandar, gobernar')
- *tetragramaton* 'palabra compuesta de cuatro letras y por antonomasia, nombre de Dios' (1275, Alfonso X, *General estoria*, CO) (lat. med. *tetragrammaton* < τετραγράμματον; cf. γράμμα 'letra')
- *tetrámetro* 'verso formado por cuatro metros' (1450, anón., *Etimologías romanceadas de San Isidoro*, CO) (*tetrametrus -ī* < τετράμετρος; cf. μέτρον 'medida')
- *tetrasílabo* 'que tiene cuatro sílabas' (-as, 1914, D. Chamorro, *La enseñanza de la gramática*, CDH) (lat. tard. *tetrasyllabus* < τετρασύλλαβος; cf. συλλαβή 'sílaba')

En la época renacentista se añaden unos cuantos más, de los que solo *tetraedro* parece haberse transmitido sin la mediación del latín:[244]
- *tetrágono* '(polígono) que tiene cuatro ángulos y cuatro lados' (1526, D. de Sagredo, *Medidas del romano*, CO) (lat. *tetragōnum -ī* < τετράγωνος; cf. γωνία 'ángulo')
- *tetracordo* 'serie de cuatro sonidos que forman un intervalo de cuarta' (1582, M. de Urrea, *Traducción de la Arquitectura*, CO; var. *tetracordios*, 1793, C. Andrés,

---

[244] Parecen ser neohelenismos dos palabras enigmáticas de esa época: *tetrántropos*: tener *por nuestros bienes los de cualquiera de nuestro tetramthropos* (1589, J. de Pineda, *Diálogos familiares*, CO) (ἄνθρωπος 'hombre, ser humano') y *tetrástrofo: en aquellos tetrástrofos la llamó de oro y de rosa* (1602–13, Lope de Vega, *Rimas*, CO) (στρόφος 'cuerda').

https://doi.org/10.1515/9783111329369-080

Traducción de Origen, progresos y estado, CDH) (lat. *tetrachordon* < τετράχορδον; cf. χορδή 'cuerda de tripa (de un instrumento musical)', 'nota musical'
- *tetraedro* 'sólido terminado por cuatro planos o caras' (1585, Juan de Arfe, *Conmensuración para la escultura*, CO) (τετράεδρον; cf. ἕδρα 'asiento, base')
- *tetrafármaco* 'remedio en cuatro partes' (1606, Juan Alonso, *Diez privilegios para mujeres preñadas*, CO) (lat. *tetrapharmacon* < τετραφάρμακον; cf. φάρμακον 'droga (medicinal o venenosa)').

La concentración de los helenismos adoptados por el castellano en los campos de la ciencia y las matemáticas también se refleja en la productividad de *tetra-* en español, que se inaugura en el siglo XIX con derivados con de bases de origen helénico:
- *tetradínamo* 'clase genética (1846, R. J. Domínguez, *Diccionario universal español-francés*, GB) (*dínamo*)
- *tetracloruro* 'compuesto que contiene cuatro átomos de cloro' (1877, *Crónica médico-quirúrgica de la Habana*, vol. 3, GB) (*cloruro*)
- *tetrayodo* 'compuesto yodado obtenido haciendo obrar el yodo sobre fenoltaleína' (1895, *La semana médica* [Buenos Aires], vol. 2, GB) (*yodo*)
- *tetracilíndrico* 'de cuatro cilindros' (1997, F. Beigbeder Atienza, *Diccionario politécnico*, GB) (*cilindro*)
- *tetracromático* 'de cuatro colores' (1993, H. Piéron, *Vocabulario Akal de Psicología*, GB) (*cromático*)

Con *tetraocular* se inicia la derivación con bases de origen latino:
- *tetraocular* 'de cuatro ojos' (*-es*, 1910, D. Sanjurjo, *Elementos de Física general*, CO) (*ocular*)
- *tetracorriente* 'corriente de cuatro elementos' (1946, E. Terradas, *Neologismos*, CO) (*corriente*)
- *tetrapotencial* 'potencial de cuatro elementos' (1946, E. Terradas, *Neologismos*, CO) (*potencial*)
- *tetramotor* 'cuatrimotor' (1949, L. Urabayen, *La tierra humanizada*, CO) (*motor*)

Sobre los prefijos cuantificadores pueden consultarse los trabajos de Bajo Pérez (1987), Rodríguez Ponce (2002a), Stehlík (2009) y Felíu Arquiola (2015).

Tras- / trans-

Prefijo espacial de origen latino que se transmite al castellano con dos alomorfos, uno culto (*trans-*) y otro patrimonial (*tras-*). Se combina con verbos con el sentido de 'a través de un espacio' (*trascolar* 'colar a través de algo'), 'a través del tiempo' (*trasnochar* 'pasar la noche sin dormir') y 'de un lugar a otro' (*traspasar* 'llevar de un lugar a otro'); también se combina con sustantivos para denotar 'una posición posterior en el espacio' (*trascorral* 'sitio cerrado tras el corral') o en el tiempo (*trasnieto* 'biznieto, hijo del nieto'). Con adjetivos tiene sentido intensivo (*trasañejo* 'muy añejo'). Se remonta al lat. *trans-*, prefijo correspondiente a la preposición *trans*.[245]

En comparación con los otros dobletes de prefijos en castellano tales como *so-/sub-* y *es-/ex-*, *tras-/trans-* resulta excepcional por la distribución de sus alomorfos. Por ejemplo, los prefijos *sub-/so-* alternan solo en los casos de *so-/subjuzgar* y *so-/sublevar* y los de *es-/ex-* solo en *ex-/escavar* y *ex-/espender*.[246] En cambio, con la excepción de *trasmeter* 'transmitir', todas las palabras latinas con prefijo *trans-* que pasan al castellano, tanto cultas como patrimoniales, se atestiguan con las dos variantes del prefijo, a veces en el mismo documento o autor (ver más abajo, *trasfundir*, *trasmigración*, *trasladar*). En otras palabras, pese a las apariencias, el hecho de transmitirse una palabra latina al castellano con el prefijo *tras-* no garantiza que sea de transmisión patrimonial, especialmente ante las raíces que comienzan por consonante. Así, en los ejemplos siguientes la forma de la raíz apunta claramente a un origen culto:

- *trasplantar* 'trasladar plantas de un sitio a otro' (1250, anón., *La historia de la doncella Teodor*, CDH) / *transplantar* (1528, J. Justiniano, *Instrucción de la mujer cristiana*, CO) (*transplantō -āre*)
- *trasfigurar* 'hacer cambiar de figura o aspecto' (*trasffigurar*, 1252, Alfonso X, *Setenario*, CDH) / *transfigurar* (-*o*, 1200, Almerich, *La fazienda de Ultra Mar*, CDH) (*transfigurō -āre*)
- *trasmigrar* 'pasar a otro país para vivir en él' (-*ación*, 1275, Alfonso X, *General estoria*, CO) / *transmigración*, 1280, Alfonso X, *General estoria*, CO) (lat. tard. *transmigrātiō -ōnis*)
- *trasformar* 'hacer cambiar de forma' (-*ada*, 1275, Alfonso X, *General estoria*, CO) / *transformar* (-*formóse*, 1246–52, G. de Berceo, *Los milagros de nuestra señora*, CDH)) (*transformō -āre*)

---

[245] *Tras-* es uno de los diez prefijos que se transmiten por vía patrimonial del latín al castellano, siendo los demás *a-*, *con-*, *des-*, *en-*, *entre-*, *es-*, *re-*, *so-* y *sobre-*.
[246] La pareja *super-* / *sobre-* presenta más coincidencias, pero apenas llegan al 10% del total.

https://doi.org/10.1515/9783111329369-081

- *trasfundir* 'comunicar sucesivamente entre varias personas' (*-iese*, 1427–28, E. de Villena, *Traducción y glosas de la Eneida*, CO) / *transfundir* (1433, E. de Villena, *Arte de trovar*, CO) (*transfundō -ere*)
- *trasalpino* 'que está situado al otro lado de los Alpes' (*-a*, 1440, A. de Zorita, *Árbol de batallas*, CDH) / *transalpino* (1385, J. Fernández de Heredia, *Gran crónica de España*, CO) (*transalpīnus*)

En cambio, parecen haberse transmitido por vía patrimonial los verbos siguientes, a pesar de tener la mayoría de ellos una variante con *trans-*:
- *trasponer* 'poner en otro lugar' (*traspuestas*, 1140, anón., *Poema de Mio Cid*, CDH) (*transpōnō -ere*) / *transpuesto* (1250, anón., *Vidal Mayor*, CDH)
- *trasmeter* 'transmitir' (*-metieredes*, 1200, Almerich, *La fazienda de Ultramar*, CO) (*transmittō -ere*)
- *traslucir* 'ser traslúcido' (1223, anón., *Semejanza del mundo*, CO) / *transluciendo* (1527, B. de las Casas, *Historia de las Indias*, CDH) (*translūcō -ēre*)
- *trasladar* 'llevar de un lugar a otro' (1228, G. de Berceo, *Del sacrificio de la misa*, CDH) / *transladar* (1220, anón., *Carta de cambio*, Salamanca, CO) (**translatāre* < *translatus*, supino de *transferre*)

Tratándose de un prefijo de transmisión patrimonial, no sorprende el que comiencen a aparecer derivados propios castellanos ya en fecha temprana, en los que por primera vez se atestigua el sentido temporal en el verbo parasintético *trasnochar*:
- *trasnochar* 'velar, pasar la noche sin dormir' (1129, anón., *Fueros de Medinaceli*, CO) / *transnochar* (1253, anón., *Fueros de la Novenera*, CO) (*noche*)
- *traspasar* 'llevar de un lugar a otro' (*-passar*, 1140, anón., *Poema de Mio Cid*, CO) / *transpassar* (1385, J. Fernández de Heredia, *Gran crónica de España*, CO) (*passar* 'pasar')
- *trastornar* 'volcar' (*trastornod*, 1150, anón, *Fazañas o decisiones judiciales de Palenzuela*, CO); var. *transtornará*, 1378, P. López de Ayala, *Rimado de palacio*, CDH) (*tornar*)
- *trastajar* 'cortar una segunda vez' (*trastaiada*, 1219, anón., *Los judíos Oro Sol y su hijo venden*, CO) (*tajar*)
- *trasechar* 'echar al otro lado' (1254, anón., *Judizios de las estrellas*, CDH) (*echar*)

Otra novedad es la presencia de derivados sustantivos, también a veces con un sentido cuasi-temporal (*trasnieto*, *trasabuelo*):[247]

---

[247] García Sánchez 2017b:128–133) llama la atención sobre el uso del prefijo *tras-* en la toponimia: cf. *Trasierra* (Badajoz) y *Trasmonte* (Asturias).

- *trasnieto* 'biznieto, hijo del nieto' (*-s*, 1246–52, G. Berceo, *Los milagros de nuestra señora*, CO) (*nieto*)
- *trasabuelo* 'padre del bisabuelo, tatarabuelo' (*-avuelo*, 1250, anón., *Fuero Juzgo*, CDH) (*abuelo*)
- *trassierra* 'lugar al otro lado de la sierra' (1258, anón., *Ordenamiento de las cortes celebradas en Valladolid*, CO) (*sierra*)
- *trascorral* 'sitio cerrado tras el corral' (1263, anón., *Documentos del Monasterio de Santa María*, CO) (*corral*)
- *trasmundo* 'ultratumba' (1344, anón., *Crónica de 1344*, CO) (*tumba*)
- *trasflor* 'pintura que se aplica sobre un metal' (1551, M. Cortés, *Breve compendio de la esfera*, CO) (*flor*)

No hay ni un solo ejemplo de un derivado con *trans-* que no tenga equivalente documentado con *tras-*. Sin embargo, choca la frecuencia con la que aparece, a veces siglos más tarde, una variante con *trans-* de un derivado con *tras-*, a pesar de que la palabra afectada pertenezca al registro popular:
- *trasnochar* 'pasar la noche sin dormir' (1129, anón., *Fuero de Medinaceli*, CO) / *transnochar* (1253, anón., *Fueros de la Novenera*, CO) (*noche*)
- *traspasar* 'llevar de un lugar a otro' (*traspassar*, 1140, anón., *Poema de Mio Cid*, CO) / *transpassar* (1385, J. Fernández de Heredia, *Gran crónica de España*, CO) (*pasar*)
- *trastornar* (1150, anón., *Fazañas o decisiones judiciales de Palenzuela*, CO) / *transtornar* (1385, J. Fernández de Heredia, *Gran crónica de España*, CO) (*tornar*)
- *trasdoblar* 'dar a algo dos dobleces, triplicar algo' (1260, Alfonso X, *Espéculo*, CO) / *transdoblar* (1490, A de Palencia, *Universal vocabulario*, CO) (*doblar*)
- *trascolar* 'colar a través de algo' (1396, anón., *Ordinaciones ciudad Barbastro*, CO) / *transcolar* (1729, B. J. Feijoo, *Teatro crítico universal*, CO) (*colar*)
- *trasflor* 'pintura sobre metal' (1551, M. Cortés, *Breve compendio de la esfera*, CO) / *transflor* (1551, M. Cortés, *Breve compendio de la esfera*, CO) (*flor*)

Con todo, son mucho más numerosos los derivados con *tras-* para los que falta un equivalente con *trans-*. Entre los que no se han mencionado todavía figuran los siguientes, entre los que destaca *traspalar* por ser parasintético:
- *trasmezclar* 'confundir' (1250, anón., *Vidal Mayor*, CO) (*mezclar*)
- *trastejar* 'reponer o poner bien las tejas de un edificio, retejar' (1361, anón., *Carta de arrendamiento*, CO) (*tejar*)
- *traspalar* 'mover de un lado a otro con pala, especialmente granos' (1400, anón., *Biblia ladinada*, CO) (*pala*)
- *trastocar* 'trastornar o alterar algo' (1424–1520, anón., *Cancionero de Juan Fernández*, CO) (*tocar*)

- *traspié* 'resbalón o tropiezo' (1438, A. Martínez, *Arcipreste de Talavera*, CO) (*pie*)
- *trasbisabuelo* 'padre del bisabuelo' (1450, anón., *Las etimologías romanceadas de San Isidoro*, CO) (*bisabuelo*)
- *trasañejo* 'muy añejo' (1471, J. Enríquez, *Secretos de la medicina*, CO) (*añejo*)
- *traseñalar* 'poner a algo distinta señal de la que tenía' (*trassenyalado*, 1472, anón., *Documentación medieval de la corte de justicia*, CDH) (*señalar*)
- *trascoro* 'en las catedrales, sitio que está detrás del coro bajo' (1493–1564, anón., *Documentos para la historia del arte*, CO) (*coro*)

Cuando hay pares de derivados en *tras-* / *trans-*, en la actualidad lo normal es que una de las variantes se establezca como forma dominante. Una de las herramientas digitales facilitadas por Google, el NGram Viewer,[248] resulta útil para trazar la evolución de estas rivalidades a partir del siglo XIX. Aunque la mayoría de las palabras citadas aquí son de tan poca frecuencia que no permiten un análisis de este tipo, en algunos casos da resultados interesantes:
- *Trasbordar* 'pasar de una embarcación a otra' (1748, A. de Ulloa, *Viaje al reino del Perú*, CO) domina hasta 1930, pero en la actualidad es igual de frecuente *transbordar* (1774–76, M. Rodríguez, *Relación diaria*, CO).
- *Transparecer* 'translucirse una cosa a través de otra' (1914, J. Ortega y Gasset, *Ensayo de estética*, CO) supera en frecuencia a *trasparecer* (1430–40, A. de la Torre, *Visión deleytable*, CO) desde 1930 aproximadamente.
- *Transoceánico* 'situado al otro lado de un océano', 'que atraviesa el océano' (1863, A. Vaillant, *Apuntes estadísticos*, GB) es más frecuente que *trasoceánico* (1850, J. A. de Plaza, *Memorias para la historia de la Nueva Granada*, GB) desde 1910 aproximadamente.
- *Trassustanciación* '(en la religión católica), conversión de las sustancias del pan y del vino en el cuerpo y la sangre de Jesucristo' aparece ya en 1556 (F. de Sosa, *Endecálogo*, CO), pero desde 1880 aproximadamente se suele usar *trans-substanciación* (1880–81, M. Menéndez Pelayo, *Historia de los ortodoxos*, CDH).
- Después de ser igual de frecuente que su rival *transvasar* 'pasar un líquido de un recipiente a otro' (1611, S. de Covarrubias, *Tesoro de la lengua*, CO) a comienzos del siglo XX, *trasvasar* (1582, M. Gurrea, *Discursos de medallas y antigüedades*, CO) comienza a ser más común a partir de la década de 1940.

---

248 https://books.google.com/ngrams

– Aunque *trasandino* (1839, P. de Angelis, *Introducción a diario*, CO) era inicialmente más común que *transandino* (1882, V. Pérez Rosales, *Recuerdos del pasado*, CO), hoy en día la frecuencia de ambos es similar.[249]
– Ahora se prefieren los siguientes derivados en *trans-* sobre sus antiguos rivales en *tras-*: *transformar, transfundir, transmarino, transmudar, transparente, transalpino*. Sin embargo, es más común *tras-* en los casos de *trasplantar* y *traspatio*, mientras que son igual de frecuentes *transmontano / transmontano*.

En la actualidad *trans* se ha convertido en adjetivo como acortamiento de *transgénico* (*productos trans*)[250] y de *transexual* (*una persona trans*).

Como señala García Sánchez (2017b:127), *trans-* ocupa un lugar intermedio en la secuencia locativa *cis-* 'de este lado' / *trans-* 'a través de' / *ultra-* 'al otro lado de'; cf. los derivados *cis-/trans-/ultrapirenaico*. *Trans-* comparte el sentido de posición posterior en el espacio con *pos(t)-* (*postpierna* 'muslo (trasero) de las caballerías') y el de posterioridad en el tiempo sobre todo con *pos(t)-* (*posguerra* 'período inmediatamente después de una guerra'), aunque también con *retro-* (*retroestética* 'estética que recuerda la de épocas anteriores') y *tardo-* (*tardofranquismo* 'fase tardía del franquismo').

De *tran(s)-* se han ocupado Delgado Polo (2009) y García Sánchez (2017b).

---

249 La RAE (2009:685–686) afirma que *tras-* se prefiere ante nombres comunes referidos a lugares y cosas materiales, mientras que *trans-* se combina con nombres propios (topónimos).
250 Ver la entrada *cis-* para el uso de *trans-* en la química.

Tri-

Prefijo cuantificador poco productivo que con el significado 'tres' figura en derivados sustantivos (*tricentenario* 'período de trescientos años'), adjetivos (*tripolar* 'que tiene tres polos') y muy raramente verbales (*tripartir* 'dividir en tres'). Se trata de uno de los muchos prefijos cuantificadores de origen latino (al lado de *uni-*, *bi-*) y griego (*mono-*, *di-*). *Tri-* forma parte de ambas series por remontarse a los fonológica y semánticamente idénticos lat. *tri-* (correspondiente a *trēs tria* 'tres') y gr. τρι- (correspondiente a τρεῖς τρία 'tres').

Una proporción considerable de las palabras castellanas en *tri-* son cultismos o neocultismos. Son helenismos los ejemplos siguientes:
- *trisílabo* 'que tiene tres sílabas' (*trissyllabo*, 1499, R. Fernández, *Vocabulario eclesiástico*, CDH) (lat. *trisyllabus* < τρισύλλαβος; cf. συλλαβή 'sílaba')
- *tricéfalo* 'que tiene tres cabezas' (1838, *Diccionario universal de mitología*, GB) (τρικέφαλος; cf. κεφαλή 'cabeza')

Los latinismos, mucho más numerosos, incluyen los siguientes:
- *triángulo* 'polígono de tres lados' (-s, 1250, A. de Toledo, *Moamín*, CDH) (*triangulus*)
- *tripartito* 'dividido en tres partes o formados por ellas' (1400–21, C. Sánchez de Vercial, *Libro de los exemplos*, CO) (*tripartītus*)
- *tridente* 'de tres dientes' (1423, E. de Villena, *Arte cisoria*, CO) (*tridens -ntis*)
- *triforme* 'de tres formas o figuras' (1453–67, A. de Toledo, *Invencionario*, CO) (*triformis*)
- *trímetro* 'verso de tres pies' (1490, A. de Palencia, *Universal vocabulario*, CDH) (*trimetrus*)
- *tricolor* 'de tres colores' (1490, A. de Palencia, *Universal vocabulario*, CDH) (*tricolor -ōris*)
- *trilingüe* 'que habla tres lenguas' (*trilingue*, 1565, P. Manrique, *Relación del viaje que hizo*, CDH) (*trilinguis*)
- *trilátero* 'de tres lados' (1567, R. Blanco, *Arte de la escritura*, CO) (*trilaterus*)
- *trimembre* 'de tres miembros o partes' (1589, J. de Pineda, *Diálogos familiares*, CO) (*trimembris*)
- *tricúspide* 'válvula del corazón que termina en tres puntos' (1870–1901, J. Calleja, *Compendio de anatomía descriptiva*, CO) (*tricuspis -idis*).

Se registran tres neohelenismos y un solo neolatinismo:
- *trisecar* 'cortar en tres partes' (1693, N. Coppola, *Llave geométrica*, GB) (lat. *secō -āre* 'cortar').

- *triptongo* 'secuencia de tres vocales que se pronuncian en una sola sílaba' (-s, 1823, A. Bello, *Qué diferencia hay entre las lenguas*, CDH) (φθόγγος 'sonido')
- *triedro* 'ángulo formado por tres planos que concurren en un punto' (1861–65, J. Rey, *Teoría transcendental de las cantidades imaginarias*, CO) (ἕδρα 'asiento, base', formado a imitación de δίεδρος 'diedro')
- *trifásico* 'que tiene tres fases' (1870–1905, J. Echegaray, *Ciencia popular*, CO) (φάσις 'aparición (de un estrella), fase de la luna')

Los primeros vocablos con *tri-* cuyas bases son palabras independientes en castellano incluyen *tripartir*, único derivado con base verbal:
- *tricentésimo* 'numeral ordinal correspondiente a trescientos' (1338, anón., *Carta de hermandad entre Anso y las poblaciones de Cillas*, CO) (*centésimo*)
- *tripartir* 'dividir en tres' (-*idas*, 1376, J. Fernández de Heredia, *Libro de actoridades*, CDH) (*partir*)
- *tricentenario* 'periodo de trescientos años' (1490, A. de Palencia, *Universal vocabulario*, CO) (*centenario*)

Casi cuatro siglos después de la aparición de *tricentenario*, el prefijo vuelve a ser productivo sobre todo en el campo técnico-científico:
- *trióxido* 'cuerpo resultante de la combinación de un radical con tres átomos de oxígeno' (1844, C. del Franco y Palacio, *Tratado de química*, GB) (*óxido*)
- *triatómico* 'de tres átomos' (1867, A. Wurtz, *Lecciones de filosofía química*, GB) (*atómico*)
- *tripolar* 'que tiene tres polos' (1870–1901, J. Calleja, *Compendio de anatomía descriptiva*, CO) (*polar*)
- *trisemanal* 'que se repite tres veces por semana' (1899, F. Latzina, *Diccionario geográfico argentino*, GB) (*semanal*)
- *tridimensional* 'de tres dimensiones' (1906, *Anales de la sociedad científica argentina*, vol. 62, GB) (*dimensional*)
- *trimotor* '(avión) que tiene tres motores' (1928, *Boletín del centro naval*, Argentina, vol. 46, GB) (*motor*)
- *trihíbrido* 'producto del cruce de dos progenitores que difieren en tres pares de genes' (1930, *Revista médica de Barcelona*, vol. 13, GB) (*híbrido*)
- *tridecasílabo* '(verso) de 13 sílabas' (1946, M. Fernández, *Teoría e historia de los géneros literarios*, GB) (*decasílabo*)
- *tricampeón* 'que ha sido campeón tres veces' (1962, *Vistazo*, vol. 61-61, GB) (*campeón*)

Como siempre, en el vocabulario científico internacional se buscan los orígenes primero en francés e inglés. En francés, por ejemplo, los vocablos *trimoteur* (1933), *tridimensionnel* (1875) y *triatomique* (1875) anteceden a los derivados españoles correspondientes. En inglés, se documentan más tempranamente *trioxide* (1868), *tridimensional* (1875) y *triatomic* (1862). Además, los etimólogos suelen identificar el vocablo *triciclo* 'vehículo de tres ruedas' (1891, M. Polo, *Seis novelas cortas*, GB) como préstamo del neohelenismo francés *tricycle* (1830) (κύκλος 'rueda').

De los prefijos cuantificadores se han ocupado Bajo Pérez (1987), Rodríguez Ponce (2002a), Stehlík (2009) y Felíu Arquiola (2015).

Turbo-

Prefijo incipiente o embrionario de semántica intensificadora que se aplica a sustantivos y adjetivos para indicar exceso o exageración (*turbo-hombre, turbo ilegal, turboconsumismo*). El elemento *turbo-* surge a finales del siglo XIX en francés, donde representa un acortamiento de la palabra *turbine* 'turbina' correspondiente al lat. *turbō -inis* 'torbellino, remolino del viento del mar'. De *turbine* se extrae la raíz *turbo-*, cuya *-o-* final representa probablemente la vocal temática *-o-* típica de los compuestos griegos, aunque también es posible que haya influido el nominativo latino *turbō*. Este elemento pseudo-clásico *turbo-* se reparte luego a finales del siglo XIX a varias lenguas europeas, incluyendo el español, en los que forma compuestos referentes a la entonces novedosa tecnología de la turbina para denotar motores potenciados por una turbina (*turbomotor, turbocompresor, turbo-dínamo*) y los aparatos que incorporan uno de estos motores (*turbomáquina, turbo-bomba*). Como siempre, es probable que los compuestos castellanos de esta serie sean adaptaciones de sus equivalentes en francés. La comparación de las fechas de primera documentación, en todos los casos tomadas de Google Books, corrobora esta hipótesis:
- fr. *turbomoteur* (1881) / cast. *turbo-motor* (1902, *El mundo científico*, vol. 91)
- fr. *turbomachine* (1889) / cast. *turbo-máquina* (1914, *Informaciones y memorias de la Sociedad de Ingenieros*, vol. 16)
- fr. *turbo-dynamo* (1890) / cast. *turbo-dínamo* (1907, *Mensaje del Gobernador de la Provincia de Buenos Aires*)
- fr. *turbogénérateur* (1894) / cast. *turbo-generador* (1907, *Revista de marina*, vol. 61)
- fr. *turbopompe* (1896) / cast. *turbo-bomba* (1904, M. Vega, *Arquitectura, bellas artes*)
- fr. *turbo-alternateur* (1900) / cast. *turbo-alternador* (1902, *El mundo científico*, vol. 91)
- fr. *turbo-hélice* (1902) / cast. *turbo-hélice* (1904, A. Posnansky, *Campaña del Acre*)
- fr. *turbocompresseur* (1908) / cast. *turbocompresor* (1910, *Estadística minera de Chile*, vol. 4)

En castellano pero aparentemente no en francés,[251] el elemento *turbo-* comienza a convertirse en prefijo cuando metafóricamente se compara la potencia generada por una turbina con el derroche de energía asociado a ciertos individuos, activi-

---

[251] Aparte del anglicismo *turbo-capitalisme* (1995, Luttwak, *Le rêve american en danger*, GB), sólo se registra *turbo-prof*, que no se refiere a un profesor enérgico sino a uno que tiene que usar el *turbotrain* 'train automoteur propulsé par des turbines à gaz' (*Trésor*) para llegar a clase.

dades y fenómenos sociales. El nuevo prefijo pasa entonces a significar 'excesivo, exagerado, desenfrenado'. Los ejemplos de esta formación son a menudo hápax:[252]
- *turbo-hombre* 'hombre con mucha energía' (*turbo-hombres con motor, inyección (sic) que rebosarían bondad y euforia*, 1989, *ABC*, 02.09, CR) (*hombre*)
- *turbocapitalismo* 'capitalismo desenfrenado' (1995, *Informe argentino sobre desarrollo humano*, vols. 1–2, GB) (ingl. *turbocapitalism*, palabra acuñada en 1993 por el politólogo americano Edward Luttwak en su obra *The Endangered American Dream*)
- *turbocalentamiento* 'calentamiento muy fuerte' (*han estado haciendo ejercicios de turbocalentamiento*, 1996, *Tele 5*, muestra oral, CR) (*calentamiento*)
- *turbo ilegal* 'muy ilegal' (*evitar remover más el escándalo de los turbo ilegales empleados*, *El Mundo*, 11.11, CR) (*ilegal*)
- *turbo-renovador* 'renovador muy comprometido' (*había pasado a convertirse en un turbo-renovador, según el argot de aquellos años*, 2002, G. López, *El relevo*, CR; *frente a las reformas radicales en el funcionamiento del partido que impulsaban algunos grupos de turborrenovadores*, 2001, J. Almunia, *Memorias políticas*, GB) (*renovador*)
- *turboglorieta* 'glorieta de tráfico de gran capacidad' (2009, BOBNEO)
- *turboconsumo* 'consumo desenfrenado' (2013, J. Álvarez, *Manejo de la comunicación organizacional*, GB; *turboconsumismo*, 2016, A. Ortega, *La imparable marcha de los robots*, GB; *turboconsumistas*, 2017, A. García, *Pleitos divinos*, GB) (*consumo*)
- *turbomachismo* 'machismo desenfrenado' (2018, G. Perry, *La caída del hombre*, GB) (*machismo*)

Parece que *turbo-* está en vías de añadirse a la larga lista de prefijos que en español denotan exceso o exageración, tales como *super-* (*superproducción*), *hiper-* (*hiperactivo*) y *sobre-* (*sobreactuar*).

---

[252] En italiano, pero no en castellano, encontramos *turbo-comunismo* (2019, A. Giangrande, *Anno 2019, Il Governo*, GB). GB facilita como snippet un ejemplo del cast. *turbo-marxismo*, supuestamente del año 1977 (*Guión* vol. 0–20, GB). Efectivamente existió una revista con este nombre entre 1977 y 1987. Si es auténtica esta cita, se trataría de un ejemplo anómalo por su fecha tan temprana.

Ultra-

Prefijo originalmente de valor espacial ('más allá de', 'al otro lado de') que se combina con sustantivos (*ultrasonido* 'sonido no perceptible al oído humano') y adjetivos (*ultrapirenaico* 'transpirenaico'). A partir del sentido básico, que sugiere la superación de un límite, se desarrolla otro de tipo gradativo, 'en grado extremo' (*ultrapenetrante* 'extremadamente penetrante', *ultrasentimentalismo* 'sentimentalismo muy fuerte'). En última instancia refleja el lat. *ultrā*, que con el mismo sentido espacial funciona como adverbio y preposición.

En latín la partícula *ultrā-* aparece como prefijo en casos como *ultrāmundānus* 'que está más allá de este mundo', étimo del cultismo latino *ultramundano* (1560-78, F. de Aldana, *Poesías*, CO). En Du Cange se encuentran unos cuantos ejemplos más del prefijo *ultrā-*: *ultraligiriensis archidiaconus* 'archidiácono de la región más allá de Liguria', *ultramarinus* 'ultramarino', *ultrapadana regio* 'región más allá del río Po', *ultra-Rhodonenses* 'oriundo de la región más allá de Rhodos' y *ultravadare* (lat. común *transvadō -āre*) 'vadear'.

La productividad de *ultra-* en castellano se concentra en dos épocas completamente independientes. En la primera, que abarca el siglo XIII hasta el XVI, aparecen los derivados siguientes, en los que se manifiesta la idea de traspasar o ir más allá de un límite literal o figurado:

– *ultramar* 'país o sitio que está de la otra parte del mar' (1200, Almerich, *La fazienda de Ultra Mar*, CO; der. *ultramarino* 'que está del otro lado del mar', 1385-1396, anón. *Crónicas de San Isidoro*, CO) (*mar*)
– *ultracuidado* 'imprudente' (-*cuydado*, 1377-1396 -*s*, J. Fernández de Heredia, *Traducción de Vidas paralelas de Plutarco*, I, CO; der. *ultra cuidança* 'imprudencia', 1440-60, A. Zorita, *Arbol de batallas*, CO) (*cuidar*)

A mediados del siglo XIX comienzan a aparecer en español nuevos derivados con *ultra-*. De la veintena de ejemplos que aparecen en esta época, solo tres, un sustantivo y dos adjetivos, muestran valor espacial (aunque *ultratumba* también puede interpretarse como temporal).

– *ultratumba* 'ámbito más allá de la muerte' (1846, R. de Campoamor, *Doloras*, CDH)[253] (*tumba*)
– *ultraterreno* 'ultramundano' (-*a*, 1886, M. Meléndez, *Carta del 7 de diciembre*, CDH) (*terreno*)
– *ultrapirenaico* 'transpirenaico' (1880-81, M. Meléndez Pelayo, *Historia de los heterodoxos españoles*, CO) (*pirenaico*)

---

253 La RAE (2009) considera probable que *ultratumba* sea calco del fr. *outre-tombe* (1832).

Los demás —todos adjetivos— ilustran de forma más o menos clara una nueva función: la de designar un grado extremo de alguna cualidad. Aquí se pueden citar *ultraespartana* 'exageradamente espartana', acuñado por Joaquín Costa en 1875 (*Historia crítica de la revolución*, CO) y unos cinco vocablos acuñados por Juan Valera en varios escritos políticos entre 1868 y 1902, a saber *ultrarreaccionario*, *ultrarrepublicano*, *ultrafederal*, *ultraintransigente*, *ultrapedestre* y *ultrasentimentalismo*, de lo cual se desprende que Valera desempeña un papel importante en el resurgimiento del prefijo.[254]

Contamos con unos sesenta derivados adicionales en el *CORDE*. Martín García (1988:109) menciona que los prefijos intensivos no suelen formar verbos y, efectivamente, registramos un solo ejemplo en el caso de *ultra-*: *ultrapasar* 'traspasar' (1851–55 *-ado*, J. Mármol, *Amalia*, CO) (*pasar*). Por otra parte, hay unos cuantos adjetivos con base verbal:
- *ultracivilizado* 'muy civilizado' (1919–29, M.A. Asturias, *¿Desnudos o vestidos?*, CO) (*civilizado*)
- *ultrasensibilizado* 'muy sensibilizado' (1930, W. Fernández, *Fantasmas*, CO) (*sensibilizado*)
- *ultrapenetrante* 'muy penetrante' (1945, I. Puig, *La bomba atómica*, CO) (*penetrante*)
- *ultracongelado* 'muy congelado' (*-s*, 1994, *La Vanguardia*, CO) (*congelado*)

Cuantitativamente dominan los adjetivos derivados de adjetivos:
- *ultravioleta* '(radiación) que se encuentra más allá del extremo violeta del espectro visible' (1870–1905, J. Echegaray, *Ciencia popular*, CO) (*violeta*)
- *ultramicroscópico* 'más allá de lo microscópico' (*-a*, 1906, J. Rodríguez, *Discurso de recepción en la Real Academia*, CO) (*microscópico*)
- *ultragaseoso* 'muy gaseoso' (1906, J. Rodríguez, *Discurso de recepción en la Real Academia*, CO) (*gaseoso*)
- *ultrarrojo* 'infrarrojo' (1910, D. Sanjurjo, *Elementos de física*, CO) (*rojo*)
- *ultrafreudiano* 'más allá de lo freudiano' (1919–29, G. Marañón, *Ensayos sobre la vida sexual*, CO) (*freudiano*)
- *ultrarromántico* 'muy romántico' (*-a*, 1927, B. Sanín Cano, *Rutas culturales en América*, CO) (*romántico*)
- *ultraconsciente* 'muy consciente' (1930, R. Chacel, *Estación*, CO) (*consciente*)

---

[254] Rodríguez Ponce (2002:110) cree que la productividad de *ultra-* en los campos de la política y la ciencia refleja un influjo francés; cf. *ultra-démocratique* (1850), *ultralibéral* (1832), *ultrapapiste* (1861), *ultra-révolutionnaire* (1793–94); *ultra-violet* (1872). Si esto es cierto, se trataría de un influjo algo difuso, pues pocas palabras coinciden en los dos léxicos.

- *ultrarracional* 'extremadamente racional' (1943, P. Salinas, *El nacimiento de Don Juan*, CO) (*racional*)

Sin embargo, no hay una ausencia total de derivados sustantivos:
- *ultravida* 'vida más allá de la vida normal' (1914, D. Agustini, *Textos inéditos*, CO) (*vida*)
- *ultraobjeto* 'objeto artístico' (*-s*, 1917–33, J. Ortega y Gasset, *Artículos*, CO) (*objeto*)
- *ultrasonido* 'sonido no perceptible al oído humano' (*-s*, 1929, Azorín, *Superrealismo*, CO) (*sonido*)

En general, los derivados nominales ofrecen un espectro semántico mixto, con algunos claramente de sentido espacial (*ultravida, ultravioleta, ultramicroscópico*) y otros de valor netamente intensivo (*ultrasentimentalismo, ultrarromántico*). Vemos por el contexto de su primer uso en 1943 que *ultrarracional* es figuradamente espacial, 'más allá de lo racional' (*la magia, el hechizo inexplicable y ultrarracional que sirve para enamorar*), pero igual podría usarse como intensivo en el sentido de 'exageradamente racional'.

A juzgar por los 5319 casos de *ultra-* localizados por el *CREA* entre 1975 y 2004, la productividad del prefijo aumenta cada vez más en la actualidad. Por ejemplo, contamos una veintena de nuevos derivados con bases con *c-* inicial durante este período, entre los que son típicos *ultracapitalista, ultracompacto, ultracongelado* y *ultraculto*.

Aparte de su función como prefijo, el latinismo *ultra* tiene una larga historia en castellano como palabra independiente. Usada como preposición (*ultra, ultra de*) tomada del latín es frecuente en el castellano medieval y renacentista con el sentido 'más allá de': cf. *que yo end reciba alguna quantia ultra los ditos mil sol* (1302, anón., *Documentos judíos*, CO), *que sian feytas dos bolsas ultra las sobreditas concordadas* (1429–58, anón., *Ordenanzas de Zaragoza*, CO), *y ultra dello, de aquí adelante* (1550, J. de Arce, *Coloquios de Palatino y Pinciano*, CO).[255] Los ejemplos escasean después del siglo XVI, si bien todavía en el siglo XX se encuentran ejemplos en ciertos autores, como el catalán Pío Font Quer, quien utiliza *ultra* preposicional repetidamente en sus *Plantas medicinales* (1962). La edición actual del *DRAE* constata que *ultra* en esta función histórica ha caído en desuso. Por supuesto, la frase *(non) plus ultra*, todavía muy común, es latina y no castellana.

---

[255] Compárense otras frases parecidas con elementos macarrónicos latinos: *ultra portos* (> cast. *ultrapuertos* 'aquello que está más allá de los puertos', 1880–81, M. Menéndez Pelayo, *Historia de los ortodoxos*, CO) y *ultra natura* 'de forma más allá de lo natural' (*fizo enflamar a los jouenes ultra natura*) (1379–1384, J. Fernández de Heredia, *Traducción de Vidas paralelas de Plutarco*, III, CO).

Por otro lado, a mediados del siglo XIX emerge *ultra* como palabra independiente, adjetivo o sustantivo, para denotar ideologías radicales (sobre todo de extrema derecha) y las personas o grupos políticos que adoptan estas ideologías. En un ensayo político de 1821 (anón., *Diario de las actas y discusiones de las cortes*, vol. 13, GB), leemos lo siguiente: *porque está tiranizada por los ultras, que son unos cobardes y unos viles*. La hipótesis de que este nuevo vocablo pueda resultar de un acortamiento de *ultrarreaccionario* falla por el hecho de que esta palabra no se atestigua hasta 27 años más tarde, en 1868 (Valera, *Diez años de controversia*, CO). Es quizá más verosímil que sea acortamiento de *ultramontano* 'persona de opiniones sumamente conservadoras en cuestiones religiosas, fanático religioso', sentido que surge en el siglo XVIII, cf. *y que no se dexe llevar de la corriente de los autores ultramontanos* (1730, F. de Moya, *Manifiesto universal de los males envejecidos que España padece*, CO).

Como señala García Sánchez (2017b:127), *ultra-* ocupa el lugar extremo en la secuencia espacial *cis-* 'de este lado' / *trans-* 'a través de' / *ultra-* 'al otro lado de': cf. los derivados *cis-/trans-/ultrapirenaico*. El sentido de espacio posterior lo comparte *ultra-* con *tra(n)s-* (*trasechar* 'echar al otro lado') y *pos(t)-* (*postpierna* 'muslo (trasero) de las caballerías') y el de posterioridad en el tiempo sobre todo con *pos(t)-* (*posguerra*), aunque también con *retro-* (*retroestética* 'estética que recuerda la de épocas anteriores'). Son muchos los prefijos, además de *ultra-*, que señalan la intensificación de una cualidad, sobre todo *super-* (*superfino* 'muy fino'), pero también *archi-* (*archiconocido*), *hiper-* (*hiperromántico* 'muy romántico'), *re-* (*rebueno* 'muy bueno'), *extra-* (*extrafino* 'muy fino') y *mega-* (*megacorrupto* 'muy corrupto').

Se ocupan de *ultra-* Martín García (1998), Rodríguez Ponce (2002a, 2002b), Stehlík (2009) y Serrano-Dolader (2015a).

Uni-

Prefijo cuantificador que suele combinarse con bases adjetivas para producir adjetivos con el sentido de 'de uno solo' generalmente en el campo de la ciencia: cf. *unicelular* 'que consta de una sola célula', *uninerviado* '(hoja) de un solo nervio'. Se remonta al elemento combinatorio latino *ūni-* correspondiente al numeral *ūnus -a -um* 'uno'.

Con la excepción del sustantivo *unicornio*, los cultismos latinos[256] con *uni-* son todos adjetivos:
- *unicornio* 'animal mitológico con forma de caballo y un cuerno en la frente', 'rinoceronte' (*vnicornio*, 1240, Hermán el Alemán, *Traslación del Psalterio*, CDH) (lat. tard. *ūnicornuus -ui*)
- *unigénito* '(hijo) único' (1400, anón., *Traducción del Soberano bien*, CDH) (lat. tard. *ūnigenitus*)
- *uniforme* 'igual, semejante' (1405–12, D. de Valencia, *Poesías*, CO) (*ūniformis*)
- *unívoco* 'que tiene igual naturaleza o valor que otra cosa' (*vníuocos*, 1445, D. de Valera, *Tratado en defensa de las virtuosas mujeres*, CDH) (lat. tard. *ūnivocus*)
- *unísono* 'que tiene el mismo tono o sonido' (*-as*, 1605, F. López, *La pícara Justina*, CDH) (lat. tard. *ūnisonus*)
- *unicolor* 'de un solo color' (1895, B. Aragó, *Tratado práctico de la cría*, CO) (*ūnicolor -ōris*)

Ya en fecha bastante temprana Nebrija registra el primer neolatinismo. Estas palabras se encuadran mayoritariamente en el vocabulario científico, sobre todo biológico. En este apartado destaca *unitermo* por ser un híbrido con base helénica:
- *unimembre* 'de un solo miembro o elemento' (1492, A. de Nebrija, *Gramática castellana*, CO) (cf. *bi-, trimembris* 'de dos/tres miembros')
- *univalvo* '(molusco) que tiene una sola valva' (1778, *Historia general de los viages*, GB) (*valvae -ārum* 'puerta de dos hojas')
- *unifoliado* 'que tiene una sola hoja' (1848, R. Domínguez, *Diccionario nacional*, GB) (*foliātus* 'provisto de hojas')
- *univalente* 'monovalente' (1877, E. Huelin, *Cronicon científico*, GB) (*valens -ntis* 'fuerte, robusto')
- *unípede* 'de un solo pie' (*-peda*, 1890, A. González, *Memorándum elemental de zoología*, CO) (*pēs, pedis* 'pie')

---

[256] De la docena de derivados latinos que no se transmiten al castellano, son relativamente transparentes *ūnimanus* 'que tiene una sola mano' (*manus -ūs* 'mano') y *ūnimarīta -ae* '(mujer) que tiene un solo marido' (*marītus -ī* 'marido').

- *unilingüismo* 'monolingüismo' (1936, *Revista javeriana*, vol. 6, GB, snippet) (cf. *bi-, tri-linguis* 'con dos/tres lenguas')
- *unitermo* '(aparato de calefacción) constituido por una batería de tubos' (1960, varios autores, *Avicultura en batería*, GB, snippet) (θερμός)

Aproximadamente al mismo tiempo aparecen los primeros vocablos con *uni-* cuyas bases son palabras independientes en castellano, también de semántica generalmente científica y siempre con bases de origen latino:
- *unilateral* 'que se refiere solamente a una parte de algo' (1784, A. Palau y Verdera, *Parte práctica de botánica*, GB) (*lateral*)
- *uniovular* '(animal) que tiene un solo óvulo' (*-ado*, 1849, C. Gay, *Historia física y política de Chile*, GB) (*ovular*)
- *unicelular* 'que consta de una sola célula' (1867, P. Labernia, *Novísimo diccionario de la lengua castellana*, GB) (*celular*)
- *uninerviado* '(hoja) de un solo nervio' (1871, J. Texidor y Cos, *Flora farmacéutica*, GB) (*nervio*)
- *unicameral* 'de una sola cámara' (1884, N. Díaz, *Diccionario histórico, biográfico*, GB) (*cameral*)
- *uninucleado* '(célula) que tiene un solo núcleo' (1888, *Anales de la Sociedad Española de Historia Natural*, vol. 17, GB) (*nucleado*)
- *unidimensional* 'de una sola dimensión' (1908, *Memoria presentada al señor ministro*, GB) (*dimensional*)
- *unifamiliar* 'que corresponde a una sola familia' (1913, *Conferencias dominicales*, GB) (*familiar*)
- *unidireccional* 'de una sola dirección' (1922, *Boletín minero*, vol. 34, GB) (*direccional*)

Algunos derivados recientes difieren en varios aspectos de los casos anteriormente descritos. Será anglicismo, por ejemplo, *unisex* 'destinado tanto para los hombres como para las mujeres' (1969, *Actual*, vols. 5–7, GB, snippet), pues encontramos el ingl. *unisex restroom* 'aseo unisex' ya en 1948 (*New Mexico Digest*, vol. 7, GB, snippet).

Varios ejemplos se desvían del patrón adjetival, derivando sustantivos de sustantivos:
- *unisexo* 'uniformidad de ambos sexos, especialmente en el atuendo' (1958, *Anales de la Real Academia Nacional de Medicina*, GB, snippet) (*sexo*)
- *uniciclo* 'monociclo' (1899, *El mundo*, vol. 1, GB) (*ciclo*)
- *uniestilo* 'de un solo estilo' (*DEA*)
- *unipantalón* 'tipo de pantalón' (Rainer 1993:378)
- *unicama* 'tipo de cama' (Rainer 1993:378)

Cae completamente fuera de la norma *unimismar* 'unificar' (*unimismarnos*, 1847–57, J. Valera, *Correspondencia*, CO), pues a partir de su base adjetiva deriva un verbo parasintético. Se trata, en otras palabras, de una verbalización del adjetivo *mismo* a la que se antepone simultáneamente el prefijo *uni-*, seguramente siguiendo el modelo formal de *ensimismar(se)*.

Uni- es sinónimo del prefijo de origen helénico *mono-*. A diferencia de *uni-*, *mono-* no mantiene tan estrictamente el criterio etimológico en sus derivados, combinándose en la actualidad indiferentemente con bases de origen helénico (*monofásico* 'que tiene una sola fase', *monoesférico* 'de una sola esfera') y latino (*mononuclear* 'de un solo núcleo', *monovular* 'de un solo óvulo'). Por otra parte, encontramos algunos dobletes de tipo *uni-/mono-*, en los que los ejemplos con *mono-* son siempre etimológicamente híbridos: *mono-/unilateral*, *mono-/unicelular*, *mono-/uninucleado*, *mono-/unipolar*.

Sobre los prefijos cuantificadores pueden consultarse los trabajos de Bajo Pérez (1997), Rodríguez Ponce (2002a), Stehlík (2009) y Felíu Arquiola (2015).

Vice-

Prefijo cualitativo que combinado con bases sustantivas designa al suplente de algún funcionario en una jerarquía: cf. *vicealmirante* 'suplente del almirante'. Se trata de la forma culta del sustantivo latino *vicis*, propiamente 'turno, vez', que en varias formas (*ad vicem, in vicem, vicem, vice*) significa 'desempeñar el oficio de uno, hacer sus veces'. De ahí se convierte la forma oblicua *vice* en prefijo. Su utilización como elemento combinatorio con este sentido se atestigua en latín tardío, cf. *vicequaestor -ōris*, sinónimo de *prōquaestor -ōris* 'oficial que hacía las veces de un cuestor' y los ejemplos se multiplican en el latín medieval. Por ejemplo, en los textos latinos del *CORDE* se registran los siguientes:[257]
- *retinet vicecomes in suum dominium illos merchateros* 'el vizconde retiene en su dominio a esos comerciantes' (1106, anón., *Documentos judíos*, CO)
- *fuit mortua vicecomitissa de bearne* 'fue muerta la vizcondesa de Bearne' (1154, *Donación del rey Ramiro II a Durando*, CO)
- *Petrus Petri, vicecancellarius regis* 'Pedro hijo de Pedro, vicecanciller del rey' (1214, anón., *Carta de donación*, CO)

Se remontan a étimos del latín tardío y medieval los vocablos castellanos siguientes:
- *vizconde* 'persona con el título nobiliario inmediatamente inferior al de conde' (-s, 1240, anón., *Libro de Alexandre*, CDH) (*vicecomes -itis*)[258]
- *vicecanciller* 'suplente del canciller' (*viçecançeller*, 1438, A. Martínez, *Arcipreste de Talavera*, CDH; var. *vicechanceller*, 1472, anón., *Concesión de un cargo*, CO; var. *vicecanciller*, 1481, anón., *Fernando a Gonzalo Beteta*, CDH) (*vicecancellārius -ī*)
- *vicedecano* 'persona facultada para ejercer funciones de decano' (1619, L. Cabrera de Córdoba, *Historia de Felipe II*, CDH) (*vicedecānus -ī*)
- *viceconsulado* 'empleo, oficina o cargo de vicecónsul' (1862, anón., *Tratado entre España y Francia*, CDH) (*viceconsulātus -ūs*)

---

257 En Du Cange (1883–1887) se registran los siguientes vocablos, entre muchos más: *vicedominus* (1015), *viceconsul* (1119), *vicedefensor* (1243), *vicecustōs -ōdis* 'suplente del guarda' (1304), *vicecapitaneus* (1382), *vicedecanus* (1437), *vicecamerarius* (1561), *vicejudice* 'vicejuez' (1566).
258 A lo mejor la abreviación de *vice-* en *vizconde* y *virrey* se debe a la mayor frecuencia de estos vocablos. No es probable que sean formas patrimoniales de *vicis*, pues en ese caso tendrían la forma **vezconde, **verrey.

https://doi.org/10.1515/9783111329369-086

Aparecen los primeros derivados castellanos a partir de finales del siglo XV:[259]
- *virrey* 'persona que gobernaba un territorio en nombre del rey' (1471, L. García, *Historia de las bienandanzas*, CDH; vars. *vizrreyes*, 1498-1501, anón., *Libro de Acuerdos del Concejo Madrileño*, CO; *vicerey*, 1542, anón., *Baldo*, CO) (*rey*)
- *vice-presidente* 'persona que hace las veces del presidente' (1488, anón., *Fernando al rey de Nápoles*, CDH) (*presidente*)
- *viceprovincial* 'persona que hace las veces del provincial' (1527, B. de las Casas, *Historia de las Indias*, CDH) (*provincial*)
- *viceconsiliario* 'persona que hace las veces del consiliario' (1529, anón., *Graduación del doctor, Documentos de la Universidad de Salamanca*, CO) (*consiliario*)
- *vicerrector* 'persona que hace las veces del rector' (1530, anón., *Estatuto del rector, Universidad de Extremadura*, CO) (*rector*)
- *vicegobernador* 'persona que hace las veces del gobernador' (1535-57, G. Fernández de Oviedo, *Historia general y natural de las Indias*, CO) (*gobernador*)
- *vicealmirante* 'persona que hace las veces del almirante' (1550, A. de Santa Cruz, *Crónica del Emperador Carlos V*, CDH) (*almirante*)
- *viceregente* 'persona que hace las veces del regente' (1562, J. Zurita, *Anales de la corona de Aragón*, CO) (*regente*)
- *vicelegado* 'persona que hace las veces del legado' (1583, P. de Ribadeneira, *Vida de San Ignacio de Loyola*, CDH) (*legado*)
- *vicediós* 'nombre dado al Papa' (-*dios*, 1589, J. de Castellanos, *Elegías de varones ilustres de Indias*, CO) (*dios*)
- *vicecastellano* 'el que suple al que es señor de un castillo' (1596, J. Rufo, *Las seiscientas apotegmas*, CO) (*castellano*)
- *vicecocinero* 'primer ayudante del cocinero' (1602, M. Luján de Saavedra, *El pícaro Guzmán de Alfarache*, CO) (*cocinero*)
- *viceprotector* 'persona que hace las veces del protector' (1631, A. de Castillo, *Las harpías en Madrid*, CO) (*protector*)
- *vice-cristo* 'nombre dado al Papa' (*vice-christo*, 1632, Tirso de Molina, *El bandolero*, CDH) (*cristo*)
- *viceluz* 'luz muy fuerte' (1659, H. Domínguez, *San Ignacio de Loyola, Poema*, CO) (*luz*)

---

[259] Son humorísticos otros vocablos que encontramos entre los siglos XV y XVII: *vicemono* 'errata por vicemoño, copete en la cabeza que hace las veces de moño' (1629, G. del Corral, *La Cintia de Aranjuez*, CO), *vice-dama* 'cántaro que un hombre confunde con una mujer' (1654, A. de Silva, *Romances*, CO) y *vicealhombra* 'colchón con muy poco relleno de lana' (1597-1645, F. de Quevedo, *Poesías*, CO). *Vicegodos* (1590, L. de Góngora, *Poesías*, CO) es errata por *visigodos* y *vicerosas* (1495, anón., *Traducción del Tratado de los niños*, CO) es una forma adjetiva de *víscera* 'órganos del cuerpo humano y animal' (*llagas vicerosas*).

- *vicepatrón* 'persona que hace las veces del patrón' (*-patron*, 1687, anón., *Constituciones sinodales de Venezuela*, CO); var. *vice-patrono*, 1733, anón., *El rey declara el asiento*, CO) (*patrón*)
- *vicesuperior* 'persona que hace las veces del superior' (1747, J. Juan, *Noticias secretas de América*, CO) (*superior*)
- *vice-hermano mayor* 'persona que actúa por el hermano mayor' (1842, R. de Mesonero Romanos, *Escenas y tipos matritenses*, CO) (*hermano*)

La productividad de *vice-* se mantiene vigorosa en la actualidad. Las palabras siguientes se atestiguan en el siglo XX: *viceprimer ministro, vicetesorero, vicealcalde, viceconsejero, vicelendakari, viceauditoría, vicedirector, vicelíder, viceteoría, vicecampeón, vicegol.*

Los derivados *viceejercitar* (*-tan*, 1632, *El bandolero*) y *viceejercer* (*-ían*, 1624, *Cigarrales de Toledo*), ambos acuñados por Tirso de Molina, son semánticamente equiparables a los demás, pero gramaticalmente resultan anómalos por tratarse de derivados verbales.

Vice- es uno de los más importantes de una nutrida lista de prefijos que ejercen la función de designar al suplente en una jerarquía. La mayoría de ellos son anticuados o improductivos: cf. *contra-* (*contraalmirante* 'oficial de cargo inferior al almirante'), *sota-* (*sotacaballerizo* 'ayudante del caballerizo'), *so-* (*sochantre* 'director de coro inferior al chantre') y *soto-* (*sotoministro* 'oficial de cargo inferior al ministro'). Más productivos en esta función son *pro-* (*proministro* 'viceministro') y *sub-* (*subdecano* 'vicedecano'), siendo este último el único que realmente rivaliza con *vice-*. Lógicamente, *vice-* se opone a los prefijos que designan al primero de una jerarquía: *proto-* (*protonotario* 'jefe de los notarios'), *archi-* (*archiduque* 'duque de rango superior') y *mega-* (*megaduque* 'duque de rango superior').

Vice- es uno de los prefijos llamados aminorativos que estudia Montero Curiel (2001b). Ver también Rodríguez Ponce (2002) y Serrano-Dolader (2015a).

Obras citadas

Abreviaturas

BOBNEO	*Banc de dades dels observatoris de neología* (Observatori de Neologia 1989–)
CORDE	*Corpus diacrónico del español* (Real Academia Española)
CREA	*Corpus de referencia del español actual* (Real Academia Española)
CORPES XXI	*Corpus del Español del Siglo XXI* (Real Academia Española)
CDH	*Corpus del Diccionario histórico de la lengua española* (Real Academia Española)
DEA	*Diccionario del español actual* (Seco et al. 1999)
DMLBS	*Dictionary of Medieval Latin from British Sources* (Latham et al. 1975)
DRAE	*Diccionario de la lengua española* (Real Academia Española 2021–2023)
OED	*Oxford English Dictionary* (Murray 1989)
OLD	*Oxford Latin Dictionary* (Glare 1982)
RAE	*Nueva gramática de la lengua española* (Real Academia Española 2009)

Aguilar Ruiz, Manuel José. 2020. Palabras idiomáticas originadas por transcategorización. *Paremia*, 30, 51–61.
Alba de Diego, Vidal. 1983. Elementos prefijales y sufijales: ¿derivación o composición? En Fernando Lázaro Carreter y Emilio Alarcos Llorach (eds.), *Serta Philologica F. Lázaro Carreter*, 1:17–21. Madrid: Cátedra.
Alcoba, S. 1987. Los parasintéticos: Constituyentes y estructura léxica. *Revista Española de Lingüística*, 17. 245–267.
Alemany Bolufer. 1920. *Tratado de la formación de palabras en español*. Barcelona: Ariel.
Allen, Andrew S. 1981. The Development of Prefixal and Parasynthetic Verbs in Latin and Romance. *Romance Philology* 35. 79–88.
Almela Pérez, Ramón. 1999. *Procedimientos de formación de palabras en español*. Barcelona: Ariel.
Alvar Ezquerra, Manuel. 1993. *Formación de palabras en español*. Madrid: Arco Libros.
Alvarez Catalá, Sara. 2009. Uso revitalizador del prefijo RE como recurso de neología expresiva o apreciativa en la lengua coloquial del español rioplatense. *Debate Terminológico*, n° 05. Uruguay: Universidad de la República.
Bajo Pérez, Elena. 1997. *La derivación nominal en español*. Madrid: Arco Libros.
Barrio de la Rosa, Florencio del. 2019. Verbos con y sin prefijo en el CODEA. Dialectología histórica y aspectos variacionales de las formaciones en *a-ar*, *en-ar*, *a-ecer* y *en-ecer*. *Philologia Hispalensis* 33. 43–63.
Barrio de la Rosa, Florencio del. 2021. La prefijación 'inexpresiva' en español rural: verbos prefijados denominales con *a-*. *Revista de filología española* 101. 95–125
Batllori, Montserrat e Isabel Pujol Payet. 2010. Patrones en la evolución de derivados verbales con prefijo *a-* y *en-*. En 26^e *Congres Internacional de Lingüística i Filologia Romaniques*, vol. 6:8 páginas. Valencia: Universidad.
Batllori, Montserrat e Isabel Pujol Payet. 2012. El prefijo *a-* en la formación de derivados verbales. En Emilio Montero Cartelle y Carmen Manzano Rovira (eds.), *Actas del VIII Congreso Internacional de Historia de la Lengua Española*, 1:659–672. Santiago de Compostela: Meubook.
Battaner Arias, María Paz. 1977. *Vocabulario político-social en España (1868–1873)*. Anejo 37 del *Boletín de la Real Academia Española*. Madrid: Real Academia Española.

https://doi.org/10.1515/9783111329369-087

Berlanga de Jesús, Lorenza. 2001. Nuevas propuestas acerca de la prefijación negativa: El prefijo *in-*. En Alexandre Veiga, María Rosa Pérez (eds.), *Lengua española y estructuras gramaticales*, 35–47. Santiago de Compostela: Universidad.

Bernal, Elisenda. 2010. Nuevos prefijos: Implicaciones para la morfología y la lexicografía. En Maria Iliescu, Heidi M. Siller-Runggaldier y Paul Danler (eds.), *Actes du XXVe Congrès International de Linguistique et de Philologie Romanes*, 7:361–374. Berlin/New York: De Gruyter.

Bosque Muñoz, Ignacio y Violeta Demonte Barreto (eds.). *Gramática descriptiva de la lengua española*, 3 vols. Madrid: Espasa Calpe.

Brea López, Mercedes, 1976. Prefijos formadores de antónimos negativos en español medieval. *Verba* 3. 319–341.

Brea López, Mercedes, 1980. *El prefijo* in: *un estudio sobre los antónimos en latín*. Facultad de Filosofía y Letras: Universidad de Santiago de Compostela.

Brea López, Mercedes. 1995. A propósito del prefijo *des-*. En Jesús Sánchez Lobato, Pedro Peira y Berta Pallarés (eds.), *Sin fronteras: homenaje a María Josefa Canellada*, 109–124. Madrid: Universidad Complutense.

Buchi, Eva. 2010. Protorromance e idiorromance en los derivados asturianos en *de-* y en *des-*. En Ana María Cano González (ed.), *Homenaxe al Profesor Xosé Lluis García Arias*, 1:78–94. Uviéu: Academia de la Llingua Asturiana.

Buenafuentes de la Mata, Cristina. 2015. Sobre la naturaleza categorial y morfológica de *medio* en español. *Verba* 42. 135–166.

Caramés Díaz, José. 2000. La negación morfológica. Los prefijos *anti-* y *contra-*. En F. J. Ruiz de Mendoza Ibáñez (ed.), *Panorama actual de la lingüística aplicada [Recurso electrónico]: conocimiento, procesamiento y uso del lenguaje*, 959–968. Logroño, Universidad de la Rioja.

Carrera de la Red, Micaela. 2002. Prefijación y parasíntesis en el español americano del siglo XVI: una cala en las formaciones verbales. En María Teresa Echenique Elizondo y Juan Sánchez Méndez (eds.), *Actas del V Congreso Internacional de Historia de la Lengua Española*, 1:515–540. Madrid, Gredos.

Casanova, Emili. 2010. L'evolució dels prefixos *des-* i *es-* en català a la llum de la Romània. En Maria Iliescu, Heidi Siller-Runggaldier y Paul Danler (eds.) *Actes du XXVe Congrès International de Linguistique et de Philologie Romanes*, 7:385–394. La Haya: DeGruyter.

Canto Gómez, Pascual y Ramón Almela Pérez. 2009. Estudio cuantitativo de los afijos en español. *Bulletin of Hispanic Studies* 86. 453–468.

Cifuentes Honrubia, José Luis y Javier Fresnillo Núñez. 2011. From Latin *Super-* to Spanish *Sobre-*: Aspects on Semantic Evolution in Verb Formation. En José Luis Cifuentes Honrubia y Susana Rodríguez Rosique (eds.), *Spanish Word formation and Lexical Creation*, 307–345. Amsterdam: John Benjamins.

Conner, Jonah David. 2016. *Productive Neoclassical Prefixes in Spanish*, University of Wisconsin dissertation. <https://search.proquest.com/docview/1697922613?pq-origsite=gscholar> consultado 2022.

Corbin, Danielle. 1980. Contradictions et inadéquations de l'analyse parasynthétique en morphologie dérivationnelle. En Anne-Marie Dessaux-Berthonneau (ed.), *Théorie linguistique et traditions grammaticales*, 181–224. Lille: Presses Universitaires.

Corominas, Joan y José Antonio Pascual. 1980–91. *Diccionario crítico etimológico castellano e hispánico*. 6 tomos. Madrid: Gredos.

de Bin, Emiliano A. 2012. Variaciones en RE-: un prefijo entre la morfología y la sintaxis. Ana María Barrenechea (ed.), *V Congreso Internacional de Letras*, 956–969. Facultad de Filosofía y Letras: Universidad de Buenos Aires.

de Mauro, Tullio. 1999–2000. *Grande Dizionario italiano dell'uso*. 6 vol. Torino: UTET.
de Vaan, Michiel. 2008. *Etymological Dictionary of Latin and the other Italic Languages*. Brill: Leiden y Boston.
Delgado Polo, Virginia. 2009. El prefijo *trans-* en español. *Interlingüística* 18. 320–325.
Díaz Hormigo, María Tadea. 2010. El tratamiento de los elementos de formación de palabras denominados prefijos en diccionarios generales. *Revista de lexicografía* 16. 21–37.
Du Cange, Domino, et al. 1883–1887. *Glossarium mediae et infimae latinitatis*. Niort: L. Favre. <http://ducange.enc.sorbonne.fr/> consultado 2018–2023.
Ernout, Alfred y Antoine Meillet. 1951. *Dictionnaire étymologique de la langue latine*. 3ª ed. Paris: Klincksieck.
Esquivel, Shaila. 2022. La forma *no* como prefijo de negación. *RILEX. Revista sobre investigaciones léxicas* 5. 79–118.
Fábregas, Antonio. 2023. *In-* como operador escalar y su comportamiento adjetival. *Estudios de Lingüística* (Universidad de Alicante) 39. 45–62.
Fábregas, Antonio, Gil, I., y Varela, S. 2011. ¿Existen los prefijos categorizadores en español? En M. Victoria Escandell Vidal, Manuel Leonetti y Cristina Sánchez López (eds.), *60 problemas de gramática dedicados a Ignacio Bosque*, 360–365. Madrid: Akal.
Felíu Arquiola, Elena. 1999. La formación de palabras mediante el prefijo *semi-* en español. *Interlingüística* 10. 115–120.
Felíu Arquiola, Elena. 2003a. *Morfología derivativa y semántica léxica: la prefijación de auto-, co- e inter-*. Madrid: Universidad Autónoma.
Felíu Arquiola, Elena. 2003b. Morphology, argument structure, and lexical semantics: the case of Spanish *auto-* and *co-* prefixation to verbal bases. *Linguistics* 41. 495–514.
Felíu Arquiola, Elena. 2005. Los sustantivos formados con el prefijo *auto-* en español: descripción y análisis. *Verba* 32. 331–350.
Felíu Arquiola, Elena. 2015. Los prefijos cuantificadores en español. En Fernando Sánchez Miret (ed.), *Actas del XXIII Congreso Internacional de Lingüística y Filología Románica*, 2:1:317–330. Tübingen: Niemeyer.
Felíu Arquiola, Elena y Enrique Pato. 2015. *Medio* adverbio, *medio* prefijo: La evolución de *medio* como modificador de verbos en español. *BRAE* 95. 61–83.
García González, Javier, 2006. Origen y difusión del elemento *auto-* en español. En José Jesús de Bustos Tovar y José Luis Girón Alconchel (eds.), *Actas del VI congreso internacional de historia de la lengua española*, 1:729–740. Madrid: Arco/Libros.
García Hernández, Benjamín. 1978. Desarrollo polisémico del preverbio *sub-* y su posición en el sistema preverbial latino. *Helmantica: Revista de filología clásica y hebrea* 29. 41–50.
García Hernández, Benjamín. 1991. *Submitto* en la lengua agrícola. *Excerpta Philologica* 1. 235–257.
García Hernández, Benjamín. 2000. Los resultados del prefijo latino *sub-* en español. En Benjamín García Hernández (ed.), *Latín vulgar y tardío: homenaje a Veikko Väänänen (1905–1997)*, 63–96. Madrid: Ediciones Clásicas.
García Hernández, Benjamín. 2002. El significado fundamental del prefijo latino *de*. En Lea Sawicki y Donna Shalev (eds.), *Donum grammaticum. Studies in Latin and Celtic Linguistics in Honour of Hannah Rosén*, 141–150. Leuven: Peeters.
García Hernández, Benjamín. 2003. La influencia griega y la renovación del prefijo *sub-* en el latín tardío. En H. Solin et al. (eds.), *Latin vulgaire – latin tardif. Actes du VI colloque international sur le latin vulgaire et tardif*, 513–523. Hildesheim: Olms-Weidmann.
García Jiménez, Inmaculada. 2010. Apuntaciones sobre dos prefijos tan populares como desconocidos: *rete-* y *requete-*. *Romanistisches Jahrbuch* 60. 239–275.

García-Medall, Joaquín. 1988. Sobre los prefijos verbales en español medieval. En M. Ariza et al. (eds.), *Actas del I Congreso Internacional de Historia de la Lengua Española*, 377–384. Madrid, Arcos Libros.
García-Medall, Joaquín. 1993. Sobre *casi* y otros aproximativos. *Dicenda: Cuadernos de filología hispánica* 11. 153–170.
García-Medall, Joaquín. 2004. Prefijos y sufijos aspectuales: *medio-*, *-a medias* y *a medio-*. En Milka Villayandre (ed.), *Actas del V Congreso de Lingüística General*, 1213–1223. Madrid: Arco/Libros.
García-Medall, Joaquín y Ricardo Morant Marco. 1988. Diversificación y desarrollo del prefijo *auto-* en español actual. En Emili Casanova Herrero y Joaquín Espinosa Carbonell (eds.), *Homenatge a José Belloch Zimmermann*, 119–134. València: Universitat de València.
García Platero, Juan Manuel. 1994a. El prefijo *anti-* en el español contemporáneo. *Español actual* 62. 100–103.
García Platero, Juan Manuel. 1994b. El prefijo *des-* en el discurso periodístico. *Español actual* 61. 92–94
García Platero, Juan Manuel. 1994c. El prefijo *pro-* en el español contemporáneo. *Español actual* 61. 94–96.
García Platero, Juan Manuel. 1996. La forma *no* como prefijo en español. *Español actual* 66. 83–85.
García Sánchez, Jairo Javier. 2017a. Modificación preverbial recibida e innovada: estudio semántico del esp. *ante-*, *pre-*, *pos(t)-* y *sub-* a partir de sus orígenes en latín. *RILCE: Revista de Filología Hispánica* 33. 1171–93.
García Sánchez, Jairo Javier. 2017b. El prefijo latino *trans-* en su continuación románica y en su aplicación toponímica. *Semántica, Lexicología y Morfología* 2. 123–35.
García Sánchez, Jairo Javier. 2018a. Continuidad y variación en las nociones preverbiales del lat. *pro-* en español. En *Actas del X Congreso Internacional de Historia de la Lengua Española*, 1127–1142. Zaragoza: Institución "Fernando el Católico".
García Sánchez, Jairo Javier. 2021. Semántica preverbial en el devenir del latín al español. Los valores del preverbio *de*. *Bulletin Hispanique* 123. 243–262.
Garriga Escribano, Cecilio. 1996–97. Penetración del léxico químico en el *DRAE*: la edición de 1817. *Revista de Lexicografía* 3. 59–80.
Gauger, H. M. 1971. *Untersuchungen zur spanischen und französischen Wortbildung*. Heidelberg: Carl Winter Universitätsverlag.
Gibert Sotelo, Elisabeth. 2015. Descomposición léxico-conceptual de los verbos parasintéticos con prefijo *des-*. En Adriana Gordejuela Senosiáin, et al. (eds.), *Lenguas, lenguaje y lingüística. Contribuciones desde la Lingüística General*, 203–217. Buenos Aires: Servicio de Publicaciones de la Universidad de Navarra.
Gibert Sotelo, Elisabeth. 2017. Asymmetries between Goal and Source Prefixes in Spanish: A Structural Account from a Diachronic Perspective. En Silvia Luraghi, Tatiana Nikitina, Chiara Zanchi (eds.), *Space in Diachrony*, 241–279. Amsterdam: John Benjamins.
Gibert-Sotelo, E. 2021. Prefixation. En *The Routledge Handbook of Spanish Morphology*, 236–254. London: Routledge.
Gibert Sotelo, Elisabeth e Isabel Pujol Payet. 2015. Semantic approaches to the study of denominal parasynthetic verbs in Spanish. *Morphology* 25. 439–472.
Glare, P. G. W. (ed.). 1982. *Oxford Latin Dictionary*. Oxford: Clarendon Press.
González Domínguez, Fita. 2010. Análisis semántico y temático de los prefijos *hiper-* e *hipo-* desde el siglo XII hasta el año 2003. En Joaquín Sueiro Justel (ed.), *Lingüística e hispanismo*, 267–281. Lugo: Editorial Axac.
González Ollé, Fernando y Manuel Casado Velarde. 1992. Spanisch: Wortbildungslehre (la formación de palabras). En Günther Holtus, Michael Metzeltin y Christian Schmitt (eds.), *Lexikon der romanistischen Linguistik. Teil 6, 1. Aragonesisch/Navarresisch, Spanisch, Asturianisch/Leonesisch*, 91–109. Tübingen: Niemeyer.

Google Books. <https://books.google.com/> consultado 2021–2023.
Google Books Ngram Viewer. <https://books.google.com/ngrams/> consultado 2021–2023.
Gyurko, L. A. 1971. Affixal negation in Spanish. *Romance Philology* 25. 225–240.
Haspelmath, Martin. 1996. Word-class-changing inflection and morphological theory. *Yearbook of Morphology* 1995. 43–66.
Henríquez Ureña, Pedro. 1967. *Gramática castellana. Segundo curso*. Buenos Aires: Losada.
Houaiss, Antônio y Mauro de Salles Villar. 2013. *Grande dicionário Houaiss da língua portuguesa*. Rio de Janeiro: Círculo de Leitores.
Iacobini, Claudio. 2004. Prefissazione. En Maria Grossmann y Franz Rainer, eds., *La formazione delle parole in italiano*, 97–163. Tübingen: Max Niemeyer.
Iacobini, Claudio. 2010. Les verbes parasynthétiques: de l'expression de l'espace à l'expression de l'action. *De lingua Latina* 3, <http://www.paris-sorbonne.fr/IMG/pdf/Iacobini_parasynthetiques.pdf> consultado 2021–2023.
Kornfeld, Laura e Inés Kuguel. 2013. Un afijo re loco. En A. di Tullio, ed., *El español de la Argentina: estudios gramaticales*, 15–35. Buenos Aires: EUDEBA.
Lang, Mervyn F. 1990. *Spanish Word Formation: Productive Derivational Morphology in the Modern Lexis*. London: Routledge.
Lapesa, Rafael. 1983. *Historia de la lengua española*. 9ª edición. Madrid: Gredos.
Latham, Ronald Edward, David. R. Howlett, and Richard Ashdowne. 1975–2013. *Dictionary of Medieval Latin from British Sources*. London: Oxford University Press.
Lewis, Charlton T. y Charles Short. 1879. *A Latin Dictionary*. Oxford: Clarendon Press.
Liddell, Henry George y Robert Scott. 1996. *A Greek-English Lexicon*. Revised and augmented by H.S. Jones. Oxford: Clarendon Press.
Lucea Ayala, Víctor. 2013. *El pueblo en movimiento: protesta social en Aragón (1885–1917)*. Zaragoza: Prensas Universitarias.
Lüdtke, Jens. 2011. Präpositionale Präfixe bei Substantiven in den romanischen Sprachen. En Anja Overbeck, Wolfgang Schweickard y Harald Völker (eds.), *Lexikon, Varietät, Philologie*, 481–490. Berlin: De Gruyter.
Malkiel, Yakov. 1941. *Atristar – Entristecer*: Adjectival Verbs in Spanish, Portuguese, and Catalan. *Studies in Philology* 38. 429–461.
Martín García, Josefa. 1995. La creación de términos contrarios y contradictorios: los prefijos IN-, DES- y NO- en español. En Carlos Martín Vide (ed.), *Lenguajes Naturales y Lenguajes Formales* XI, 471–477. Barcelona: PPU.
Martín García, Josefa. 1996b. Los valores semánticos y conceptuales de los prefijos *anti-* y *contra-* del español. *Cuadernos de Lingüística* 4. 133–150.
Martín García, Josefa. 1998. Los prefijos intensivos del español: caracterización morfo- semántica. *Estudios de Lingüística* 12. 103–116.
Martín García, Josefa. 2001. Construcciones morfológicas y construcciones sintácticas: los prefijos *anti-* y *pro-*. En Alexandre Veiga y María Rosa Pérez (eds.), *Lengua española y estructuras gramaticales*, 225–237. Santiago de Compostela: Universidad.
Martín García, Josefa. 2002. Los prefijos transcategorizadores. En *IV Congreso de Lingüística General: Cádiz del 3 al 6 de abril 2000*, 1739–1750). Universidad de Cádiz: Servicio de Publicaciones.
Martín García, Josefa. 2007. Las palabras prefijadas con *des-*. *BRAE* 295. 5–27.
Martín García, Josefa. 2012. Los prefijos *pre-* y *pos-* con sustantivos deverbales. En Elisenda Bernal, Carsten Sinner y Martina Emsel (eds.), *Tiempo y espacio en la formación de palabras en español*, 21–32. Munich: Peniope.

Martín García, Josefa. 2017. Los límites de la prefijación. En Jesús Pena (ed.), *Procesos morfológicos. Zonas de interferencia*, 77–104. *Verba* Anexo 76. Santiago de Compostela: Universidade.

Martín García, Josefa. 2020. La periferia izquierda de la palabra: prefijos y elementos compositivos. *Nueva Revista de Filología Hispánica* 68. 2.

Martín García, Josefa. 2023. El prefijo *seudo-* no es un seudoprefijo. *Círculo de Lingüística Aplicada a la Comunicación* 94. 247–257.

Martín García, Josefa y Soledad Varela Ortega. 1999. La prefijación. En *Gramática descriptiva de la lengua española*, 4993–5040. Madrid: Espasa Calpe.

Martínez Hernández, M. 1992. La formación de palabras en griego antiguo desde el punto de vista semántico: el prefijo δυσ-. *Cuadernos de Filología Clásica. Estudios Griegos e Indoeuropeos* 2. 95–122.

Menaker, A. 2010. Las funciones del prefijo *ex-* en el español moderno. *Verbum Analecta Neolatina* 12. 582–598.

Miranda, J. Alberto. 1994. *La formación de palabras en español*. Salamanca: Colegio de España.

Moliner, María. 1983. *Diccionario de uso del español*. Madrid: Gredos.

Montero Curiel, María Luisa. 1998a. La evolución del prefijo *anti-*. En Claudio García Turza, Fabián González Bachiller y Javier Mangado Martínez (eds.), *Actas del IV Congreso Internacional de Historia de la Lengua Española*, 2:321–328. La Rioja: Universidad de La Rioja.

Montero Curiel, María Luisa. 1998b. Los prefijos *ex-* y *extra-* en español. *Anuario de Estudios Filológicos* 21. 243–255.

Montero Curiel, María Luisa. 1999. *La prefijación negativa en español*. Cáceres: Universidad de Extremadura.

Montero Curiel, María Luisa. 2001a. El prefijo *contra-* en español. *Anuario de Estudios Filológicos* 24. 355–364.

Montero Curiel, María Luisa. 2001b. *Prefijos aminorativos en español*. Cáceres: Universidad de Extremadura.

Montero Curiel, María Luisa. 2002b. Cambio de categoría gramatical mediante prefijos en español. En Alberto Bernabé, José Antonio Berenguer, Margarita Cantarero y José Carlos de Torres (eds.), *Presente y futuro de la lingüística en España. La Sociedad de Lingüística, 30 años después*, Actas del II Congreso de la Sociedad Española de Lingüística, 2:89–96. Madrid: Sociedad Española de Lingüística.

Montes Giraldo, José Joaquín. 1989. Notícula sobre los prefijos *des-* e *in-* en portugués y en español. *Anuario de lingüística hispánica* 5. 135–138.

Montes Giraldo, José Joaquín. 2000–2001. Multiplicidad de derivados con *meta-* en las ciencias humanas. *Boletín de Filología* 38. 361–372.

Moralejo Álvarez, J. L. 2013. Una nota sobre los prefijos *extra-* y *extro-* en la *DRAE*. En Iso, José Javier y José Antonio Beltrán Cebollada (eds.), *Otium cum dignitate: Estudios en homenaje al profesor José Javier Iso Echegoyen*, 129–136. Zaragoza: Universidad de Zaragoza.

Morera Pérez, Marcial. 2019. Las confluencias designativas de los prefijos de "alejamiento" en español: *de-, ex-, des-, di(s)-* y *ab(s)-*. *LEA: Lingüística Española Actual* 41. 221–264.

Moyna, María Irene. 2011. *Compound Words in Spanish: Theory and History*. Amsterdam/Philadelphia: John Benjamins.

Murray, James, et al. 1989. *Oxford English Dictionary*. 2ª edición. Oxford: Oxford University Press.

Neira Martínez, Jesús. 1968. Los prefijos *dis-, ex-* en las hablas leonesas. En Antonio Quilis y M. Cantarero (eds.), *Actas del XI Congreso Internacional de Lingüística y Filología Románicas*, 4:2023–2032. Madrid: Anejos de la *Revista de Filología Española*.

Neira Martínez, Jesús. 1969. Los prefijos *es-, des-* en aragonés. *Archivum* 19. 331–341.

Neira Martínez, Jesús. 1972. Sobre los resultados románicos de la oposición *sub/super*. *Archivum* 22. 225–251.
Observatori de Neologia. 1989. *Banc de dades dels observatoris de neologia* (BOBNEO). [En línea] <https://bobneo.upf.edu> consultado 2023.
Onions, C. T. (ed.). 1996. *Oxford Dictionary of English Etymology*. Oxford: Clarendon Press.
Orqueda, Verónica y Karem Squadrito. 2017. Reflexivos e intensificadores en las formaciones con *auto-*: perspectiva histórica. *Boletín de filología* 52. 147–162.
Pato, Enrique. 2010. La recategorización del adverbio *medio* en español. *Boletín de Filología* 45. 91–110.
Penas Ibáñez, María Azucena. 2018. Cambio semántico y lexemática verbal. De los preverbios latinos a los verbos españoles prefijados y de régimen preposicional. Su relación con los phrasal verbs. *Romance Philology* 72. 229–254.
Pérez Lagos, Fernando. 1999. Los elementos compositivos *hiper-/hipo-* en el diccionario. ELUA 13. 251–267.
Pharies, David. 1986. *Structure and Analogy*. Tübingen: Niemeyer.
Pharies, David. 1994. Diachronic Initial Sibilant Variation in Spanish: *s-/ch-*. *Romance Philology* 47. 385–402.
Pharies, David. 2002. *Diccionario etimológico de los sufijos españoles (y de otros elementos finales)*. Madrid: Gredos.
Pharies, David. 2006. Consideraciones iniciales sobre el proyecto 'Diccionario etimológico de los prefijos españoles'. En José Jesús de Bustos Tovar y José Luis Girón Alconchel (eds.), *Actas del VI Congreso Internacional de Historia de la Lengua Española*, 1:1011–1018. Madrid: Arco/Libros.
Pharies, David. 2007. Dos casos de alomorfia prefijal en español: *entrometer/entremeter* y las variantes de grecolat. *archi-*. *Revista de Historia de la Lengua Española* 2. 189–196.
Pharies, David. 2009. *Rebién, retebién, requetebién*: La alomorfia del prefijo español *re-*. En Fernando Sánchez Miret (ed.), *Romanística sin complejos: homenaje a Carmen Pensado Ruiz*, 219–235. Bern: Lang.
Pharies, David. 2011. Evolución del prefijo latino *sub-* en hispanorromance. *Revista de Historia de la Lengua Española* 6. 131–156.
Pharies, David. 2013. El prefijo *es-* en castellano y en las otras variedades hispano-romances. *Revista de Lexicografía* 19. 109–140.
Pharies, David. 2016. Origen e historia del prefijo castellano *des-* a la luz de sus derivados más tempranos. *Revista de Historia de la Lengua Española* 11. 155–175.
Pujol Payet, Isabel. 2012. *Acuchillar, airar, amontonar*: sobre los primeros verbos parasintéticos denominales con prefijo *a-* del español. En Campos Souto, Mar, et al. (eds.), *Assí como es de suso dicho: estudios de morfología y léxico en homenaje a Jesús Pena*, 439–452. San Millán de la Cogolla: Cilengua.
Pujol Payet, Isabel. 2014. From Latin to Old Spanish: on the Polysemy of Denominal Parasynthetic Verbs Prefixed with *a*. *Carnets de Grammaire* 22. 276–299.
Pujol Payet, Isabel. 2018. Prefijos y preposiciones: dimensión histórica de *contra*. *Estudios de lingüística del español* 39. 55–80.
Pujol Payet, Isabel. 2021. The historical evolution of Spanish prefixes. En Antonio Fábregas, et al. (eds.), *The Routledge Handbook of Spanish Morphology*, 255–268. London: Routledge.
Pujol Payet, Isabel y Rost, Assumpció. 2017. Verbos parasintéticos neológicos en el español del siglo XIX: el *Diccionario Nacional* de Domínguez. En E. Carpi y Rosa M. García Jiménez (eds.), *Herencia e innovación en el español del siglo XIX*, 263–279. Pisa: Università.
Rainer, Franz. 1993. *Spanische Wortbildungslehre*. Tübingen: Niemeyer.

Rainer, Franz. 2015. Word-formation in Neo-Latin. En Peter Müller, Ingeborg Ohnheiser, Susan Olsen, Franz Rainer (eds.), *Word-Formation: An International Handbook of the Languages of Europe*, 3:1580–1597. Berlin/Boston: Mouton de Gruyter.
Real Academia Española. 1973. *Esbozo de una nueva gramática de la lengua española*. Madrid: Espasa Libros.
Real Academia Española. 2009. *Nueva gramática de la lengua española*. (*RAE*) 2 vols. Madrid: Espasa Libros.
Real Academia Española: *Diccionario de la lengua española*, 23.ª edición. (DRAE), [versión 23.6 en línea]. <https://dle.rae.es> consultado 2021–2023.
Real Academia Española. Banco de datos (CDH). *Corpus del Diccionario histórico de la lengua española*. <https://www.rae.es> consultado 2021–2023.
Real Academia Española. *Diccionario panhispánico de dudas*. 2ª edición. <https://www.rae.es/dpd/> consultado 2023.
Real Academia Española. Banco de datos (CORPES XXI). *Corpus del Español del Siglo XXI*. <https://www.rae.es> consultado 2021–2023.
Real Academia Española. Banco de datos (CREA). *Corpus de referencia del español actual*. <https://www.rae.es> consultado 2021–2023.
Real Academia Española. Banco de datos (*CORDE*). *Corpus diacrónico del español*. <https://www.rae.es> consultado 2021–2023.
Rifón Sánchez, Antonio. 2014. Evolución del significado morfológico de los prefijos *supra-* e *infra-*. *Estudios Filológicos* 53. 85–107.
Rifón Sánchez, Antonio. 2018. Estudio exploratorio de la red de prefijos en español. *Hesperia: Anuario de Filología Hispánica* 21. 95–112.
Rodríguez Ponce, María Isabel. 1999. La competencia entre *super-* y *mega-* en español actual. *Anuario de estudios filológicos* 22. 359–371.
Rodriguez Ponce, María Isabel. 2002a. *La prefijación apreciativa en español*. Cáceres: Universidad de Extremadura.
Rodríguez Ponce, María Isabel. 2002b. Los prefijos apreciativos como formantes de Plastic Words. *Anuario de Estudios Filológicos* 25. 417–432.
Rodríguez Rosique, Susana. 2011. Morphology and Pragmatics of Affixal Negation: Evidence from Spanish *des-*. En José Luis Cifuentes Honrubia y Susana Rodríguez Rosique (eds.), *Spanish Word formation and Lexical Creation*, 145–162. Amsterdam: John Benjamins.
Rodríguez Rosique, Susana. 2012. Evaluación y escalaridad en la negación incorporada: Descubriendo a *des-*. *Lingüística Española Actual* 34. 59–86.
Romero Gualda, María Victoria. 1995. Creatividad léxica en el lenguaje político: prefijación. *RILCE: Revista de Filología Hispánica* 11. 263–82.
Sala Caja, Lídia. 1995–1996. Verbos parasintéticos formados con el prefijo *en-*. *Revista de Lexicografía* 2. 99–132.
Salomonsky, Eva. 1944. *Funciones formativas del prefijo a- estudiadas en el castellano antiguo*. Tesis doctoral. Zurich: Ernesto Lang.
Sánchez-Prieto Borja, Pedro. 1992. Alternancia entre el lexema con y sin prefijo en castellano medieval (el verbo). En *Congreso internacional de historia de la lengua española*, 1:1323–1336. Madrid: Pabellón de España.
Santana Henríquez, Germán. 1993. Los compuestos con el prefijo δυσ- en griego antiguo. *Emerita* 61. 299–319.
Santana Henríquez, Germán. 1994. La terminología médica actual y el griego antiguo: a proposito de δυσ-. *Philologica Canariensia* 0. 437–447.

Seco, M. 1961. *Diccionario de dudas y dificultades de la lengua española*. Madrid: Aguilar.
Seco, Manuel, Olimpia Andrés y Gabino Ramos. 1999. *Diccionario del español actual*. Madrid: Aguilar.
Serrano-Dolader, David. 1999. *La derivación verbal y la parasíntesis*. En Ignacio Bosque Muñoz y Violeta Demonte Barreto (eds.), *Gramática descriptiva de la lengua española*, 3:4683–4755. Madrid: Espasa Calpe.
Serrano-Dolader, David. 2003. El prefijo *anti-* en español o la oposición a las soluciones discretas en el análisis de la prefijación. En Fernando Sánchez Miret (ed.), *Actas del XXIII Congreso Internacional de Lingüística y Filología Románica*, 1:445–458. Tübingen: Niemeyer.
Serrano-Dolader, David. 2006. Base Selection and Prefixing: The Prefix *des-*. En José Luis Cifuentes Honrubia y Susana Rodríguez Rosique (eds.), *Spanish Word formation and Lexical Creation*, 255–281. Amsterdam: John Benjamins.
Serrano-Dolader, D. 2015a. Sobre la prefijación apreciativa en español: un enfoque didáctico. En David Serrano-Dolader, Margarita Porroche Ballesteros, María Antonia Martín Zorraquino (eds.), *Aspectos de la subjetividad en el lenguaje*, 225–248. Zaragoza, Institución Fernando el Católico.
Serrano-Dolader, D. 2017. La parasíntesis como proceso lexicogenético (no tan) peculiar. En Jesús Pena (ed.), *Procesos morfológicos. Zonas de interferencia. Verba* Anexo 76. 49–76.
Schpak-Dolt, Nikolaus. 2012. *Einführung in die Morphologie des Spanischen*. Berlin: De Gruyter.
Stehlík, P. 2001. Elementos prefijales cultos: ¿morfemas compositivos o prefijos? *Études romanes de Brno*, 31. 105–114.
Stehlík, P. 2009. Algunos aspectos problemáticos de la clasificación y el inventario de los prefijos apreciativos cultos en español. *Studia Romanistica* 9. 82–88.
Stehlík, P. 2011a. *Aspectos problemáticos de la prefijación en español*. Brno: Masarykova Univerzita.
Stehlík, P. 2011b. El inventario de los prefijos del español en la GDLE (1999) y en la NGRAE (2009). *Études romanes de Brno* 1. 149–156.
Stehlík, P. 2012. El elemento *anti-*: ¿prefijo, prefijoide o preposición? I. La función transcategorizadora de *anti*. *Études romanes de Brno* 2. 377–384.
Stotz, Peter. 2000. *Handbuch zur lateinischen Sprache des Mittelalters, vol. 2: Bedeutungswandel und Wortbildung*. Munich: Beck.
Talmy, Leonard. 1985. Lexicalization patterns: Semantic structure in lexical forms. En S. Timothy (ed.), *Language typology and syntactic description: Grammatical categories and the lexicon*, 57–149. Cambridge: Cambridge University Press.
Talmy, Leonard. 2000. *Toward a Cognitive Semantics*. Cambridge, MA: MIT Press.
Thiele, Johannes. 1992. *Wortbildung der spanischen Gegenwartssprache*. Leipzig/Berlin: Langenscheidt.
Torres Martínez, Marta. 2009. Revisión histórica del tratamiento de los prefijos *inter-* y *entre-* en la lexicografía académica española. *Cuadernos del Instituto de Historia de la Lengua* 2. 155–178.
Trésor de la langue française informatisé. <http://www.atilf.fr/tlfi> consultado 2023.
Turón, Lidia. 2004. Las formas prefijadas tónicas en catalán y español (*sobre-, sota-, contra-, entre-*). En Elixabete Pérez Gaztelu, Igone Zabala y Lluïsa Gràcia (eds.), *Las fronteras de la composición en lenguas románicas y en vasco*, 239–260. San Sebastián: Universidad de Deusto.
Väänänen, Veikko. 1979. *Co-*: La genèse d'un préfixe. En Manfred Höfler, Henri Vernay y Lothar Wolf (eds.), *Festschrift Kurt Baldinger zum 60. Geburtstag*, 1:317–329. Tübingen: Max Niemeyer.
Val Álvaro, José Francisco. 1999. La composición. En Ignacio Bosque Muñoz y Violeta Demonte Barreto (eds.), *Gramática descriptiva de la lengua española*, 3:4757–4841. Madrid: Espasa Calpe.
Varela Ortega, Soledad. 1983. Lindes entre morfemas: el prefijo negativo *in-*. En Fernando Lázaro Carreter y Emilio Alarcos Llorach (eds.), *Serta Philologica F. Lázaro Carreter*, 1: 637–648. Madrid: Cátedra.

Varela Ortega, Soledad, con la colaboración de Santiago Fabregat Barrios. 2005. *Morfología léxica: la formación de palabras*. Madrid: Gredos.
Vidal de Battini, Berta Elena. 1949. *El habla rural de San Luis*. Buenos Aires: Biblioteca de Dialectología Hispanoamericana.
Wright, Roger. 2010. *Latin and the Romance Languages in the Middle Ages*. State College, PA: Pennsylvania State University Press.
Zamora Vicente. 1970. *Dialectología española*. 2ª edición. Madrid: Gredos.

Palabras citadas

alemán
Minirock 221

Nanometer 229

Paraffin 244
Prophase 265

Übermensch 323

aragonés
sotzleuar 314
sotzmeter 314
sotzcapellán 314

catalán
contramaestre 78, 78n

sotacòmit 310
sotaescrit 310
sotaposar 310
sotavent 310
sots 314
sots- 315n
sots-alcaid 315n
sotsbanc 315n
sotsescriure 315n
sotsposar 315n

español
a-1 4, 11–12, 21–26n, 27–29, 103, 38, 100n, 104, 107, 124n, 132n, 277n, 298n, 332n, 353, 359–360
a-2/ an- 14, 33–34, 182
a 22, 27–28
ab- 12, 107
abajar 24
abatir 24
abaxan 24
abdicar 21n, 107
abdominal 154, 325
abhorreceran 21n
abierto 297
abjurar 21n

ablandar 27
abnegar 21n
abogar 265
aborrecer 21n
absoluemos 21n
absolutista 232
absolver 21n
absorto 181
abuelo 60, 334
abulia 31
acabado 180
acabar 26
acarrear 26
acatar 21, 24
acatólico 31
acción 181
acéfalo 30
aceleración 308
açerca 27n
acinesia 31
aclamar 22
aclamídeo 31
aclarar 11, 21, 29
acleido 31
acocear 25–26
acomendar 24
acometer 24
acomodar 23
acompañar 26
aconfesional 11–12, 32–33
acorrer 23
acortar 24, 29
acostumbrar 25–26
acrecer 23
acrítico 32
acromático 29n, 31
acromatizar 29n
acróstico 246
actor-director 5
actuar 308
acuchillar 25–26, 359
acuitar 25–26
acultural 33
acusado 70

https://doi.org/10.1515/9783111329369-088

acuytaron 26
ad- 12, 22, 22n
adelant 27
adelantar 23
adelante 21-23, 27
además 27
adentro 27
aderredor 27n
adesuso 27n
adherir 22n
adhiere 22n
adiaforesis 32-33, 33n
adiestrar 26
adinamia 30
adjetival 96
adjudicando 22n
adjudicar 22n
adjuntados 22n
adjuntar 22n
adjuración 22n
adjurar 22n
administradores 22n
administrar 22n
admiración 22n
admirar 22n
admisión 181
adonde 27n
adormecer 23
adormir 23
adsorber 22n
adsorbida 22n
aduerme 23
adulzar 26-27
adurmió 23
adverbial 96
advertencia 180
afarto 27
afasia 31, 119
aferir 24
afijada 26
afijo 175, 189n, 258n
afinar 27
afincar 24
afirmar 21n, 22
afiyado 26
aflojar 27
afloxando 27

afondar 21, 25-26, 29
afonía 30
aforar 105
africano 240
afuera 28
agotable 181
agradecer 24
agradesçió 24
agramatical 29, 33
agrícola 6
agringarse 26
aguardar 24
agudo 307
aguisar 24
ahijado 26
ahijar 26
ahondada 26
airar 359
aire 294
ala 104
alalia 31
alargar 27
albéitar 269
alegal 33
alérgico 29
alexos 27n
alimentación 167
alitúrgico 32
almacén 42
almirante 312, 350
alongar 27
altar 42
alterable 180
amansar 26-27
ambi- 35, 35n
ambidextro 35
ambidiestro 12, 35
ambiguo 35n
ambilateral 35
ambisenso 35
ambisentido 35
ambisex 35n
ambisexo 35n
ambisexual 35
ambisiniestro 35
ambivalente 35
americano 190, 240

Palabras citadas

amida 114
amistad 182
amitosis 33
amnesia 30, 119
amontonar 26, 359
amor 104, 126
amoral 32, 32n, 33
amostrar 24
amotinaron 205
ana- 29
anacrónico 29
añadir 307
anal 248
analfabeto 29-30
análisis 56, 218-219
analogía 29
anamoral 108
anarquía 30
anatomía 258
andaluz 207n
andino 190
aneléctrico 11, 31
anepigráfico 32
anfibio 10
ángulo 140, 296
anisodonte 31
anisopétalo 32-33
anoche 28, 40
anodino 30
anómalo 29-30
anormal 29, 32n
antaño 37
ante- 4, 37-39, 42, 259, 262, 356
ante-propósito 42
ante 37
anteambular 37
anteanoche 40, 45
anteaparejar 40
anteayer 12, 37-38, 259
antebrazo 37, 41
antecabildo 41
antecama 40
antecámara 41, 45
antecanto 37, 40
antecapilla 41
anteceder 37
antecesor 37

antechoro 41
antecoger 37, 41
antecolumna 41
anteconocer 39
antecoro 41
antecristo 39n
antedespacho 41
antedezir 38
antedía 41
antedicho 37
antediluviano 41-42, 262
antedormitorio 41
antefaz 40
anteferir 37
anteforo 39
anteguardia 41
anteiglesia 40
antejudicial 41-42
antejugar 39
antelación 38
antelaçion 38
antellevar 39
antelucano 38
anteluciente 39
antemaduro 39
antemano 40
antemeridiano 38
antemulas 41
antemural 37
antemuralla 41
antemuro 41
antenoche 39
antenombre 40
antenupcial 41
anteocupar 37
anteojos 41
antepagar 40
antepasado 38
antepasar 39
antepecho 38
antepensado 40
antepenúltimo 38
antepieza 37, 41
anteponer 37
anteportal 37-38
anteposición 42
anteprender 37-38

antepreso 38
antepuerta 40
anterrectoral 42
antesaber 39
antesacristía 41
antesala 41
anteseguir 40
anteseña 40
antesucesor 40
antetornar 40
anteúltimo 37, 41
anteumbral 38
antevenir 37
antever 38
anteviso 38
antevíspera 41–42
anteyer 38
anti- 4, 10, 34, 43, 46–47, 81–82, 182, 267, 276, 354, 356, 358, 361
anti-balas 43
anti-Cristo 276
anti-papa 276
anti 46, 361
antiaborto 46
antiacné 46
antiamericano 13
antiamericanismo 46
antianemia 46
antianorexia 46
antiansiedad 46
antiarrugas 46
antiatlantista 46
antibacterias 46
antibiótico 46
antibuque 46
anticalvicie 46
anticancerígeno 46
anticaries 46
anticaspa 46
anticohete 46
anticorrupción 10
antícresis 43n
anticristo 43
antidata 39, 39n
antideshidratante 46
antidiluviano 39n
antídoto 43

antier 38
antifaz 39n
antífrasis 43
antiguerrilla 10, 46
antihéroe 43, 182
antiinflamatorio 46
antiliberal 34, 43, 267
antilogía 43n
antimetábole 43n
antimetáthesis 43n
antinatural 46
antipara 39, 39n
antipasto 46
antipatía 43
antiperístasis 43n
antíphona 43
antipoda 43
antípodes 43
antiprodigio 10
antiséptico 46
antíteto 43
antithesis 43
antitrámites 10
antiutopía 46
antiveneno 43, 46, 81
anual 61, 86
anular 190
anunciado 52
anunciar 261
anuria 31
anviso 38
aparar 22n
aparecer 23, 70
apareiar 40
apatía 29–30
apenas 21–22, 28
apoderar 104
apolítico 31
aporcelanadas caritas 26
aportar 21n, 22
apreciar 23
aprender 22, 70n
aprobar 23
aprueba 23
aptitud 252
apurar 27
aquillado 60

Palabras citadas — 367

árabe 240
arcángel 49
arce- 48–49
arcediano 49
archi- 2, 14, 19, 48–49, 52, 164, 199, 202, 213, 220, 267, 272, 283, 345, 351
archi-super-conocido 3, 52, 322
archianunciado 52
archiatro 50
archicelestina 51
archiconde 50
archiconocido 13, 48, 52, 164, 345
archicorazón 51
archicórtex 50
archiculto 51
archidemostrado 52
archidiácono 49
archidiócesis 50
archiduque 48, 50, 267, 272, 351
archiembelecador 51
archienemigo 48, 51
archifalso 51
archifamoso 52
archifonema 50
archigato 51
archihospital 51
archiladrón 51, 272
archilaúd 48, 51, 199, 202, 213, 220
archilegítimo 52
archilocura 51
archimesa 51
archimicroscópico 52
archimillonario 51
archinariz 51, 272
archinecesario 52
archipoeta 51
archipresbítero 49
archiridículo 51
architecto 50
architipo 50
arci- 48
arcipreste 49
armonía 182
arque- 48
arqueado 296
arquetipo 50
arqui- 48

arquiatra 50
arquicórtex 50
arquidiócesis 50
arquifonema 50
arquigénesis 50
arquisinagogo 50
arquitecto 50, 274
arrancar 96n
arreciar 27
arrendamiento 317
arreziado 27
arriba 27
arritmia 30
articulado 227, 251
artritis 248
arz- 48
arzobispal 49
arzobispo 49
asar 308
asegurar 24
aséptico 32
asexual 29, 32–33
asignar 22
asimetría 30, 33
asincronía 33n
asistemático 33
asistente 235
asseguranos 24
astomo 30
astrólogo 6
asustar 284
atacar 285
atamaño 27n
atención 181
atender 23
atener 23
ateo 29–30
atérmico 32
atiende 23
atiene 23
atípico 32–33, 182
atleta 99
atómico 181, 246, 338
atóxico 32–33
atrás 27
atrever 4
atrevimiento 4

atrio 42
atrofia 29n, 30
atrofiar 29n
atto- 229
auricular 190, 321
aurígero 6
ausencia 33
auto- 4, 6, 14, 53, 55-56, 355-356, 359
auto 53
autoadhesivo 13
autoagresión 53
autoalarma 53
autoanálisis 56
autoayuda 56
autobiografía 55
autobiográfico 55
autobomba 53
autobús 53
autocéfalo 54n
autocine 53
autocompadecerse 55n
autoconcepto 56
autoconfesión 55
autoconocimiento 56
autocontrol 56
autoconvencerse 53, 56
autocracia 54
autócrata 54
autocrítica 55, 163
autóctono 54
autodefinirse 53, 55-56
autodenominarse 56
autodestruido 55-56
autodestruir 55
autodidacta 14n, 54
autodisciplina 56
autoeducarse 56
autoerotismo 56
autofagia 55
autogamia 54n
autógeno 54
autognosis 54n
autogobierno 55
autógrafo 53
autoimponerse 56
autointoxicación 55-56
autointoxicar 55

autolatría 55
autómata 53
automático 53-54
automatismo 53
autómato 53
automóvil 53, 55
autonombrarse 55-56
autonomía 54
autonómico 54
autónomo 54
autopiano 53
autopiloto 53
autoplastia 55
autopsia 54
autópsido 55
autor 149, 274
autorredención 56
autorretrato 56
autosoma 54n
autosugestión 55
autótrofo 54n
avendremos 23
avenencia 104
avenir 23
aventura 104
aviene 23
avieso 21n
aviessas 21n
avión reactor 11
avión trirreactor 11
avitaminosis 33n
avulgarar 26
ayer 38
ayuda 312
azar 280

bajar 301
balance 120
barba 301
barrer 308
barroco 329
basa 312
batién 24
baxándosse 24
bermejo 301
bi- 1, 59, 110, 225, 227, 227n, 337, 347
biángulo 59

Palabras citadas 369

bicameralidad 59
bicéfalo 58
bicolor 58
bicorne 57
bicorpóreo 57, 59
bicromo 58
bidente 57
bien retebién 285
bien y retebién 285
bien 7, 9, 277, 284–285, 287, 297
bienal 58
bienintencionado 7
bienio 58
biflora 58
biforme 58
bifrente 59, 59n
bifronte 59
bifurcado 57
bígamo 110
bilingüe 58
bilobado 59
bilocado 58
bimano 59
bímano 59, 59n
bimembre 57
bimensual 59
bimestre 58
bimetalista 59
bio- 2
biología 218
biótico 198
bipalmar 58
bipar 59
bipartición 57
bipartido 58
bipartito 58
bípide 58
bipiramidal 59
bipolar 59
bisanual 61
biscocho 60
bisector 59
bisemanal 59
bisexual 59
bisfosfato 61
bisiesto 57
bisílabo 58

bissiesto 57
bistecho 61
bisulco 58
bisulfato 59
bisunto 61
bivalente 58
blandir 143
blando 27
bomba 10–11
boquiabierto 5
borda 194
borde 303
borracho 181
braço 103
branquial 248
brazo 41, 226
breve 296
bruto 297
bucal 64, 248
bueno 280, 287
buque multiescuela 10
buque 10
bus 219

cabalgar 125
caballerizo 312
cabeça 103
cabildo 41
cabo 26, 307
cadencia 190
caer 280
çafir 303
cagarse 284
calavera 275
calcemia 164
calcular 120
calendado 185
calentamiento 341
calentar 141, 143
caliente 143
caligrafía 2, 6
callacuece 7
callar 7
calórico 167, 196
çalvador 303
calzoncillos apantalonados 26
cama 40, 126

cámara 41, 280
cambiar 190
cambio 74
cameral 347
campeón 338
campeonato 318
çamponna 303
canción antiprotesta 11
canción protesta 11
candidato 149
canónico 269
canónigo 74
cansable 180
canto 40
capa 226, 301
capacitar 117
capaz 180
capilar 131
capilla 41
capiscol 301
capitalista 329
capitalizado 318
capítulo 42, 318
çapozar 303
capuchino 274
caramba 82
carbonado 86
cárcel 124, 126, 148
cardar 143
cardíaco 194
cardiólogo 6
cardo 143
carente de 33
carga 293
cargar 307
carne 103, 142
carpa 198
carpo 215
carro minidormitorio 10
carro 10, 26
casa 42
casi- 91–93
casi 88, 88n, 89, 89n, 91–93, 356
casicastrense 91
casicastrenses 91
casidiablo 91
casiglobosos 93

casilocura 88
castellano 350
castigar 88
catando 24
catar 21, 280
catedral 74
católico 31, 45, 232
catorce 89
cauce 301
cautelar 261
caz 301
çeçe 303
ceda 303
cédula 307
celda 42
celeste 324
célula 83, 193
celular 83, 87, 225, 251, 255, 347
celulosa 157
cenital 64
centenario 338
centésimo 86, 338
centi- 229
céntrico 152, 170, 254
centro 64, 138, 167, 215
cenzillo 303
cepillar 25
cepillo 25
cerebro 258
cerifolio 248n
cerrar 124
certidumbre 181
cervical 193
çerviço 303
cérvix 193
cesse 303
chaleco antibalas 46
chapodar 298–299
chapuzó 18, 300
cheringa 304
chingar 304
chiquirritico 289
chocolatera 286
choro 41
Christiano 149
ciclo 210, 248, 347
ciencia 215

Palabras citadas — 371

científico 154
cigótico 225
cigoto 225
cingar 304
circum- 62
circumalpino 62, 62n, 249
circumcirca 63
circumescolar 63
circumpeduncular 63
circumpolar 62-63, 249
circumpupilar 63, 249
circumuenidos 62
circun- 14, 249
circuncidar 62
circuncorneal 249
circunferencia 62
circunflejo 62
circunflexo 62
circunjacente 63
circunlocución 62
circunrodear 63
circunrrodean 63
circunscribe 63
circunscripto 63
circunsolar 62, 249
circunsonante 63
circunuolo 62
circunvalación 62
circunvecino 63
circunvenir 62
çircunvezinas 63
circunvolar 12, 62
circunyacente 63
cirujano 269
cis- 14, 66, 336, 345
cis-bixina 66
cis-diazeno 66
cis-ocimeno 66
cis-trans 66n
cis/trans 66n
cis 66
çisalpina 65
cisalpino 65
cisandino 12, 65
cisatlántico 66
Ciscaucasia 66
cisexualidad 66

cisgangética 65
cisgénero 66
Cisjordania 65-66
cismontano 65
cismujer 66
cispadano 65
cispirenaico 65
cisplatino 65
citado 324
ciudadano 74
civilizado 297, 321
civilizar 163
clarecer 143
claro 21, 29, 143
clase 318
claustro 148, 172, 175
clavicular 185, 325
clavo 126
clérigo 149
clímax 120
clínico 254
clon 226
clonal 226
clorado 111
cloruro 246
co- 18, 68, 70, 70n, 71, 75, 355
co-editar 70n
coabitar 68
coacción 67-68
coaçion 68
coacusado 12, 70
coadministrador 69
coadyuvar 68
coamante 69
coaparecer 70
coapóstol 69
coautor 69
coayudante 69
cobrir 125
cocer 7
cochero 312
cocina 42
cocinero 269, 350
cociudadano 67
coco 218
codemandado 71
codesarrollo 71

codescubrir 70
codirigir 70
coedición 67
coeditar 70
coeducar 70
coeficiente 69
coegual 68
coelector 69
coencausado 71
coepíscopo 68
coeterno 68
coevolucionar 71
coexistir 70
cofabricación 71
cofactor 69
cofrade 67, 69
cofradía 69
coger 143
cogestión 71
cogido 41
cogobernar 70
coguionista 71
cohabitar 68
coheredar 70
cohermano 69
cohete 293
coigual 68
coincidir 68
cointeresado 67, 70
cola 312
colar 334
colateral 68
colega 74
colegio 317
colíder 71
colindar 70
colineal 67, 69, 71–72n
collector 317
colon 211
color 86, 301
colores 227n
coluna 41
comadre 312
combustión 258
començar 126
comendador 317
comendar 24, 126

comer 74, 143, 207
cometer 24
comiembro 67, 71
comisario 318
compadecerse 55n
compadre 73
compaña 26
compartible 180
compartir 72
compasar 73–74
compatrono 74
competente 235
compinche 74
compoblano 75
componer 72
comportable 180
comprender 72
comprensivo 235
compueblano 75
compuerta 74
comunicar 182, 190
comunismo 258, 262, 329
con- 5, 12, 18, 22n, 25n, 38, 68, 73n, 75, 100n, 124n, 132n, 277n, 298n, 332n
concambio 74
concanónigo 74
concatedral 74
concebido 261
concepción 261
concilio 258
conciudadano 72, 74
concolega 74
concomer 73–74
concurrir 3
conde 50
condición 262
condigno 73
condiscípulo 73
condoler 72
conducir 5
conectar 190
conferencia 228
confesional 32
confirmar 72
congelado 297
congraciar 74
congraciarse 25n, 74, 74n

conjuez 73
conjunción 73
conjunto 318
conjurar 72
conllevar 73-74
conmigo 75
connocer 16
connociesse 16
connoçio 16
connombrar 72-73
connusco 75
conocido 48, 52
conosce 16
coñose 16
conpuerta 74
conreinar 73-74
consabido 72, 75
consanguíneo 73
consciente 187
conseguir 72
consejero 149
consentir 72
consigo 75
consiliario 350
consocio 73
constitucional 45
consuegro 73
consulado 148
consumo 318, 341
contar 280
contemporáneo 73
contento 181
conterráneo 73
contigo 75
continente 318
contornar 73-74
contra- 14, 46, 76, 76n, 77, 79, 81-82, 266, 284, 313, 315, 319, 351, 354, 358, 361
contra 81n, 142, 287, 359
contraalmirante 46, 76, 80, 266, 313, 315, 319, 351
contraarmadura 80
contraatacar 12
contraataque 82
contrabajo 79n
contrabando 79n
contrabatería 80

contrabraza 80
contracepción 79n
contracifra 80
contraconfidente 82
contracosta 81
contracultura 79n
contradecir 77
contradique 80
contraescarpa 80
contrafagote 79n
contrafallar 79
contrafazer 77n
contrafechas 77n
contrafilo 81
contrafirma 80
contrafuero 79
contrafuerte 80
contragalán 82
contrahacer 77n
contrahechos 77n
contrahierba 76, 81
contraindicar 46, 79
contraintuitivo 79n
contralto 79n
contramandamiento 81
contramarcha 81
contramito 82
contramoralismo 46, 82
contramuelle 76, 80
contramuro 46, 76, 80
contranatura 79
contranatural 46, 79
contraorden 81
contrapasar 79
contrapelo 46, 81
contraponer 77
contraproducente 79n
contrapuerta 80
contrarronda 81
contrarrumores 46, 82
contrasalva 80
contraseguro 79
contraseña 80
contratista 318
contratreta 76, 79
contraveneno 46
contravenir 77

Palabras citadas

contrayerba 81
controversia 77
convecino 75
convencerse 56
conversable 181
converso 232
convusco 75
cooficial 67, 71
cooperar 68
coordinar 69
copa 307
copartícipe 67, 69
copartidario 71
copatrono 67
copiado 255
copiloto 67
coplanario 71
copoblano 67
copresidente 67
copresidir 71
coproducción 67
coproducir 67, 70
copropietario 69
coprotagonizar 70
corazón 103
corchea 87, 296
córnea 210, 258
cornudo 269
coro 312
corral 334
corredentor 69
correinar 67
correlación 69
correligionario 67, 70, 72n
correr 300, 303
corresponder 68
corresponsable 67, 70
corrupción 10
cortar 29
cortava 24
córtex 50
cortical 318
cortina 126
corvo 293
cosalvador 71
costal 190
costumbre 26

coterráneo 67, 69
cotiledón 110, 225
covecino 67
coyuntura 68
coz 26
cráneo 138
crecer 307
crema antiarrugas 46
cretáceo 325
crisol 42
cristalino 166, 198
cristianismo 232
Cristo 275, 350
crítica 55
crítico 32
cromar 172, 175
cromático 31, 170, 240
cromo 175
cruz 101n, 205
cuadrángulo 83
cuadri- 83, 330
cuádriceps 84
cuadrifonía 84
cuadriforme 84
cuadrigémino 84
cuadrihidratado 84
cuadrilátero 84
cuadrillero 149
cuadrimestre 84
cuadrinieto 83-84
cuadrinomio 84
cuadriovulado 330
cuadripartito 83
cuadripétalo 12, 83
cuadriplegia 330
cuadriplejia 84
cuadrisílabo 84
cuadrivalente 84, 330
cuadrivalvo 84
cuadrúpedo 2
cual 88
cuando 88
cuarto 88
cuasi- 90, 92-93, 136, 244, 276, 297
cuasi-divino 88, 208
cuasi-presidentes 90
cuasi-trotskista 90

cuasi-vivas 90
cuasi 88-89, 91-92
cuasicontradictoria 90
cuasiespiritual 244, 276
cuatri- 330
cuatrianual 86
cuatricarbonado 86
cuatricelular 12, 83
cuatricentenario 86n
cuatricentésimo 86
cuatricolor 86
cuatricromía 86
cuatrifolio 86
cuatrilingüe 86
cuatrilobulado 86
cuatrimotor 86, 330
cuasipariente 12
cuatrirreactor 83
cuatrirreactor 330
cuatrisílabo 86
cuatrisilicato 86
cuatrisulfurado 86
cuatritubercular 86
cuatrivalvo 86
cuatro 88
cuchillo 26
cuentra- 77
cuentra 76
cuentradezir 77
cuentradicción 77
cuentrafazientes 77
cuentravenrrá 77
cuerno 141-142
cuita 26
cultivo 226, 255
culto 226
cultura 318
cultural 33, 190, 251
cumplir 182
cuña 42
cura 312
cutáneo 317
cutícula 138, 152
çuzio 303

dactilar 99
de- 5, 14, 25n, 94, 97, 107, 182, 354, 358

de 355-356
deadjetival 96
deadverbial 96
deambular 95
deca- 98, 229
decacordio 98
decacordo 98
decadactilar 98-99
decadracma 98
decaedro 98
decaer 94n
decágono 98, 246
decalitro 98
decálogo 98
decámetro 98
decano 317
decápodo 98
decasilábico 99
decasílabo 12, 98, 246, 338
decatleta 99
decelerar 97
deci- 98, 229
decible 180
decir 5
declamar 95
decodificar 94, 96
deconstruir 97
decrecer 95
deducir 5
deficiente 251
definición 182
definirse 56
deflación 97
deforestación 97
deforestar 97
deformar 95
defuera 94n
degustar 95
delante 27, 94n
deletrear 25n, 94-96
delimitar 95
delindar 95
demandar 94
demarcar 96
demás 27, 94n
demonio 126, 269
demostrado 52

demostrar 94
denombrar 95
denominal 12, 96
denominarse 56
denotar 95
dental 190
dentro 27
denudar 94
depender 94n
depoblar 95
deponer 94n
depreciar 96
dérmico 185
dermis 166
dermopatía 2
derrabar 94, 96, 107, 182
derrancar 96
derredor 94n
derrenegar 96
derribar 95
derrocar 95
derrostrarse 96
des- 2, 4, 8, 12, 18, 22n, 25n, 34, 38, 94–95, 97, 100–103, 103n, 104–107, 109, 109n, 115–116, 124n, 132n, 144–146, 146n, 182, 182n, 277n, 298n, 332n, 354, 356, 358–361
desabentura 100n
desacordado 102, 106
desacordar 102
desaforar 105–106
desagradar 105n
desaguisado 100n
desalado 104, 106
desamor 34, 100, 104, 106, 145
desamparado 102, 106
desamparar 102
desangrar 95–96
desapoderar 104, 106
desarmar 94, 107
desarrollo 186
desatar 94, 100, 102, 106, 145
desatender 106
desavenencia 104
desaventura 100n, 104
desbolvio 100n
desbrazado 106
desbrazar 103

desbuelve 100n
descabalgar 102
descabeçar 100
descabezar 103, 106
descabullir 145
descalça 101
descalços 101
descalzar 101
descalzo 181
descaminar 102, 107
descarnar 103, 106
descercar 102, 106
descípulo 101
descobrir 101
descocer 145n
descoger 144
descombrar 145
descomulgar 145
desconsuelo 106
desconvenientes 101
descoraznado 103
descorazonar 103
descorchar 145n
descordia 101
descortés 106
descortezar 34, 94, 100, 106, 145
descrecer 95
descreción 101
descreer 101
descreto 101
describir 94n
descruzar 101n
descuajar 102
descubrades 101
descubrí 101
descubriestes 101
descubrimiento 262
descubrir 70
descuñar 101, 106
desdeñar 94
desecado 107
desecar 102
desechar 101
desencaminar 107n
desencerrar 104
desenfrenado 104
deservicio 104

desfaciant 100n
desfaga 100n
desfallecer 102
desfanbrido 103, 107
desfear 100, 103
desflaquido 103, 107
desformada 95
desforzarse 145n
desgastar 3-4, 102, 107
desguisado 100n
deshabitar 105n
deshacer 106
deshambrido 103
deshonesto 104, 106
deshonrar 94, 107
desigual 104
desinformar 105n
deslavar 102, 107
desleal 3-4, 11, 100, 104-106, 145
deslimitado 95
deslindar 95, 107
desmentir 102
desmesura 104
desmesurado 106
desmojonar 102, 107
desobediente 104, 106, 109, 182
desombrar 103
desordenar1 103
desordenar 102, 106
despacho 41
desparare 101
despareiarse 116
despartir 101
despedazar 103, 105n
despedirse 144
despegar 4, 11, 100, 102
despelotarse 145n
despeñar 103
despender 101
despennar 103
desperder 101
despertar 144-145
despinzar 105n
despliegue 322
despoblados 95
desponer 145n
despongo 101

desputar 101
dessangrar 95
dessoterrar 104
destajar 102
desterrar 94, 100, 103, 106, 145
destorbar 101
destorpar 94
destripar 144-145
destruido 56
destruir 55
desulfurar 97
desustantival 96
desventura 4, 11, 100, 100n
desvolver 102, 106
detener 94n
detrás 94n
devaluar 97
devenir 94n
deverbal 94, 96
devolver 94n
dezir 38
di- 14, 110-111, 245, 330, 337
dia- 14, 112, 114
día 41
diabetes 113
diablo 126, 269
diabólico 113
diácono 112
diacrítico 113
diacrónico 114
diadelfo 114
diadema 112
diáfano 112
diafásico 114
diafonía 113
diaforesis 32-33
diafragma 113, 157
diagnosticar 186
diagonal 112
diagrama 113
dialéctica 112
dialecto 112
diálisis 113
diálogo 112
diamagnético 112, 114
diámetro 113, 296
diamida 114

diapalma 114
diapositiva 112
diarista 45
diarrea 113
diarria 113
diasistema 13
diastrático 114
diatérmano 113
diatermia 113
diatónico 113
diatópico 114
diatriba 113
diclorado 111
dicotiledón 110
diedro 110
diferencia 140, 296
diferente 4
difícil 284
difilo 110
difunto 296
digital 190
dihíbrido 111
dimensional 251, 338, 347
dímero 110
dimorfo 110
dinámico 196
diócesis 50
dios 350
dipétalo 110
díptero 110
diputado 149
direccional 235, 347
dirigir 70, 70n
dis- 18, 25n, 34, 97, 101, 115–116, 116n, 118–119, 182, 358
dis/desmembrar 116n
dis 117
disbalance 118, 120
discalculia 120
disciplina 56
disciplinario 228
discípulo 101
disclímax 120
disconforme 116
disconfortar 116
discontinuar 116
discordia 101

discrasia 118
discreción 101
discreto 101
discromatopsia 119
discromia 119
disculpar 97, 115–116
discurrir 3
disentería 118
disépalo 111
disfagia 115, 118–119
disfasia 119
disfavor 34, 115–116, 118
disfemismo 118–119
disfonía 118
disforia 118
disforme 116
disfrutar 25n, 116n
disfunción 13, 118, 120
disgenesia 119
disgrafia 120
disgustar 12, 116
disílabo 110
disilicato 111
disimular 115
dislacerar 116
dislalia 119
dislexia 119–120
dislocar 115
dismembrar 115–116
disminuir 115
dismnesia 119
disnea 118
disolver 115
disosmia 118
disparar 101
disparejo 115–116, 118, 182
disparo 293
dispepsia 118
displacer 116
displugo 116
dispnea 118
disputar 101
disregulación 120
distancia 139
distonía 119
distopia 119
distopía 119

Palabras citadas — **379**

distraer 101
distribución 140
distrofia 119
disturbar 115
disuelve 115
disulfuro 110-111
disuria 118
ditroqueo 111
divalente 110
divertimento 294
doblar 334
doble 296
docto 296
doctrina 175
doctrinar 175
don 40
dorar 307
dormido 297
dormitorio 10, 41
dorso 258, 261
dracma 98
dragón 296
dulce 27
duque 50

echar 333
eco- 6
ecológico 6
econo- 6
econométrico 6
economía 6
económico 218-219
ecosistema 6
ecto- 14, 121-123, 130, 151-152
ectoblasto 121
ectocardia 121
ectocelular 122
ectocórnea 122
ectocraneal 122
ectodermo 121
ectoenzima 122
ectogénesis 121-122, 130
ectogénico 122
ectognato 121n
ectomorfo 121, 130
ectopapiro 122
ectoparasítico 121

ectoparásito 13, 121-122, 152, 155
ectoplasma 122
ectoplasto 121
ectoproteína 122
ectoquiste 122
ectosfera 121
ectotermia 121
ectotrófico 122
ectoturbinado 122
editar 70
educar 70
educarse 56
eje 198
eléctrico 31
elegante 275
em- 124
embeber 124
embeodar 127
embermellonar 128
embevido 124
emblandecer 128
emblanquecer 128
embravar 128
embravecer 128
embridar 126n
embrión 193
embrionario 193
emiciclo 156
emicranea 156
emigranea 156
emisferio 156
emisperio 156
emistiquio 157
emitretreo 156
emitriteo 156
emixperio 156
empeorar 11, 127
empleo 252
empodrecer 124-125
empodrescer 124n
empolvorar 127
emponer 125
empozoñar 127
emprender 126
empresa 163
empresarios 220
empresentar 125

emprestar 125
empuso 125
en- 12, 18, 22n, 25n, 38, 100n, 124, 128–129, 132n, 172–173, 178, 277n, 298n, 332n, 353, 360
enamiztad 178
enamorar 126
enbermejecer 128
enbueltas 124
encabalgados 125
encabalgar 125
encamar 126
encarcelar 124, 126, 126n
encarnado 124
encarnar 124–125
encenizar 126–127
encerar 127
encerrar 104, 124–125
enchalecado 128
encimar 127
enclarecer 128
enclauare 126
enclaustrar 12, 173
enclavar 126
encobardar 128
encobridor 125
encomendar 126
encomenzamiento 126
encomenzar 126
encorbatado 128
encorporar 124n, 125, 173
encortinar 126
encorvarse 124
encostar 127
encruelecer 128
encubrir 125
encuerar 127
endemoniado 126
endiablar 126
endiosar 126n
endo- 14, 121, 130, 151
endocapilar 131
endocardio 13, 130
endocarpio 130
endocarpo 130
endocráneo 130, 194
endodermo 6
endoesqueleto 131, 151

endogamia 130
endogénesis 121, 131
endolinfa 131
endomorfo 121, 130
endonasal 131
endoplasma 131
endopleura 130
endoscopio 130
endósmosis 131
endospora 130
endotoxina 131
endotraqueal 131
endovascular 130–131
endovesical 131
enemigo 178
enfeminar 124n, 125
enfenesçer 126
enfermo 178
enfervorizar 126n
enfeudar 173
enfingir 126
enflacar 127
enflamar 124n, 125, 173
enflaquecer 128
enflechar 128
enforçar 126
enformar 124n, 125
enfortunado 178, 178n
enfrenar 104, 124
enfrentar 128
enfriar 127
engordecer 128
engrandecer 125
engusanescer 127
enlargar 128
enleuadas 126
enlevar 126
enllenar 126
enloçanecer 127
enlocar 127
enloquecer 128
enmagrecer 128
enmascarar 124
enmudecer 128
ennegrecer 124, 128
enponer 124n
enprenderse 126

Palabras citadas 381

ensarnecer 127
ensuciar 124, 127
entelar 128
entender 124
entendido 317
entendimiento 327
entenebrecer 127
entero 88
entorpar 127
entorpecer 128
entoxicada 175
entre- 12, 18, 22n, 38, 100n, 124n, 132, 132n, 134–136, 188, 191–192, 277n, 297–298n, 332n, 361
entreabierto 132–133, 133n
entreabrir 133
entreacto 134
entreaño 134–135
entrebarrera 135
entrecanal 134
entrecano 134, 191
entrecavar 133–134, 191
entrecejo 133
entreclaro 134, 191
entrecoger 134
entrecomar 134, 136, 192
entrecomillar 134–136, 192
entrecostilla 136, 191
entrecruzar 135
entredecir 136, 192
entrederramar 134
entredicho 132
entredorar 134–135
entredormir 133n, 134, 191
entredormirse 134
entreelegir 133–134
entrefino 135–136, 191
entrefrotarse 135
entrehierro 136, 191
entrehuesos 135
entrellano 134, 191
entrelucir 132–133, 191
entreluz 134, 191
entremediano 132
entremedias 132
entremedio 132, 136, 192
entremés 132n
entremeter 5, 132, 132n, 359

entremezclar 133
entremirarse 132, 135, 191
entremisso 132
entremorder 135
entremuslo 135–136, 191
entreoír 133–134, 191
entreoscuro 191
entrepetar 133
entrepiso 136, 191
entreplantar 132–134
entreponer 132
entrerrenglón 134
entrerrevolución 135
entrerrisitas 135
entrerrubio 134–135
entresemana 134–135, 191
entresuelo 132–134
entresurco 135
entretajar 132
entretallar 133
entretanto 133, 135–136, 191
entretejer 132
entretela 134
entretener 133
entretiempo 132–135, 191
entrevalo 133
entrevenir 132, 136, 192
entreviña 133–134
entristar 127–128
entristecer 128
entrometer 132n, 359
entubar 173
enuestido 125
envejecer 128
envestido 125
envestir 125
enviejar 128
envolver 124
epi- 138, 187, 309
epicarpio 137
epicentro 13, 137–138, 187
epiciclo 137
epicráneo 137–138, 309
epicutícula 138
epidemia 137
epidermis 137
epidimias 137

epiespinoso 138
Epifanía 137
epifito 138
epifonema 137
epigénesis 138
epígrafe 137
epigráfico 32
epilençia 137
epilensia 137
epilepsia 137
epílogo 137
epipapilar 138
epiparásito 138
epipétalo 138
epipubis 138
equi- 139–140
equiángulo 140
equicervo 140
equidad 139
equidiferencia 140
equidistancia 139
equidistante 139–140
equidistar 12, 139–140
equidistribución 139–140
equifinalidad 140
equifluvial 140
equilátero 139
equilibrio 139
equimolecular 140
equinoccio 139
equiparante 139
equipolente 139
equiponderante 140
equipotencial 140
equipotente 139
equiseto 140
equivalencia 139
equivalente 139
equívoco 139
ermitaño 312
erótico 240
erotismo 56
eroycos 205
erudito 274
es- 2, 11–12, 19, 22n, 34, 38, 97, 100n, 124n, 132n, 141, 141n, 144–146, 146n, 147, 182, 277n, 298n, 332, 332n, 354, 358–359

esblandir 143–144n, 145
escabeçar 142–143, 145
escabullir 145
escaldar 142
escalentar 141, 143–144
escama 141
escandecer 142
escardar 143–144
escarnar 142, 144
escavar 142, 332
esclarecer 143–144
escoba 141
escocer 142, 145n
escoger 19, 141, 143–144
escolar 63, 142
escombrar 145
escomenzar 144n
escomer 143–145
escomulgar 145
escontra 142
escorchar 142, 145n
escornar 34, 97, 141–143, 182
escuchar 70n
escuece 142
escuela 10
escurrir 142
esfera 226
esférico 226, 246
esforzar 145n
esforzarse 141
eslavo 240
esleír 142
eslieron 142
esófago 211
espabilar 142, 144
espaladinar 141–142
espanzurrar 143–144
espartir 143–144
espasmódico 45
espedirse 144
espejo 141
espelotarse 145n
espender 142, 332
esperecerse 144n
esperezar 143
espertar 145
espeso 141

espinoso 138
espinzar 143–144
espíritu 248
esplénico 211
espolvorar 144
espolvorear 143
esponer 145n, 147
espulgar 142–143, 145
esquebrajar 143–144
esqueleto 131
esquina 300
esquitar 143–144
establecer 261
estaño 141
estar 141
esternal 293
estética 294
estirar 141, 143–145
estraer 147
estratificado 228
estrechar 25
estrecho 25
estripar 145
estropezar 143–144n, 145
estructura 185, 198, 218
estructural 196
estupefacto 181
étnico 251
eufemismo 118–119
euro- 6
eurodiputado 6
Europa 240
europeo 6
eutrofia 119
ex- 11, 107, 147, 147n, 148–150, 332, 358
ex-blanca 149
ex-cathedrático 149
ex-general 149
ex-monje 149
ex-presidente 149
ex-rector 149
ex 148n, 149
excarcelar 12, 147–148
excavar 147
exclaustrar 148
exheredado 148n
existir 70

exjesuita 147, 149
exjesuitado 274
exo- 123, 151–152
exobiología 151
exocéntrico 152
exocutícula 152
exoderma 151
exoesqueleto 151, 155
exófago 151
exogamia 151
exógeno 151
exoluna 152
exoplaneta 123, 151
exoprótesis 151
exospora 151
exotérmico 151
exótico 151
exotoxina 13, 151
expatriar 148
experiencia 181
explotar 186
exponer 147
exportar 147
expropiar 148
exprovincial 149
expurgar 147
expuso 147
extender 163
extra- 52, 123, 152, 154–155, 164, 283, 322, 325, 345, 358
extra 155
extraabdominal 154
extracientífico 154
extraer 147
extrafino 52, 152–155, 164, 322, 325, 345
extragrande 154
extrahoras 153
extrajudicial 153
extralegal 153–154
extralimitarse 153–154
extralúcido 154
extralunar 152, 154
extramontes 153
extramundano 153
extramunicipal 12
extramuros 153
extranatural 153

extraoficial 154
extraordinario 153
extras 155
extrasocial 154
extratémpora 153
extraterrestre 123, 152–154
extraterritorial 154
extrauniversitario 153
extro- 358

fabricar 261
faceta 254
factor anticorrupción 11
factor corrupción 11
falda 301
fallar 79
falta 33
familia 194
familiar 194, 228, 325, 347
famoso 52
fanbre 103
faringe 166
farto 27
fase 226
faz 40, 45, 307
fazer 280
femto- 12n, 229
fenesçer 126
feo 103
feriere 24
feudo 175
fijo 26
filósofo 274
filtrando 175
filtrar 175
filtro 175
finados 208
finalidad 140
fincar 24
fingir 126
fino 27, 154
flaco 103
flamígero 6
flor 334
flora 218
floxo 27
focal 255

folículo 246
fondo 21, 26, 29
fonema 50
forçar 126
fortuna 307
fosfato 61, 226, 321
fósforo 226
foso 42
fotografía 198
frade 69
frades 69
fraile 149
franquismo 258
franquista 329
fresco 277, 280
fuera- 123
fuera 27–28
fueraborda 123
fuero 79
fuerte 154
función 120, 164, 167
funcional 251, 255
fundado 180
fundar 70n

gabinete 42
galante 235
gallego 207n
gameto 196, 198
ganar 285
ganglionar 248
gastar 4
geminado 60
génesis 50, 131, 138, 215
gerencia 317
germánico 240
giga- 229
giro 308
glacial 190
glaciar 293
glandular 251
globo 296
glucemia 164
gobernador 350
gobernar 70
gobierno 55
godo 287

gola 296
gónada 166
gonel 307
gótico 329
gracia 74, 280
gradesco 24
grado 105
grafología 2, 6
grande 154
granito 218
granizo 244
guapo 287
guarda 307
guardaban 24
guardar 280
guardia 41
guerra 262
guisar 24

harpía 296
hecto- 229
helénico 240
hemi- 156-157
hemiabdomen 156
hemicelulosa 157
hemiciclo 156
hemidiafragma 157
hemiparálisis 157
hemiparásito 13, 157
hemiparesia 157
hemipirámide 157
hemiplejía 157
hemiplexía 157
hemíptero 157
hemisferio 156
hemistiquio 157
hemitonio 157
hemitórax 157
hemitriteo 156
hemitropía 157
hepático 325
hercio 210
heredar 70
hermano 351
hetero- 11, 53, 158, 160, 171
hetero 160
hétero 160

heteroagresividad 160
heterocerca 158
heteróclito 158
heterocromático 158
heterocromosoma 159
heterocronía 159
heterodoxo 158
heteroerótico 160
heterofilia 158
heterogamia 159
heterogéneo 158
heteroglosia 159
heteroinfección 158-159
heterolateral 160
heteromorfismo 159
heterónimo 158
heterónomo 159
heteroplastia 158
heteropolar 158-159
heterorrítmico 160
heterosexual 13, 158-160
heterosilábico 160
heterosporia 159
heterotípico 159
heterotopía 158
heterotrasplante 160
heterotrofia 159
híbrido 111, 338
hiper- 6, 19, 52, 161-164, 168, 199, 202, 213, 220,
    283, 309, 322, 325, 341, 345, 356, 359
híper 163
hiperactivo 161-162, 341
hiperautocrítica 163
hipérbaton 161
hipérbole 161
hiperbólico 161
hiperbóreo 161
hipercivilizar 163
hipercrítico 161
hiperelíptico 162
hiperempresa 161, 163, 199, 213, 220
hiperenlace 163
híperes 163
hiperextender 163
hiperfemenino 162
hiperfísico 162
hipergeométrico 162

hiperinflación 13
hiperlógico 162
hipermercado 163, 202
hipermetamorfosis 161-162
hipermetría 162
hiperromántico 52, 161-162, 322, 325, 345
hipersecreción 162, 309, 322
hipersensibilizar 163
hipersólido 162
hipersuperhombre 163
hipertexto 163
hipertienda 163
hipervalorar 163
hipo- 14, 162-163, 166-168, 313, 319, 356, 359
hipoalérgico 13
hipoalimentación 167
hipocalcemia 162, 168
hipocalórico 165, 167, 319
hipocampo 168
hipocausto 166
hipocentauro 168
hipocentro 165, 167
hipoclorito 168
hipocondría 166
hipocresía 165
hipocristalino 166
hipodermis 166
hipódromo 168
hipofagia 168
hipofaringe 166, 313, 315, 319
hipofunción 162, 167-168
hipogastrio 166
hipogénico 166
hipogloso 166
hipoglucemia 162, 168
hipogonadismo 166
hipogrifo 168
hipología 168
hipomanía 166
hipomenorrea 162, 168
hiponutrición 167
hipooxigenado 166
hipopótamo 168
hiposensible 167
hipóstasis 165

hiposulfito 167
hipotálamo 167
hipoteca 165
hipotecnia 168
hipotensión 162, 165, 167-168
hipotenusa 165
hipótesis 15, 165
hipotiroidismo 166
hipovolemia 168
hispánico 262
historia 186, 194, 261
histórico 2, 16, 42, 325
hombre anfibio 11
hombre multi-anfibio 11
hombre 186, 296, 341
homeostasis 170n
homeotermia 170n
homo- 4, 53, 158, 171
homo 171
homocéntrico 170
homocromático 158, 170-171
homoerótico 13, 171
homofobia 171
homofonía 169
homófono 170
homógamo 170
homogéneo 158, 169, 171
homógrafo 170
homoinjerto 169-170
homólogo 4, 169
homonimia 169
homónimo 169
homoparental 171
homosexual 158, 160, 170-171
homosfera 170
homósfera 170
homostasis 170
homotermia 170
homotípico 169-170
hondo 26
honesto 104
hora punta 6
horror 235
hoyo 277
huelga 297
humano 186, 308, 321

Palabras citadas

hyperbole 161
hypo- 165

iglesia 40, 274
igual 104
ilegal 33, 180, 341
ilegible 174
ilegitimar 180-181, 181n
ilegítimo 179, 181n
iletrado 181
ilógico 11, 178
iluminar 174
im- 174, 178n
imbebible 174
imbuir 172
impacientar 180n
impaciente 180n
impacto 173
impago 182
impanación 174-175
imparcial 180n
imparcialidad 180n
imperial 88
impertinente 178-179
impío 178
implantar 174-175, 277
imponerse 56
importar 172-173
imposible 178
impresionismo 258
imprimir 308
impúdico 11
impudor 182
impuesto 173
in-2 11, 34, 173, 181, 183
in- 4-5, 11, 18, 34, 109, 109n, 172-173, 175-176, 178, 178n, 179, 182, 182n, 354-355, 358, 361
in 109, 172, 174, 178
inacabado 180
inacción 181
inadmisión 181
inadvertencia 34, 177, 180
inagotable 181
inalterable 180
inamistad 182
inarmonía 182

inatención 181
inaugurar 174
incansable 180
incapacitar 177, 180n
incapaz 180, 180n
incertidumbre 181
incierto 179
inclaustrar 172-175
incómodo 179
incompartible 180
incompetencia 180n
incompetente 180n
incomportable 180
incomunicar 182
inconversable 181
incorporar 173-174
incromado 172, 175
incromar 175
incubar 173
inculcar 174
incumplir 177, 182
indecente 179
indecible 180
indefinición 182
indicar 79
indiferente 3-4, 178-179
indoctrinar 174-175
inducir 5
inefable 178-179
ineficacia 180n
ineficaz 180n
inexperiencia 181
infeliz 179
infeudar 173, 175
infijo 175
infiltrar 175
inflamar 173-174
influjo 13n
infra- 14, 53, 185-187, 319, 326, 360
infra 184
infracalendado 185
infraclavicular 185
infraconsciente 187
infradérmico 185
infradesarrollo 186, 319
infradiagnosticar 186

infraescripto 184
infraescrito 184
infraestructura 185
infraexplotar 186
infrahistoria 186
infrahombre 186
infrahumano 186
infrainserto 185
infralógico 187
infralunar 184-185
inframaxilar 185
infranasal 185
infraoctavo 185
infraponderar 186
infraposición 186
infrapuesto 185
infrarracional 187
infrarrealismo 186
infrarrojo 12, 185
infrascripto 184
infrascrito 184-185
infrasecretario 185
infrasiguiente 185
infrasonido 184, 186
infrautilizar 184, 186-187
infravalorar 4n, 186
infundado 34, 180
inhabilitar 180
inhalar 174
inhumano 179
ininteligible 12
injerto 170
inmaduro 11
inmigrar 172, 174
inmoderado 178
inmodesto 178
inmoral 33, 180n
inmoralidad 180n
inmortal 177-178, 180
inmortalizar 180
inmovible 180
inmóvil 180n
inmovilizar 180n
inmunización 196
innarrable 179
innecesidad 181
inobediente 109, 182

inrompible 178n
inrumpir 172n
inrupción 172n
insacular 175
insalivar 174-175
inscribir 173
inseminar 174
insensible 179
inserto 185, 261, 324
insignia 173
insubordinar 182
insufrible 181
intento 173
inter- 18, 53, 132, 135-136, 189, 191-192, 355, 361
interactuar 189
interamericano 12, 189-190
interandino 190
interanular 190
interauricular 190
interbancario 136, 191
intercadencia 135, 189-191
intercalar 188n
intercambiar 189-190
interceder por 265
interceptar 189
intercomunicar 136, 188-190
interconectar 189-190
intercostal 136, 188-190
intercultural 135, 190-191
intercurrente 188n
intercutáneo 189
interdecir 5, 136, 188, 192
interdental 135, 190-191
interdicción 188
interdigital 190
interdizir 188
interesado 70
interfase 191
interfaz 191
interferir 191
interfijo 189
interfluvio 189
interfono 191
interglacial 135, 188-191
interjección 188n
interlinado 189n

interlineado 189n
interlineal 189n
interlinear 189n
interlinio 189
interlocutorio 189
intermedio 135-136, 188, 191-192
intermitir 188
intermolecular 190
internacional 189-190
internet 191
interoceánico 190
interpolar 188n
interponer 5, 188
interposar 189
interrey 188
interrogar 5, 188
intersecar 188n
interserir 188
intertropical 190
intervenir 136, 188, 192
interventricular 190
interviú 190
intimidar 174
intitular 174-175
intoxicación 56
intoxicar 55, 172, 174-175
intra- 193-194
intraborda 193-194
intracardiaco 194
intracardíaco 194
intracelular 193
intracervical 193
intraembrionario 193
intrafamiliar 194
intrahistoria 193-194
intralobular 193
intramundo 193-194
intramuscular 194
intranacional 194
intraocular 194
intraorbitario 193
intraorgánico 193
intrauterino 12, 131, 193
intraútero 193-194
intravenoso 193
intro- 12
intubar 173-175

intumescencia 173
inútil 180n
inutilizar 180n
invadir 172n
invaginar 175
invariable 178n, 180
invertir 173
invicto 178n
invirtud 180
invocar 172n
inyección 60
ipérbole 161
irracional 179
irradiar 174
irreal 179n
irrealizable 179n
irrebatible 179n
irrecuperable 174
irreflexión 182
irreflexivo 179n
irresignación 182
irrespeto 181
irreverente 11
irrompible 178n
irrumpir 172n
irrupción 172n
islámico 240
iso- 14, 32, 196
isobara 195
isocalórico 196
isocefalia 196
isócrono 195
isodinámico 196
isoeléctrico 195
isoestructural 196
isogameto 196
isogamia 196
isoinmunización 13, 196
isómero 195
isómeros cis- 66
isométrico 196
isomorfo 195
isoperímetro 196
isopétalo 33
isoquimena 195
isorrítmico 196
isósceles 15, 195

isosilábico 195-196
isotermo 195
isotónico 196
isótropo 196

jeringa 304
judicial 153
juicio 42, 205
jurado 312
jurar 284

kilo- 229
kilovatio hora 6

ladrón 269
lapa 301
largo 27, 154
laríngeo 318
lateral 35, 227, 235, 347
latino 42, 232, 258
leal 104
leer 70n
legado 350
legal 33, 154, 180
legitimar 180-181, 181n
legítimo 52
lenguaje 216
lento 280
leonés 207n
letra 96
letrado 181
leuar 126
levantar 301
levar 307
léxico 240
liberal 45, 329
limitar 154
lindar 70
lindo 284
linfa 131, 248
lingüística 216
lipo- 2
litúrgico 32
llenar 126
llevar 74
lobulado 86
lobular 193

lóbulo 193
lógico 178, 187, 284
longo 27
lúcido 154
luna 152
lunar 154, 185, 317, 324
luz 350

macanudo 284
machismo 341
macro- 6, 14, 19, 199-200, 200n, 202, 212-213, 219, 219n, 230, 283
macro 199
macrobaile 199
macrobio 197
macrobiótica 198
macrobiótico 13
macrocárcel 199
macrocarpa 198
macrocéfalo 197
macroconcierto 199
macrocorrupción 199
macrocosmo 197
macrocosmos 197
macrocriminal 199
macrocristalino 198
macroeconómico 197, 199
macroeje 198
macroencuesta 199n
macroescándalo 199
macroestructura 198
macrófago 198
macrofotografía 198
macrogameto 198
macroglosia 198
macrogranudo 199n
macroinstrucción 199
macrojuguete 199
macrología 197
macromolécula 197-198, 202, 212
macronosia 197
macronúcleo 198
macronutriente 199
macroprisma 198
macroprudencial 199
macróptero 198
macroscópico 198

macrosismo 198
macrospora 198
mal 7, 9
malhumorado 7
maltratar 5
mamario 293
manga 280
manía 166, 225
mano 40
manso 27
marcar 96
marido 149
marino 317
mastodonte 31
matemática 216
maxi- 199–201n, 202, 212–213, 223
maxi 202
maxiabrigo 201
maxibotella 201
maxicatamarán 199, 201, 212
maxiciudad 201, 223
maxicrisis 12, 201–202, 223
maxideprimente 202
maxidevaluación 202
maxienmienda 202
maxifácil 201–202
maxifalda 201, 223
maxigabán 201
maxihorario 201–202
maxihúmedo 202
maxiinquietante 202
maxikiosko 201
maxilar 185
máximo 201, 223
maxipantalla 201
maxipista 202
maxiproceso 202, 223
maxipublicidad 202
maxisupermercado 201
maxivestido 201
maxiyate 201
me pagaron retebien 285
me recontra viene 291
medialuna 207, 297
médico 269, 274
medieval 329
medio loco 207
medio mentira 203
medio metro 203
medio muerto 9, 203, 207, 244, 276
medio vivo 136, 203
medio- 205, 297, 356
medio 7, 9, 93, 136, 203–204, 206–208, 244, 276, 297, 354–355, 359
medioangel 205
mediococer 207
mediodesnudo 204, 207
mediodía 207
mediollenos 204
mediovivo 204
medroso 327
mefítico 45
mega- 52, 120, 164, 199, 202, 209–213, 229–230, 267, 272, 283, 322, 325, 345, 351, 360
megabarco 212
megabyte 212
megaciclo 210
megacolon 120, 209, 211
megacomputadora 212
megaconcepto 212
megaconcierto 199, 212
megacórnea 210
megacorrupción 209
megacorrupto 52, 164, 200, 202, 209, 212–213, 322, 325, 345
megadeprimente 212
megaduque 52, 211, 267, 272, 351
megaduquesa 211
megaelección 212
megaesófago 211
megaespectáculo 211
megaestrella 212
megaéxito 211–212
megafonía 210
megagigante 211
megahercio 210
megahorroroso 211–212
megalito 209
megalo- 120, 209, 211
megaloblasto 210
megalocéfalo 209
megalocito 210
megalocórnea 120
megaloespectáculo 211

megaloesplénico 211
megalografía 209
megalómano 209
megalópolis 209
megalosauro 209
megamáquina 199, 202, 209, 212
megámetro 210
megaohm 210
megaohmio 210
megaproyecto 212
mega-refinería 212
megarrevista 211
megascópico 209
megasemana 211
megasocio 211
megatendencia 212
megatienda 211
megatonelada 210
megatorpe 211
megavatio 210, 212
megavoltio 13, 200, 209-210, 213
mejor 287
menorrea 164
mentecato 269
mentira 284
mercado 163
meridiano 64
mesa 307
messías 274
mesura 104
meta- 215-216, 358
metabolismo 214
metacentro 215
metaciencia 215
metafase 215n
metafísico 214
metafonía 215
metáfora 214
metagénesis 215
metagoge 214
metalenguaje 13, 216
metalingüística 216
metalingüístico 214
metamatemática 216
metamorfosis 214
metaplasmo 214
metástasis 214

metasulfito 214
metatacarpo 215
metatarso 215
metátesis 214
metathesis 214
metatórax 214-215
metazoo 215
metódico 45
metro 210
mezclar 334
micro- 6, 19, 200, 200n, 217, 219, 219n, 220, 229-230
micro 220
microamperio 218
microanálisis 219
microbio 218
microbiología 218
microbiológica 218
microbús 219-220
microcéfalo 19, 217
microcielo 218
micrococo 218
microcomercio 219
microcomputador 219
microcomputadora 219
microconector 13
microcosmo 217
microcosmos 217
microcrédito 219
microeconómico 219
microempresa 219
microestructura 217-218
microestructural 218
microfaradio 217-218
microfilmar 219
microfilme 219
microfito 218
micrófito 218
microflora 217-218
micrófono 217, 220
micrografía 217
microgranito 218
micrología 217
micromanía 218n
micrómetro 217
microonda 219
microondas 220

microorganismo 218
micropréstamo 219
microprocesador 220
microscópico 52
microscopio 19, 217
microvida 218n
migraña 156, 156n
mil- 229
militar 280
millonario 228
mini- 13-14, 201-202, 219, 221-223, 230
mini-estado 222
mini-Gestapo 223
mini-miss 222
mini-pantalón 222
mini-partido 223
mini 223
miniaventura 223
minibar 222
minibarrio 222
minibikini 222
minibús 221
minicamisero 222
miniciudad 202, 222
miniclásico 222
minicomisión 222
miniconsumo 222
minicrisis 202
minidebate 223
minidisco 222
minifalda 201, 219, 221, 223
minijornada 223
minikimono 222
mínimo 221
minimonumento 222
minimoral 222
minimuseo 222
minipensador 222
minipíldora 222
minipíldoras 221
miniproceso 202
minirreportaje 223
minirretiro 222
miniserie 223
ministro 149
minisubmarino 222
minivacaciones 221, 223

minivestido 222
mismo 348
mitosis 33
mizar 283
moda 294
modelo 294
modesto 178
molar 261
molécula 198
molecular 140, 190
monaguillo 149
monarca 149
monarquía 224
monárquico 45
monje 149
mono- 4, 6, 224-225, 227, 245, 330, 337, 348
monobrazo 226
monocapa 226
monocéfalo 225
monocelular 225
monocigóticos 225
monocotiledón 225
monocracia 225
monocromático 224
monocultivo 226
monoesférico 226, 348
monofásico 224, 226, 348
monofilo 224
monofítico 225
monoforme 226
monofosfato 226
monogamia 224
monografía 225
monograma 225
monolingüe 225
monolito 224
monólogo 224
monomanía 224-225
monomotor 226
mononuclear 226, 348
mononucleosis 226
monopétalo 225
monoplaza 226
monopolio 224
monosílabo 224
monoteísmo 225

monotonía 224
monovalente 225
monovocal 225
monovolumen 226
monovular 226, 348
montero 312
montón 26
moral 32, 45
morirse 285
mostrado 24
motor 86, 226, 338
movible 180
móvil 55
movimiento 88
mucho 227
mula 41
multi- 4, 6, 10, 14, 227, 227n, 228, 252, 255
multi-anfibio 10
multiarticulado 227
multicine 12
multicolor 227
multicolores 227n
multiétnico 252
multiforme 227
multifuncional 252
multilateral 227
multilingüe 227
multiloquio 227
multímetro 4, 11
multinacional 252
multinomio 227n
multipersonal 227
multipolar 227
multisecular 252
multísono 227
multívoco 227
mundano 308
mundo 194, 249
muralla 41
muro 41
muscular 194
músculo 194
música 294

nación 194
nacional 45, 190, 194, 228, 251, 325
nano- 14, 213, 219, 229-230

nano 230
nanoeconomía 230
nanofaradio 230
nanogramo 230
nanomáquina 230
nanomaterial 230
nanométrico 230
nanómetro 230
nanomol 230
nanoplancton 230
nanorrelato 230
nanorrobot 230
nanosatélite 230
nanosegundo 13, 230
nanosíntesis 229-230
nanosintético 229
nanosocialismo 230
nanoviolencia 230
nanovivienda 230
narco- 6
narcótico 6
narcotráfico 6
nasal 131, 185
natal 248
natural 45, 79, 324
necesario 52
necesidad 181
necio 269
negar 285
neo converso 231-232
neo- 231, 233, 238, 259, 329
neo-epicúreo 233
neoabsolutista 232
neobarroco 13
neocandidato 233
neocatólico 232
neoclásico 233
neocristianismo 232
neodiputado 233
neoespañol 231, 233
neofascismo 233
neofilia 231
neófito 231
neofranquismo 233n, 259, 329
neógeno 231
neogongorino 233
neografismo 231

neógrafo 231
neohelenismo 231
neoizquierdismo 233
neokantismo 233
neolatino 232
neoleonés 231
neolítico 232-233, 238
neologismo 232, 258
neólogo 232
neómano 232
neomenia 231
neomudéjar 233
neonazi 233
neonietzscheano 233
neopaganismo 231-232
neopanteísta 233
neophito 231
neoplatónico 232
neopole 231
neopopularista 233
neopresbítero 233
neoprotestante 233, 238
neotestamentario 231
neouniformismo 233
neovascófono 233
neozóico 231-232
nervado 251
nervio 347
neural 249
neurálgico 255
neuro- 2
nieto 334
niño prodigio 5
nivel 105
no-ser 8n
no 7-9, 205, 205n, 355-356
noble 274
noche 27-28, 333-334
nombrarse 56
nombre 40
nominal 96
non 8
nosotros 75
noticia 10
novia 149
nucleado 347
nuclear 226, 255

núcleo 198, 226
nupcial 41
nutrición 167
nutriente 198

ob- 5, 12
obedient 104
obispo 149, 275
objetar 5
observar 70n
obsesión 64
obtener 5
oceánico 190
octavo 185
ocular 194
oficial 71, 154
ohm 210
ohmio 210
ojo 41
olivícola 6
omni- 234-236, 241
omniasistente 235
ómnibus 234n
omnicandidato 234
omnicolor 6, 234-235
omnicompetente 235
omnicomprensivo 234-235, 241
omnidireccional 235
omnigalante 235
omnihorror 235
omnilateral 12, 235
omnímodo 6, 234
omnipermisivo 235
omnipersonal 235
omnipotencia 234
omnipotente 234
omnipresencia 234
omnipresente 234
omnisabio 235
omnisapiente 235
omnisciencia 234
omnisciente 234
omniscio 235
omniscopio 235
omnisecular 235
omnisexual 235
omnitonal 235

omnivalente 235
omnívoro 235
omodoxia 169
omónimos 169
onda 218-219
operatorio 258, 262
órbita 193
orbitario 193, 324
orden 103
orgánico 193
órgano 193
oscuro 297
ósmosis 131
ovulado 251
ovular 347
óxido 338
oxigenado 166

pabilo 142
pagado 285
paganismo 232
pagar 40
pago 182
pájaro carpintero 5
pala 334
palabras abibliadas 26
paladar 258
paladino 141-142
palanca 301
palco 42
paleo- 233, 238
paleo-boreal 237
paleo-periodismo 237
paleoasiático 238
paleobiología 238
paleocristiano 233, 238
paleoencéfalo 238
paleofitografía 238
paleofutbolístico 238
paleogénico 237
paleogeografía 237
paleografía 237
paleográfico 237
paleolítico 233, 237-238
paleomagnético 13, 237
paleopatología 237
paleosiberiano 238

paleotécnico 238
paleotestamentario 238
paleozoico 237
palma 114
pan- 236, 239-241
pan 175
panacea 239
panafricanismo 239
panafricano 13, 240
panamericano 240
panárabe 239-240
pancromático 240
pandemia 239
pandemonio 239
panegírico 239
panenteísmo 239
panerótico 240
paneslavismo 240
paneslavo 240
paneuropeo 236, 239-240
pangermánico 240
pangermanismo 240
panhelénico 240
panhelenismo 240
panislámico 239-240
panislamismo 240
panléxico 240
panlogismo 239
panpsiquismo 240
pansexualidad 240
panspermia 239
panteísmo 239
Panteón 239
panza 143
papilar 138
paquidermo 2
para- 93, 208, 242, 242n, 243-244, 276
para-editorial 243
parabién 243
parábola 242
parabrisas 243
paracelta 243
paradigma 242
parado 45
paradoja 242
paraenfermera 243
paraestatal 243

paraestético 243
paraetarra 243
parafascista 243
parafeudal 243
parafina 244
paráfrasis 243
paragoge 243
parágrafo 242
paragranizo 244
parahistoria 243
paraíso 243
paralelo 242
paralenguaje 243
parálisis 157, 242
paramagnético 243
paramilitar 13, 208, 242-243, 276
paranormal 242-243
parapeto 244
parapolicial 243
parapsicología 242-243
parar 101, 244
parasimpático 243
parásito 138, 157
parateatral 243
paraverbal 243
paresia 157
parlamentario 88
partidario 71
partir 143, 338
pasar 74, 79, 285, 307, 334
passado 38
passar 261, 333
paterno 181, 280
patria 148
patriótico 322
patrón 312, 351
patrono 74
pecho 38
pedaço 103
pediatra 14n
pedíatro 14n
pediluvio 2
peduncular 63
pena 28
peña 301
penna 103
pensado 40

penta- 14, 246
pentacloruro 245-246
pentacordio 245
pentacróstico 246
pentadecágono 246
pentadecasílabo 246
pentaedro 245
pentaesférico 245-246
pentafolículo 246
pentágono 245
pentagrama 245
pentámetro 245
pentarquía 245
pentasílabo 245
pentateuco 245
pentatlón 60, 245
pentatómico 246
pentatónico 246
pentavalente 246
pera 248n
pérdida 33
perejil 248n
pereza 143
perezoso 327
peri- 247, 249
perianal 248
periartritis 64, 247-248
peribranquial 64, 247-248
peribucal 13, 248
pericardio 247
pericarpio 247
periciclo 248
pericráneo 247
periespíritu 248
periferia 247
perifollo 248n
periforme 248n
perífrasis 247
periganglionar 248
perihelio 248
perilinfa 248
perilustre 248n
perímetro 196, 247
perimundo 249
perinatal 248
perineural 249
período retroglaciar 293

período 247
peripatético 247
peripathetico 247
peripleumonia 247
peripleumonía 247
peripuesto 248n
periscopio 248
perisístole 248
perispermo 248
peritoneal 293
permisivo 235
personal 227, 235
pesca 308
pescola 256n
pescuezo 256n
pescuño 256n
pespunte 256n
pestilencial 45
pestorejo 256n
pétalo 32, 110, 138, 225
pico- 229
pierna 42
pieza 41
pilar 312
pilastra 293
pinche 74
pinza 143
pinzar 143
pirámide 157
planta 175
plantar 175
plasma 131
platónico 232
plaza 226
pluri- 227-228, 252, 255
pluriaptitud 252
pluriarticulado 251
pluricarencia 251n
pluricarente 251n
pluricelular 251
pluricultural 251
plurideficiente 251, 251n
pluridimensional 251
pluriempleo 252
pluriétnico 251
pluriforme 250
plurifuncional 251

pluriglandular 251
plurilateral 250
plurilingüe 250
plurillizo 250n
plurimembre 250
plurinacional 251
plurinerviado 251
pluriovulado 251
pluripartidista 12
pluripolar 251
plurisecular 251, 251n
pluriserial 250-251
plurivalente 250, 252
plurivalor 251n
pluriverbal 251
pluriversal 250
población 308
poblano 75
pobre 269
polar 63, 228, 251, 338
poli- 6, 227-228, 252, 254-255
poliadelfo 254
poliandria 254
poliarquía 253
polibencénico 255
polibenzilmidazol 255
polibromado 255
polibutadieno 255
polibutileno 255
policéfalo 254
policelular 255
policéntrico 254
policial 280
policlínico 254
policopiado 255
policultivo 255
poliedro 253
polifacético 254
polifocal 255
polifuncional 255
poligamia 253
poligenista 254
políglota 14n
polígloto 253
polígono 253
poligrafía 253
polímero 254n

Palabras citadas — 399

plimetálico 13
polimetría 254
polímita 253
polimorfo 254
polineurálgico 255
polinomio 254
polinuclear 255
polipodio 253
polisemia 254
polisílabo 253
polisintético 255
politécnico 228, 252-254
politeísmo 228, 252-254
político 31, 45
polivinilo 254n
polvo 143
ponderante 140
ponderar 186
pontificio 45
por 265
portada 42
portal 38, 301
pos- 256-257
posbélico 12
posbrachial 257
posbraquial 257
poscombustión 258
poscomunismo 258, 262
posconcilio 258
posdata 257
posdiluviano 257
posdorso 294, 262
posfecha 257
posfranquismo 233, 294, 329
posguerra 256-257, 262, 336, 345
posición 186
posimpresionismo 258
posliminio 257
posmeridiano 257
posmorir 257
posoperatorio 256, 258, 262
pospiernas 257
posponer 256
pospretérito 257
pospunta 257
pospusieron 256
post- 256

post-aloja 257
post-latino 258
postcerebro 257-258
postcomunio 257
postcomunismo 258
postcorneal 258
postdiluviano 256-257
postdorso 256, 258
postguerra 257
postliminio 257
postmeridiano 257
postmuerte 257
postoperatorio 258
postpaladar 258
postpierna 257, 336, 345
postpongamos 256
postpretérito 257
postsocialismo 256
postverbal 258n
postvertebral 257-258, 262
potencial 140
pozo 18, 300, 303
pre aventurera 262
pre colonial 262
pre electoral 262
pre- 42, 259-262, 356
pre-guerra 262
precomunismo 262
predorso 262
preguerra 262
preoperatorio 262
preverbetral 262
preanunciar 261
preaununciar 42
precanceroso 12
precaución 260
precautelar 42, 260-261
precaver 260
preciar 96
preclaro 261
precomunismo 262
preconcebido 42, 261
preconcepción 42, 261
precondición 261-262
preconocer 260
predecir 260
predescubrimiento 262

predicador 274
predominante 261
predorso 260-261
preeminente 260
preestablecer 42, 261
prefabricado 260-261
prefecto 318
prefijo 175, 189n, 258n, 260
preguerra 262
prehispánico 262
prehistoria 259-261
preinserto 261
prelado 149
premolar 42, 261
prenda maxi 202
prender 38, 126
preoperatorio 262
prepasado 261
prepassado 42
prepotente 261
preproducción 261-262
presalida 262
presentar 125
presidente 350
prest 49
prestar 125
preste 49
prestre 49
prevertebral 262
prior 149
prisionero 149
prisma 198
pro armamentos 265
pro Asturias 265
pro democracia 265
pro- 13, 265-267, 272, 313, 315, 319, 351, 356
pro-botín 265
pro-democracia 263
pro-justicia 265
pro-presos 265
proactivo 265
proamnistía 12
probar 285, 287
problema 264
procapellán 264n
proclamar 263
proclassique 266

procónsul 263
procrear 263
producción 262, 321
producir 70, 321
profase 265
profecía 264
profijar 264n
programa 264
prohébreu 266
prohijar 264n
prólogo 264
proministro 264, 272, 313, 315, 319, 351
promover 263
pronombre 263
pronotario 264n
propasarse 264
propio 148
proponer 263
propugnar 265
propulsión 293
prosecretario 264
proseguir 263
protagonizar 70
protector 350
prothonotario 268
proto- 17, 51-52, 267-269, 271-272, 351
proto-bribón 270
proto-cursi 270
proto-elemento 13, 270
proto-histórico 270
proto-perro 270
proto-pirámide 270
proto-plasma 270
proto-prisma 270
proto-sulfato 270
proto-sulfuro 270
proto-vértebra 270
protoactinio 271
protoalbéitar 269
protoalbeitares 269
protoángel 272
protoasesino 272
protoastronauta 272
protobarbero 272
protobispo 272
protoboticario 272
protoburgués 272

protocanónico 268-269
protocarburo 271
protocarnicero 272
protocatálogo 272
protocirujano 269
protocloruro 270
protococinero 269
protocornudo 17, 51, 269
protocrítico 270
protocuerno 269
protodemonio 269
protodescubridor 272
protodiablo 269
protodiputado 272
protoenemigo 272
protoente 271
protoesperpento 270
protoevangelio 272
protofarmacéutico 272
protofascista 272
protofenómeno 271
protoforma 271
protoguerrillero 272
protohistórico 271
protoidiota 270
protoladrón 51, 269
protomacho 270
protomártir 268, 271
protomédico 17, 268-269, 271
protomentecato 269
protomiseria 270
protomónada 271
protomuger 270
protonecio 17, 51, 268-269
protonotario 17, 52, 267-268, 271, 351
protoobispo 271-272
protopaciente 270
protopirámide 271
protoplasma 271
protoplasto 268
protopobre 269
prōtopraxia 268
protoprisma 271
protoproyectista 269, 271
protoquímico 270
protospora 271
protosulfato 270

protosulfuro 17, 268, 270
prototipo 268
protovértebra 17, 271
protovieja 269
protozoo 271
provenir 263
provicario 263-264
provincial 350
próximo 293, 324
proyectista 269
proyecto 42
proyector 293
pseudo exjesuitado 274
pseudo fundador 275
pseudo histórico 276
pseudo- 3-4, 11, 46, 93, 208, 244, 274-275n, 276, 358
pseudo-arquitecto 274
pseudo-científico 13, 276
pseudo-Cristo 46, 275
pseudo-mesías 46
pseudo-messías 274
pseudo-obispo 46, 275
pseudo-pasión 275
pseudo 276
pseudoautor 274
pseudocientífico 275
pseudodemocrático 273, 276
pseudodíptero 273
pseudoerudito 208, 244, 274
pseudofilósofo 274
pseudografía 274
pseudoinstalarse 275n
pseudointelectual 275
pseudometafísico 276
pseudónimo 273
pseudoprincipio 273, 275
pseudoprofecía 273
pseudopropheta 273
pseudorreligioso 275-276
pseudorresolverse 275n
pseudos-coleccionistas 276
pseudos-eruditos 276
pseudos-filósofos 276
pseudos 3
psiquismo 240
púbico 325

pubis 138
pudor 182
puerta 40, 74, 307
puerto 42
puesto 185, 248n
pulga 142
pupilar 63
puro 27

quadrinomio 227n
qual 89
quando 89
quasi- 88, 88n, 89, 92-93
quasi-experiencia 90
quasi-imperial 88n
quasi-parlamentarian 88n
quasi-parlamentario 90
quasi 88-89, 92, 92n
quasicondicionamiento 90
quasifortuita 90
quasifortuito 93
quasimodo 92
quatricentenario 86n
quatricentésimo 86
quatrilingüe 86
quebrajar 143
quin- 245
quinquenal 245
quinquenio 245
quiquiriquí 289
quitar 143

rabo 96, 107, 300-301
racional 187
rancar 96, 96n
rápido 322
rastrar 23
rastro 23
re a desgano 283
re casa 283
re gente 283
re llueve 283
re- 4, 12, 22n, 38, 100n, 124n, 132n, 164, 205, 277,
　　277n, 280, 282-284, 287, 291, 298n, 309,
　　322, 325, 332n, 345, 359
re-admitir 3
re-lentamente 283

re-lindo 282
re-re-dificil 282
re-re-difícil 283
re-reclamar 287
re-reelección 283, 287
re-reformadas 287
re-regulación 287
re-tarado 282
reabrir 282
reabsorber 282
reactivar 277
reactor 10, 87
readmitir 281
reagrupar 282
realismo 186, 322
reamar 277
reazar 279-280
rebajar 281
rebalsar 280-281
rebendicho 281
rebenditos 281
rebién 277, 280-281
rebisabuelo 280-281
rebisnieto 280-281
reblandecer 281
rebotica 280-281
rebueno 52, 164, 280-281, 322, 325, 345
rebuscar 281
recaer 280
recámara 279-280
recatar 280
recibir 279
recircular 282
reclamar 279
recobrar 278
recodo 280-281
recomprar 281
recono- 16
recoño 282
reconocer 16
reconoscimjento 16
reconosció 16
recontar 280
recontento 280-281
recontra bien 284
recontra difícil 284
recontra macanudo 284

recontra- 82, 277, 284, 286
recontra 82, 284, 284n
recontracagarse 284
recontrajurar 284
recontralindo 284
recontralógico 82, 284
recontramentira 284
recontraréplica 284
recontrasustar 284
recontratachar 284
recontrazape 284
recórcholis 282
recordar 278
recristo 282
rector 149, 350
recuerda 278
recursar 279
redención 56
redescubrir 282
redificil 282
redimir 279
rediós 282
redolor 282
redonda 296
refácil 282
reflexión 182
reformar 279
refrenar 278
refrescar 277, 279-280
refusar 279
regasificar 282
regente 350
regordete 281
regraçiando 280
regraciar 279-280
reguardar 279, 279n, 280
regulación 120
regusto 280-281
rehacer 4n, 280
rehender 281
rehostia 282
rehoyar 277, 281
rehuir 278
reimplantar 277, 282
reinar 74
reinfección 282
reingresar 282

relamer 278
relampaguear 279-280
relentecer 280
relentesçer 279
religionario 70
relucir 278
relumbrar 278
remal 281
remangar 279-280
remanir 278
rematar 279, 279n
remembrar 278
remierda 282
remitir 279
remover 278
renal 325
renegar 96, 280
renovador 341
renovar 278
repeor 280-281
repersona 282
réplica 284
representar 279
reprimir 279
reque borracho 291
requebien 291
requete probada 287
requete- 2, 277, 287-290, 355
requete-usía 287
requeté 287-288n
réquete 288
requeteángel 288
requeteay 288
requetebien 287-288
requetebuena 287
requetebuenísimo 288
requetebueno 287-288
requetecambio 288
requetecivilmente 288
requeteconocida 288
requetecontra leído 291
requetecontra mío 291
requetecontra 287
requetecontrarréplica 288
requetecorresponde 288
requetedamas 288
requetedesgraciada 288

requetedicho 288
requeteelegantísimo 288
requetefina 288
requetefino 288
requetegoda 287
requetegracioso 288
requeteguapa 287
requeteguapo 288
requetejuraba 288
requetejuro 288
requetelindo 288
requetemejor 287
requetemerecido 288
requetemiraba 288
requetemuchísimo 288
requetemuerto 288
requeteolé 288
requeteolvidado 288
requeteque chula 291
requetequebien 291
requeterreconozco 288
requeterréplica 288
requeterrico 288
requetesencillo 288
requetesimpático 288
requetetambién 288
requetetarabuelo 288
requetetonto 288
requeteusía 288
requetevehementísima 288
requetever 288
requeteviejo 288
rere- 287
rerefinamiento 287
rerre- 287
rerrecierto 283n
rerrellanadas 287
rerremalo 283n
rerrenunca 283n
resabio 280
resignación 182
resina 205
resobrino 277, 282
resoñar 282
respeto 181
responsable 70
restaurar 279

restituir 279
resucitar 279
rete- 2, 277, 286-291, 355
rete-mucho 286
rete-que feliz 289
rete-que-bueno 289
retebién 285, 285n, 286
retebonita 286
retebuena 286
retebueno 286
retecorrientes 286
retefeliz 286
retefino 286
retejurar 286
retejuro 286
retemal 286
retemalo 286
retemejor 286
retemucho 286
retenó 286
retepeor 286
retepreciosa 286
reteque- 277, 287, 289-290
reteque 289-291
retequebien 289
retequefino 289
retequelimpio 289
retequenó 289
retequepeligroso 289
retequeperdido 289
retequerido 286
retequesabroso 289
retequeteque 290
retesalada 286
retevieja 286
retornar 280
retraer 278
retrato 56
retro- 97, 259, 292-294, 329, 336, 345
retro 294
retroacción 12, 292
retrocarga 18, 293
retroceder 292
retrocohete 293
retrocorvo 292-293
retrodisparo 293
retrodonar 97, 292

retroescrito 292
retroestaliniano 294
retroesternal 293
retroestética 294, 336, 345
retrofranquista 233, 259, 292, 294, 329
retrogradar 292
retrógrado 17, 292
retroguardia 292
retromamario 293
retromodernismo 294
retronostalgia 294
retroperitoneal 293
retropilastra 293
retropropulsión 293
retropróximo 258, 292-293
retroproyector 293
retrospección 292
retrotraer 292-293
retrotrén 293
retroventa 292
retroversión 292
retrovirus 294
reunión 294
revelar 279
reverdecer 279-280
revestir 278
reviejo 277, 280-281
revisitar 282
revolver 278
rey 350
rezio 27
riba 27
rienda 300
rítmico 196
rodear 63
rogar 5
rojo 185, 303
románico 329
romano 329
romanticismo 328
rompeolas 5
rostro 96, 300
rrecamaras 280
rreuerdeçe 280

sabido 75
sabio 235, 297

sabordar 298, 303
sacar 300, 303
sacorrer 300, 303
sacristía 41
sacudir 299
safir 303
safiro 303
safumar 299
sahumar 299
sala 41
salida 262
saliva 175
salivar 175
salvador 303
san 40
sanar 317
sancochar 298-299, 303
sangrar 96
saphiro 303
sapiente 235
sapozar 303
sapozaronse 18, 300
saquear 205
seco 181
secretario 185, 318
secular 149, 228, 235, 251
seda 303
seguir 40
segurado 24
segurar 23
seguro 23, 79
semanal 338
semi- 93, 136, 208, 244, 276, 297, 355
semiabierto 297
semiángulo 296
semiárido 12
semiarqueado 296
semibién 297
semibreve 296
semibruto 297
semicapro 295
semicircular 295
semicírculo 295
semicivilizado 297
semicongelado 297
semicorchea 296
semideos 204-205

semidiámetro 295-296
semidiferencia 296
semidifunto 136, 156, 208, 244, 276, 295-297
semidoble 296
semidocto 296
semidormido 156, 297
semidragón 296
semiglobo 296
semigola 296
semiharpía 296
semihombre 296
semihuelga 295, 297
semimetal 156
semimuerto 295
semioscuro 295, 297
semipedal 295
semipleno 295
semisabio 295, 297
semisuma 296
semitono 296
semivivo 295
semivocal 295
seña 40
sensibilizar 163
sensible 167, 325
sentido 35
senzillo 303
sépalo 111
séptico 29, 32
serial 250-251
serie 250
seringa 304
servicio 104, 303
seudo capitán 275
seudo- 11, 275
seudo 273n
seudoautores 274
seudobotánico 276
seudocalavera 275
seudocapuchino 274
seudocientífico 275
seudoelegante 274-275
seudoemigrante 275
seudofundar 275n
seudoiglesia 274
seudointelectual 275
seudomédico 274

seudonoble 274
seudopredicador 274
seudorrealizar 275n
seudorreligioso 275
seudos toros 276
seudosolucionar 275n
sexo 347
sexual 32, 35, 170, 235, 240
sideral 321
sierra 334
siguiente 185
silábico 99, 196
silicato 86, 111
simetría 30n
simétrico 117
sin casa 7
sin hogar 7
sin partido 7
sin techo 7
sin trabajo 7
sin- 6-7, 7n
sin 33
sinestesia 7n
sinfonía 7n
singar 304
siniestro 35
sinsustancia 7
síntesis 7n
sintético 255
sinventura 7
sinvergüenza 7
sismo 198
sistemas antirrobo 46
snippet 17
so- 12, 18-19, 22n, 25n, 38, 97, 100n, 124n, 132n, 182, 266, 277n, 298, 298n, 299-300, 303-304, 313, 315, 319, 332, 332n, 351
so 298
soalzar 302
soarrendar 302
soasar 298n, 299
sobajar 301
sobanda 302
sobarba 301
sobermejo 301
sobornar 299

sobre- 11-12, 18, 22n, 25n, 38, 52n, 100n, 124n, 132n, 138, 164, 277n, 283, 298n, 305n, 308-309, 320, 322, 322n, 325, 332n, 341, 354, 361
sobre 320
sobreabondar 306, 320
sobreabundó 306
sobreaceleración 308
sobreactuar 283, 308, 341
sobreagudo 306-307
sobreajuste 308
sobrealimentar 283, 308
sobreañadir 307
sobreasar 305, 308-309
sobrebarato 308
sobrebarrer 308
sobrebeber 283, 306
sobrebendito 52n, 164, 305, 322n
sobrecabar 25n, 307
sobrecaer 306
sobrecargar 305-307
sobrecaro 308-309
sobrecédula 307
sobrecincha 306
sobrecopa 307
sobrecorredor 306
sobrecrecida 307n
sobrecrecido 306n, 307
sobredicho 305, 320
sobredorar 306-307
sobredosis 3
sobreechar 306
sobreedificar 309
sobreescribir 305
sobreexaltar 305-306
sobrefaz 307
sobrefortuna 307
sobregiro 308
sobregonel 306-307
sobreguarda 305n, 307
sobrehumano 308
sobreimprimir 308
sobrejuez 305n
sobreleuo 307
sobrelevar 138
sobrellevar 305, 307
sobrelunar 322

sobremesa 305n, 307, 309
sobremundano 308
sobrepasar 306-307, 309
sobrepelliz 305n
sobrepesca 308
sobrepeso 305
sobrepie 307
sobrepié 307
sobrepoblación 164, 308
sobreponer 305, 320
sobreprecio 308
sobrepuerta 305, 307, 309
sobrepuesto 325
sobresalir 309
sobrescripto 305
sobrescrito 305
sobreseer 306
sobresembrar 305-306
sobresolar 307
sobresustancial 306
sobreutilización 308
sobrevalorar 308
sobrevenir 305, 320
sobrevienta 305
sobrevivir 306, 320
sobrevolar 306
sobrino 277
socalzar 302
socapa 301
socapiscol 301
socavar 298-299, 313, 315, 319
socaz 301
sochantre 81, 266, 298, 301, 313, 315, 319, 351
social 45, 154
socialcristiano 5
socialista 329
socochar 298
socollada 302
socolor 301
socoro 302
socorrer 300, 303
sofaldar 301
sofondar 299
sofreír 298n
sofumar 299
sohumar 299
sojuzgar 299

solapa 301
solapar 301
solar 64, 307
solengua 302
solenguar 302
solevantar 301
solevar 299
sollanto 302
sombra 103
someter 299
somover 299
sompesar 303
sompozar 303
sompozo 18, 300
son-reír 298
soncochado 299
sonido 186
sonlocado 302
sonómetro 2
sonreír 299, 303
sonriósele 299
sonrisar 302
sonrojar 303
sonrosado 302
sonruir 300, 303
sonsacar 303
sonsaque 303
sopalancar 301
sopapo 302
sopeña 18n, 301
sopesar 303
sopié 301
soportal 301
soportar 299
sopozar 18-19, 25n, 300, 303
sopuntar 97, 182, 301
sorrabar 300-301
sorrendar 300
sorrostrar 300
sosacar 300, 303
sossacar 300
sota- 266, 313-314, 314n, 315, 315n, 319, 351, 361
sota-almirante 312
sota 310, 310n
sotaalcayt 315n
sotaayuda 312
sotabanc 315n

sotabanco 313-314
sotabarba 313
sotabasa 312
sotacaballerizo 81, 266, 310, 312, 351
sotacochero 312
sotacocinero 313
sotacola 312-313
sotacomadre 312
sotacómitre 313-314
sotacónsul 313, 315, 319
sotacoro 310, 312-313, 319
sotacura 312
sotaermitaño 312
sotaespabilador 313
sotajurado 312
sotamano 313
sotamontero 312
sotapatrón 312-313
sotapié 312
sotapilar 310, 312
sotaposar 315n
sotascriure 315n
sotascrivir 314
sotataza 312
sotateólogo 312
sotavento 313-314
soterrar 104, 298n, 300
soto- 266, 313, 315, 319, 351
soto 315
sotoalférez 314
sotobanco 314
sotobosque 12, 315
sotocómitre 314
sotocopa 314
sotocoro 315, 319
sotoescrivir 314
sotomayor 315
sotoministro 81, 266, 313-314, 351
sotopuesto 313-314
sotorreírse 315, 315n
sotorrey 315n
sotoscrivir 314
sotovento 315
souaiar 301
Soutomaior 315n
soviento 301
sovoz 302

sperança 88
sub- 2, 4, 18, 186–187, 266, 304, 313, 315, 317, 319, 332, 351, 355–356
sub 359
subalimentación 12
subarrendamiento 317
subcampeón 318
subcampeonato 318
subcantor 317
subcapitalizado 318
subcapitalizar 318
subcapítulo 318
subclase 318
subcolector 317
subcolegio 317
subcomendador 317
subcomisario 318
subconjunto 318
subconsumo 318
subcontinente 318
subcontratista 318
subcortical 318
subcultura-1 318
subcultura-2 318
subcutáneo 317
subdecano 81, 266, 304, 313, 315, 317, 351
subentendido 317
subgerencia 317
subjuzgar 332
sublaríngeo 317–318
sublevar 332
sublime 298
sublunar 304, 313, 315, 317
submarino 187, 317
subordinar 182
subprefecto 318
subsanar 317
subsecretario 318
subsuelo 298, 318
subteniente 317
subtratado 317
suceder 298
sucesor 40
suegro 149
suelo 318
sufijo 175, 258n
sufrible 181

sugestión 55
sulfito 167
sulfurado 86
sulfuro 111
suma 296
super- 4, 18–19, 52, 138, 164, 199, 211, 283, 308–309, 321, 321n, 322–323, 325, 332n, 341, 345, 360
super-producción 321
super-super-blanco 322
súper 19, 323
super 359
superabundancia 322
superabundante 322
superabundar 320–321
superauricular 138, 309, 320–322, 325
superbién 3, 19, 323
superblanco 11
superbueno 19, 323
supercivilizado 321
supercivilizar 320
superconductor 12
superdespliegue 322
superdiçion 320
superfino 52, 164, 320, 322, 325, 345
superfosfato 321
superhiperferrocasicarrilero 163
superhombre 323
superhumano 321
superior 351
superlatino 321n
superluna 322
supermacrofiesta 200
supermercado 3, 19, 323
supermodelo 11, 320, 322
supernumerario 321
superpatriótico 322
superpatriotismo 321
superponer 320
superproducción 164, 309, 321–322, 341
superpuesto 138, 320
superrápido 322
superrealismo 321–322
supersideral 321
supersustancial 321
supervalorización 322
supervalorizar 321

supervenir 320
supervigilar 321
supervivir 320
supra- 185, 187, 283, 324-325, 360
suprabdominal 325
supraceleste 324
supraclavicular 325
supraestructura 326
suprafamiliar 325
suprahepático 325
suprahistórico 325
supralobulares 324
supralunar 326
supranacional 325
supranatural 324
suprapúbico 325
suprarrenal 12, 187, 324-326
suprasensible 324
supresión 33
sustantivo 96
suzio 303

tachar 284
tajar 333
tálamo 167
tardígrado 327
tardío 328
tardipedo 327
tardo guerra fría 329n
tardo renacentismo 329n
tardo- 14, 327-329, 336
tardo-renacentistas 329n
tardo 327, 327n, 328n
tardoacademicista 329n
tardoadolescente 329n
tardobarroco 329
tardocomunismo 329
tardofranquismo 327, 336
tardofranquista 329
tardogótico 329
tardoliberal 329
tardomanierista 329n
tardomedieval 329
tardorrealismo 327
tardorrománico 327, 329
tardorromano 329
tardorromanticismo 328

tardosocialista 329
tarifa mini 223
tarso 215
taza 312
te 290
techo 61
técnico 254
teísmo 225, 254
tejar 334
tendencia 294
tener 5
teniente 317
tensión 164, 167
teólogo 312
teque 287, 289-290
tera- 229
térmico 32
terrestre 154
territorial 154
tricéfalo 337
tetra- 12, 83
tetracilíndrico 83, 330
tetracloruro 83, 330
tetracordo 330
tetrágono 330
tetragramaton 330
tetrámetro 330
tetramotor 83
tetrántropos 330n
tetraplegia 83
tetrarca 330
tetrasílabo 330
tetrástrofo 330n
tetravalente 83
tienda 163
tierra 103, 300
típico 32, 170
tirar 143
tiroides 166
titular 175
título 175
tocar 334
todo- 236, 241
todopoderoso 236, 241
todoterreno 236, 241
tonelada 210
tónico 196, 246

Palabras citadas

tono 196, 235, 296
tórax 215
tornar 40, 74, 280, 333-334
torto 60n
tóxico 32, 172, 175
toxina 131
traer 101, 293
trans- 65-66, 114, 332-333, 335-336, 336n, 345, 355-356
trans-bixina 66
trans-diazeno 66
trans-ocimeno 66
trans 66, 336
transalpino 333, 336
transandino 336
transbordar 335
transcolar 334
transdoblar 334
transexual 336
transfigurar 332
transformar 332, 336
transfundir 333, 336
transgénico 336
transladar 333
transluciendo 333
transmarino 336
transmigración 332
transmontano 336
transmudar 336
transnochar 333-334
transoceánico 335
transparecer 335
transparente 336
transpassar 333-334
transpirenaico 65
transplantar 332
transpuesto 333
transsubstanciación 335
transtornar 334
transtornará 333
transvasar 335
trápala 289
traqueal 131
tras- 12, 22n, 38, 100n, 114, 124n, 132n, 277n, 294, 298n, 332, 332n, 333n, 335-336, 336n
trasabuelo 114, 334
trasalpino 333

trasandino 336
trasañejo 332, 335
trasbisabuelo 335
trasbordar 335
trascolar 332, 334
trascoro 335
trascorral 332, 334
trasdoblar 334
trasechar 333, 345
traseñalar 335
trasfigurar 332
trasflor 334
trasformar 332
trasfundir 332-333
Trasierra 333n
trasladar 332-333
traslucir 333
trasmeter 332-333
trasmezclar 334
trasmigración 332
trasmigrar 332
Trasmonte 333n
trasmundo 114, 334
trasnieto 332, 334
trasnochar 114, 258, 294, 332-334
trasoceánico 335
traspalar 334
trasparecer 335
traspasar 332-334
traspatio 336
traspié 335
trasplantar 332, 336
trasponer 333
traspuestas 333
trassierra 334
trassustanciación 335
trastajar 333
trastejar 334
trastocar 334
trastornar 333-334
trasvasar 335
tratado 1, 317
tren 293
treta 79
tri- 10, 12, 14, 227n, 245, 330, 337-338
triángulo 337
triatómico 338

tricampeón 338
tricentenario 337–338
tricentésimo 338
triciclo 339
tricolor 337
tricúspide 337
tridecasílabo 338
tridente 337
tridimensional 338
triedro 338
trifásico 338
triforme 337
trihíbrido 338
trilátero 337
trilingüe 337
trimembre 337
trímetro 337
trimotor 338
trióxido 338
tripartir 337–338
tripartito 337
tripolar 337–338
triptongo 338
trirreactor 10
trisecar 337
trisemanal 338
trisílabo 337
tropezar 143
tropical 190
troqueo 111
tubercular 86
tubo 175
tumba 334
turbine 340
turbo ilegal 340–341
turbo- 14, 340–341
turbo-alternador 340
turbo-bomba 340
turbo-dínamo 340
turbo-generador 340
turbo-hélice 340
turbo-hombre 340–341
turbo-máquina 340
turbo-marxismo 341n
turbo-motor 340
turbo-renovador 341

turbocalentamiento 341
turbocapitalismo 341
turbocompresor 340
turboconsumismo 340–341
turboconsumistas 341
turboconsumo 341
turboglorieta 341
turbomachismo 341
turbomáquina 340
turbomotor 340

ultra cuidança 342
ultra natura 344n
ultra- 52, 65, 283, 322, 325, 336, 343–345
ultra 344–345
ultracapitalista 344
ultracivilizado 52, 164, 322, 325, 343
ultracompacto 344
ultracongelado 343–344
ultraconsciente 343
ultracuidado 342
ultraculto 344
ultraderechista 12
ultraespartana 343
ultrafederal 343
ultrafreudiano 343
ultragaseoso 343
ultraintransigente 343
ultramar 342
ultramarino 342
ultramicroscópico 343–344
ultramontano 345
ultramundano 342
ultraobjeto 344
ultrapasar 343
ultrapedestre 343
ultrapenetrante 342–343
ultrapirenaico 65, 336, 342, 345
ultrapuertos 344n
ultrarracional 344
ultrarreaccionario 343, 345
ultrarrepublicano 343
ultrarrojo 343
ultrarromántico 154, 343–344
ultrasensibilizado 343
ultrasentimentalismo 342–344

ultrasonido 342, 344
ultraterreno 342
ultratumba 342, 342n
ultravida 344
ultravioleta 343-344
umbral 38
un no católico 7n
uni- 337, 347-348
unicama 347
unicameral 347
unicelular 226, 346-348
uniciclo 347
unicolor 346
unicornio 346
unidimensional 347
unidireccional 347
uniestilo 347
unifamiliar 347
unifoliado 346
uniforme 346
unigénito 346
unilateral 226, 347-348
unilingüismo 347
unimembre 346
unimismar 348
unimismarnos 348
uninerviado 346-347
uninucleado 226, 347-348
uniovular 347
unipantalón 347
unípede 346
unipolar 226, 348
unisex 347
unisexo 347
unísono 2, 346
unitermo 347
univalente 346
univalvo 346
universal 250
universitario 153
unívoco 346
unto 61
usía 287
usiría 287
uterino 193
útero 193-194
utilización 308

utilizar 186
utopía 119

vagina 175
vallena 205
valorar 163, 186, 308
valorización 322
variable 180
vascular 131
vatio 210
vecino 63 75, 149
veloz 228
vena 193
venoso 193
ventricular 190
verbal 96, 251, 258n
verde 280
verdugo 149
vertebral 258, 262
vesical 131
vestido mini 223
vice- 266, 304, 313, 315, 319, 351
vice-christo 350
vice-cristo 350
vice-dama 350n
vice-hermano mayor 351
vice-patrono 351
vice-presidente 266, 313, 315, 350
vicealcalde 351
vicealhombra 350n
vicealmirante 81, 349-350
viceauditoría 351
vicecampeón 351
viçecançeller 349
vicecanciller 349
vicecastellano 350
vicechanceller 349
vicecocinero 350
viceconsejero 351
viceconsiliario 350
viceconsulado 349
vicedecano 349
vicediós 350
vicedirector 351
viceejercer 351
viceejercitar 351
vicegobernador 350

vicegodos 350n
vicegol 351
vicelegado 350
vicelendakari 351
vicelíder 351
viceluz 350
vicemono 350n
vicepatrón 351
vicepresidente 304, 319
viceprimer ministro 351
viceprotector 350
viceprovincial 350
viceregente 350
vicerey 350
vicerosas 350n
vicerrector 12, 350
vicesuperior 351
viceteoría 351
vicetesorero 351
vieja 269
viejo 277
viento 301
vigilar 321
virrey 350
virtud 180
víscera 350n
visigodos 350n
visión 64
visodios 205
vizconde 349
vizrreyes 350
vnicornio 346
vníuocos 346
vocal 225
voltio 210
volumen 226

yates maxis 202
yerno 149

zabordar 303
zabucar 300
zahondar 298
zape 284
zapuzar 18, 300
zoofagia 6

francés
amide 114
archiprêtre 49
autodidacte 14n

bicorne 60
bicyclette 60
bimane 59n

contre-courant 78
contre-mine 78
contrebatterie 80
contrefort 80
contremur 80
contrepoids 78
contrepoint 78
contrescarpe 80
contreseing 80
contretemps 78

ex-laquais 149

isogamie 196
isometrique 196
isotonique 196
isotrope 196

minijupe 201, 221

nanomaison 230
nanomètre 229
nanoseconde 229

outre-tombe 342n

pédiatre 14n
plurilatérale 250n
plurilingue 250n
plurimembres 250n
polyglotte 14n
prestre 49

requêté 288n

triatomique 339
tricycle 339

tridimensionnel 339
turbo-alternateur 340
turbo-capitalisme 340
turbo-dynamo 340
turbo-hélice 340
turbo-prof 340n
turbocompresseur 340
turbogénérateur 340
turbomachine 340
turbomoteur 340
turbopompe 340
turbotrain 340n

ultra-démocratique 343n
ultra-révolutionnaire 343n
ultra-violet 343n
ultralibéral 343n
ultrapapiste 343n

gallego
cal 89
cando 89
case 89

griego
ἀ- 29
ἀβουλία 31
ἄγγελος 49
ἀγορά 239
ἀγωγή 243
ἀδελφός 114, 254
ἀδυναμία 30
ἄθεος 30
αἴσθησις 7n
ἀκέφαλος 30
ἀκινησία 31
ἄκος 239
ἄλαλος 31
ἀλλήλους 242
ἀλφάβητος 30
ἀμνησία 30, 119
ἀναλφάβητος 30
ἀναρχία 30
ἀνήρ ἀνδρός 254
ἀντι- 43
ἀντινομία 44
ἀντιπάθεια 44

ἀντίφάρμακον 44
ἀνώδυνος 30
ἀνώμαλος 30
ἀπάθεια 30
ἀποπληξία 157
ἀπόστολος 274n
ἀρρυθμία 30
ἀρχάγγελος 49
ἀρχέτυπον 50
ἀρχι- 48
ἀρχιδιάκονος 49
ἀρχιεπίσκοπος 49
ἀρχίμιμος 48
ἀρχιπρεσβύτερος 49
ἀρχισυνάγωγος 50
ἀρχιτέκτων 48
ἀρχιτέκτων 50
ἄρχω 30, 48, 224, 253
ἄστομος 30
ἀσυμμετρία 30, 30n
ἀτροφία 30
αὐτό- 53
αὐτογενής 54
αὐτοδίδακτος 14n
αὐτοδίδακτος 54
αὐτοκράτεια 54
αὐτοκρατής 54
αὐτονομία 54
αὐτόνομος 54
αὐτός 53
αὐτόχθων 54
αὐτοψία 54
ἀφασία 31, 119
ἀφωνία 30

βάλλω 113, 242, 264
βάρος 195
βιογραφία 55
βίος 55, 169n
βλαστός 121, 210
βούλομαι 31

γάλα 169n
γάλακτος 169n
γάμος 57, 110, 151, 159, 170, 196, 224, 253
γένεσις 119
γένος 57, 122, 151, 158, 166, 231, 237, 254

γίγνομαι 54
γλαυκός 165n
γλῶσσα 159, 166, 198, 253
γλῶττα 253
γράμμα 113, 169n, 225, 264
γράφω 32, 55, 120, 137, 170, 217, 225, 231, 237, 242, 253, 274
γρύψ 168
γωνία 98, 112, 253

δαιμόνιον 239
δεῖγμα 242
δεκα- 98
δέκα 98
δεκασύλλαβος 98
δεκάχορδον 98
δέρμα 121, 137, 151
δέω 165n
δῆμος 137, 239
δι- 114, 273
δια- 112, 114
διαβαίνω 113
διαβήτης 113
διαβολικός 113
διάγραμμα 113
διαγώνιος 112
διαδέω 112
διάδημα 112
διαθερμαίνω 113
διάκονος 49, 112
διακριτικός 113
διαλεκτικός 112
διάλεκτος 112
διάλογος 112
διάλυσις 113
διάμετρος 113
διάρροια 113
διατονικός 113
διατριβή 113
διαφανής 112
διαφόρησις 32
διάφραγμα 113
διαφωνία 113
δίβραχυς 57
δίγαμος 57, 110
διγενής 57

διδάσκω 54
δίεδρο 110
δίεδρος 338
διθάλασσος 57
δίμορφος 110
δίπτερος 110
δίς 110
δισύλλαβος 110
δόμος 195
δόξα 158, 242
δύναμαι 30
δύο 110
δυσ- 358, 360
δυσεντερία 118
δυσκρασία 118
δυσοσμία 118
δυσπεψία 118
δύσπνοια 118
δυσφορία 118
δυσφωνία 118

ἕδρα 98, 110, 253, 331, 338
ἑκτο- 121
ἑκτός 121
ἕλμινθος 44
ἕλμινς 44
ἐν 130
ἐνδο- 130
ἔνδον 130
ἔντερα 118
ἐξ 121, 151
ἐξω- 151
ἐξωτικός 151
ἐπι- 137
ἐπί 137
ἐπιγραφή 32, 137
ἐπιδημία 137
ἐπίκυκλος 137
ἐπιληψία 137
ἐπίλογος 137
ἐπίσκοπος 49, 274n
ἐπιφώνημα 137
ἑτερογενής 158
ἑτερόδοξος 158
ἑτερόκλιτος 158
ἑτερώνυμος 158

ευτροφία 119
ευφημισμός 119

ζυγωτός 225
ζῶον 215, 232, 237, 271

ήλεκτρον 31
ήλιος 248
ημέρα 224
ημι- 156
ημιθωράκιον 157
ημικρανία 156
ημίκυκλος 156
ημιστίχιον 157
ήμισυς 156
ημισφαίριον 156
ημιτόνιον 157
ημιτριταῖος 156

θεός 30, 239, 254
θερμαίνω 165n
θέρμη 32
θερμός 113, 121, 170, 195, 347
θέσις 214
θύρα 273
θώραξ 157, 215

ιππόδρομος 168
ιππόκαμπος 168
ιπποκένταυρος 168
ιπποπόταμος 168
ίππος 168
ισο- 31, 195
ισοβαρής 195
ισόδομος 195
ισομερής 195
ισόπλευρος 195
ίσος 195
ισοσκελής 15, 195
ισόχρονος 195

καθολικός 31
καθόλου 31
καίω 166
καρδία 121, 247
καρπός 137, 215, 247
κέντρον 215

κέρκος 158
κεφαλή 30, 54n, 58, 196, 217, 225, 254
κινέω 31
κλειδός 31
κλείς 31
κλίνη 57
κλών 226
κοίτος 224
κρανίον 156, 247
κρᾶσις 118
κράτος 54, 225
κρίνω 113
κριτής 32
κριτικός 32
κύκλος 60, 137, 156, 339
κύτος 210

λαλιά 119
λατρεία 55
λέγω 112
λειτουργικός 32
λειτουργός 32
λέξις 119
λῆψις 137
λίθος 209, 224, 232, 237
λόγος 98, 112, 137, 168, 217, 224, 232, 239, 264
λύω 113, 242

μαγνήτης 114
μαγνητικός 114
μακρο- 197
μακρός 197
μανία 209, 232
μάρτυρος 268
μάρτυς 268
μεγα- 209
μεγαδάκτυλος 209
μεγάθυμος 209
μεγαλ- 209
μεγάλη δούκαινα 211
μεγάλη 209
μεγαλόθυμος 209
μεγαλομανής 209
μεγαλόστερνος 209
μεγαλόφωνος 209
μέγας δούκας 211
μέγας 209

μέρος 110, 195
μετα- 214
μετά 214
μεταβολή 214
μεταγωγεύς 214
μετάθεσις 214
μεταμόρφωσις 214
μεταπλασμός 214
μετάστασις 214
μεταφορά 214
μετρικός 196
μέτρον 30, 98, 113, 196, 217, 247, 254
μήν 231
μηνός 231
μικρο- 217
μικροκέφαλος 217
μικρός 217
μικρόσφαιρον 217
μικρόψυχος 217
μῖμος 48
μίτος 253
μνήμη 30, 119
μοναρχία 224
μονο- 224
μονογαμία 224
μονοήμερος 224
μονόκοιτος 224
μονόλιθος 224
μονολόγος 224
μονοπώλιον 224
μόνος 224
μονοσύλλαβος 224
μονοτονία 224
μονόφυλλος 224
μονοχρώματος 224
μορφή 110, 121, 159, 195, 214, 254
μωρός 165n

νᾶνος 229
Νέαι Πάτραι 232n
νεο- 231, 231n
νεόγαμος 231n
νεογενής 231
νεόγραφος 231
νεομηνία 231
νεομορφοτύπωτος 231n
νεόπολις 231, 231n

νέος 231
νεόφυτος 231
νόμος 44, 54, 159, 254, 227n

ὁδός 247
ὁδούς 31
ὀδύνη 30
ὅμοιος 170n
ὁμαλός 30
ὁμο- 169
ὁμόβιος 169n
ὁμογάλακτες 169n
ὁμόγαμος 170
ὁμόγραμμος 169n
ὁμόγραφος 170
ὁμοδοξία 169
ὁμοῖος 169
ὁμός 169
ὁμοφωνία 169
ὁμόφωνος 170
ὁμώνυμος 169n
ὄνομα 158, 169n
ὀσμή 118
οὐ 119
οὖρον 31, 118
ὄψις 54–55, 119

πάθος 30, 44
παλαιο- 237
παλαιός 237
παλαιότροπος 237
παν- 239
πανάκεια 239
πάνδημος 239
πανηγυρικός 239
Πάνθειον 239
πανσπερμία 239
παντο- 239
παρ- 242
παρα- 242
παρά 242
παραβολή 242
παράγραφος 242
παραγωγή 243
παράδειγμα 242
παράδεισος 243
παράδοξα 242

παράδοξος 242
παράλληλος 242
παράλυσις 242
παράφρασις 243
πᾶς 239
πατέω 247
πεπτός 118
περι- 243, 247
περί 247
περικάρδιον 247
περικάρπιον 247
περικράνιος 247
περίμετρος 247
περίοδος 247
περιπατητικός 247
περιπλευμονία 247
περιφέρεια 247
περίφρασις 247
πέταλον 32
πλάσμα 214
πλάσσω 214
πλαστός 55, 121, 158, 268
πλεύμων 247
πλευρόν 195
πλήσσω 157
πνεύμων 247
πνοή 118
ποδός 253
πόλις 31, 231
πολυάδελφος 254
πολυανδρία 254
πολυαρχία 253
πολυγαμία 253
πολύγλωττος 14n, 253
πολυγραφία 253
πολύγωνος 253
πολύεδρος 253
πολυθεία 254
πολυκέφαλος 254
πολύμιτος 253
πολύμορφος 254
πολυπόδιον 253
πολύς 253
πολυσύλλαβος 253
πούς, ποδός 98, 253
πραξία 268
πρᾶξις 268

πρεσβύτερος 49
προ- 264
πρό 264
προβάλλω 264
πρόβλημα 264
πρόγραμμα 264
πρόλογος 264
προφητεία 264
προφήτης 264, 273
πρωτο- 268
πρωτόπλαστος 268
πρῶτος 268
πρωτότυπος 268
πτερόν 110, 157, 198, 273
πωλέω 224

ρέω 113
ρυθμός 30

σαύρα 209
σαῦρος 209
σῆμα 254
σῆψις 32
σκέλος 195
σκοπέω 198, 209, 217, 235, 248
σπέρμα 239, 248
σπορά 151, 198, 271
σπόρος 159
στάσις 170, 214
στέλλω 248
στέρνον 209
στίχος 157
στόμα 30
στρατηγός 165n
συλλαβή 98, 110, 224, 253
συμ- 30
συμφωνία 7n
συν- 7n, 248
σύνθεσις 7n
συστέλλω 248
συστολή 248
σφαῖρα 121, 156, 170, 217, 226

ταρσός 215
τείνω 113
τεῖχος 243
τέκτων 48, 50

τετράεδρον 331
τετραφάρμακον 331
τετράχορδον 331
τέχνη 168
τόνος 113, 119, 157, 224
τόξον 32
τόπος 114, 119, 158
τρίβω 113
τρίγλυφος 156n
τρικέφαλος 58
τρίτος 156
τρόπος 157, 196, 237
τροφή 30, 119, 122, 159
τυπικός 32
τύπος 32, 50, 268

ὑπερ- 161
ὑπέρ 161
ὑπο- 165
ὑπογάστριον 166
ὑπόγλαυκος 165n
ὑποδέω 165n
ὑποδιάκονος 167n
ὑποθερμαίνω 165n
ὑπόθεσις 15
ὑπόκαυστον 166
ὑπόμωρος 165n
ὑποστράτηγος 165n
ὑποχόνδρια 166

φαγεῖν 55, 115, 118–119, 151, 168, 198
φαίνομαι 112
φαίνω 137
φάναι 31
φάρμακον 44, 331
φάσις 114, 226, 338
φέρω 118, 214, 247
φημί 119, 264
φθόγγος 338
φίλος 158, 231
φορέω 32
φράσις 243, 247
φράσσω 113
φύλλον 110, 224
φυσικά 214
φυτόν 225, 231

φωνή 7n, 30, 113, 118, 137, 209–210, 215, 217
φωσφόρος 226

χειμών, χειμῶνος 195
χθών 54
χλαμύς 31
χόνδρος 166
χορδή 98, 331
χρονικός 114
χριστιανός 274n
χρόνος 114, 159, 195
χρῶμα 31, 58, 86, 119, 224
χρωματικός 31

ψευδής 273
ψευδο- 273
ψευδογραφία 274
ψευδοδίπτερος 273
ψευδοεπίσκοπος 275n
ψευδόθυρον 273
ψευδοπροφητεία 273
ψευδοπροφήτης 273
ψευδόχριστος 275n
ψευδώνυμος 273
ψυχή 217

holandés
minirok 221

inglés
almost 88n
atomicity 8n

ex-bishop 149

hyperlink 163
hypertext 163

interview 190

macroeconomic 199
macrogranular 199n
macroinstruction 199
macronutrient 199
macrosurvey 199n
Maxi-pad 201

maxicoat 201
maxidress 201
maxiskirt 201
megabit 211
megabyte 211
megahit 211
megapixel 211
megashow 211
megastore 211
microbusiness 219
microchip 219
microcommerce 219
microcomputer 219
microcredit 219
microfilm 219
microloan 219
mini- 201n
mini-bike 221
mini-breaker 221
mini-cruiser 221
mini-max 221
mini-miser 221
mini-motor 221
mini-pilot 221
Mini 221
minibus 221
minicam 221
miniskirt 201, 221
miniskirt 223

nanohouse 230
nanometer 229
nanosecond 229
nanotechnology 229

pro-Catholics 266
pro-educational parties 266
pro-papist viceroy 266
pro-popery 266
pro-slavers 266
pro-slavery action 266
pro-transubstantiation 266
provatican 266
pro 266
pro and contra 266
proactive 265
procapitalism 266

proliquorites 266
pros and cons 266

self-concept 56
self-control 56
self-help 56
self-knowledge 56
superhuman 323
superman 323
supermoon 322

triatomic 339
tridimensional 339
trioxide 339
turbocapitalism 341

italiano
contraforte 80
contrasegno 80
contratempo 78

ex-gesuita 149

minigonna 221

parapetto 244
parare 244
petto 244

tardivo 328
tardo 327
tardo barocco 328
tardo gotico 328
tardo medioevo 327–328
tardo romano 328
tardo romanticismo 328
tardo- 328
tardo-gotico 328
tardo 327–328
tardoromano 327–328
turbo-comunismo 341n

latín
a- 72n, 141n
ab- 21n
abnormis 32n
acclāmō 22

accommodō -āre 23
accorporō -āre 21
accrescō -ere 21n, 23
accurrō -ere 23
acephalus 30
ad vicem 349
ad- 21, 21n
adaerō -āre 21
adaquō -āre 21
addormiō -īre 23
addormiscō -ere 23
adedō -ere 21
adhamō -āre 21
adiuvō -āre 68
admīror -ārī 21
admoeniō -āre 21
adultus 320
adveniō -īre 23
advocatus 48n
aequi- 139
aequidistans 139
aequilaterus 139
aequilībrium 139
aequinoctium 139
aequipar 139
aequipollens 139
aequitas 139
aequivalens 139
aequivocus 139
aequus 139
aes, aeris 21
affirmō -āre 21n, 22
agō -ere 35n
albeō -ēre 25
albus 25, 95n, 125n
amarus 125n
ambidens 35
ambidextrus 35
ambiformiter 35
ambigō -ere 35n
ambiguus 35n
ambō 35
amicus -ī 178
analphabētus 30
anodynus 30
anomalus 30

antelatiō -ōnis 38
antelucānus 38
antemerīdiānus 38
antepaenultimus 38
antevideō 38
antevīsum 38
apathīa -ae 30
apostolus 274n
appāresco -ere 23
apparō 22n
apportō 22
apprehendō 22
appretiō -āre 23
approbō -āre 23
apprōnō -āre 21
aqua -ae 21
archangelus -ī 49
archetypum 50
archiadvocatus 48n
archīāter 50
archicapellanus 48n
archidiāconus -ī 49
archidoctor 48n
archidux 48n, 50n
archiepiscopus -ī 49
archimīmus -ī 48
archipīrāta -ae 48
archiporcarius 48n
archipresbyter -eri 49
archisacerdōs -ōtis 49
archisynagōgus -ī 48, 50
autocratus 53n
autopȳrus 53n
architectus 50
armō -āre 107
arrythmia -ae 30
asser -is 125n
asseuērō -āre 21
assignō 22
atheus 30
atrophia -ae 30
attendō -ere 23
attineō -ēre 23
aurum -ī 125n, 300n
autochthōn -ōnis 54
auus 60

āversus 21n
āvertō -ere 21n

bibō 172
bibrevis 57
biclīnium 57
bicolor -ōris 58
bidens -entis 57
biennālis 58
biennium -iī 58
bifāriam 250n
biformis 58
bifrons -ontis 59n
bifurcātus 57
bifurcus 57
bigamus 57
bigener 57
bilinguis 58
bilocata 58
bimaris 57
bimembris 57
bimestris 58
bipalmis 58
bipartītus 58
bipes -edis 58
bis quīnī 60
bis 57, 57n, 60
biscoctus 60
bisextus 57
bisneptis 60
bisquīnī 60
bistinctus 60
bisulcus 58
bisyllabus 58
brācchium -iī 226
bucca -ae 300

caelestis 320
calix -icis 301
calvus 277
camisia 167n
camisium 167n
capō 145
cappa 226
capulō 145
cardinālis 274n
causa -ae 277

christiānus 274n
chromaticus 31
cilium -iī 320
circa 310
circum 62, 310
circumcircā 63
circumdoleō 62n
circumequitō 62n
circumiacens 63
circumlūceō 62n
circumplumbō 62n
circumscrībō 63
circumscriptus 63
circumsonantis 63
circumvestiō 62n
circuncido 62
circunferencia 62
circunflectō 62
circunlocución 62
circunvalación 62
circunvenir 62
circunvolar 62
cis 65
cisalpīnus 65
cismontānus 65
cisrhēnānus 65
cistiberis 65
citra 65
clāmō 22
clūsum -ī 193n
coactio -ōnis 67–68
coaequālis 68
coaeternus 68
coburgensis 68n
coctus 177
coepiscopus -ī 68
cofrater 68n
cognātus 67
cohabitō -āre 68
cohaerens 67
coincidere 68
collacrimō -āre 68
collaterālis 68
collum -ī 95n
color -ōris 104
commodō -āre 23
commūnicō -āre 108, 145

confessiō -ōnis 32
contrādīcō -ere 76
contrādictiō -ōnis 76
contrāpōnō -ere 76
contrascrībō -ere 78
contrascriptum 78
conversus 274n
cooperor -ārī 68
cooptō 67
coparticeps 68n
cor cordis 104
corpus -oris 21
correspondō -ere 68
corrumpō -ere 68
cortex -icis 95n
cras 277
crescō -ere 21n, 23
cruciō 101
cultura -ae 33
cultus -ūs 226
cum 67, 72
cupiō 105
currō -ere 23
cuspidō -āre 25
cuspis -idis 25
cutis 277

dēalbō -āre 95n
dēambulō -āre 95
dearmō -āre 94, 107–108
decānus 167n
dēclamō -āre 95
decollō -āre 95n
dēcorticō -āre 95n
dēcrescō -ere 95
dedignor -ārī 94, 108
dēformō -āre 95
dēgustō -āre 95
dēhonorō -āre 94, 107
dēlimitō -āre 95, 107
dēmandō -āre 94
dēmonstrō -āre 94
dēnominō -āre 95
dēnotō -āre 95
dēnūdō -āre 94, 108
dēpendeō -ēre 94n
dēpopulor -ārī 95

dēscendō 94n
dēturpō -āre 94, 108
diāconus -ī 49
diaphorēsis 32
dicō -ere 107
dīdūcō -ere 115n
diffāmō 101
differō -ere 101, 115n
difficilis 103
dīgladior 101
dīlātō 101
dīlūdium -iī 103
dīmidius 103
dīminuō -ere 115
dirrumpō 115n
dīrumpō -ere 115n
discernō 115n
discolor 104
discors 104
discruciō 101
discupiō 105
disjungō 115n
dispar 104
displānō 101
dispōnō -ere 103
dispositiō -ōnis 103
dispositūra -ae 103
disrumpō 115n
dissigillō 101, 105
dissimilis 104
dissimulō -āre 115
dissolvō -ere 115, 115n
dissonus 104
dissors 104
disturbō -āre 115
dīvārō 101
doctor 48n
dormiō -īre 23
dormīre 147n
ducem 211
dūcō -ere 115n
duo 112
dūrus 147n
dux 211
dyscrasia 118
dysenteria 118
dyspepsia 118

Palabras citadas — 425

dyspnoea 118
dysūria 118

ē- 141, 147n
ēdiscō 141
edō -ere 21
ēdormiō 141, 147n
ēdūrus 147n
ēiciō 141
endoplōrō -āre 130n
ēnucleō 141
ēō -īre 278n
epicyclus -ī 137
epidēmia -ae 137
epilēpsia -ae 137
epilogus -ī 137
Epiphania -ōrum 137
epiphōnēma -atis 137
episcopus -ī 49, 274n
equisētum 140
equus 140
ex cátedra 147
ex libris 147
ex novo 147
exaedificō 141
exarmō 141
excalceō 141
excapulare 145
excomborare 145
excommūnicō -āre 108, 145
excoquō 141
exīre 147n
exōticus 151
expergiscor -ī 108, 145
expertare 108, 145
expertus 108, 145
expetō -ere 108
explōdō 176
exportō 141
expugnāre 147n
exsanguis 95
exsecō 141
exstirpō -āre 108, 145
extrā hōrās 153
extrā montes 153
extrā mūrōs 153
extrā tempora 153

extrā 153
extrāmundānus 153
extrāmūrānus 153
extrānātūrālis 153
extrāordinārius 153

faciēs -iēī 320
facilis 104
fāma 101
fēmina -ae 125
fēminō -āre 125
ferō 101, 172
ferrō -ere 115n
firmō -āre 21n
firmō 22
firmus 178
fixus 175
flos floris 58
foliātus 346
folium -iī 86
foras 310
foris 310
forma -ae 226, 250
frāter 274n

genitus 256
genus -eris 234
gignō 256
gladius 101
gnātus 121n
gradior 172
gradus 18, 260n

hāmus -ī 21
hemicrania 156
hēmicyclus 156
hemisphaerium 156
hemistichium 157
hēmitonium 157
hēmitriglyphus 156n
hēmitritaeus 156
heterocrānea 158n
homo digitalis 171n
homo economicus 171n
homo erectus 171
homo faber 171
homo sacer 171

homo sapiens 171
homo 171
homocentricus 170n
hypocamisium 167
hypocaustum-ī 166
hypochondria -ōrum 166
hypodiaconus 167n

illēgitimus 179
illicitus 177
illūminō 172
imberbis 177
imbibō -ere 124, 172
immigrō -āre 124, 172
immisceo 172
immoderātus 178
immodestus 177
immortālis 178
imperfectus 177
impertinens -ntis 179
impius 178
implōrō -āre 130n
impōnō -ere 125
importō 172
impossibĭlis 178
imputrescō -ere 125
in 124, 177
inalbō -āre 125n
inamārescō -ere 125n
inamicitas -atis 178
inasserō -āre 125n
inaurō -āre 125n
incarnō -āre 124
incertus 179
incidō -ere 68
incīvīlis 177
incoctus 177
incommodus 179
incorporō -āre 125
incurvō -āre 124
indecens -ntis 179
indifferens -ntis 179
indoctus 177
ineffabilis 179
ineō 172
ineptus 177
infēlix -īcis 179

inferō 172
inferus 184n
infirmus 178
inflammō -āre 125
informō -āre 125
infortūnātus 178
infrā 184, 184n
infrāforānus 184
infrascriptus 184
infrecuens -ntis 177
infrēnō -āre 124
ingrandescō -ere 125
ingredior 172
inhumānus 177, 179
inimīcus -ī 178
innarrābilis 177, 179
innātus 172
inquiētō -āre 177n
inquiētus 177n
insānus 177
insciens 177n
inscientia 177n
insenescō 172
insensibilis 179
intendō -ere 124
intendō 172
inter 310
intercēdō -ere 188
interdīcō -ere 188
interdictum 132
intermedius 132, 188
intermissus 132
intermittō -ere 132, 188
interpellō -āre 188
interpōnō -ere 132, 188
interrex 188
interrogō -āre 188
interserō -ere 188
intertāleō 132
intertexō 132
interveniō -īre 132, 188
intrā 193, 310
intrāclūsus 193n
intracutaneus 193n
intrāmeātus 193n
intramissor 193n
intrāmūrānus 193n

Palabras citadas — 427

intratenere 193n
intrōmittō 132n
investiō -īre 125
involvō -ere 124
īre 147n, 172
irradiar 172
irradiō 172
irrāsus 177
irratiōnālis 179
īsodomus 195
īsopleuros 195
īsosceles 195
iunctūra -ae 68

jūdicō -āre 316
jūmentum -ī 320

labrum -ī 300n
lacrimō -āre 68
latus -eris 250
lātus 101
lēgālis 33
līmen -inis 320
locō -āre 58, 115
lūdus -ī 103
lumbus 260n
lūminō 172

macrochera 197n
macropiper 197n
magister 48n
magnēticus 114
mania -ae 232
manus 346n
marītus 346n
martyr 268
meātus -ūs 193n
medium -ī 203
medius 103, 203
mensis -is 295
merīdiānus 256
micropsȳchus 217
microscopium 217
microsphaerum 217
mīmus -ī 48
mīror -ārī 21
misceo 172

modo 256
moenia -ium 21
molinarius 48n
monarchia 224
monochrōmatos 224
monogamia 224
monolithus 224
monopolium 224
mōrālis 32
mortua 349
mōtor -ōris 226
multicolor -ōris 227
multifārius 250n
multiformis 227
multiloquium -iī 227
multus 227
mundiālis 320
mūrum 193n

nātus 172
neomēnia 231
Neopatria 232n
neophytus 231
nucleus -ī 226

omnibus 234n
omnicolor -ōris 235
omnidomus 234n
omnigenus 234
omnimāiestās -tātis 234n
omniperītus 234
omnis 234, 234n
omniscius 235
omnividens 234
ovulum 226
ovum -ī 226

Padus 65
Palaepharsālus -ī 237
panacēa 239
panēgyricus 239
Pantheon 239
parabola -ae 242
paradigma -ātis 242
paradīsus -ī 243
paradoxa -ōrum 242
paragōgē -ēs 243

paragraphus -ī 242
parallēlus 242
paralysis -is 242
paraphrasis -is 243
pāreō -ēre 22n, 23
parum afinis 244
pericarpum 247
perillustris 248n
perimetros 247
peripateticus 247
peripherīa 247
periphrasis 247
perītus 234
pēs, pedis 346
petō -ere 108
phosphorus 226
pīrāta -ae 48
plānus 101
platea -ae 226
plūrifārius 250n
plūriformis 250
plūrilaterus 250
plūris 250
plūrivocus 250
plūs 250
porcarius 48n
portō 22, 172
posmerīdiānus 256
postgenitus 256
postmerīdiānus 256
postmodo 256
postpōnō 256
postprincipium 256
postveniō 256
praeclārus 261
praedicātor 274n
praedominans -ntis 261
praegradō 260n
praelumbō 260n
praepotens -ntis 261
prehendō 22
presbyter -eri 49
pretiō -āre 23
principium 256
prō 263, 266
probō -āre 23
prōnepōs -ōtis 263n

prōnus 21
prōpugnō -āre 265
prōquaestor -ōris 349
prōtomartyr 268
protonotarius 268n
prōtoplastus 268
prōtotypus 268
pseudo-Antōnīnus -ī 273
pseudo-flāvus 273
pseudoapostolus 274n
pseudocalidus 273
pseudocardinalis 274n
pseudocastus 273
Pseudocatō -ōnis 273
pseudochristianus 274n
Pseudochristus 275n
pseudoconversus 274n
pseudodipteros -on 273
pseudoepiscopus 274n, 275n
pseudofrater 274n
pseudographus 274
pseudoliquidus 273
pseudopraedicator 274n
pseudoprophēta -ae 273
pseudoprophētīa -ae 273
pseudothyrum -ī 273
pseudourbānus 273
pseudovicarius 274n
pugnāre 147n

quadragiens 83
quadraginta 83
quadrans -antis 83
quadrātiō -ōnis 83
quadrātus 83
quadringenti 83
quadruplicō -āre 83n
quam 88
quasi castrense 88n
quasi possessione 88n
quasi 88
quater 85
quaternārius 85
quaterni 85
quaterniō -ōnis 85
quatriduānus 85
quatriēris -is 85

quatringēnārius 85
quatriō -ōnis 85
quatrisextium 85
quattuor 83
quattuordecim 89
quiētō -āre 177n
quinque- 12
quintus 320

radiō 172
rārus 101
recaleō 277
recaluus 277
recipiō -ere 279
reclāmō -āre 279
recordō -āre 278
recrastinō 277
recrūdescō 277
recuperō -āre 277-278
recursō -āre 279
recūsō 277
recutītus 277
redēō -īre 278n
redimō -ere 279
reduncus 278, 278n
reformō -āre 279
refrēnō -āre 278
refugiō -ere 278
refundō -ere -ūsum 279
relambō -ere 278
relūceō -ēre 278
relūminō -are 278
remaneō -ēre 278
rememoror -āri 278
remittō -ere 279
removeō -ēre 277-278
renovō -āre 278
repraesentō -āre 279
reprimō -ere 279
reprobō 277
resīmus 278
restaurō -āre 279
restituō -ere 279
resuscitō -āre 279
retrahō -ere 278
retrō 292
revēlō -āre 279

revestiō -īre 278
revolvō -ere 278
rūgīre 300
rumpō -ere 68, 115n

sacculus -ī 175
sacerdōs -ōtis 49
scōpa -ae 141
scrībō -ere 78
sēmicaper -prī 295
sēmicirculāris 295
sēmicirculus -ī 295
semideos 295n
sēmimortuus 295
sēmipedālis 295
sēmiplēnus 295
sēmivīvus 295
sēmivocālis 295
sēmuncia 295
senescō 172
sensus -ūs 35
seuērus 21
sexuālis 32
sī 88
sigillum 101
signō 22
similis 104
simulō -āre 115
sīmus 278
solvō -ere 115
sonō -āre 63, 227
sonus -ī 104
sors, sortis 104
speculum 141
spissus 141
squama 141
stagnum 141
stirps -is 108, 145
stō, stare 141
strātum 114
sub 19, 298, 316
subaurō -āre 300n
subbuccare 300
subcēdō -ere 316
subdubitō -āre 298
subficiens 316
subiaceō -ere 298, 316

subjugō -āre 316
sublābrō -āre 300n
submittō 355
subrogar 316
subta 310
subtus 310, 314
succēdō -ere 316
succenturiō -ōnis 298, 316
sufficiens 316
super 161, 310
superabundans 321
superabundō -āre 306, 321
superadultus 320
superbibō -ere 306
supercadō -ere 306
supercaelestis 320
supercilium -iī 320
supercinctus 306
supercingō -ere 306
supercrescītum 307n
supercrescō -ere 307n
supercrētum 307n
supercurrō -ere 306
superdīcō -ere 320
superdictiō -ōnis 320
superexaltō -āre 306
superficiēs -iēī 320
superiactō -āre 306
superjūmentārius -iī 320
superlativo 321n
superlīmen -inis 320
supermundiālis 320
supernumerārius 321
superpōnō -ere 320
superpositus 320
superquintus 320
supersedeō -ēre 306
supersēminō -āre 306
superstō -āre 321
supersubstantiālis 306, 321
superus 324
superveniō -īre 320
supervīvō -ere 306, 320
supervolō -āre 306
suprā 324
supracapitaneus 324n

supracomitus 324n
suprālātus 324n
suprānumerārius -ī 324n
suprapositio 324n
suprāscandere 324n
suprāscriptus 324n
suprasedere 324n
supratenere 324n
suprāvīvere 324n
syllaba -ae 84n, 86
synagōga -ae 48
systole 248

tālea 132
tardus 327, 327n
tendō -ere 23, 172
teneō -ēre 23
tetrachordon 331
tetrapharmacon 331
torqueō -ēre 60n
tortum 60n
trans 332
transfigurō -āre 332
transformō -āre 332
transmigrātiō -ōnis 332
transplantō -āre 332
trilinguis 86, 225, 250, 227, 347
trimembris 250
turbō -āre 115
turbō -inis 340

ultrā 342
ultramarinus 342
ultrāmundānus 342
ultravadare 342
uncia -ae 295
uncus -ī 278
ūnicolor 346
ūnicornuus 346
ūniformis 346
ūnigenitus 346
ūnimanus 346n
ūnimarīta 346n
ūnisonus 346
ūnivocus 346
ūnus 346

valens -ntis 35, 58, 225, 235, 246, 250, 346
valva -ae 86, 346
vārus 101
veniō -īre 23, 256
vertō 21n
vicārius 274n
vice 349
vicecamerarius 349n
vicecancellārius -ī 349
vicecapitaneus 349n
vicecomes -itis 349
viceconsul 349n
viceconsulātus -ūs 349
vicecustōs -ōdis 349n
vicedecānus -ī 349
vicedecanus 349n
vicedefensor 349n
vicedominus 349n
vicejudice 349n
vicequaestor 349
vide infra 184
videō -ēre 234
vocō -āre 227

volūmen -inis 226
vorō -āre 235
vox, vōcis 250

ypodecanus 167n

portugués
ex-amigo 149n
ex-deputado 149n
ex-marido 149n
ex-noiva 149n
ex-presidente 149n

minissaia 221

sotacapitão 314n
sotaministro 314n
sotapiloto 314n
sotasoberania 314n
sotavento 314n
sotopositivo 314n
sotoposto 314n